普通高等教育国家级规划教材

比较教育

（第六版）

顾明远　主　编
吴雪萍　副主编

中国教育出版传媒集团
人民教育出版社
·北京·

图书在版编目（CIP）数据

比较教育 / 顾明远主编 ；吴雪萍副主编. --6 版.
北京 ：人民教育出版社，2024.6. --（普通高等教育国家级规划教材）. --ISBN 978-7-107-38376-2

Ⅰ. G40-059.3

中国国家版本馆 CIP 数据核字第 20245NT269 号

普通高等教育国家级规划教材　比较教育

出版发行　人民教育出版社
（北京市海淀区中关村南大街 17 号院 1 号楼　邮编：100081）
网　　址　http://www.pep.com.cn
经　　销　全国新华书店
印　　刷　保定市中画美凯印刷有限公司
版　　次　2024 年 6 月第 6 版
印　　次　2024 年 9 月第 1 次印刷
开　　本　787 毫米×1 092 毫米　1/16
印　　张　27.25
字　　数　549 千字
印　　数　0 001～1 500 册
定　　价　58.00 元

参与本次修订与编写的作者名单

（按章节分工排序）

顾明远	北京师范大学教授、博士生导师
滕　珺	北京师范大学教授、博士生导师
马健生	北京师范大学教授、博士生导师
徐小洲	浙江大学教授、博士生导师
刘　敏	北京师范大学副教授、教育学博士
孙　进	北京师范大学教授、博士生导师
魏贤超	浙江大学教授、博士生导师
肖　甦	北京师范大学教授、博士生导师
高益民	北京师范大学教授、博士生导师
杨　洪	贵州财经大学教授、博士生导师
丁瑞常	北京师范大学副教授、教育学博士
阿依提拉·阿布都热依木	新疆师范大学副教授、教育学博士
胡昳昀	北京师范大学副教授、教育学博士
蔡瑜琢	芬兰坦佩雷大学副教授、博士生导师
王　岩	北京师范大学（珠海校区）讲师、教育学博士
乔　鹤	首都师范大学副教授、教育学博士
霍力岩	北京师范大学教授、博士生导师
吴雪萍	浙江大学教授、博士生导师
阚　阅	浙江大学教授、博士生导师
刘宝存	北京师范大学教授、博士生导师
朱旭东	北京师范大学教授、博士生导师
张东娇	北京师范大学教授、博士生导师
贾　宁	沈阳体育学院副教授、教育学博士
沈蕾娜	首都师范大学副教授、教育学博士

第六版出版说明

作为新中国第一部全国通用的高等学校比较教育学科教材，《比较教育》（1982 年 11 月第一版，1983 年 4 月第一次印刷）自出版以来先后印行五版（1982 年第一版、1985 年第二版、1999 年第三版、2012 年第四版、2015 年第五版），累计发行 20 余万册。40 多年来，这本经典教材陪伴和影响了一代又一代教育学人的学习和成长，逐渐成为改革开放以来比较教育学科教材乃至整个教育学科教材发展变迁的一个标本与缩影。40 多年来，这本经典教材载誉满满，荣获全国普通高等学校优秀教材奖一等奖等众多大奖，并入选普通高等教育本科国家级规划教材。

全球发展倡议、全球安全倡议和全球文明倡议是习近平新时代中国特色社会主义思想的重要组成部分。习近平总书记在党的二十大报告中指出："当前，世界百年未有之大变局加速演进，新一轮科技革命和产业变革深入发展，国际力量对比深刻调整，我国发展面临新的战略机遇。"在新形势下，如何弘扬全人类共同价值，如何推动人类文明交流互鉴，如何更好地面对全球化、逆全球化、数字化给教育带来的冲击与挑战，如何在充满不确定因素的国际环境下"有效利用世界一流教育资源和创新要素"，如何才能在"把自己好的东西坚持好"的同时"把国外好的东西借鉴好"，如何才能在全球教育交流中讲好中国故事、增强中国教育的国际影响力和话语权，如何充分发挥比较教育学科的优势，为加快推进中国式教育现代化和建设教育强国服务，这些都需要教育学人特别是比较教育学人不断努力和不懈探索。

鉴于以上所述，我们特邀顾明远先生主持《比较教育》第五版的修订工作，推出第六版。这一版的主要修订之处：一是融入习近平总书记关于教育改革发展及推动构建人类命运共同体、"一带一路"建设的重要论述和党的二十大精神，以及教育部关于高等教育教材改革的最新要求；二是吸收最新研究成果，增加对国际教育组织的介绍，增加对"一带一路"沿线国家和金砖国家教育的介绍和比较分析；三是更新部分教育资料、参考文献和统计数据；四是根据最新语言文字规范和学术规范进行进一步的编辑加工。希望通过以上修订能帮助读者更系统地学习比较教育的学科知识，更全面地认识世界各国教育，进而更深刻地了解和理解中国教育。

本书编辑出版工作或有不当，敬请广大读者继续提出宝贵意见和建议，以使本教材更臻完善。

人民教育出版社

2024 年 6 月 10 日

第六版前言

《比较教育》第一版出版发行至今已经40多年了。第一版由王承绪、朱勃、顾明远三位教授共同主编。现在，王承绪、朱勃两位先生已经离我们而去，第一版的其他作者也大多不在世了，这次教材修订的相关工作只好由我们来承担了。同时我们缅怀他们：是他们为这本教材打下了坚实的基础，为比较教育学科的建设作出了重要的贡献。

当今，一方面，国际风云变幻，世界正经历百年未有之大变局；另一方面，信息时代的到来促进了全球化的深入发展，从而使教育国际交流与合作更加频繁。外国留学生数量的增长、课程学位的互认、科学研究的合作，以及各种国际会议的召开、人员的互访，使得作为国际教育论坛的比较教育的知识，已经成为国际理解的常识。《比较教育》原本是高等学校的教材，后来日益受到广大教师和家长的重视，成为他们了解世界教育的一个窗口。

第六版遵循以往各版通用的编写原则、规范和体例，分四大部分：比较教育学科的基本理论（第一章）、各国教育制度的概览（第二章、第三章）、各级各类教育和教育管理的比较（第四至十章）、国际教育组织和世界教育发展的趋势（第十一章、第十二章）。我们根据最新学术规范和出版规范进行了资料更新、引文核实等工作；同时还增加了“国际组织与教育发展”一章，以便读者了解国际组织在全球教育治理方面的作为及影响。

参加本次修订和编写的作者如下（按章节排列）：顾明远（前言、第十二章）、滕珺（第一章、第十一章第一节）、马健生（第二章第一节）、徐小洲（第二章第二节）、刘敏（第二章第三节）、孙进、魏贤超（第二章第四节）、肖甦（第二章第五节）、高益民（第二章第六节）、杨洪（第三章第一节）、丁瑞常（第三章第二节、第十一章第三节）、阿依提拉·阿布都热依木（第三章第三节）、胡昳昀（第三章第四节）、蔡瑜琢、王岩（第三章第五节）、乔鹤（第三章第六节，第十一章第四、五节）、霍力岩（第四章）、吴雪萍（第五章和第七章）、阚阅（第六章）、刘宝存（第八章）、朱旭东（第九章）、张东娇（第十章第一、二节）、贾宁（第十章第三、四、五节）、沈蕾娜（第十一章

第二节）。顾明远负责全书统稿。同时，滕珺负责本次修订和编写工作的沟通联络和协调工作。本次修订和编写工作得到了有关高校和比较教育学界专家学者的大力支持。人民教育出版社对本书高度重视，王迎兰、刘立德、韩华球等编审人员和本书责任编辑龚鹏飞付出了辛勤劳动。谨在此一并致谢！

本书编著者

2024 年 6 月

第五版前言

本书是新中国第一部全国通用的高等学校比较教育学科教材，由人民教育出版社先后于 1982 年、1985 年、1999 年和 2012 年出版了四次，累计重印 28 次，印数达 20 余万册，并荣获了全国普通高等学校优秀教材一等奖等多项荣誉。2014 年 10 月，本教材入选教育部第二批“十二五”普通高等教育本科国家级规划教材。根据教育部有关高校课程教材改革的精神，为进一步提高本教材的质量，我们在文献资料、学术规范、观点表达等方面对本书进行了修订完善，力图全面、系统地论述比较教育学科的基本知识和最新研究成果，并反映进入 21 世纪以来各国教育改革发展的历程和趋势。

本书是大学本科生了解和学习比较教育的教材，也可供广大中小学教师、教育科研工作者、教育管理工作者学习和参考。欢迎专家学者和广大师生继续对本书提出宝贵的意见和建议，以使之更臻完善。

本次修订工作得到了人民教育出版社的大力支持，特此致谢！

本书编著者

2015 年 6 月

第四版前言

2010 年 7 月，改革开放以来召开的第四次全国教育工作会议在北京胜利闭幕，会后正式公布了《国家中长期教育改革和发展规划纲要（2010—2020 年）》（以下简称《教育规划纲要》），为中国未来教育改革发展指明了方向。《教育规划纲要》指出："坚持以开放促改革、促发展。开展多层次、宽领域的教育交流与合作，提高我国教育国际化水平。借鉴国际上先进的教育理念和教育经验，促进我国教育改革发展，提升我国教育的国际地位、影响力和竞争力。适应国家经济社会对外开放的要求，培养大批具有国际视野、通晓国际规则、能够参与国际事务和国际竞争的国际化人才。"2012 年 11 月，中国共产党十八大报告指出，要建设面向现代化、面向世界、面向未来的，民族、科学、大众的社会主义文化。中央的这些精神再次说明了学习和研究比较教育的重要性和必要性。

《比较教育》是教育部高等学校文科教材办公室组织评定的普通高等教育国家级规划教材，曾获得全国普通高等学校优秀教材一等奖等多项荣誉，至今已累计重印 26 次，印数近 20 万册。本书是一本专门帮助大学本科生了解和学习比较教育的教材，先后于 1982 年、1985 年和 1999 年出版了三次，每次出版都力图反映比较教育学科发展的前沿知识。如今距离《比较教育》第三版出版又十年有余，十多年来国际政治、经济、文化形势发生了很大的变化，各国教育改革的浪潮此起彼伏，出台了许多新政策，总结了许多新经验，也呈现出许多新趋势。为反映这些变化，编写组决定重新修订《比较教育》。因本书面向的群体主要是大学本科生及广大工作在教育第一线的中小学教师，本次修订依然坚持文字简练、深入浅出、通俗易懂的基本原则，在原有的基础上更新了相关的内容和数据，以反映进入 21 世纪以来世界各国教育改革发展的最新趋势。此外，本次修订还增加了印度作为比较研究的对象，以帮助读者更好地了解新兴发展中国家教育的发展情况。

本书第三版的修订者是：王承绪、顾明远、吴文侃、刘树范、成有信、叶玉华、周蕖、肖甦、司荫贞、霍力岩、邢克超、吴雪萍、徐小洲、魏贤超、吴忠魁。本书第四版在沿用大家所熟知的体例基础上对各章节内容进行了修改、完善。参加这次修订工作的是我国老中青三代比较教育研究者（以姓名汉语拼音字母为序）：安双宏、高益民、顾明远、霍力岩、贾宁、刘宝存、马健生、乔鹤、宋吉缮、滕珺、王晓辉、魏贤超、吴佳妮、吴雪萍、肖甦、徐小洲、张东娇、朱旭东。最后，由顾明远、滕珺统稿，顾明远审定。

本书是新中国第一部全国通用的比较教育教材，在本书首版发行30周年之际，我们特别感谢所有为前三版《比较教育》付出辛勤劳动的学者。不少学者因年事已高或其他原因，未能参加此次修订工作，但他们的努力为此次《比较教育》的重版奠定了良好的基础。

最后，感谢人民教育出版社郭戈研究员、诸惠芳编审、刘立德编审和刘捷编审，他们的积极努力和专业编审工作推动并确保了《比较教育》第四版能够及时、顺利地出版。

本书编著者

2012年12月

目　录

第一章

导　论

每一门学科研究领域的扩大和知识总量的增加，都导致本学科的逐步分化，产生新的分支学科。同时，相关领域的特定分支，又不断地通过联结与综合而产生新的知识门类。教育科学从它成为独立的学科体系的时候起就逐步地分化，形成许多独立的分支学科。比较教育学科就是教育科学体系中的一个分支。

第一节　比较教育的发展

各国之间政治、经济和文化的联系和发展，促进了各国对年轻一代教育的研究，也促进了各国之间有关教学方法以至整个教育制度的互相学习和借鉴。工业革命以后世界处在社会经济和政治变革时期，各国都需要进行教育改革，所以运用比较的方法，深入地研究他国教育状况就变得重要了。马克思和恩格斯在《共产党宣言》中指出："过去那种地方的和民族的自给自足和闭关自守状态，被各民族的各方面的互相往来和各方面的互相依赖所代替了。物质的生产是如此，精神的生产也是如此。各民族的精神产品成了公共的财产。"① 这段话不仅可以用来阐明比较教育学科的产生和发展的原因，而且可以用来确定比较教育形成和发展的主要阶段。

比较教育的产生和发展，从1817年法国教育家朱利安（M. Jullien）首次提出比较教育的计划到现在，大体上可以划分为三个阶段。第一阶段是从朱利安的《比较教育的研究计划和初步意见》② 的提出到20世纪初，第二阶段是从20世纪初到第二次世界大战结束，第三阶段是从第二次世界大战结束到现在。

然而，我们不能割断历史渊源来看一门学科的发展阶段。在朱利安提出比较教育研究计划的设想很久以前，就有人研究外国教育了。外国教育研究为比较教育的发展创造了历史条件。朱利安的设想也可以说是历史发展的产物。

早在古希腊时代，历史学家色诺芬（Xenophon）在《波斯国王赛勒斯传》一书中就叙述了波斯教育见闻。罗马政治家西塞罗（M. T. Cicero）在《论共和国》一书

---

①《马克思恩格斯选集》第一卷，人民出版社2012年版，第404页。

② M. Jullien. *Esquisse et Vues Préliminares d'un Ouvrage sur I'Éducation Comparée*. Paris, 1817.

中分别讲述了希腊和罗马的教育情况。意大利旅行家马可·波罗（M. Polo）在其游记中记述了东方的教育情况。日本从7世纪起就开始派遣官员与留学生到中国学习文化教育。中国与外国的文化交流始于秦末汉初（公元前3世纪），但记述外国教育的文献始见于《大唐西域记》（646年成书）。这些著作中有关外国教育情况的记载，以及历史上各国之间的文化交流，都是零星的、很不系统的，主要是旅游者个人谈论异国教育的印象。这些著作为比较教育的研究提供了一些历史资料。严格地说，它们还不能算是比较教育的研究。

一、比较教育发展的第一阶段（1817年至20世纪初）

朱利安时代的比较教育是以“借鉴”为特征而载入史册的。比较教育研究的目的在于借鉴国外教育经验为本国服务。1817年，朱利安在巴黎出版了一本小册子，叫作《比较教育的研究计划和初步意见》，它标志着比较教育发展第一阶段的开始。在这本书里，他提出了四点建议：（1）组织一个国际教育协会，聘请常任公务人员，承担比较教育资料的收集工作；（2）用问卷的方式向各国收集资料，以便国际教育协会提出适当的教育改革建议；（3）建立师范学校网，用最新的方法培训师资；（4）用各种语言发行教育定期刊物，传播教育改革的经验。朱利安的这些建议是很积极的，可惜当时没有得到人们的重视，所以他的计划也没有实现。

在这个阶段，人类社会已经由于蒸汽机的发明及其在生产中的应用而进入了第一次科技革命的时代。工业革命在各国蓬勃开展，以机器生产为主要标志的现代生产对劳动者提出了新的要求，要求他们具有一定的文化知识，这就促进了各国教育的发展。各国在兴办教育事业中逐步形成了自己的国民教育制度。教育事业的发展，反过来对各国政治、经济、社会的发展起了不同程度的推动作用。因此教育就成为国家和公众日益关注的一项事业。教育究竟应该怎样办才能符合本国政治、经济发展的要求？什么样的教育制度最有利于培养人才？外国的教育制度和教育实践有什么优良经验可以借鉴？这些都是先进的思想家们所考虑的问题。于是，对外国教育的研究，就出现了一个新的势头。

这个时期各国之间的相互访问比较频繁，促进了各国之间的相互学习。

1831年法国教育家库森（V. Cousin，又译库辛）在受法国教育部部长之命考察普鲁士教育之后，撰写了一份《普鲁士教育报告》（全称为《关于德意志各邦，特别是普鲁士公共教育状况的报告》）。报告描述了普鲁士的教育行政，家长和社区的教育责任，教师的培养、任命和薪俸，课程的内容等。法国初等教育制度的基本法，即1833年的《基佐法》（*Guizot Law*），就是以库森的报告为基础而制定的。这个报告对法国、英国、美国三国的教育发展都有重大的影响。

库森与朱利安不同。朱利安一心向往国际合作，而库森主要以外国的范例作为发展法国教育制度的借鉴。在19世纪，大多数比较教育研究都以改革本国教育为目的，所以库森的工作在当时比朱利安的建议更有代表性。

美国的教育家对外国教育也颇为重视，他们希望从普鲁士、瑞士和荷兰学到更好的教学方法、更好的师资培养和管理制度。先是格里斯科姆（J. Griscom）访欧后写了《留欧一年》一书。后来马萨诸塞州教育督察长贺拉斯·曼（H. Mann）访欧后写了著名的《第七年报》一书。康涅狄格州教育督察长巴纳德（H. Barnard）考察欧洲后创办杂志，翻译欧洲教育文献。这些人的教育著作，对美国教育的发展都起了一定的作用。

英国当时也有不少人到外国进行教育考察，较著名的是阿诺德（M. Arnold）。他到法国和德国考察了普通教育和高等教育，并于1868年向学校调查委员会做了《大陆各国的学校和大学》的报告。

英国的萨德勒（M. Sadler）在第一和第二阶段中起承前启后的作用。他在主持英国特别调查报告局工作期间，指导编写了《教育问题专题报告》（共28卷），详细描述了外国教育的经验，分析了教育的文化背景，并且指出了教育的发展趋势。萨德勒认为，孤立地研究教育是不对的，必须重视教育的文化背景，研究决定教育的各种因素。他还提出民族特性的概念来说明教育的思想和实践，并且强调学习外国经验的目的在于改进本国的教育制度。萨德勒提出的这些原理，对这个时期比较教育研究的方向，特别是对康德尔（I. L. Kandel）的比较教育观点有很大的影响。

日本也很重视对外国教育的借鉴和学习。明治初年派遣岩仓具视一行去欧美考察，田中不二麿作为理事官随同前往欧美考察其教育制度，回国后编写了《理事功程》（共15卷）。这对日本教育的发展也起了一定的促进作用。

中国这个时候正处于清朝末年。1840年，英国侵略者凭借坚船利炮打开了中国的大门。中国从此沦为半殖民地半封建社会。一部分知识分子认识到，要想使国家富强，必须向西方学习，主张“师夷长技以制夷”“兴西学”，并实际考察和研究外国教育。这些知识分子包括地主阶级改革派人士、洋务派官员、维新派人士、留学生及其他学者。他们对西方教育的介绍散见于各种见闻录、随感录、回忆录及其他著作中，如薛福成的《出使英法义比四国日记》、郑观应的《盛世危言》、黄遵宪的《日本国志》、容闳的《西学东渐记》和湖北省学务处组织编写的《师范讲义》。有些机构和学者翻译了国外的教育著作，例如，白作霖译自日文的《各国学校制度》等。这些著作，有的只是简单介绍外国教育，还谈不上比较教育研究；有的从宏观上权衡外国教育的利弊得失，含有一定的比较意义，可以说是比较教育研究的雏形。

从这些著作中我们可以看到，这一时期的研究对象国有日本、德国、美国、英国、法国等，研究内容包括教育制度、教育内容和方法、选才制度、留学生教育等。

二、比较教育发展的第二阶段（20世纪初至1949年）

20世纪初，资本主义发展已进入了它的最高阶段，即帝国主义阶段。资本主义社会的基本矛盾以及其他各种矛盾十分尖锐，终于爆发了第一次世界大战。1917年俄国十月革命爆发，诞生了世界上第一个社会主义国家——苏维埃俄国（1922年苏维埃社会主义共和国联盟成立，简称苏联）。从此，世界上就存在着两种不同的社会制度、两种不同性质政权对峙的局面。资本主义国家人民争取自由与民主的斗争和殖民地国家的民族独立运动蓬勃发展。就生产力而言，以电动机的发明和应用为契机，人类进入了第二次科技革命的时代。教育一方面要受社会制度和国家政权的制约，另一方面要反映生产力对它的要求。许多国家都进行了国民教育制度的改革，比较教育研究的重点就转为分析影响各国教育制度的主要因素。这个时期出版了不少比较教育著作，比较教育正式成为教育科学中一个独立的分支。

康德尔是美国著名的比较教育学家。他在1933年出版的《比较教育》①，是这个阶段的重要代表作。康德尔的比较教育方法论，按照美国比较教育学家卡扎米亚斯（A. M. Kazamias）和马西亚拉斯（B. G. Massialas）在《教育的传统与变革》② 中的分析，受以下三个主要目的的指导。

第一，"报道—描述"的目的。他向读者提供各国教育制度的"情报"，并按问题把事实加以分类，例如，分为教育制度、教育行政、中小学教育、中小学师资培训等。他认为事实的报道是比较研究过程中必要的一步。

第二，"历史—功能"的目的。按照康德尔的意见，比较教育不仅要描述事实，而且要说明特征。他指出，不应把教育作为孤立存在的事业看待，而应同国家背景，同社会、经济、政治和文化背景结合起来研究。

第三，"借鉴—改善"的目的。康德尔希望研究比较教育的学生，通过考察外国和本国的教育制度，能够养成一种更可取的哲学态度，其终极目的是培养对"民主"制度的忠诚和改进本国的教育制度。

康德尔的这些观点，特别是描述历史事实、分析社会历史背景的历史学方法，在这个阶段的比较教育研究中，占有支配地位。

与康德尔同时代的较著名的比较教育学家，如德国的施奈德（F. Schneider）和英国的汉斯（N. Hans），他们的比较教育观点与康德尔基本一致。他们运用历史学方法，着重对影响教育的各种因素进行分析，所以他们的方法也被称为因素分析法。

---

① I. L. Kandel. *Comparative Education*. Boston：Houghton Mifflin，1933.

② ［美］卡扎米亚斯、马西亚拉斯合著，福建师范大学教育系等合译：《教育的传统与变革》，文化教育出版社1981年版，第3—4页。

例如，施奈德在1947年出版的《各国教育的动力》① 一书中，指出了影响教育理论和实际的因素有国民性、地理位置、文化、经济、科学，尤其是哲学、政治、宗教、历史、外国影响、教育内部本身的发展动力等。汉斯（N. Hans）在1949年出版的《比较教育：教育的因素和传统的研究》② 一书中，分析影响各国教育的因素：一是自然因素，包括种族因素、语言因素、地理因素和经济因素等；二是宗教因素，包括天主教传统、圣公会传统和清教徒传统等；三是世俗因素，包括人文主义、社会主义、民族主义、民主主义等。施奈德和汉斯的因素分析的思想和方法，也受到各国比较教育学者的重视。

这个阶段，苏维埃俄国对外国教育也进行了一定的研究。列宁揭露了资产阶级教育学和资本主义国家统治阶级教育政策的反动性，强调正确地叙述民主的教育观点的历史以及紧密联系一国的历史、经济和文化来考察教育现象的必要性和重要性。他告诫工人阶级要利用教育实践中一切民主的和进步的东西。根据列宁的意见，克鲁普斯卡雅（Н. К. Крупская）深入地研究了美国、德国、奥地利、法国、比利时和瑞士的教育文献。她的《国民教育与民主主义》一书，对世界教育文献进行了科学的、马克思主义的解释。她在关于出版《教育辞典》的一封信中，以马克思列宁主义的观点研究和分析了外国教育的经验。

这个阶段中国的比较教育研究有了较大的发展，主要表现在四个方面。

第一，扩大了研究范围。这时期研究的对象国甚广，除英国、美国、德国、法国、苏联、意大利、日本七国外，还有比利时、奥地利、丹麦、瑞士、土耳其等国。研究内容包括教育行政，学制，各级各类教育（学前教育、初等教育、中等教育、高等教育、职业教育、师范教育、成人教育等）的宗旨、教学内容、教学方法、教学组织形式等。

第二，出版了研究成果。从1911年陆费逵编写的我国第一本介绍外国教育的著作《世界教育状况》一书出版发行，到1949年新中国成立前夕，我国共出版外国教育和比较教育专著及译著40余部，其中绝大部分为20世纪30年代所作，可见当时研究之盛。这个阶段，主要的代表作有：庄泽宣的《各国教育比较论》（1929）、钟鲁斋的《比较教育》（1935）、常导之的《各国教育制度》（上卷1936，下卷1937）和罗廷光的《最近欧美教育综览》（1939）。这四部书内容翔实、材料新颖、分析深刻，与当时外国的同类著作相比，毫不逊色。

第三，形成了三种体系。一是问题比较体系，以庄泽宣的《各国教育比较论》为

① F. Schneider. *Priebkrafte der Pädagogik der Völker*. Salzburg：Otto Müller Verlag，1947.

② N. Hans. *Comparative Education：A Study of Educational Factors and Traditions*. London：Routledge and Kegan Paul，1949.

代表。该书以学校系统、教育行政、初等教育、中等教育、高等教育、师范教育、职业教育、成人教育为主题，比较英国、美国、德国、法国四国的情况，当时称为列国并比法。二是国别教育体系，以国为单位，全面介绍该国各种教育情况，当时称为逐国叙述法。常导之的《各国教育制度》就是如此。三是综合体系，既有国别教育的叙述，又有问题比较，以国别叙述为主，当时称为折中法。钟鲁斋的《比较教育》、罗廷光的《最近欧美教育综览》属于此类。三种体系各有特色，是当时我国比较教育研究丰富多彩的体现。

第四，运用了历史法。20 世纪上半叶，从世界比较教育的研究方法看，历史法占优势，我国亦然。这个阶段的大部分著作都以研究现状为主，同时追溯历史渊源，分析发展趋势，即注意纵向联系。有的还能注意介绍各国的人口、政治制度和经济发展等情况，即注意横向联系。这样就使人们对各国教育有更清楚的认识，在考虑借鉴时也能更全面地思考本国的问题。

近代中国比较教育科学的研究对 1912 年和 1922 年的学制改革及以后各级各类学校的课程改革起了一定的作用。但由于当时依然处在半殖民地半封建社会，中国的教育事业本身就很落后，再加上比较教育研究的队伍规模较小，比较教育研究者受到阶级、历史的限制，缺乏唯物辩证的正确观点，不能从比较教育的角度探索某些重大教育问题的客观规律，所以比较教育科学的潜力未能得到应有的发挥。

在近代中国，革命知识分子和共产党人也有研究外国教育的。例如，李大钊等在中国共产党成立之前，就在北京《晨报》和《新青年》上发表文章和译文，介绍苏维埃俄国的教育情况。杨贤江研究美国教育和苏联教育，在《新教育大纲》中介绍了美国和苏联的教育情况，并比较分析了两国教育的本质差别。但总的来说，这个阶段研究的队伍规模很小，研究的范围很窄，研究的问题也不甚深入，所以，只能说是科学比较教育学研究的胚芽。

三、比较教育发展的第三阶段（1949 年至今）

20 世纪 50 年代，人类社会以原子能的发现和电子计算机的发明为主要标志，进入了第三次科技革命的时代。生产的发展和国际斗争的加剧，对各国教育产生了巨大的冲击。为了使教育适应新的形势，从 50 年代末起，纵贯整个 60 年代，各国相继开展规模巨大的教育改革。教育变革向比较教育学家提出了新的挑战，因而 60 年代比较教育的研究显得特别活跃。这个阶段，比较教育的研究与过去相比有了较大的发展，主要表现在以下几个方面。

（一）研究制度化，规模迅速扩大

在此阶段，国际教育组织相继成立。1951 年联合国教科文组织成立了汉堡教育研究所，1958 年国际教育成就评价协会成立，1963 年联合国教科文组织附设了国际教育规划研究所，1968 年经济合作与发展组织附设了教育研究和革新中心。这些研究机构都积极开展各国教育的研究工作，取得了一定的成果。

各国的大学和师范院校都很重视比较教育的教学和研究工作。美国、英国、联邦德国、法国、日本、加拿大、澳大利亚、荷兰和西班牙等国，研究比较教育的人数增多，相继成立了比较教育学会（有的称为国际与比较教育学会），开展经常性的学术活动。1970 年，各国比较教育学会的代表在加拿大渥太华举行了第一届世界比较教育大会并成立了世界比较教育学会联合会理事会（World Council of Comparative Education Societies，WCCES）。此后，大约每 3 年召开一次年会，交流比较教育研究成果。2016 年 8 月第十六届世界比较教育大会在北京举行。这种大会对各国比较教育研究，起了一定的推动作用。

（二）研究方法多样化

如前所述，20 世纪 50 年代以前，各国比较教育研究所采用的方法，以康德尔、汉斯、施奈德的历史学方法为主。进入 50 年代以后，康德尔仍然用这种方法继续比较教育研究，并于 1955 年出版了新著《教育的新时代——比较研究》①。施奈德在 1961 年出版《比较教育》②，所采用的也是这种方法。但是此时历史学方法作为一种方法已经丧失支配地位，只是众多方法中的一种而已。

由于社会科学的发展，20 世纪 50 年代末就有人把社会科学的概念和方法引进比较教育的领域。到了 60 年代，此种做法尤为盛行。美国的安德森（C. A. Anderson）是代表之一。他主张把结构功能主义作为比较教育研究的方法论基础。按照他的意见，比较教育研究不仅要研究各国的教育结构，而且要研究教育结构在具体社会中的功能。所以他特别重视研究社会人才的选拔、教育在社会地位变动中的作用、教育机会均等问题，尤其关心经济和职业结构对教育的决定作用。

美国的贝雷迪（G. Z. F. Bereday）对康德尔等人的历史学方法有所批评，认为他们的方法不利于真正的比较分析。但是康德尔等人不愿意放弃这种传统，而是主张把历史学方法加以发展，并且强调应用社会科学的方法来分析和解释历史现象。按照贝雷迪在《教育中的比较方法》③ 一书中所提出的见解，比较教育研究工作分为四个阶段。（1）描述。主要任务是描述各个国家的教育制度和教育实践。为此，开始时必须广泛收集资料，了解各国教育实际状况。收集资料的方法有阅读资料和直接观察两种，其中最重要的是直接到国外进行考察。（2）解释。主要任务是对所了解的教育情

---

① I. L. Kandel. *The New Era in Education：A Comparative Study*. Boston：Houghton Mifflin，1955.

② F. Schneider. *Vergleichende Erziehungswissenschaft*. Heidelberg：Quelle und Meyer，1961.

③ G. Z. F. Bereday. *Comparative Method in Education*. New York：Holt，Rinehart and Winston，Inc.，1964.

况进行解释，以便不仅了解事物是怎样的（how），而且了解事物为什么会那样（why）。为此，必须对影响教育的各种因素进行分析。在分析时应当运用社会学、心理学、经济学、统计学等有关学科的研究成果。（3）并列。主要任务是把所要比较的国家的材料，按可以比较的形式排列起来，决定比较的格局，并且设立比较的标准，然后进一步分析资料，提出比较分析的假说。（4）比较。主要任务是对第三阶段所列材料进行全面的比较研究，验证第三阶段所提出的假说，然后得出一定的结论。贝雷迪提出比较教育研究工作的四个阶段，使比较教育研究的步骤和方法更加具体化，对比较教育学科的发展作出了一定的贡献。不足之处是对第四阶段的论述比较笼统，没有详细论述如何验证假说。

美国的诺亚（H. J. Noah）和埃克斯坦（M. A. Eckstein）被认为是比较教育研究中运用社会科学方法的典型。他们在其合著的《比较教育科学的探索》① 一书中，从分析比较教育研究的历史发展和科学研究的一般方法入手，提出了比较教育研究的科学方法。他们认为，现代科学研究的一般程序是提出假说、数量测定、参照研究和理论分析。据此，他们提出比较教育研究的程序应当是：（1）确定问题；（2）提出假说；（3）明确概念（提出指标）；（4）选择例证；（5）收集数据；（6）整理数据；（7）说明结果。他们提出两个假说模式来具体说明比较教育研究中如何运用这种程序。假说之一是："教育发展阶段比经济发展阶段高的国家，经济增长将是高速的；相反，教育水平比经济水平低的国家，经济增长的速度将是缓慢的。"假说提出之后，就对假说中的"教育发展阶段、教育水平""经济发展阶段、经济水平"等概念加以界说，提出指标，使比较成为可能。他们规定教育水平的指标是：（1）中小学的就学率；（2）教育经费在国民收入中所占的比例；（3）15 岁以上人口的文盲率。经济发展水平的指标是人均国民生产总值，经济发展速度的指标是年平均增长率。接着，他们选择了经济增长率高的 16 个国家和经济增长率低的 26 个国家作为案例，收集有关上述各种指标的材料，然后进行运算和比较，以验证上述假说，最后得出结论并加以说明。诺亚和埃克斯坦所提出的比较教育研究方法，特别是验证假说的程序和方法，在西方享有盛誉。但是，用数量测定的方法来验证假说，并非都能阐明事物的性质，何况影响经济增长的因素很复杂，教育现象也不是都能用数量来测定的，所以应当说，他们的方法既有一定的参考价值，也有较大的局限性。

英国的埃德蒙·金（E. King）是一位比较教育学家，他的《别国的学校和我们

① H. J. Noah，M. A. Eckstein. *Toward a Science of Comparative Education*. New York：The Macmillan Company，1969.

的学校——今日比较教育》① 一书，自1958年初版以来，已重版多次。他对比较教育的目的、内容和方法提出了不少新的见解，是比较教育一个新学派的代表。他的主要思想如下。(1) 十分重视教育的历史背景。他根据某些历史学家划分的前工业社会、工业社会和后工业社会历史发展阶段，把科学技术的发展分为三个阶段，提出与这三个阶段相应的教育模式。他认为，现在西方正处于后工业社会的发展阶段，称为信息社会；教育处于社会、政治和经济活动的中心，对政治、经济和社会的决策起着指导作用；社会科学继纯粹科学和应用科学之后在教育研究中处于重要地位。(2) 把比较教育的内容和方法同目的联系起来，强调比较教育研究应对当前重大教育问题的决策和行动作出贡献。他不赞成比较教育的内容和方法具有独特性，主张比较教育的方法主要决定于研究的目的。他把比较教育研究分为三级，每一级的研究内容和研究方法各有不同。第一级是比较教育的初学者，主要目的在于对各国教育有大概的了解。他们应采取区域研究的方法，对各国教育的背景和制度作介绍。第二级是对比较教育稍有根底的人，对教育工作上反复出现的专门问题进行跨文化的分析研究。第三级是比较教育的研究工作者，应着重对教育改革的实际问题进行研究，对教育决策作出贡献。他们应采取有哲学家、经济学家、社会学家和政治学家参加的多学科协作的研究方法。(3) 对比较教育中的比较分析强调可比性，提出了比较分析的框架，在概念、制度和实施三个水平上进行比较分析。例如，关于机会均等问题，首先就各国对均等和教育机会的概念进行分析比较，其次就这些概念的具体表现形式如学校的类型、课程的安排进行分析比较，最后就制度的具体实施进行分析比较。

英国的霍姆斯 (B. Holmes) 在《教育问题：一种比较的方法》②《比较教育：对方法的思考》③ 等著作中，论述了问题研究法。他认为比较教育研究必须遵循下列四个步骤和方法。(1) 选择与分析问题。主要是选择和分析当前各国所关心的重大问题。这些问题有两大类：一类是教育内部的问题，如各国课程体系的比较等；另一类是属于教育与社会其他领域有关的问题，如几国教育投资问题的比较研究等。(2) 寻求解决办法（政策）。比较教育研究的任务不是寻求某种能适应任何国家、任何地区、任何时代的万能之策，而是分析说明哪些政策和办法更适合于哪些地区、哪种环境，或者提出对某一国家更为现实有效的办法。(3) 验证有关因素。验证是一种需要洞察力的工作，需要批判性的分析和严谨的叙述。验证应注意三个方面：详尽地描述、分

---

① [英] 埃德蒙·金著，王承绪等译：《别国的学校和我们的学校——今日比较教育》，人民教育出版社1989年版。

② B. Holmes. *Problems in Education: A Comparative Approach*. London: Routledge & Kegan Paul, 1965.

③ B. Holmes. *Comparative Education: Some Considerations of Method*. London: George Allen & Unwin Ltd., 1981.

析教育制度及与其相关的政治、经济、文化和社会等背景；筛选出与具体问题紧密相关的决定性因素；严肃评判这些决定性因素。为了更好地收集资料、验证问题，霍姆斯根据波普尔（K. R. Popper）的批判二元论和自己的见解，设计了一个“理智的框架”。这个框架包括四种模式：①规范模式，包括研究影响各国教育的信仰、宗教、哲学、政治观念、道德价值观念等意识形态方面的资料；②体制模式，包括研究对象国的教育制度，教育领域内部组织结构的模式和制约教育体制结构的政府组织、政党、经济、法律组织的体制结构，以及左右国家和地方方针政策的各种强势集团的组织结构；③自然模式，包括研究地理、地质、气候、环境、人口等方面的资料；④精神状态模式，包括研究传统观念、民族意识和特性等方面的资料。（4）预测。在综合分析各国教育问题的基础上，为一个国家或一个地区解决某一教育问题提出最佳的解决办法，并作出某种切实的预测。

苏联学者对比较教育的研究，就方法论而言，提出了新的见解。1978 年出版的索科洛娃（М. А. Соколова）、库兹米娜（Е. Н. Кузьмина）、罗焦诺夫（М. Л. Родионов）合著的《比较教育学》① 指出，应以马列主义的哲学观点为方法论基础，使用一些具体研究方法进行研究。这些方法是：描述法、统计法、历史法、社会学法、分析法和比较法。

（三）研究成果大量增加

这一时期由于研究队伍迅速扩大，研究方法多种多样，因而出现了不少研究成果。

联合国教科文组织从 20 世纪 50 年代中期起出版了多卷本的《世界教育调查》《统计年鉴》及其他调查统计资料，从 1954 年起创办了《国际教育评论》（联合国教科文组织汉堡教育研究所主编）。

国际教育成就评价协会积极开展各国数学、科学和外语学习成绩的比较研究，于 1962 年发表了《12 个国家 13 岁儿童的教育成绩》，于 1967 年发表了《数学成绩的国际研究：12 国比较》，于 1973—1975 年陆续发表了 6 本有关科学、文学、阅读、英语和法语的教学以及国民教育的比较教育专著。

在这段时间，各国的比较教育刊物陆续创刊，如美国的《比较教育评论》（1957 年创刊）和英国的《比较教育》（1964 年创刊）等。这些刊物也发表了不少比较教育研究的成果。

这个时期，各国比较教育学者还出版了许多比较教育专著，除了前面提到的康德尔的《教育的新时代——比较研究》、施奈德的《比较教育》、贝雷迪的《教育中的比较方法》、诺亚和埃克斯坦的《比较教育科学的探索》、埃德蒙·金的《别国的学校和我

① ［苏］索科洛娃等著，顾明远译：《比较教育学》，文化教育出版社 1981 年版。

们的学校——今日比较教育》、索科洛娃等的《比较教育学》外，比较著名的还有克拉默（J. Cramer）和布朗（G. Browne）的《现代教育》①、马林森（V. Mallinson）的《比较教育研究概论》②、乌利希（R. Ulich）的《各国教育》③、希尔克（F. Hilker）的《比较教育》④、卡扎米亚斯和马西亚拉斯的《教育的传统与变革》⑤、冲原丰等的《世界教育》⑥ 和《比较教育学》⑦、施瑞尔（J. Schriewer）和霍姆斯的《比较教育的理论和方法》⑧、马克·贝磊等编著的《比较教育研究：路径和方法》⑨ 等。

从新中国成立到现在，中国比较教育研究也进入了第三阶段。中国比较教育学者试图根据本国教育发展情况，建立中国特色比较教育学科体系。

这个阶段，中国教育发展经历了一个曲折的过程。新中国成立初期，我国在经济社会建设的各个方面，都提倡向苏联学习，教育也不例外。所以，研究和介绍苏联的教育制度、教育理论和教育经验，几乎成为当时研究外国教育的唯一任务。20 世纪 50 年代，翻译出版了不少苏联的教育论著，主要是革命导师和著名革命家的教育言论，著名教育活动家的教育论著及教育学者的教育学、心理学和教育史的著作，也有一些关于教育制度方面的著作。人民教育出版社还创办了《教育译报》。

20 世纪 60 年代前期，随着我国同世界各国交往的发展，党和政府越来越重视对外国情况包括外国教育情况的研究，因而第一批外国教育研究机构应运而生。1961 年北京师范大学外国教育研究室首先成立，1964 年华东师范大学西欧北美教育研究室、东北师范大学日本教育研究室和朝鲜教育研究室、河北大学日本教育研究室相继成立，并着手开展有组织的对外国教育的研究。这个时期，除人民教育出版社出版的一部《几个资本主义国家的教育制度》（张渭城、郭如琴译，1962 年）、北京师范大

---

① J. F. Cramer，G. S. Browne. *Contemporary Education*：*A Comparative Study of National Systems*. 2nd ed.. London：Macmillan，1960.

② V. Mallinson. *An Introduction to the Study of Comparative Education*. London：Macmillan，1960.

③ R. Ulich. *The Education of Nations*：*A Comparison in Historical Perspective*. Cambridge：Harvard University Press，1961.

④ F. Hilker. *Vergleichende Pädagogik*，*Eine Einführung in Ihre Geschichte*，*Theorie und praxis*. Munich：Hueber，1962.

⑤ A. M. Kazamias，B. G. Massialas. *Tradition and Change in Education*：*A Comparative Study*. New York：Prentice Hall，1965.

⑥ ［日］冲原丰等著：《世界教育》，福村出版社 1977 年版。

⑦ ［日］冲原丰编：《比较教育学》，有信堂出版社 1981 年版。

⑧ J. Schriewer & B. Holmes. *Theories and Methods in Comparative Education*. Frankfurt：Peter Lang，1st ed.，1988，2nd ed.，1990.

⑨ M. Bray，B. Adamson & M. Mason. *Comparative Education Research*：*Approaches and Methods*. Hongkong：The University of Hongkong，2007.

学外国教育研究室创办的《外国教育动态》（1965 年创刊）杂志之外，公开发表的研究成果不多。虽然如此，由于上述研究机构的成立，新中国比较教育研究已经处在一种呼之欲出、展翅翱翔的状态。

“文化大革命”期间，教育科学遭到严重摧残。“四人帮”对外国教育经验基本上持否定态度，把研究外国教育诬蔑为“崇洋媚外”，把借鉴外国经验诬蔑为“洋奴哲学”，刚要起步的比较教育研究被扼杀了。上述研究机构无一例外地被迫停止工作。20 世纪 70 年代初，有些机构虽然恢复工作，但在动乱期间，研究工作步履维艰，没有多少进展。

粉碎“四人帮”后，比较教育研究迎来了明媚的春天。党和政府拨乱反正，重新高度重视对外国教育的研究，加强了对这项工作的组织和领导。1977 年 8 月，教育部研究了上述机构的工作，并制订了研究工作计划。从此，比较教育研究走上健康发展的道路，真正进入科学比较教育学的创建阶段。经过全国比较教育研究人员 40 多年来的不懈努力，如今，中国的比较教育园地已呈现出一片欣欣向荣的景象。

40 多年来，我国的比较教育研究的成就包括以下几方面。

一是明确了指导思想。一门学科的建设，最关键的是指导思想的确立。正确的指导思想，是学科得以健康发展和具有高度科学性、思想性的根本保证。1983 年 10 月，邓小平给北京景山学校的题词“教育要面向现代化，面向世界，面向未来”，不仅为我国教育现代化指明了方向，而且成为比较教育学科建设的指导思想。

面向现代化，现代化的关键是科学技术的现代化。邓小平同志在 1978 年的全国科学大会上说：“科学技术是人类共同创造的财富。任何一个民族、一个国家，都需要学习别的民族、别的国家的长处，学习人家的先进科学技术。我们不仅因为今天科学技术落后，需要努力向外国学习，即使我们的科学技术赶上了世界先进水平，也还要学习人家的长处。”① 教育也是如此，在我国社会主义现代化建设中，需要认真研究教育这个战略重点亟待解决的问题。要从我国实际出发，借鉴外国的基本经验，总结我国的丰富经验，探讨教育规律，促进教育改革，更好地为社会主义现代化建设服务。

面向世界，就是教育要面向世界各国，学习它们的先进科学技术、教育理念和方法，要把我国教育摆在世界教育的背景中加以研究，既要在比较中借鉴外国的经验，也要在比较中实事求是地介绍我国教育的成功经验。应当改变过去那种单纯借鉴而不注意介绍我国教育经验的观念。我们应当力求通过比较，做到相互启发、相互促进；既虚心学习别人，也向别人介绍自己的经验教训；既有“输入”，也有“输出”，这样才有利于国际的教育交流，顺应国际化时代的潮流。

面向未来，就要注意研究世界教育发展包括我国教育发展的趋势。要看到全球化

---

①《邓小平文选》第二卷，人民出版社 1994 年版，第 91 页。

发展的趋势和新技术革命的挑战及其给经济社会带来的变化和对教育的影响，预测教育的未来。

二是扩大了研究队伍。改革开放以后，我国比较教育的研究机构甚多。20 世纪 60 年代首批成立的外国教育研究机构，现在已经扩大了规模。例如，北京师范大学的外国教育研究室已经扩大为国际与比较教育研究院，华东师范大学的西欧北美教育研究室已扩大为国际与比较教育研究所，东北师范大学的日本教育研究室和朝鲜教育研究室扩大为国际与比较教育研究所。同时，建立了一些新的研究机构。例如，1979 年恢复的中央教育科学研究所（现中国教育科学研究院）设立了比较教育研究室（现比较教育研究所），华南师范大学成立了外国教育研究所（现国际与比较教育研究所）。杭州大学、西南师范大学、厦门大学、复旦大学、华中师范大学、北京师范学院、上海师范大学、哈尔滨师范大学、福建师范大学等校相继成立了比较教育研究室、研究所等。① 1994 年，联合国教科文组织国际农村教育研究与培训中心在保定成立，2008 年迁至北京师范大学。2021 年，联合国教科文组织在上海师范大学成立了联合国教科文组织教师教育中心。2023 年 11 月，联合国教科文组织第 42 届大会通过了在中国上海设立联合国教科文组织国际 STEM 教育研究所（UNESCO IISTEM）的决议，标志着联合国教科文组织一类中心首次落户中国。

由于比较教育研究机构的发展，各地研究人员之间必然要开展横向的学术交流活动，因此，中国教育学会外国教育研究会（1981 年改名为中国教育学会比较教育分会，简称“比较教育分会”，对外称中国比较教育研究会）在 1979 年成立。比较教育分会已经举行过 21 次年会。各次年会之间还举行了各种小型的专题讨论会。

我国的比较教育研究以专职人员为主，同时鼓励业余研究，提倡专业队伍和群众队伍相结合。现在，比较教育科研队伍已经形成。

三是取得了丰富的研究成果。40 多年来，中国比较教育研究大致经历了三个阶段。

第一阶段是对外国教育的客观介绍和描述，间或有一些评论和借鉴。大量的介绍性文章在这一时期发表。人民教育出版社出版了新中国第一套“外国教育丛书”。这个时期的代表性成果（包括译著、编译、编著等）有《教育的传统与变革》《六国教育概况》《日本的经济发展和教育》《美国教育学基础》《外国教育概况》等。此外，还出版了新中国成立以后第一本全国通用高校教材《比较教育》。在这个时期翻译了大量资料，如北京师范大学外国问题研究所外国教育研究室编译的《苏联教育法令汇

---

① 杭州大学后并入浙江大学，西南师范大学后与西南农业大学合并为西南大学，北京师范学院改名为首都师范大学。另外，杭州大学虽没有成立比较教育的研究机构，但是其高等教育研究所下设比较高等教育研究室，开展了大量的比较教育研究工作。——编者注

编》等。

第二阶段是对外国教育进行比较和借鉴。1985 年，《中共中央关于教育体制改革的决定》颁布，中国教育发展进入了一个新的历史时期。教育改革需要借鉴别国的经验，于是比较教育研究也进入了一个新的发展时期。这个时期的代表作有“战后国际教育研究丛书”，还有《比较高等教育》《比较教育学》《现代课程论》《当代苏联教育家的新思想》等。特别是 20 世纪 90 年代由人民教育出版社出版的“比较教育丛书”代表了中国比较教育研究的新水平。这个时期开始研究比较教育学科的建设，比较教育方法论受到研究者的关注。国内第一部比较教育方法著作于 1993 年问世（薛理银著《当代比较教育方法论研究：作为国际教育交流论坛的比较教育》）。

第三阶段是比较教育研究深入和拓展的时期。如果说前两个阶段我国比较教育学者的精力主要放在评价 6 个发达国家的教育上，那么从 20 世纪 90 年代中期开始，我国比较教育研究则扩展到许多发展中国家，特别是我国周边国家的教育，研究内容也从教育制度发展到课程、教育思想观念、培养模式和方法、国际教育、环境教育、比较教育方法论等诸多方面，可谓异彩纷呈。这一时期主要的比较教育专著和译著至少有 60 余种。其中 20 卷本的“世界教育大系”丛书可谓这个时期的一项巨著。这套丛书分国别教育和类别教育两部分，在国别教育部分选取了美国、英国、法国、德国、苏联（俄罗斯）、日本、印度、埃及、巴西和中国这 10 个国家，在类别教育部分选择了幼儿教育、初等教育、中等教育、高等教育、职业教育、教师教育、特殊教育、社会教育、妇女教育和教育财政 10 个类别。同时，人民教育出版社还陆续出版了系列丛书“比较教育论丛”“比较教育译丛”“比较教育文库”。其中包括顾明远、薛理银合著的《比较教育导论——教育与国家发展》、王承绪主编的《比较教育学史》、吴文侃主编的《比较教学论》等著作，以及《比较教育概论》《别国的学校和我们的学校：今日比较教育》《世界教育危机》《教育的新时代——比较研究》等国外比较教育名著。在国家提出“一带一路”倡议以后，比较教育界积极响应，开始对“一带一路”沿线国家的教育进行研究，各种学术成果不断推出。

四是开展了比较教育学科教育。从 1980 年起，各地师范院校教育系陆续开设比较教育学课程，有的定为必修科目，有的定为选修科目。1979 年，我国高校开始招收比较教育研究生，截至 2020 年年底，已有 10 多所学校拥有比较教育博士授予权，培养博士研究生数百名。

五是开展了国际学术交流。比较教育分会于 1984 年正式加入世界比较教育学会联合会，并先后派出代表出席了历届世界比较教育大会，顾明远教授被选为该联合会执委会第六、七、八届副主席。1996 年亚洲比较教育学会在东京成立，比较教育分会是该学会的发起单位及理事会成员，并于 1998 年 10 月在北京承办了亚洲比较教育学会第二次年会。2002 年、2005 年、2008 年和 2011 年，比较教育分会又先后四次成功地在北京举办了第一届、第二届、第三届和第四届世界比较教育论坛。2016 年第十六届世界比较教育大会在北京师范大学召开，来自 70 多个国家和地区的 1 000 余名代表参加了会议。

这一时期，中国比较教育学者与外国学者之间的交流与合作日益频繁。许多学校还与外国的大学和研究机构开展了合作研究项目。

中国改革开放 40 多年来，比较教育研究获得了可喜的成绩。比较教育研究既为国家的决策部门制定教育改革的方针、政策和具体措施提供参考，也为广大教育工作者改进教育教学工作提供经验参考。

第二节 比较教育的基本特征和设置比较教育课程的目的

一、比较教育的基本特征

关于什么是比较教育，即怎样界说比较教育，各家说法不一。有些比较教育学者认为，比较教育就是研究外国的教育，有的人干脆把比较教育解释为分析研究外国教育制度的学科。但另一些人则认为，外国教育并不就是比较教育。1958 年，联合国教科文组织国际教育局局长佩德罗·罗塞洛（P. Rossello）在一次日内瓦国际教育规划大会上说："我们大家都知道存在着一门比较教育，但比较教育的专家们在联合国教科文组织主持召开的两次讨论会上，却未能就比较教育的定义取得一致的意见。"

比较教育的定义和解释因人而异。康德尔认为，比较教育研究是"以现行的实况为基础而不以理论为基础，比较各国教育制度的原理"，"研究外国的教育制度就意味着评价、分析本国的教育实质，从而更清楚地分析对比本国教育制度的背景和基础"。苏联索科洛娃等在《比较教育学》一书中说："可以对马列主义比较教育学的对象下这样的定义：比较教育学研究当前世界教育理论和教学、教育发展中的共同的和特有的特征及趋势，并揭示它们的经济、社会、政治和哲学基础以及它们民族的特性。"

从对比较教育发展的历史和有关比较教育的许多著作的研究进行分析来看，比较教育有下列三个基本特征。

（一）跨国或跨地区性、跨文化性

比较教育主要不是研究单独一个国家或地区的教育，它是跨国或跨地区的，即研究若干国家或地区的教育；它是跨文化的，即研究具有不同文化的国家的教育。现以几本主要的比较教育教科书为例来加以说明。康德尔的《比较教育》，分别比较研究英国、法国、德国、意大利、苏联、美国六国的教育制度。汉斯的《比较教育：教育的因素和传统的研究》首先分析研究教育的各种因素，然后分论英国、美国、法国、苏联四国的教育制度。马林森的《比较教育研究概论》，分别比较研究美国、英国、

德国、法国、比利时、荷兰、丹麦、瑞典、挪威、瑞士、意大利、苏联等国的师范教育、小学教育、中学教育和职业技术教育。美国比较教育学家布里克曼（W. W. Brickman）在《国际比较教育学会的创立及其初期发展》一文中，认为国际比较教育学会的宗旨是：发展和改革各学院和大学的比较教育课程；鼓励对比较教育和外国教育的研究；促进全世界教育工作者的互访和到现场研究教育情况；促进比较教育研究成果的出版；促进世界各地比较教育专家合作研究，交流文献和第一手资料等。这个宗旨明显地反映了比较教育研究发展的趋势和比较教育的国际性这个特征。

（二）跨学科性

对各国教育进行历史的、社会的、政治的和经济的分析研究，需要研究者拥有哲学、历史、经济学和社会学等方面的知识，熟悉这些学科的研究方法。

康德尔曾经把比较教育看作教育史的延续，即看作当代的教育史。他在《比较教育的方法论》一文中指出："就方法论而言，可以把比较教育看作教育史的研究到现在的继续。"他在《教育的新时代——比较研究》中说："比较教育的研究，是继续教育史的研究，把教育史延伸到现在，阐明教育与多种文化类型之间必然存在的密切联系。"同时，他也指出了比较教育的跨学科的性质。

第二次世界大战后，很多比较教育著作都强调比较教育的跨学科性质。贝雷迪在《教育中的比较方法》一书中指出：比较教育不能用任何一个学科的术语来描述，它的任务在于集中几门人文学科和社会学科，应用于各国教育的研究。比较教育不只是当代的教育史，或教育社会学的一个分支，它跨越了几门学科。贝雷迪认为，学生研究比较教育，除教育学科外，还应具有一门、两门甚至三门社会学科的知识。美国比较教育学者诺亚和埃克斯坦在《比较教育科学的探索》一书中指出，比较教育代表"社会科学、教育研究和跨国家性质的交叉"。

（三）可比性

比较教育研究，顾名思义要进行比较。这首先是指对两个或两个以上国家或地区的同一个教育问题进行比较。例如，马林森在所著《比较教育研究概论》一书中，就是分别就西欧、美国、苏联等国家和地区的各级教育进行比较。又如，贝雷迪在《教育中的比较方法》一书中，曾列举几个比较研究的例子，对美国、苏联的科学技术力量以及英国、法国、德国三国师范教育进行了比较研究。其次，要在对等的水平上进行比较。埃德蒙·金很强调比较教育研究中的可比性。他曾举例说，教育机会均等，可以从概念含义方面比较，可以从实现教育机会均等的学校类型方面比较，也可以从具体实施的结果方面比较。最后，在比较研究不同国家学生学业水平的时候，要注意到各国各级学校的不同情况。例如，比较美国和欧洲大学毕业生的水平，就要注意到欧洲和美国高等教育在制度上的不同以及欧洲和美国大学生在同一年龄组学生中所占的百分比，不能简单化地、笼统地比较，草率地下结论。又如，比较两个国家小学一年级的教学效果，要是这两个国家小学生入学年龄不同，有的是 5 岁，有的是 6 岁或 7 岁，也就难于进行比较。在有关比较教育的研究中，往往由于双方材料难以比较，因而使研究的结果不可靠，这是研究者应该注意的。

根据以上分析，我们认为，比较教育是对当代不同国家或地区的教育进行比较分析，找出教育发展的一般规律和特殊规律，为本国或本地区的教育改革提供借鉴。

二、设置比较教育课程的目的

高等师范院校和大学设置比较教育课程的目的，总的来说有下列几点。

第一，通过对外国教育的比较研究，使师范生增长知识，扩大眼界。各国教育是有一些共同规律的，看看别国是怎样发展教育科学研究和改进教育事业的，可以提高对本国教育制度和教育工作的认识。康德尔在《比较教育》中说："外国教育制度的研究，意味着对自己教育思想的一次检讨和挑战，因而也是对本国教育制度的背景和基础的一次比较清楚的分析。"贝雷迪在《教育中的比较方法》中指出："从认识别人而得到的自我认识，是比较教育所能提供的最有价值的教育。"

第二，各国教育有一些共同问题，也各有其特殊的问题。外国是怎样解决这些问题的？有哪些经验教训可供我们参考和借鉴？通过比较教育研究，可以结合我国具体教育实践，探索为发展我国社会主义教育可供借鉴的经验，以便更好地为人民教育事业服务。了解外国的教育制度，有选择地吸取其有用的经验，乃是比较教育发展史上一贯的研究课题。汉斯曾说："我们的领域具有动力性，它有一个功利主义的目的，有其坚定的改革意图，十分坚决地望着未来。"① 埃德蒙·金也认为，随着时代的发展，比较教育"指导教育的决策和发展"的任务日益凸显出来。②

第三，加深对教育规律的认识，架起各国教育沟通、理解和交流的桥梁。尽管各个国家的教育受历史、文化等因素的影响千差万别，但作为人类共同的活动，各国纷繁的教育现象背后存在某些共性。特别是在国际化和全球化的今天，不同国家教育现象之间的共性越来越凸显。比较教育可以帮助我们在了解彼此差异的基础上，消除我们对他国教育现状的误读，增强我们宽容和合作的精神，为加深各国之间的教育沟通、理解和交流提供一个很好的平台。

第四，培养学生运用马列主义的立场、观点和方法分析教育问题的能力。比较教育是教育专业的高年级课程，通过研究外国教育现状和趋势中的一两个问题，培养学

---

① A. R. Trethewey. *Introducing Comparative Education*. Oxford: Pergamon Press, 1976, p. 30.

② ［英］埃德蒙·金著，王承绪等译：《别国的学校和我们的学校——今日比较教育》，人民教育出版社 1989 年版，第 29 页。

生分析教育问题的能力，这也是设置比较教育课程的重要目的之一。

课程设置的目的与对象国的选择是相互联系的。国外高等师范院校和大学的比较教育课程大体上分为两类：一类是基础课，另一类是提高课。前者是为大学本科生而设的，后者是为研究生而设的。在对象国选择问题上，并没有统一的规格，根据作者的写作目的，因人而异。例如，康德尔著的《教育的新时代——比较研究》一书选择的对象国是美国、英国、法国、苏联。汉斯著的《比较教育：教育的因素和传统的研究》一书选择美国、英国、法国、苏联作为对象国。埃德蒙·金著的《别国的学校和我们的学校——今日比较教育》一书选择的对象国有美国、英国、法国、苏联、日本、丹麦、印度七国。索科洛娃、库兹米娜、罗焦诺夫合著的《比较教育学》一书把对象国分为三类，即社会主义国家、资本主义国家和发展中国家。根据目前我国社会主义现代化建设的需要，我国比较教育的对象国应选择世界上有代表性的、对我国具有借鉴意义的国家，其中既包括发达国家，也包括发展中国家。但由于受到目前资料的局限，本书暂定对象国为美国、英国、法国、德国、俄罗斯、日本、中国、印度、新加坡、哈萨克斯坦、巴西、芬兰，内容偏重于对教育制度的比较。

第三节 比较教育的研究方法

一、比较教育研究的基本原则

辩证唯物主义和历史唯物主义是关于自然、社会和人类思维发展最普遍规律的科学。它为我们的一切实际工作指出了解决问题的正确方向，为一切科学研究提供了正确的指导。比较教育要成为一门科学，就必须坚持辩证唯物主义和历史唯物主义的基本原则。我们认为应当坚持下列五个基本观点。

（一）客观观点

客观观点，也就是实事求是原则，是辩证唯物主义的重要原则。比较教育研究首先必须力求做到主观与客观的统一。这就是说，一切从世界各国客观存在着的教育实际出发，实事求是地从中引出固有的而不是臆造的教育规律性。

要做到这一点，从正面说，必须尽力之所及，搞好调查研究，掌握各国教育全面而真实的情况。在此基础上，用正确的立场、观点、方法，作科学的比较分析，力求主观符合客观。从反面说，必须防止过去曾经出现过的两种偏向。一种是唯感情论：根据好恶判断是非，把教育问题政治化。另一种是唯生产力论：根据生产力发展水平判断优劣，认为发达国家的教育理论和教育制度十分优越，发展中国家的教育理论和教育制度不值一提。这两种偏向都违反客观性原则，在实践中都产生了极其不良的后果。我们决不可重蹈覆辙。

（二）实践观点

实践观点，“应该是认识论的首要的和基本的观点”①。依据这一观点，比较教育研究必须注意以下几点。

第一，通过实践，检验真理。各国学者提出的教育理论，可靠性不完全一样。有的经过较长时间和较大规模的实验研究，可靠性较大，适用性较广。有的仅经过较短时间和较小规模的实验研究，有的甚至纯粹是一种理论假设，可靠性和实用性都是很有限的。所以，对于各国新提出的教育理论、新实行的教育制度，要持特别谨慎的态度。因为往往有这样的情况：某种教育理论或教育制度，乍一看似乎合理，但经过一段时间的实践检验，就显出弊多于利，并非完全合理的理论或制度。课程改革也是如此。美国 20 世纪 50 年代末和 60 年代初的课程改革，曾受到人们的高度赞赏，但经过一段时间的实践检验，就显出了矫枉过正的毛病。所以要判断外国教育理论或教育制度的优劣，只有一个方法，就是科学地分析并经过较长一段时间的教育实践检验。经过实践证明能够取得良好效果的东西，才是符合客观真理的东西。

第二，通过实践，鉴别意义。由于比较教育研究的主要目的在于借鉴，所以还要判断外国经验是否适合本国国情，是否具有普遍意义。往往有这样的情况：某项措施在甲国行之有效，在乙国却难以实行，或行之无效。因此，必须通过本国的实践来鉴别某项结论的适用范围。通过试验，取得经验，再逐步推广，这是借鉴外国经验的关键所在。

第三，通过实践，发展理论。比较教育通过研究所肯定的教育理论，只具有相对真理性。教育理论还会随着时代的发展而发展。因此，比较教育研究人员一方面应当密切注视国内外的教育实践，注意他人科学研究的成果；另一方面也应深入实际，亲身从事一定的实验研究，以便推陈出新，揭示二级本质、三级本质……使教育理论沿着真理的长河不断推进。

（三）联系观点

唯物辩证法肯定物质世界的事物存在着普遍的联系，“要真正地认识事物，就必须把握住、研究清楚它的一切方面、一切联系和‘中介’”②。教育作为一种社会现象，与其他社会现象如政治、经济、文化等有着千丝万缕的联系。比较教育研究，自应考察和分析这种联系，并且特别注意考察和分析其中稳定的、本质的、必然的联系。

唯物辩证法还认为具体事物有其相对独立性。每一个相对独立的事物都作为系统而存在。系统的基本特征是整体性、结构性、层次性和开放性。据此，比较教育研究必须注意以下几点。

第一，教育系统的整体性。在观察和分析问题时要着眼于有机整体，把整体的功能

---

①《列宁选集》第二卷，人民出版社 1995 年版，第 103 页。

②《列宁全集》第四十卷，人民出版社 2017 年版，第 294 页。

和效益作为认识和解决问题的归宿。因为往往有这样的情况：某项教育措施，从局部来看是很好的，但从整体来看却不是最优的。相反，也有这样的情况：某项教育措施，从局部来说并不是最好的，但从整体来看却是最适当的。遵循整体—部分—整体的研究方法，才能既正确认识个别教育措施的功能，又正确认识整个教育系统的运转机制。

第二，教育系统的结构性。在研究问题时，应当注意分析教育系统内部诸要素相互联系和相互作用的方式，包括一定的比例、一定的秩序、一定的结合方式等。例如，研究高等教育应当注意分析各国高校的类型结构和科类结构，研究各国中等教育应注意分析普通教育与职业技术教育的比例和相互关系，如此等等。这样分析，有助于判断教育结构是否优化，教育系统的整体功能是否最佳。

第三，教育系统的层次性。在研究问题时，应注意分析教育系统的各个层次，分析系统与要素（子系统）之间的地位、等级的相互关系。例如，分析教育系统中高等教育、中等教育、初等教育的比例和相互作用，甚至研究高等教育中的研究生教育、本科生教育和专科生教育的比例和相互作用。如此分析，有助于人们认清教育系统的纵向结构，进一步判明不同层次系统共同的运动规律和各自特殊的运动规律。

第四，教育系统的开放性。不仅要研究教育内部的关系，还要注意分析研究教育与国家政治、经济、文化的相互关系，以及教育与周围社会环境的相互关系。指明这些关系，有助于人们在教育实践中重视外部条件的作用，考虑如何因势利导。

（四）发展观点

唯物辩证法认为，物质世界是永恒发展的，发展是量变和质变的统一。依据这一原理，比较教育研究必须做到以下几点。

第一，重视来龙去脉。比较教育研究既应以现状的横向比较研究为主，也应给历史的纵向比较研究以一定的地位。追溯历史根源有利于从发展的角度观察现在和展望将来，使人们看清教育发展的来龙去脉。

第二，注意质和量的结合。既然任何事物都是质和量的统一，比较教育研究自应既注意定性比较分析，也注意定量比较分析。把定性比较分析和定量比较分析结合起来，可以更好地判明教育的本质及变化发展的规律。

（五）矛盾观点

矛盾观点是唯物辩证法的核心观点。运用这一观点时，必须注意以下几点。

第一，全面研究教育中的普遍问题和特殊问题。各国教育既有共同特点和共同规律，也有各自特点和特殊规律。既要注意分析现代教育的共性，也要注意分析不同社会制度国家教育的本质区别。善于异中求同，同中求异，才能探索各国（或各地）教育的共同规律和特殊规律。

第二，全面分析教育过程中的各对矛盾。教育过程中有许多矛盾，如教师与学生的矛盾、学校与家庭的矛盾、学校与社会的矛盾等。应当认真研究诸多矛盾，特别是其中的主要矛盾的性质和特点。

第三，全面研究教育发展的内在动因和外部条件。教育内部的原因是根本动因，它在教育发展中起决定作用。外部条件，一般地说，只能起促进或延缓教育发展的作用，但在一定条件下，它也可能转化为起决定作用的东西。比较教育应当很好地研究这个问题。

以上是比较教育在研究时必须坚持的五个基本观点。每个观点都有重要的方法论意义。客观观点要求人们抱定实事求是的科学态度；实践观点向人们指出探求真理的途径；联系观点要求人们从整体到部分，从部分到整体，对教育现象作多维度的静态分析，认清教育系统各方面的本质特征；发展观点要求人们从相对静止到绝对运动，从量变到质变，对教育理论和实践做多视角的动态分析，把握教育理论和实践发展的昨天、今天和明天；矛盾观点要求人们进一步深入教育现象的内部，探寻教育发展的动力源泉。这些观点互相联系，不可或缺。只有把这些观点综合起来，作为比较教育研究的方法论，才有可能达到探索教育规律的目的。

二、比较教育的研究分类

从1817年开始，经过200多年的发展，比较教育研究的领域扩展了，知识总量增加了，其内部也产生了新的分支体系。1990年，联合国教科文组织出版了霍尔斯（W. D. Halls）的《比较教育：当代的问题与趋势》一书，将比较教育研究领域分成了以下四个部分：比较研究、外国教育、国际教育和发展教育（图1-1）。其中，比较研究和外国教育是两个较为基础性的领域，而国际教育和发展教育则是两个应用性较为突出的领域。

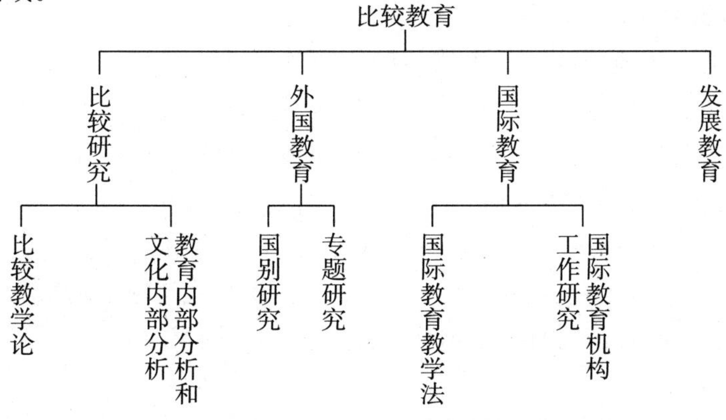

图1-1　霍尔斯的比较教育研究领域分支体系①

① W. D. Halls. *Comparative Education: Contemporary Issues and Trends*. London: UNESCO, Jessica Kingsley Publishers, 1990, p. 23.

比较研究领域又分为比较教学论、教育内部分析和文化内部分析两个亚领域。其中，比较教学论主要关注的是各国学校教学过程，而教育内部分析和文化内部分析主要关注的是影响教育制度的社会历史、文化、政治、经济、宗教、哲学等因素。外国教育领域一般以“民族—国家”为单位，但也包括区域研究。区域的标准具有很大的伸缩性，可以是跨国的文化圈、地理圈、政治圈，也可以是某民族国家内部的州、县等。国际教育领域分为国际教育教学法和国际教育机构工作研究两个亚领域。其中，国际教育教学法包括对国际学校和跨国学校等教育机构中不同国家、不同文化和种族背景的学生进行研究，少数民族教育研究，国际理解教育研究，和平教育研究，国际人口与生态环境教育研究，建立国际课程和教学常规的研究，解决国家间有争议的教材问题等。国际教育机构工作研究主要包括不同国家学历资格互认问题研究、教育交流问题研究等。与比较研究领域和外国教育领域相比，国际教育领域更为关注各国普遍面临的教育问题，更为关注不同文化、政治背景中各国教育现象中共享、相通的本质。发展教育领域是 20 世纪 60 年代以来分化发展出来的一个新领域，主要是根据各国的社会发展状况，分析比较其教育发展问题，从而为各国政府或国际社会制定平衡的教育发展战略提供参考。

当然，我们也可以从其他角度来对比较教育的研究领域进行分类。例如，我们可以根据研究内容和对象的不同，从学科内部体系结构的各部分之间逻辑关系的角度，把比较教育的研究领域划分为外国教育研究、区域教育研究、国家间比较教育研究、国际教育研究、比较教育史研究、比较教育方法论研究和比较教育基本理论研究等分支领域。① 本书采用的研究分类是：区域研究与问题研究相结合，以问题研究为主。区域研究是问题研究的前提，问题研究是区域研究的深化。

（一）区域研究

区域研究是按照地理区域、民族传统、政治背景、经济状况、语言习惯等不同的标准，把不同的国家或地区划分为不同的区域，然后再对它们之间的教育进行比较。区域研究的独特性在于，它不是从学科出发，而是从区域出发，在特定的时间和空间范围内整体、全面地理解某一区域人类所创造的政治、经济、文化体系，以便寻找教育发展的特点和规律。区域研究可以分为四个不同的层次：（1）超越“国家”的“某个统一体”（区域）的比较分析；（2）国际性的研究与单一国家之间的比较分析；（3）单个国家的教育制度和教育实践的比较分析；（4）国家内或地区内的比较分析。②

（二）问题研究

问题研究是比较研究两个国家或几个国家的教育制度和教育实践。按照比较范围

① 王英杰主编：《比较教育》，广东高等教育出版社 1999 年版，第 27 页。

② 冯增俊、陈时见、项贤明主编：《当代比较教育学》，人民教育出版社 2008 年版，第 90 页。

的大小又可分为两个小类：专题比较和综合比较。

专题比较就是把各国同一类问题并列在一起进行比较。例如，把各国的教育行政、教育经费、学前教育、初等教育、中等教育、高等教育、职业技术教育以及各级各类学校的课程设置、教学方法、各科教学等问题，分别排列在一起进行分析比较，从中找出各国的特点和共同趋势。由于教育现象极其复杂，它所涉及的范围极其广泛，所以比较研究一般从专题比较开始为宜。

综合比较是对国际教育的现状和趋势做全面的综合比较研究，其目的在于揭示各国教育制度和教育实践的总的特点和发展趋势，判明教育与政治、经济与社会发展的关系这样一些根本性的问题。

三、比较教育研究常用的方法

从上述比较教育的发展历史可以看到，比较教育的研究方法是多种多样的。凡是社会科学中所用的研究方法，只要与研究问题相关，在比较教育研究中就都可以使用。然而，要在比较教育研究中娴熟、恰当地运用这些研究方法，首先要明确“方法”有两个层面：一个是方法论层面的方法，另一个是具体技术层面的方法。

（一）比较教育的方法论

比较教育的方法论又包括以下两个层面：（1）比较教育研究中共同的思维基础——比较法；（2）基于这个共同的思维基础而产生的不同方法论学派。比较法是比较教育研究最为根本的思维基础，由于其跨国和跨文化的学科特性，比较法在比较教育研究中表现得尤为突出。一般的教育科学研究虽然有时也可能会用到比较法，但大多是就某个教育问题在某个具体的时间或空间节点上的表现进行描述或分析，缺乏对该问题及问题背后的社会及文化系统长期、深刻、系统的理解和思考。因此，比较法是所有比较教育研究最为根本的思维基础。为了比较，必须明确为何比较、比较什么、如何比较。

比较研究的直接目的是找出比较对象的相同点或不同点，或者是找出它们所处的等级序列，供决策研究。

要明确比较什么，就要分解教育系统的各种要素、教育系统作为社会的子系统与社会其他子系统的关系。比较的对象可以是几个国家和地区的教育系统中同一要素之间的比较，也可以是教育系统与社会其他子系统之间关系的比较。例如，教育投入的比较，可以比较发达国家与发展中国家的教育投入，也可以比较这些国家的教育投入与经济增长的关系。

要知道如何比较，则首先要确定一个标准，对比较的事物要作出界定，使比较的事物具有可比性。例如，教育投入，有些国家是靠政府拨款，有些国家是依靠多种渠道集资，这就缺乏可比性。只有把它们转换成可比的同样的标准，才能比较。通常我们把教育经费占国民生产总值（GNP）的比例作为比较对象。

根据不同的比较对象和要求，可把比较法分成不同的类型。

1. 同类比较法和异类比较法

这是一种根据比较对象具有同一性或差异性进行的分类。同类比较法是指比较两种或两种以上同类对象而认识其相异点的方法。例如，比较同是发展中国家教育投入及其资源分配的情况，找出其差异，分析其原因或结果。异类比较法是指比较两种或两种以上的异类对象而认识其相同点的方法。例如，比较发达国家与发展中国家的教育内容和课程设置，找出其异同，指出相同点，说明教育内容普遍地受当前科学技术发展水平的制约。

2. 纵向比较法和横向比较法

纵向比较是指比较同一对象在不同历史时期内的发展、变化。通过这种比较可以认识事物发展的历史源流，预测它的未来发展趋势。这种比较还包括对不同的国家在相同的历史发展阶段的教育状况的比较。例如，比较不同国家在人均国民生产总值相同的阶段的教育投入的情况。横向比较是把同类的不同对象放在同一时期、同一标准下进行比较。例如，可以比较第二次世界大战前英国和美国高等教育入学率的情况。纵向比较法和横向比较法往往结合起来运用。

3. 宏观比较法和微观比较法

宏观比较法是对教育系统或其与外部关系的整体性进行比较的方法。例如，比较同是发展中国家的印度和中国在教育发展战略上的差别，或者比较各国课程改革的情况和发展趋势。微观比较法是比较研究教育系统内部的一个具体的局部问题的方法，例如，比较各种教学方法。

基于这个共同的思维基础，不同的学者、不同的学派产生了不同的比较方法论思想。汉斯认为："建立比较的方法论是比较教育学家的特定任务。这样做部分是为了促进这一过程，部分是为了避免滥用概况和任意借鉴。"① 有关方法论的研究不仅可以帮助比较教育学者个体明确自己的研究立场，为自己的研究辩护，而且可以帮助其他学科的学者理解这一领域，使得比较教育成为一个合法的学科领域，能为整个知识群体贡献力量。因此，在比较教育发展的每一个关键时期，有关方法论的争辩就会备受重视。20 世纪上半叶，因素分析是比较教育研究最为主流的方法论思想。代表人物是英国的萨德勒和汉斯、美国的康德尔。他们都认为校外的事情比校内的事情更重要，为了真正了解外国教育，应考察这种教育制度的社会背景，分析影响教育制度性质和发展的历史传统、国民态度、政治和经济等各种因素，康德尔还把民族主义和民

① N. Hans. English Pioneers of Comparative Education. *British Journal of Educational Studies*, vol. 1, 1952, pp. 56-59.

族性作为决定各国教育制度性质的因素提出来，汉斯则把影响教育的诸外部因素系统化。然而，影响各国教育制度的因素是多方面的，很难确定什么因素是主要的，也就是自变量和因变量之间的因果关系是难以确定的。但尽管如此，因素分析的思想可以使研究者拓宽视野，把教育系统与外部条件联系起来。如果研究得法，则可以找出影响教育事实的比较关键的因素，这将有利于教育改革的决策。

二十世纪五六十年代后，随着比较教育的发展进入社会科学方法时代，很多学者提出了更为多元的比较教育方法论，如马林森（V. Mallinson）的民族性研究法、劳锐思（J. Lauwerys）的哲学研究法、莫尔曼（A. Moehlman）的文化理论模式研究法、贝雷迪的比较四步法、诺亚与埃克斯坦的科学量化法、霍姆斯的问题法和埃德蒙·金的教育决策五层次研究法等。我国的比较教育研究起步较晚，在20世纪80年代发展迅速，然而比较教育方法论的研究却成为提高我国比较教育研究水平的一大瓶颈，许多比较教育学者也由此产生了身份危机。因此，在1990年召开的中国教育学会比较教育分会年会上，比较教育方法论成为人们关注的主题，国内第一部比较教育方法论著作《当代比较教育方法论研究：作为国际教育交流论坛的比较教育》（薛理银著）也于1993年问世。

（二）比较教育具体的研究方法

在具体方法层面，当前社会科学研究中常用的方法都适用于比较教育研究。在研究路径上，大体上也可分为定量研究和定性研究两大类型；在具体的方法层面，可采用文献分析法、问卷调查法、实验研究法、访谈法、实地观察法、内容分析法、二手数据分析法等多种方法来收集和处理相关数据。当然，不同学派的学者倾向于使用不同的方法。实证主义者喜欢用问卷调查法、实验研究法等方法；质性研究者则对访问法、民族志、历史学和人类学的方法有偏好。这里我们介绍几种比较教育研究中常用的方法和技术。

1. 文献分析法

文献分析法是比较教育研究最为基础的方法。在其他学科的研究中，特别是在一些实证科学的研究工作中，查阅和分析文献往往被视为二手数据的来源。然而，在比较教育研究中，受时间、经费、语言等多方面因素的限制，查阅和分析重要的教育文献往往是获得一手数据重要的甚至是唯一的来源。例如，我们研究某个国家的某一教育问题，那么这个国家有关这一教育问题颁布的教育法令、规章，以及与此相关的教学大纲、教学计划、教科书，甚至是教育统计年鉴都将是研究这一问题的重要一手资料。需要强调的一点是，并非所有的文献资料在比较教育研究中都是一手资料，有关某国某一教育问题背后的社会、经济、文化分析的书籍、报刊、文章，或者是其他学者有关这一问题的研究报告则属于二手资料。一手资料固然重要，二手资料也有重要的参考价值。

运用文献分析法开展比较教育研究时，一般要经过查阅、抽样、鉴别和整理这四个阶段。(1) 在查阅过程中，要善于利用书目、索引、年鉴等传统的工具书，更要善于开发和利用各种网络资源。现代信息技术的发展帮助我们大大压缩了文献资料查阅的成本，同时也提高了文献资料查阅的效率。要注意摘录重要信息，同时也要注意有关某些重要信息的线索，以便研究者顺藤摸瓜，进一步获取更为重要的资料。(2) 抽样在文献分析的过程中十分重要，如果不善于抽样，就很容易在浩如烟海的文献资料中迷失方向。抽样通常可以根据以下三个维度开展。一是资料的来源，选择更为可靠的资料来源。二是资料的时间，通常来说比较教育研究主要关注的是当前不同国家、民族及国际社会的教育问题，因此资料的时效性非常重要。三是资料的选取单元，是选择整份资料，还是仅仅采用其中的一张图表，这需要根据具体的研究问题而定。(3) 资料的鉴别又分为外部鉴别和内部鉴别两个步骤。外部鉴别是指对资料的真实性进行判断。通常而言，教育方面的伪造资料较少。内部鉴别涉及资料内容的准确性，也就是说，有些资料尽管从形式上看是真实的，但或是迫于外部的压力，或是受资料作者自身能力的限制，资料中所反映的内容歪曲了事实本身。比如，有的国家为了某些政治目的夸大本国的教育成就，也有一些国家则为了得到国际社会的援助，低估了自己的教育成就。要鉴别这些内容的准确性，就要求研究者具备较高的研究素养，不仅要在其所研究的问题领域具有较为充分、完备的知识积累，而且还要有良好的批判意识和分析能力。(4) 整理则是根据具体的研究问题和资料本身的性质，按照某种逻辑或标准，对资料加以分类、整理，并使之系统、有力地解释或解决某一教育问题。

2. 问卷调查法

问卷调查法是研究者通过设计好的问卷直接向研究对象收集数据的一种方法。随着现代通信技术的发展，问卷调查可以通过现场面对面的方式开展，也可以通过通信、网络等更为便捷的方式开展。问卷调查法也是比较教育研究中较为传统的数据收集方法之一。朱利安在他的《比较教育的研究计划和初步意见》中就设计了很多调查问卷，早期的比较教育研究者也广泛采用这种研究方法。如今，很多国际组织如联合国教科文组织及其分支机构，在比较教育研究中仍然经常采用问卷调查法向各国了解其教育发展的实际情况。当然，个体研究者也可以采用问卷调查法向研究对象收集一手数据，只是这些数据更多关注的是个体的社会属性与其教育行为之间的关系，如比较中美两国中学生家庭社会经济地位与学生学业成绩之间的关系。

问卷调查最为核心的一步在于选取或设计一份信度和效度良好的问卷。在开展比较教育研究工作时，如果我们直接采用一份别人开发的且已被证明信度和效度良好的问卷，那么我们需要特别注意问卷的跨文化转换问题。比如，如果打算采用一份美国人开发的信度和效度良好的跨文化意识量表来分别测量中、美两国大学生的跨文化意识，进而进行比较的话，首先我们需要将这份跨文化意识量表翻译成中文，然后我们需要思考美国人说的“跨文化意识”和中国人说的“跨文化意识”有没有区别，量表中各种专业术语在中文语境中该如何表达等一系列问题，否则我们收集来的数据就不具有可比性。当然，我们也可以根据我们的研究问题自己设计问卷，这样做虽然可以获取更多我们想要的数据，但难度可能相应增大，消耗的时间和人力可能会更多。

当我们通过问卷调查从被调查的样本中收集到大量一手数据后，我们需要对数据进行统计分析，可以是较为简单的描述统计，也可以是较为复杂的推论统计，这需要视具体的研究问题而定。虽然这些具体的统计方法背后都有较为复杂的数学原理，但现在人们开发了各种各样的分析软件——如 SPSS（社会科学统计软件包）——帮助研究者处理这些复杂的数学运算。因此，作为比较教育研究者，我们只需了解统计学的一些基本原理后，就能自如地完成这些复杂的统计分析，并根据这些分析结果合理地解释我们研究的教育问题。

3. 实地观察法

实地观察法是研究者深入研究对象所在的现场进行观察，是了解外国教育实际情况的一种有效方法。通过这种方法得到的研究材料有感性认识基础，具有重要的参考价值。这种方法其实也是比较教育研究中较为传统的一种方法，在朱利安时代就已经被广泛使用。在当前的比较教育研究中，很多国外的研究者也深入其他国家进行长期的观察、细致的记录，类似于人类学中的田野研究。对于我国的比较教育研究者而言，限于客观条件，实地观察法的使用范围十分有限。

需要特别强调的是，实地观察并不等同于走马观花式的表面考察，研究者需要对整个观察的过程进行周密、细致和科学的安排，必要时还需采用一些诸如观察记录表、摄像机等工具或技术设备，辅助完成数据采集的工作。对于这些数据，研究者有时也需要借助于一些现代的质性数据分析软件——如 NVivo——来完成相应的分析。否则，即使身临其境，也未必能获取真实可靠的第一手数据，反而会造成对一些表面假象的盲目轻信。

4. 访谈法

访谈法也是比较教育研究中常用的方法之一。根据访谈提纲的不同，访谈可分为封闭式访谈、半开放式访谈和开放式访谈；根据访谈对象的不同，又可分为个体访谈和集体专题访谈（focus group）。高度结构化的封闭式访谈在某种意义上就是问卷调查的变体，而结构较为松散的半开放式访谈和开放式访谈在实地调查中运用较为广泛。个体访谈获取的数据可能带有明显的个人偏见，但集体专题访谈也可能因为“群体思维”的压力抑制了某些个体的思想和观点。① 然而，无论采取何种访谈方式，访

---

① ［美］艾尔·巴比著，邱泽奇译：《社会研究方法》（第十一版），华夏出版社 2009 年版，第 307 页。

谈对象的选取和访谈者的访谈技巧都是决定访谈数据质量的关键因素。除了要遵循社会科学研究对访谈者外观、举止、责任心、组织协调控制能力、专业知识和深入追问沟通技巧等方面的一般要求外，比较教育研究对于访谈者自身的语言能力、跨文化意识以及跨文化沟通技能有更高的要求。通常而言，访谈者不仅要熟练地掌握访谈对象所使用的语言，更要谙熟访谈对象所在国家的文化环境、风俗传统等，这样才能保证访谈高质量、有效地进行。

5. 内容分析法

内容分析法是在传播学中广泛使用的一种方法。尽管现代研究者将内容分析分为定量内容分析和质性内容分析两种不同的类型，但传统的内容分析强调的仍然是对明显的传播内容进行分析，例如，对图书、报纸、杂志、图片、录音、录像等作客观、系统和量化的数据处理。在比较教育研究中，我们可以用内容分析法来研究各国的教育法令、教育期刊、教科书、教育节目、课堂师生互动情境等各种教育现象，从中发现各国教育潜在的特征、规律等。内容分析法作为一种非介入性的研究方法，对研究对象的干预较少，研究结果也较为客观。内容分析法的内容不受时间和空间等客观条件的限制，近年来受到越来越多比较教育研究者的青睐。内容分析法的具体运用步骤可参考相关的研究方法教材。

6. 二手数据分析法

二手数据分析法是研究者利用其他研究者或研究机构收集的相关数据来开展研究的一种方法。由于许多本土研究者以及一些大型国际教育机构，如联合国教科文组织、世界银行、经济合作与发展组织（以下简称“经合组织”）等已经收集了大量关于各国教育发展情况的数据，对这些数据进行分析可以大大降低研究的成本，因此二手数据分析法在比较教育研究中也十分常用。

运用二手数据分析法时最重要的一点是要找出同一标准。例如，对于各级各类教育的分类，各国就不一致。为此，1976 年联合国教科文组织通过了《国际教育标准分类》（*International Standard Classification of Education*）来统一标准，经 1997 年、2007 年和 2011 年三次修订后，联合国教科文组织根据教育课程内容复杂程度和专门化程度将教育体系从低到高分为 9 个等级序列，即 0 级早期儿童教育、1 级小学教育、2 级初中教育、3 级高中教育、4 级中等后非高等教育、5 级短期高等教育、6 级本科教育（学士或等同）、7 级硕士教育（硕士或等同）和 8 级博士教育（博士或等同）。如果标准不一致，统计得出的数据就可能缺乏可比性，或者得出不可靠的结论。

运用二手数据分析法时，还需注意的一点就是统计数据的可靠性。一个国家的入学率在不同文献中数据可能不同，有些文献中的统计数据与事实不符。这就要求研究者采用最具权威性的统计数据。权威性的统计数据来源，首先是联合国教科文组织编制的统计年鉴，其次是世界银行发表的年度报告、经合组织出版的《经济合作与发展组织国家教育统计》、各国的政府报告等。在采用这些二手数据时，必须注明出处以便核对分析。

事实上，在实际的研究过程中，我们很少采用某种单一的方法，而是根据我们的研究资源将两种以上的方法结合使用，以提高我们研究的质量。此外，还需强调的一点是，不论是通过以上何种方法收集的数据（包括定量的数据和定性的数据），我们都需要特别注意数据的客观性、典型性和充足性。如果数据的客观性有问题，我们的比较教育研究就会失去可靠的根基。如果数据真实，但不具有典型性，不足以代表研究对象的普遍情况，我们的比较教育研究就会产生偏差。如果数据既客观又有代表性，但不够充分，我们的比较教育研究就难以推导出有足够说服力的结论。

第二章

各国学制概览（上）

第一节　美国学制

一、美国学制的演变

17 世纪前叶，北美殖民地最普遍的教育方式是讲解基督教教义和进行教义问答。一般而言，直到社区已经发展得很稳定和能够自立的时候，才出现学校。不过，殖民地学校出现得并不太迟。到 17 世纪 30 年代，新英格兰殖民地的马萨诸塞州各市镇就出现了各种市镇学校。直至独立战争之后的若干年里，美国的各种学校基本上是移民按照其母国学校的模式兴办的，并且受各教派控制，发展缓慢。

在殖民地时期，美国的初等学校有市镇学校、书写学校、主妇学校（dame school）以及慈善性质的贫民学校（pauper school）。1776 年美国建国后，初等教育不能满足新国家的社会和政治需要。第二次抗英战争（1812—1814 年）结束后，美国摆脱了英国的束缚，走上了独立发展资本主义的道路。随着第一次工业革命在美国的兴起，经济迅速发展起来，也推动了教育的蓬勃发展。19 世纪 30 年代，声势浩大的公共教育运动兴起，政府开始兴办免费、非教派的公共学校（common school），改变了教派控制初等教育的局面。1832 年，纽约市政当局率先实行免费制度。此后，各州陆续制定并实行学校法。为了适应初等教育的大发展，马萨诸塞州于 1839 年建立了美国第一所州立师范学校，随后各州也相继办起了师范学校。1856 年，德国教育家舒尔兹夫人在美国设立了第一所幼儿园，专收德裔居民的幼儿。1873 年圣路易斯市首次把学前教育列入公立学校的教育体系之中，成为美国完整教育体系的第一阶段。

在殖民地时期，美国的中等学校主要是模仿英国的拉丁文法学校，为学生升入大学做准备，课程以古典语文和神学为主，属贵族学校。为适应当时新的工商业社会的需要，富兰克林（B. Franklin）于 1751 年在费城创办了文实中学（academy）。文实中学面向中产阶级青年，不仅为升大学提供准备，还为不升大学而从事一般职业的人提供准备，很受欢迎，逐步取代了拉丁文法学校。1821 年波士顿英文中学（Boston English High School）创办，这是美国公立中学（public high school）的开端，不仅以税收维持，并且面向大众，课程侧重应用学科。到 1872 年密歇根州最高法院裁决以税收办理中学为合法之后，美国各州兴起了创办公立中学的运动，于是公立中学逐渐普及全国，代替了文实中学，成为与小学紧密衔接而为全民共享的实施基本教育的场所。

20 世纪初，以电气化为标志的第二次工业革命推动了美国经济、科学技术和教育的发展，也促进了美国中小学学制的改革。此前，美国的传统小学和中学，学习年限大多分别是 8 年和 4 年。1894 年，美国全国教育协会组织的十人委员会提出《中学课程改革方案》。这一方案的实施，导致了 20 世纪初美国中小学结构的改组。小学缩短为 6 年，中学延长至 6 年，分为初中和高中两段，每段 3 年，形成六三三制，称为改组学制。这一学制在美国各地得到迅速推广，但许多乡村地区仍然保留传统的八四制。

在独立战争前，美国的高等学校大多由英国移民所办，是牛津大学、剑桥大学的翻版。1636 年哈佛学院建立，北美殖民地开始有了自己的高等学校。1795 年成立的北卡罗来纳州立大学开了政府以公款办大学的先河。1862 年，美国国会通过了《莫雷尔法》(*The Morrill Land Grant Acts*)，向每个州赠送土地或相当于地价的资金，以帮助各州至少建立一所培养农业和机械人才的学院。这些与传统学院大不相同的“赠地学院”是美国的独创，改变了美国以及后来世界其他许多地方高等教育的意义，对美国农业和工业的发展贡献很大，后来进一步发展成为各个州的州立大学。

1876 年建立的约翰斯·霍普金斯大学注重研究和发明，强调学术造诣和择优培养，其研究生院是在美国大学中最先创立的，代表美国高等学校面向学术发展的方向，是学术型大学和研究生教育的先导。

1902 年，美国开始建立初级（社区）学院（junior college/community college)。它们多由地方负责管理，由政府提供资金，学生就近入学，学费低廉，学制 2 年，开设技术性或半专业性的职业课程，也有一些课程是为准备进入四年制大学的学生而设的。这种学校后来得到很大的发展，对于美国在一定范围内和一定程度上实现教育机会均等贡献极大。

1917 年，美国国会通过了《史密斯-休斯法》(*Smith-Hughes Act*)，规定联邦政府对教授农业、商业和工业以及家政科目提供大量资助，强调职业教育构成现行公立学校体制的组成环节，从而推动了中等职业教育的发展。此后，公办教育系统纷纷开设职业课，普通中学就改为升学和就业兼顾的综合中学。与此同时，中等职业学校也蓬勃发展起来。

1958 年，美国国会通过了《国防教育法》，责成联邦和各州政府大力加强基础教育，提高美国学生的科学、数学和外语水平。1959 年，教育家科南特发表了题为《今日美国中学》的报告，报告建议大力发展综合中学。此后，基础课程与职业课程并举的综合中学成为美国中等教育的主流学校类型。

1965 年，美国国会通过了《初等和中等教育法》（*Elementary and Secondary Education Act*）和《高等教育法》（*Higher Education Act*）。《初等和中等教育法》加大了对美国中小学教育系统的政策和资金倾斜，显示了联邦政府日益增强的教育改革力度。《高等教育法》是美国第一个由联邦政府全面资助高等教育的法令，也是美国历史上第一部高等教育法。该法对于大学和学院的社区服务计划做出了规定，并拨款支持"发展中学院"（主要是指南部历史上的黑人学院）的发展。2002 年小布什总统签发《不让一个孩子掉队法》（*No Child Left Behind*），这是对《初等和中等教育法》的重新认可。1965 年《初等和中等教育法》的基本目的是帮助下层社会的儿童得到良好教育，《不让一个孩子掉队法》的最基本项目仍旧是针对 1 250 万名贫穷儿童的重点教学项目。① 2015 年奥巴马政府颁布《每一个学生成功法》（*Every Student Succeeds Act*），将控制教育的权力归还给各州和地方学区，改变了《不让一个孩子掉队法》所规定的以联邦标准化测试为基础的问责制。

1970 年，美国卡内基高等教育委员会制定"卡内基高等学校分类法"，该标准已被美国大多数地区所接受和使用。该标准先后在 1976 年、1987 年、1994 年、2000 年、2005 年和 2010 年多次修订，将美国高等学校基本分为副学士型学院、学士型大学、硕士型大学、博士型大学、专业型学院和部落学院。

1991 年和 1992 年，明尼苏达州和加利福尼亚州分别颁布了关于特许学校的法令，正式揭开了特许学校运动的序幕。特许学校是一种新型的公立学校。与传统公立学校相比，特许学校可凭州授权的"特许证"免受州或地方有关公立学校的法规限制，学校办学拥有更大的自主权，办学资金大部分来源于公立教育经费，学生免交学费。从 20 世纪 90 年代开始直至 2002 年，美国各州纷纷出台有关特许学校的立法，37 个州共 58 万名儿童在近 2 400 所特许学校里就读。美国总统奥巴马在他的教育蓝图中，加强了对特许学校的支持。美国基础教育阶段兴起一系列创新型学校，包括特许学校、磁石学校、非营利性学校、蒙台梭利学校（Montessori schools）、职业学校以及特色学校（theme focused schools）等。

除此之外，当前美国中小学教育的另一个趋势是家庭学校。② 2004 年，美国家庭学校合法权捍卫协会（Home School Legal Defense Association）发布了关于家庭学校的报告。该报告指出：全美约有 1.6 万至 2 万名儿童在家里接受父母的教学，完成基础教育；平均而言，家庭学校一至四年级的学生要比公立和私立学校相对应年级

---

① 李春黎：《美国〈初等和中等教育法案〉的历史演变与分析》，《外国中小学教育》2006 年第 1 期。此处《初等和中等教育法案》即《初等和中等教育法》，只是翻译表述不同。

② 周世厚、段庆阳：《美国家庭学校教育发展与影响探析》，《比较教育研究》2016 年第 6 期。

学生的表现高一个年级的水平；选择家庭学校的美国家庭数量在以每年 7%—15%的幅度增长。2011—2012 学年，基础教育阶段家庭学校的学龄群体规模已经增长到 177 万人，占美国学生总数的 3.4%。就地域而言，家庭学校在各州的发展状况并不相同。例如，华盛顿州 2000—2013 年家庭学校学生人数在 1.5 万—2 万人；而北卡罗来纳州 2000 年家庭学校学生为 3.4 万人，2013 年已增至近 10 万人，13 年间基本保持增长的趋势。① 美国部分州（如伊利诺伊州、俄亥俄州、加利福尼亚州、纽约州）对家庭学校的合法性、学习时间、教学科目、教师资格以及考试等设立了相关的法律规定。基于此，“在家上学”（home schooling）成为基础教育的一种特殊形式，而家庭学校成为美国学校系统中游离于公立和私立学校之外的特殊学校。

在高等教育领域，新的教育提供者正进入市场。营利性大学，如凤凰城大学和沙尔文学习中心（Sylvan Learning）已遍布美国。根据估计，美国已经有 1 000 多所企业培训学校，为雇员提供大学水平的教育和培训。②

20 世纪初，美国的学制已基本定形，在以后的时间里，虽然有些调整和发展，但是没有重大的变化。

二、美国现行学制

美国的学制属“单轨制”，学校系统采取垂直划分的组织形式，分为学前、初等、中等和高等四个阶段。近年来，继续教育、终身教育发展很快，被称为教育的第五阶段。第五阶段的教育是由各级各类学校兼施的，实行年轻一代的教育与成人教育相结合、正规教育与非正规教育相结合。

美国学制还体现了统一性与多样性相结合的特点。由于实行彻底的教育分权制，美国没有全国统一的学制，各个州的学制多种多样，平行发展。一般而言，美国学生的修学年限为：初等教育和中等教育 12 年，普通高等教育本科 4 年，研究生教育 6 年，总计学程为 22 年左右。儿童一般 6 岁上小学，在 18 岁念完高中。通常，进入高等学校学习的学生，22 岁可本科毕业，取得学士学位。进研究生院学习的学生，24 岁左右可获得硕士学位，28 岁左右可获得博士学位。

美国的公立学校在中小学阶段形态较为复杂，大致存在 8 种形态：六三三制、六六制、七五制、八四制、五三制、六二四制、四四四制、三三三三制。其中，六三三制盛行于大都市规模较大的学区，属于主流学制。学生前 6 年就读于小学，中间 3 年

---

① International Center for Home Education Research. *U. S. Enrollment Data*. http//icher.org/endata.html.

② ［美］杜德斯达著，刘彤、屈书杰、刘向荣译：《21 世纪的大学》，北京大学出版社 2020 年版，286 页。

就读于初中（junior high school），后3年就读于高级中学（senior high school）。五三四制是指学生前5年就读于小学，第六、七、八三年就读于中间学校（middle school），后4年就读于高级中学，该学制自1960年起实施。

（一）学前教育

美国学前教育机构名目繁多，主要有两类：保育学校和学前班。

保育学校是进入幼儿园之前的儿童教育组织，招收3—4岁（或5岁）的幼儿。保育学校又可分为三种：（1）各级学校附设的，主要为教学实习和科研服务；（2）联邦政府主办的“提前开端计划”，是为贫苦儿童举办的补偿教育；（3）民间团体、福利机构、教会、私人举办的。

保育学校的任务是辅助家庭，促进幼儿身体、智力和情绪等方面的发展。教育内容不统一，大致包括：室内活动，如自由玩沙箱、看图画、唱歌、讲故事等；户外活动，如玩大积木，爬迷津梯，去动物园、博物馆、展览馆参观等。因此，保育学校的任务主要是游戏玩耍，而不是入学前的准备学习。

美国学前班已经纳入公立学校系统之中（也有私立的学前班），但与小学一年级没有必然的联系，招收5—6岁的儿童。因为不是国家层面的义务教育，所以不是所有家长都把儿童送入幼儿园。

学前班的主要任务是帮助儿童做好上小学的准备，让儿童在身体、社会交往和情绪方面都达到充分的成熟，具有适当的视觉和听觉经验以及一定的语言表达能力。

（二）初等教育

美国的初等教育属义务教育，由小学实施，儿童年满6岁就可入学。公立小学占80%以上，私立小学在20%以下。

小学学制有八年制、六年制、四年制等几种。八年制是传统学制，多设在乡村；六年制是改组后的学制，现在占大多数；四年制小学与中间学校衔接，为数不多。小学一般采取分年级教学，也有的学校采用学生根据能力和志愿同时学习几个年级课程的多级制，在低年级还有不分年级的教学。

美国没有正式的、全国统一的小学教育目标。美国全国教育协会曾将小学的教育目标概括为六条，对美国的小学教育影响广泛：（1）增进儿童的健康和发展儿童的体格；（2）增进儿童的心理健康和发展儿童的人格；（3）发展儿童对社会和科学世界的认识；（4）发展儿童有效地参与民主社会的技能；（5）发展儿童民主的生活价值；（6）发展儿童的创造性能力。

小学课程有语文（阅读、说话、拼写、书法）、算术、科学（主要是自然常识）、社会研究（历史、地理、政治、社会学、心理学等科目的结合与综合）、美术和应用艺术、音乐、体育、卫生、劳作等。有的小学设土著课，教授当地的土著语言文化。根据1958年的《国防教育法》，小学自三年级开始开设外语课。

（三）中等教育

美国的中等教育由各类中学实施，学制主要有四年制、六年一贯制和三三制等几种。美国的义务教育年限各州不一，多数州为 9 年，少数州为 8 年、10 年、11 年或 12 年。因此，美国的大部分中学特别是初级中学，属义务教育。一般而言，凡受过小学教育、年满 12 岁的儿童，不必经过考试选拔，即可自然升学进入各种中学。美国的中等教育从七年级或九年级开始（取决于当地的初等教育是六年制还是八年制），到十二年级止。

美国的中学以综合中学为主体，兼施普通教育和职业技术教育。也有分开设立的普通中学、职业技术学校和特科中学。此外，还有形形色色的其他中学，如教区中学、独立中学、选择学校等。各类中学里公立学校约占 90%，私立学校约占 10%。

综合中学为满足所有在校青年的需要，在高中阶段实行分科，一般分为三科。（1）学术科，为升学做准备。读该科的学生占学生总数的 30%—35%。（2）职业科，又分为工、农、商、家政等科，为就业做准备。读该科的学生占学生总数的 20%—25%。（3）普通科，学习一定的文化知识，学生毕业后只能做非熟练工人。该科的学生占学生总数的 40%—50%。

提供职业教育的中学还有职业技术中学、职业中学、专科学校等。职业技术中学多设在城市，招收初中毕业生。

特科中学主要设在大城市，为那些具有研究才能或某种艺术天赋的学生提供特殊教育。

中间学校于 20 世纪 60 年代后期才开始出现，介于小学和高中之间，修业 3 年或 4 年，包括五至八年级（10—14 岁，正处于青春期）的学生。中间学校的设立就是为了适应这一年龄段学生的特点，促进他们从小学有指导的学习向中学比较独立的学习顺利过渡。中间学校的地位类似初级中学，不过，它延伸到了小学的五、六年级，以便把青春期的孩子放在同一个学校，避免小学阶段学生发育差距过大造成的教育困难。

特许学校出现于 20 世纪 90 年代初，这种公办民营特点的学校的出现是美国针对公立学校系统的一次重大革新。《不让一个孩子掉队法》提供了 13 亿美元用于帮助州和地方政府支持特许学校。该法明确规定，“特许学校”一词指的是一所具备以下特征的公立学校：（1）符合州所颁授特许学校之专门法规，不必受州或地方有关限制开办公立学校之法律规定的限制，但应符合与本法其他要求有关的法律规定；（2）开办者按公立学校创办，或是对已有的公立学校进行改造后开办，受公立学校管理机构监督；（3）学校具有一套特殊的教育目标，并经权威的公共特许机构审查同意；（4）提供小学或初中教育课程，或两者兼有；（5）其课程、入学政策、聘任措施以及所有的运行活动，均不带有任何宗教色彩，不隶属任何教派或宗教机构；（6）不收取学费；（7）允许家长择校；（8）与本州权威的公共特许机构签订一份绩效合同，规定特许学校的评估标准等。特许学校的创立，旨在推动中小学进行教学、课程以及学校组织的改革和创新。

美国中等教育的目标至今尚在争论之中，它大体上是综合性的，升学与生活兼顾，普通教育与职业教育并重。关于美国中等教育目标，引用最多的是美国中等教育改组委员会于1917年制定的“中等教育七项原则”：（1）健康；（2）基本技能；（3）家庭关系；（4）职业技能；（5）公民训练；（6）闲暇利用；（7）德行。

美国大多数综合中学提供包括各种课程的综合性学习方案（一所中型综合中学可提供200多种课程），允许学生从一种方案转到另一种方案，还允许学生安排适合个人需要的学习方案，博采不同课程中最有用的部分。

（四）高等教育

美国的高等教育具有多层次、多类型的特点，有完整的教育体系。实施高等教育的机构多种多样，有公立的，也有私立的。从培养目标和教育计划的性质来看，可分为以下几种。

1. 初级学院或社区学院

这是高等教育中最低的一级，目的是为学院所在社区的经济和社会发展服务。招收高中毕业生，修业2年，授予副学士学位。毕业生也可转入大学学习。在这类学校学习的学生已超过全美国大学生的一半以上。

2. 技术学院

技术学院实质上是初级学院的另一种类型。它招收高中毕业生，修业2—3年，授予副学士学位或发给专业证书，培养医科、牙科、护理、工程技术和商业会计等方面的半专业性技术人员。

3. 文理学院和专业学院

这种类型的学校招收高中毕业生，修业4年或4年以上，授予学士学位。有一些文理学院设研究生院。

4. 综合性大学

综合性大学的主要目标是培养具有实际工作能力与技能的工程设计人员和研究人员。一般由州政府创办，学校常常是开放式的，学费适中。它们特别重视专业教育，大部分专业都授予学士和硕士学位。这些大学的课程设置往往针对各州的具体需要而定。教师以教学为主，也从事一些科研工作。

5. 研究型大学

研究型大学旨在培养创造、发明和研究人才。科研在这类大学中占有重要地位，科研成绩突出，培养的博士和硕士研究生的质量也比较高。根据美国教育统计中心

2020 年公布的数据，美国的研究型大学大概有 403 所。研究型大学有实力雄厚的研究生院，还有规模庞大的研究机构。它们要求学生不仅具有扎实的基础知识，还要具有比较强的从事科学研究的能力。

6. 多校园综合性大学

多校园综合性大学（the multicampus university）是第二次世界大战以后美国高等教育发展中出现的新生事物。与普通综合性大学不同，它们不是一个完整的机构，而是多个完整的机构，包括本科和研究生院、自然科学院系和人文科学院系等。这些大学的边缘模糊，难以界定。它们伸延得很远，与校友会、立法机关、农民、企业家等有联系，是有多个中心的机构。各机构的学术宗旨、目的、利益等也不尽相同，有些甚至相互矛盾。以上一些特点是普通综合性大学也具备的。但是，多校园综合性大学具有突出的地理性特点，即一所大学中并非所有学院都在同一个地方的校园里，而是分散在若干地方。例如，加州大学有多个校园，是一所多校园综合性大学。目前，美国大学生中 40%的人就读于这种多校园综合性大学。

7. 企业创办的大学

这是美国出现的一种新型大学，一般由大公司开办，为公司或企业培训专业人才。有的企业所创办的大学还对社会开放，有的甚至直接从高中毕业生中招收学生。

关于美国高等教育的目标，并无统一意见，但在以下几方面人们的看法比较一致：(1) 美国的高等教育要使每个受教育者的才华得到最大限度的发挥，从而为他本人、为其他人和社会带来利益和好处；(2) 美国高等学校在科学研究和学术上不断探索新的领域，做出新贡献，从而不断丰富人类的知识宝库，为人类造福；(3) 美国的高等学校不断调整自己，以满足社会各方面的需求，为全社会服务。当然，不同的大学对这三个共同目标的认识和侧重点并不完全相同。

（五）师范教育

目前，美国独立的、专门的师范院校所存无几，中小学师资主要由文理学院和大学来培养。学生高中毕业后在这些院校学习 4—5 年，在获得任教学科的科学知识并受到教育方面的专业训练之后，才能担任教师工作。这些院校一般通过教育专业来实施师范教育，其课程设置是实施师范教育的中心环节。各个院校的教育专业修业计划大同小异，主要包括普通教育课程、任教专门科目课程、教育基本原理课程、教学方法、作为教学实习准备阶段的早期实地经验以及教学实习等。

美国现行学制如图 2-1 所示。

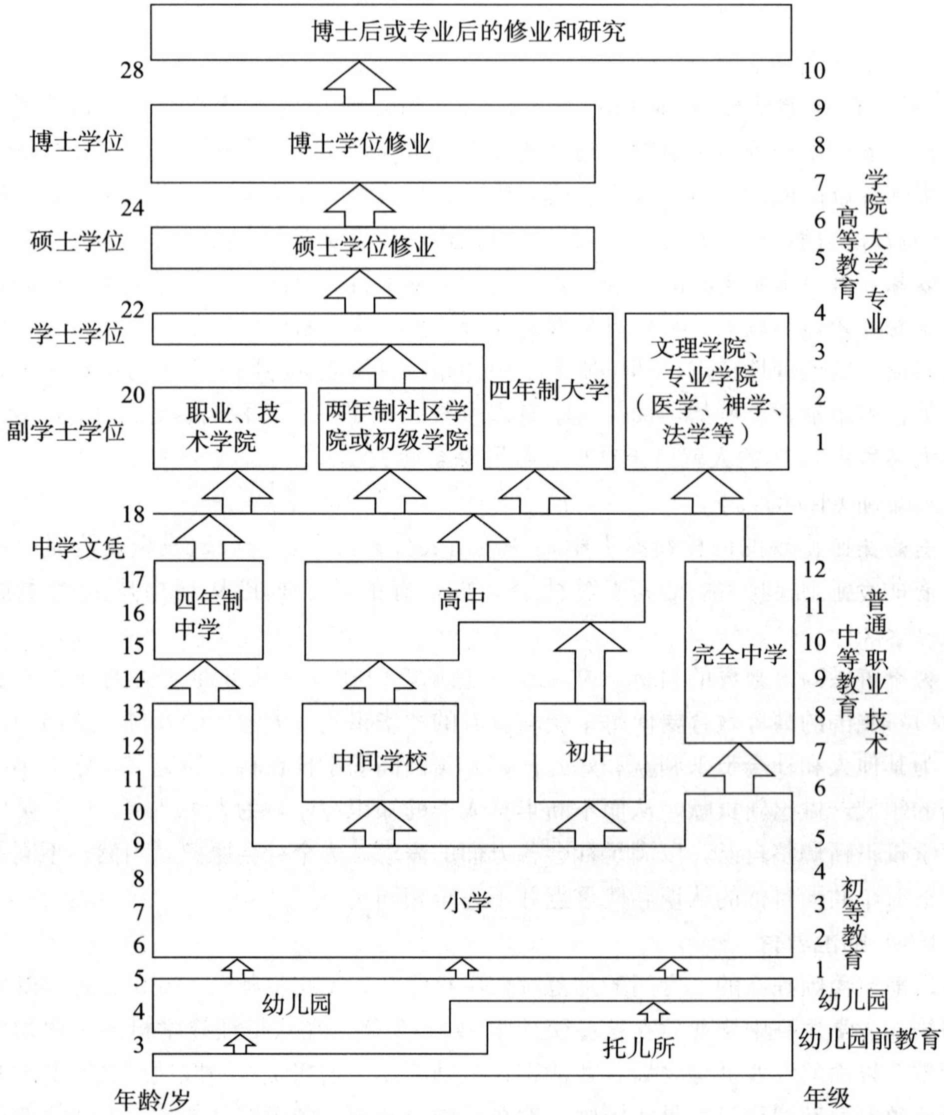

图 2-1　美国现行学制

资料来源：U. S. Department of Education，National Center for Education Statistics，The Structure of Education in the United States. *Annual Reports Program*. https://nces. ed. gov/programs/digest/d13/figures/fig_01.asp.

第二节　英 国 学 制

一、英国学制的演变

19 世纪以前，英国教育是由宗教与慈善团体经办的。1839 年，英国成立了最早的中央教育机构枢密院教育署，其职责是控制中央调拨经费的使用。1870 年颁布的《初等教育法》规定，在没有教会办的小学的地区，地方学校委员会有权用地方税收和国家补助设立小学；同时规定，每一个学区有权颁布义务教育相关规定。《初等教育法》为英国国民教育制度奠定了基础。根据这部教育法，英国逐渐形成了一种典型的双轨学制：一轨是为资产阶级和贵族子弟设立的，另一轨是为劳动人民子弟设立的。

为资产阶级和贵族子弟设立的学校有公学、文法中学和大学。这类学校是培养未来统治者及社会上层人物的重要机构，学校师资、设备等办学条件优越，学费昂贵。

为劳动人民子弟设立的学校有初等学校、高级小学、职业学校等。这类学校以培养体力劳动者为主，办学条件较差，教育质量低劣。

这种双轨制造成不同阶级接受教育的机会不平等，具有明显的阶级性。随着政治、经济的发展，双轨制经常受到人们的抨击。第一次世界大战后，许多人提出扩大中等教育机会。工党提出了“人人受中等教育”的主张。两次世界大战期间，各方面人士纷纷要求改革教育，提出了各种改革方案。其中，1938 年的《史宾斯报告》建议将中学划分为文法中学、技术中学和现代中学三类。1944 年，议会通过了《1944 年教育法》，又称《巴特勒法》。

《1944 年教育法》规定，法定的公共教育系统将由初等教育、中等教育和继续教育三个衔接的学段组成。初等教育和中等教育的衔接使得双轨制不如以前那么明显，从而扩大了大众接受教育的机会。但是，该法并没有解决教育机会均等的问题。该法规定，受完初等教育的 11 岁儿童须参加统一的“11 岁考试”，然后按学力考察和智力测验的成绩，分别升入文法中学、技术中学和现代中学。实际上，这三类中学的招生对象、教育内容与学习年限相差甚大，劳动人民子弟一般只能进入质量较低的现代中学。所以根据《1944 年教育法》建立起来的英国学制，实质上仍是双轨制。

1945 年以后，英国学制进行过多次改革。

（一）改革中等教育结构，大力推广综合中学

第二次世界大战结束以后，英国主要是以文法中学、技术中学、现代中学这三类学校的方式重建和发展中等教育，以满足经济发展的需要和人们不断增长的接受中等教育的要求，但一直有人提出反对意见。1938 年的《史宾斯报告》曾经考虑过设立多边学校的可能性。1947 年，伦敦、布里斯托尔等地开始创办综合中学，即把文法

中学与现代中学合并，或把三类学校合并。综合中学入学不须经过“11 岁考试”。随着教育民主化运动的发展，由于三类学校制的心理学依据的动摇以及工党对综合中学的极力提倡，一些地区开始逐步改组中学。但在 1965 年以前，综合中学发展比较缓慢。据统计，1965 年全英只有 262 所综合中学，在校学生占中学生总数的 8.5%。

1964 年工党执政后，把开办综合中学作为一项重要的政治策略。1965 年，教育和科学部发布第十号通令，要求地方教育当局沿着综合中学的路线提出改组中学的计划。1967 年，教育和科学部宣布取消“11 岁考试”。此后，综合中学取得较大发展。

1970 年，保守党执政，撤销第十号通令，并提出“中等教育的组织无须以综合中学的原则为依据”，反对将原有的文法中学、技术中学与现代中学合并为综合中学。综合中学的发展一度停滞。1974 年，工党接替保守党执政，废除 1970 年保守党的通令，重新肯定沿着综合中学路线改组中学的政策，再次发布通令，责成地方教育当局废除某些学校仍然存在的按智力测验选拔学生的做法。《1976 年教育法》授权教育和科学大臣责令各地方教育当局递交中等教育综合改组计划，使综合中学取得了合法地位。这样，综合中学又有了很大的发展。到 20 世纪 80 年代初，综合中学已成为中等学校的主要类型。据统计，1977 年，文法中学只有 407 所，现代中学 837 所，技术中学为数甚少，已不列入统计表中，而综合中学则激增到 3 647 所。综合中学学生在中学生总数中所占的比例是：1970 年 34.4%，1975 年 68.8%，1980 年 82.5%，1985 年 85.4%，1988 年 85.9%。公立文法中学的数量在 20 世纪 60 年代中期达到了近 1 300 所的峰值，不久便开始下降。下降最快的时期是 70 年代：1971—1978 年，有 650 所文法中学关闭。根据 1998 年《学校标准和框架法案》，新的公立文法中学不再被允许开设。2020 年，英格兰的文法中学为 163 所，共约 17.6 万名学生在读。

（二）改变重视人文学科、轻视职业技术教育的传统

英国素来有重视人文学科的传统，认为人文学科特别是古典语言，是培养学生智力的最好手段。随着科学技术在生产中的应用，经济发展需要更多的技术人员和适应大机器生产的工人，培养多层次的能满足经济和工业发展需要的人才成为各种类型学校面临的一项重要任务。因此，职业技术教育日益得到重视，具体措施如下。

1. 在中学阶段为职业技术教育打下较为广泛的基础

现代中学的学习年限由 4 年延长到 6 年或 7 年，增设与文法中学课程相类似的学术性课程。文法中学则增加必修课程的门类，推迟专业分化。有的文法中学要求第六学级的学生学习数学。

2. 扩充与新建一些科学技术方面的大学或学院

为了满足对科学技术人才的需要，英国大力发展科技方面的大学和学院。1956 年，英国政府发布《技术教育白皮书》，将一些质量较高的继续教育学院升级为高级技术学院，以培养专业化的高级技能人才。帝国科学和技术学院的规模在 20 世纪 50 年代扩大了一倍，伦敦大学、格拉斯哥大学和曼彻斯特大学积极扩展工程院系并创办高级技术学院。

在继续教育方面的科技教育，自 1963 年以来也有重要的发展。第一，将 20 世纪 50 年代建立的属于继续教育范围的 10 所高级技术学院升格为大学。它们设置广泛的高级技术课程，并有权授予技术方面的学位证书。第二，新建多科技术学院。1966 年 5 月，政府向议会递交了《多科技术学院及其他学院规划》。1969—1973 年，英国正式成立 30 所多科技术学院。第三，许多工艺学院与其他继续教育学院也设置了一些可获得专业文凭的高级课程以及国家学位授予委员会所认可的高级课程。据统计，1979—1983 年，承担高等教育职能的英国地方性技术学院的入学率增加约 30%。1992 年，《继续教育与高等教育法》将 34 所技术学院升级为大学。为了适应经济社会快速发展的需要，英国政府于 2017 年 4 月颁布《2017 年技术与继续教育法》，为科技教育提供法律依据。2019 年 4 月，英国教育部宣布建立全国首批 12 所由大学、继续教育学院和企业合作创办的技术学院，提供高质量的科技教育。

3. 加强职业训练，提高职业教育的水平

英国高等职业教育起步于二战后期，以适应恢复建设对职业人才的需求。1964 年，工业界成立工业培训委员会。该委员会帮助青年职工参加各种形式的在职学习（如夜校，每周一天的以及短时期的工读交替课程等），以获得普通与高级国家证书。同年英国公布《工业培训法令》，使学徒培训与继续教育相结合，教育与培训之间密切合作关系开始形成。1973 年的《雇用与培训法》进一步发展了这种合作关系。1973 年、1974 年，英国分别建立了技术教育委员会与商业教育委员会，设计与管理全国统一的技术员与商业人员的课程系统。此外，英国还提出要对结束义务教育的学生，集中进行一年就业的入门训练；强调职业教育要与各级各类教育一起构成一个统一的系统，既要与中等教育衔接，又要与大学教育加强联系，或成为大学的一个组成部分。

《1988 年教育改革法》颁布之后，英国职业教育进入了新的发展阶段。20 世纪 90 年代以来，英国政府推动高等职业教育与职业资格对接，提升高等职业教育层次水平。1991 年，英国政府发布的《21 世纪的教育和训练》明确了国家职业资格框架，指出学术教育与职业教育在国家战略中具有相等地位。1993 年，英国政府开始实施现代学徒制计划，有效推进职业教育的顺利实施。1998 年，英国成立继续教育国家培训组织，负责制定国家职业教育的教师标准。2009 年，英国政府出台《英国国家技能战略》，制定了职业资格与学分框架。2012 年，英国政府发布继续教育与职业教育白皮书《新机遇新挑战》，大力推进职业教育开展全面、深入的改革。为顺应职业教育全球化、国际化的潮流，2015 年，英国政府发布《英国学徒制：2020 年发展愿景》，进一步完善高等职业教育管理机制。

（三）改革高等教育制度，发展高等教育

第二次世界大战结束以后，英国高等教育开始恢复并发展。到了 20 世纪 60 年代，高等教育的观念和制度发生了重大变化。1963 年罗宾斯委员会关于高等教育的报告，对促进高等教育的发展起了重要作用。该报告提出了英国高等教育的主要目的、发展原则和 178 条建议。报告提出的高等教育发展的六项原则成为后来英国高等教育发展的指导思想。其中最重要的一条原则是："高等教育的课程应该向所有能力上和成绩上合格的，并希望接受高等教育的人开放。"它被称为"罗宾斯原则"，是 20 世纪 60 年代英国高等教育大发展的依据。

1965 年，英国政府开始推行高等教育的双重制，即把高等教育分为两块：一块是大学，它们是自治的、获得特许的机构，被称为独立自治部分；另一块是大学以外的高等教育机构，它们是公立的，被称为公共部分，由全国学位授予委员会授予学位。两者的社会地位、学术水平有很大的差异。

20 世纪 70 年代中期到 80 年代中期，由于经济、人口等因素的影响，英国的高等教育进入了调整和收缩时期。1985 年 5 月，教育和科学大臣，威尔士、苏格兰及北爱尔兰的国务大臣联合向议会提交了《20 世纪 90 年代英国高等教育的发展》绿皮书。它对高等教育原则做了新解释，即从"谁有资格谁升学"变为"谁能受益谁入学"。1987 年 4 月，政府发表题为《高等教育：应对新的挑战》白皮书，提出改革高等教育双重制。《1988 年教育改革法》规定，属于"公共"部分的包括多科技术学院和其他学院在内的高等院校将脱离地方教育当局的管辖，成为独立的机构。1992 年以后，按照 1991 年《高等教育的框架》白皮书，多科技术学院改称大学，废除高等教育双重制，全国学位授予委员会也宣布解散。

第二次世界大战结束以来，英国高等教育实现了由精英型向大众化、普及化过渡。其高等教育毛入学率 1963 年为 8%，1979 年为 12.5%，1986 年为 14.2%，1991 年为 20%，1999 年为 60%，2009 年为 59%，2012 年为 59.4%，2014 年为 56.6%，2016 年为 58.4%，2018 年为 61.4%。

二、英国现行学制

英国现行学制是以《1944 年教育法》为基础建立的。根据时代发展需求，英国不断完善学制，努力提升各级各类教育质量。

（一）学前教育

在英国，5 岁以下儿童的教育属学前教育。学前教育不属于义务教育阶段。

《1944 年教育法》要求地方当局为 5 岁以下的儿童提供学前教育机构，于是学前教育逐渐发展起来。英国从事学前教育的机构有：幼儿园（nursery school），招收年满 2 岁的儿童；初等学校附设的幼儿班（nursery class），招收年满 3 岁的儿童。幼儿

园和幼儿班以半日托为主。到20世纪70年代初，英国学前教育的发展还比较缓慢。据1971年统计，3岁儿童入托的仅占5%，4岁儿童入托的还不到35%。1972年，政府发表《教育：一个扩展规划》白皮书，提出扩展托儿事业，认为尽早对儿童进行教育，发掘潜在的才能，有利于科学人才的培养。此后，学前教育有了一定的发展。1978年，3岁儿童入托的占15%，4岁儿童入托的占53%。80年代以后，2—4岁儿童的入托率在42%以上。1994年，5岁以下儿童的入托率约为52%。1997年，新工党执政后发表《高素质的学校教育》白皮书，提出要使所有4岁儿童接受高质量的教育。

1998年和2004年新工党分别出台致力于改革学前教育的《全国儿童保育战略》绿皮书和《家长的选择与儿童最好的开端：儿童保育十年战略》白皮书。白皮书提出：到2010年，3岁和4岁孩子将获得38周、每周20小时免费的高质量保育；到2010年，3—14岁儿童将在每个工作日获得从上午8点到下午6点以学校为基础的儿童保育。

进入21世纪以来，英国政府通过制定有关法律政策，提高学前教育质量。2006年，英国政府出台《儿童保育法》，明确早期基础阶段的学习与发展要求、评估标准等，为学前教育管理提供法律保障与支持。2008年《早期基础阶段法定框架》出台，奠定了英国0—5岁儿童安全和成长的发展框架。2012年、2014年、2017年、2019年底至2020年初政府对该框架先后进行了4次修订，完善儿童早期学习与发展目标、衡量儿童发展水平、幼儿安全防护和福利等内容。2019年，英国政府发布《2020年早期基础阶段概况手册》，并于2020年逐步实施新的学前教育改革举措，注重对儿童情感发展、身体发育、交流和语言、理解世界、表现艺术等方面素质的培养。

（二）初等教育

英国实施初等教育的学校为小学。小学分为两个阶段：第一阶段为幼儿学校（infant school）；第二阶段为初等学校（junior school）。初等学校主要有两种类型：一类是郡立小学，由地方教育当局开办和维持；另一类是直接拨款公立学校。

幼儿学校（或初等学校附设的幼儿班）招收5—7岁的儿童，学制2年。这类学校除教授读、写、算的基础知识外，还有绘画、塑造、唱歌、跳舞、讲故事和纸工等科目。

初等学校招收5—11岁或7—11岁的儿童，学制6年或4年，没有留级制度。根据《1988年教育改革法》，全国统一设置以下课程：英语、数学、科学、体育、历史、地理、技术、艺术、音乐、现代外国语等。宗教是必修课。数学、英语和科学为“核心科目”，学校应该在课时上优先予以保证。但是，在教学计划的具体实施过程中，教师具有一定的自主权。

1997年《高素质的学校教育》白皮书非常重视提高基础教育的质量。它肯定了全国统一课程对提高教育质量的重要性，强调每天至少要有1小时进行语、数教学。提出五、六、七三个年级的班级人数不应超过30人，宣布废除1980年有关由国家资助小学生升入寄宿制学校计划，将这笔经费用于资助班级缩小所需的开支。

进入 21 世纪以来，英国政府十分关注提高基础教育质量。2004 年，英国政府《家长的选择与儿童最好的开端：儿童保育十年战略》白皮书十分关注基础教育。它提出为所有 14 岁以下儿童的家庭提供满足其实际需要且负担得起的、灵活的、高质量的儿童保育场所。2009 年，英国政府发布《卓越进步的维持》报告，强调增加对儿童学习者的教育投资。2015 年，英国政府发布《2016 年早期基础阶段评估和报告的指导意见》，统一英国国家课程与评价标准，保护儿童兴趣与发展的持续性。2018 年，英国教育部出台了《在 KS1 和 KS2① 阶段末向家长提供评价报告》，要求学校和教师在小学二年级和小学六年级向学生家长提供书面学年报告。

在公立教育系统之外还有预备学校，招收 8—13 岁儿童，为升入公学做准备。

（三）中等教育

英国实施中等教育的学校有公立中学和属于独立学校系统的私立学校。公立中学有五种类型：文法中学、技术中学、现代中学、综合中学、中间学校。苏格兰实施中等教育的学校均为综合中学。私立学校有公学等。

1. 文法中学

文法中学是英国最古老的一种学术性学校，招收初等学校毕业生（有些文法中学招收新生仍采用“11 岁考试”），学习年限为 7 年（11—18 岁），以培养学术人才为目的。

文法中学把学生的学习期分为两个阶段：基础阶段和分科阶段。基础阶段 5 年，为共同学习阶段。分科阶段亦称第六学级，一般学习 2 年，而想争取获得大学奖学金的学生则学习 3 年，学习结业参加“普通教育证书”的“高级水平”考试和奖学金考试，获得证书者可升入大学。

2. 技术中学

技术中学是按 1938 年《史宾斯报告》建立起来的。技术中学学制 5—7 年（11—16 或 18 岁），开设普通教育课程和职业教育课程。毕业成绩合格者多升入技术性的学院或大学。

3. 现代中学

现代中学由第二次世界大战之前的高级小学演变而来，学制 5—7 年。现代中学偏重实用与职业课程。这种学校教学质量较差，学生毕业时虽可参加“普通教育证书”考试，但通过率极低。二战后的最初几年，现代中学曾获得很大的发展，其学生数一度占学生总数的 70%。随着综合中学的发展，现代中学逐渐式微。

4. 综合中学

综合中学学制 7 年（11—18 岁），学生入学不必经过考试。综合中学主要有三种

---

① 小学二年级举行的 Key Stage 1 考试，简称 KS1；小学六年级举行的 Key Stage 2 考试，简称 KS2。

类型：（1）一贯制综合中学，招收 11—18 岁的学生；（2）两级制，由招收 11—16 岁学生的综合中学和招收 16—18 岁学生的第六学级学院组成；（3）三级制，所有学生在 8 岁或 9 岁进入综合性中间学校，然后在 12 岁或 13 岁转入综合中学。综合中学主要是第一种模式。在课程设置上，综合中学和设置五六种课程的现代中学没有很大的区别。有些综合中学将文法中学、技术中学、现代中学三种学校融合在一起。但是，很多综合中学只是上述三种学校合成的多边中学，或其中任何两种学校合成的双边中学，仍旧保留分别讲授学术课程、技术课程和职业课程的情况。《高素质的学校教育》白皮书要求综合中学根据学生能力的差异，开展学科分组教学，实行因材施教。

5. 中间学校

中间学校始建于 1968 年，其后日益发展。1977 年全英共有 1 249 所中间学校，其中 685 所属于初等学校（入学年龄 8—13 岁），564 所属于中等学校（入学年龄 9—13 岁）。中间学校的课程随入学年龄和学校的归属范畴不同而异，但所有中间学校都必须开设外语课及工艺课，还须设立基本的自然科学实验室。

6. 公学

公学是英国最古老的一种私立学校。伊顿公学、哈罗公学等英国最著名的九所公学除一所外都是在 14—16 世纪建立的。在现行学制中，公学是一种独特的学校。它自成系统，招收预备学校的毕业生（经过严格的考试），学习年限为 5—6 年，以培养领袖人才为目标。

公学学费昂贵，但师资、教学设备较好。公学的课程与文法中学相似，有注重人文学科的传统，近年来增加了科学和数学学科的授课比例。

《1988 年教育改革法》提出，由政府和工商界联合兴办两种新型的中等教育机构：城市技术学校和城市艺术技术学校。该法规定，中等学校的课程为数学、英语、科学、历史、地理、技术学、音乐、艺术、体育和现代语。16 岁义务教育阶段结束时，学生参加中等教育普通证书（GCSE）考试。

1997 年，英国政府发布的《高素质的学校教育》白皮书指出，要使更多的接受义务教育期满的学生参加中等教育普通证书考试，对公立教育作出贡献。

直到 21 世纪，公学学生依旧占据牛津大学、剑桥大学、帝国理工学院、伦敦大学学院录取名额的 35%以上，显示出精英人才培养的传统优势。

（四）继续教育

《1944 年教育法》规定，已结束全日制义务教育而不能升学的未满 18 岁的青年，应受到免费的继续教育。继续教育的性质主要是职业教育，但也包括普通教育、文化训练和娱乐活动。继续教育是学生自愿接受的。地方教育当局有义务保证在其管辖区域内提供实施继续教育的充分条件。实施继续教育的机构为继续教育学院，公立中学中的第六学级、第六学级学院、第三级学院等。完成继续教育阶段学习的学生可以参加国家职业资格（NVQ）考试、普通国家职业资格（GNVQ）考试等。

《1988 年教育改革法》将多科技术学院和高等教育学院排除在继续教育之外，形成了包括继续学院、高等教育学院和第六级学院的三大类主要机构。1992 年《继续教育与高等教育法》将 16—18 岁全日制教育和 16 岁以后的部分时间制教育以及 18 岁以后攻读大学学位课程之外文凭的全日制教育划归继续教育范畴。

进入 21 世纪以后，英国加强继续教育改革，扩大继续教育规模。2002 年，英国教育与技能部发布《为了每一个人的成功——改革继续教育和培训》，旨在继续推动继续教育的发展。2005 年颁布《14—19 岁教育和技能》白皮书，施行 10 年改革计划，改革英格兰 14—19 岁的教育系统。2006 年发布《继续教育：提高技能，改善生活机遇》白皮书。根据该白皮书的建议，英国议会于 2007 年 3 月颁布《继续教育和培训法》。2010 年 5 月，英国儿童、学校和家庭部与商业、创新和技能部颁布《英国继续教育与技能计划（2010—2013 年）》，确保更多的青年人有效地学习，获得相应的文凭，带动 14—19 岁继续接受教育或培训的青年人数的增加。据统计，2009—2010 学年，在英国继续教育学院中，约有 47%的学生接受低于本科的教育，37%的学生选择接受高级资格证书教育。2014 年 7 月，英国商业、创新和技能部发布《支持继续教育领域培养卓越劳动力的政府战略》报告，提出政府在继续教育领域培养卓越劳动力的改革目标与行动计划。2021 年，英国财政部出台《重建美好：我们的发展计划》文件，提出改革推进继续教育与技术教育，优先提高科学、技术、工程和数学方面的高级技术技能，并对此投入大量额外资金与资源支持。

随着英国高等教育的不断普及，接受继续教育的人数在不断减少。据英国教育部统计，英格兰 19 岁及以上成年人参加由政府提供资助的各类继续教育的人数逐年下降：2014—2015 学年为 261 万人，2015—2016 学年为 232 万人，2016—2017 学年为 224 万人，2017—2018 学年为 218 万人，2018—2019 学年为 207 万人，2019—2020 学年为 175 万人。

（五）高等教育

英国的高等教育机构包括大学和研究机构。2018—2019 学年，英国共有大学和研究机构 164 所。其中，大学可分为七类。

一是牛津大学和剑桥大学。这是两所世界闻名的英国最古老的大学，被视为英国大学系统金字塔的顶端，招收的学生都是学习最优秀的，其家庭社会地位大多比较高。很多英国上层统治人物和科学家毕业于这两所大学。

二是伦敦大学等市立大学。伦敦大学于 1836 年成立，由 33 所自己管理的学院和 13 所专科学校联合组成。伦敦大学设置校外学位，学生即使未在伦敦大学注册，但只要学过伦敦大学规定的课程，并通过伦敦大学的考试（在世界某些地区设有考试中心，不必到伦敦参加考试），即可获得伦敦大学的校外学位。

三是新大学。这是20世纪60年代由国家创办的有权授予学位的大学，如苏塞克斯大学、约克大学等。这类大学针对学科过分专门化等问题在教学体制和课程设置等方面进行了一些改革。

四是开放大学。这是一所利用电视、广播、网络、函授与面授等方式进行教学并授予学位的高等学校。1969年得到开办许可证，1971年招收第一批学生。开放大学的教材在设计和编写上很有特色，在促进教材改革上起了一定的作用。

五是苏格兰的8所大学。其中，圣安德鲁斯大学等4所大学在15—16世纪创办。学制4年，毕业后授予硕士学位。

六是由多科技术学院升格的大学。1966年，英国设立应用型多科技术学院。1992年，34所多科技术学院升格为大学。

七是私立大学。截至2017年，英国共有9所具有独立学位授予权的私立大学和大学学院，包括白金汉大学等5所私立大学和4所大学学院。

英国大学本科学习年限一般为3年，每学年分三个学期。大学的入学依据是中学阶段的各种证书考试的成绩。符合大学入学条件的学生向大学中央招生委员会提出申请，由该委员会将学生的材料送相关的大学审核。

大学既是教学中心，又是研究基地和社会中继站。大学的科学研究对提高大学的教学质量以及促进国防、工业、商业、农业的发展起着重要作用。1987年，英国政府为推动经济发展和解决就业问题，发起“高等教育创业”计划，成为英国政府实施大学生创业教育政策的开端。2001年，英国政府启动高等教育创新基金，启动创业项目，鼓励大学生创业，于是英国很多大学在本科阶段引入专业化的创业教育。2007年，英国政府发布《朝着创业型大学发展》，提出创业型大学鼓励学生创业，为在校学生和毕业学生提供创业机会、创业实践以及创业文化环境。2009年，英国政府发布《全国大学生创业教育黄皮书》等多项政策文件、调查报告，从扩大创业教育资源、明确创业教育目标、丰富创业教育教学方法等方面对大学生创业提出规定与指导。2012年，英国高等教育质量保障署发布创业教育指导文件。2017年，英国政府出台《产业战略白皮书：建设适合未来的英国》，通过制定知识交流框架评估大学在促进知识共享、知识交流和成果商业化的作用。2018年，英国政府发布创业教育标准文件，强调创业教育有助于培养大学生的创业积极性。2019年，英国政府出台《英国国际研究与创新战略》，强调创业生态系统建设，提高创新绩效和影响力。2020年，英国政府发布《英国研发路线图》，强调大学科研创新是经济增长的重要途径，鼓励大学在企业、公共服务、政府和更广泛的社会中创造价值。

英国研究生阶段的学位分硕士和博士两个层次。攻读硕士学位一般需1—2年，分修读课程（PGT）为主和研究（PGR）为主两种。攻读博士学位通常需3—4年，主要是在导师指导下从事研究工作，通过论文答辩即可获博士学位。

1919 年，大学拨款委员会成立，主要负责高等教育拨款。20 世纪 60 年代，英国提出双重制的高等教育体制，将高等教育分为自治大学和公立高等学校两部分，公立高等学校有多科技术学院、教育学院等。《1988 年教育改革法》颁布后，英国政府设立了符合英国高等教育双重制的双重教育拨款基金委员会，即大学基金委员会和多科技术学院基金委员会，并确定教育质量与拨款挂钩原则。1991 年，英国政府发布白皮书《高等教育：一个新的框架》，宣布废除英国高等教育的双重制，将多科技术学院升格为大学，并呼吁建立一个新的双重质量保障体系，将所有高校的教育和学习活动规则全部纳入一个整体的框架中，加强对英国高校的质量评估。1992 年，英国政府出台《继续与高等教育法》，正式废除了双重教育拨款基金委员会，建立了统一拨款机构——高等教育基金委员会，统一负责向高校分配教学和科研拨款。高等教育基金委员会下设四个委员会，分别是英格兰高等教育基金委员会、威尔士高等教育基金委员会、苏格兰高等教育基金委员会和北爱尔兰教育部。至此，由高等教育质量委员会和高等教育基金委员会构成的双重质量评估体系就于 1992 年建立，并于 1993 年开始实施评估。根据《高等教育与研究法》（2017），学生事务办公室于 2018 年正式成立，以维护学生利益、确保学生接受公平的高等教育、监管教学质量与教学经费拨款，原高等教育基金委员会的教育经费管理职能并入学生事务办公室。同年，英国科研与创新署成立，承担原高等教育基金委员会的科研经费管理职能，确保政府科研与创新专项资金使用效益最大化。

英国大学以外的高等教育机构有继续教育学院、高等教育学院等。

（六）师范教育

20 世纪 70 年代中期以前，英国培养教师的机构有教育学院、多科技术学院教育系、大学教育系、技术教育学院、艺术培训中心等，共有 200 多个师范教育机构。1975 年 7 月，教育和科学部颁布《继续教育法规》，它规定大学以外的师范教育和继续教育机构正式纳入高等教育的公共部分。从此，英国师范教育机构进行了大规模改组。到 80 年代初，英国只有 30 所教育学院主要从事师资培训，其他的教育学院都成为多科性专业学院或合并到大学和高等教育学院之中。

教育学院招收年满 18 岁的中学毕业生，学制 3 年，培养中小学教师（以小学教师为主）。大学教育系招收大学毕业生，进行教育专业训练，学制 1 年，主要培养中学教师。技术教育学院招收年满 24 岁并具有办学团体要求的一定技术资格的人，学制 1 年，培养继续教育学院技术学科教师。多科技术学院教育系培训在职的继续教育学院的教师，学制 1 年。艺术培训中心只招收艺术或手工艺方面具有专业条件的人，培养专科教师。

1984 年，英国建立了师范教育认可委员会（CATE），加强中央对教师教育的标准管理。1989 年，该委员会颁布了新的课程标准，于 1990 年 1 月 1 日实施。此外，为了提高未来教师的英语和数学教学能力，英国政府制定了培养初等教师的全国标准，并从 1997 年 9 月开始实施培养初等教师的全国统一课程。2007 年 2 月，英国学校培训与发展司颁布了《合格教师资格标准与教师职前培训要求》，对职前教师培养提出新的规定性要求。2010 年，英国政府发布《教学的重要性》白皮书，强调要开展卓越的职前教师教育，促进教师专业发展。2020 年，英国教育部推行《初始教师教育检查框架和手册》，规定英格兰教师教育检查的法定基础和框架，对幼儿、中小学、继续教育和技能教育的教师教育开展专业知识与培训检查。

英国现行学制如图 2-2 所示。

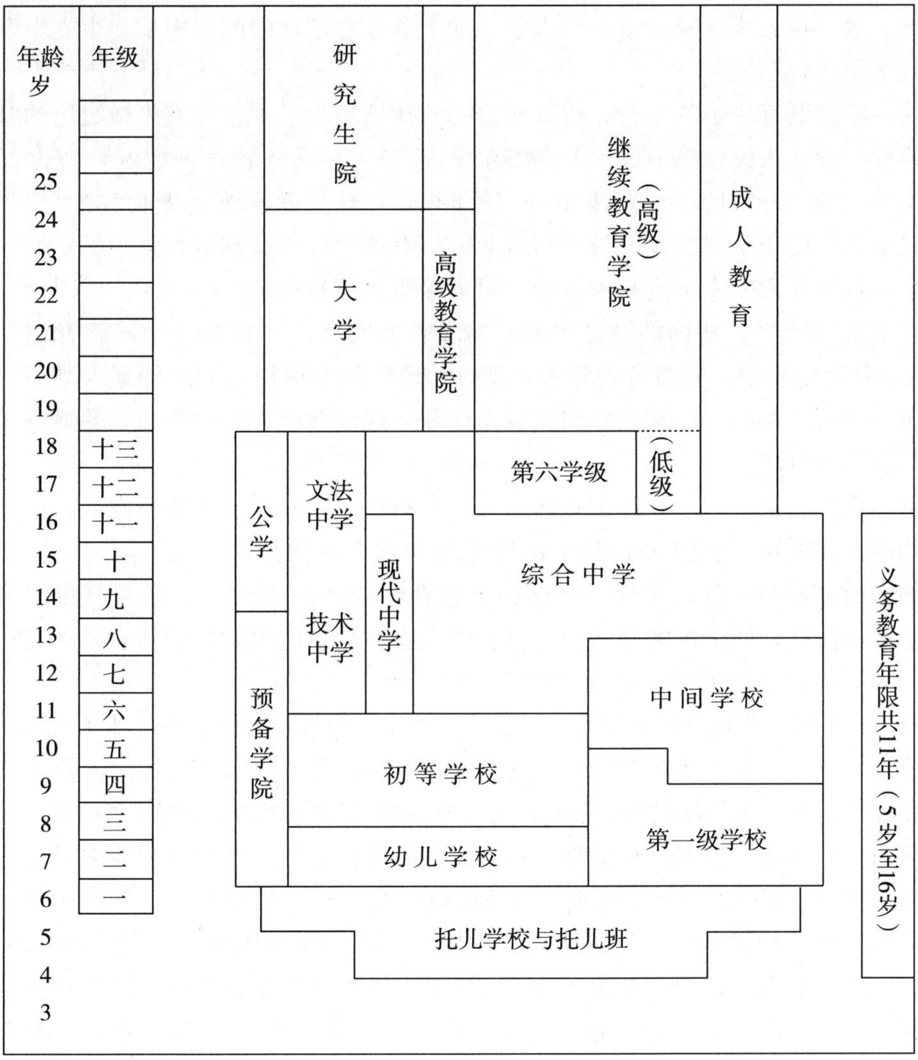

图 2-2　英国现行学制

资料来源：［英］埃德蒙·金著，王承绪等译：《别国的学校和我们的学校——今日比较教育》，人民教育出版社 2001 年版，第 178 页。

第三节 法国学制

一、法国学制的演变

经过长时间酝酿和多次反复，法兰西第三共和国首先在19世纪80年代建立了6—13岁“免费、世俗、义务”的教育制度，继而又于1896年规定每个学区的文、理、法、医、神五所学院组成一所大学，加上拿破仑创建的国立中学和市立中学，法国近代学制遂告形成。

这一学制既有法国的特色，也有明显的时代烙印和局限性，其中最突出的就是它的双轨性。劳动人民虽然有了受法律保护的接受7年义务教育的权利，但也仅此而已，主要为他们开设的小学基本上是“死胡同”，充其量也就是毕业后在“补充班”里再接受几年的小学“戴帽”教育后就业。而有产阶级子女则进市立中学，特别是国立中学，从幼儿班一直读到高中毕业，再去接受高等教育。

20世纪上半叶，法国的教育实现了初步的现代化。1902年，中等教育被分成先4年后3年两个阶段，实行分科教学，理科和现代外语课得到明显加强。进而，法国又于1901年、1904年、1905年连续颁布法律，限制教会办学的权力，并最终实现了学校与教会的分离。

第一次世界大战之后，民主化运动和“新教育”思潮在法国不断发展。经过一段时间的争论和准备，法国在1925—1926年颁布法令和法律，取消了国立中学和市立中学的学前班和小学班，实现了全国初等教育的统一；1928—1933年颁布的一系列有关法律和法规，使法国的中等教育（直到设在高中里的大学校预备班）也实行了免费；1936年，义务教育结束的时间推迟1年，为6—14岁。

第二次世界大战使法国的教育和其他各项事业一样遭到严重破坏，维希傀儡政府甚至取消了中学的免费制度，关闭了师范学校。但是，民主化和现代化潮流是不可逆转的。在战争期间，许多有识之士和流亡阿尔及尔的法国临时政府就都在考虑战后重建教育的问题。1944年，法国政府任命了一个由各方面代表组成的教育改革委员会，并在1947年6月提交了报告。人们习惯地以委员会的先后两任主席郎之万（P. Langevin，法兰西学院教授，物理学家）、瓦隆（H. Walon，法兰西学院教授，儿童心理学家）的名字为该报告命名，称为《郎之万-瓦隆计划》。报告把教育民主化和以儿童为中心作为指导思想，指出适应社会和科学技术的发展，培养现代生产者和公民是教育的使命；提出了扩大免费范围、加强职业培训、改善师资培养、增加教学灵活性等建议；具体设计了分两大阶段六个层次实施教育的制度。虽然由于思想不统一、政治不稳定、经费不充分等多种原因，计划未付诸实施，但它的先进性和合理性使它成为战后法国历次教育改革的基础。

第二次世界大战以后到 20 世纪 50 年代末，法国政局不稳，思想不统一，政府的努力集中体现在恢复经济方面，教育的现代化和大发展主要始于 1958 年年底建立第五共和国之后。这几十年的发展大致分成两个阶段。

从 1959 年起至 20 世纪 70 年代主要是调整结构、增加数量。1959 年 1 月，法国政府发布法令，决定实施 6—16 岁义务教育制度，取消小学升中学的入学考试，把过于庞杂的中等教育分为长期教育和短期教育、普通教育和职业（技术）教育四种类型，规定初中前 2 年为实施共同教育的观察阶段。这次改革使职业技术教育进一步发展，初中入学率明显提高，特别是朝着取消双轨制迈出了重要的一步。但是，双轨制影响根深蒂固，不仅上述四类学校等级明显，而且初中前 2 年的统一在一些地方和学校也只是形式。1963 年，法国效法英国的综合中学，建立市立中等教育学校，分古典、现代、实科三组实施初中教育。但传统势力强大，新学校未能取代其社会地位，尤其是以经济地位画线的老学校，这一情况直到 1975 年才开始出现根本改观。是年，法国颁布改革教育的法律，法国文化中习惯以推行改革的部长为之命名，称为《阿比法》。这次改革的方针是：幼儿学校实施的学前教育应弥补家庭环境可能造成的文化障碍；小学 5 年向所有儿童进行统一的初等教育，初中 4 年实施统一的教育，前 2 年为观察阶段，后 2 年为方向指导阶段，开设一定的选修课；高中分为普通、技术、职业三个方向，后者为短期高中（2 年）。这次改革终于完成了义务教育阶段双轨制向单轨制的过渡，有利于教育机会均等和青少年文化水平的提高。

如果说普通教育的改革是渐进的演变，那么应当说高等教育的改革是激烈的革命。1968 年，以社会和政治危机为背景，法国爆发了大规模的学生运动，强烈要求打破高等学校那种陈旧保守的中世纪模式，史称“五月风暴”。当年 11 月，议会通过了《高等教育方向法》。该法规定：大学是公立科学文化性机构；它的任务是传授知识、发展研究、培养人才；它的办学原则是自治、民主参与和多学科；大学校长由选举产生；建立教学与研究单位，取代过去的讲座；一个学区可设若干所大学。这次改革堪称法国高等教育的里程碑，使学生和学校数量增加，新学科和新方法不断引进，管理也比过去民主。

1971 年，法国还颁布了几部有关职业技术教育的法律，尤其是促进了成人职业继续教育的发展。

20 世纪 80—90 年代，法国教育更多的是深层次的提高质量、改善管理方面的改革。当然，为了达到 80 年代末提出的 20 世纪末 80％的年轻人具有高中毕业学历的目标，也重数量的发展。

在这段时间里，学前教育继续发展；小学加强了知识教学、计算机的普及和公民教育；初中教学更加灵活和个别化，以减少失败；高中调整了分科，兼顾博与专；大学的“职业性”加强，不仅有关课程增加，而且开设了职业性文凭课程甚至设立了专门的职业学院，更好地为社会服务，为学生提供更多的就业机会；师范学校升格为师范学院，学前和小学教师有了与中学教师相同的学历；加强职业技术教育和继续教育，与失业的威胁相抗衡；管理方面分权放权，特别是给学校更多的自主权，以此加强与社会的联系，拓宽经费来源，提高教育教学质量。

进入 21 世纪以来，信息化及经济全球化的快速发展进一步推动了法国教育的转型与改革。

在基础教育阶段，2005 年，法国颁布《学校未来的导向与纲要法》，确立了“知识、技能与文化共同基础”，规定了义务教育阶段学生必须逐步掌握的一系列知识和能力，并于 2015 年修订了“知识、技能与文化共同基础”。2013 年，奥朗德政府颁布《重建共和国学校的方向与规划法》，提出建设“更公正、高水平、具有包容性的共和国学校”。马克龙就任总统后基本延续了这一教育改革方向，强调优先关注初等教育阶段基础知识的学习，加强对学生的个性化指导，做好初中的学业规划，促进高中多样化发展，改革会考制度。2019 年、2021 年，法国先后两次延长义务教育年限，将学前教育纳入义务教育，并要求未就业或入学的 16—18 岁青年接受教育或培训。

在高等教育领域，法国持续推进欧盟高等教育一体化建设，在“博洛尼亚进程”① 的框架下完成了学制改革。2007 年《关于大学自由与责任的法律》和 2013 年《高等教育与研究法》是指导这一时期法国高等教育改革的重要文件。改革旨在提高质量、降低学业失败率、提高法国高等教育的国际能见度，特别强调给予大学充分自主权，鼓励不同类型的高校整合资源，加强科技创新。

二、法国现行学制

（一）学前教育

这是义务教育的第一阶段②，主要由幼儿学校（école maternelle，又译作母育学校）实施，在学生数量少的地方，则是由附属于小学的幼儿班实施。市镇一级③政府负责办园，按年龄组织教学：小班 2—4 岁，中班 4—5 岁，大班 5—6 岁。儿童每周在园 9 个半天，共 26 小时。

法国学前教育受到社会各方面的重视，20 世纪 60 年代后发展迅速，3 岁儿童入园率在 60 年代仅为 60%，到 90 年代就基本达到 100%。2019 年，法国政府将学前教育纳入义务教育。法国学前教育旨在开发儿童的思维、体育、艺术等方面的能力，

① “博洛尼亚进程”是 29 个欧洲国家于 1999 年在意大利博洛尼亚提出的欧洲高等教育改革计划。该计划的目标是整合欧洲的高等教育资源，打通教育体制。

② 法国将幼儿学校到初中毕业的学习分为四个阶段（cy），每 3 年为一个阶段。

③ 法国教育行政分为中央、学区、省和市镇四级。

促进儿童的社会化，尤其重视儿童的语言理解和表达能力；强调各校、各班教学的灵活性，特别是利用活动教学法和游戏；注重与小学的衔接，幼儿教师与小学教师持有相同的初等教育教师资格证，由同类师范院校培养。

（二）初等教育

初等教育由小学（école）实施，学制 5 年，就近招收 6 岁儿童。一年级称预备班，二、三年级称初级班，属于第二阶段教育（图 2-3）；后两年称中级班，和初中六年级同属第三阶段教育。

初等教育的目标是让学生掌握基本的读、写、算，并学会尊重他人。法语仍是教学的重点。初等教育注重口语和书面的表达能力，将培养逻辑思维能力和问题解决能力贯穿始终。教学执行国家统一大纲，每周 24 小时，授课内容包括法语、数学、现代语言（外语或方言）、体育、艺术、公民与道德教育等。

（三）中等教育

1. 初中（collège）

法国初中学制 4 年，包含第三阶段的最后一年和第四阶段教育，从低年级到高年级分别称为六年级、五年级、四年级、三年级（图 2-3），与高中年级衔接，实行免费就近入学。

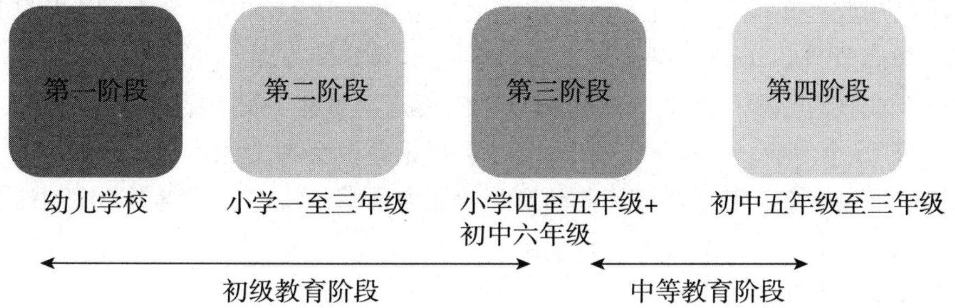

图 2-3　法国幼儿园到初中发展的四个阶段

第三阶段也被称为“巩固阶段”，主要目标是顺利实现小初过渡，在巩固第二阶段所学的基础上，进一步拓展知识和能力。在第四阶段，学生通过参与更为复杂的学科和跨学科活动来发展知识、技能和态度。作为数字原住民，学生要学习多媒体和互联网技术，并能够批判性地识别和评估多元信息；学习抽象和建模工具，发挥创造力，建立责任感及团队合作精神，在尊重集体文化的同时发展个性。初中课时包含每周 26 小时必修课和第二外语选修课（第一年每周最多 2 小时，其他年级每周最多 5 小时），另外还有综合活动课、学业规划课。

在初中最后一年，学生、家长与教师沟通，在考虑学生的个人志向、家庭住址和学业表现后，确定学生是进入职业高中、技术学校、普通高中或技术高中，这一过程被称为“定向”。

2. 高中（lycée）

2019年，法国教育部修订高中教育大纲，指出高中教育的目标是：巩固初中所学，扎实地传播学科知识，促进学生的智力发展，建构共同的文学、历史、人文和科学文化，为学生理解其所处的世界打开一扇门；让学生在掌握理论概念的基础上学习科学知识、科学推理；激发学生的创造力，帮助学生建构严谨推理的能力，锻炼学生的批判性思维，巩固公民教育，让学生成为负责任和自由的公民；通过现代语言学习，加深其对所学语言文化和地理的认识。

法国高中教育包括普通教育、技术教育和职业教育三类。普通教育和技术教育为学制3年的长期教育，颁发高中毕业会考文凭（BAC）。这一文凭既是高中毕业的证明，又是进入高等教育的必要通行证。

普通高中和技术高中从低年级到高年级分别称为二年级、一年级和毕业班。第一年学习通识课程，必修课为每周26.5小时，另外还有72小时个性化辅导课和54小时学业规划课。第一年结束时，学生选择进入普通高中或技术高中。自2018年起，普通高中不再分为文科、理科和社会经济科，而改为二年级和一年级分别选择3门和2门专业课。与之相对应，高中毕业会考也不再分科，会考成绩由平时成绩、高二的专业课成绩和毕业考试成绩三部分组成。

技术高中学生的目标是进入高级技术员班或大学技术学院，分为管理科学、实验室科技、酒店管理、工业与可持续发展科学技术等8个方向。

中等职业教育主要由职业高中和技术学校实施，前者学制3年，后者学制2年。职业高中设有75个专业。1985年，法国设立了职业高中会考文凭，学生通过后可以选择进入职场或继续深造。技术学校毕业颁发职业能力证书（CAP），学生取得证书后通常直接就业。

（四）高等教育

法国的高等教育主要由三类机构实施。

1. 大学（université）

大学是法国高等教育的主体，由中世纪大学演变而成。凡持有高中毕业会考文凭或同等学力者均可申请进入大学，法国现有公立大学75所，2019年注册学生数为163.5万人，约占高等教育总人数的60%。

1999年，法国作为牵头国家参与了“博洛尼亚进程”，开始采用欧洲学分互换系统（ECTS）。2006年，法国基本完成了学制改革，建立了学士—硕士—博士体制：

学士（Licence）：学制为3年，修满180个欧洲学分。

硕士（Master）：学制为2年，修满120个欧洲学分，可获硕士文凭。硕士文凭又区分为研究型硕士（Master recherche）和职业型硕士（Master professionnel），前者的培养目标是学术研究人员，后者则是进行某种专业资格的培训。

博士（Doctorat）：学制为 3 年，修满 180 个欧洲学分。

2. 大学校（grandes écoles）

这是法国特有的一类高等教育机构，始建于 18 世纪后半叶，是法国精英高等教育的代表。大学校与大学的不同之处有以下三点。

（1）招生严格。大学校传统上通过严格的全国性入学考试，从大学校预科班（CPGE）中录取学生。预科班多设立在名牌高中，少数设立在高校，学制 2 年。近些年，为促进教育民主化，大学校也接受大学二、三年级在校生的申请，但仍要通过严格的选拔考试方可被录取。

（2）规模小，教学质量高。如法国顶尖的工程师大学校巴黎综合理工学院，每年仅培养工程师 425 名，学校有 480 名教学科研人员，其中约 39%为外籍专家；学校与法国国家科学研究中心、国家原子能署、国立计算机与自动化研究院共享实验室，与业界联系密切；学生出路好，多进入知名企业、银行等就业。

（3）类型多元，声誉高。大学校旨在培养工程、商科、管理等方面的高级专门人才，包含高等工程师学校、高等商校、高等师范学校、司法行政管理类学校等多种类型。不少学校在欧洲乃至全球享有盛誉，如巴黎高等师范学院、巴黎综合理工学院、中央理工大学、巴黎高等商科学校、国家行政学院等。

3. 短期高等教育机构

高级技术员班（BTS）和大学技术学院（IUT）是法国的短期高等教育机构，招收高中毕业生，学制 2 年。

高级技术员班起源于 20 世纪 50 年代，设在条件较好的技术高中或高等专科学校。全法现有上千个高级技术员班，提供会计、销售等 100 多个专业教学培训，应用性、灵活度强，毕业颁发国家三级技术文凭，并可以转换 120 个欧洲学分。

大学技术学院建于 20 世纪 60 年代，设在大学，现有 115 所，提供企业管理等 24 个专业的教学培训。教学大纲常由大学技术学院和业界企业共同制定，学生毕业可获得“大学技术文凭”，并可直接就业或通过考试、申请、面试等方式继续深造。

（五）师范教育

17 世纪末，“基督教学校教士会”开办的教师讲习所是法国最早的师范教育机构，主要培养小学教师。1794 年，国民公会颁布师范教育法令，开办了巴黎高等师范学院。1887 年，政府通过法令进一步明确了师范学校的性质、使命、学制、大纲等重要内容，促进了师范教育体系的发展。二战后，法国又多次改革师范教育。经过 1946 年、1969 年、1979 年、1989 年、1991 年、2010 年的六次改革，法国中小学教师的准入资格统一提高到硕士，并将传统的“教师培训大学学院”并入大学成立“高等教育与教师学院”，2013 年该学院升级为“国家高等教育与教师学院”。

学院提供 2 年课程，第一年为 450—550 课时，第二年为 250—300 课时，修业合格者获得“教学、教育和培训职业”国家硕士文凭。然后学生通过教师资格考试，取得相应教师资格（如小学教师、中学教师、职业高中教师的资格），初次就业由国家统一分配。

法国现行学制如图 2-4 所示。

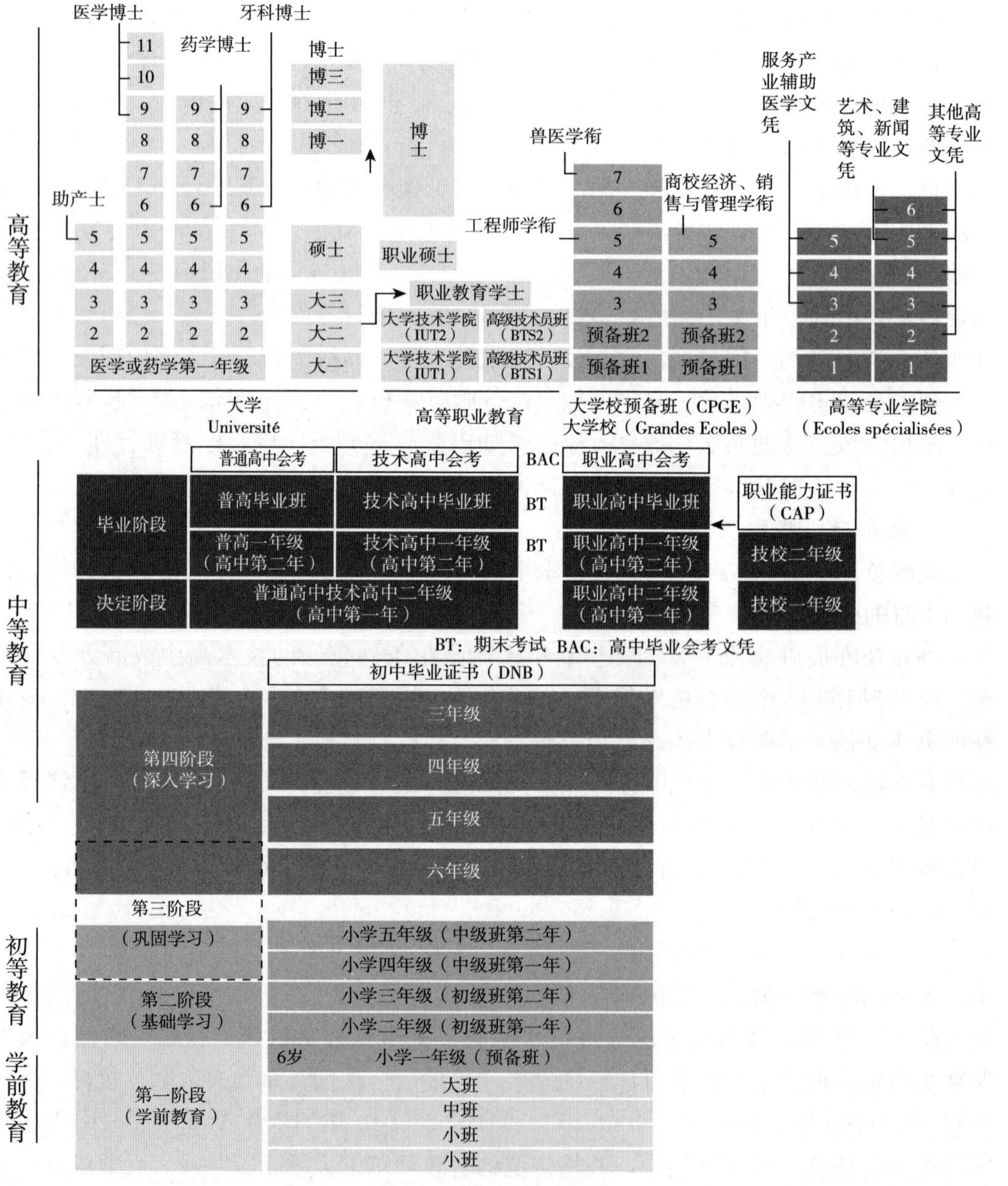

图 2-4 法国现行学制

资料来源：REPÈRES et RÉFÉRENCES STATISTIQUES：enseignements • formation • recherche 2019，p. 11.

第四节　德国学制

一、德国学制的演变

16 世纪以前，德国的政治、经济和教育都相当落后；教会控制着学校教育，学校的主要类型是教堂学校，多数小公国的乡村没有学校。宗教改革运动以后，在马丁·路德（M. Luther）提出的义务教育思想的影响下，德国的一些公国开始逐步重视教育，出现了一些进行生产劳动教育的“工业学校”“主日学校”和为统治阶级服务的古典语文科中学。1717 年，普鲁士颁布了《通用法令》，首次以立法的方式确定了课程式义务教育（unterrichtspflicht）。1763 年，普鲁士颁布《普通学校规程》以后，各个公国基本上实行了义务教育制度。1794 年，普鲁士把教育机构收归国家，其他各个公国也纷纷仿效。

到了 18 世纪，出现了一些进行师范教育和实科教育的教育机构，德国的普通学校已有国民学校（volksschule）、中间学校（mittelschule）和完全中学（gymnasium）之分。

19 世纪初，普鲁士内务部教育厅厅长威廉·冯·洪堡（W. von Humboldt）领导了教育改革，使德国的封建学校等级制度改变为具有资本主义性质的初步的双轨学制。当时的师范教育和高等教育也有了很大发展。到了 19 世纪 60 年代，德国教育进入了世界先进水平。

1870—1871 年普法战争后，以普鲁士为首的统一的德意志帝国成立。为了发展资本主义，需要建立一套完整的国民教育制度。1872 年，德国公布了《普通教育法》，建立了一套完整的双轨教育制度。为地主和资产阶级子女设立的一轨，是经过三年制的预备学校，然后升入三类中学：（1）以拉丁文、希腊文为主的古典语文科中学；（2）侧重数学、自然科学和现代语，但仍重视拉丁文的实科中学；（3）不学拉丁语、希腊语，而以数学、自然科学和现代语为主的高级实科学校（oberrealschule）。三种中学的学习年限均为 9 年。中学毕业后可直接升入大学。大学的学习年限一般为 4—5 年。为贫民子女设立的一轨，师资、设备条件很差，经过 4 年的基础学校（grundschule，即小学），然后进入四年制的国民学校高级班或六年制的中间学校。这两种学校毕业后只能进职业学校（学习年限为 1—3 年）。中间学校比国民学校高级班多学一门外语课，并且更加重视职业性的学科。此外还有一种继续学校，通常是夜校，给 14—18 岁的就业青年以每周约两个半天的文化和职业教育，学习年限为 3—4 年。在这一时期，德国已经形成了比较完整的职业教育制度。

第一次世界大战后，德国废除君主政体，建立了魏玛共和国，颁布了《魏玛宪法》。宪法规定，要“建立共同的学校系统”。1920 年，通过《关于基础学校和撤销预备学校的法令》，废除了贵族化的预备学校，建立了统一的初等教育机构——四年制的基础学校。该法令规定，所有年满 6 岁的儿童均入基础学校，毕业后经过考试，成绩优秀者升入各类中学，其余继续上国民学校高级班。这些改革标志着双轨制实行分轨的推迟。在中学教育方面，建立了德意志中学（deutsche oberschule），与基础学校相衔接，学习年限 9 年，主要课程是德语和德国文学、历史和地理。此外，还增设高级文科中学（aufbaugymnasium），与国民学校六年级或七年级相衔接，为国民学校高年级的“优才生”提供接受完全中学教育的机会。

1933—1945 年的纳粹统治时期，德国的教育受到严重摧残，中学几乎减少了一半，高等学校的发展处于停顿状态。

第二次世界大战结束以后，作为战败国的德国由美国、英国、法国和苏联四个国家分别占领。1949 年 9 月，美国、英国和法国在占领区成立了德意志联邦共和国，即联邦德国；同年，苏联在其占领区成立德意志民主共和国，即民主德国。从此，联邦德国和民主德国的学制走上了不同的发展道路。

1. 第二次世界大战以后联邦德国的学制

第二次世界大战以后，联邦德国的教育曾受占领国特别是美国的影响较大。但由于德国传统教育影响较深，并在欧洲具有较高威信，所以当时除了清除学校内部纳粹分子和纳粹思想影响外，教育制度基本上恢复了纳粹统治前的传统形式。

1955 年，《杜塞尔多夫十年协定》的签订为统一普通教育奠定了基础。该文件规定了各州各类学校的统一名称、学期长短、考试认可、分数等级，规定学校依次为一至十二年级，达十年级的学校为中间学校，达十三年级的学校为完全中学，凡完全中学毕业生均可升入大学。

1959 年，联邦德国教育委员会提出了一项关于改组与统一公立学校的《总纲计划》，规定在 4 年的基础学校之上设置 2 年（第五、第六学年）的定向阶段（foerderstufe），亦称观察和指导阶段。这一阶段学习结束后，学生根据自己的情况分别进入不同的中学。但有特殊才能的学生可以不经定向阶段而直接升入文科中学，一直学完十三年级。《总纲计划》还对中等学校的组织和名称做了规定：将原国民中学高级班的学制延长 1 年，成为五年制普通中学（初级中学）；将中间学校改称为实科中学，仍为六年制的不完全中学；文科中学名称不变，学制亦不变，仍为 9 年的完全中学。

1960 年，德意志全国教师协会提出《布雷默尔方案》。这个方案提出，所有儿童不论其智力发展与社会背景如何，一律要经过定向阶段才能升入不同的中学。

《总纲计划》和《布雷默尔方案》中的建议被1964年在汉堡签订的《联邦共和国各州之间统一学校制度的修正协定》（简称《汉堡协定》）所采纳，并在联邦各州推行。

1970年2月，联邦德国教育审议会提出《教育结构计划》。该计划提出的改革原则主要有：通过分科分组达到教育个别化；通过对儿童早期发展的促进来消除机会不均等；通过各类学校之间纵向和横向的沟通来消除教育轨道的死胡同等。在学制体系上，《教育结构计划》建议：(1) 把整个学制体系划分为初等教育领域、中学教育领域第一阶段和第二阶段、高等教育领域和继续教育领域等，并设学前教育阶段(elementarbereich)，以所有3岁和4岁儿童为对象；(2) 改组基础学校，把义务教育提前到5岁开始；(3) 全日制教育延长到10年，对完成10年教育的学生授予中等教育第一阶段毕业资格（中学毕业证书Ⅰ）；(4) 改革中学毕业证书Ⅱ阶段的教育，分别授予具有不同重点的专门知识，并扩充其教育内容，提供升入不同种类的高等学校学习的机会。在公众对《教育结构计划》进行了长时间的讨论之后，联邦德国教育计划委员会于1973年提出《综合教育计划》，并得到各州行政长官的批准。

根据《综合教育计划》，学制不再按学校类型进行横向划分，而是纵向划分为几个教育领域，包括学前教育领域、初等教育领域、中学教育领域（其中又分中等教育第一阶段和第二阶段）、第三教育领域（即高等教育）和第四教育领域（即继续教育）。后来，联邦德国在每一教育领域里所进行的改革，都是按《综合教育计划》规定的目标进行的。

2. 第二次世界大战以后民主德国的学制

1945—1949年，德国东部苏联占领区进行了反法西斯的民主教育改革，由苏联驻德国军事管制委员会管辖，并设立德国中央国民教育管理机构。学校逐步完成恢复上课、清理教师队伍中的反动分子、培养新教师、对教育内容进行民主化改革等任务。在普通教育方面，1946年颁布的《关于德国学校民主化的法律》决定，学校与教会彻底分离，禁止设立私立学校，设立以八年制基础学校为核心的民主的、统一的学制，以取代传统的双轨制学制，取消教育特权和不平等现象。在职业教育方面，德国传统的“双重制”发生了重要变化，由于战争造成大量企业被破坏和关闭，职业学校除了承担职业理论训练的传统任务外，同时承担本来应该在企业的教学工场或生产场所进行的职业实践训练任务。同时，企业职业学校大量开设，它们逐步成为民主德国职业教育机构的主要类型。在高等教育方面，设立工农预科，以适应培养政治素质好的干部和教师的需要。

1949—1962年，民主德国设立了国民教育部，开始了教育领域的全面的社会主义改造。为了培养更多的国民经济发展所需要的合格干部和技术人员，八年制的基础学校逐步被十年制的普通教育综合技术中学所取代，成为民主德国社会主义学校的主要类型。此外，保留了以前包括九至十二年级的中学，将其改名为“扩展的综合技术中学”，简称“扩展中学”，作为学生取得高校入学资格的主要途径。为了培养更多合格的教师，民主德国大力发展专科水平的高等师范教育。在高等教育方面，民主德国建立了一批专门性的高等学校。

从 1963 年起，民主德国统一社会党提出关于全面建设社会主义纲领，开始建立和发展统一的社会主义教育制度的工作。这一时期颁布的《关于统一的社会主义教育制度的法律》规定，统一的社会主义教育制度包括：学前教育机构、十年制普通教育综合技术中学、职业训练机构、提供高校入学资格的机构、工程师学校和专科学校、大学和高等学校、劳动者的训练和继续教育机构。此外，为残疾儿童和天才儿童或其他有特殊需要的儿童开设了专门学校和班级。

在这一时期，把原来与十年制中学的八年级衔接的扩展中学改变为统一在十年制中学基础上的两年制扩展中学，从而为学生进入高校学习做准备。职业教育加强了基本职业和基础科学的训练，以避免过于专业化。

二、德国现行学制

1990 年 10 月 3 日，民主德国的勃兰登堡等五个州以新的联邦州的名义加入联邦德国，东柏林与西柏林合并为一个州，民主德国和联邦德国完成了统一。

根据民主德国和联邦德国签订的统一条约的规定，东部地区的五个州分别制定出学校改革法、学校法或临时教育法，按照联邦德国的模式进行教育改革。按照联邦德国的制度和《联邦基本法》的规定，东部五个州与西部各州一样，拥有文化自治的权力。因此，东部五州不仅制定了各自的临时教育法规，并且设立了文化教育部，领导各州的教育改革。东部各州对于学制结构做了与西部各州大致统一的规定，彻底抛弃了民主德国时期的单一的十年制统一学校模式，采用或借鉴了联邦德国的多轨制模式。在职业教育、师范教育、高等教育等方面，东部五个州已经与原联邦德国的学制基本相似。

（一）学前教育

学前教育主要在幼儿园和学校附设的幼儿园或学前班实施，招收 6 岁以下的儿童。儿童自愿入园，国家不作强制规定。幼儿园多由教会、慈善团体、工会、工商企业或私人经办，不属于学校系统，不属于义务教育范围。

学校附设的幼儿园或学前班，是专为身体与智力发育不够好的儿童设立的，目的是使这些儿童得到进入基础学校的准备，由国家教育行政机关管辖，儿童免费入园。

（二）初等教育

根据《汉堡协定》的规定，初等教育统一由基础学校（亦称初级小学）实施，属义务教育阶段。义务教育开始的年龄统一规定为6岁。在义务教育的年限方面，除了勃兰登堡州实行十年全日制义务教育外，东部四个州和原联邦德国各州都实行九年全日制义务教育，包括基础学校和初级中学。柏林和勃兰登堡州的基础学校为六年制，其他各州的基础学校修业时间为4年。

（三）中等教育

在中等教育年限方面，原联邦德国各州都到十三年级为止；在原民主德国五个州中除了勃兰登堡州在六年制基础学校的基础上设置到十三年级的完全中学外，其他四州都到十二年级为止。近年来，中学学制由9年改为8年，中等教育年限普遍改变为12年。

在中等教育结构方面，联邦德国采用的是主要学校、实科学校、文科中学平行的三分结构学制模式。在东部德国，除了梅克伦堡-前波美拉尼亚州基本上采用了联邦德国分轨学制的模式，其他各州没有完全照搬三分结构学制模式。

实施中等教育的机构有以下三类学校：普通中学（初级中学）、实科中学和文科中学。20世纪60年代以来又出现了综合学校（又译总合中学）。在东部一些州，分别建立了中等教育阶段学校、中间学校和常规学校。基础学校毕业的学生，根据自己的学习成绩和学校方面的推荐，由父母决定升入中等教育阶段的不同中学。

在基础学校与中学之间，有一个为期2年的过渡阶段，叫作定向阶段或观察阶段。

1. 普通中学

普通中学亦称主要学校或主体中学（hauptschule），是从国民学校高级班发展而来的，属中学的初级阶段，所以又叫初级中学。学习年限5年；柏林和勃兰登堡州为3年，但与6年初等教育合计，仍为9年。在实行十年制义务教育的州，主体中学也包括十年级，学完可获得额外的毕业证书。

普通中学跟完全中学和中间学校比起来，社会声望相对较低。不能升入完全中学和实科中学的基础学校毕业生，除了一小部分进综合学校学习以外，其余都进普通中学。

普通中学提供基础性的普通教育，除了进行一般文化科学知识的教育外，还具有职业预备教育和职业指导的任务。这个任务是通过在毕业班开设的劳动课（Arbeitslehre）和职业指导课程来实施的。

在大多数州，学生毕业时要进行毕业考试，及格者发给毕业证书，不及格者发给肄业证书。某些州规定肄业的学生在经过一段时间后可以补考，补考及格者可获得毕业证书。持有毕业证书的青少年可以进职业基础学校（berufsgrundschule）和全日制职业学校（berufsfachschule）接受教育，但大多数都进作为双元制职业教育一部分的部分时间制的职业学校（berufsschule），接受 3 年左右的职业培训，作为义务教育的补充，少数有才能的毕业生还可以经过职业补习学校（berufsaufbauschule）和专科补习学校（fachoberschule）或夜校等所谓第二条教育途径取得高等学校的入学资格。还有一部分学习成绩好的学生可以在第六学年或第七学年经“扩充班”（或者称为“提高班”）转入完全中学或实科中学。

2. 实科中学（realschule）

实科中学又称中间学校或实科学校，是一种六年制的不完全中学（有四个州为四年制，但其初等教育为 6 年，合计仍为 10 年）。

1953 年 12 月 17 日，各州教育部长会议把实科中学的任务规定为：它应培养学生担负具有实际生活中较高的专业、经济和社会责任的任务，并提供对此所必要的普通教育。实科中学的教学大多数在第八学年开始按学科重点进行分化，但许多州尚处于实验阶段。实科中学所设学科比普通中学所设学科的范围要宽一些。实科中学的毕业生可获得“中等阶段证书”（又称实科中学毕业证书）。

实科中学毕业生可以参加职业培训，或升入专科高中。有才能的实科中学学生，可在第七学年之后转入完全中学学习，以便将来取得高等学校入学资格。

3. 文科中学（gymnasium）

文科中学是包括中等教育第一阶段和第二阶段在内的八年制或九年制中学，又称完全中学、文理中学或文法中学。第一阶段（初中）从第五学年至第十学年，第二阶段（高中）从第十一学年至第十三学年。文科中学按其基本类型，又分为古典语文中学、现代语文中学和数学自然科学中学三种。在高中阶段，各州还有名称不一的各种专科高中，如经济中学、社会科中学、工科中学、体育中学、教育中学、农业中学、家政中学等。

文科中学在师资方面条件优越，是德国传统的学术性中学，历来以向高等学校输出毕业生为根本任务，绝大部分毕业生进入高等学校。但是，关于文科中学的任务也存在争论，有人提出在以升学为主要任务的同时，应兼顾为就业打基础。毕业时要进行高级中学毕业考试，考试及格者获得高级中学毕业文凭，由此具备了高等学校入学资格。

4. 综合学校（gesamschule）

20 世纪 60 年代以来，联邦德国仿效英国与瑞典，设置一批综合学校，企图将普通中学、实科中学和文科中学三种类型的中学综合为一体。目前的综合学校有合作式的和一体化的两种。1973 年的《综合教育计划》把推行综合学校作为学校结构改革的最终目标。虽然推行结果并未达到预期效果，在综合学校实验方面还存在争论，但综合学校的出现反映了联邦德国教育结构改革的趋势。

（四）职业技术教育

按联邦各州统一的做法，在全日制义务教育之后，实行为期 3 年的义务职业教育。德国的职业技术教育属于中等教育的第二阶段，其结构比较完善，体制多样而灵活，培养人才效率高，被誉为“欧洲模范”。德国的职业学校主要有以下几类。

1. 部分时间制职业学校

这是一种具有义务教育性质的半工半读职业学校，对未能升学的普通中学和中间学校毕业生实施义务职业教育。学习年限为 2—3 年。学生一面在企业接受职业训练，一面在这种学校学习文化和理论知识。

2. 全日制职业学校

这是一种与普通学校衔接的职业学校，以职业教育为主，也进行普通教育；招收普通中学以上程度的学生。学校有一年制、二年制、三年制几种，学生修毕其中任何一种，均算完成义务职业教育。

3. 专科学校

这是一种比全日制职业学校程度高的学校，培养中等专业水平人才。学校招收受过职业训练或具有一定实践经验的青年、部分时间制职业学校的毕业生、实科中学的毕业生以及同等学力者。学校分全日制、部分时间制和夜课三种。学习年限为：全日制 0.5—2 年，部分时间制可适当延长。入学年龄要求在 18 岁以上。

4. 职业基础学校

这是新设的一种全日制职业学校，与普通中学和中间学校衔接，学习年限为 1 年。

5. 职业补习学校

这种学校具有进修性质，是在职青年继续学习的“第二条培养途径”。招收已完成义务职业教育并受过半年以上职业训练的青年，实施高于部分时间制职业学校程度的普通教育与专业教育。分全日制和部分时间制两种。全日制学校学习年限为 1—1.5 年，部分时间制学习年限为 3—3.5 年。

6. 专科补习学校

这是职业教育体系中发展较晚的一种学校，相当于普通学校第十一学年和第十二学年的一种两年制职业补习学校，也属于“第二条培养途径”。学校招收实科中学与全日制职业学校的毕业生和同等学力者。

在职业教育方面，东部原来由企业为主开办的职业学校改为公立职业学校。东部职业教育的组织结构与西部基本一致。在所有五个州里都设部分时间制职业学校、职业专科学校、专科高中。萨克森-安哈尔特州和图林根州也设职业补习学校。此外，梅克伦堡-前波美拉尼亚州、萨克森-安哈尔特州、萨克森州和图林根州还规定设职业完全中学或专科完全中学（十一至十三年级）。

进入21世纪以来，德国的职业教育体系发生了深刻的结构变革。例如，旨在促进学生从中等教育第一阶段进入职业教育的过渡系统成为职业教育的一个领域，职业教育与普通教育以及高等教育的融通也得到了促进。当前的职业教育体系包括中等教育第二阶段的双元制职业培训、全日制职业学校教育、过渡系统（包括职业预备学年和职业基础教育学年）以及中等教育后的职业教育（包括职业进修教育和职业改行教育）。

（五）高等教育

德国高等教育体系由四种不同类型的高等教育机构组成，分类十分清晰，而且它们有自己特色鲜明的办学定位。第一，综合性大学（universitäten）及与其同等级的高校（如科技高校/科技大学、师范大学和神学院）。这些高校之所以被称作与综合性大学同等级的高校，是因为它们与综合性大学一样都具有博士学位授予权，担负着培养科研后备人才的任务。综合性大学及与其同等级的高校构成了德国高等教育体系的主体，近三分之二的大学生在这类高校学习。第二，应用科学大学（university of applied sciences）。应用科学大学的前身是高等专业学院（fachhochschulen，FH），最早成立于20世纪60年代末70年代初，目标是培养应用型人才。应用科学大学是德国高等教育体制中的第二大类高等教育机构。近三分之一的大学生就读于此类高校。全德国三分之二的工程师毕业于此类学校。第三，高等艺术与音乐学院（kunst- und musikhochschulen），包括高等艺术学院和高等音乐学院两类学校。它们负责培养艺术和音乐领域的人才以及中小学校的艺术和音乐教师。第四，职业学院（berufsakademien）及作为其进一步发展结果的双元制大学。职业学院最初是在1974年作为改革试点在德国巴登-符腾堡州设立的，目标是培养技能型专门人才。职业学院提供双元制的高等教育，学业中的理论教学部分在职业学院里进行，而实践教学部分则在企业或其他社会机构完成。在“博洛尼亚进程”实施之前，职业学院没有被视为高等教育机构，所颁发的毕业证书在层次上低于学士学位。在“博洛尼亚进程”实施之后，职业学院也得到了升格，多个联邦州已将其职业学院升格为双元制大学，最低可以颁发学士学位。

德国的高等学校很强调科学研究与教学的统一，把科学研究放在相当重要的地位。高等学校的学习年限视专业性质而定。本科专业的常规学习时间通常为6个学期。硕士专业的常规学习时间通常是4个学期。总的说来，德国高等学校的学习年限比较长。最近几十年来，许多人正在探索缩短高等学校学习年限的改革问题。

（六）继续教育

继续教育指的是在结束第一个教育阶段并且从事某种职业活动以后，又继续或者恢复有组织的学习。在 1970 年以前，这种学习都被称为成人教育，后来通称继续教育。在现行德国学制中，继续教育是一个完整的教育阶段。

继续教育的主要形式是经济界或企业的职业继续教育和通过国民高等学校实施的继续教育。在继续教育的参与度方面，德国排在世界的前列。

（七）师范教育

德国是一个重视师范教育、重视师资培养的国家。第二次世界大战后，国家要求各级各类学校教师均须达到大学教育水平。实施师范教育的机构原来主要是高等师范学校，后来，除了巴登-符腾堡州之外，其他地方的师范学校大多并入了高等学校和综合大学。艺术学科的教师和体育教师分别由高等艺术学校和高等体育学校培养。以上学校，原则上均以中学毕业证书为入学条件。联邦德国的师资培养既重视所学专业造诣，又重视教育专业训练。统一以后，东部各州取消了原来将专业训练阶段与实习或见习这个实践阶段结合在一起的做法，采用了西部将专业训练与实践训练分为两个不同阶段的做法。此外，东部各州取消了中等师范学校，师资的培养任务改由高等学校承担；同时，高等师范学校也逐步同大学结合或联合，以提高师资的质量。师资培养的年限较长，要求也很严格。部分教师是公务员，部分教师是雇员。

从 20 世纪末开始，德国在学制改革方面采取了以下措施：小学入学年龄提前；文科中学由九年制缩短到八年制，以缩短取得高中毕业文凭所需要的时间。根据“博洛尼亚进程”，把德国传统的证书硕士（Diplom，Magister）学位体系改革为学士、硕士（Bachelor，Master）两级学位体系；缩短获得学位时间，学士阶段的学习时间一般为 3—4 年，硕士阶段的学习时间为 1—2 年，两者合计不超过 5 年。经过 10 多年的改革，一些措施也受到质疑，甚至被废止和修改。例如，有的把小学入学年龄提前到 5 岁甚至 4 岁的州逐步恢复到 6 岁入学；有的施行文科中学由九年制缩短到八年制的州开始放弃新制；部分高校开始把三年制学士课程延长为 4 年。

德国现行学制如图 2-5 所示。

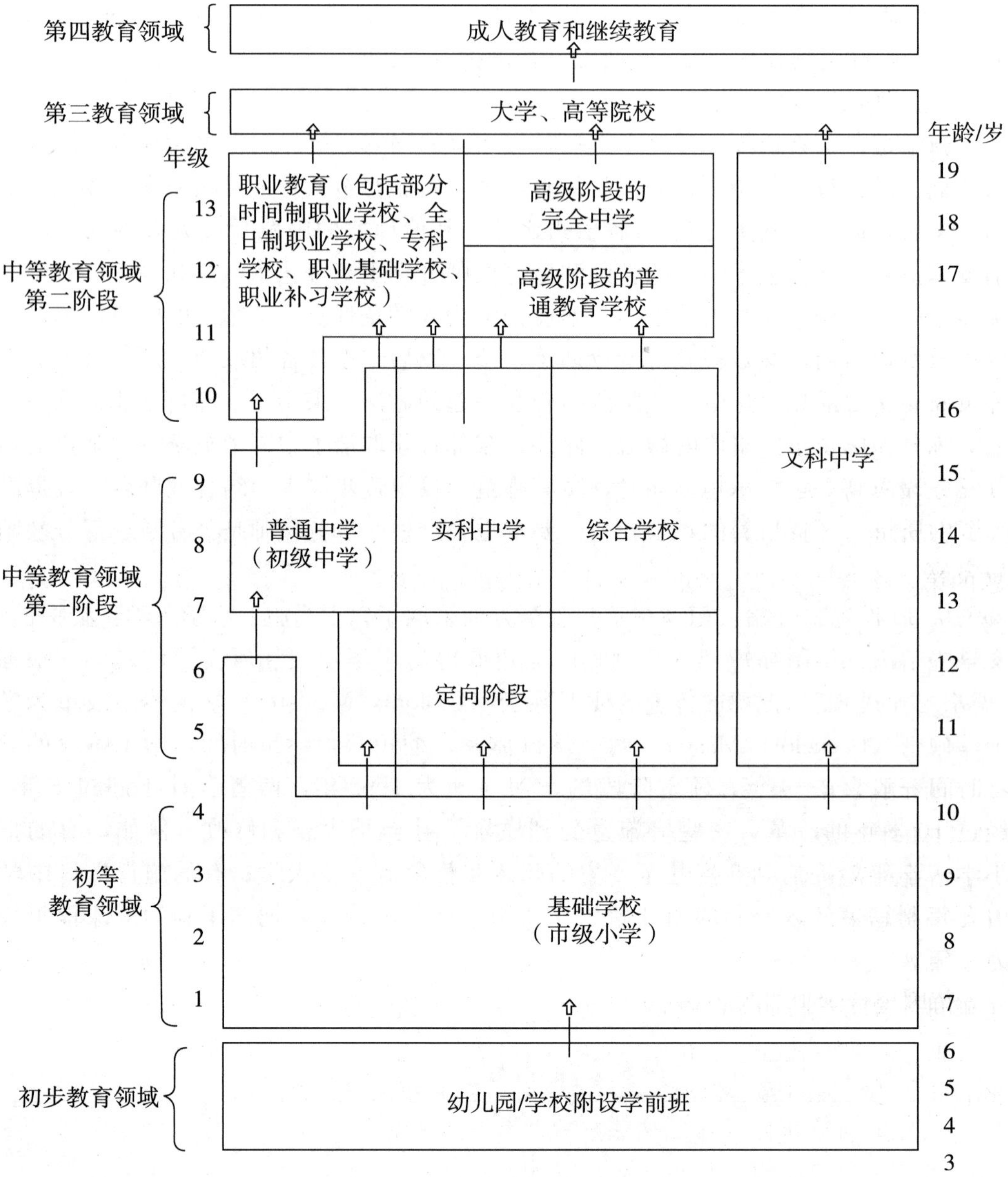

图 2-5　德国现行学制

（特殊学校和多教育途径学校略）

第五节 俄罗斯学制

一、俄罗斯学制的演变

俄罗斯的现行学制，是经过十月革命后 70 多年的发展以及 20 世纪 90 年代以后社会政治结构不断演变而逐步形成的。

沙皇俄国的学制确立于 19 世纪前期，是一种为统治阶级服务的双轨式学制。十月革命胜利后，新生的社会主义政权即着手改造旧教育，建立为无产阶级和劳动人民服务的新型学制。1918 年，苏维埃中央执行委员会颁布《统一劳动学校规程》和《统一劳动学校基本原则》（又称《统一劳动学校宣言》）两个文件，以此为依据确立了苏维埃俄国的统一劳动学校制度。统一劳动学校分为两个阶段：第一级学校为 5 年；第二级学校为 4 年。两级学校互相衔接。儿童 6—8 岁进入幼儿园，8—13 岁进入第一级学校，13—17 岁进入第二级学校。

1920 年 12 月 31 日至次年 1 月 4 日，俄共（布）中央举行了有关国民教育问题的第一次党的会议。考虑到当时战争造成的破坏，提出把学制缩短为 7 年：第一级学校改为 4 年，第二级学校改为 3 年，原来的八至九年级则改为进行各种专业教育的中等技术学校。由于列宁的批评，党中央虽然批准把中学高年级改为技术学校，但要求审慎地和逐步地改组原来的九年制学校，于是便形成了如下的学制：

四年制学校，8 岁入学；

七年制学校，8 岁入学，实行四、三分段的中小学一贯制；

九年制学校，8 岁入学，实行四、三、二分段的中小学一贯制；

中等技术学校，招收七年制学校毕业生，学习 3—4 年；

高等学校，招收普通中学和工农速成中学毕业生。工农速成中学是专为工农青年能够进入高等学校而创办的，实际上是高等学校的预科。

此外，当时还创办了新型的工农学校：工厂艺徒学校，培养熟练的、有阶级觉悟的青年工人；农村青年学校，培养有文化、有觉悟的新型农民。

1922 年，苏维埃社会主义共和国联盟（简称苏联）成立后，苏联学制进入新发展阶段。1932 年 8 月，联共（布）中央通过《关于中小学教学大纲和教学制度的决定》，要求从 1932—1933 学年起，逐步把七年制学校改组为十年制学校。这一改动的目的在于迅速提高中学生的文化水平，扩大升入高等学校的学生人数，同时消除中学和高等学校之间学生在年龄上不衔接的现象。1934 年 5 月，联共（布）中央和苏联人民委员会通过《关于苏联中小学结构的决定》，确定普通学校的类型为：四年制小学、七年制不完全中学和十年制中学，即四三三制。

20 世纪 30—50 年代中期，苏联的学制没有发生重大的变化。

1958 年 12 月，苏联颁布《关于加强学校同生活的联系和进一步发展苏联国民教育制度的法律》，对教育领域进行大规模改革，企图解决当时教育上存在的问题。这次改革在学制方面有以下一些变化。

第一，把 7 年普及义务教育延长为 8 年，把完全中学从十年制延长为十一年制，即四四三学制。

第二，规定青年从 15 岁或 16 岁起都要参加公益劳动。青年完成八年制义务教育后大部分就业，通过业余教育（青年艺徒学校或农村青年学校）完成中等教育，少数人进入完全中学。完全中学改为兼施生产教学的综合技术普通中学，学生在这里接受普通教育和职业训练。

第三，高等学校招收新生时要给有实际工龄的人以优先权。后来逐步实现从具有 2 年以上工龄的青年中招收学生，直接从毕业生中招生比例不超过 20.9%。

第四，创办寄宿制学校和长日制学校。寄宿制学校通常设在风景优美的地区，师资力量和教学设备等方面都比普通学校好得多。创办初期，学生的学习、膳食、衣服等费用大部分由国家供给，后来逐步改为由集体资助或由家庭负担。1958 年试办初期，此类学校有 47 所，近 1 万名学生，1961 年发展到 2 700 所，学生 60 万人。长日制学校是一种延长每天学习时间、加强课外教育、解决双职工家长后顾之忧的学校，学生在晚餐后继续留在学校做作业，有教师辅导。

第五，发展夜大学和函授大学。为适应大批青年升学的要求，从 1959 年起，苏联全日制高等学校同时开办夜大学和函授大学，并规定其教学大纲和培养规格与全日制大学相同，国家及学生所在单位还给这两类在职大学生以许多便利条件和照顾。1959 年，这两类大学生已达 100 万人。

第六，创办工厂高等学校（又称厂办工学院）。这类学院一般设在大型工厂和企业内，学习期限 5—6 年。

1958 年启动的改革，由于过分强调在普通中学实施职业技术教育和学生参加生产劳动，结果加重了学生负担，降低了教学质量，虽延长了学制，但普通中学实现职业训练的初衷仍无法实现，因此 1964 年不得不宣布停止实行。

1964 年 8 月以后，苏联又发布了一系列法令和文件，不断进行教育改革，在学制方面有以下一些变化。

第一，从 1964 年起，逐步把小学由 4 年改为 3 年，实施三五二制，把小学的一年并入初中。为了使小学三年级能够学完原来 4 年的课程，规定从幼儿园就开始学习初步的读、写、算，为进入小学一年级打下基础。

第二，开设特科学校。这是一种对具有自然科学和数学才能的学生进行专门培养的学校，从 1962 年起开始建立。选拔学生主要通过“奥林匹克竞赛”，也可通过推荐途径个别录取。这类学校只设八、九、十共三个年级，每班只有 10—15 人，学生住校就读。学校的师资水平、教学设备比普通学校优越许多，但淘汰率很高，期末考试不及格者要转到一般学校去。最著名的一所特科学校是苏联科学院西伯利亚分院在新西伯利亚市建立的物理数学学校。后来，特科学校的加深教学科目陆续增加了外语、音乐、艺术等社会科学科目。

1984 年，苏联实施了战后 40 年来最大的一次教育改革。改革的主要内容如下。

第一，延长学制，提前入学。逐步实行 6 岁入学，小学由 3 年改为 4 年，初中 5 年，高中 2 年，合计 11 年，即实施四五二制。

第二，调整中等教育结构，加强职业技术教育。完成职业技术学校的改组，将原有的中等职业技术学校和技术学校统称中等职业技术学校。

第三，加强普通学校的劳动教育和职业训练。

第四，增加课程门类，丰富教学内容。在高年级课程中增设“家庭生活伦理学和心理学原理”“信息学和电子技术原理”课，在低年级开设“认识周围世界”课。

1991 年苏联解体，作为苏联最大的加盟共和国，俄罗斯苏维埃社会主义联邦共和国成为独立的主权国家，改国名为俄罗斯联邦（简称俄罗斯）。1992 年 7 月《俄罗斯联邦教育法》（简称《联邦教育法》）颁布后，俄罗斯现行学制得到确立。

二、俄罗斯现行学制

俄罗斯现行学制基本保持了苏联学制的主体部分，但在教育结构的划分上有所不同。苏联的教育体系由普通教育、中等职业教育、中等专业教育和高等教育四部分组成。1992 年《联邦教育法》将教育体系分为普通教育和职业教育两部分，此外还正式添加了一个与这两部分并行的补充教育系统。

（一）普通教育

俄罗斯国民教育的普通教育板块基本上沿袭了苏联时期的学制结构，其普通教育年限为 11 年，包括相互衔接的三个阶段：6 岁之前的学前教育，一至四年级为小学，五至十一年级为中学。在俄罗斯，独立的小学较少，大多在边远地区，不完全中学（九年一贯制）和完全中学（十一年一贯制）是普通教育学校的两种主要形式。随着俄罗斯教育改革的深入，普通教育多元化发展势头迅猛，出现了一些新型普通教育机构。2013 年的《联邦教育法》第七章第 67 条规定，满 2 个月的儿童可以开始在教育组织接受学前教育。年满 6 岁半且身体健康、无禁忌症的儿童可以开始在初等普通教育组织接受教育，最晚不晚于 8 岁。根据儿童父母（法定代理人）的申请，教育组织创办人有权允许接收儿童更早或更晚进入按照初等普通教育计划教学的教育组织。①

1. 学前教育

俄罗斯学前教育机构主要有托儿所（3 岁以内）、幼儿园（3—6 岁）、小学预备班（6—7 岁）。学前教育机构的主要职能是保护和增强受教育者的身心健康，开发他们的智力，促进他们的个性发展。儿童在托儿所、幼儿园的主要活动是游戏、学习和劳动。1992 年的《联邦教育法》将学前教育列入正规的国民教育体系，成为其普通教育大纲中的有机组成部分，但直到 2004 年新修订的《联邦教育法》才明确学前教育是普及的免费教育。

俄罗斯学前教育机构的类型在逐步多样化。除传统幼儿园外，出现了特长幼儿园、家庭幼儿园、双语教育幼儿园、特殊教育幼儿园等幼教机构，其中也不乏各种私立幼儿园。此外，还有一类是学龄前与学龄早期儿童一体（3—10 岁）的教育机构，具体可分为初等小学-幼儿园、补偿型小学兼幼儿园、幼儿-文实学校等类型，这些教育机构的任务是，保证学前教育与初等教育之间的衔接性，保证为维护和促进受教育者的健康及身心发展创造最佳条件。②

2. 初等普通教育

初等普通教育阶段即小学阶段（一至三或四年级）。从 1984 年苏联进行的最后一次普通教育改革开始，6 周岁在俄罗斯成为一个特殊的年龄，孩子 6 岁到 7 岁这一年可以上单独的小学预备班，也可以进入小学一年级，由学生与家长在两种方式中自愿选择。虽然现在绝大部分学校都有 6 岁、7 岁入学两种供选择（6 岁入学读 4 年，7 岁入学读 3 年），但大多数家长为减少孩子压力都选择 7 岁入学，从 6 岁开始接受 11 年教育的孩子在 20%左右。

3. 基础普通教育

基础普通教育阶段即初中阶段（五至九年级）。学生一般 14 岁念完九年级，完成普通中等教育的第一阶段教育。1992 年的《联邦教育法》规定，基础普通教育是义务教育，学生应在 15 岁之前完成，在普通教育机构接受基础普通教育的学生，年龄不能超过 18 岁。

4. 中等（完全）普通教育

中等（完全）普通教育阶段即高中阶段（十至十一年级）。修业期满且考试合格者可获中等（完全）普通教育毕业证书，成绩优秀者可获金质或银质奖章。毕业生通

① Президент России：Федеральный закон от 29.12.2012 г. No.273-ФЗ. “Об образовании в Российской Федерации”，http://www.kremlin.ru/acts/bank/36698.

② 肖甦、王义高编译：《俄罗斯转型时期重要教育法规文献汇编》，人民教育出版社 2009 年版，第 303 页。

过竞试升入高等学校，进入各种中等职业技术学校相应年级，亦可直接就业。1996年4月，俄罗斯政府颁布《关于1992年〈俄罗斯联邦教育法〉的补充修改条例》，将普及义务教育的年限重新规定为11年。

上述初等普通教育、基础普通教育和中等（完全）普通教育构成俄罗斯普通中等教育的主体，由不同类型学校实施。目前大致有以下类型。

（1）普通中等教育学校（九年制学校和十一年制学校）。

（2）被称为文科中学（гимназия）的新型优质普通学校，它借用的是沙俄时代文科中学的称谓。学校在软硬件方面条件优于普通学校（школа），在实施普通中等教育教学大纲的同时，偏重人文科学的学习，要求学生拓宽学习外语、古代语、文学和艺术等方面的知识，开设的课程有语言学、数学、自然科学、人文科学、外语（不少于2门）、逻辑学、美学、古典文学等。

（3）被称为实科中学（лицей）的新型优质中学，它是借用沙俄时代实科中学的称谓，以实施中等（完全）普通教育教学大纲为主，最初只从八年级起招收学生，后逐渐出现十一年一贯制学校，也有只设十至十一年级的高中。实科中学侧重自然科学、数学和技术方面的课程，所偏重的科目在深度和广度上高出普通学校很多，淘汰率很高。一些只有高中的此类学校有自己相对固定的高校联盟对象，几乎就是相应高校的预备部。开设文科中学和实科中学是为了给学生多种选择。

（4）特科学校（加深某一门学科，如数学、外语、美术的专门学校）。

（5）寄宿学校（可以全程住宿的普通教育学校；其学生主要来自多子女家庭、单亲家庭，或者是孤儿和无监护儿童）。

（6）长日制学校（中低年级学生课后可在教导员管理下继续留校活动的学校，双职工子女优先入学）。

（7）为存在生理、心理发展障碍学生开设的专门学校（如盲校、聋校、林间疗养学校等）。

（8）业余普通中学（附设于各类学校的函授部及夜校，招收具有不完全中等教育程度的在职人员，完成为期3年的完全中等普通教育）。

苏联解体之后，俄罗斯出现了私立普通学校和多种类型的有偿教育学校，如星期学校，钟点学校，早期导入外语、音乐、美术的贵族学校，以名人命名的英才教育学校，独创性学校等。根据统计数据分析，私立学校的平均人数不足百人，按11个年级计算，每班人数少于10人。1992年的《联邦教育法》规定，非国立教育机构自获得国家资格认证之日起，便与国立教育机构享有同等的获得国家或地方财政拨款的权利，但2004年的《联邦教育法》取消了相关条款。

（二）职业教育

因循终身教育的理念，从20世纪90年代起，俄罗斯将普通中等教育之后的各种正规教育均释义为公民为获得职业所接受的教育，一并归入职业教育板块。因此，新理念下的国民教育体系就变成由普通教育和职业教育两部分构成，后者既包括传统意义上的初等、中等职业教育和专业教育，也包括传统意义上的普通高等教育。

1. 初等职业教育

1992 年的《联邦教育法》明确规定，初等职业教育作为独立的教育层次，建立在普及的、免费的和非竞争的基础之上，为社会各领域培养熟练工人。实施初等职业教育的机构主要包括职业技术学校和职业专科学校两种类型，除少部分函授型职业学校之外，主要由职业技术学校（约占总数的三分之二）和职业中学实施。招收初中毕业生，学制 3 年。某些技术要求较高的专业也招收高中毕业生，学制 1—1.5 年。

初等职业教育机构与其他层次教育机构的显著区别在于它肩负着重要的社会职能：为学生提供综合性的社会支持（食宿免费、发放补助金、提供服装等）。因此，此类学校的学生中，孤儿、无父母监护儿童和身体残疾儿童三类特殊群体占有不小比例。随着社会整体教育层次的提高，俄罗斯的初等职业教育机构及其在读学生数量呈递减趋势。统计数据显示：2001 年年底，全俄初等职业教育机构共有3 872 所（其中职业中学 850 所），在读学生 164.87 万人 ；2008 年年底，全俄初等职业教育机构共有 2 860 所（其中职业中学 539 所），在读学生 111.52 万人。① 随着最新版《联邦教育法》的颁布，从 2013 年 9 月起，职业教育领域取消了初等职业教育层次，相应的初等职业教育机构或取消，或整改升格为中等职业教育机构。随后的统计年鉴中亦不再出现初等职业教育的相关数据。

2. 中等职业教育

中等职业教育以基础普通教育、中等（完全）普通教育或初等职业教育为基础，培养各类中级技术人才，它在俄罗斯职业教育体系中占有重要位置。该系统内又包括基础和提高两个层次，从时间上看，提高层次比基础层次多修业 1 年；从施教机构上看，基础层次的中等职业教育主要在中等职业技术学校和中等专业学校实施 [统称为中等技术学校（техникум)]，提高层次的中等职业教育主要在技术专科学校（或称技术中学）和高等专科学校（Колледж）实施。中等技术学校招收初中和高中毕业生，对初中毕业生实施专业教育并兼施高中教育，培养工人和职员的大纲学制为 1—2.5 年，培养中级专家的大纲学制为 3—4 年，对高中毕业生实施专业教育学制为 1—2 年。

这里有必要专门提及高等专科学校，它是 20 世纪 90 年代后在俄罗斯新发展起来

① Образование в Российской Федерации：2010. Федеральная служба государственной статистики，Москва，2010，p. 147.

的一种学校，由中等专业学校转型以及部分中等职业学校升格而成，其教育层次既属于拔高水平的中等职业教育，也相当于初级层次的高等职业教育水平。总学制为 4 年 10 个月（相当于 9 个学期）。其整个培养过程划分为三个层级：第一级培养 2—4 级的熟练工人，学习 3 个学期，招收基础教育或完全中等教育学校毕业生；第二级培养 5—6 级高级熟练工人和技术员，学习期限为第 4—6 个学期，招收上一级水平毕业生及中等职业学校、技术学校毕业生；第三级（第 7—9 学期）培养工程师，招收上一级优秀毕业生，以及日课、夜课、函授等中等专业学校毕业生，学习相当于大学一、二年级的课程，以及本专业的知识和技能。高等专科学校相当于我国的高职教育层次，在俄罗斯中等职业教育机构中所占比重较高。

3. 高等职业教育和大学后职业教育

在中等（完全）普通教育、中等职业教育的基础上，培养和再培养具有相应水平专门人才的教育。2013 年修订后的《联邦教育法》取代了先前的《联邦教育法》和《联邦高教法》。修订后的《联邦教育法》取消了初等职业教育层级，从而使俄罗斯高等教育成为职业教育板块的第二级教育。作为职业教育板块的最高层级，这一级教育旨在根据社会和国家需要，按照有益于社会活动的主要方向保障高水平人才培养，满足个人对于智力、文化和道德发展、深化和扩大教育和科教技能的需求。

俄罗斯高等职业教育（即高等教育）层级划分为三个层次。第一层次是高中毕业生通过竞试进入高等教育机构学习 4 年获得的学士学位。第二层次分两类：某些专业延续苏联模式连续学习 5 年获得的专家文凭，或在学士基础上学习 2 年获得的硕士学位。第三层次是在第二层级基础上的两类：按副博士大纲学习 4 年并通过学位答辩获得的副博士学位，或按其他专业性培养大纲学习 2 年获得的高水平技能人才毕业证书。俄罗斯的副博士学位相当于国际通用的科学博士学位，是其职业教育体系的最高级层次。而苏联特有的博士学位已不属于职业教育板块，亦不在国民教育体系之内。

实施高等教育大纲的教育机构分为三类：综合大学（университет）、专业性大学（академия）、专业学院（институт）。

非国立高等教育学校是 20 世纪 90 年代以后俄罗斯出现的新形式高校，发展很快，大部分集中在俄罗斯的中心地区，以社会科学、人文学科的大学和学院居多，其办学资格和教学质量必须通过国家鉴定并得到认可。

此外，按俄罗斯现行教育体系的划分，师范教育属于职业教育范围之内，其主要任务是为普通教育学校培养合格的教师。从教育程度和类型上看，实施师范教育的学校有以下几种。

中等师范学校属于中等职业学校，主要培养小学教师、学前教育工作者、寄宿制和长日制学校教导员以及音乐、体育、美术教师。招收基础普通教育（不完全中学）毕业生，修业 3—4 年。也有招收完全中等普通教育（十一年制中学）毕业生的，学制为 2—3 年。

师范学院主要培养高年级学科教师，招收完全中等教育毕业生和有一定工龄的师范学校毕业生，学制为 4 年。

师范大学一般由同名的师范学院更名而成，是 20 世纪 90 年代高等教育向综合化、人文化发展的产物，一般以大、中城市冠名的师范学院更名居多。在升格为师范大学的同时，学校的软硬件条件均有不同程度的提升；在教育教学内容、专业方向设置上增加了许多非师范性内容，如经贸、法律、生态学等专业。目前师范大学已超过高等师范院校的半数以上。

据 2019—2020 学年统计，俄罗斯共有高等教育机构 724 所，包含四年制本科、五年制专家文凭及硕士在内的在校学生总计 406.93 万人（女生 215.53 万人）。在 495 所国立高等学校中，有 373.63 万名在读学生；在 229 所非国立高等学校中，有 133.30 万名在读学生。俄罗斯高等教育机构专职教师 22.93 万人（女教师 13.14 万人），其中：教授 2.37 万人，副教授 8.68 万人；拥有博士学位者 3.58 万人，拥有副博士学位者 13.18 万人。高校师生比约为 1∶12。截至 2019 年年底，俄罗斯培养副博士研究生的机构共 1 187 所（其中科研机构 599 所，高等学校 567 所，其他 21 所），在读副博士研究生总计 8.43 万人，其中女生 3.74 万人。①

（三）补充教育

自俄罗斯 1992 年版《联邦教育法》颁布实施起，俄罗斯教育体系中比以往多出一个系统，即“补充教育”。这是结合终身教育理念，将各级各类的校外教育规范化、系统化所构成的一个与普通教育大纲和职业教育大纲并行的大纲系统。

根据《联邦教育法》，实施补充教育大纲和补充教育服务的宗旨和任务在于：全面满足公民个人、社会和国家对教育方面的各种需求；在职业教育阶段配合各级教育标准的提高而逐步提高各类专业人员的业务水平。补充教育大纲亦分成各种专业方向的大纲，作为正规教育大纲之外的补充内容，它既在普通教育和职业教育机构中实施，也在各种专门的补充教育机构，如进修学院、职业定向中心、各类音体美学校、各种儿童课外活动站等场所实施。与苏联时期的各种校外活动机构相比，补充教育大纲一般都是有偿教育服务。②

2019 年年底，全俄共有儿童补充教育机构 11 726 所，有 1 011.04 万名儿童在其中学习，在这些机构工作的教育工作者共有 33.36 万人。据同期统计数字，在成人教

① Образование в Российской Федерации 2020：краткий статистический сборник. Нац. исслед. ун-т《Высшая школа экономики》. -М.：НИУ ВШЭ，Москва，2020：p. 49，p. 66，p. 84.

② 肖甦、王义高编译：《俄罗斯转型时期重要教育法规文献汇编》，人民教育出版社 2009 年版，第 686 页。

育环节，有职业教育补充机构 2 117 所，学习者 633.84 万人，其中提高技能者占 88.4%，职业转行再培训者占 11.6%，职业教育补充机构的教师总数（包括兼职人员）为 4.55 万人。①

三、俄罗斯的教育行政管理

俄罗斯联邦政体为总统制，教育的最高决策权属于总统。2018 年之前，国民教育的权力执行机关为俄罗斯联邦教育与科学部，它于 2004 年 8 月由原联邦普通和职业教育部和联邦科学技术部合并成立，全权管理全国的教育与科技工作。该部由四个署组成：联邦科学与创新署，联邦教育署，联邦知识产权、联邦专利及商标署，联邦教育与科学监督署。其中联邦科学与创新署、联邦教育署在平行状态下分别管理科学和教育的全国性事务。联邦教育署基本上替代先前的俄罗斯普通与职业教育部职能，对各级各类教育仍然实行联邦中央、联邦主体、地方三级管理。

2018 年 5 月，普京就任俄罗斯新一届总统，开启其第四任期后，旋即颁布了新一届联邦政府执行机构的调整方案。其中将已运行 14 年的俄罗斯联邦教育与科学部一分为二，重新组建为俄罗斯联邦教育部（Министерство просвещения Российской Федерации）和俄罗斯联邦科学与高等教育部（Министерство науки и высшего образования Российской Федерации）。俄罗斯联邦教育部设部长 1 人、副部长 6 人；下设 12 个司局，负责管理普通教育、中等职业教育及相应的补充职业教育、职业培训、成人和儿童补充教育、未成年公民的监管及教育，学生的社会支持及社会保障领域，为这些领域制定相应的政策并行使国家服务职能。俄罗斯联邦科学与高等教育部设部长 1 人、副部长 8 人、区域部门领导 3 人；下设 22 个司局，负责高等教育领域国家政策和法律法规的制定与实施，组织实施相应的补充职业教育，并大力推动俄罗斯科学和高科技中心、国家科学中心以及科学城市等方面的创新发展。

俄罗斯现行学制如图 2-6 所示。

---

① Образование в Российской Федерации 2020：краткий статистический сборник. Нац. исслед. ун-т Высшая школа экономики. -М.：НИУ ВШЭ，Москва，2020，p. 52，p. 72，p. 90.

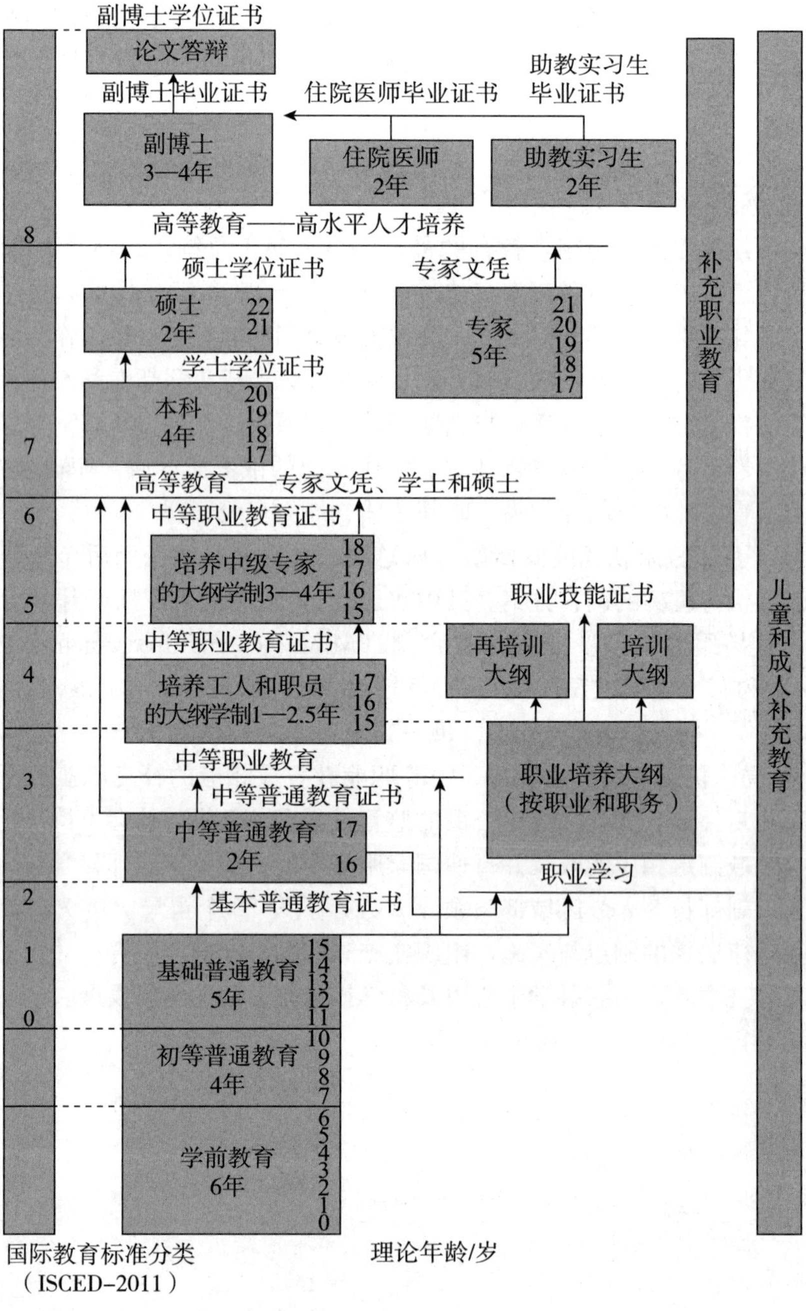

图 2-6　俄罗斯现行学制

资料来源：《Индикаторы образования：2021》. Нац. исслед. ун-т《Высшая школа экономики》-М.：НИУ ВШЭ，Москва，2021，28.

第六节　日本学制

一、日本学制的演变

19 世纪中叶，处于江户末期的日本存在多种教育机构，如向武士阶层教授中国典籍的“藩校”，研究东方传统学术或西方现代科技的民间“私塾”，以及向普通民众教授读、写、算以及实用技能的“寺子屋”等，其中有的带有现代学校色彩。这些教育机构的大量存在，提高了当时日本的文化与教育水准，也成为后来日本教育现代化的积极因素。

1868 年，明治维新开始。政府提出了“富国强兵”“殖产兴业”“文明开化”的口号，在政治、经济、军事和文化等领域推行了革除封建旧弊、实行新政的资产阶级改革运动。这一时期，日本进行了旨在建立现代教育制度的改革，史称“第一次教育改革”。

1872 年，日本颁布了第一个现代教育法令——《学制》，提出了“邑无不学之户，家无不学之人”的普及教育思想。《学制》在各级教育的分段上模仿美国的单轨制，分小学、中学和大学三段。在教育行政上模仿法国的中央集权制和学区制：全国分为 8 个大学区，每个大学区各设 1 所大学；每个大学区下设 32 个中学区，每个中学区各设 1 所中学；每个中学区下设 210 个小学区，每个小学区各设 1 所小学。也就是说，全国应建 8 所大学、256 所中学、53 760 所小学。其中，小学分下等和上等两段，各 4 年；中学也分下等和上等两段，各 3 年；大学设理、文、法、医 4 科，年限不定。这一庞大计划严重脱离了当时日本的实际情况，不仅校舍、师资等各方面条件均不具备，而且人民也无力承受儿童就学带来的沉重负担，于是《学制》不得不在颁布 7 年之后被废除。但这次改革对建立日本现代学制和促进教育的普及，具有重要的历史意义。

1879 年，日本颁布了《教育令》，参考美国地方分权的经验废除了学区制，负责地方教育行政事务的“学务委员”也改由居民公选，鼓励私立学校发展，同时放宽了就学方面的要求。比如，虽然小学学制 8 年，但只要求学生至少学习 4 年，每年至少学习 4 个月，这样小学阶段实际上只需学习 16 个月。过于宽松的《教育令》导致了教育的停顿和倒退，因此被称为“自由教育令”。1880 年，日本政府颁布了经修改的《教育令》（史称“改正教育令”），加强了政府的督学，扩大了文部省和各府县在办学与课程方面的审批权限，“学务委员”也改为任命制。小学分初等科、中等科和高等科，采取三三二分段。中学分初等科和高等科，采取四二分段。“改正教育令”颁布后，各地就学状况好转，中学和师范学校也逐步完善，还出现了实业学校、高等女学校等新型学校。但不久，随着经济下滑，日本教育再度陷入停顿，为减缩经费，1885年日本又颁布了“第三次教育令”，再次放宽了办学要求。

1886年，在首任文部大臣森有礼的主导下，日本废除了《教育令》，颁布了《小学校令》《中学校令》《帝国大学令》《师范学校令》和《诸学校通则》，整顿了学校体系，确立了以小学为基础的连贯的学校系统。小学、中学和师范学校均有“寻常”和“高等”两段。根据上述法令，所有町村都必须设立寻常小学（学制4年），实施义务教育；各郡设1—2所高等小学；各府县设1所寻常中学；全国共设5所高等中学（称“高等学校”）；学制顶端设1所帝国大学。与此同时，各府县还须设1所寻常师范学校，全国设1所高等师范学校。这一时期确定的学制虽然后来经历了多次调整，但它奠定了此后数十年日本学制的基础。

19世纪90年代以后，日本的学制开始逐步完善。1890年，日本又公布了新的《小学校令》，1891年修改了《中学校令》，1892年修改了《师范学校令》和《帝国大学令》，1893年颁布了《高等女学校规程》，1894年颁布了《高等学校令》，1897年颁布了《师范教育令》，1899年再次颁布了《中学校令》，并同时颁布了《高等女学校令》《实业学校令》以及《幼儿园保育及设备规程》，1903年颁布了《专门学校令》。这样，日本的学制从幼儿园到帝国大学，从普通学校到职业学校，从男校到女校，形成了较为完整的体系。

进入20世纪以后，日本教育发展非常迅速。1900年，日本公布了《市町村立小学教育费国库补助法》，实现了免费的义务教育，1902年的男女平均就学率超过了90%。① 1907年，义务教育延长到6年。1910年以后，日本的中等教育和高等教育规模也迅速扩大。与1917年相比，1945年中学的学校数量增长2倍以上，学生数量增加4倍以上；高等女学校的学校数量则是原来的5倍，学生数量为原来的10倍。与1918年相比，1940年高等教育的学校数量增加了5倍，学生数量增加了3.7倍。②

在第二次世界大战期间，日本进一步推行军国主义教育并不断地进行学制调整，为对外侵略扩张服务。1941年，日本颁布了《国民学校令》。1943年，日本又制定了《中等学校令》，并修改了《高等学校令》《师范学校令》等。1944年，日本再次修改了《师范学校令》等法令。在这一学制中，初等教育机构为“国民学校”（即小学），学制8年，为义务教育，分为初等科和高等科，采取六二分段，但八年制义务教育因

① 独立行政法人国际协力机构（JICA）：《日本の教育経験—途上国の教育開発を考える—》，2003年，第69页。

② ［日］文部科学省：《学制百二十年史》。日本文部科学省官方网站：http://www.mext.go.jp/b_menu/hakusho/html/hpbz199201/hpbz199201_2_018.html。

战争并未实施。中等学校包括“中学校”“高等女学校”和“实业学校”。高等教育机构包括“专门学校”、“高等学校”（实际上是帝国大学的预科）、“大学预科”（一般由私立大学设立）、单科大学（包括官立、公立和私立）和帝国大学。此外还有独立的师范学校系统。上述这些学校间的衔接极为复杂，有的学校类型之间存在巨大的鸿沟，只有极少的男生最后可升入帝国大学。可见，日本学制是一种典型的双轨制。战前和战时的日本学制对战后也有着深刻的影响，例如帝国大学的名称虽然在战后消亡了，但这些大学至今仍是日本研究型大学的重要代表。

第二次世界大战结束后，日本进行了“第二次教育改革”。这次改革是在美国占领军的强烈影响下参考美国教育使节团的报告书进行的，教育的民主化是改革的核心理念。1947 年，日本制定了《教育基本法》和《学校教育法》，建立了新的“六三三四”单轨学制，即小学 6 年、初中 3 年、高中 3 年、大学 4 年（医科为 6 年），义务教育由 6 年延长为 9 年。这一学制建立以后，日本教育发展很快，义务教育的就学率在 1948 年就超过了 99%，高中入学率在 1961 年达到了 62%，大学和短期大学的毛入学率在 1963 年就超过了 15%。① 这次教育改革建立的学制框架一直持续至今。

但是，新学制也遭遇到一些问题，迫使日本对学制不断进行调整。20 世纪 50 年代后期日本经济发展的步伐加快，工业经济领域的人才供需矛盾越来越突出。为此，日本在 1961 年建立了“高等专门学校”制度。虽然新学制要求将战前的高等教育机构统一为四年制大学，但有些机构因条件不具备而实在无法升格，只能暂时升为两年制的短期大学，以待条件具备时再升为四年制大学。短期大学开设的人文、家政、教育和保健等专业很受社会欢迎，特别受到女性的青睐，因此日本在 1963 年就将短期大学正式作为大学的一种类型。这样，除了义务教育阶段仍保持单一学制以外，日本的学校类型开始逐步趋于多样化。

从 20 世纪 60 年代开始，日本发现战后学制存在僵化划一的问题，随着日本经济社会的不断发展，这一问题日益凸显。1971 年，日本又开始了“第三次教育改革”，准备系统改革战后形成的教育体制。但这次改革因种种原因直到 1984 年中曾根康弘首相设立临时教育审议会（简称“临教审”）后才真正展开。这次改革要求实现教育的“自由化”“个性化”“多样化”，并提出向终身学习体制过渡。在学制方面，这次改革提出在中等教育阶段建立六年一贯制学校和学分制高中，在高等教育阶段建立培养高层次专门人才的专业学位研究生院等。20 世纪 90 年代以后，随着全球化和信息化的不断深入、知识经济的迅猛发展、国际竞争的日益加剧以及日本国内各领域改革

① ［日］文部科学省：《文部科学統計要覧》（平成十五年版，2003 年）。日本文部科学省官方网站：http://www.mext.go.jp/b_menu/toukei/002/002b/mokuji15.html。

的不断深化，这些提案开始进行实验并逐步推行。例如，为了促进幼儿园与保育所的衔接而设立“认定童子园”，为促进初等教育与中等教育的衔接而设立“义务教育学校”，为促进初中教育与高中教育的衔接而设立“中等教育学校”，为促进特殊教育而不断完善“特别支援学校”，为促进专业学位教育而设立“专门职短期大学”“专门职大学”“专门职大学院”等，从而形成了更加适合日本国情、更加有利于促进公平和提高质量、更加有利于加强与社会的联系、更加有利于促进终身学习的学校体系。

二、日本现行学制

日本现行学制由《学校教育法》规定。在阶段和类别上，日本的学校涵盖从基础教育到高等教育，从义务教育到非义务教育，从普通教育到职业教育、特殊教育等各个方面。在举办主体上，学校包括国家举办的国立学校、由地方公共团体举办的公立学校和由学校法人举办的私立学校。在教育形式上，有全日制（full-time course）、“定时制”（part-time course）、“通信制”（correspondence course，亦称“函授制”）以及夜校等形式。此外，日本的学校往往还跨越层次，如：有的学校不仅可以举办本级学校的常规课程（称“本科”，regular course），还可以开设高于常规课程的高级课程（称“专攻科”，advanced course），也可以开设低于常规课程的简易速成课程（称“别科”，short-term course）；有的学校类型包含初等教育和中等教育或中等教育和高等教育两个层次。

《学校教育法》中所指的学校，仅包括幼儿园、小学、初中、义务教育学校、高中、中等教育学校、特别支援学校、大学及高等专门学校 9 种。它们由《学校教育法》第一条所规定，所以俗称“一条校”。除“一条校”以外，《学校教育法》还在第 11 章对“专修学校”、在第 12 章对“各种学校”进行了规定，这两种学校俗称“非一条校”。

此外，在日本还有很多不受《学校教育法》约束的教育与培训机构，如根据《儿童福祉法》设立的“保育所”，根据《职业能力开发促进法》设立的“职业能力开发校”，各省厅设立的“省厅大学校”（如“防卫大学校”“气象大学校”“税务大学校”“消防大学校”等），各都道府县举办的农业大学校，各政党、企业、财团法人、特殊法人、业界团体、宗教法人等举办的教育与培训机构等。这些机构不属于学制中的学校，但有的也与《学校教育法》规定的学校具有密切的关系。

（一）学前教育

日本的学前教育机构是幼儿园（日本称“幼稚园”），招收 3—5 岁幼儿。幼儿园的教育目的是作为义务教育及此后教育的基础，保育幼儿，给予有助于幼儿健康成长的适当环境，促进其身心发展。幼儿园教育的内容包括健康、人际关系、环境、语言和表现五大领域，强调重视幼儿的主体性活动、自发性游戏和对幼儿的个性化指导，每学年的教育课程须在 39 周以上，每天标准教育时间为 4 小时。2020 年，日本幼儿园的就园率是 40.5%。①

由厚生劳动省管辖的儿童福利机构“保育所”，为 0—5 岁的婴幼儿提供保育，但不属于学制中的“学校”。

为实现幼保一体化，2006 年，日本开始出现了一种综合性的机构——“认定童子园”，它整合了幼儿园与保育所的传统功能，并向社区提供育儿支持服务，由都道府县认定。2021 年，日本共有保育所和幼儿园合作的认定童子园 6 268 所。目前，日本正致力于对上述三种机构进行进一步的研究和梳理，以更好地进行功能协调与整合。2020 年，认定童子园的就园率是 16.6%。②

从 2019 年 10 月开始，为减轻家庭的经济负担，日本原则上对在由政府认可的保教机构的 3—5 岁幼儿实行完全免费，对符合条件的低收入家庭 0—2 岁的幼儿保育实行免费，对在政府认可外的幼儿保教机构的幼儿实行一定的经济补助。

（二）初等教育

日本的小学属于义务教育，学制为 6 年，儿童 6 岁入学。2020 年，小学的就学率为 99.96%。③小学教育的目的是根据儿童的身心发展实施基础的普通教育，除了使儿童掌握基础性知识与技能外，特别注意培养他们解决问题所需要的思考力、判断力、表现力和其他能力，培养他们自主学习的态度，重视儿童的体验式学习活动特别是社会服务活动和自然体验活动等。

小学的教育课程由教学科目（称“教科”）以及作为特别教科的道德、外语活动、“综合学习时间”和特别活动构成，私立小学可用宗教代替道德。小学每学年的标准授课周数为 35 周（一年级为 34 周）；以每课时为 45 分钟计算，标准的课时数为一年级 850 课时，二年级 910 课时，三年级 980 课时，四年级以上为 1 015 课时。教学科目包括国语、算数、生活（一、二年级开设）、科学（称“理科”，三年级以上开设）、社会（三年级以上开设）、音乐、图画手工、家庭（五年级以上开设）、体育和外国语（五年级以上开设），学校既可以按这些教学科目分别教学，也可以根据情况整合教学，还可以适当增加其他教学科目，但不能过多增加学生负担。道德属于特别教科，它需要贯穿到全部教育过程之中，但每学年必须保证至少有 35 课时（一年级为 34 课时）。外语活动在三年级和四年级开设，每学年 35 课时。“综合学习时间”从三年级开始开设，每学年 70 课时。特别活动（如班会活动、俱乐部活动、班级指导、学校组织的节日庆祝活动、文体活动、修学旅行等活动）每学年为 35 课时（一年级为 34

①②③《文部科学統計要覧》(2021 年)，参见日本文部科学省官方网站：https://www.mext.go.jp/b_menu/toukei/002/002b/1417059_00006.htm。

课时）。从 2022 年开始，学校可通过申报灵活调节课时时长。

（三）中等教育

1. 初中

日本的初中（称“中学校”）属于义务教育的完成阶段。初中教育的目的是在小学教育的基础上，根据学生的身心发展阶段实施普通教育。2020 年，初中就学率为 99.96%。①

初中每学年的学习周数为 35 周以上，但每节课的时间长度由学校根据情况自主决定，学校也可以根据情况利用休假日开展教育活动。以每课时 50 分钟计算，各学年每年的标准总课时为 1 015 课时。学校也可以自主开设选修课，但不能造成学生学习负担过重。《学校教育法实施规则》规定，初中的教育课程包括教学科目、道德、“综合学习时间”和特别活动等。教学科目包括国语、社会、数学、科学、音乐、美术、保健体育、技术·家庭和外国语。道德需要贯穿全部教育过程之中，且每学年必须保证至少有 35 课时。“综合学习时间”为初一 50 课时，初二和初三为 70 课时。特别活动为 35 课时。

2. 义务教育学校

义务教育学校是 2016 年新出现的学校类型，其实就是将小学教育和初中教育统一在一所学校之中的九年一贯制学校。以往虽然存在小学和初中的合作，但总体上小学和初中是分立的。为了使小学和初中的课程有机衔接，日本对《学校教育法》进行了修订，将义务教育学校作为一种新的学校类型。在义务教育学校，小学阶段被称为“前期课程”，初中阶段被称为“后期课程”。目前义务教育学校还不多，2021 年日本全国的义务教育学校共有 151 所（其中国立 5 所，公立 145 所，私立 1 所），在校生 58 568 人，平均每班学生数为 20.4 人，专职教师与学生数之比为 1∶10.9。

3. 高中

日本的高中（称“高等学校”，简称“高校”）不是义务教育，但已达到普及程度。高中教育的任务是在初中教育的基础上，根据学生的身心发展阶段和出路实施高水平的普通教育和专门教育。2020 年，高中入学率为 98.8%。②

高中毕业须至少修满 74 学分（以每课时 50 分钟计算，学习 35 课时为 1 学分）。每学年标准教学周数为 35 周，每周标准课时为 30 课时，但可以根据情况适当增加。高中的教育课程由教学科目（称“教科”）的子科目（称“科目”）、“综合探究时间”和特别活动构成。高中生的教学科目包括国语、地理历史、公民、数学、科学、保健

---

①②《文部科学統計要覧》（2021 年），参见日本文部科学省官方网站：https://www.mext.go.jp/b_menu/toukei/002/002b/1417059_00006.htm。

体育、艺术、外语、家庭、信息和理数 11 门，每个“教科”又再细分为若干“科目”，如“国语”这一“教科”下可设“现代国语”（2 学分）、“言语文化”（2 学分）、“逻辑国语”（4 学分）、“文学国语”（4 学分）、“国语表现”（4 学分）、“古典探究”（4 学分）共 6 门“科目”，其中“现代国语”和“言语文化”两个科目为必修，其他为选修。高中必修学分最低要达到 35 学分。此外，“综合探究时间”也必须至少修满 3 学分。

高中可设“普通科”“专门学科”“综合学科”。“普通科”主要进行普通教育，为有升学需要的学生所设。除了学习必修科目以外，学生可以从上述 11 门教学科目中继续选修其他子科目，也可以选修学校的自设课程，但选修学校自设课程不能超过 20 学分。“专门学科”主要进行特定领域的职业教育或专门教育。学生在修完必修课的基础上，必须在某一特定专业（也称“教科”）至少学习 25 学分的课程（也称“科目”）。专业可以是职业教育类的，如农业、工业、商业、水产、家庭、护理、信息、福祉等；也可以是非职业教育类的，但专业性较强，如科学与数学（称“理数”）、体育、音乐、美术、英语等。每个专业下设大量课程，如农业专业通常设有农业与环境、课题研究、综合实习、农业与信息、作物、蔬菜、果树、花草、畜产、栽培与环境、饲养与环境、农业经营、植物生物技术、食品制造、食品化学、食品微生物利用等 31 门课程，学生至少要修 25 学分以上。“综合学科”一般实行完全的学分制，学生在修满“产业社会与人”及其他必修课后，可任选学校所开设的各种课程。专门学科和综合学科学校都可以自设课程，且学分不受限制。2021 年，在普通科、专门学科和综合学科就读的学生分别为 73.32%、21.23%和 5.45%。71.73%的高中只设普通科或只设综合学科或只设单一专业的专门学科（如只设农业）；28.27%的高中或者同时设多种学科（如同时设普通科与综合学科），或者同时设多个专业的专门学科（如农商高中的专门学科，开设农业和商业两种专业）。

日本高中既有全日制，也有定时制，全日制的学制为 3 年，定时制则为 3 年以上。定时制主要是为已经参加工作的青年或因其他各种原因无法长期持续地到学校参加课程学习的人提供的。2021 年，在全日制和定时制课程学习的在校生分别占 97.52%和 2.48%。此外，日本的高中阶段还保留通信制。2021 年，日本有 119 所单独设置的通信制高中，有 141 所高中设有通信课程，346 所高中与通信制高中有合作，共有 218 389 名学生在通信制课程中学习。

日本的高中除了设高中教育课程（称“本科”）以外，还可以设以高中毕业为条件的高级课程（称“专攻科”）。如在护理高中学习 3 年以后，再经 2 年的“专攻科”学习，就可获得参加护理师国家考试的资格；在水产高中毕业后，再经 2 年的“专攻科”学习，就可获得“海技士”笔试的免试资格而直接进入面试。

4. 中等教育学校

“中等教育学校”是1998年《学校教育法》确定的一种新的学校类型，它实施六年一贯的中等教育，前3年的课程称前期课程，后3年的课程称后期课程。前期课程结束后如果不继续升入后期课程，也可以毕业。与前述合作开展六年一贯教育的初中与高中不同的是，“中等教育学校”是在一所学校内实施六年一贯教育。2021年，日本共有56所中等教育学校（其中国立4所，公立34所，私立18所），在校生32 756人，其中前期课程17 492人，后期课程15 264人。

（四）特别支援教育

日本的特殊教育2001年以后统称“特别支援教育”。2006年，《学校教育法》将特别支援学校作为一种新的学校类型，与各学段相对应，称幼儿部、小学部、初中部和高中部，除非特别情况，小学部与初中部是必设的，主要目的是对有视觉障碍、听觉障碍、身体障碍、认知障碍和病弱的学生实施与一般学校相当的教育以助其自立。除以前的盲学校、聋学校和养护学校均归为“特别支援学校”以外，还有专门针对有认知障碍以及病弱学生的学校。除此之外，义务教育学校也可以根据情况设立特别支援班级。

（五）高等教育

日本的高等教育机构包括大学、短期大学、高等专门学校，还包括专门学校（即专修学校的专门课程等）。此外，专修学校的部分一般课程和各种学校的部分课程也属于高等教育层次。2020年，日本高等教育的毛入学率已达83.5%。① 但与欧美国家不同，大部分学生在私立高等教育机构就读，私立高校的学生占高校在校生总数的78.65%。

在《学校教育法》中，广义的大学既包括授予学士学位的四年制大学，也包括短期大学。在狭义上，大学则仅指前者，这里取其狭义介绍。

1. 大学

大学是学术的中心，以传授广博的知识，教授和研究高深的专门学术技艺，发展学生的智力、道德和应用能力为目的，学制4年，医科、口腔科、部分药学、兽医等为6年。2021年，日本有大学803所（其中国立86所②，公立98所，私立619所；从事远程教育的有54所），在校生2 917 998人，其中74.03%在私立大学就读。大学的基本构成单位是学部，学部下一般设若干“学科”（相当于我国的专业）。多数大

---

① 《文部科学統計要覧》（2021年），参见日本文部科学省官方网站：https://www.mext.go.jp/b_menu/toukei/002/002b/1417059_00006.htm。

② 根据日本2003年颁布的《国立大学法人法》，日本国立大学的举办者由“国家”改为“国立大学法人”。但此类大学一般仍被称为“国立大学”。

学是综合大学，即由多个学部组成，但也有只设一个学部的单科大学，如医科大学、外国语大学等。获得学士学位最低需要修满 124 学分，六年制的医学、牙医专业需要 188 学分。2019 年以后，日本开始出现专门从事专业学位教育的大学（称“专门职大学”），这种大学必须修满 144 学分，其中必须修满基础科目 20 学分、拓展科目 20 学分、职业专门科目 60 学分、综合科目 4 学分，实务、实习等必须修满 40 学分。毕业生可获学士专业学位［称“学士（专门职）学位”］。现有的大学也可以设置专门从事专业学位教育的专业。

多数大学设有研究生院（称“大学院”），课程包括硕士课程、博士课程和专业学位课程（称“专门职学位课程”）。2021 年，有 622 所大学开设了硕士课程，461 所大学开设了博士课程，119 所大学开设了专业学位课程。研究生在校生 257 128 人，其中女生占 32.68％，全体在校生的 59.16％在国立大学学习。日本的硕士课程一般学制 2 年。博士课程一般学制 5 年，包括“博士前期课程”（2 年）和“博士后期课程”（3 年），前期课程毕业后可获硕士学位；后期课程毕业则获博士学位。大学也可以只设博士后期课程。医学、口腔、药学、兽医领域的博士课程，一般学制 4 年，在学 3 年可获硕士学位，全部修完可获博士学位，但不分前期与后期。日本的专业学位研究生教育近年才出现，专业学位包括法务博士、教育硕士和其他专业硕士。专业学位研究生教育的目的是传授与研究学术理论及其应用，培养从事具有高度专门性的职业所需要的深厚学识与卓越能力。除法务博士学制 3 年以外，专业学位研究生教育学制一般为 1—2 年。专业学位课程与硕士课程在学分要求上都是最低 30 学分（法务博士最低 93 学分，教育硕士最低 45 学分），但专业学位研究生教育一般不要求学位论文。

2. 短期大学

短期大学的目的主要是传授专门的学术技艺，培养职业和生活所必需的能力，学制为 2—3 年。2021 年，日本有短期大学 315 所（其中公立 14 所，私立 301 所），在校生 102 232 人，其中 94.75％在私立学校就读。短期大学不设学部，只设“学科”。二年制短期大学的毕业条件是修满 62 学分，三年制则需要 93 学分。短期大学毕业生可以获得“短期大学士”学位，并有资格编入大学高年级。短期大学在校生占整个高等教育在校生人数的比例很小，但女生占绝大部分，2021 年短期大学在校生中女生占 87.67％，可见短期大学在为女子提供高等教育机会方面具有特别的意义。短期大学开设的专业主要涉及社会、人文、工业、农业、家政、保健、教育、艺术等领域。近年来，由于人口出生率的下降以及女性开始更多地进入四年制大学等原因，短期大学数量下降较快。短期大学也可以设高级课程“专攻科”，有的“专攻科”毕业生经认定可以由“大学评价学位授予机构”授予学士学位。2019 年以后，日本出现了专门从事专业学位教育的短期大学，称“专门职短期大学”。学生在二年制的“专门职短期大学”也必须修满 62 学分，其中必须修满基础科目 10 学分、拓展科目 10 学分、职业专门科目 30 学分、综合科目 2 学分，实务、实习等必须修满 10 学分。毕业生可获短期大学士专业学位（称“短期大学士（专门职）学位”）。

3. 高等专门学校

高等专门学校制度是 1961 年为了满足产业界对中级工业技术人才的需求而建立的，其目的是传授深厚的专业学术技艺，培养工作所需的能力。2021 年，日本共有高等专门学校 57 所（其中国立 51 所①，公立 3 所，私立 3 所），在校生 56 905 人。

高等专门学校以初中毕业生为招生对象，学制 5 年（商船学科为 5.5 年），前 3 年相当于后期中等教育，后 2 年相当于高等教育，毕业生可获得“准学士”称号。有的高等专门学校还设置高级课程“专攻科”。高等专门学校的“专攻科”多为学士课程，学生在专攻科修满 62 学分以后，再经大学评价学位授予机构审查通过，就可获得学士学位。

高等专门学校属于工程教育机构，男生为主体。长期以来，高等专门学校扎实的专业教育在日本产业界获得了较高声望，毕业生一直广受欢迎。近年来，受大学规模扩大的影响，高等专门学校的规模下降得很快，毕业后的去向也由以前的以就业为主转为升学与就业并重。2020 年，有 37.77%的毕业生升入“专攻科”、编入大学三年级或进入其他学校，59.31%的学生则直接就业。②

（六）“非一条校”

1. 专修学校

1976 年以前，所有的“非一条校”统称“各种学校”。后来，日本将那些具有一定规模、办学条件较好并达到一定要求的各种学校认定为“专修学校”，其任务是培养学生具有工作或实际生活所必需的能力以及提升其教养，修业年限为 1 年以上。2021 年，日本共有专修学校 3 083 所（其中国立 8 所，公立 186 所，私立为 2 889 所），在校生 662 135 人，其中 96.49%的学生在私立学校就读。

专修学校分三种类型。第一种类型招收高中毕业生，学习 2 年，其所开设的课程称为“专门课程”，故此类学校可称“专门学校”，属于高等教育机构。经文部科学省认定，学制 2 年以上、授课时数在 1 700 课时（62 学分）以上、以考试评价成绩并作为课程修读合格依据的专门学校，其毕业生可获“专门士”称号；学制 4 年以上、授课时数在 3 400 课时（124 学分）以上、课程体系完善、以考试评价成绩

① 根据日本 2003 年颁布的《独立行政法人高等专门学校机构法》，日本高等专门学校的举办者由“国家”改为“独立行政法人高等专门学校机构”。但此类学校仍称国立高等专门学校。

②《文部科学統計要覧》（2021 年），参见日本文部科学省官方网站：https://www.mext.go.jp/b_menu/toukei/002/002b/1417059_00006.htm。

并作为课程修读合格依据的专门学校，其毕业生可获“高度专门士”称号。第二种类型招收初中毕业生，学习 3 年，其课程称为“高等课程”，故此类学校可称“高等专修学校”，属于中等教育机构。第三种类型的招生没有学历要求，其开设的课程称为“一般课程”。专修学校的学生主要学习“专门课程”，2021 年，学习专门课程的学生为 607 029 人，占 91.68%，而学习“高等课程”和“一般课程”的学生仅各占 5.15%和 3.18%。

专修学校的主体实施职业教育，开设的专业非常广泛，如烹饪、服装、看护、演艺、工艺美术、簿记、针灸、美容、美发、法律、公共卫生、制图、音响等，开设专业的自由度也比“一条校”更高。目前，很多专修学校的办学条件与课程已与短期大学不相上下，还有不少大学生或成人也在学习和工作之余到专修学校学习实用技能。

2. 各种学校

作为“非一条校”，“各种学校”的办学条件要求比专修学校更低，原则上学制 1 年，但从事短期培训的也可以短至 3 个月。学制 1 年的“各种学校”课时不得少于 680 课时，学制更短的“各种学校”，其课时也可以相应缩短。2021 年，日本共有“各种学校”1 070 所（其中公立 6 所，私立 1 064 所），在校生 102 469 人，其中 99.63%的学生在私立学校就读。“各种学校”开设的专业和课程很广，如服装裁剪、珠算、簿记、理发美容、汽车修理、设计、计算机等。目前，机动车驾校、在日外国人学校和升学补习类学校的学生已经成为“各种学校”的学生主体。2021 年，这三类学校的新生已占全体新生的 77.88%。

日本现行学制如图 2-7 所示。

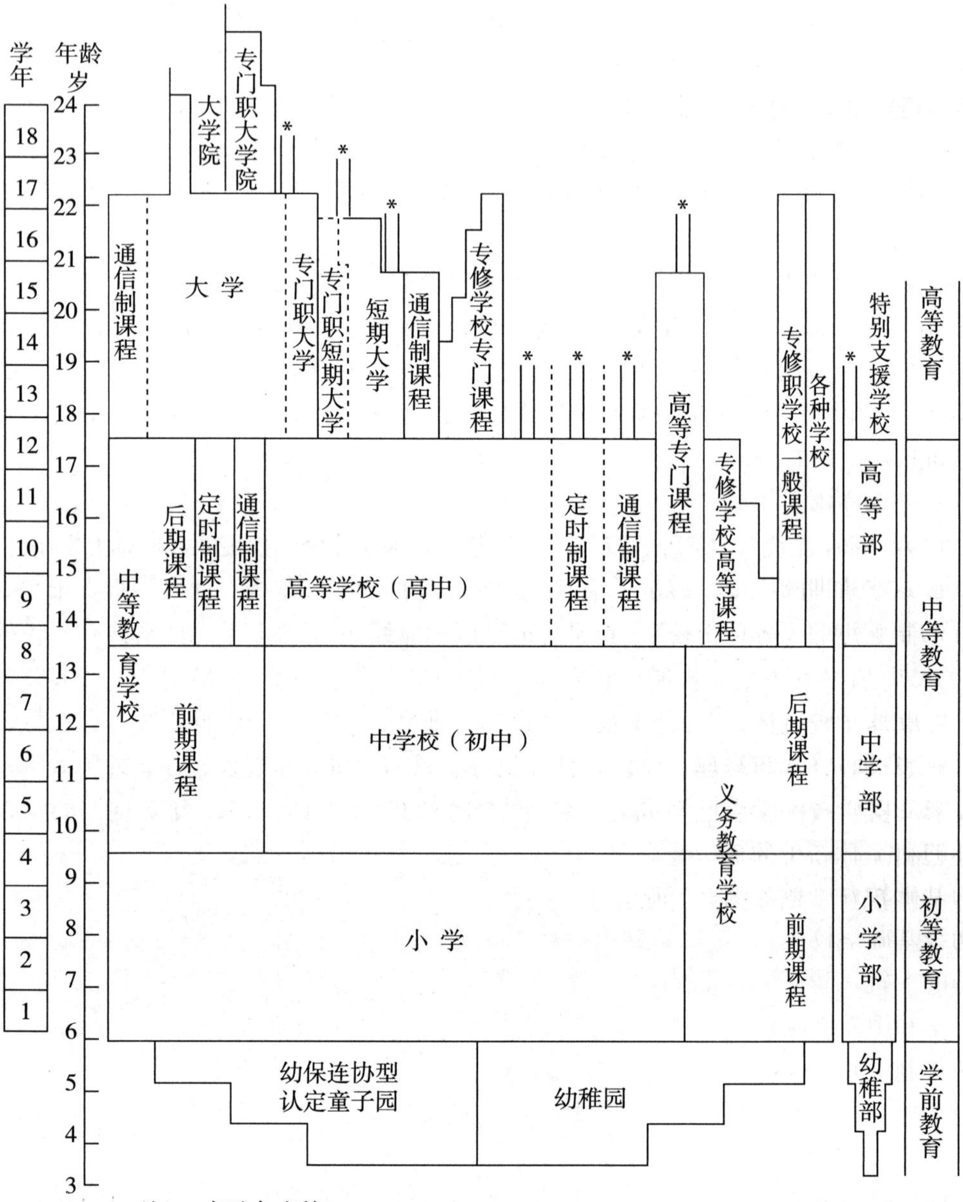

注：*表示专攻科。

图 2-7 日本现行学制

资料来源：《諸外国の教育統計》（2021 年），日本文部科学省官方网站：https://www.mext.go.jp/b_menu/toukei/data/syogaikoku/1415074_00010.htm。

第三章

各国学制概览（下）

第一节　印度学制

一、印度学制的演变

古代印度的教育同宗教知识的传播密不可分，主要在家中、寺院庙宇或者清真寺中进行，教育权掌握在婆罗门教、佛教和伊斯兰教手中。

1757年的普拉西战役之后，印度逐步沦为英国殖民地，直到1947年才获得独立。这一时期的印度教育发展，经历了把英国教育引进印度还是发展印度传统教育的争论时期、印度移植英国教育的西方化时期以及民族教育的兴起和发展时期。

印度独立后，其教育经历了一些重大变化和发展。

（一）独立初期的教育调整

独立以后，印度首先改革从外部移植而来的学制，以建立符合印度政治经济发展目标的新学制。在学制改革上，印度政府遵循的是圣雄甘地在20世纪30年代中期提出的基础教育思想，要求把基础教育定为全国初等教育的发展模式。基础教育学制包括初级基础学校5年、高级基础学校3年和基础后学校5年，这种学制实际上成为学制中的一轨，与从英国移植来的学制并存。在中等和高等教育方面，印度主要对原有的中学和中间学院进行改革，成立高级中学，将两年制中间学院的一年级并入高中，将两年制中间学院的二年级纳入大学教育，使原先为两年制的高等教育的修业年限延长为3年。

（二）20世纪60—70年代的教育改革

印度在1964年成立了临时的教育委员会（又称科塔里委员会），该委员会在1966年发表了《教育与国家发展》① 报告，对后来20年的教育改革发展提出了建议。关于学制，教育委员会的建议是，在全国实行统一的“10＋2＋3”学制，以取代

① 印度的国家教育政策制定方式一般采取教育报告的形式。1968年的《国家教育政策》是在《教育与国家发展》报告基础上形成的。

实际存在的双轨制。

1968 年，印度议会通过《国家教育政策》，在全面采纳教育委员会建议的同时，特别强调了在全国实行统一的学制结构。《国家教育政策》提出，全国的教育结构最好是基本统一的，最终目标是采用“10＋2＋3”模式。“10＋2＋3”模式的含义是：“10”代表 10 年的普通教育，即 8 年初等教育加上 2 年初中教育，其中初等教育又分为 5 年的初级小学和 3 年的高级小学；“2”代表 2 年的高中教育，在这个阶段开始进行中等职业教育，但主要还是升学预备教育；“3”代表 3 年的大学本科教育。事实上，1968 年《国家教育政策》的许多提议未被付诸实施。

1977 年，自独立以来一直执政的印度国大党在大选中被人民党击败。人民党政府提出了一系列自己的教育主张和教育发展计划，但是由于人民党执政 2 年就下台了，它的教育改革没有来得及实施开展，继任的国大党政府坚持国家教育发展的“各级计划仍以 1968 年的政策为准绳”。

（三）20 世纪 80 年代以后的教育改革

1986 年，印度议会通过了新的《国家教育政策》（1992 年进行了补充修改）。新的《国家教育政策》比 1968 年的《国家教育政策》详尽而全面，对学制结构、教学内容、各级各类教育和教育的许多专门领域进行了宏观论述。

印度的“10＋2＋3”模式原则上被确立下来，但是实际情况却复杂得多。2007 年，在印度当时的 34 个一级行政区（邦和中央直辖区）中，十年制普通学校在 18 个一级行政区实行的是“5＋3＋2”模式，在 12 个一级行政区实行的是“4＋3＋3”模式，在 3 个一级行政区实行的是“5＋2＋3”模式，在 1 个一级行政区实行的是“4＋4＋2”模式。两年制的高中，在有些一级行政区属于中等教育阶段，单独设校；在有些一级行政区属于大学预科，附设于高等院校；在有些一级行政区，两种情况都存在。

由于没有真正统一的学制结构、没有权威的规定等诸多因素，即使在印度主管全国教育的人力资源开发部，由不同部门起草的官方文件中，对印度中小学教育具体阶段的划分和各类学校名称的使用也各不相同。

二、印度现行学制

印度现行学制是以 1968 年的《国家教育政策》为基础建立的，只是 1968 年的《国家教育政策》提出的许多目标至今还没有完全落实。

（一）学前教育

印度的学前教育长期被当作福利部门的事情，至今还不属于学校教育系统。虽然 20 世纪 90 年代以来学前教育事业的发展速度加快了，但总体发展水平仍然很低。

当前，印度实施学前教育的机构主要有：（1）保育学校，招收2.5—5岁儿童，主要设在农村，是一种季节性、流动性的托幼机构；（2）日托中心，招收2—5岁儿童，主要为城市贫民服务，一些日托中心的地点也不固定；（3）幼儿园，招收2.5—5岁儿童，主要为中上层阶级服务。一般来说，大中城市里社会影响大的幼儿园，入园竞争激烈，费用高昂。

根据2016年印度国家教育研究与培训委员会发布的第八次全印学校教育调查报告：印度有学前教育机构65万5 493所，其中60万4 395所在乡村；在65万5 493所幼教机构中，巴瓦迪（固定学习时间的幼儿园）30 434所，安甘瓦迪（方便幼儿学习时间的乡村院落幼儿园）59万1 632所，这两类幼儿园实施普惠性幼儿教育，以保育为主。受益于1975年开始的“儿童综合发展服务项目”（ICDS），印度全国共有幼儿教师80万2 007名，其中女教师75万6 880名；69万8 070名教师在安甘瓦迪任教。

2012年，印度妇女和儿童发展部颁布了《幼儿教育课程框架（草案）》，具体课程目标包括：（1）发展积极的自我认知；（2）为身体发育、肌肉和运动技能发展奠定良好的基础；（3）养成健康的生活习惯和基本生活技能；（4）提高口语和书面表达能力；（5）发展五种感觉和认知技能，为高级思维和推理奠定基础；（6）通过引导儿童表达、理解、接受和控制情绪情感而促进其情感态度的成熟；（7）发展正确的价值观和社会态度；（8）通过提供充分的自我表达、探究和实验机会来发展儿童的创造性；（9）为顺利实现幼小衔接、做好入学准备奠定基础。

（二）初等教育

印度初等教育学制原则上为8年，入学年龄一般为6岁，分为初级小学和高级小学两个阶段，初级小学学制为5年，高级小学学制为3年。不过在全国范围内，初等教育阶段还存在多种学制。按印度宪法规定，8年初等教育属于义务教育。私立小学约占小学总数的11%。

印度是一个多语言国家，因而在课程设置中有“三种语言方案”的规定，即学生必须学习三种语言：母语或地区语言（语言Ⅰ）、印地语（语言Ⅱ）和英语（语言Ⅲ）。初小阶段学习一种语言，即母语或地区语言；高小阶段学习两种语言，即母语或地区语言以及印地语或英语。如果母语或地区语言是印地语，那么通常还需要选学梵语或某种“现代印度语言”。

（三）中等普通教育

印度中等普通教育的修业年限在多数地区是4年，即初中2年（九年级和十年级）和高中2年（十一年级和十二年级）。由于还有部分地区初等教育阶段是7年，所以这些地区的初中就变成了3年。私立初中约占初中总数的55%。

两年制高中在印度全国是一致的。不过，高中是属于中小学教育阶段还是高等教育阶段，全国不完全一致。私立高中约占高中总数的61%。

印度决定在全国中小学阶段推行“10+2”学制之后，印度全国教育研究与培训委员会（NCERT）于1975年制定了“十年制学校的课程框架”，1976年制定了“高中教育及其职业化方案”。1986年的《国家教育政策》颁布以来，全国教育研究与培训委员会分别于1988年、2000年和2005年公布了三个“全国课程框架”。由于印度中小学教育的管理权限主要在各邦政府，所以全国教育研究与培训委员会的建议并不能成为全国的统一行动标准。有鉴于此，2005年的全国课程框架没有提及课程设置及学时分配，只是建议中小学进行8个课程领域的教学，即语言、数学、科学（自然科学）、社会科学、艺术教育、保健和体育、工作和教育、为了和平的教育。

2016年印度发布的第八次全印学校教育调查报告显示：印度有初级小学103万1 361所、高级小学47万2 350所、初中17万4 240所和高中62 663所。86.62%的初小用母语教学，13.51%的初级小学、17.77%的高级小学和21.69%的中学使用两种及以上的语言进行教学；使用印地语作为教学语言的学校比例分别是初小51%、高小54%、初中43%和高中51%，使用英语作为教学语言的学校比例分别是初小15%、高小21%、初中29%和高中33%。印度政府学校、地方团体学校、半私立学校和纯私立学校占全部中小学的比例分别为66%、14%、7%和13%。全国有正式教师、准教师和代课教师674万7 466人。全印度有初小学生1亿2 401万9 536人，女学生占48.35%，初小毛入学率达到94%；高小学生5 491万7 509名，女生占47.83%，高小毛入学率71.67%；初中学生2 737万4 950名，女生占46.47%；高中学生1 592万6 278名，女生占比为45.46%。在公立学校中，示范学校、中央学校以及寄宿制学校的教学质量最好；在纯私立学校中，效仿英国开设的公学，教学质量最好。

（四）中等职业教育

1986年的《国家教育政策》（1992年修订）要求，到2000年25%的高中生应该接受职业教育。但这个分流比例没有按期实现，实际上达到的分流比例约为10%。

印度的中等职业教育主要由各邦管理，导致实施中等职业教育的学校种类较多。典型的中等职业教育机构有三种。一是综合工艺学校（或者译为多科技术学校），招收初中毕业生，学制2—4年，通常是3年，培养技术员。二是工业培训学校，招收八年级毕业生的学校学制3年，招收十年级毕业生的学校学制1年，培养熟练工人。三是高中的职业课程。

除正规的中等职业教育机构之外，印度中央政府的劳工部还经常组织实施“徒工培训计划”“职业培训计划”“女工培训计划”等非正规的中等职业教育。

（五）高等教育

印度的大学类型很多，隶属关系、办学形式很复杂。印度的大学，按隶属关系，可以分为中央大学、准大学（绝大多数是国家级研究院所）、国家重点学院和邦大学四类；按大学与学院的关系，可以分为附属大学和单一大学两类。在印度，绝大多数具有大学地位的高等教育机构是公立的，私立大学是新生事物，直到2007年，获得政府认可的私立大学只有十几所。近年来，私立大学增长迅猛。宪法规定高等教育由中央和各邦共同负责，各邦可立法建立私立大学。一些邦建一所私立大学需要立一个法，而在另一些邦，只要有一项总括性法令，就可依法开办私立大学。这些大学都是单一的，没有附属学院，在管理上基本上不受各邦控制，邦政府的唯一权限是限制这些大学在其他邦开设分校或分部、举办远程教育。这些大学归大学拨款委员会和全印技术教育委员会管辖，须服从它们的要求和指示。

在大学系统中，各类学院的数量庞大，它们是印度高等教育机构的主体。按经费来源，学院可以分为公立学院、私立公助学院（aided colleges）和纯私立学院（unaided colleges），后两种学院占大多数。从2015—2016学年开始，印度把学院分为附属于大学的学院和不附属于大学的单列学院。

根据印度人力资源发展部发布的第六次全印高等教育调查报告（2015—2016学年），全印度有799所大学，39 071所附属于大学的学院，11 923所单列学院（stand alone institutions）。① 按学科类型分，799所大学中，有459所普通大学、101所理工大学、64所农业大学、50所医科大学、20所法律大学、11所梵语大学和7所语言大学，其他不便于分类的大学87所。

2015—2016学年，印度60%的学院位于农村，11.1%的学院为女子学院。只有1.7%的学院可授予博士学位，33%的学院可授予硕士学位。有40%的学院只开办了一个专业，其中75%为私立。22%的学院在校生数不到100名，只有4.3%的学院在校生数超过3 000名。

2015—2016学年，全印在校大学生约有3 460万人，其中，1 600万名为女生；高等教育毛入学率为24.5%；在本科生阶段，就读于人文社科专业的学生占40%，就读于理科专业的学生占16%，就读于工程技术专业的学生占15.6%，就读于商科专业的学生占14.1%，就读于其他专业的学生占14.3%。教师总数为151

① 单列学院是不需要附属任何大学的学院，开设文凭专业和硕士文凭专业。单列学院包括：印度管理学院，本科后学制2年，授予管理类硕士文凭；隶属于全印技术教育委员会的文凭学院；隶属于印度护理学会的文凭学院；政府认定的教师教育学院，如各县教育与培训学院，入学资格为高中毕业；多科技术学院；公司文秘、特许会计、保险精算学院等。

万多名，其中：男性占61%；教授占9.6%，副教授占11.5%，讲师占66.4%，实验师和助教占5.1%，临聘教师占7.4%。如果只计算正规在校学生，高等院校的师生比为1∶21。

印度高等教育按学科分为10个大的门类，即文科、理科、商科、工科、教育、医科、农科、法律、兽医和其他类。其中，文科、理科、商科称普通高等教育，其余为专业高等教育。也有学者将教育和法律两大门类划为普通高等教育。

印度本科阶段的课程通常由4个部分组成，即基础课程、核心计划、应用研究和推广计划。在3年的学习过程中，基础课程与应用研究、推广计划合计占总学时的20%—25%，其余的学时用在各院系的核心计划上。

印度本科阶段的修业年限为3—5.5年。其中，普通教育学科的学士学位修业年限为3年，专业教育学科的学士学位修业年限为4—5.5年不等。

印度的研究生教育有2级学位（硕士学位和哲学博士学位）、4个层次（硕士研究生、哲学硕士研究生、哲学博士研究生和博士后）。

硕士学位分为课程硕士学位和论文硕士学位两种。普通高等教育各学科硕士学位的取得一般需要学习2年。专业高等教育各学科硕士学位的修业年限差别较大，有1年的、1.5年的，也有2年的。

哲学硕士学位是介于硕士学位和博士学位之间的一个过渡层次，与博士学位一起属于研究（research）阶段。它不属于固定学位，因为设置情况在全印度并不统一，不是所有大学都设置这一学位，而且印度权威部门公布的基本学位中只有学士学位、硕士学位、博士学位。哲学硕士学位的取得只需要学习1—2年的课程或进行1—2年的研究。

通常，哲学博士学位在硕士学位之后要修业3年，在哲学硕士学位之后要修业2年。由于该学位不仅要求研究生提交篇幅很长的学位论文，而且要求研究生要有原创性的工作，所以哲学博士研究生一般要延长学习年限2年以上。在哲学硕士学位之后，用7年或者更长的时间才获得哲学博士学位的也大有人在。

博士后是哲学博士学位之后的研究阶段，为期2年。

（六）师范教育

印度各级各类教师培养与培训机构众多，私立机构占绝大多数。印度中小学教师的职前培养与在职培训主要由各邦政府自主管理，具体情况各邦不尽相同，甚至一个邦之内的不同县之间的情况也不完全一致。

2008年8月，印度中央政府接受了“第六次调整工资委员会”的报告，大幅度提高了包括教师在内的国家公职人员的工资；2009年，印度议会通过了《免费义务教育法案》，对初等教育的经费投入大幅度增加。这两个主要因素导致了印度对中小学教师的需求大量增加，中小学教师岗位从此前作为大多数大学毕业生就业的最后一个选项转变为热门职业。到 2010—2011 学年，印度各类教师培训机构激增至 1 万多所，鱼龙混杂，使得印度教师教育的情况变得更加复杂了。

印度的学前教育师资培养水平较低。各邦学前教育师资的培训机构或者培训计划，主要为面向中上阶层的幼儿园培养师资，入学资格要求从高级小学毕业到高中毕业不等，修业年限多则 2 年，少则几个月。

根据 1986 年《国家教育政策》的建议，小学教师的任职资格应该尽快提高到 12 年普通教育再加上 2 年的教师培训。到 2010 年，约半数的邦提出了与上述建议一致的教师任用标准，但是在其余的邦中，十年制学校（初中）毕业再加上 1 年的教师培训即可担任小学教师的情况仍然很普遍。在一些社会经济落后的偏远地区，初级小学毕业生经过短期培训就到初级小学任教、高级小学毕业生经过短期培训就到高级小学任教的情况也不少见。

根据 2016 年发布的第八次全印学校教育调查报告，截至 2009 年 9 月 30 日，在全印 264 万 1 943 名初小教师中，只有 84％的教师接受过师范训练，另有 4.7％的教师未达到初中毕业水平；在 154 万 4 322 名高小教师中，只有 83.72％的教师受过师范训练，另有 13.06％的教师只是初中毕业或拥有同等学力；在 126 万 7 000 名初中教师中，只有 86％的教师接受过师范训练，另有 20.13％的教师不具备本科学历；在 40 万 695 名高中教师中，只有 84.05％的教师接受过师范训练，另有 24.56％的教师学历为本科或同等学力。

印度培养中学教师的机构比较规范，类型很多，有大学的教育系或者教育学院，有单独设置的师范学院，有文理学院附设的教育系，此外还有 4 所地区教育学院。就培养方式而言，这些机构大致可以分为两类：一是大学本科 3 年毕业后再修读 1 年教育专业，除本科的专业学位外，毕业后获得教育学士或者教学学士学位；二是高中毕业后进入地区教育学院，修读 4 年的整合课程（integrated courses），毕业后同时获得专业学士（如文学士或者理学士）学位和教育学士学位。印度还有少数综合性大学实施四年一贯制的教师教育计划。

另外，印度也有专门培养中等职业教育师资的机构。印度现行学制如图 3-1 所示。

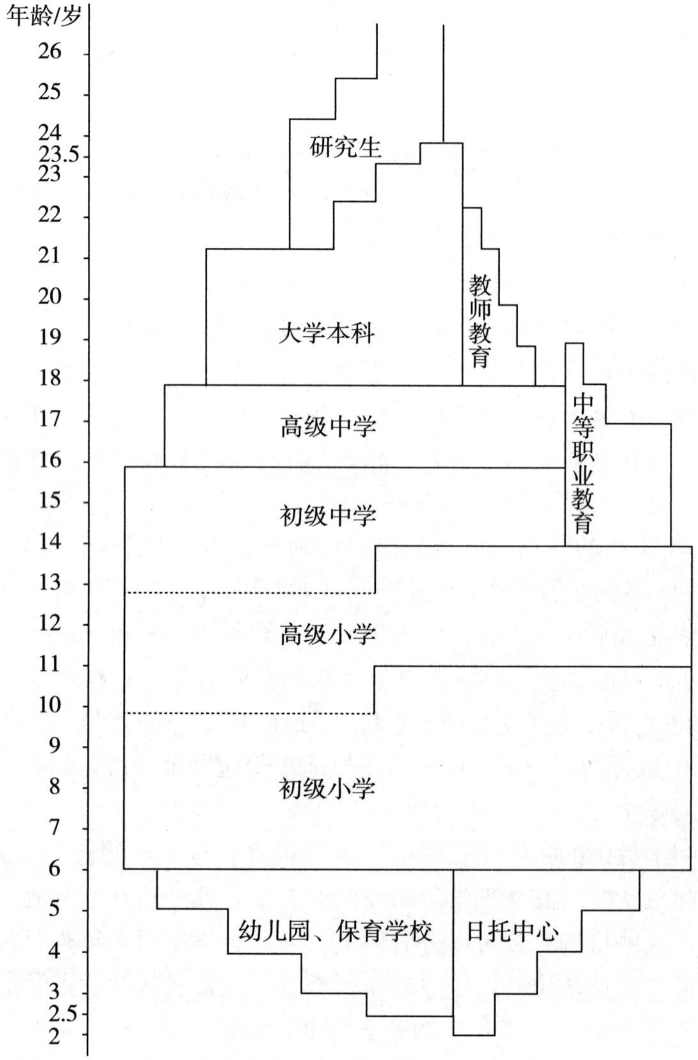

图 3-1 印度现行学制

三、印度 2020 年后的学制改革趋势

2020 年 7 月 29 日，印度总理莫迪及其内阁批准实施 2020 年《国家教育政策》①，

---

① 这个政策的草案是由卡斯图里兰甘（Kasturirangan）博士担任主席的国家教育政策草案委员会于 2019 年 3 月 31 日提交给印度政府内阁的。印度政府为重建教育制度，决定颁布新的教育政策以适应拥有巨大人口红利的印度第四次工业革命的需要。根据该政策，印度人力资源发展部又被重新更名为教育部，以体现对教育的重视。资料来源：Education in India-A Detailed Analysis-ClearIAS，https://www.clearias.com/education-in-india/。

这一政策将取代实施34年之久的1986年《国家教育政策》。2020年《国家教育政策》的主要目标是到2030年，学前教育到中学教育的毛入学率要达到100%，逐步取代“10+2”学制，实施“5+3+3+4”新学制：“5”表示幼小衔接的基础教育，包含3年学前班和一、二年级；第一个“3”表示预备教育，包含三至五年级；第二个“3”表示中间教育，包含六至八年级；“4”表示中等教育，包含九至十二年级。“5+3+3+4”学制的对应学龄分别为3—8岁、8—11岁、11—14岁、14—18岁，涵盖了3年学前教育与12年学校教育。高等教育学制不变，但到2035年高等教育毛入学率要达到50%，在校生达到3 500万人，15年内把附属学院升格为自制学院。①

由于印度各邦的教育需求不一样，这个“一刀切”（one-size-fits for all states）的政策不太适合印度国情，加上缺少操作细则，经费来源没有明确，政策所确定的目标和新学制能否顺利实施和按期实现，只能拭目以待。

第二节　新加坡学制

一、新加坡学制的演变

新加坡古称淡马锡（Temasek），8世纪属室利佛逝王朝，18—19世纪是马来柔佛王国的一部分。从16世纪开始，葡萄牙、荷兰和英国等国殖民者先后来到马来半岛并展开争夺殖民霸权的斗争。1824年3月17日，英国与荷兰在伦敦签署了《伦敦条约》（*Treaty of London*），新加坡正式成为英国的殖民地。② 在此期间，新加坡的基础教育获得了一定的发展，当时主要有两种类型的学校，分别是殖民地政府建立和资助的英语学校，以及新加坡的马来人、印度人和华人分别建立的马来文学校、泰米尔文学校和华文学校。英国殖民政府独尊英文教育。19世纪中叶至20世纪20年代，近代化的华文学校兴起。1920年，殖民政府颁布《教育条例》，限制华文学校的发展并将华文学校英化。随后，新加坡先后经历了被日本占领、重新被英国殖民的时期，在此期间都未形成整体、统一的学制。1959年，新加坡摆脱英国的统治，实现了完全自治。1963年参加马来西亚联邦。1965年脱离马来西亚，成立新加坡共和国。

新加坡自治后，面临着种族多、语言多的教育问题，针对这一问题，新加坡先后进行了两次学制调整。

---

① National Education Policy 2020：Key Highlights. https://www.clearias.com/national-education-policy-2020/.

② C. Mary Turnbull. *A History of Modern Singapore，1819—2005*. Singapore：NUS Press，2009，p. 47.

（一）1959 年学制改革

1959 年，新加坡政府开始了教育改革。有关学制的改革包括：统一各种语言的中小学学制，建立了小学 6 年、前期中学 4 年、后期中学 2 年的学制；对毕业生实行统一考核，小学毕业生必须参加“离校考试”，前期中学毕业生参加“中四文凭考试”，后期中学毕业生参加“剑桥文凭考试”，每一阶段的及格者可以进入下一阶段学习；统一国家教科书；英语、华语、马来语、泰米尔语为官方用语，中小学毕业生除考母语外，第二语言也属必考之列。这一学制改革的结果是，当时新加坡仅有 35％的学生在前期中学的毕业考试中能够及格，于是产生了《技术与职业教育调查报告书》，开始了分流学制。此次改革包括三次分流，分别出现在小学毕业、前期中学第二年结束、前期中学毕业时。①

在这一阶段进行的学制改革还包括小学毕业考试。二战后，随着英文小学教育在新加坡的发展，英国殖民政府在 1952 年引入“通用标准六年级入学考试”，作为中学公平选拔和分配学生的制度。该考试后来更名为“中学入学考试”，一直为英文学校使用至 1959 年。② 1960 年 3 月 30 日，新加坡教育部宣布引进小学离校考试，作为四大语种学校共同的中学入学考试。小学离校考试是新加坡首个国家考试，使得四类学校的毕业生可以获得通用的证书和平等的中学入学机会。小学离校考试科目由教育部确定，最初包括第一和第二语言、数学、科学、历史和地理，所有学科均由教育部命题，由指定的学校教师按照统一标准判分。③

（二）1979 年学制改革

1979 年，新加坡一个高级别的研究组发表调查结果与建议报告《1978 年教育部报告》，指出新加坡当时的教育制度存在的最大问题就是学制僵化，课程安排死板，无法照顾到学生学习能力上的差异，因此建议新加坡政府建立根据学生学习能力区别施教的教育分流制度，允许不同能力的学生以不同的速度学习，速度由提供的科目数量、母语水平和国家考试的要求决定。据此报告，新加坡政府对学制进行了第二次改革：小学设三种分流课程，学生在一至三年级学习共同课程，随后依据成绩分别学习三种不同水平的课程；前期中学设三种分流课程；后期中学设三种类型学校，包括学制 2 年的初级学院（招收前一阶段成绩优秀的毕业生）、学制 3 年的高级中学（招收前一阶段成绩一般的毕业生）、学制不定的工业与职业训练学校（学制随专业而定）。同时，该报告坚持实施双语教育，而且强调要以英文为主、母语为辅。从 1987 年开

① 何家铿：《新加坡中小学前后两种分流学制及其利弊》，《外国中小学教育》1990 年第 6 期。

② Tan, Y. K., Chow, H. K., & Goh, C. *Examinations in Singapore: Change and Continuity, (1891—2007)*. Singapore: World Scientific, 2008, p. 62.

③ Singapore Infopedia. Primary School Leaving Examination. https://eresources.nlb.gov.sg/infopedia/articles/SIP_2016-07-08_114217.html.

始，新加坡全国各类语种学校统一确立了以英文为第一语文、母语为第二语文的双语教育模式。①

新加坡的学制在此基础上得以确定。尽管在20世纪90年代初至今的30多年里，在新加坡社会挑战的影响下，教育先后经历了能力导向发展阶段和以学生为中心、以价值观为导向发展阶段，但学制在此期间并未有太大变动。

二、新加坡现行学制

新加坡被英国殖民统治百余年，独立后又加入英联邦，所以即便到了今天，新加坡的教育制度依旧有着明显的“英式”痕迹。与此同时，新加坡华人占70%以上，又深受儒家思想的影响，独立后还广泛吸收各国经验。因此经过不断完善与发展的新加坡教育逐渐凝练出中西合璧、精英教育与全民教育并存的学制特征。

（一）学前教育

新加坡没有将学前教育纳入正规教育体系，且绝大多数学前教育机构属于私营性质，但学前教育普及率非常高。2017年，新加坡议会通过《幼儿发展中心法（2017年）》，将所有提供或将要提供幼儿发展服务的场所统称“幼儿发展中心”，并规定由隶属于社会与家庭发展部的幼儿培育署负责监管全国所有学前教育机构。②

当前新加坡的学前教育机构主要包括两大类。（1）托儿中心，主要为7岁以下的儿童提供全日和半日托服务。有些托儿中心可以提供灵活的托儿项目，以迎合父母的多样化工作安排。托儿中心和父母共同合作，为孩子的身体、智力、情感和社会发展提供服务。③（2）幼儿园，主要为18个月至7岁以下儿童提供结构化的、综合的、全面的学前教育项目。幼儿园必须至少提供幼儿园1级和幼儿园2级项目。此外，它还可以提供包括游戏组、托儿班1级和托儿班2级项目。幼儿园一般周一到周五上课，每年40个学周。④

在幼儿培育署成立以前，所有幼儿园均属于在教育部注册的私立学校，如今与托儿中心一样需要在幼儿培育署申领营业执照。自2013年起，新加坡教育领域开始出现公立性质的教育部幼儿园，为新加坡公民和永久居民提供质优价廉的学前教育服务。截至2019年4月，新加坡有1 519家托儿中心和476家幼儿园，其中23家为教

---

① 何家铿：《新加坡中小学前后两种分流学制及其利弊》，《外国中小学教育》1990年第6期。

② Singapore Statutes Online. Early Childhood Development Centres Act 2017. https://sso.agc.gov.sg/Acts-Supp/19-2017/Published/20170511? DocDate=20170511#pr2-.

③ ECDA. About Centre-based Care. https://www.ecda.gov.sg/Parents/Pages/ParentsChooseCCC.aspx#ChooseCCCForChild.

④ ECDA. Overview of Pre-school Education. https://www.ecda.gov.sg/Parents/Pages/Parents-Overview-of-PSE.aspx.

育部幼儿园。①

（二）小学教育

新加坡的《义务教育法》规定，定居新加坡境内的6—15岁新加坡公民必须进入小学接受义务教育。多数儿童选择7岁入学。小学学制6年，重在发展儿童的语言和计算能力，塑造性格，培养其良好的价值观和习惯。②

小学教育的核心课程是英语、数学和母语③，旨在帮助学生发展读写、计算和解决问题的技能。此外，学生还学习艺术、音乐、品格和公民教育、社会研究和体育等课程。三年级开始，学校增设科学课。从五年级开始，学校对学生按科目进行编班：英语、母语、数学和科学四科将分出标准和基础两种难度的班型。学生在四年级结束时参加校内编班考试，学校依照成绩建议学生选修不同的科目组合。然后学生家长根据孩子的能力，为孩子各科选择相应难度的课程，从而让孩子在擅长的科目中发挥个人所长，在需要帮助的科目中打下坚实基础。五年级结束时，学校将评估学生应对当前科目组合的能力，如有需要，将对学生修读的普通和基础科目的数量作出调整。④此外，新加坡的中小学还通过学习支援计划和高才教育计划照顾学生的不同需求。

新加坡所有主流学校对有轻度特殊教育需要的学生都能提供支援，这些学生可能患有阅读障碍、多动症、轻度自闭症、失聪、视力障碍或身体障碍。所有主流小学都会有受过特殊专业培训的教师和协作教育工作者（学习和行为支援）帮助有特殊教育需要的学生融入学校环境。学校也能联系教育部心理专家，获取相关的咨询和建议。新加坡也开办了特殊教育学校，根据孩子的不同需要为有中度至重度特殊教育需求的孩子专门制订课程和教育计划。

（三）中学教育

新加坡的中学有五种类型，即政府学校、政府辅助学校、自主学校、专科项目自主学校和专业学校。政府学校和政府辅助学校是新加坡教育体系中的中流砥柱，提供优质教育并实行统一收费，这些学校的学生学习国家课程；自主学校可以灵活地设定自己的学费和课程；专科项目自主学校主要为那些对数学、科学、艺术、体育或应用学习有天赋和浓厚兴趣的学生提供专门教育；专业学校为倾向动手学习的学生提供量

---

① Whitelodge. Preschool Education in Singapore：Infographic for Parents. https://www.whitelodge.education/blog/international-preschool-education-in-singa-pore-infographic.

② Ministry of Education，Singapore. *Education Statistics Digest 2019*. Ministry of Education，Singapore，2019，p. vii.

③ 新加坡将母语视为第二语言，为必修课程。新加坡有中文、马来语、泰米尔语三种官方母语。

④ Ministry of Education，Singapore. Subject-based banding for primary school. 2019-12-20. https://beta.moe.gov.sg/primary/curriculum/subject-based-banding/.

身定制、着重实践的课程。①

新加坡中等教育有复杂的分流机制。学校根据学生的小学离校会考成绩将他们分入三种不同的班型接受中等教育。

第一种是快捷班，学制 4 年，毕业生参加新加坡剑桥普通教育证书（普通水准）会考，然后根据成绩、能力和志趣再度分流：一种是升入大学预备教育机构，获得新加坡-剑桥普通教育证书（高级水准）或国际学士学位文凭、新加坡国立大学附属数理中学文凭后升入大学，或进入理工学院修学三年制文凭课程；二是直接进入理工学院修学文凭课程；三是进入工艺教育学院修学国家工艺教育局证书课程或高级国家工艺教育局证书课程。针对部分有特别学术潜质且立志要上大学的学生，新加坡从 2004 年起还开设了六年一贯制的综合课程，学生在六年级通过各种途径升学，而中间不再面临其他筛选性考试。②

另外两种均为普通班，分为普通学术班和普通工艺班两类。普通学术班在课程设置上与快捷班一致，表现优异者可在一年级和二年级结束的时候申请转入快捷班。错失这两次转轨的普通学术班的学生，如果还想拥有与快捷班同学同等的升学机会，就必须在中学四年级结束时的新加坡剑桥普通教育证书初级（学术）水准会考中表现良好，并再接受五年级教育，然后与快捷班四年级学生一起参加毕业会考。未转入快捷班的普通学术班学生在四年级毕业后可进入职业教育导向的工艺教育学院，或通过修学 1 年的理工学院基础教育课程升入理工学院。③ 普通工艺班的课程设置相比之下更加注重技术性，四年级学生通过新加坡剑桥普通教育证书初级（工艺）水准会考升入工艺教育学院接受职业教育，或进入普通学术班的四年级学习，以转入学术轨。三类班原则上都可以上大学，但是耗费的时间和难度是截然不同的。

2019 年 3 月，新加坡教育部宣布要推动这三种学制的并轨，所有中学从 2024 年开始统一实施四年制中等教育。各科课程将划分为 G1、G2、G3 三个级别，分别对应普通工艺班、普通学术班和快捷班的标准编制。学生可根据自己的能力和特长，在不同的科目上选择不同级别的课程，但总体上不再存在普通工艺班、普通学术班和快捷班。④

---

① Ministry of Education，Singapore. Secondary School Education. https://beta.moe.gov.sg/uploads/Secondary-School-Education-Booklet-2019.pdf.

② Ministry of Education，Singapore. Express course for secondary school. https://beta.moe.gov.sg/secondary/courses/express/.

③ Ministry of Education，Singapore. Normal (Academic) course for secondary school. https://beta.moe.gov.sg/secondary/courses/normal-academic/.

④ Ministry of Education，Singapore. Subject Based Banding. https://www.moe.gov.sg/microsites/cos2019/subject-based-banding.html.

（四）中学后教育

在新加坡，初级学院或励仁高级中学、理工学院、工艺教育学院、艺术教育学院以及大学提供的教育均可以算作中学后教育，其中初级学院或励仁高级中学提供的教育又被称作大学预备教育。① 但在新加坡教育部制定的关键阶段成果中，中学后教育被限定为大学预备教育机构、理工学院、工艺教育学院三类机构提供的教育。② 这一定义近似于英国的延续教育概念，强调这属于中等教育和高等教育之间的过渡阶段。

新加坡的初级学院类似于英国的第六学级学院，致力于为有志上大学的学生提供2年的大学预备教育，让学生获得升入大学所需的新加坡剑桥普通教育证书（高级水准）或国际学士学位文凭。目前新加坡有14所冠名初级学院的中学后教育机构。③

新加坡的工艺教育学院是由新加坡政府全资资助的职业技术教育机构，大致相当于我国的中等职业教育层次，学制一般为1—2年，通常招收持有初级水准证书的中学毕业生学习工教局证书课程，招收持有普通水准证书的毕业生学习高级工教局证书课程。工艺教育学院注重做中学，强调课程切合业界最新需要，并通过提供大量企业实习机会，让学生在行业导师指导下进行有意义的基于工作的学习和培训，确保毕业生掌握各行业所需的知识和技能，以为进入劳动力市场做好准备。工艺教育学院毕业生可直接就业，也可进一步学习工艺教育学院的技术文凭课程或申请半工半读文凭项目，也可以申请进入理工学院继续深造。④

新加坡的理工学院大致相当于我国的高等职业教育层次，通常学制3年，主要面向工业、商业和服务业的中层职位，培养训练有素的辅助性专业技术人才。理工学院主要招收持有普通水准证书的中学毕业生，或持有工教局证书、高级工教局证书的工艺教育学院毕业生。新加坡目前共有5所理工学院，它们隶属新加坡教育部，但都是独立自主的办学实体，且在生源、师资、校企合作及学校影响力方面存在激烈竞争。理工学院毕业生除了直接就业，还可以申请“毕业后半工半读”技能培训，也可以凭着获得的理工学院文凭申请进入大学继续深造。⑤

在新加坡，对创意艺术感兴趣的中学毕业生，还可以选择进入拉萨尔艺术学院或南洋艺术学院接受中学后教育。两所院校均为私立性质，但均提供公共财政资助的文

---

① Ministry of Education, Singapore. Post-Secondary Education. https://www.moe.gov.sg/education/post-secondary.

② Ministry of Education, Singapore. The Key Stage Outcomes of Education. https://www.moe.gov.sg/education/education-system/desired-outcomes-of-education.

③④ Ministry of Education, Singapore. Post-Secondary. https://www.moe.gov.sg/docs/default-source/document/education/post-secondary/files/post-secondary-brochure.pdf.

⑤ [新加坡] 华拉保绍著，卿中全译：《新加坡职业技术教育五十年：如何构建世界一流技术与职业教育及培训体系》，商务印书馆2018年版，第63页。

凭课程。①

（五）大学教育

大学处于新加坡学制的最顶端，主要负责提供各类学位项目，致力于培养高层专业人员、管理人员、规划工作者以及科学研究人员。新加坡目前共有 6 所公立性质的自治大学，即南洋理工大学、新加坡国立大学、新加坡管理大学、新加坡科技设计大学、新加坡理工大学、新跃社科大学。其中，新加坡国立大学和南洋理工大学是世界顶级高等学府。新加坡大学学士学位项目的学制为 3—4 年，硕士学位的学制为 1—2 年，博士学位的学制为 2—5 年。

南洋理工大学是一所综合性研究型大学，以工程、技术专业为重点，包括商学院、工程学院、研究生院、人文艺术和社会科学学院、科学学院共 5 所学院。新加坡唯一的国家职前教师教育机构和唯一的教师认证机构——新加坡国立教育学院也隶属于南洋理工大学。新加坡国立大学是一所综合性研究型大学，拥有 17 个院系和学院，是 6 所大学中人数最多、规模最大的大学。新加坡管理大学包含 6 所学院，提供法律、会计、企业管理、经济、信息系统、计算机科学、计算和法律以及社会科学等 8 个方向的本科学位课程。新加坡科技设计大学是一所专业和研究型大学，提供建筑、工程等相关领域的学位项目，并开设了世界上第一门设计与人工智能课程。新加坡理工大学开设以科学和技术为重点的应用型学位项目，其学位项目的一个突出特点是，学生必须在学位项目期间从事 6—12 个月的实习实践工作，以加深专业领域的实践技能。新跃社科大学主要提供应用型学位项目，面向社会科学领域的应届毕业生和成年学习者。该学校包含 5 所学院，即人类发展学院、商学院、人文与行为科学学院、法学院、科技学院，其项目形式包括全日制项目和非全日制项目，以满足成人教育灵活性的需求。②

对于获得新加坡-剑桥普通教育证书（高级水准）、理工学院文凭或国际学士学位文凭的申请者，新加坡各大学有不同标准的要求。

新加坡学制如图 3-2 所示。

---

① Ministry of Education, Singapore. Post-Secondary. https://www.moe.gov.sg/docs/default-source/document/education/post-secondary/files/post-secondary-brochure.pdf.

② Ministry of Education, Singapore. Autonomous Universities. https://www.moe.gov.sg/post-secondary/overview/autonomous-universities/.

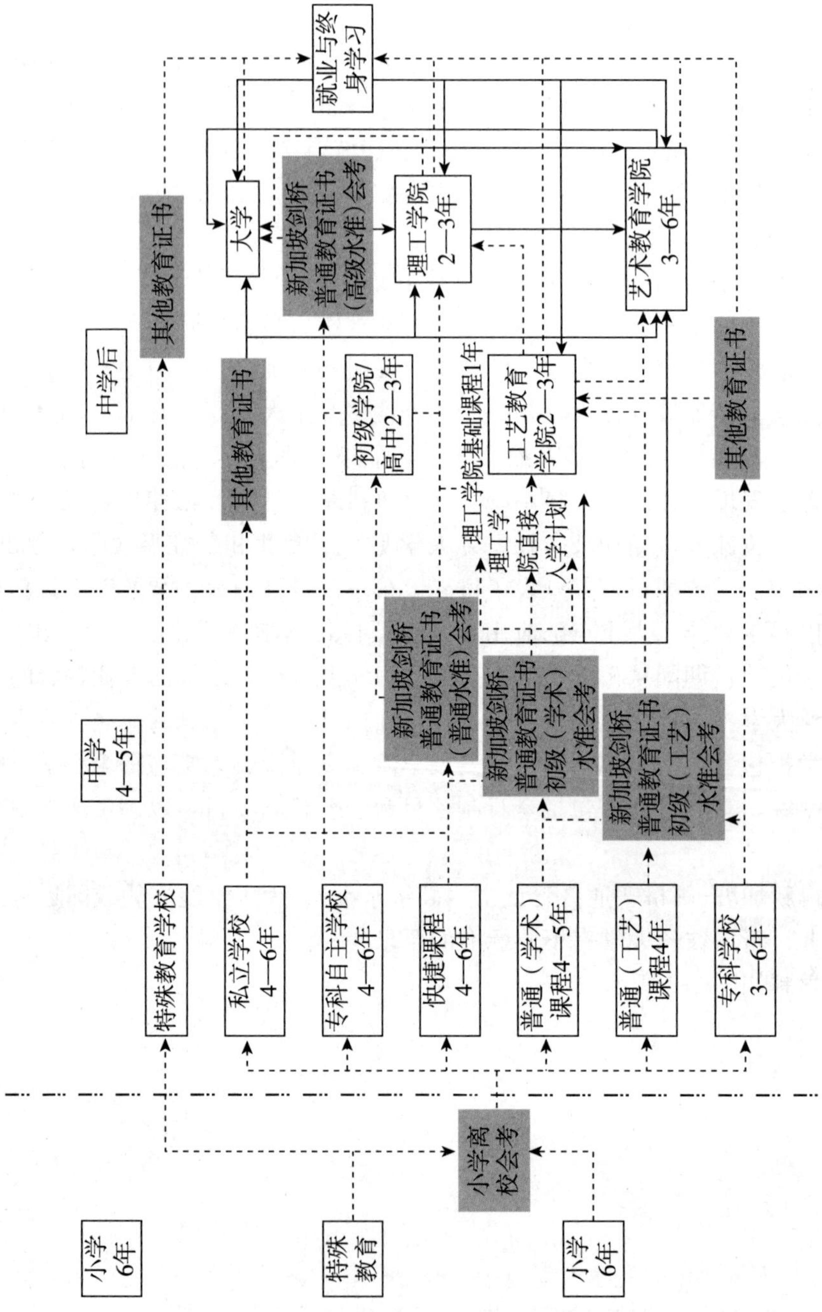
小学
6年
特殊
教育
小学
6年
小学离
校会考
中学
4—5年
特殊教育学校
私立学校
4—6年
专科自主学校
4—6年
快捷课程
4—6年
普通（学术）
课程4—5年
普通（工艺）
课程4年
专科学校
3—6年
新加坡剑桥
普通教育证书
（普通水准）会考
新加坡剑桥
普通教育证书
初级（学术）
水准会考
新加坡剑桥
普通教育证书
初级（工艺）
水准会考
理工学
院直接
入学计划
理工学院基础课程1年
中学后
其他教育证书
其他教育证书
其他教育证书
初级学院/
高中2—3年
工艺教育
学院2—3年
大学
新加坡剑桥
普通教育证书
（高级水准）会考
理工学院
2—3年
艺术教育学院
3—6年
就业与终
身学习

图3-2　新加坡现行学制

第三节　哈萨克斯坦学制

一、哈萨克斯坦学制的演变

1456年，哈萨克汗国建立。19世纪中叶，沙皇俄国开始入侵哈萨克草原并在政治和军事上完全控制了该地区。这一时期的哈萨克斯坦教育中既有宗教教育，又有世俗教育。实施宗教教育的机构包括用阿拉伯语进行教学的清真寺附设小学和伊斯兰宗教学校。开办的世俗学校是沙皇和俄国政府为培养当局所需的官员、医生、教师和翻译而服务的。1841年，第一所哈萨克人世俗学校在布凯汗国成立，学生主要学习俄语、数学、地理、东方语言以及伊斯兰教义。19世纪后30年，哈萨克斯坦国内由政府出资陆续开办了一些初级教学机构，如专门学校、教区学校、不完全中学（俄国旧制一般是四年制或六年制学校）和扫盲学校等。

十月革命的胜利为哈萨克斯坦的教育发展带来了前所未有的契机。1936年，哈萨克苏维埃社会主义共和国成立并加入苏联，成为苏联加盟共和国之一。20世纪30年代末，哈萨克斯坦地区就已初步形成从学龄前教育到高等教育的较为完整的教育体系。50年代哈萨克斯坦基本上普及了七年制教育，60年代普及了八年制教育，到了80年代初完成了中等教育的普及。在教育体制方面，所有学校采用统一的教学大纲，以保证整个普通教育的连贯性。

苏联时期的哈萨克斯坦建立了门类齐全的现代教育体系。到80年代，教育事业已接近全苏水平。各类教育皆由国家创办和管理，学生享受免费教育。教育事业的迅速发展，极大地促进了国家经济和科学事业的发展。伴随着苏联解体，1991年12月，哈萨克斯坦共和国成立。哈萨克斯坦教育政策在保持苏联时期积累的优良教育经验的基础上不断发展新的教育模式。

二、哈萨克斯坦现行学制

根据《哈萨克斯坦教育法》（1992年颁布，2021年通过最新修订版），哈萨克斯坦教育体系由学前教育、初等教育、基础中等教育、中等教育（普通中等教育、技术和职业教育）、高等教育和大学后教育组成。按照实施的教育大纲的分类，哈萨克斯坦有普通教育、职业教育和补充教育计划三类。普通教育大纲的内容分学前教育、初等教育、基础中等教育和普通中等教育。职业教育大纲的内容分技术和职业教育、技术和职业教育中等后教育、高等教育和大学后教育。补充教育大纲旨在为那些自定发展方向和创造目标的学习者提供条件，以实现其才能，使其适应社会生活、形成公民自觉认同。

（一）学前教育

1999 年修订的《哈萨克斯坦教育法》（Закон РК《Об образовании》）把学前教育纳入普通教育领域。学前教育面向 1—7 岁的儿童，共分为六个阶段：早教班（1—2 岁）、一级小班（2—3 岁）、二级小班（3—4 岁）、中班（4—5 岁）、大班（5—6 岁）和学前班（6—7 岁）。其中早教班和一级小班属于托儿教育阶段，二级小班至学前班为学前教育阶段。

在哈萨克斯坦，从 1 岁至上学年龄的儿童均可在家庭或学前教育机构接受学前教育。国立教育机构提供的学前教育是免费的。

哈萨克斯坦的学前教育机构按照学习阶段可分为托儿所（ясли-сад）和幼儿园（детский сад）。其中 3 岁以前的儿童可到托儿所接受托育，3—6 岁或 7 岁的儿童可到幼儿园接受教育。除此以外，作为学前教育机构的补充，哈萨克斯坦自 2004 年开始创办各类全日制或半日制的迷你中心（мини-центры）。大部分迷你中心位于农村，占全国的 77.9%。① 中心按照灵活的机制运行：每周 2—7 次，每天 2—10 小时。此外，按照功能划分，哈萨克斯坦还有矫正型学前教育机构（дошкольные организации коррекционного типа）和混合型学前教育机构（дошкольные организации комбинированного типа），其中矫正型学前教育机构专门针对残疾儿童，包括托儿所和幼儿园。混合型学前教育机构则兼顾普通学前教育机构和矫正型学前教育机构的功能，同样包括托儿所和幼儿园，面向所有儿童开放。② 2016 年，在哈萨克斯坦共有 495 所幼儿园为特殊儿童创立了学习的特殊环境，在其中的 191 所机构中创建了专门的特殊班级。③

哈萨克斯坦是独联体国家中唯一从法律上确定儿童接受学前培养权利的国家，也是在中亚地区第一个以立法形式确定一年免费学前班制度为义务教育的国家。以学前班（предшкольные классы）或学前小组（предшкольные группы）为主要形式的义务学前教育制度成为哈萨克斯坦教育政策方面的主要特色之一。学习时长为 1 年的学前班大部分附属于小学开设，也有直接在学前教育机构中开设。在公立幼儿园或者小学中开设的学前班接受国家财政支持。根据 2018 年统计数据，哈萨克斯坦的私立学前教育机构约占 36.3%，约 60.7%的学前教育机构（6 257 所）在农村，但城市学生人数比农村多 1.5 倍（农村学校 365 012 人）。从师资情况看，目前共有 94 838 名教职

---

① М. Атанаева. *Национальный доклад о состоянии и развитии системы образования Республики Казахстан（по итогам 2018 года）*. Нур-Султан：АО《ИАЦ》. 2019：68.

② *Дошкольное образование в Республике Казахстан*. https://startinfo.kz/buisness/dojkolnoe/

③ Министерство образования и науки Республики Казахстан. *Национальный доклад о состоянии и развитии системы образования Республики Казахстан（за годы Независимости Казахстана）*，Астана，2017：97.

人员，其中城市54 320人，农村40 518人。从受教育情况来看，完成高等教育者61 198人，职业技术教育者32 004人，普通中等教育者1 636人。①

（二）**初等教育**

2007年版《哈萨克斯坦教育法》规定，哈萨克斯坦中等教育包括初等教育（начальное образование）、基础中等教育（основное среднее образование）和普通中等教育（общее среднее образование），且均属于义务教育范畴。2007年版《哈萨克斯坦教育法》正式从法律层面规定中等普通教育学制从11年变为12年。根据哈萨克斯坦2018年修订的《普通教育国家标准》，初等教育（小学）为一至四年级，基础中等教育（初中）为五至九年级，普通中等教育（高中）为十至十二年级。中等教育主要涵盖6（7）岁至18（19）岁的青少年。

哈萨克斯坦儿童从6（7）岁开始上小学一年级，修业年限为4年。初等普通教育课程旨在培养孩子的个性，发展儿童的个人能力和教育活动当中的主观能动性，包括阅读、书写、计算和语言交流能力、自我创造和文化知识掌握，以便进入下一阶段的学习。基础中等教育修业年限为5年。基础中等教育的普通教育课程旨在掌握基础学科知识，使学生形成人际交往能力，对文化间交流互鉴有充分了解，同时确定自己个性化发展和职业发展方向。普通中等教育的教学大纲以差异化、一体化和专业化的教育内容为导向实施专业教育，修业年限为3年。

补充教育是哈萨克斯坦普通中等教育不可分割的重要组成部分。哈萨克斯坦是世界上为数不多的国家预算资助补充教育的国家。《哈萨克斯坦教育法》规定，补充教育是以满足学习者全方位需求为目的的教育和教学过程。儿童和青少年通过隶属哈萨克斯坦共和国教育和科学部、国家文化与体育部以及学校的辅导班等校外机构学习，有机会获得更多创造性发展。补充教育多以音乐、艺术、体育取向的课程为主。

（三）**中等教育**

哈萨克斯坦普通中等教育机构类型较多，除了全日制学校（общеобразовательные школы）外，还有小规模学校（малокомплектные школы）、加深课程学校（школы с углубленным изучением отдельных предметов）、夜校（вечерние школы）、为特殊儿童设立的专门学校（школы для детей с особыми образовательными потребностями）、私立学校（вечерние школы）、纳扎尔巴耶夫知识学校（Назарбаев интеллектуальные школы）等。

（1）全日制学校：隶属地方管理，绝大部分（93%）属于国立教育机构，包含小

① М. Атанаева. *Национальный доклад о состоянии и развитии системы образования Республики Казахстан（по итогам 2018 года）*. Нур-Султан：АО《ИАЦ》. 2019：69-226.

学、初中和高中。虽然哈萨克斯坦70%以上的全日制学校均在农村，但是农村学校的学生数量比城市少11.6%。苏联解体以后的30年里，哈萨克斯坦中等教育体系的师资队伍发生了数量和质量上的根本性变化。

（2）小规模学校：小规模学校是哈萨克斯坦教育发展中形成的特殊类型，是学生人数少、采用混合班级专门教学的普通教育学校。小规模学校在哈萨克斯坦教育系统中起到维护国家教育公平、帮助解决哈萨克斯坦复杂的社会经济问题（如人口和移民问题等）的作用，同时为培养农村地区青年、完善农业发展部门工作以及提高农村儿童学校教育质量做出了贡献。一所学校是否成为小规模学校的主要衡量指标是学生人数。小学教育的学生人数从5人到40人，初中教育的学生人生从41人到80人，高中教育的学生人数从81人到180人，都算作小规模学校。

（3）加深课程学校：在哈萨克斯坦中等教育体系中，有一部分以实施加深课程大纲为目的开设的特殊学校，包括文科中学、实科中学、文科式学校、实科式学校等，它们统称加深课程学校。哈萨克斯坦的文科中学属于义务教育学校体系，根据初等教育、基础中等教育、普通中等教育和补充教育大纲实施加深课程教学，招收一至十一年级的学生。此类学校根据学生的兴趣和能力，保障扩大和深化社会人文和其他方向的教学。而实科中学是根据基础中等教育、普通中等教育和补充教育大纲实施教学的教育机构，招收七至十一年级的学生。他们将根据学生的兴趣和能力，实施深化自然数学方面的教学。加深课程学校的教师专业水平高，教学条件较好，采用一体化的教学方法和技术。

（4）夜校：为了解决年轻工人的学习问题，哈萨克斯坦在苏联时期就开设了轮班制夜校。苏联解体后大部分夜校以全日制学校的晚班教学形式存在。这些夜校为家庭经济状况不好和居住地区没有全日制学校的学生们提供了接受学校教育的机会。随着时代的变化，哈萨克斯坦夜校的职能渐渐发生变化。

（5）为特殊儿童设立的专门学校：根据《哈萨克斯坦教育法》规定，为有特殊教育需要的人（儿童）提供特殊的普通教育课程和补充教育计划的教育机构。除为特殊儿童设立的专门学校外，特殊儿童教育还可由寄宿学校、幼儿园寄宿学校和寄宿中小学完成。

（6）私立学校：苏联解体后，私营企业的快速发展为私立学校的发展提供了先决条件。1995年，哈萨克斯坦第一所私立学校在阿拉木图成立。从1996年起，在高校、学院和国立学校中开设的私立中小学和国际私立学校逐渐出现。1998年分别在阿拉木图和阿斯塔纳成立实施国际小学教育计划（PYP）和中学教育计划（MYP）的私立学校。哈萨克斯坦的私立学校数量从1993年的11所（800名学生）发展到2019年的189所（42 378名学生）。国家对私立学校拨付部分款项的财政援助政策提高了父母让子女在私立学校接受教育的积极性。私立学校中全天的课程安排，多元化的小组学习，个性化方案，外语、数学等课程的专业训练，优质的食物供给和接送服务等都是吸引父母的主要原因。

（7）纳扎尔巴耶夫知识学校：1996 年，哈萨克斯坦总统签署的《关于国家支持和发展天才儿童学校的命令》为发展国家的知识和创造潜力奠定了基础。① 1998 年创建的全国科学与实践中心“达雷恩”（Дарын）在甄别和支持天赋儿童方面发挥了重要作用。在不同学科领域（人文科学、自然科学、技术、美学、体育等）创办了“天才儿童特殊学校网”（СШОД）。② 在哈萨克斯坦共和国首任总统纳扎尔巴耶夫的倡议下，2008 年哈萨克斯坦创建了 20 所纳扎尔巴耶夫知识学校（以下简称“知识学校”）。知识学校采用现代化管理模式，引入创新学习模型。学校有权独立制定教育大纲和课程，制定入学考试要求，对学习成绩进行持续监控，组织期中和期末考试。目前在哈萨克斯坦 21 所知识学校中，19 所按照物理-数学、化学-生物某一方向的国际课程（NIS-Program）实施教学，1 所是国际学校，1 所是专门实施国际文凭课程（IB 课程）的学校。知识学校的毕业生可直接进入哈萨克斯坦-英国技术大学、哈萨克斯坦管理经济与战略研究大学、萨特巴耶夫哈萨克国立理工大学、阿拉木图管理大学、阿拉木图能源和通信大学、朱巴诺夫阿克托别州国家大学、阿拉木图国民经济学院、国际信息技术等大学的本科二年级就读。2018 年，知识学校的国际课程已被确认符合英国普通教育高级证书（GCE A-Level）资格要求。

（四）技术和职业教育

哈萨克斯坦的技术和职业教育是其中等教育的组成部分，它培养大众职业技术服务劳动人才、能够完成较高技术含量的经济领域人才和技术劳动行业的高技能专家。

苏联解体以后哈萨克斯坦对技术和职业教育学制进行了大幅度改革。1991—1999 年初等职业教育在职业技术学校中实施，中等专业教育在中职学院中进行。也就是说，中职学院作为中等职业教育机构属于高等教育体系，而职业技术学校属于普通中等教育系统。1999—2007 年，初等职业教育的技能工人人才培养是在职业技术学校和职业理科中学中实施，中等职业教育在中职学院、专业学校中实施。2007 年起，技术和职业教育成为中等教育的一部分。最初的中等专家文凭在中职学院、专业学校、高等技术学校中进行培养。2015 年开始高等技术学校更名为高

① ПП РК No256《*О дополнительных мерах по совершенствованию управления организациями системы Министерства образования, культуры и здравоохранения РК*》от 24. 03. 1998г. https://online.zakon.kz/Document/? doc_id=1009089.

② Приказ МОН РК NO. 289《*Об утверждении типовых правил деятельности видов специализированных организаций образования*》от 19. 07. 2013г. https://online.zakon.kz/Document/? doc_id=31437322.

职学院。

20 世纪 80—90 年代，所有哈萨克斯坦的大企业都有隶属的职业技术学校。在 90 年代末的经济衰退和向市场经济转变过程中，一批这样的职业技术学校被关闭。2010 年出台的《哈萨克斯坦 2010—2014 加速国家工业创新发展计划》（Указ Президента РК №958 《*О Государственной программе по форсированному индустриально-инновационному развитию Республики Казахстан на 2010-2014 годы*》 от 19.03. 2010г.）要求职业教育要为国家优先发展的经济部门提供合格的技术人力资源。在“博洛尼亚进程”推动下，哈萨克斯坦努力与国际接轨，通过加强与企业的合作教学，构建学工结合的培训基地与中心。

中职学院（колледж）是最受哈萨克斯坦学生欢迎的技术和职业教育机构。2018 年哈萨克斯坦全国的中职学院达 821 所，其中公立 479 所，私立 342 所。农村的中职学院在保障地区社会经济发展人才需求方面起到重要作用。

应用型学士（Прикладной бакалавриат）是哈萨克斯坦技术和职业教育的一个新发展方向。① 它是职业教育体系中的定向就业专家培训方式。完成 4 年应用型学士培养计划的学生将成为既掌握理论知识，又具备实践技能的高等教育专业人才。从专业分配来看，技术和职业教育三分之二的学生选择中级专家，25%选择工人类专业，应用型学士比例非常低。2018 年，哈萨克斯坦技术和职业教育学员中应用型学士占 0.6%。

哈萨克斯坦职业学院的双元制教育从 2012 年起开始实施。采用双元制教育模式的技术和职业教育教学方案要求教育机构开设理论教学和不少于 60%的市场教学和企业实践课程。《哈萨克斯坦 2016—2019 国家教育与科学发展规划》（《*Государственная программа развития образования и науки Республики Казахстан на 2016-2019 годы*》）要求，中职学院要在 2019 年前在技术、工艺和农业类专业将双元制教育比例提高到 80%。

哈萨克斯坦独立初期的技术和职业教育费用均由国家承担，直到 2016 年还有 50%的学生能够得到公费学习的机会。2018 年，哈萨克斯坦的技术和职业教育机构总数达到 821 所，其中公立机构 479 所，私立学校 342 所。学生总人数达到 488 712 人，其中 275 476 人为公费学习，213 236 人为自费学习，公费学生数量占 56.4%。② 2017 年启动的“技术和职业教育对所有人免费”项目③基本实现了技术类、农业类和服务类专业

---

① Е. Нурланов. *Национальный доклад о состоянии и развитии системы образования Республики Казахстан*（*по итогам 2017 года*）. Астана：АО《ИАЦ》. 2018：146.

② М. Атанаева. *Национальный доклад о состоянии и развитии системы образования Республики Казахстан*（*по итогам 2018 года*）. Нур-Султан：АО《ИАЦ》. 2019：59-87.

③ Приказ МОН РК №728 от 29. 12. 2016г. *Проект*《*Бесплатное ТиПО для всех*》，https://online.zakon.kz/Document/?doc_id=39861501.

的全覆盖，有效解决了青少年的就业问题，增加了工人数量，满足了所有想在技术和职业教育机构免费学习的年轻人的愿望。作为该项目的受益者，九年级和十一年级的毕业生，没有考上大学或正在找工作者，以及经济上有困难和低收入家庭的子女都可以申请。成功申请该项目的学员能够得到一次性的奖学金以及伙食和交通补助。

技术和职业教育师资队伍中有教师和生产教学师傅（技师）之分，他们的专业化水平是技能工人和中级职称专家培训能否达到质量要求的关键。2018 年，哈萨克斯坦技术和职业教育师资队伍质量有所提高，其中，拥有博士学位的有 132 人，拥有副博士学位的有 377 人，拥有硕士学位的有3 598 人。[①] 2018 年，有高级职称的占22%，一级职称的占 18%，二级职称的占 22%，没有职称的占 37%。

（五）中等后职业教育

中等后职业教育按照人文学科专业来培养服务和管理行业的初级专家。持有中等教育文凭（普通中等或技术职业教育文凭）的哈萨克斯坦公民均可接受教育。哈萨克斯坦中等后职业教育一般也在中职学校和高职学院实施。修业年限：持有普通中等教育文凭者不低于 2 年；持有职业技术教育文凭者不低于 1 年。

中等后职业教育旨在培养技术工人、中层专业人员和应用型学士。教育内容包括技术和职业教育综合课程、分科课程和个别本科学科课程。依据职业培训水平的评价和定期的认证结果，学员将获得不同职业类型和等级的资质以及相关职业技能水平的提高。完成培训并通过最终认证后学生将获得“中级专家”“应用型学士”资格。

（六）高等教育和大学后教育

苏联解体以后，哈萨克斯坦的高等教育体制继承了苏联时期的学制，即大学本科 5 年，副博士研究生 3 年，博士生 5 年或更长时间。2007 年修订的《哈萨克斯坦教育法》把从苏联继承的两级学位制度改为与国际标准相一致的“学士—硕士—博士”三级学位制度。学制分别是 4 年、2 年和 4—5 年。2010 年，哈萨克斯坦获得“博洛尼亚进程”正式成员国资格后，在高等教育领域积极推动学制统一、开展国际合作办学、加快高校与国际标准接轨等措施和改革。

1. 高等教育

根据哈萨克斯坦 2017 年版《哈萨克斯坦教育法》，哈萨克斯坦公民在完成普通中等、技术和职业或中等后职业教育教学大纲课程后，均可在竞争的基础上获得免费的高等教育。实施高等教育的教学机构有国家研究型大学（национальный исследовательский университет）、国家高等教育机构（национальное высшее учебное заведение）、研究型大学

---

① М. Атанаева. *Национальный доклад о состоянии и развитии системы образования Республики Казахстан* (*по итогам 2018 года*). Нур-Султан: АО《ИАЦ》. 2019: 240.

（исследовательский университет）、大学（университет）、专业性大学（академия）、学院（институт）和有同等地位的音乐学院（консерватория）、高等学校（высшая школа）、高等职业学校（высшая профессиональная школа）。

哈萨克斯坦的高等教育包括高等基础教育（высшее базовое образование），即培养广大人文科学和自然科学专业的人才并授予学士学位；高等专业教育（высшее специальное образование），即为获得高等教育专家文凭培养人才；高等学术师范教育（высшее научно-педагогическое образование），即通过最终考核者可获得高等教育专家文凭和学术硕士学位。此外在哈萨克斯坦的高等教育体系中有极少一部分专业依然保留着专家文凭教育。专家文凭教育（специалист）是苏联时期单一的五年学制教育，旨在培养某些具有较强专业性领域的专门人才，毕业后获专家文凭，如“医师”“工程师”“教师”“农艺师”“经济师”等文凭。哈萨克斯坦从2000年起开始实施大学生的专家文凭向学士学位的过渡（医学专业除外）。

苏联解体后的最初一段时期，哈萨克斯坦只有61所公立高等教育机构。1993年，哈萨克斯坦对高等教育进行了改革。改革的切入点就是改变过去国家统一管理高等教育的局面，鼓励私人办学，使高校的办学主体多元化。相关政策的出台使私立大学在哈萨克斯坦异军突起。因此哈萨克斯坦独立最初10年的私立教育发展迅速，私立学校会根据市场需求设置专业。

从2012年起，哈萨克斯坦私立大学的学生数量以平均每年增长50%的速度增长。

哈萨克斯坦所有的民众性（гражданские）院校均由国家教育和科学部管辖，非民众性（негражданские）（即军事或公安大学）院校由哈萨克斯坦紧急事务部、内务部、国家安全委员会、国防部和国家收入部负责管理。医学类高校财政由国家健康与卫生部承担，其他均由哈萨克斯坦国家教育和科学部负责。2020年，哈萨克斯坦的高等教育机构总数为128所，其中国立民族大学11所、国际大学1所、自治大学1所、公立大学29所、股份制大学17所、私立大学55所、国防大学14所。

根据2020—2021学年数据，哈萨克斯坦高等教育机构的大学生总人数达到57.55万，其中女生占53.7%。① 国立大学的学生只占总数的22.1%，私立大学的学生占77.2%。哈萨克斯坦约有三分之一的大学生有机会获得国家奖学金和公费培养名额。

1999年版《哈萨克斯坦教育法》要求实施高等教育分权管理以后，分权成为哈萨克斯坦教育管理和融资的主要特征，高等教育系统的学术自由开始扩大，这也

---

① Министерство просвещения Республики Қазахстан, Министерство науки и высшего образования Республики Қазахстан. *Национальный доклад о состоянии и развитии системы образования Республики Қазахстан（за 30 лет Независимости и 2021год）*. Астана：АО《ИАЦ》, 2022：100.

为提高高等教育市场适应性奠定了基础。哈萨克斯坦通过分权治理，推动大学由传统行政管理转向现代化市场管理。这期间主要措施包括：创建大学管理委员会，加大高校在教育、科学、财务、国际事务等方面的办学自主权。成立科学理事会，引导教师参与大学治理，提高学术自由与管理效率。① 大学不仅有权选择校长，而且还可以批准财政预算、发展战略、招生、教师聘用标准，甚至还能决定高层领导班子的工资。

2. 大学后教育

哈萨克斯坦的大学后教育作为高等教育的延续阶段，教育的主要目的是培养学术型和学术师范型人才。硕士生有两种培养方式：按照学术师范方向培养，学期不低于2年；按照专业方向培养，学期不低于1年。通过国家最终鉴定并完成硕士学位论文答辩者，获得硕士学位。博士生以学术型和专业型/应用型方向进行学习，期限均不低于3年。

在哈萨克斯坦高等教育国际化过程中，“波拉沙克”（Болашак）国际奖学金计划起到重要的推动作用。该项目于1993年启动，由政府统一管理的“波拉沙克”国际项目中心监督执行，主要任务是每年向100名优秀学生提供留学所需的奖学金。按照培养计划，申请者申请学习阶段范围包含学士、硕士、博士。这笔奖学金可用于研究生阶段的学术性学习，也可使用于杰出企业和高校的科学实践进修过程。以2017年为例，获得该奖学金的硕士有5 027人，学士有2 855人，博士有125人。按照毕业生的专业类型来看，文科占53%，理工科的占38%，医学专业的占7%，其他专业的占2%。

（七）师范教育

师范教育是教育体系的重要环节，其决定教育体系整体功能及每个部分的有效性。哈萨克斯坦教育和科学部于2005年颁布《哈萨克斯坦新型教师的连续师范教育项目》，提出国家师范教育体系的内涵与层次。哈萨克斯坦师范教育体系包括中等师范教育、中等后师范教育、高等及高等后师范教育、教师技能提升以及教师再培训六个部分。该体系基于《哈萨克斯坦教育发展2005—2010国家纲要》中的主要规定而建立，强调五个层次的统一性和连续性。

第一层次为教师专业的大学前职业指导。哈萨克斯坦目前实行12年学制的普通教育，因此在侧重专业性的教学班级开设专门的教师教育课程。其主要内容包括：首先，从中学低年级开始加强教师教育专业的职业定位指导；其次，在广泛使用新的教学法、信息技术和计算机网络技术的基础上，为学生提供职业指导系统；再次，在传

① 杨蕾：《跟跑国家世界一流大学体系建设策略研究——基于沙特阿拉伯、哈萨克斯坦两国的分析》，《比较教育研究》2019年第1期。

统的职业指导基础上，引入职业指导的创新形式，比如在普通教育机构内开设教师班、开设基于大学和学院的未来教师学校、开设教师教育选修课、中学生教师教育奥林匹克竞赛、教育专业预科课程以及儿童补充教师教育课程等；最后，在职业指导方面引入指导者角色。职业指导者能够帮助高年级学生提前明确职业方向，使其进入侧重师范专业的学习班级（十一至十二年级）。

第二层次为中等后师范教育阶段。中等后师范教育实际上是中等后非高等教育，通常在师范学院中进行。师范学院一般可以独立存在，也可以附属于师范大学，作为连续师范教育体系的一部分。师范学院主要为学前教育、初级普通教育和普通教育阶段培养教师。完成 12 年普通教育的中学毕业生才有资格进入师范学院，学制为 2 年。其教学大纲与师范大学的本科课程相衔接，师范学院的毕业生有资格进入师范大学三年级继续学习。

第三层次为高等师范教育阶段。高等师范教育是师范教育体系中阶段之间连接的主要环节，其在高等教育机构中实施，主要为 12 年普通教育阶段及其他各类教育机构培养教师，学制为 4 年。学生毕业后获学士学位文凭，随后可以以实习教师的身份在教育机构中工作 1 年。获得“优秀毕业生”称号的学生可以直接继续进入硕士阶段学习。

第四层次为大学后师范教育阶段：1—2 年学制的专业硕士和三年制的博士。硕士阶段主要有两个方向：其一，侧重中学和高等教育教学法、社会教育学、教育管理方面的深度培养，学制为 1 年，毕业生获教育硕士学位；其二，进行教育科学方面的深入研究型工作，学制 2 年，毕业生获理学硕士学位。只有高等教育机构有资质培养教育学专业硕士。同时，只有硕士或博士有资格进入高等教育机构任教。博士阶段是师范教育体系的最终阶段，其目的是培养具有教育学和教育学专业最高资格的教育科学人才。获得教育硕士文凭攻读博士学位的时间为 4 年，而获得理学硕士学位攻读博士学位的时间为 3 年。完成教育学博士学位课程学习的在读博士需进行博士论文答辩，通过者将被授予教育科学哲学博士学位。

第五层次为教师进修及再教育体系。其主要目的是帮助教师更新和巩固已有的专业知识，提高教师的业务能力以适应不断变化的教育需求，从而帮助教师职业创造性的自我实现。现代教师高级进修系统是各类组织形式下的教育机构及其管理部门、科学研究机构、信息服务机构、补充教育机构的集合。该系统以众多组织形式开展活动，比如组织教师自我教育、教育机构内部开展研讨会、教师进修学院开展的各类高级培训、大学教师培训中心等。①

---

① *Reviews of National Policies for Education—Higher Education in Kazakhstan 2017* © 2017 ОЭСР. АО《Информационно-аналитический центр》за версию на русском языке. 2017：76.

哈萨克斯坦现行学制如图 3-3 所示。

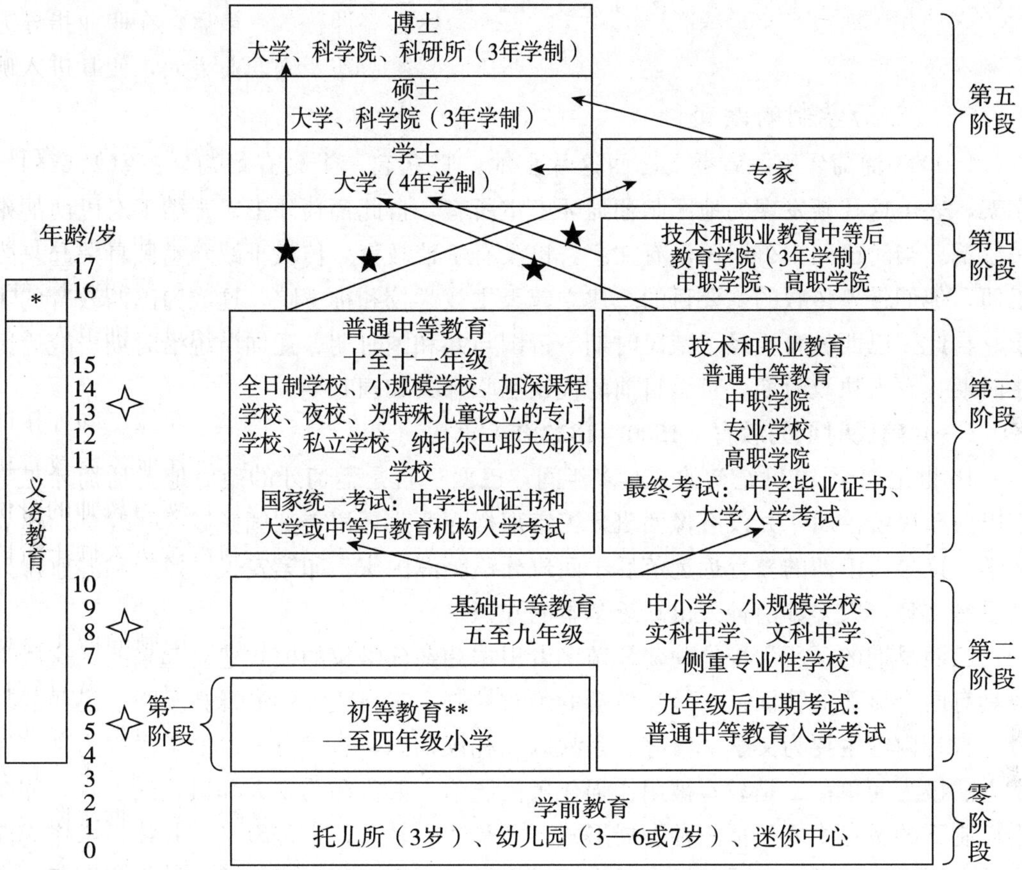

*现今转向12年学制

**哈萨克斯坦教育部没有区分初等和中等教育。仅有少数特殊小学提供一至四年级教育，初等教育接受6或7岁儿童

★特殊入学条件

✧诊断测试或入学考试

图 3-3　哈萨克斯坦现行学制

资料来源：根据 OECD 官网修改

第四节 巴西学制

一、巴西学制的演变

1500年葡萄牙殖民者登上巴西这片土地，竖立起一个刻有葡萄牙王室徽章的十字架，表示这片新发现的地区归葡萄牙王室所有，自此葡萄牙王室开始了对巴西的殖民统治。当时巴西土著居民没有文字，也没有学校教育。传教士跟随殖民者一起来到巴西，他们带着传教的主要目的，建立起天主教学校和神学院，这成为巴西教育的雏形。自此，巴西教育历经了殖民时期、帝国与共和国时期、瓦加斯统治时期、战后民主时期、军人执政时期，直至目前的代议制联邦共和国时期。

（一）殖民时期的教育（1500—1822年）

16世纪初至19世纪初的300多年间，巴西一直是葡萄牙的殖民地。葡萄牙王室在巴西殖民统治时，并没有像西班牙王室那样在西班牙语美洲国家①兴办教育、建立大学，这导致巴西的教育远远落后于西班牙语美洲国家，印第安人、黑人和混血种人几乎是文盲，大多数白种人也缺乏基本的知识。

巴西早期的几所学校是葡萄牙殖民者根据葡萄牙学校的模式建立起来的，这些学校具有两个显著的特征：一是受教会的绝对控制，来自欧洲的耶稣会垄断了巴西的教育，教育内容主要为文学、修辞、宗教以及礼仪知识，教学方式以抽象说教为主，教学方法极为简单；二是教育被用作强化殖民统治、奴役印第安人和黑人的工具。耶稣会控制下的教育主要包括三种发展形式。一是建立教堂，宣传教义，并将教堂作为课堂进行授课。二是为上层阶级的子女建设学校。在圣保罗，建立了专门为葡萄牙人子女和葡萄牙与印第安人混血子女的教会学校，负责教授其知识文化，并推送学习成绩优异的学生到葡萄牙历史最悠久的学府科因布拉大学（Universidade de Coimbra）学习深造。三是为印第安人创办学校。耶稣会的教士不断向巴西内地蔓延，他们深入印第安部落内部，教授印第安人葡萄牙语、天主教教义和宗教仪式，使得当地许多印第安人最后都皈依了天主教。

随着教会势力在巴西土地上的日益壮大，威胁到了葡萄牙王室在巴西的地位。葡

① 西班牙语美洲或西班牙美洲（西班牙语：Hispanoamérica）是人文地理学概念，通常是指所有使用西班牙语的美洲国家和地区的总称，它们曾经都是西班牙的殖民地，属于西班牙殖民帝国的一部分，并且在各方面尤其是在文化方面深受西班牙的影响，例如它们的官方语言都是西班牙语，主要宗教都是天主教。（参见马联昌、周为民编著：《西班牙语词汇学导论》，上海外语教育出版社2012年版，第329页）

萄牙首相庞巴尔（Pombal）领导了一系列的政治改革，下令关闭巴西的耶稣会学校，由皇家学校取代。但是当玛利亚登基成为葡萄牙女王时，封建宗教势力卷土重来，宗教势力对巴西教育的影响也随之恢复。但是庞巴尔执政时期提出的教育思想和采取的改革措施产生了巨大影响，其主要措施有三个：一是主张教育平等，扩大教育受众群体，特别是印第安人的教育问题，并在1773年颁布了巴西增设初等学校的法令；二是主张地方当局负责管理学校，实行世俗教育，并用教师行业取代耶稣会传教士的工作；三是主张扩大课程内容，增加新知识，增设地理、物理、设计等应用课程，创办技术学校培养公职人员和军官。庞巴尔的教育改革为巴西世俗教育的兴起奠定了基础。

1808年拿破仑攻占葡萄牙的前夕，葡萄牙国王及王室举家迁到殖民地巴西，定居里约热内卢。1815年拿破仑攻占葡萄牙结束之后，王室回到葡萄牙，但是葡萄牙国王将自己的儿子佩德罗留了下来，日后成为巴西的国王佩德罗一世。此时，巴西开始兴办政府印刷厂、创办报纸和杂志、建立国家图书馆和国家博物馆，并于1816年开办了第一所专业学院——皇家科学艺术学院（Escola Real de Ciências，Artes e Ofícios），这所学院奠定了巴西高等教育专业化发展的基础。此前巴西境内没有一所高等院校，这对于16世纪拉丁美洲地区的教育历史来说，落后了200年。① 巴西的第一批高等院校具有法国高等教育模式的特征，实行中央集权式教育体制，使用法国课程体系，许多教材也是从法国直接引进。②

（二）帝国与共和国时期的教育（1822—1930年）

1822年9月7日巴西宣布摆脱葡萄牙的殖民统治，从此揭开了巴西作为独立国家的历史。

1824年，巴西颁布了第一部宪法，其中第一百七十九条提到“普通教育是公民的权利”，并且应使所有教育免费。1827年，巴西的主要居民中心依法建立了初等学校。虽然宪法中规定了公民有受教育的权利，但是在当时的条件下，还不存在免费的公共教育制度。大多数学校还只是为精英贵族提供教育服务，并没有对广大民众的教育进行真正的关注。

巴西皇帝佩德罗二世执政后，十分重视教育发展，为了让更多民众接受教育，推行了一系列的教育改革。1834年颁布的宪法附加法，将初等教育和中等教育的行政管理权下放到各省，而高等教育的管理仍由中央掌管，这个制度一直沿用至今天。此

---

① ［美］丹尼尔·列维著，周保利，何振海译：《拉丁美洲国家与高等教育——私立对于公立主导地位的挑战》，北京师范大学出版社2016年，第261页。

② Wanessa de Assis Silva，Cezar Luiz de Mari. Internacionalização e ensino superior：história e tendências atuais. Revista de Políticas Públicas e Segurança Social，2017，1（1）：36-53.

外，1854 年颁布的第 1331 条法令将初等教育分为初小和高小两个层次。几年后，巴西政府允许开设私立学校。

帝国时期，教育依据宪法得到了较大的发展，并取得了一定的成果。1837 年，巴西设立了第一所中学佩德罗二世中学，随后建立的中学均以该中学为参照。同时，巴西开始兴办师范院校，小学，农业、职业技术学校，公立学校增加，高等教育得以发展。虽然这一时期巴西的教育得到了发展，但是此时的教育还是主要为上层社会服务，大众的文盲率也一直在 85%左右。① 虽然巴西已经独立，但是在经济和文化上依然存在着依附从属性，统治者和社会精英全部接受欧洲的教育思想。

1889 年，巴西发生军事政变，建立了共和国，并对教育进行了大刀阔斧的改革。1891 年巴西新宪法颁布，规定"在公共机构中实施世俗教育"，联邦政府具有保障教育发展的责任，但不应干涉地方政府的教育权力。从此建立起了二元制的教育体系，即联邦政府和州分别管理各自的教育体系。在该体制下形成了两种不同的学校类型：一种是受欧洲传统教育模式影响的学校，主要效仿法国"国立中学（Lyceé）"的教育模式，注重传统教育课程；另一种是受美国 20 世纪初进步主义教育思潮的影响，以圣保罗州和米纳斯吉拉斯州为主的反对传统教育模式的学校。

共和国初期，巴西城乡教育差距大，政府重点建设公立学校，缩小城乡教育差距。这一时期，初等教育主要分两个阶段，第一阶段为针对 7—13 岁儿童的小学第一层次，第二阶段为针对 13—15 岁儿童的小学第二层次。小学第一层次又分为基础、中级和高级三个阶段，主要学习阅读和写作、葡萄牙语、算术、公民学、绘画、体育、物理、自然史、地理、历史、法律、政治经济、音乐和军事知识等。1872—1914 年，巴西学校数量由 4 552 所增加到了 12 744 所，学生数量由 13 900 人增加到了 70 000 人。②

1901 年教育法确立了巴西各州和私立学校文凭"等值原则"，即巴西中等学校的文凭与唯一一所由联邦管理的学校——佩德罗二世学校的文凭等值。1894 年颁布的教育法令规定中学学业结束后，学生需要参加统一考试，合格者颁发证书，主要开设的课程有葡萄牙语、拉丁语、希腊语、法语、英语、德语、数学、物理、化学、历史、地理、自然科学、社会学和伦理学等。1911 年颁布的《高等学校和基础教育组织法》（*Lei Organica Superior e do Ensino Fundamental na Republica*）又称《利瓦达维亚法》（*Lei Rivadávia Corrêa*）取消了等值制度和升学考试。1915 年颁布的《马克西米利亚诺法》（*Lei Maximiliano*）又恢复了中学入学考试，并对佩德罗二世学校模式进行了改革，学制为 5 年，入学年龄为 11—14 岁，在原有的课程基础上减少了希腊语和社会学课程。

①② 黄志成著：《巴西教育》，吉林教育出版社 2000 年版，第 31、35 页。

这一时期的高等教育仍以专业学校为主，高等院校也是直接由联邦主管。根据1915年的《马克西米利亚诺法》规定，综合性大学里约热内卢大学（Universidade Federal do Rio de Janeiro）于1920年7月7日正式成立。这所大学是在原有的三所独立学院的基础上合并而成，此举可谓是巴西高等教育的新纪元。此后，维科萨联邦大学（Universidade Federal de Viçosa）和米纳斯吉拉斯大学（Universidade de Minas Gerais）于1926年和1927年先后成立。巴西高等教育机构成立后，从欧洲聘请了大量的教师和研究人员，以推动大学教学和科研的发展，这为巴西高等教育的国际化发展奠定了基础。

技术教育在这时期得到了长足的发展，具有层次多、种类多等特点。此时的技术学校类型丰富，有农业学校、手工艺学校、商业学校、师范学校等，农业学校还分为初、中、高等农业学校。

（三）瓦加斯时代的教育（1930—1945年）

共和国后期，瓦加斯上台，加强了中央政府对教育的管理权力，以便实施和推行新的教育政策。1930年，巴西成立了历史上第一个主管教育的职能部门——教育与卫生部，同时成立了巴西教育协会（Associação Brasileira de Educação）负责学校教学和课程改革。这一时期，受杜威教育思想的影响，巴西开始建立杜威式"新学校(Escola Nova)"，试图将学校变为社会政治民主变革的重要工具。在大众教育方面，瓦加斯认为国民教育关系到国家的兴衰，要求各州加大初等教育的发展力度，加大对教育的投入，并强制规定各州政府每年将10%的税收用于初等教育事业的发展，市政府将15%的税收用于安全、卫生和教育。①

在瓦加斯的推动下，教育部制定了一系列教育改革计划。在初等教育方面，巴西1931年第19890号法令将中等教育分为两个阶段，第一阶段是为期5年的基础教育，第二阶段是为期2年、为专业学习做准备的预备课程。在高等教育方面，1931年巴西政府颁布《巴西大学章程》（*Estatuto das Universidades Brasileiras*），该章程阐释了综合性大学的概念，并规定综合性大学需具备法学院、工学院和医学院（或者可用教育学院、自然科学学院、人文学院其中之一代替）。在此章程的影响下，巴西于1934年建立了新型综合大学——圣保罗大学（Universidade de São Paulo)，为日后巴西综合性大学的建立和发展打下了基础。1934年，瓦加斯正式成为总统并颁布了新宪法，宪法第一百四十九条规定教育是所有人的权利，应由家庭和公共教育机

---

① Mario Contreras. *La Educación en el Brasil*. México：El Caballito，Secretaría de Educación Pública，1985：33.

构共同承担。①

1937 年，瓦加斯开始其独裁统治时期。这一时期的教育体现了一种强硬的政策路线风格，学校开设统一课程，使用严格的教学方法，教育的目的是为国家政治服务，忽略对教育本身的规律探究。

（四）战后民主时期与军人执政时期的教育（1945—1985 年）

二十世纪五六十年代，巴西职业教育、中等教育和高等教育发展迅速。1946 年，巴西立宪会议颁布新的宪法，明确指出联邦政府具有制定国家教育方针和基础法的权力。1947 年，教育部部长格莱曼特·马利阿尼（C. Mariani）成立委员会制定全国教育计划。由于该委员会拟定的法案争议过大，历经 13 年的讨论，巴西第一部《国家教育方针与基础法》（*Lei de Diretrizes e Bases da Educação Nacional*，简称“1961 年《教育法》”）于 1961 年才得以通过。该法确定了巴西教育分权制度，即联邦教育体系和州教育体系并存，各自管理自己的教育体系，建立双元教育体系。虽然权力下放，但是联邦政府仍保留着如课程设置、教师选拔、资金分配等方面的管理权。在高等教育中，联邦政府更是处于主导地位，大学校长任免、大学经费都由联邦政府决定。当该法案通过时，巴西社会已经发生了许多变化，法案中的很多条款已经不合时宜，于是 1968 年颁布的《大学改革法》（*Lei da Reforma Universitária*）。1971 年，巴西重新制订教育法，废除了 1961 年《教育法》中有关第一级和第二级教育的规定。②

1964 年 3 月，巴西军人再次夺取政权，开始了军人独裁统治时期。1967 年制定了巴西教育的第一个十年计划，使入学人数和财政拨款数量大幅增加。巴西还采取各种措施增加对教育的投入，如建立基金会，建立“教育工资制”（各单位工资总额的十二分之一用于教育投入），筹集社会资金（彩票、欠税罚款等）等。

在社会经济快速发展时期，巴西教育出现了诸多问题，如教育与经济发展不相适应、教育行政管理体制效率低下、教育公平质量低下、教育质量低下等。巴西政府作出了一系列教育改革，以满足国家政治和经济发展的需求，改革依据的法律仍然是 1968 年和 1971 年颁布的两部法律。第一，初等教育和中等教育延长了义务教育年限，由原来的 4 年延长到 8 年。第二，修订学制结构，由原来的小学 4 年和初中 4 年合并在一起，改成“第一级教育”，也称“初等教育”，原来的高中改为“第二级教育”，或“中等教育”，这样的学制改革，一方面方便实施 8 年义务教育，另一方面避

① Câmara dos Deputados. Constituição de 1934. https://www2.camara.leg.br/legin/fed/consti/1930-1939/constituicao-1934-16-julho-1934-365196-publi-cacaooriginal-1-pl.html.

② Câmara dos Deputados. Lei N° 5.692, de 11 de Agosto de 1971. https://www2.camara.leg.br/legin/fed/lei/1970-1979/lei-5692-11-agosto-1971-357752-publicacaooriginal-1-pl.html.

免小学生过早分轨接受教育。第三，重新制定教育目标，以发展学生个人才能为核心，为今后的工作提供某些资格或准备，使学生了解公民的权利和义务。第四，修改课程目标，在普通教育课程中添加实践性课程，一方面为学生接受更高级的教育做准备，另一方面为劳动就业做准备。第五，在正规教育系统中建立补充教育体系，为没有机会上学的适龄儿童和成人提供学习机会。另外，还开展了“巴西扫盲运动”，即巴西著名的民众识字运动。

1965—1975 年，大学数量由以前的 377 所增加到了 877 所。同时大力创办各阶段的私立学校，弥补财政上的资金短缺问题。但是由于过度关注高等教育，初等教育未得到应有的重视，儿童入学率仅达 50%左右，留级率和辍学率也是居高不下。① 与此同时，私立学校的兴起，加剧了教育不公平。巴西教育的不公平问题一直困扰巴西政府及巴西教育当局至今。

（五）代议制联邦共和国时期（1985 年至今）

1988 年，巴西第八部宪法颁布，成为 20 世纪 30 年代以来巴西教育发展的最重要里程碑。它规定为全民提供优质的教育服务、平等的入学机会永远是国家的义务，学生不论背景、信仰、性别、种族，都可以平等接受公立教育。② 此外，1996 年通过的第 9394 号法案《国家教育指导方针和基础法》（*Lei de Diretrizes e Bases da Educação Nacional*）也规定了巴西教育目标、方式和权力分配。这两部法律是巴西教育的根本大法和教育基本法，巴西现行学制也主要围绕上述两部法律展开制定和完善发展。

20 世纪 90 年代中期起，费尔南多·恩里克·卡多佐（F. H. S. Cardoso）总统当政，奉行新自由主义，推动了教育私有化的发展，对整个巴西教育体系产生深远的影响。巴西基础教育呈现出“公弱私强”的特征，私立中小学教育质量远优于公立中小学教育质量。在私立学校就读的学生拥有更多进入巴西高等教育机构就读的机会，而巴西的优质高等教育资源得到政府高额的财政补贴并实行学费免费政策。这就导致巴西严重的教育不公平现象，中产阶级以上阶层的子女几乎垄断了优质的私立基础教育资源以及低价且优质的高等教育资源，而巴西弱势群体难以获得高等教育服务，阶层固化现象越来越严重。可以说，巴西已经成为“教育拉丁美洲化”的“重灾区”。③

巴西政府已经意识到全民的知识水平和综合素质是决定国家发展的基石，令人

---

① 黄志成著：《巴西教育》，吉林教育出版社 2000 年版，第 72—73 页。

② 万秀兰著：《巴西教育战略研究》，浙江教育出版社 2014 年版，第 25 页。

③ 胡昳昀、秦毛毛：《巴西基于学生核心素养的课程改革研究》，《比较教育研究》2021 年第 6 期。

忧虑的基础教育质量，不仅进一步加剧了社会不公，也深刻影响了劳动力市场的整体素质，掣肘国家在信息和人工智能时代的可持续发展。因此，巴西政府认为改善基础教育现状必须要从源头进行改革，这就需要重新审视基础教育阶段的课程内容与标准，统一和优化基础教育阶段课程内容，进而提升基础教育的质量以及改善教育公平。① 2009 年，巴西政府颁布宪法修正案，第二百零八条明确指出 4—17 岁属于义务教育阶段，并为所有适龄阶段无法获得义务教育的人继续免费提供基础教育服务；逐步普及免费中等教育；为残疾人提供专门教育服务，尽量保证在正规学校体系内完成；完善 5 岁以下儿童的学前教育服务；根据每个人的能力获得最高水平的教学、研究和艺术创作能力的培养；提供适合学生情况的定期夜间教育服务；在基础教育的各个阶段，通过教材、交通、食品和保健的补充计划为学生提供帮助。2013 年，巴西教育部与各州、市教委合作，组建了一支包括大学教授、一线教师、教育管理者在内的 116 人的专家团队，对各州以及各市的幼儿园和中小学课程调研，随后教育部于 2015 年 9 月发布了课程标准的起草文件（第一版）。几经讨论，最终教育部于 2018 年 12 月颁布了课程内容标准，即《国家通用课程标准》（*Base Nacional Comum Curricular*），这标志着巴西基础教育阶段国家统一课程新标准的确立。这部法律强制要求各级政府按照课程标准编制教材，加强了政府对教育质量的监管力度。巴西政府期望通过新一轮课改的实施，促进巴西学校教育公平以及教育质量的高质量发展，把所有巴西年轻人都培养成为成功的学习者、创造者以及合格的公民。②

在高等教育层面，1988 年版宪法和 1996 年《国家教育指导方针和基础法》提出高等教育需要“激发学生对当今世界特别是国家和地区问题的认识，为世界发展培养人才并与国际建立互惠关系”，并规定了巴西对外国大学授予学位的认证制度的规范流程。③ 高等教育的发展遵循着国际趋势，大学国际化成为巴西高等教育发展的一个关键因素。同时，巴西政府明确了各部门的权责，委任教育部下属的高等教育人才促进协调局、科技创新部（Ministério da Ciência，Tecnologia e Inovações）下属的国家科技发展委员会和科学研究与发展项目署（Financiadora de Estudos e Projetos）、外交部（Ministério das Relações Exteriores）下属的巴西合作局（Agência Brasileira de Cooperação）和教育主题司（Divisão de Temas Educacionais）负责巴西高等教育的交流与合作事务。20 世纪 90 年代，巴西建立国家研究生制度（Sistema

---

① Ministério da Educação. Base Nacional Comum Curricular. Brasil. 2018：5.

② Ministério da Educação. Base Nacional Comum Curricular. Educação É a Base. Brasil. 2018：6.

③ Câmara dos Deputados. Lei de Diretrizes e Bases da Educação Nacional. http://www.planalto.gov.br/ccivil_03/Leis/L9394.htm.

Nacional de Pós-Graduação)，由高等教育人才促进协调局负责对研究生课程质量进行评估。

2008年，卢拉·达席尔瓦（Lula da Silva）领导下的巴西联邦政府宣布计划制定“改组和扩展联邦大学计划（Reestruturação e Expansão das Universidades Federais)”，建立四所超国家性质的联邦公立大学，致力于通过知识合作促进社会包容和区域一体化发展，这四所机构分别为拉丁美洲一体化联邦大学（Universidade Federal da Integração Latino-americana）、亚马逊一体化联邦大学（Universidade Federal da Integração da Amazônia Continental）、葡语非洲-巴西国际一体化大学（Universidade da Integração Internacional da Lusofonia Afro-Brasileira）和南方边境大学（Universidade Federal da Fronteira Sul）。2011年，巴西政府颁布了“科学无国界计划（Ciências sem Fronteiras)”，这是世界上规模最大的国家性奖学金计划之一。2012年，巴西政府实施了“科学无国界计划”的姊妹项目“语言无国界计划”（Idiomas Sem Fronteiras)，成为促进巴西高等教育国际化的语言政策。2014年，巴西颁布了10年教育规划《国家教育计划》（*Plano Nacional de Educação*），该计划确立了2014—2024年巴西教育体系的指导方针、目标和策略，以此推动巴西教育体系现代化水平的迅速提升。

二、巴西现行学制

巴西现行学制是以《1988年联邦宪法》（*Constituição Federal de 1988*）和1996年第9394号法案《国家教育指导方针和基础法》为依据建立的。巴西教育体系主要由基础教育和高等教育两部分组成，基础教育具体划分为学前教育、初等教育、中等教育，高等教育主要分为本科教育和研究生教育。根据巴西宪法规定，巴西的学前教育、初等教育由各市进行管理，中等教育由州进行管理，高等教育由联邦进行管理。

（一）学前教育

学前教育是基础教育的第一阶段，2009年的宪法修正案明确规定0—5岁的儿童有权利进入学前教育机构，其中，4—5岁儿童的学前教育被纳入义务教育阶段。学前教育的目的是为儿童的身体、情感、认知的发展提供适当的保障条件，激发儿童对自然变化和社会活动的兴趣，培养儿童的团结、自由、合作与尊重的社会价值观。①

学前教育机构包括两类，一类是接收0—3岁儿童的母育学校（Maternal）或托儿所（Creche），另一类是招收4—5岁儿童的学前班（Pré-escola）。母育学校和托儿

---

① 万秀兰著：《巴西教育战略研究》，浙江教育出版社2014年版，第38页。

所主要以游戏为主，通过游戏培养儿童的社交能力，学前班更强调对儿童的学业能力的培养。根据巴西 2018 年颁布的《国家通用课程标准》，该阶段主要是通过游戏活动促进儿童与同龄人以及成年人之间的互动，在互动中儿童习得知识并加以应用，学习自我、他人和我们，身体、手势和动作，触感、声音、颜色和形状，听说思考和想像，空间、时间、数量、关系和相关转换等五方面的知识，培养社交、玩耍、参与、探究、表达和自我认知等六项学习和发展的基本能力，帮助儿童初步学会情感表达、解决冲突以及调节自我情绪，为更高阶段的学习做准备。①

巴西 0—3 岁学前教育的入学率一直很低，来自低收入家庭儿童的入学率更低。2020 年，巴西 0—3 岁学前教育的入学率仅为 29.8%②，4—5 岁学前教育主要由免费的公立学校提供。2020 年，巴西学前班共计 101 012 所，学前班毛入学率为 85.3%，在学前班就读的 517 万儿童中，78%的儿童就读于公立机构。③

（二）初等教育

根据宪法规定，巴西所有 6—14 岁的儿童都必须接受义务教育，政府有责任为所有适龄儿童提供初等教育服务。根据《国家教育指导方针和基础法》，初等教育的主要目的是：通过学习形成正确的态度和价值观，发展阅读、写作和计算能力，在一定程度上理解自然和社会环境、政治制度、艺术和科技，强化社会生活能力，树立家庭观念，培养团结精神。

初等教育为 9 年，分为两个阶段。第一阶段为小学教育，包括一至五年级；第二阶段为初中教育，包括六至九年级。根据《国家通用课程标准》，巴西的初等教育课程分为五个知识领域，分别是语言、数学、科学、人文学（历史、地理）、宗教教育。在上述核心课程基础上，各地区根据自己地区特点和学生间个体差异灵活设置多样化的课程。从教师配比来看，一至五年级为全科教师，即每个班级只配备一名教师，负责所有课程；六至九年级配备学科教师。初等教育每学年课程天数至少 200 天，共计 800 个学时。私立学校在国家官方课程的基础上通常补充一定课程，每年提供 1 000 以上的学时。有些学校会根据农忙季节来制订教学日历。完成九年级学习后，学生将获得初等教育毕业证书。

---

① Ministério da Educação. Base Nacional Comum Curricular. Educação É a Base Brasil. 2018：38.

② Observatório da Criança e do Adolescente. Taxa bruta de matrícula em Creches. https://observatoriocrianca.org.br/cenario-infancia/temas/educacao-infantil/1081-taxa-bruta-de-matricula-em-creches?filters=1,77.

③ Instituto Nacional de Estudos e Pesquisas Educacionais Anísio Teixeira. Sinopses Estatísticas da Educação Básica 2020. https://www.gov.br/inep/pt-br/areas-de-atuacao/pesquisas-estatisticas-e-indicadores/censo-escolar/resultados.

2018年，巴西初等教育阶段的毛入学率达到99%，已经基本普及九年义务教育。巴西教育部针对初等教育的拨款占国内生产总值的比重从2000年的2.7%提升到2017年的2.9%。① 2020年，巴西共有124 840所小学和初中。公立小学和初中86 987所，私立学校37 853所。初等教育阶段共计2 671万余名学生入学，82.6%的学生就读于公立学校。② 然而，各州之间的教育差距仍然显著。圣卡塔琳娜州、马托格罗索州和伯南布哥州等教育发达地区的辍学率接近于0，但教育相对欠发达的州的情况仍不乐观。城乡之间同样存在较大的教育差距，2020年城市地区的初中辍学率为1.1%，而乡村地区则为1.8%。③

（三）中等教育

巴西的中等教育不属于义务教育，但是公立中等教育是免费的。完成了初等教育的学生不需要进行入学考试即可升入中等学校。中等教育的目的是通过为学生提供必需的教学课程，激发学生自我实现的潜力，为学生进入更高教育阶段学习或就业做准备，培养学生的公民责任感。

普通中等教育的学制为3年，要求3年里学生的学习课时不少于2 200学时，满足学生通识教育的要求。根据《国家通用课程标准》，巴西的中等教育课程分为语言及其技术（葡萄牙语、艺术、体育和英语）、数学及其技术、自然科学及其技术（物理、化学和生物）、应用人文科学和社会科学（历史、地理）。各地区在中等学校课程领域的自主权很大，例如，有的州将外语视为国家课程，有的州则将外语视为多样化课程，同一科目在不同的州教学时数不同，每周总课时数相差颇多。同时，为了满足劳动力市场的需求，在中学阶段除了基础课程外，在二年级或三年级开设职业技能培训课程，这类课程一般持续1年或1.5年。通过这类课程培养学生的职业技能，拓宽学生中学毕业后的走向。

除普通中等学校外，中等教育还包括技术学校、军事学校和教师培训学校。私立中等学校往往有条件提供更高质量的教育，但仍然较为小众。2020年，共计

---

① Instituto Nacional de Estudos e Pesquisas Educacionais Anísio Teixeira. Indicadores Financeiros Educacionais. https://www.gov.br/inep/pt-br/acesso-a-informacao/dados-abertos/indicadores-educacionais/indicadores-financeiros-educacionais.

② Instituto Nacional de Estudos e Pesquisas Educacionais Anísio Teixeira. Sinopses Estatísticas da Educação Básica 2020. https://www.gov.br/inep/pt-br/areas-de-atuacao/pesquisas-estatisticas-e-indicadores/censo-escolar/resultados.

③ Observatório da Criança e do Adolescente. Taxa de abandono nos anos finais do Ensino Fundamental segundo localização (urbana e rural). https://observatoriocrianca.org.br/cenario-infancia/temas/ensino-fundamental/901-taxa-de-abandono-nos-anos-finais-do-ensino-fundamental-segundo-localizacao-urbana-e-rural?filters=1,1426.

755 万余名 15—17 岁的适龄青少年进入高中学习，中等教育的毛入学率为 89.2%。巴西共有 28 933 所中学，其中，公立中学 20 500 所，私立中学 8 433 所，95.9% 的学生集中就读于公立中学。① 截至 2020 年，只有 69%的 15—19 岁青少年继续接受教育，远低于经合组织 85%的平均水平。② 据统计，巴西每年有 280 万名 15—17 岁的学生因经济拮据、工作需要、学业准备不足、怀孕、缺乏兴趣或交通不便而辍学。③

为了降低辍学率，巴西目前正在实施一系列改革。首先，国家加大对中等教育的投入力度，教育部针对中等教育的投资占国内生产总值比重从 2000 年的 0.6%提升到 2017 年的 1.2%。④ 其次，2016 年国家实行教育改革，将公立学校的强制性课堂教学时数从每年 800 小时延长至 1 400 小时，让学生有更多时间学习。此外，学生可以更自由地根据自己的兴趣定制课程，至少 60%的中学课程由专业科目和选修课组成，包括基于能力的职业科目。对于实习、实验项目等存在更大的灵活性，并且允许有不超过课程教学时间 20%的在线教育课程时间。

普通中等学校颁发的最终证书是中等教育毕业证书，有时也被称为中等教育文凭。辍学的人可以选择通过参加全国青年和成人技能认证考试的同等学历考试获得中学毕业证书。

巴西教育部组织的全国中等教育考试于 2009 年开始实行，该考试成绩是巴西学生考取公立大学和许多私立大学的重要参考依据，也是申请政府奖学金的参考凭证。与我国高考制度类似，学生需要根据考试分数报考大学，巴西的全国中等教育考试是继中国高考之后世界上第二的大规模高等教育入学考试。

（四）高等教育

巴西高等教育的目标为通过教学、科研和社会服务活动，发展本科生和研究生的科学、艺术和文化素养，从事高级专业培训以及科研工作。⑤ 中学毕业生或者具有相

① Instituto Nacional de Estudos e Pesquisas Educacionais Anísio Teixeira. Sinopses Estatísticas da Educação Básica 2020. https://www.gov.br/inep/pt-br/areas-de-atuacao/pesquisas-estatisticas-e-indicadores/censo-escolar/resultados.

② OECD. Education at a Glance 2020 Brazil. https://www.oecd-ilibrary.org/docserver/c9b8683b-en.pdf?expires=1630589001&id=id&accname=guest&checksum=920B08972D7B39BADA1B5135F078AA2E.

③ World Education News+Reviews. Education in Brazil. https://wenr.wes.org/2019/11/education-in-brazil.

④ Instituto Nacional de Estudos e Pesquisas Educacionais Anísio Teixeira. Indicadores Financeiros Educacionais. https://www.gov.br/inep/pt-br/acesso-a-informacao/dados-abertos/indicadores-educacionais/indicadores-financeiros-educacionais.

⑤ 万秀兰著：《巴西教育战略研究》，浙江教育出版社 2014 年版，第 55 页。

同学力的学生，如希望进入大学继续学习，必须参加大学入学考试，即上文提及的全国中等教育考试。2019 年，巴西高等教育入学人数约 860 万人，毛入学率为 44.4%。①

高等教育分为本科教育和研究生教育。本科教育一般学制为 4 年，但是建筑、工程、兽医、法律等为 5 年，医学专业培养时间为 6 年（实施本硕博连读学制）。获得学士学位的学生，如果愿意继续深造可以攻读研究生，通常攻读时间为 2 年，博士研究生时间为 4 年。

巴西高等教育机构存在公立和私立之分，公立大学教育为免费教育，私立大学根据每所学校的制度收取相应的费用。公立高等学校可以分为联邦高等学校、州立高等学校和市立高等学校三类，而在联邦高等学校中又可分为联邦政府资助的大学和基金会资助的大学。私立高等学校也可以分为宗教性高等学校和世俗性高等学校。据统计，2019 年巴西共有 2 608 所高等教育机构，其中公立 302 所，私立 2 306 所。在私立高等教育机构中，有一些天主教和慈善的非营利性大学，除此之外 70%的私立高等教育机构都是以营利为目的。高等教育私有化是巴西高等教育的主要特征之一。为了扩大普通阶层出身青年接受高等教育的机会，巴西政府提供了“全民大学方案”（Programa Universidade para Todos）和“高等教育学生贷款基金”（Fundo de Financiamento ao Estudante do Ensino Superior），为贫困学生提供教育资助，保障其高等教育入学就读的权利。

根据运作方式和相应的学术资格，高校可以分为：大学，在国家和地区层面建立的多学科教育机构，其任务包括教学、科研、服务等活动；大学中心，多学科教育机构，没有明确的科研任务；综合学院，单学科教育机构，没有明确的科研任务；联邦技术教育中心，培养中等和高等职业人才。在上述类别中，综合学院在巴西高等教育机构中数量占比最大，为 79.6%（具体数据如表 3-1 所示）。

表 3-1　2019 年巴西高等教育机构数量统计　单位/所

机构类别	大学	大学中心	综合学院	联邦技术教育中心
公立	108	11	143	40
私立	90	283	1 933	—

① Instituto Nacional de Estudos e Pesquisas Educacionais Anísio Teixeira. Censo da Educação Superior. https://www.gov.br/inep/pt-br/areas-de-atuacao/pesquisas-estatisticas-e-indicadores/censo-da-educacao-superior/resultados.

续表

机构类别	大学	大学中心	综合学院	联邦技术教育中心
总计	2 608			

资料来源：Instituto Nacional de Estudos e Pesquisas Educacionais Anísio Teixeira. Censo da Educação Superior 2019：Notas Estatísticas. Brasília：Ministério da Educação，2019：5。

巴西高等教育的学科专业包括教育学，艺术与人文学，社会科学、新闻与信息学，商业学、行政与法学，自然科学、数学与统计学，计算与信息通信技术科学，工程、生产与建筑学，农业、林业、渔业与兽医学，健康与福利学，服务学十大学科。一直以来，商业、行政与法律学是学生报考的热门学科，其次是教育学。

近几十年来，巴西一直致力于发展研究生教育，重点发展生命科学专业如农业、生物、健康科学等，科学技术专业如天文物理、计算机科学、地球科学等，工程专业和跨学科专业等。巴西公立大学承担了大部分科研任务，且 80%以上的研究生就读于公立高校，因此巴西公立大学的教学资源远优于私立机构。① 其次，巴西在研究出版方面也取得了突破性的成绩。2013—2018 年，巴西被列为世界上第十四大科学出版物生产国。②

（五）职业教育

巴西职业技术教育分为初等、中等、高等三个层次。中等职业教育包括一些没有正式入学要求的、以就业为导向的证书课程。这些课程的时长各不相同，从几个月到几年不等，最后颁发专业资格证书，该证书可用于就业认证和给予高中技术教育入学机会。此外，中等职业教育还有一些更高层次的中学课程，需要获得基础教育毕业证书才能入学，课程结束后可以获得中级技术员文凭，可以凭借此证书进入高等职业教育学校就读。中等职业技术教育的学制通常为 3—4 年，所要求的学时视不同职业部门而定。农业部门和工业部门的技师证书最低需 2 900 个学时，其中至少 1 200 学时用于学习职业课程，完成实用技能培训；服务部门的技师证书最低需 2 200 个学时，其中 900 个学时用于职业课程的学习。中等职业教育和中等师范教育还包括不少于一学期的实习，涉及社会的、专业的和文化的学习活动。职业学校与企业建立伙伴关系，让学生在企业中接受培训，发展实际专业技能，反过来，学校也为这些企业的员工提供最新课程和继续教育。③

---

① OECD. Education at a Glance：OECD Indicators Brasil. Paris：OECD，2019：9.

② SJR. Scimago Journal and Country Rank (2018). https://www.scimagojr.com/ countryrank.php?year=2018.

③ 万秀兰著：《巴西教育战略研究》，浙江教育出版社 2014 年版，第 54 页。

2008 年以来，巴西教育部发布了“全国技术课程目录”，规范了现有中等职业教育课程的科目。2014 年教育部对该课程目录进行更新，更新后的目录包括 13 个专业领域内的 227 种课程，包括通信技术、自然资源（农业等）、工业技术、健康相关领域、旅游和酒店管理、军事专业等。虽然在过去 10 年的大部分时间里，中等职业课程的总体入学率一直在上升，但职业课程的中学生比例仍然相对较小。巴西政府已将提高中等职业教育入学率和加强普通和职业课程的衔接作为教育发展的优先事项。

高等职业教育的学制为 2—3 年，在高中毕业后入学，可获得高等技术学位，通常两年制课程的最低学时为 1 600 小时，两年半和三年制课程的最低学时分别为 2 000 小时和 2 400 小时。巴西所有类型的高等教育机构都提供职业教育课程，私立高等教育机构是高等职业教育的主力军。高等职业教育课程应用性强，以就业为导向。获得高等技术学位的学生可以进入研究生水平的课程，以获得专业研究生学位。专业硕士学位一般包括 2 年的学习，目的在于培养能够将前沿知识应用于实践的专业人才。2017 年，巴西教育部第 389 号法案正式决定设立专业博士学位，取得硕士学位的学生可以继续攻读专业博士学位。2018 年，约有 100 万名学生报名参加高等职业教育课程，其中几乎一半是以远程教育模式进行的。自 2007 年以来，巴西高等职业教育的远程教育入学人数增长了接近 6 倍。①

高等技术教育中还包括师范教育，提供针对教育学位的课程，学生毕业后，可以从事从学前教育到中等教育的教师工作。师范教育的学制为 3—4 年，最低学时 2 800 小时，包括至少 300 小时的有指导的教学实习活动。另外，持有其他学科本科学位的学生可以在完成为期 1 年的补习课程后，获得教师资格证书。教育学位获得者同样有机会进入普通研究生课程。2019 年，约有 19％的巴西学生修习教育学位课程，其中超过四分之三的师范教育专业学生为女性，并且主要集中于私立机构。②

图 3-4 为巴西现行学制。

---

① Instituto Nacional de Estudos e Pesquisas Educacionais Anísio Teixeira. Censo da Educação Superior Notas Estatísticas 2017. Brasil：INEP，2018：19.

② Instituto Nacional de Estudos e Pesquisas Educacionais Anísio Teixeira. Censo da Educação Superior. https://www.gov.br/inep/pt-br/areas-de-atuacao/pesquisas-estatisticas-e-indicadores/censo-da-educacao-superior/resultados.

年龄
岁
年
级
27
26
25
24
23
22
21
20
19
18
17
16
15
14
13
12
11
10
9
8
7
6
5
4
3
2
1
博士
硕士
研究生教育
本科教育
高中
初中
小学
学前班
母育学校或托儿所
高等教育
（高等职业
技术教育）
中等教育
（中等职业
技术教育）
基础教育
学前教育
4
3
2
1
2
1
4
3
2
1
12
11
10
9
8
7
6
5
4
3
2
1

图 3-4　巴西现行学制

第五节　芬兰学制

一、芬兰学制的演变

1249—1809年芬兰是瑞典王国的一部分，1809—1917年芬兰受俄罗斯帝国统治，成为隶属其下的大公国。直到19世纪，芬兰的教会学校承担了城乡居民识字等基础教育的教化责任。1917年12月6日，芬兰取得国家独立。进入20世纪60年代以后，芬兰社会飞速发展，工业逐渐起步，经济结构发生巨大改变，达到国际卓越水平。20世纪70年代开始，芬兰向北欧福利社会转型。进入20世纪80年代中叶，芬兰向知识型社会发展，知识创新在国家发展规划中的比重越来越高。20世纪70年代前后，芬兰教育经历了一系列重要的变化和调整，逐步完成了学制从传统走向现代的过程。

（一）建立综合学校系统

20世纪50年代以前，芬兰基础教育阶段实行双轨制：所有学童必须在10岁（小学四年级）选择进入文法学校进行学业深造，或选择进入市民学校走职业道路，二者既不相通也不相接。文法学校只开设在城镇，大部分是私立学校，是当时继续接受中高等教育的唯一途径。进入文法学校还需参加入学考试。市民学校（civic school）无入学考试，学制2—3年，所学内容以职业为导向。从市民学校毕业之后，可以进入职业学校或技术学校进修，但只有少数大城市才有这类学校。大部分青少年接受6—7年的正式基础教育便离开学校，进入劳动力市场。

20世纪50年代末，芬兰经历了经济转型和人口结构变化，以农业和小型商业为主的经济结构转变为以工业化、技术化的制造业为主，大量农村人口迁移到城镇。国民的受教育需求和渴望日渐高涨，提升基础教育公平成为20世纪70年代前后芬兰教育改革的重点。20世纪60年代，综合学校改革方案进入芬兰国会讨论，最终决定取消双轨制，将学生选择职业路线还是学术路线推迟到9年义务教育之后。1972年，《国家综合学校课程》（*National Curriculum for the Comprehensive School*）颁布。文件中建议学校对不同能力和特性的学生加以区分，采取分班教学。这就导致同一所综合学校的高年级学生各自所学课程内容、难度、进度不同，学业成就高者更有机会升学进入高中。

1979年，芬兰南部最后一所市立学校转型成为九年一贯制学校，标志着全国综合公立学校体系改革完成，传统的文法学校、市民学校和小学整合成为九年制的综合市立学校。1985年芬兰新一轮的课程改革开启，芬兰政府正式提出废除能力分班，所有学生依据同一份课程和教学大纲学习。为进一步保障教育公平，芬兰为学习困难或有特殊需求的学生提供特别教育的支持系统也逐渐发展起来。

1973年《儿童日托法令》（*Children's Day Care Act and Decree*）出台，随后便建立起日托系统，但由于20世纪90年代芬兰出现经济危机，直到2001年，芬兰才正式将为所有6周岁儿童提供1年学前班教育拟定为市政当局的法定义务，不过学前教育并未纳入义务教育范畴。

（二）发展职业教育体系

芬兰最早的职业学校出现在20世纪40年代，当时的职业院校规模较小，生源多数来自农村地区。二战后，芬兰职业教育逐渐起步。1958年芬兰颁行《职业教育法》（芬兰语 *Laki Ammattioppilaitoksista*），要求所有超过2万名居民的城市必须至少建立一所职业院校。适逢芬兰处于农业社会向工业社会转变的重要转折期，职业教育规模逐渐扩大，职业学校的就读人数显著增长。1950年，职业院校在校学生不到30 000人；1960年，职业院校在校生数量近乎翻了一倍（56 733人）。

20世纪70—80年代职业教育进入快速发展期。20世纪70年代前后，芬兰从工业型社会向技术创新型社会发展，市场对劳动力文化水平提出了更高的要求。国会要求高中教育改革，促进普职分流，并提出为职业学校毕业的学生打通接受高中后教育的通路，以提高职业教育吸引力。职业教育的地位得到了巩固和提高。1985年，《高中法》（*Upper-secondary School Act*）颁行，明确中等教育垂直整合到整个学制中，而不是把普通高中与职业高中平行合并。1988年，选择进入普通高中（32 200人，约占55%）和进入职业高中就读的人数比例基本相当，基本完成了将九年义务教育后学生分流到不同类型中等学校并完善普职转化机制的目标。

20世纪80年代末，普通高中开始实施核心课程，废除传统教学体系，取消年级制，引入模块化课程结构，打破传统的一年两学期制，变为以6—7周为单位的时段，学生可自主选课。为保持与普通高中同步，职业高中也随之展开课改，以扩大学生视野、促进教育公平为目标，第一年以学习基础课程为主，不教授职业技能。通过这样的方式，增加了职业学校学生未来深造乃至接受高等教育的可能性。不过，20世纪90年代以前，非正规的职业教育（学徒制）不被芬兰社会认可，仍处在边缘状态。

20世纪90年代职业教育发生两个重要改变。

第一，各级各类院校间的转化衔接体系逐步完善。1991年，职业教育署与普通教育署合并为国家教育署。同年，伴随着《中等和高等职业教育法》（*Secondary and Higher Vocational Education Law*）的颁行，中等职业教育与高等职业教育相互衔接的机制逐步建立并走向完善。1994—1999年，芬兰经济好转，伴随着市场化进程的不断深入，以及终身学习思想的影响，教育系统引入了多科技术学院。这类高等院校由高等职业教育机构和职业学院合并发展、升格而成。进入21世纪以后，这类学校更名为应用科学大学（University of Applied Sciences，UAS）。多科技术学院以培养面向职业和行业的专门型应用型人才为核心，招收来自普通中学和职业中学毕业的学生。至此，职业高中、普通高中与高中后教育机构（多科技术学院、研究型大学）相互衔接互通的局面形成。具体分流情况一般为：九年义务教育后第一次分流，高中后二次分流，普通高中毕业生可选择进入任意类型的高等院校，职业高中学生经考试合格可进入多科技术学院，个别的职高学生也可报考研究型大学。

第二，职业教育逐渐加强与工作世界的联结，非正规职业教育逐渐得到认可，成人职业教育得以发展。1992 年，《学徒工作法》（*Apprenticeship Act*）出台，意在建立一个面向工作需求的职业教育系统：一方面增强职业学校培养的学生的实践能力，增加他们工作实习的机会；另一方面，吸引失业人群或缺乏职业技能的青年学生参加职业培训，获得再就业的职业能力。不过，此时的学徒制路径发展并不顺畅。1994 年，芬兰逐步落实《职业资格法》（*Vocational Qualifications Act*），学徒制的形式逐渐得到社会认可，基于能力的职业资格系统也逐步建立起来。同年，成人职业教育和培训的质量保障系统也建立发展起来。

进入 21 世纪以来，成人职业教育得到进一步认可，渠道和形式更加丰富。成人可以进入多科技术学院攻读学位，所修读学位与普通升学进入该类院校的学生一致。此外，多科技术学院还提供针对特殊专业领域的继续教育和开放大学服务。近年来，芬兰大力倡导终身学习，成人职业教育系统持续优化。

（三）**建立双轨制高等教育体系**

芬兰最早建立大学的时间可以追溯到 1640 年，现在赫尔辛基大学的前身在那时成立。20 世纪 60—80 年代，随着经济高速发展，芬兰高等教育大规模扩张，越来越多的年轻人获得接受高等教育的机会。1985 年以后，为满足高科技知识型新型经济体的发展需要，芬兰将教育改革的重点转移到提高高等教育质量上。

20 世纪 90 年代以前，芬兰仅有一类高等教育机构——研究型大学。当时的 20 所高等教育机构均以研究为导向，结构单一。20 世纪 90 年代，知识经济社会对高级技术人员的需求逐步增加，研究型大学培养人才的数量和质量并不能满足当时的社会需要，职业教育逐步得到重视。20 世纪 90 年代初的严重经济危机间接推动了芬兰高等教育的多样化。

20 世纪 90 年代，芬兰政府重新定位产业发展方向，参照德国的二元高等教育体系，在已有的研究型大学体系外，逐步建立起新的高等教育部门——多科技术学院。多科技术学院以职业为导向，以满足地方经济发展需要和提高劳动者素质为主要目的。1991 年，22 所多科技术学院试运行。1995 年，芬兰议会通过立法，确立了多科技术学院的永久身份。至此，高等教育机构出现学术和职业并行的双轨制，即研究型大学和多科技术学院。二者分别遵循《大学法》（*Universities Act*）和《多科技术学院法》（*Polytechnics Act*）。自 2001 年起，通过大学入学考试的普通高中毕业生、取得职业资格（或完成学徒式培训）的职业高中毕业生，可申请进入研究型大学或多科技术学院。

21 世纪伊始，在“博洛尼亚进程”框架下，芬兰高等教育又迎来了一次重大改革，主要表现为学位结构和学分系统的调整。改革前，芬兰研究型大学划分为基础学位和研究生学位两个阶段。第一阶段的学制 6 年，其中，本科 4 年，硕士 2 年；第二阶段的学制 4 年，主要为博士学位或副博士学位教育。学士学位属于过渡性质，只是为进一步升学做准备，硕士学位才是基本的高等教育学位。在校大学生可以直接申请免试直读硕士学位，在没有学士学位的情况下也可以攻读硕士学位。适应欧洲高等教育一体化进程后，芬兰高等教育机构引入 3 年本科教育、2 年硕士研究生教育和 3 年博士研究生教育的三级学位结构系统。但为适应个体、学术和劳动力市场需求的多样性，第一和第二阶段的学位具有不同的定位和各种形式。例如，芬兰并没有全部照搬“博洛尼亚进程”提出的建议，而是结合本国特点设置了副博士学位，供取得硕士学位并具有相关工作经验的成人修读，具有较强的职业导向。2005 年，多科技术学院开始引入研究生学位系统（硕士），后来多科技术学院更名为应用科学大学。

（四）建立大学化、硕士化的教师教育模式

教师教育的发端可以追溯到 1852 年，赫尔辛基大学神学院首次设置了教育学的教授职位，其职责是发展中学教师教育、培养中学教师。1863 年，于韦斯屈莱市建立了第一所专门培养小学教师的培训学校（于韦斯屈莱大学教育学院的前身）。此后，芬兰陆续成立了多个教师培训学校。

20 世纪 70 年代以前，小学教师在教师培训学校培养，学制 2—3 年，这类学校并非正式的教育学院，授课单位也不是学术单位。大部分中学教师则在研究型大学接受学科专业教育，再进入提供教育实习的培训机构接受短期师资培训。这一阶段，小学教师和中学教师并不享有同等地位，中学教师的学术专业性显得更强一些。

1971 年《教师教育法》（*Teacher Education Act*）的颁行标志着芬兰教师教育重大改革的开始。1974 年，小学教师、中学教师、职业和成人教育中承担非技术技能类教学的教师培养职能都移交到研究型大学的教育学院。1973—1975 年，所有研究型大学陆续成立了教育学院和教师教育学院。教育学院偏重教育学相关领域的研究和管理工作；教师教育学院偏重教师教育、教学研究等与教师教育密切相关的内容。承担技术技能相关专业教育的职业教师由高等职业教育机构培养。1979 年，《教师教育行动》（*Acts on Teacher Education*）规定，所有中小学教师（含职业和成人教育中负责基础学科教学的教师）均需具备硕士学位，获得学位需要撰写与其他学术专业一样的硕士学位论文，学制 4—5 年。职业教育的专业技术技能教师培养继续由高等职业教育机构负责。

20 世纪 80—90 年代教师教育主要经历了去中心化的过程，各高校逐渐获得教师教育专业课程设置和培养的自主权。1995 年，幼儿园教师教育也由研究型大学负责，需通过学士学位考核。

二、芬兰现行学制

芬兰形成了由学前教育、九年综合学校教育、普通高中、职业教育、高等教育、成人教育组成的新学制。义务教育覆盖 6—18 岁所有学童，从学前班到高中结束：儿童 6 岁进入学前班（1 年），再进入综合学校（9 年），毕业后进入普通高中或职业高中学习（3 年），也可自愿留校加读 1 年（十年级）作为进入高中的过渡，再进入高中。义务教育结束后，学生可选择进入研究型大学或应用科学大学。6 岁前的儿童可以选择是否进入幼儿园。

芬兰学制系统中没有“死胡同”，每个子系统相互连接，职业院校与普通学校间地位平等，研究型大学和应用科学大学间没有壁垒。芬兰学制系统是一个践行终身学习理念，具有柔性灵活的教育体系，成人教育贯通全部教育阶段，面向成人的职业教育学徒制也增加了成人再就业和职业发展机会。

（一）学前教育

2013 年前芬兰的学前教育由社会健康部门管理，目前芬兰的学前教育是国家教育体系的一部分。每个儿童在入学前（7 岁）都有接受学前教育的权利。

芬兰早期教育包括两部分：一是主要面向 6 岁以下儿童的幼儿教育与保育，二是针对 6 岁儿童的学前班教育。

1. 幼儿教育和保育

学龄前儿童可以选择进入公立幼儿园、私立幼儿园或私立的家庭式托儿所。6 岁前的教育和保育不属于义务教育范畴，提供服务的机构依据儿童所在家庭的经济情况收取合理的费用。2016 年，分别有 0.7%的 1 岁以下婴儿、28.4%的 1 岁婴儿和 54%的 2 岁婴儿进入幼儿园接受保育服务，约 68%的 1—6 岁儿童进入幼儿园。

幼儿教育和保育以促进每个孩子的健康和幸福为核心目标，旨在通过关爱、教育与教学帮助孩子全面协调的成长，关注儿童个体自主性的提升，帮助他们养成体谅并照顾他人的行为习惯。根据芬兰国家教育署 2018 年发布的《幼儿教育与保育课程标准》（*National Core Curriculum for Early Childhood Education and Care*），学龄前儿童接触到的教育内容包括数学、科学、历史、美学、伦理与宗教等六个维度，关注思考和学习、语言交流和表达等横贯能力（transversal competencies）的发展。

2. 学前班教育

2015 年 8 月起，免费的学前班教育被纳入义务教育阶段，所有年满 6 岁儿童必须完成 1 年的免费学前教育，幼儿园和小学均可提供学前教育服务。儿童可以同时在幼儿园和小学接受教育，也可以二者择一而就。2016 年，在幼儿园和小学接受学前班教育的人数分别占 82%和 18%。除节假日外，大部分 6 岁儿童每周一到周五，每天半天时间（4 或 5 小时）学习学前班层次的内容，其余半天回到幼儿园接受教育或保育。

学前班教育以“玩中学”为核心理念，旨在帮助儿童在入学前掌握与他们年龄和能力相匹配的基本知识和技能。学前班教育虽为进入小学做准备，但并不以学习阅读、写作、数学等文化课内容为主，更不把“毕业成绩”作为进入小学的标准。2014 年，芬兰国家教育署发布了《学前班教育核心课程标准》（*National Core Curriculum for Pre-Primary Education*），突出对儿童横贯能力的培养。

芬兰政府于 2020—2022 年投入 1.25 亿欧元，促进学前教育发展，着重推进幼小衔接。2021 年部分试点区域将学前班扩展到 2 年，即 5 岁开始就读。

（二）基础教育

《基础教育法》（*Basic Education Act*）规定，芬兰实行九年一贯制的基础教育，不强行分离小学和初中，学生通常在同一所学校完成 9 年基础教育。基础教育属义务教育范畴，所有 7—16 岁适龄儿童及青少年享有公平的入学机会。地方政府必须为所有儿童及青少年提供免费、义务的教育，不仅不收取学费，教科书、学校设备、早午餐及相关费用也都免费。学生居住地离校超过 5 公里，地方当局为保学生安全会提供免费交通工具接送（如校车）。学校都会配备护士和牙医，为学生提供免费健康服务，还配有心理医生和社工提供免费的社会支持服务。

2016 年统计显示，芬兰共有 2 440 所综合学校（绝大部分为公立学校），约 54 万名学生，平均在校人数 203 人，平均每班 19 人。芬兰境内约 6%的人口为瑞典语族群，设有单独的瑞典语学校与行政系统。

在芬兰，每年 8 月中旬到翌年 6 月为一学年，共计 190 天，暑假 10 周，此外学校还有秋假、圣诞假、寒假等节假日。学校周一到周五上课，每周的课时数根据不同年级和选修课而定，一至二年级每周 19 小时，三年级每周 22 小时，四年级每周 24 小时，五至六年级每周 25 小时，七至八年级每周 29 小时，九年级每周 30 小时。9 年共计在校上课时间为 6 300 小时，比经合组织国家平均值低 1 200 小时。学生每天很少有超过半小时的作业量，通常每天离校前就可完成当天的作业。

小学阶段（一至六年级）开设课程包括母语与文学（芬兰语/瑞典语）、第二语言（瑞典语/芬兰语）、外语、数学、环境研究（物理、化学、生物、地理综合）、宗教或伦理、历史与社会研究、音乐、美术、工艺（劳动）、体育、选修课。除音乐、美术外，大部分课程由全科教师担任。

七至九年级开设课程包括：母语与文学（芬兰语/瑞典语）、第二语言（瑞典语/芬兰语）、外语、数学、生物与地理、物理与化学、健康教育、宗教或伦理、历史、社会研究、音乐、美术、工艺（劳动）、体育、家政、职业教育与咨询辅导、选修课。各课程由不同专业的学科教师任教。

2020年年底，74%的15岁以上（含15岁）人口（共计346.9万人）完成了基础教育；15年前，仅25%（约88万人）的芬兰人完成基础教育。

（三）高中教育

顺利从基础教育阶段毕业的学生根据在基础教育阶段获得的成绩和个人兴趣选择进入普通高中或职业高中。超过90%的完成基础教育的学生直接接受高中教育，少部分学生自愿读“十年级”延缓入学，以此作为升入高中前的缓冲。无论是从普通高中还是职业高中毕业，都可以进入高等教育机构深造。2015年，58 224人完成基础教育，选择到普通高中（52.5%）和职业高中（41.8%）就读的比例大致相等，约3%的学生选择读十年级。

1. 普通高中

普通高中学制3年，学生可以选择在2—4年内完成。高中课程打破传统班级，采用模块化教学，不设置传统的年级，学生自由选择并制定个人学习计划。不分文理科，必修科目包括母语、第二语言（瑞典语/芬兰语）、英语、第二外语、数学、历史、宗教、社会科学和体育、教育和职业辅导等。学生可以根据个人和学校授课情况选择选修科目。学生需至少修满75门课程（必修课47—51门）才可以毕业，每门课不少于38学时，每门课程结束后有相应测评。普通高中的学生也可以选修职业高中开设的职业类课程，为未来获得职业资格证或进入应用科学大学做准备。

全国高中毕业会考每年春季和秋季均举行一次，学生可选择一次考完所有科目，也可以分三个阶段考完（高二开始参加）。每个学生至少参加四个科目的考试：母语为必考科目，其他三门可以从第二语言、其他外国语、数学或综合学科（人文或自然科学）几类中选取。毕业会考的成绩共七个等级，评价用拉丁语表示，包括特别优秀（L）、优秀（E）、很好（M）、好（C）、良（B）、及格（A）、不及格（I）。每个等级的人数比例分配分别为5%、15%、20%、24%、20%、11%、5%，每年约35 000名学生参加考试，不及格率约为6%。完成全部科目的考试既标志着中学阶段的结束，也是进入高校就读的基础门槛。

2. 职业高中

芬兰职业教育主要包括两种途径：学校本位的职业教育与培训、学徒制培训。全芬兰超过160家单位提供职业教育服务，其中职业院校（学校本位的职业教育与培训）是提供初等职业教育与培训的重镇。

职业高中学制3年，与普通高中一样课程模块化，学生入学后，与指导老师一同制订个性化的学习计划，毕业通常获得（初等）职业资格证。3年共计180学分。其中，145学分为职业课程，35学分为基础课程。职业课程包含人文与教育、文化、社会经济与管理、自然科学、技术交流与运输、自然资源与环境、社会服务健康与体育、旅游餐饮与酒店服务等 8 个大类，涵盖超过 55 个职业资格认证和 100 多个不同的学习项目。35 学分的基础课程模块包括沟通和交流能力、基本数理能力、社交与工作技能等，目的是夯实学生的基础知识和基本能力，适应未来多变的职业环境和高速发展的社会，形成终身学习的能力。

每个就读于职业高中的学生需参加基于工作的学习——工作实习（work-based learning）。工作实习通常不少于半年，目的是帮助学生更快地熟悉劳动力市场，在真实场景中获得并发展职业知识和技能。工作实习可以由学生自行寻找合适的工作场所，也可以依托就读学校寻找实习单位。根据 2017 年的统计显示，当年最热门的实习领域为商业管理与法律、工程与技术、健康与社会服务。

职业高中的培养过程和毕业测评都指向职业能力发展，职业资格证书的评定遵循国家职业资格证的考评标准。芬兰没有面向职业教育的全国性测评，毕业评定由学校组织，根据学生自评、面试和在职实习导师对其实习表现等内容进行综合计算。测评以培养学生积极正面的个人形象、按照不同天赋能力实现个性化发展为根本原则。评定的分数由低到高划分 5 个等级（1—5 分），5 分优秀，3 或 4 分为良好，2 分为及格，2 分以上可顺利毕业。所有获得初等职业资格证的毕业生都有资格申请进入研究型大学和应用科学大学深造，职业高中毕业的学生也可报名参加全国高中毕业会考。

2021 年 8 月，芬兰义务教育的上限推迟到 18 岁①，即高中也被纳入义务教育，所有 16—18 岁的学生都享受接受免费高中教育的权利，学费、教材费、午餐费、短途旅行费、教学或考试相关参考资料以及毕业会考等费用一应免除。

（四）高等教育

芬兰高校的性质属公法定义下的独立公司或是私法定义下的基金会，主要包括研究型大学和应用科学大学两类。两种类型的高校分别遵循《研究型大学法》（*Universities Act*）和《应用科学大学法》（*Universities of Applied Sciences Act*），享有同等的办学地位，但具有不同的人才培养定位，前者偏重培养理论和学术研究型人才，后者偏向实践与应用型人才培养。经过 2009 年的院校合并，目前芬兰有 13 所研究型大学和 23 所应用科学大学。② 每年申报研究型大学和应用科学大学的学生比例基本相当，近些年，应用科学大学的申请人数有上升趋势。

芬兰高校入学竞争同样激烈，不论哪种类型的高校，每年申请人数远超录取人

---

① 对于部分无法在 18 岁完成相应学业的学生，则以获得普通高中毕业证或取得初等职业资格证为准。

② 此处不含国防大学、奥兰岛应用科学大学和芬兰国家警官学院。

数。芬兰高等教育机构拥有较大的自主权，如组织行政流程、招生、学位课程内容。因此，各校招生标准也不尽相同，总体来看，全国高中毕业会考成绩和各高校独立安排的入学考试表现是两项最重要的评价指标。不过，自 2020 年芬兰高校招生录取改革以来，高校独立安排的入学考试在录取中占据的比重逐渐降低甚至消失，全国高中毕业会考成绩或职业高中毕业评定成绩变得更为重要。

在博洛尼亚进程影响下，芬兰现行三阶段学制体系（医学、兽医和牙医除外），即 3 年本科教育、2 年硕士研究生教育和 2—4 年博士学位教育。

研究型大学的大部分专业采用三阶段学制体系（医学相关专业除外），第一阶段，本科教育，学制 3 年（180 学分①），毕业授予学士学位；第二阶段，硕士研究生教育，学制 2 年（120 学分），毕业授予硕士学位；第三阶段，副博士学位（licentiate degree）学制 2 年，博士学位（doctoral degree）学制 4 年，博士阶段无固定课程学分（20—60 学分）。各阶段均需完成学位论文。芬兰学生一般需要 6.5 年才能获得硕士学位，具体修学时间受专业领域影响。

医学、兽医和牙医专业不采用三阶段学制，不划分本科和硕士阶段，牙医专业共需修满 330 学分，医学和兽医专业共需修满 360 学分，都涵盖医学专业实习，学制分别为 5.5 年和 6 年，毕业授予副博士学位。

应用科学大学不设置第三阶段（博士研究生培养），采用两阶段学制体系。第一阶段，本科教育，学制 3.5—4.5 年（210—270 学分不等），学习内容包括核心课程、专业研究、选修研究以及毕业课题项目，毕业前必须完成在职培训。第二阶段，硕士研究生教育，学制 1—1.5 年（60—90 学分）。一般情况下，应用科学大学的本科毕业生直接进入就业市场，很少选择攻读硕士学位。若要在应用科学大学进行研究生深造，除具有本科学位外，还需具备至少 2 年相关行业领域的工作经验。应用科学大学的硕士学位等同于研究型大学的硕士学位，两类高校的硕士毕业生均可直接申请进入研究型大学攻读博士学位。

2018 年，41%的 25—34 岁芬兰人口拥有高等教育机构授予的学位，芬兰计划到 2030 年将此比例提高到 50%。

（五）成人教育

芬兰有着倡导成人教育的悠久历史。1889 年芬兰建立了第一所成人高中。20 世纪 60—70 年代，芬兰成人教育大规模发展。此时，成人教育以兴趣为主导，面向成人的职业培训占比非常低。20 世纪 70 年代后期，社会经济结构的变化，促进了成人在职和再就业培训的发展。值得一提的是，1978 年，在终身教育理念的指导下，芬兰政府决定构建一个灵活创新的成人教育系统，在这个系统中，所有公民都有机会在

① 每学年平均 1 600 小时工作量，60 个学分。

任何人生阶段接受教育，实现个人发展。此后，芬兰成人教育目的、运行模式及结构逐步发展完善。

经历几十年的发展，成人教育已经成为芬兰教育政策中一个非常重要的组成部分，被视为践行终身学习理念和实现教育公平目标的重要途径，其首要目标是为所有公民提供在人生任何阶段提供继续教育的机会。芬兰成人教育覆盖所有学段。2017 年统计显示，约 160 万（48%）的 18—64 岁人口通过不同机构接受正规、非正规和非正式的成人教育。2019 年，芬兰 25—64 岁人群中接受成人教育的比例达 29%。

芬兰有 1 000 多个机构提供成人教育，包括普通成人高中（general upper secondary schools for adults）、国民高中（folk high schools）、成人教育中心（adult education centers）、研究中心（study centers）、体育中心（sports institutes）、成人职业教育中心（vocational adult education centers）、暑期大学（summer universities）、专业艺术学院（如音乐学院）、职业院校、高等教育机构等。各类教育机构为成人提供各个层次的教育培训，尽可能地灵活设置课程，创造一边工作一边学习的便利条件。总体来看，上述机构提供的成人教育可大致划分为普通教育和职业教育两类，但各机构提供的成人教育类型没有明确的界限，有些普通成人教育机构也提供成人职业教育培训，而有些机构在成人职业教育培训之外还提供诸如通识教育等普通教育内容。

1. 成人普通教育

成人普通教育主要是面向成人的通识教育和公民教育，满足人们终身学习的意愿，主要包括普通成人中等教育、普通成人高等教育和博雅成人教育（liberal adult education）。

普通成人中等教育和高等教育主要面向因各种原因中途辍学希望重新接受正规教育并获得相应学历学位的成人。这类教育形式以获得证书为主要目的，一些没有完成初中或高中学业的成年人可以通过成人教育完成学业，获得相应的证书或者继续参加大学入学考试。值得一提的是，与我国单独进行的成人学历继续教育不同，芬兰成人和在校学生拥有共同的权利，接受教育没有年龄的限制，可以获得在相同教育机构学习并获得资格证书、学历学位的机会，甚至有些教育形式是专门针对成年人设置的。此外，芬兰具有灵活的学分转换机制，成人可以在开放大学等机构获取课程学分，这些学分可以转换为参加正规学位学习的学分，进而缩短获得学位的时间。很多在职成人先在成人教育中心学习开放大学课程，再将所修课程学分作为获得正式高等教育学位的基础。所以，与学校提供的教育相比，面向成人的教育更有针对性和灵活性。

芬兰还面向具有移民背景的外籍人士提供语言文化教育。国民高中、成人教育中心、研究中心、暑期大学均可免费学习芬兰语或瑞典语，教育和培训形式灵活多样。

博雅成人教育不以获取证书为目的，主要满足芬兰人通过闲暇时间学习来丰富提升自我、发展爱好的需求。成人教育中心、研究中心、暑期大学、体育中心均可提供博雅教育，形式和内容稍有不同。成人教育中心分布在全国各个城市，开设包括艺术、手工、音乐、语言和文学、家政、体育、计算机和社会研究等课程，一般在当地学校、图书馆等市政单位开展活动。研究中心由第三方机构组织运行管理，提供课程、讲座、研讨会、研究俱乐部等多种形式的成人教育服务，大部分活动安排在工作日晚上或周末，近年来线上活动有增长趋势。大部分暑期大学由地方市政机构管理运行，与高等教育机构有着密切的合作关系，全年开设各种各样的短期课程，涉及文化、艺术、芬兰语言与文化、欧洲研究、教育、环境研究、健康科学与社会科学等诸多内容。此外，暑期大学也提供继续教育课程、公开讲座、研讨会、老年大学和文化活动等成人教育服务。体育中心的主要职责是促进市民的运动参与和身心健康发展。大部分课程时间较短（3—5 天），包括健身课、面向青少年儿童的体育营地活动、面向家庭的健身和健康课程；少部分课程周期较长，主要为运动基础课程（约 1 学期），教授如舞蹈、各类运动项目的基本规则与技术等。

2. 成人职业教育

成人职业教育可以分为证书导向和非证书导向的职业教育与培训两类。面向成人的职业教育改革始终围绕着两个原则进行：基于能力进行职业资格认证、学习与认证系统灵活化。大部分接受成人教育的学生都是边工作边学习，基于能力和灵活的系统有利于其安排时间并更快更有针对性地实现技能发展的目标。

除职业高中外，大量 19 岁以上人群通过学徒制参加职业培训，大部分接受职业教育的学生年龄为 20—60 岁。职业教育经费由公共财政支持，所有职业教育和培训不收学费，而且学生除享受免费学习资料外，还可以享受免费午餐和交通补助。参加全脱产职业教育的学生还可以申请额外的学生补助和借贷。

目前，芬兰共有三个等级的国家职业资格证书，（初等）职业资格证、进阶职业资格证和专家职业资格证，等级逐级提高，均为基于能力的资格认证。上述职业资格证的评定范围和框架由教育部制定。（初等）职业资格证 180 学分；根据技能领域不同，进阶职业资格证包括 120 学分、150 学分和 180 学分三类；专家职业资格证包括 160 学分、180 学分、210 学分三类。仅（初等）职业资格证需完成 35 学分的基础课程模块，另两类资格认证只包含职业技能模块。

此外，芬兰雇主会依据企业需要为员工提供有针对性的职业培训。这类职业培训是非证书导向，以企业提升经济效益为主要目标，参加培训的人员和内容由雇主决定。

（六）教师教育

在芬兰，教师享有很高的专业和社会地位。因此，每年大量高中毕业生填报师范专业，其中，小学教育专业最受欢迎，录取率一般为 10%；学科教师教育专业的录取比例介于 10%—50%不等，数学和物理专业录取率相对较高；职业教师教育项目的录取率约为 30%。各级各类学校的教师培养均由高等教育机构（研究型大学和应用科学大学）承担。

幼儿园教师由研究型大学教育学院培养，学制 3 年，共计 180 学分（含本科毕业论文），毕业授予学士学位。培养方案涵盖理论和教育实习两大模块，理论部分涉及语言与沟通、教育学基础与学科教学、学前教育与保育专业技能等多方面内容，教育实习不与理论学习分离，贯穿培养全过程。本科毕业生可直接申请攻读硕士学位。

小学全科教师由研究型大学教育学院培养，学制 5 年，共计 300 学分，毕业授予硕士学位。理论学习涉及语言与沟通、教育学基础与学科研究、教育学高阶内容、辅修学科和选修课程等五个模块。教育实习与理论学习同步，由浅入深，贯穿培养全过程。

学科教师由研究型大学培养，学制 5 年（300 学分），毕业授予硕士学位。大部分学科教师由对应专业的文理学院和教育学院联合培养，具体而言，相关文科或理科院系负责师范生相应学科专业知识与能力的培养，教育学院和教师培训学校负责师范生教育学理论的教学和教育实习的指导。学科教师一般主修某一专业和辅修一至两个相关专业，如主修物理专业，辅修数学和计算机专业。所有学科教育专业的师范生毕业前需修满 60 学分教育学模块的课程（含教育理论与教育实习）。职业和成人教育机构承担如物理、化学、数学等学科教学任务的教师的培养模式与中学的学科教师培养模式一致。个别学科教师，如手工、家政等学科，全程由教育学院培养。

教育实习是所有师范生的必修模块，主要包括课堂观摩、在指导老师的观察和指导下授课、与其他同期的实习教师开展教学和研究合作等内容。实习阶段的指导老师由研究型大学的教学科研岗教师担任，负责实习的组织、推进和评价等工作。

任职于职业院校的教师主要分为两类，学科教师和承担专业技术技能教育的职业教育教师。前者与其他学科教师培养无异，不再重复说明，此处仅说明后者。一般职业教师资格证的申请者已经具有一定的教学经验，职业教师教育培养由 5 所应用科学大学负责，培养方案略有差异，但以培养学生的理论与实践相结合的职业教学能力、教学反思与教学研究开发能力、团队合作能力为核心，共计 60 学分，修学年限根据学生个人情况弹性安排，1—3 年不等。

芬兰不为高校工作的学术人员提供单独的教师教育培训，高校有权决定其聘用教师的标准。但承担教师教育工作的高校人员有基本的准入要求：研究型大学讲师（lecturer）需具有博士学位以及良好的教学能力；应用科学大学讲师需具备硕士及以上学位、良好的教学能力、相关领域3年及以上工作经验。

芬兰现行学制参见图3-5。

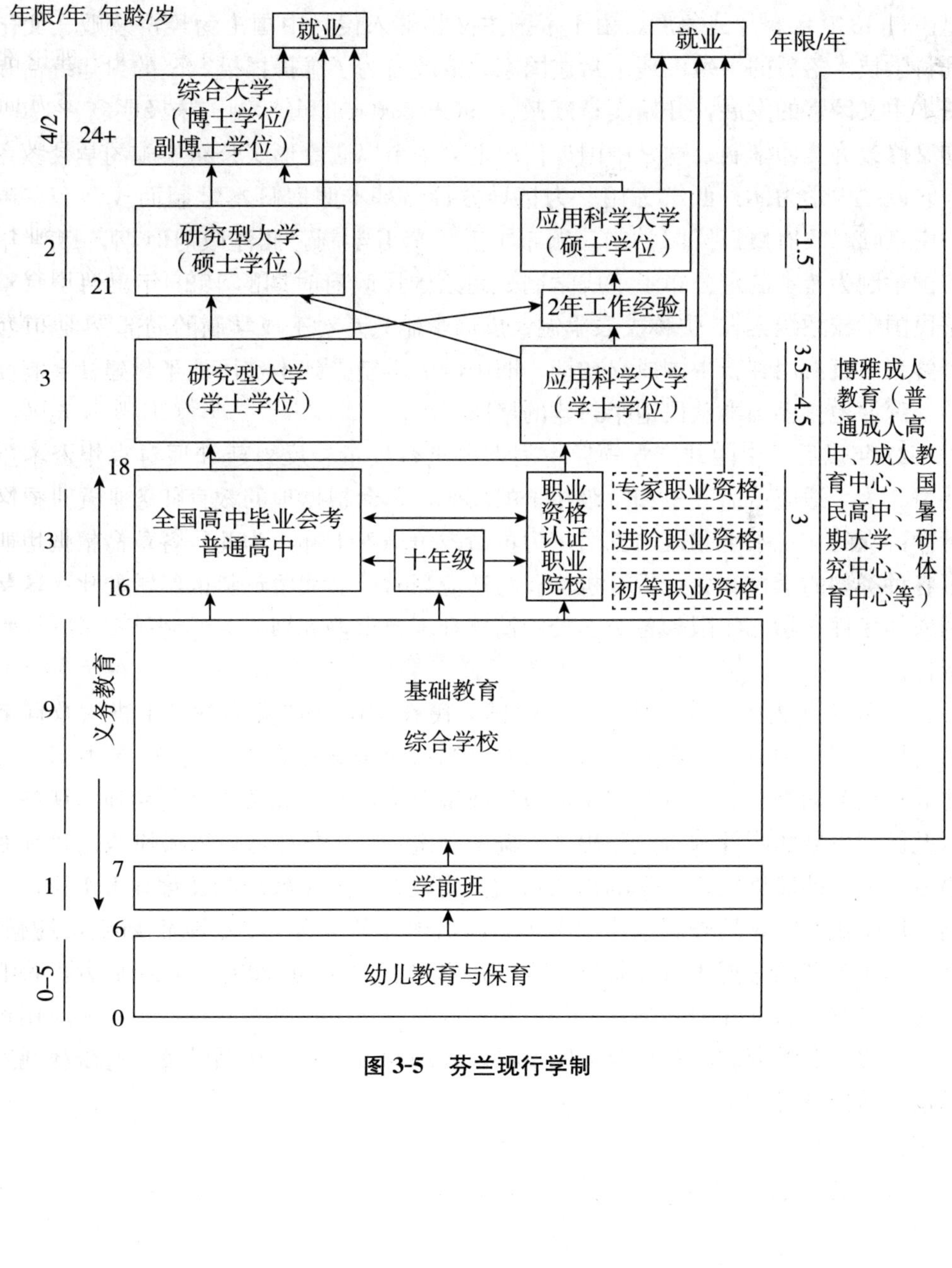

图3-5　芬兰现行学制

第六节 中国学制

一、中国学制的演变

中国是一个历史悠久的文明古国，具有灿烂的文化，对于世界文明作出过杰出的贡献。自 1840 年鸦片战争后，由于帝国主义相继入侵，中国沦为经济衰败、文化教育和科学技术落后的半殖民地半封建国家。清政府为了维护摇摇欲坠的封建统治和适应资本主义因素的发展，开始实行新政。1902 年颁布壬寅学制，未及实行。1904 年年初又修改为癸卯学制，这是中国近代史上第一个以法令形式公布实施的学校教育制度，它以“中学为体，西学为用”为指导方针，基本照搬日本学制而成。辛亥革命后，南京临时政府修订了旧学制，颁布了壬子癸丑学制。北洋政府时期，1922 年又以美国学制为蓝本制定公布了壬戌学制。南京国民政府时期的 1928 年出台了《整理中华民国学校系统案》，史称戊辰学制。戊辰学制只是对壬戌学制的局部变通和微调。这个学制一直沿用到新中国成立初期。旧中国的学制受到半殖民地半封建社会制度的制约，深深地打上了半殖民地半封建的烙印。

1927 年以后，中国共产党领导中国人民进行反帝、反封建和反对官僚资本主义的斗争。为了适应革命战争和阶级斗争的需要，革命根据地的教育任务主要是提高工农劳动群众的文化水平和政治觉悟，为革命战争培养干部。为此，各革命根据地建立起了各种类型的学校和文化教育机构。为适应当时革命战争形势的经常变化，这些学校的入学条件、学习年限和各级学校的衔接都不要求整齐划一，学制呈现了多样性和灵活性。

1949 年中华人民共和国成立后，中国人民在中国共产党的领导下进入全面复兴的新时期。新中国成立两个月以后，召开了第一次全国教育工作会议。《中国人民政治协商会议共同纲领》第五章“文化教育政策”中，对共和国教育的性质、任务、方法以及教育发展的步骤和重点作出了明确的规定：“中华人民共和国的文化教育为新民主主义的，即民族的、科学的、大众的文化教育。人民政府的文化教育工作，应以提高人民文化水平，培养国家建设人才，肃清封建的、买办的、法西斯主义的思想，发展为人民服务的思想为主要任务。”① 为了达到这个目的，新中国成立初期的中央人民政府采取了以下几项措施。

——改造旧教育。接管和改造旧学校，处理和接收外资津贴学校。有步骤地谨慎地对这些学校进行改革。

---

①《人民政协文件》，人民出版社 1951 年版，第 46 页。

——实行教育向工农开门的方针。为了改变工农及其子女长期被排斥在各级学校大门之外的现象，中央人民政府做了如下规定。

一是各级学校必须向工农开门，优先录取工农青年和工农子女，并在中等以上的学校设立学生助学金以解决工农在经济上的困难。

二是成立新型学校。为了让工农青年尽快掌握文化基础知识，以便进一步学习专业理论，各地办起工农速成小学、工农速成中学，在大专院校设立干部班，招收早期参加革命的工农干部。

三是大力开展扫除文盲运动和发展职工、农民业余教育。1950 年 9 月教育部召开了全国第一次工农教育会议。同年 6 月和 12 月政务院和教育部分别发出了《关于职工业余教育的指示》和《关于开展农民业余教育的指示》，要求工厂、企业、农村开展促学运动，成立普通班学习普通学校的主要课程。

——进行学制改革。1951 年 10 月 1 日中央人民政府政务院颁布了《关于改革学制的决定》。新学制的组织系统如图 3-6 所示。

幼儿教育，由幼儿园实施，招收 3—7 岁儿童。

初等教育，由小学实施，修业年限为 5 年，实行一贯制，入学年龄以 7 岁为标准。对成人实施初等教育的学校为工农速成初等学校、业余初等学校和识字学校。

中等教育，设中学，分初、高两级，修业年限各为 3 年；同时设立工农速成中学，修业年限为 3—4 年；中等专业学校，修业年限为 2—4 年；为成人设立业余中学，分初、高两级，修业年限各为 3—4 年。

高等教育，设大学、专门学院，修业年限 3—5 年；专科学校，修业年限 2—3 年。大学和专门学院设研究生部，修业年限为 2 年以上。

各种政治学校和政治训练班，其学校等级、修业年限、招生来源都根据不同情况分别规定。

此外还规定设立各级各类补习学校和函授学校及盲人、聋哑学校。

新学制反映了当时政治和经济发展的要求，继承了老解放区教育的优良传统，吸取了外国先进教育经验，批判地吸收了旧学制中某些合理的东西。新学制具有以下几个特点。

第一，充分保障了全国人民，特别是劳动人民和工农干部受教育的机会，体现了为工农服务的方针。

第二，为适应培养大量国家建设人才的需要，明确规定了各类技术学校和专门学院在学制中的地位，重视科学研究工作，培养高级专门人才；还规定了各类技术学校可附设短期技术训练班或技术补习班，为国家培养初、中级技术人才。这体现了教育为生产服务的方针。

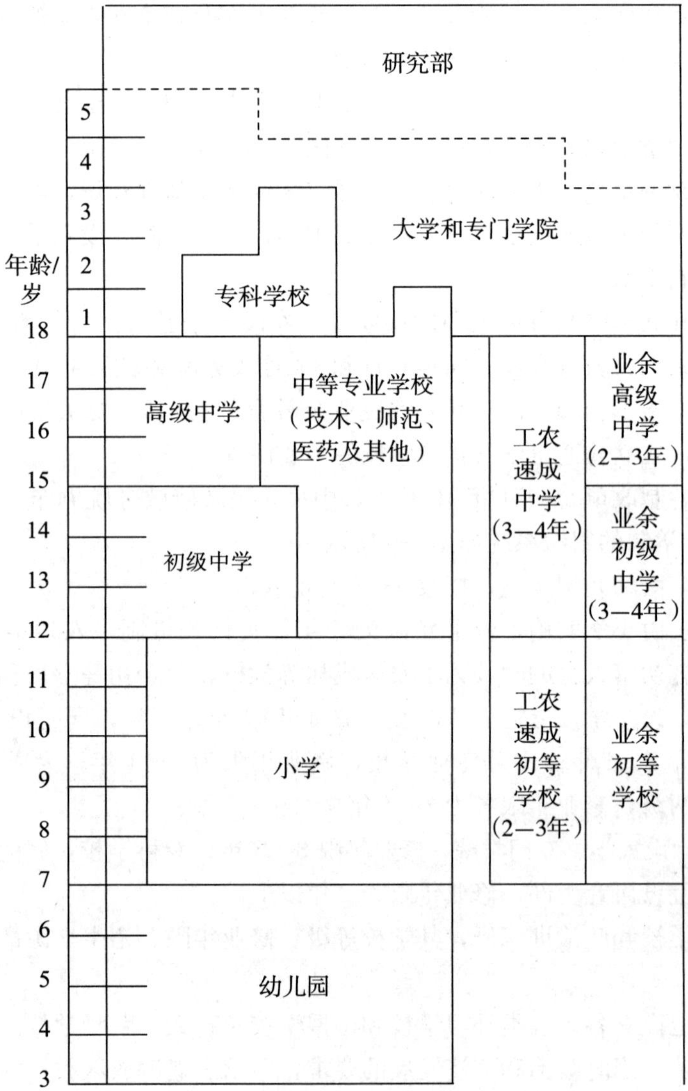

图 3-6 中华人民共和国 1951 年学制

资料来源：顾明远主编：《教育大辞典》（增订合编本），上海教育出版社 1998 年版，第 2012 页。

第三，规定设政治学校和政治训练班，在初等、中等、高等学校里附设专修科、专修班和补习班，另外还有各类补习学校和函授学校。这样就保证了青年知识分子和工作干部有受到再教育的机会。

在实行这一学制过程中，原定从 1952 年起五年内将全日制小学改为五年一贯制，但因师资、教材等准备不足，于 1953 年秋季开始暂停执行。直到“文化大革命”中在缩短学制的指导思想下，小学才改为五年一贯制。“文革”结束以后，一部分地区恢复六年一贯制小学。学制中的工农速成中学随着教育的普及和发展，于1955年停止招生。

——进行了高等教育的院系调整。旧中国的高等教育，专业残缺不全，院系和专业设置重复庞杂，学校布局不合理。为了更好地培养各种专门人才，中央人民政府在1952年进行了一次院系调整工作，这次院系调整解决两个问题。一是改变旧中国重文科，轻理工科的缺陷，加强了工科、农林和师范教育。根据国家需要，建立了地质、矿业、钢铁、航空、化工、铁道、邮电、水利、农林等专门学院，加强和新办一批高等师范院校。二是适当集中人力、物力，加强部分重点学校，特别是注意了内地和边远省份的发展，改变大学布局不合理的情况。

当年向苏联教育学习的主要方式有：（1）翻译苏联教育理论著作和教材；（2）邀请苏联专家担任教育部和大学的顾问，在大学讲课；（3）按照苏联教育模式建立新型学校，如中国人民大学、哈尔滨工业大学以及工农速成学校等；（4）派遣留学生。

20世纪50年代末60年代初，中国教育开始探索中国教育改革的道路，建立中国社会主义教育体系。1957年，毛泽东提出了社会主义的教育方针：“使受教育者在德育、智育、体育几方面都得到发展，成为有社会主义觉悟的有文化的劳动者。”①1958年，中共中央、国务院发出了《关于教育工作的指示》，提出：“党的教育工作方针，是教育为无产阶级政治服务，教育与生产劳动相结合。”在办学方面，指出“为了多快好省地发展教育事业，必须动员一切积极因素，既要有中央的积极性，又要有地方的积极性和厂矿、企业、农业合作社、学校和广大群众的积极性，为此必须采取统一性与多样性相结合，全面规划与地方分权相结合的原则。”“办学的形式应该是多样性的，即国家办学与厂矿、企业、农业合作社办学并举，普通教育与职业（技术）教育并举，成人教育与儿童教育并举，全日制学校与半工半读、业余学校并举，学校教育与自学（包括函授、广播学校）并举，免费的教育与不免费的教育并举。这就是说，全国将有三类主要的学校：第一类是全日制的学校，第二类是半工半读的学校，第三类是各种形式的业余学习的学校。”②

1958—1960年，全国性的“教育大革命”运动开展，旨在建立适合中国国情的教育制度。在这场运动中不仅创造了多类型、多层次的办学形式，同时在理论结合实际方面、教育与生产劳动相结合方面进行了大胆的实验。但由于受到“左倾”思想路

---

① 人民教育出版社教育室编：《毛泽东周恩来刘少奇邓小平论教育》，人民教育出版社1994年版，第36页。

②《中国教育年鉴》编辑部编：《中国教育年鉴（1949—1981）》，中国大百科全书出版社1984年版，第688—689页。

线的干扰，在指导方针和做法上有许多错误。

1960 年，中央开始进行调整，总结新中国成立以来的经验教训。1961 年 6 月，中共中央批准公布《教育部直属高等院校暂行工作条例（草案）》，并在文件中指出：高等学校必须以教学为主，努力提高教学质量；生产劳动、科学研究、社会活动的时间应该安排得当，以利教学；正确执行党的知识分子政策，团结一切可以团结的知识分子，为社会主义高等教育服务；正确执行“百花齐放、百家争鸣”的方针，提高学术水平；实行党委领导下的以校长为首的校务委员会负责制；充分发挥校长、校务委员会和各级行政组织的作用等。1963 年 3 月，中共中央批准《全日制中学暂行工作条例（草案）》和《全日制小学暂行工作条例（草案）》。

1966—1976 年，中国经历了一场长达 10 年之久的“文化大革命”。1966—1970 年，高等学校 4 年没有招生，许多学校被撤销，大批知识分子受到迫害；普通学校被缩短为小学 5 年、中学 4 年，课程内容被砍削和合并，大大降低了教学质量；1958 年以后创建的农业中学、技工学校、中等专业学校都被撤销停办。1970 年开始部分高等学校恢复招生，采取推荐的办法，招收的多数学生文化程度偏低，这大大降低了高等学校的质量。

1976 年 10 月，党中央粉碎了“四人帮”，结束了“文化大革命”。按照邓小平的指示，1977 年年底高等学校统一招生考试制度恢复，重新激发起青年学习的热情。1978 年 12 月，中共中央召开十一届三中全会，确立了以经济建设为中心、坚持四项基本原则、坚持改革开放的基本路线，我国从此进入了社会主义建设的新时期，教育事业沿着正确的方向继续发展。

邓小平创立的中国特色社会主义理论是马克思列宁主义、毛泽东思想的新发展，是引导社会主义胜利前进的科学指南。邓小平教育理论是邓小平理论的组成部分，为制定新时期教育战略、方针和政策提供了理论依据。邓小平于 1977 年 5 月就指出“尊重知识，尊重人才”①，1978 年在全国科学大会上又强调“四个现代化，关键是科学技术的现代化”，“科学技术人才的培养，基础在教育”，② 他把教育放到社会主义建设的战略地位上。

1980 年 2 月，第五届全国人大常委会第十三次会议通过了《中华人民共和国学位条例》，从此我国建立了学位制度，促进了高层次人才培养的发展。1983 年邓小平为景山学校的题词“教育要面向现代化，面向世界，面向未来”，成为以后教育改革和发展的指导方针。

1985 年中共中央和国务院召开了全国教育工作会议。同年发布了《中共中央关于教育体制改革的决定》。文件指出：“教育必须为社会主义建设服务，社会主义建设

①② 《邓小平文选》（第二卷），人民出版社 1994 年版，第 41、86、95 页。

必须依靠教育”；又提出，新时期需要的人才“都应该有理想、有道德、有文化、有纪律，热爱社会主义祖国和社会主义事业，具有为国家富强和人民富裕而艰苦奋斗的献身精神，都应该不断追求新知，具有实事求是、独立思考、勇于创造的科学精神”①。该文件提出：在全国范围内普及九年义务教育；调整中等教育结构，大力发展职业技术教育；改革高等学校的招生计划和毕业生分配制度，扩大高等学校办学自主权等措施。1986 年 7 月 1 日《中华人民共和国义务教育法》施行，规定“国家实行九年制义务教育”，并要求在 20 世纪末实现。

进入 20 世纪 90 年代以后，中国教育有了较大的发展，同时进入了法制阶段。1993 年 2 月 13 日中共中央、国务院印发了《中国教育改革和发展纲要》，对中国教育面临的形势和任务做了分析；对教育事业发展的目标、战略和指导方针进行了深入阐述；对教育体制改革、全面贯彻教育方针、全面提高教育质量、教师队伍建设和教育经费问题，做了全面论述和政策规定，为 20 世纪 90 年代乃至 21 世纪初叶中国教育改革和发展，为实现教育现代化，绘制了蓝图。1993 年《中华人民共和国教师法》颁布，1995 年中国有史以来第一部教育大法《中华人民共和国教育法》颁布，1996 年《中华人民共和国职业教育法》颁布，1998 年《中华人民共和国高等教育法》颁布。1999 年年初教育部制定了《面向 21 世纪振兴教育行动计划》，同年 6 月中共中央、国务院召开了改革开放后第三次全国教育工作会议，作出了《关于深化教育改革全面推进素质教育的决定》，为 21 世纪我国教育发展指明了方向。2010 年 7 月 13—14 日，改革开放后第四次全国教育工作会议召开，公布了党中央、国务院制定的《国家中长期教育改革和发展规划纲要（2010—2020）》（以下简称“《教育规划纲要》”），描绘了中国未来 10 年教育改革与发展的宏伟蓝图。该文件指出，教育是民族振兴、社会进步的基石。我国教育改革与发展应遵循“优先发展，育人为本，改革创新，促进公平，提高质量”的工作方针，围绕“坚持以人为本，推进素质教育”这一战略主题，努力达成“基本实现教育现代化，基本形成学习型社会，进入人力资源强国行列”的战略目标。

二、中国现行学制

新中国自 1951 年颁布新学制以来，学校制度历经多次变革。1995 年颁布、2021 年 4 月 29 日第十三届全国人大常委会第二十八次会议修订的《中华人民共和国教育法》中规定国家实行学前教育、初等教育、中等教育、高等教育的学校教育制度。学制系统内的学校和其他教育机构的设置、教育形式、修业年限、招生对象、培养目标等，

① 国家教育委员会政策研究室编：《教育体制改革重要文献选编》，教育科学出版社 1985 年版，第 1—2 页。

由国务院或者由国务院授权教育行政部门规定。同时，国家实行职业教育制度和继续教育制度。各级人民政府、有关行政部门以及企事业组织应当采取措施，发展并保障公民接受职业学校教育或者各种形式的职业培训。国家鼓励发展多种形式的继续教育，使公民接受适当形式的政治、经济、文化、科学、技术、业务教育和终身教育。这就使得中国现行学制呈现出正规教育与非正规教育、学历教育与非学历教育共同发展的显著特征。

（一）学前教育

实施学前教育的机构为托儿所和幼儿园。托儿所接受从出生到 3 岁的幼儿。幼儿园招收 3—6 岁的儿童。

幼儿园一般按年龄分班进行教育。小班为 3—4 岁，中班为 4—5 岁，大班为 5—6 岁直到入小学以前。1989 年发布的《幼儿园管理条例》规定：幼儿园应当贯彻保育与教育相结合的原则，创设与幼儿的教育和发展相适应的和谐环境，引导幼儿个性的健康发展。

学前教育的主要任务是对幼儿进行德、智、体、美、劳诸方面全面发展的教育，使其身心健康活泼地成长，为幼小衔接做准备，为造就一代新人打好基础。教育内容按照幼儿活动的范畴相应划分为健康、社会、科学、语言、艺术五个方面；教育手段包括游戏、体育活动、上课、观察、劳动、娱乐和日常生活等。具体操作根据 2001 年 7 月教育部颁发的《幼儿园教育指导纲要（试行）》执行。

针对学前教育普及率低、城乡发展不均衡的现实，2010 年颁布的《教育规划纲要》提出“到 2020 年，普及学前一年教育，基本普及学前两年教育，有条件的地区普及学前三年教育”，“重点发展农村学前教育”的明确要求。

（二）初等教育

实施初等教育的机构是小学。2018 年 12 月修订颁布的《中华人民共和国义务教育法》规定：“凡年满六周岁的儿童，其父母或者其他法定监护人应当送其入学接受并完成义务教育；条件不具备的地区的儿童，可以推迟到七周岁。”目前，全日制小学学制有 5 年和 6 年两种。

除按教学计划开设全部课程的全日制小学外，各地方的初等教育采取多种形式办学。县级人民政府可以根据需要设置寄宿制学校，保障居住分散的适龄儿童、少年入学接受义务教育。

小学教育的任务是通过实施教育教学活动，使儿童、少年在品德、智力、体质等方面全面地、生动活泼、主动地发展，为国家培养社会主义事业的建设者和接班人，并为受教育者以后接受中等教育打下良好的基础。小学阶段以综合课程为主。小学低年级开设品德与生活、语文、数学、体育、艺术（或音乐、美术）等课程；小学中高年级开设品德与社会、语文、数学、科学、外语、综合实践活动、体育、艺术（或音乐、美术）等课程。

（三）普通中等教育

实施普通中等教育的机构是普通中学。普通中学分为两个阶段：初级中学和高级中学。初中为义务教育阶段，初中招收小学毕业生入学，学制为 3 年或 4 年。高中招收初中毕业生入学，学制为 3 年。初中和高中可以单独设校，也可以合并设校。政府加大对革命老区、民族地区、边疆地区、欠发达地区义务教育的转移支付力度，推进义务教育均衡发展。

普通中等教育的任务是，为社会主义建设事业培养劳动后备力量和为高一级学校培养合格的新生。培养目标是使学生有理想、有道德、有文化、有纪律，热爱社会主义祖国和社会主义事业，在小学教育的基础上，进一步掌握语文、数学、外国语等课程的基本知识和基本技能，并具有一定的生产知识，身心得到正常的发展，具有健康的体魄和良好生活习惯和劳动习惯。

初中阶段设置分科与综合相结合的课程，主要包括思想品德、语文、数学、外语、科学（或物理、化学、生物）、历史与社会（或历史、地理）、体育与健康、艺术（或音乐、美术）以及综合实践活动。积极倡导各地选择综合课程。学校努力创造条件开设选修课程。在义务教育阶段的语文、艺术、美术课中要加强写字教学。

高中以分科课程为主。主要课程有：语文、数学、外语、生物、生理卫生、化学、物理、政治、历史、地理、体育、音乐、美术、劳动技术等。为使学生在普遍达到基本要求的前提下实现有个性的发展，课程标准有不同水平的要求，在开设必修课的同时，设置丰富多样的选修课程，开设技术类课程。积极试行学分制管理。高中实行会考制。

2020 年，普及普通高中教育目标如期达成，满足了初中毕业生接受高中阶段教育的需求。

（四）中等职业技术教育

实施中等职业技术教育的机构为职业高级中学/高级职业中学、技工学校和中等专业学校。

职业高级中学/高级职业中学（简称“职业高中”“职高”）是在改革教育结构的基础上发展起来的中等职业学校，大部分由普通中学改建而成，一般招收初中毕业生，学制以 3 年为主。毕业且成绩合格者获得中专学历。在职业高中不但要学习高中的基本课程（包括数学、语文、英语等），还要学习一些专业知识（与所在专业有关）。其中专业知识包括：幼师、种植、养殖、机电、电子电工、汽修、计算机、建筑、旅游、医卫、财会、文秘、商贸、英语、音乐、美术、服装、服饰艺术、表演、烹饪、影视节目制作等。培养目标与中等专业学校和技工学校类似，以生产服务一线的操作人员为主。职业高中的学生毕业后可参加普通高考继续升学。

技工学校的任务是培养各类技术技能人才，招生对象包括初中毕业生、高中毕业生及社会再就业人员。技工学校开设的专业学制一般分为：一年制、两年制、三年制、四年制、五年制。技工学校由国家人力资源和劳动与社会保障部门管辖。教学计划和教学大纲由学校的主管部门制订，课程分普通文化课、技术理论课和生产实习课。在整个教学工作中，以生产实习教学为主。生产实习教学时间与文化、技术理论课教学时间原则上各占一半，着重培养学生的基本操作技能和解决实际生产问题的能力。

中等专业学校包括普通中专、职业中专、成人中专，主要为国民经济各部门培养一线工作人员。招生对象主要是初中毕业生，学习年限为 3—5 年。中等专业学校的专业主要包括：旅游餐饮服务、机械加工，电子加工、计算机类、幼儿教育等。中等专业学校以行业办学为主，由教育部主管。

中等职业教育在整个教育体系中居于重要的地位。《教育规划纲要》提出在 2010 年后要布署大力发展职业教育、调动行业企业的积极性、加快发展面向农村的职业教育和增强职业教育吸引力四项主要任务。2010 年 11 月教育部印发的《中等职业教育创新改革行动计划（2010—2012 年）》提出，到 2012 年，中等职业教育服务国计民生的能力显著增强，保障事业发展的政策、制度和重大机制基本健全，改革创新实现整体跨越，人才培养质量、社会吸引力大幅提升，就业贡献率、经济贡献率明显提高。2021 年，中国政府发布《关于推动现代职业教育高质量发展的意见》，为推动中国职业教育发展增添助力。文件指出，要坚持党的领导，坚持正确办学方向，坚持立德树人，优化类型定位，深入推进育人方式、办学模式、管理体制、保障机制改革，增强职业教育适应性，构建现代职业教育体系。通过推进不同层次职业教育纵向贯通、横向融通，优化职业教育供给结构，健全多元办学格局，推进产教深度融合等措施完善职业教育人才供给，提高职业教育供给与经济社会发展的需求度匹配。

（五）高等教育

高等教育由大学、独立设置的学院、高等专科学校和其他高等教育机构实施。高等教育的任务是培养具有创新精神和实践能力的高级专门人才，发展科学技术文化，促进社会主义建设。这些人才都应该有理想、有道德、有文化、有纪律，热爱社会主义祖国和社会主义事业，具有为国家富强、人民富裕而艰苦奋斗的献身精神，都应该不断追求新知，具有实事求是、独立思考、富于创造的科学精神。

高等教育包括学历教育和非学历教育。高等学历教育分专科教育、本科教育和研究生教育。其他高等教育机构实施非学历高等教育。专科招收高中毕业生，基本修业年限为 2—3 年；本科招收高中毕业生，基本修业年限为 4—5 年。研究生分攻读硕士学位和博士学位两个阶段。前者招收学士学位获得者或本科毕业生，基本修业年限为 2—3 年；后者招收硕士学位获得者或同等学力者，基本修业年限为 3—4 年。高等学校根据实际需要报主管的教育行政部门批准，可以对本校的修业年限作出调整。

高等学校分大学、独立设置的学院、专业学院和高等专科学校，其中包括高等职业学校和成人高等学校。大学或独立设置的学院应具有较强的教学和科研力量、较高的教学和科研水平以及相应的规模，能够实施本科和本科以上教育。大学还必须设有三个以上国家规定的学科门类作为主要学科。大学或独立设置的学院既是教育中心又是科研中心。专业学院以本科教学为主，也开展一些科学研究活动。在有权授予学位的学校，本科生毕业时能获得学士学位。高等专科学校培养应用科学专门人才，除了使学生具有一定的专业知识外，还要使他们掌握一定的专业技能。

硕士学位和博士学位须学习者在国务院学位委员会批准的有权授予该项学位的学校或科研单位及其学科点，修满相应课程并通过论文答辩方能获得。

（六）师范教育

师范教育实行开放制，由师范院校和大学实施。师范院校分师范专科学校、师范学院和师范大学。

师范专科学校招收高中毕业生，修业 2—3 年，培养幼儿园教师、小学教师和初中教师。

师范学院和师范大学招收高中毕业生，修业 4 年，培养幼儿园教师、小学教师和中等学校教师。除教育部直属六所师范大学外，各省、自治区、直辖市一般都设有一所师范大学和若干所师范学院，另外有些省、自治区、直辖市还设有职业技术师范学院或职业技术师范大学，培养中等职业技术学校的教师。

综合性大学主要培养有研究生学历的教师。

实行职前培养和在职培训一体化以后，在职教师通过师范大学、师范学院的教师培训机构和教师进修网络系统进行培训。中国现行学制可如图 3-7 所示。

现行中国学制有如下一些特点。

第一，坚持社会主义的办学方向，以马克思列宁主义、毛泽东思想、邓小平理论、“三个代表”重要思想、科学发展观、习近平新时代中国特色社会主义思想为指导，以培养德智体美劳全面发展的社会主义建设者和接班人为目的。

第二，为广大人民谋利益，着眼于提高全民族的素质，主张教育必须为社会主义现代化建设服务，促进社会主义物质文明和精神文明建设。

第三，办学形式多样化，便于就学，充分满足人民群众对学校教育的需求。

随着我国社会经济的快速发展与教育事业的普及与提高，中国现行学制需要与时俱进，不断完善。其主要改革方向如下。

第一，延伸学制。一国的学制反映了这个国家的经济社会发展水平及其教育方针政策、教育结构、人才培养模式等。随着终身教育理念的深入人心，接受教育不仅是人的一项基本权利，更是人的发展的基本需要，反映在学制中就是教育体系逐渐向两

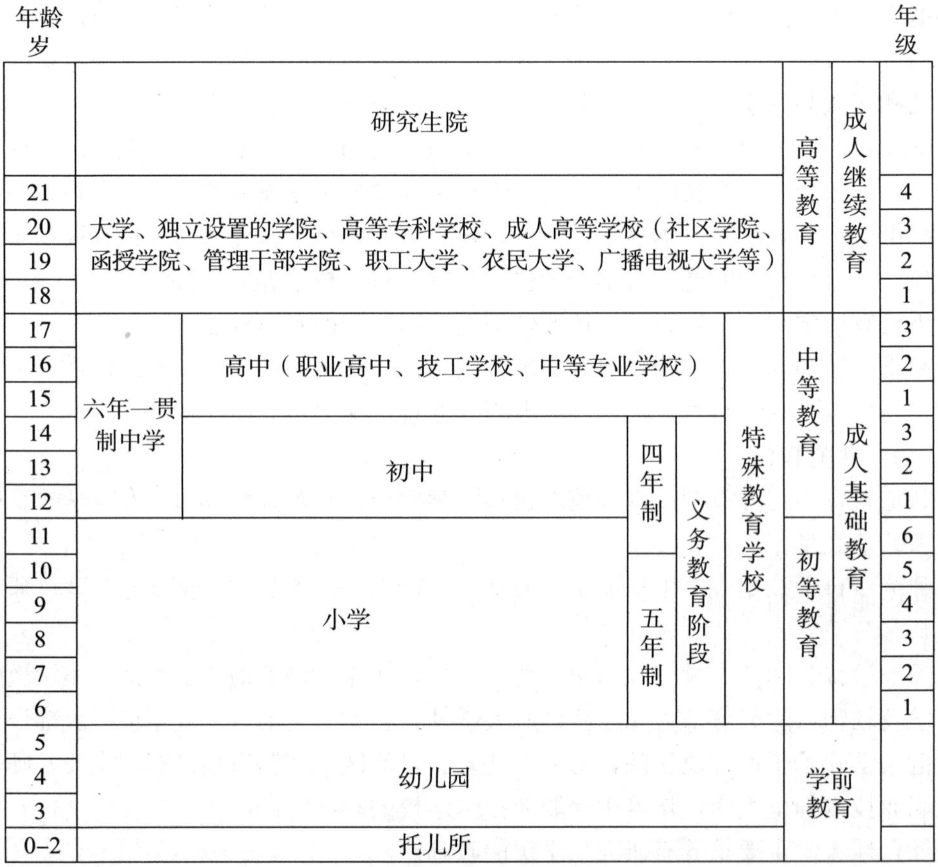

图 3-7　中国现行学制

头——学前教育和继续教育延伸，新的学制应体现终身教育的理念。

第二，学制需要进一步符合儿童发展的规律和特点。研究证明，今天的儿童发育比半个世纪前的儿童要早，他们的智力比过去发达，在社会信息化环境下，他们吸收知识的渠道丰富多样，各年龄阶段的特征有所变化。这就需要对学制进行调整。

第三，进一步适应教育形式创新。我国不仅普及了九年义务教育和高中阶段教育，而且实现了高等教育跨越式发展，进入了普及化阶段，成人业余教育从补偿教育转变为终身教育的一部分，像社区学院、老年大学、开放大学等，这些教育形式和机构应在新学制中找到合适的位置。

总之，改革创新是教育发展的强大动力，也是应对百年未有之大变局的强力武器。改革创新也需要在学制上创新。学制的改革创新，可以从制度上保证教育方针政策的贯彻执行，保证素质教育的推进和创新人才的培养，从而实现教育强国和人才强国的战略目标。

第四章

学前教育比较

学前教育是个体接受教育的第一阶段，也是个体终身学习的基础。学前教育的发展对于促进个体发展、各级各类教育协调发展和社会经济的发展都具有十分重要的意义。由于各国的政治、经济发展和文化传统不同，学前教育的性质、年龄阶段、机构设置、价值取向、目标和内容也有所不同。

第一节　进入21世纪以来学前教育的发展

近年来，世界各国学前教育事业迅速发展，纷纷通过学前教育立法、颁布相关法令条款，明确学前教育的性质，确立并提升学前教育的重要地位，使学前教育的独特价值与重要功能得到进一步强化。

一、学前教育的性质进一步得到明确

世界主要国家和地区的学前教育主要划分为三种模式（表4-1）：其一，学前教育具有公共产品性质且完全免费，如法国；其二，学前教育具有准公共产品性质，并实行一定形式的免费措施，如美国、英国和印度；其三，学前教育具有准公共产品性质，政府补助与家长交费相结合，但不直接实行学前教育免费，如日本。

表4-1　部分国家学前教育的性质与缴费形式比较

<table>
<tr><th colspan="2">学前教育的性质与缴费形式</th><th>国别</th><th>学前教育免费年龄段或免费群体</th><th>学前教育免费的具体方式（项目）</th></tr>
<tr><td colspan="2">公共产品性质，完全免费</td><td>法国</td><td>3—6岁</td><td>进入公立学前教育机构接受教育</td></tr>
<tr><td rowspan="6">准公共产品性质，不完全免费</td><td rowspan="3">部分年龄段免费</td><td>美国</td><td>5—6岁（学前1年）</td><td>提前开端计划等项目</td></tr>
<tr><td rowspan="2">英国</td><td>5—7岁*</td><td>附设在小学里的属于学制系统的幼儿学校或幼儿班、保育学校、保育班</td></tr>
<tr><td>3—4岁</td><td>各类有资格的非学制系统的保育和教育机构</td></tr>
<tr><td rowspan="3">特定群体免费</td><td>美国</td><td>弱势群体儿童</td><td>提前开端计划</td></tr>
<tr><td>英国</td><td>弱势群体儿童</td><td>稳健起步计划</td></tr>
<tr><td>印度</td><td>弱势群体儿童</td><td>儿童综合发展服务项目等项目</td></tr>
</table>

续表

学前教育的性质与缴费形式	国别	学前教育免费年龄段或免费群体	学前教育免费的具体方式（项目）
准公共产品性质，普遍缴费	日本	—	政府补助与家长缴费结合

注：* 在英国，5 岁以下儿童的教育属于学前教育。虽然如此，但附设在小学里的幼儿班和幼儿学校等组织施行的教育内容性质仍为学前教育内容。故此处列入讨论。——编者注

（一）公共产品性质与完全免费模式：法国

法国学前教育早已实行免费入学。19 世纪后半叶，经法国国会通过并颁布的《1881 年教育法》明确规定了学前教育免费的原则：公立幼儿园和小学免征教育费。法国的学前教育机构——幼儿学校（école maternelle）完全依照初等教育的法规条款运行并和初等教育享受相同资源。法国《教育法典》明确规定："幼儿班或幼儿学校向农村和城市环境中未达到义务教育年龄的儿童开放。所有 3 岁儿童应其家长要求，都应被尽可能靠近家庭住处的幼儿班或幼儿学校接收。对于 2 岁儿童的接收优先于处境不利的城市、农村或山区的学校扩大。"在法国，学前教育机构属于公立学前教育系统。因此，法国学前教育具备了公共产品属性。正因为法国贯彻学前教育完全免费的政策，其义务教育前（6 岁前）儿童的学前教育入学率很高且一直保持稳定。2006—2007 年，法国 2 岁幼儿入学率达到 23.4%，3—5 岁幼儿入学率达到 100%。学前教育免费政策、较高的学前教育质量和稳定的学前教育入学率，是法国学前教育居于世界学前教育领先地位的重要保障。

（二）准公共产品性质与不完全免费模式：美国、英国和印度

属于该种模式的国家较多，如美国、英国和印度。这三个国家学前教育均具有准公共产品的属性，但学前教育免费的具体情况与做法不同，又可以进一步划分为两种类型。

1. 部分年龄段免费：美国和英国

美国大部分州将学前 1 年教育，即学前班教育视作基础教育的第一阶段，并对学前班的幼儿实行免费义务教育。学前班接收 5—6 岁儿童，旨在为儿童入学做好准备。美国各州也有一些实施学前教育的公共托幼机构，时间为 1—2 年，每周为幼儿提供 2 天或更多时间的免费教育。① 近年来，随着国家对学前教育投入力度的加大，美国幼儿教育的免费范围也逐渐扩大至国家投资的托儿所（pre-kindergarten）教育，即向下延伸至 4 岁幼儿。

英国通过多种渠道和方式实行学前教育免费制度。首先，由于附设在小学的幼儿学校或幼儿班（infant school/class）属于英国义务教育范畴而实行免费。其次，

① 蔡迎旗著：《幼儿教育财政投入与政策》，教育科学出版社 2007 年版，第 215 页。

英国近年出台了多项促进学前教育普及与质量提高的全国性学前教育政策，其中就包括“在全国推行 3—4 岁免费学前教育”的政策。以英格兰为例，每个 3—4 岁的儿童都有权利获得每年 38 周、每周 12.5 小时的免费学前教育。从 2010 年起，这一学前教育免费的时间延长至每周 15 小时。最后，英国一些地区已开始将免费学前教育向 3 岁以下儿童扩展，特别是在贫困地区向下延伸至 2 岁儿童。目前 3—4 岁幼儿入园率已高达 99%。

2. 弱势群体免费项目：美国、英国和印度

“提前开端计划”（Project Head Start）和“早期开端计划”（Early Head Start）是美国政府启动的全国性大型学前教育项目，旨在帮助处境不利儿童在入学前接受必要的入学准备。这两个面向处境不利幼儿群体的补偿教育计划由联邦政府负责经费投入，符合项目准入资格的 3—5 岁幼儿可接受免费幼儿教育。美国全国 50 个州有 2 637 个“提前开端计划”和“早期开端计划”授权的服务机构，运作着 18 145 个“提前开端计划中心”或“早期开端计划中心”和 49 038 个相应班级。截至 2005 年，“提前开端计划”已惠及 90.79 万名处境不利儿童。

英国“稳健起步计划”（Sure Start Programme）以美国“提前开端计划”为蓝本，因此项目性质与美国“提前开端计划”类似，其经费投入也由政府负责。“稳健起步计划”现已覆盖英国各地，符合标准的处境不利人群都已获得该项目的援助。该计划的主要组织机构是“稳健起步计划中心”。目前，英国全国已有稳健起步计划中心 2 907 个，为 220 万幼儿及其家庭提供服务。

印度中央政府以大型学前教育项目为依托，大力推进面向弱势群体的免费综合发展型学前保教项目——儿童综合发展服务项目（Integrated Child Development Services，ICDS），参与该项目的儿童及其家庭可以免费获得印度政府提供的相关综合性服务，包括学前教育与保育、营养与健康、心理、生理及社会和谐发展等服务。截至 2007 年 12 月 31 日，印度全国已经批准了 6 036 个儿童综合发展服务项目，正在运营的儿童综合发展中心的数量达 973 767 个，惠及幼儿及孕妇和哺乳期母亲共 7 616.9 万名，其中有 6 296.4 万名 0—6 岁的儿童、1 320.5 万名孕妇和哺乳期母亲。

（三）准公共产品性质与普遍缴费模式：日本

按照日本《学校教育法》第五条的规定，日本教育经费遵循“设立者负担”的原则。学前教育并没有实行全面或某个年龄段的免费措施，而是政府采取不同程度和形式的补贴政策。这具体表现为：国立幼儿园的经费由国家负担，公立幼儿园的经费由地方政府支持，私立幼儿园的经费由设立幼儿园的学校法人（团体或个人）负责；保育所方面，国家、都道府县和市町村各自按照一定比例分担保育所的经费，由市町村设立和管理的保育所，其不足部分国家负担 80%，都道府县和市町村各负担 10%；由都道府县设立和管理的保育所，其不足部分国家负担 80%，都道府县负担 20%。

可见，在日本的幼儿园中，公立幼儿园和私立幼儿园要求幼儿家长缴纳一定费用，国家和地方行政当局负责一部分费用；而与幼儿园相比，保育所的收费比较便宜，国家对保育所的补助也较多。但无论是幼儿园还是保育所，日本均没有实行学前1年或更长年限的学前教育免费政策。

综上所述，大部分国家都将学前教育定位于准公共产品或公共产品，并提供不同程度的免费教育。其中，法国学前教育具有极强的公共性。美国、英国和印度虽同样将学前教育定位为准公共产品，但提供免费学前教育的程度和具体做法各不相同。日本虽然未将学前教育纳入义务教育的范畴，还征收一部分学费，但政府同时也提供了大量的补助，为儿童接受学前教育提供了一定保障。虽然各国学前教育事业的公共性强弱不同，但推动学前教育向公共产品发展，并通过多种措施向儿童提供免费学前教育的机会，已经成为大多数国家今后发展学前教育的重要方向。

二、学前教育的地位进一步得到提升

从世界主要国家和地区学前教育在其学制系统中的地位看，可概括为以下两种模式（表4-2）：其一，学前教育（或部分年龄段）已经被纳入国家学制系统并作为义务教育的组成部分与奠基阶段，如法国、美国和英国；其二，学前教育被纳入国家学制系统但独立于义务教育系统之外，如日本和印度。

表4-2 部分国家学前教育在学制系统中的地位比较

学前教育在学制系统中的地位		国别	是否纳入学制系统及其年龄段	是否属于义务教育及其年龄段
学制系统内模式	义务教育模式	法国	是（3—6岁）①	是（3—6岁）
		美国	是（5—6岁）②	是（5—6岁）
		英国	是（5—7岁）	是（5—7岁）
	非义务教育模式	日本	是（3—5岁）	否
		印度	是（5—6岁）	否

注：①2018年3月，法国总统马克龙正式对外公布，自2019年秋季学期起，法国将学前教育纳入义务教育体系，儿童的入学年龄为3岁。法国学前教育虽不是强制性义务教育，但凡3—6岁有意愿者均可免费入学，在此意义上基本等同于义务教育。

②亦有学者将3—6岁学前教育归入美国学制系统，详见吴文侃、杨汉清主编：《比较教育学》，人民教育出版社1999年版，第339页。笔者认为5岁以前学前教育在美国各州情况不同，做法多样，是否可以笼统地将3—5岁学前教育也归入其正规学制有待商榷。

（一）作为学制系统第一阶段和义务教育组成部分

1. 将3—6岁学前教育纳入学制系统：法国

法国初等教育包括学前教育和小学教育两个阶段，分别由幼儿学校和小学实施。幼儿学校招收3—6岁儿童，凡年满3岁的儿童均可就近免费入读。幼儿学校由1837年法国兴起的幼儿园演变而来，1848年被命名为"托儿所"（salle d'asile），经1881年8月2日的法令确定为法律意义上的学前教育机构，经1886年的法令被纳入初等教育范畴，今天已成为法国初等教育的第一阶段。

2. 将5—6岁学前教育纳入学制系统：美国和英国

美国和英国学前教育在学制系统中的地位较为相似。学前教育属于学制系统的基础阶段，基本上为2—3年，分为学前班（幼儿园）和保育学校（幼儿班）两个层次，分别招收5—6岁儿童和3—5岁儿童。虽然美国是联邦制国家，各州和地方学前教育事业发展情况及其实际性质和地位是极为不同的，但全国都统一将义务教育前1年的学前班教育视作基础教育的第一阶段。

英国基于其联合王国的特点，英格兰、威尔士、北爱尔兰和苏格兰的学前教育性质与地位并不完全相同。就其本土英格兰和威尔士地区来看，传统意义上招收5—7岁儿童的幼儿学校或幼儿班构成了英国基础教育和义务教育的重要起始阶段。近年来，随着英国政府和民众对学前教育性质、功能和地位的深入认识与观念更新，学前教育在英国学制，特别是在终身学习框架中的地位与作用正在悄然发生变化。尽管目前尚无法律出台，但英国政府正在促进不同机构实施不同类型学前教育，逐步形成有利于0—7岁或8岁儿童全面发展与幸福生活的学前教育公共服务，并将该阶段教育作为英国公民终身学习的起点与重要奠基。

（二）作为学制系统第一阶段但独立于义务教育系统之外

1. 将3—5岁学前教育纳入学制系统：日本

日本1947年颁布的《学校教育法》将学前教育正式纳入其学校教育体系中，是学校教育体系的起始阶段，但幼儿园教育并非义务教育的组成部分。日本《学校教育法》明确规定：幼儿园教育为义务教育及此后教育奠定基础，其目的是对幼儿进行保育，给予幼儿适当的环境，使其健康茁壮成长，并促进幼儿身心的发育。

2. 将5—6岁学前班教育纳入学制系统：印度

印度没有把学前教育纳入正规学制系统之内。但从印度教育部网站上公布的印度学制系统图来看，印度政府已然将5—6岁学前班教育（pre-primary）纳入学制体系之中，作为各级教育组织的第一阶段。只能说，在印度，5—6岁学前班教育被正式纳入国家教育体系之中，成为基础教育的有机组成部分。

综上所述，虽然各国对学前教育的定位有所不同，但都不同程度地将其纳入学制体系之中，都强调学前教育具有奠基作用，并且正在不遗余力地发展学前教育事业。

第二节 学前教育的机构

不同国家针对不同年龄阶段的儿童发展目标设立了不同的学前教育机构，有的国家提供0—6岁综合的儿童发展服务；有的国家针对不同年龄段提供分段式或者针对不同目标的保育和教育服务。各国托幼机构公立和私立并存。研究表明政府力量正逐渐成为学前教育发展的主力，世界主要国家学前教育发展都呈现出由私人办学为主转向由政府主导办学，增设公立托幼机构、对私立机构和弱势群体进行政府经费补助已经成为主要国家发展幼教的方向。以下的说明中也包含部分保育机构，因为在保育机构中亦会开展部分教学活动、游戏，两者很难完全分开。

一、美国学前教育机构设置

美国的学前教育机构多种多样。除第二章介绍的保育学校和学前班外，学前教育系统还有幼儿园和托儿所，大部分为公立学校，主要由州政府和地方政府提供资金支持。幼儿园分为全日制和半日制两种类型。按照幼儿在所时间长短划分，可以分为以下三类：半年制（1—7个月）；学年制（8—10个月）；一年制（11—12个月）。就每日在所时间而言，托儿所可分为半天制（1.50—4.99小时）、一学日制（5.00—7.99小时）以及全日制（8小时以上）三种类型。私立学前教育机构主要包括：（1）日托中心（day care center），服务对象为0—2岁婴儿或3—5岁幼儿，有的也接收学龄儿童；（2）部分时段的保育学校和幼儿园（part-day nursery school and pre-school）；（3）居家保育（family child care homes and group home providers），规模方面有大、小之分，分别为2位保姆照顾12个幼儿和1位保姆照顾2—4个幼儿；（4）安亲班（school-age programs），服务时间为儿童上学前、放学后或者学校假期，目的在于配合家长的托儿需要，为儿童提供保育服务。提前开端计划和早期开端计划旨在帮助3—5岁来自处境不利的儿童及其家庭，有中心式、居家式和混合式三种形式。

二、英国学前教育机构设置

英国学前教育机构除了幼儿园（nursery school）、幼儿班（nursery class）外，还包括预备班（reception class or class R）、全天保育（full day care）、时段性保育（sessional care）、校外保育（out-of-school care）、临时性保育（crèche day care）、幼儿看护者（child minders）和学前游戏团体（preschool playgroups）等类型。预备班招收4—5岁儿童，一般是由国家投资设立，由地方教育部门赋予其运营权，作为国立小学或幼儿学校的初级班级。全天保育是指在一天中向 0—8 岁儿童提供连续 4 小时以上的日托机构。日托中心（day nurseries）、稳健起步计划儿童中心（Sure Start Children's Centers）均提供此类全天保育服务。时段性保育是指向 8 岁以下儿童提供每周不超过 5 次时段活动的日托机构，每次时间一般不超过 4 小时。校外保育服务是指在常规保育服务时段以外所提供的保育服务类型，一般在儿童上学前后和假期等时间段内开放。此外还有课后俱乐部（after school clubs）和假期俱乐部（holiday clubs）等一般允许 1 个看护者最多照看 3 个 5 岁以下幼儿。学前游戏团体一般为非营利性团体，由志愿者组织或家长举办，大多数游戏团体招收 3—5 岁儿童。游戏团体整个学年开放，一般提供半天服务，其服务时段在不同游戏团体中均有差别。由此可知，英国学前教育机构分为幼儿保育机构和学前教育机构两大类。

三、法国学前教育机构设置

法国幼儿教育机构主要有五种形式，分别是幼儿学校（或译作母育学校）、幼儿班、托儿所、保育室和流动车等。其中幼儿学校（école maternelle）是法国幼儿教育机构的主要形式，招收 2—6 岁的儿童。1996 年 99%以上的 3 岁儿童是在公立的幼儿学校接受学前教育；也有 35%的 2 岁儿童开始上幼儿学校，特别是居住“教育优先地区”的 2 岁儿童入园率更高。① 自 2000 年以来，由于法国出生率的提升，受限于教育资源，3 岁以下儿童的入园率已经从 2000 年的 35%下降到 2012 年的 11%。为此，2013 年6 月，法国政府颁布了《重建共和国学校的方向与规划法》，其中要求促进学前教育发展，提高 2—3 岁儿童的入学率。幼儿学校每周开放 4.5 天，每天开放 6 小时；幼儿按年龄分班，2—4 岁为小班，4—5 岁为中班，5—6 岁为大班；幼儿定期接受医生对其身体健康状况的检查和心理专家对其心理发展水平的测定；班级规模在不同地区是不同的，在乡镇每班 10—15 人，在城市每班 25—30 人。幼儿班附设在小学，主要招收 3—5 岁儿童，主要任务是为儿童进入小学做好身心的准备。托儿所一般招收 2—5 岁儿童，在对儿童进行保育的同时，也对他们进行文明礼貌等方面的教育。保育室，为有紧急事件的家长临时照看学前儿童，解除家长的后顾之忧。流动车主要面向偏远地区的儿童，利用流动车实行送教上门，到家服务。②

四、俄罗斯学前教育机构设置

俄罗斯目前的学前教育机构主要分为公立和私立两种类型。按年龄分：托儿所

---

① 参见陈元著：《法国基础教育》，广东教育出版社 2004 年版，第 29 页。

② 王小英、蔡珂馨主编：《国内外幼儿教育改革动态与趋势》，东北师范大学出版社 2004 年版，第 70—71 页。

（3 岁以内）、幼儿园（3—6 岁）和小学预备班（6—7 岁）。按教育内容和功能划分：普通幼儿园，在各种类型的幼儿园中居于多数；特长幼儿园，例如艺术-美术优先发展幼儿园、体育优先发展幼儿园等；补偿型幼儿园，侧重于儿童身心某些发展障碍的矫正；观察型和康复型幼儿园，强调公共卫生设施、卫生、疾病预防和健康促进；混合型（整合型）幼儿园，包括一般发展型、补偿型和健康促进型等不同班级的整合；儿童发展中心（child development centers），强调所有入园儿童的身体和心理发展、兼具矫正和健康促进功能。到 2001 年，多种类型的学前教育体系已经基本成型：特长幼儿园 2 300 所，补偿型幼儿园1 600所，观察型和康复型幼儿园 1 300 所，混合型（整合型）幼儿园 8 500 所，儿童发展中心 500 所。其中提供多种服务的学前教育机构占所有幼儿园的 35%。另外，俄罗斯还有幼儿体育学校、社会服务性学前班、家长管理中心等具有特殊功能的学前教育机构。社会服务性学前班是针对 3—7 岁儿童开办的，兼具全日制及寄宿制为一体的带有社会福利性质的学前教育机构，招收对象是家庭贫困的儿童、孤儿、残疾儿童和弃儿等，由各州、市根据本地区的经济发展情况和幼儿教育发展的实际需要建立并进行管理。家长管理中心是针对俄罗斯农村、山区城镇和边远落后地区生源少、师资不足而充分利用家长资源，配合幼儿教师对儿童进行教学与管理的俄罗斯学前教育机构。

五、日本学前教育机构设置

日本目前的学前教育机构主要有两大类：一类是根据文部科学省颁布的《学校教育法》设立的幼儿园机构系统，属于教育系统；另一类是依据厚生省颁布的《儿童福利法》设立的保育所机构系统，属于社会福利系统。除此之外，为适应日本社会的发展，解决保育与教育长期分离的状况，从 2006 年起日本开始建立一种新型的综合学前教育机构——早期保教中心（Center for Early Childhood Education and Care，也被称为"认定童子园"），这一新型学前教育机构兼具保育与教育两大功能，目前正在快速发展中。

日本幼儿园主要接收 3—5 岁幼儿，标准开放时间为一天 4 小时，可延长服务时间。幼儿园教师需取得《教育人员资格法》规定的幼儿园教师资格证书，生师比不得超过 35∶1，至少指定 1 位教师专职负责 1 个班级。日本幼儿园教育在 20 世纪 60 年代发展得很快。5 岁儿童的入园率逐年递增，1970 年则达到 53.7%。文部省于 1971 年宣布了一项促进幼儿园教育发展的方案，此后 5 岁幼儿进入幼儿园或保育所的比例超过了 90%。幼儿园中，公立园以 4—8 个班为主，私立园则多为 3—7 个班。保育所接收 0—5 岁的幼儿，标准开放时间为一天 8 小时，服务时间可延长至 11 小时。目前日本保育所的数量不断增多，并提供更多类型的服务，如增加日间看护时间、提供夜间照料等。大多数保育所容纳的幼儿数量为 50—150 人。2021 年日本保育所的总数为 38 666 所。早期保教中心由文部科学省和厚生省共同管理，依据地方政府所颁布的早期保教中心法律和条例建立，接收 0—5 岁幼儿。

六、印度学前教育机构设置

印度的学前教育由三条渠道提供，包括公立机构、私立机构和第三部门（志愿和合作机构）。目前印度实施学前教育的机构除保育学校、日托中心和幼儿园外，还包括儿童综合发展中心（Integrated Child Development Services，ICDS）、拉吉夫·甘地托儿所中心（Rajiv Gandhi National Crèche Scheme）与基础教育衔接的早期儿童教育中心和中小学附设的学前班；私立机构是指早期儿童教育中的收费/营利性机构，主要是为了满足社会和经济地位较高家庭的需求；第三部门主要是由国家或国际援助机构、信托机构、宗教团体资助的早期儿童教育机构，服务的对象主要是社会地位和经济地位不高的落后地区的群体，尤其是部落民族、移民劳工等生活较为困难的群体以及受到恶劣自然灾害（如洪水、地震等）影响的儿童。

近几十年来，儿童综合发展服务项目作为印度主要的公立幼儿教育计划蓬勃发展，为印度学前教育的整体发展作出了巨大的贡献，为众多处境不利儿童群体及其家庭带来了福祉。该项目由印度政府于 1974 年启动，旨在通过向农村、部落和贫民窟的儿童提供营养健康和学前教育服务来促进教育起点公平。该项目把儿童综合发展中心作为提供服务的网点，同时这也是项目的主要组织形式。印度平均每 1 000 人就有一个儿童综合发展便民服务点，每 25 个这样的便民服务点组成一个儿童综合发展中心的服务网络，村落里的儿童综合发展便民服务点的主要负责人也同时是儿童综合发展中心的工作人员，通常负责管理儿童综合发展中心的日常事务并与有关人员（如免疫、营养方面的研究人员）保持联系，还可以通过学校、妇女组织、村委会等组织与村民保持联系。由于地理与人口分布的原因，印度约有一半的儿童综合发展中心分布在其少数民族地区。

部分国家学前教育机构设置情况见表 4-3。

表 4-3　部分国家学前教育机构设置情况

国别	机构名称	服务年龄及服务年限	备注
美国	学前班 保育学校	5—6 岁：1 年 3—5 岁：2 年	学前班提供进入小学前 1 年的学前教育；保育学校通常招收 3—5 岁儿童（部分州也招收 3 岁以下的幼儿）

续表

国别	机构名称	服务年龄 及服务年限	备注
英国	幼儿园 幼儿班 预备班	3—4 岁：1 年 3—4 岁：1 年 4—5 岁：1 年	幼儿园由国家投资创立，由地方教育部门赋予其独立运营权； 幼儿班同样由国家投资创立，附属于公立小学或幼儿学校，由地方教育部门赋予其运营权； 预备班由国家投资创立，由地方教育部门赋予其运营权，作为国立小学或幼儿学校的初级班级
法国	幼儿学校 幼儿园 幼儿班	2—6 岁：4 年 2—6 岁：4 年 2—6 岁：4 年	法国学前教育机构还包括保育室和流动车这两种类型
俄罗斯	托儿所 幼儿园 托幼一体教育机构	1—3 岁：3 年 4—6 岁：3 年 1—6 岁：6 年	随着办学主体的多元化，新形式的私立幼儿园也开始出现：星期天幼儿园、家庭幼儿园、短期儿童小组、发展小组和家庭教育中心等。这就为家长提供了选择学前教育形式的机会，满足了不同幼儿家庭的需要
日本	幼儿园 保育所 早期保教中心	3—5 岁：3 年 0—5 岁：6 年 0—5 岁：6 年	幼儿园属学校教育制度的组成部分； 保育所属福利机构，接受卫生和福利部的管辖； 早期保教中心由文部科学省和厚生省共同管理
印度	保育学校 日托中心 幼儿园 儿童综合发展中心 拉吉夫·甘地托儿所中心 早期儿童教育中心 学前班（附设在各小学之中）	2.5—5 岁：2.5 年 2—5 岁：3 年 2.5—5 岁：2.5 年 3—6 岁：3 年 0—6 岁：6 年 5—6 岁：1 年 5—6 岁：1 年	公立机构在整个印度学前教育体系中起到辅助和支持作用，包括日托中心、保育学校、幼儿园以及附设在私立小学、初等学校和中等学校的学前班等； 志愿机构和合作机构组成的第三部门为学前儿童带来福祉，形式有托儿所、早期儿童教育中心和流动托儿所

第三节　学前教育的价值、目标和内容

随着脑科学、教育学、心理学和生理学等方面研究工作的开展，尤其是 20 世纪 60 年代以来人力资本理论的提出，各国日益认识到学前教育的重要价值，对学前教育进行了若干次改革，以期提高学前教育的质量。

一、学前教育的价值与功能得到进一步强化

近年来，法国、美国、英国、日本和印度等国进一步强化并凸显了学前教育的重要价值与独特功能，形成了较为一致的认识，均把促进儿童全面发展、做好入学准备和帮助妇女就业作为它的基本任务。与此同时，美国、英国和印度还把学前教育作为辅助弱势群体的重要手段；英国和美国则把学前教育作为解决社会问题的重要手段。

（一）发展多种能力，做好入学准备：法国

法国对学前教育的功能定位有以下两个最主要的方面。

1. 重视全面发展，关注语言能力提升

法国学前教育的目的之一是发展儿童的所有能力，促进儿童个性的形成，而重视发展幼儿的语言能力是法国学前教育重要的教学目标，促进幼儿交流交往能力的发展成为他们的特色。法国幼儿学校通常都有优良的教学设施，为儿童提供在游戏中学习和交往的良好环境。幼儿学校没有严格的课时安排，也不要求儿童过早进行正规学习，主要是对其进行个性的启蒙。语言活动被法国教育学家认为是学习其他学科和获得其他能力的前提条件，因此在幼儿教育阶段设置了大量包括理解活动和制作活动在内的语言活动，这些活动或者由儿童自己完成，或者在教师的帮助下间接完成。进行这些活动主要是为他们今后的学习奠定基础。

2. 加强幼小衔接，完成顺利过渡

法国政府一向重视幼小衔接工作，1882 年《初等教育法》规定“发展儿童的各种能力特别是语言能力，为儿童进入小学阶段做准备”是学前教育的主要目标。在法国，幼儿教师与小学教师在一起培养，其资格可以互换。1996 年 9 月，为了进一步加强幼儿教育与小学的衔接，法国教育部颁发新法令将幼儿教育和小学合为一个整体，并以幼儿学校为起点，把这两种教育分为三个连续的阶段：一是启蒙学习阶段（2—5 岁），包括幼儿学校的小班和中班；二是基础学习阶段（5—8 岁），包括幼儿学校的大班和小学的前 2 年；三是深入学习阶段（8—11 岁），包括小学的后 3 年。根据新法令的规定，每个阶段的教学条件应当符合本阶段儿童的特点。此外法国教育部还制订了统一的课程计划和评估标准，以便对各个阶段的教学工作进行监督管理。

2008 年颁布的《教育法典》规定，幼儿园和小学的班级设立必须由市镇代表议会决定，每隔 3 千米必须建立一所学校，市镇政府必须修缮并管理幼儿园和小学的硬件设施，确保学校的数量和质量，并提供教师住宿与其他服务人员的薪金。在国家、政府的大力支持和完备的教育法律体系的保障下，法国幼小衔接制度越来越趋于合理和合法，最后形成了现在的具有层次性、过渡性和连贯性的法国幼小衔接现状。

（二）做好入学准备，辅助弱势群体：美国和印度

美国和印度都强调通过学前教育为儿童做好入学准备，同时特别重视保障弱势群体儿童的学前教育权利，实现学前教育阶段的教育公平。两国对其学前教育重要价值与功能定位的强调主要体现在以下几个方面。

1. 促进儿童全面发展，奠定坚实基础

美国学前教育的功能定位与基本宗旨除满足家长尤其是母亲的就业需要外，还包括对促进儿童本身身心健康发展诉求的满足。美国通过使所有儿童都能够接受高质量的、发展适宜性的学前教育，以促进其身心全面发展和综合能力的提高。为儿童一生的学习和发展做准备成为美国学前教育的重要功能定位与基本宗旨之一。

印度政府同样认识到学前教育在促进儿童全面发展方面所具有的重要意义。印度国家发展计划中就指出，学前教育直接影响儿童的综合发展，包括健康、营养、认知、情感和社会性等多个方面。因此，学前教育促进儿童的综合发展成为印度学前教育的基本任务。

2. 通过大型项目扶持弱势群体，促进教育公平

少数族裔儿童、贫困家庭儿童以及残疾儿童构成了美国弱势儿童群体，他们受教育权实现的状况越来越引起社会各界的关注。美国民众普遍认为学前教育的公平是起点的公平，弱势儿童之所以在后续发展中步步落后的原因正是由于缺乏平等的教育起点。因此，向贫困宣战、重点扶助弱势儿童群体、保证弱势儿童的学前教育权利成为美国学前教育政策中最为重要的宗旨与目标。由此，联邦政府启动了"提前开端计划""早期开端计划"等大型学前教育项目，50 多年来为数以千万的美国儿童提供了平等享受学前教育权利的机会。

印度的国情直接决定了印度学前教育办学体制与机构设置的三大特点：一是，公立学前教育机构重在普及和重点扶持弱势群体幼儿；二是，印度学前教育正处于起步阶段到逐步发展阶段的过渡环节，政府在 20 世纪 80 年代末才开始真正重视学前教育；三是，印度学前教育不仅重视儿童的综合发展，而且也注重对幼儿家长及其他看护者（以女童为主）的指导和帮助。

3. 提高读写水平，为入学或义务教育的普及做准备

尽管在 20 世纪 50—80 年代，美国经历了多次教育改革，但其基础教育质量直至 20 世纪 90 年代仍不尽如人意，尤其是美国儿童的阅读、数学等核心课程成绩持续下滑。美国教育界的改革也由此聚焦于学前教育阶段。因此，加强学龄前儿童基本阅

读、数学兴趣与能力的培养成为美国学前教育的一项重要目标，“要使所有美国儿童都为入学做好准备”也成为全美八大教育目标之首。

印度的学前教育还担负着为普及义务教育做准备的重任。尤其是对那些父母（文盲）要参加第一代普及初等教育计划的家庭来说，学前教育更具有教育的双重作用：一方面，学前教育直接影响儿童的综合发展，包括健康、营养、认知、情感和社会性等多个方面；另一方面，学前教育也是普及初等教育的潜在推动力。学前儿童（通常是女童）在早期儿童教育中心的经历将帮助儿童顺利地融入未来的学校生活，有效预防儿童在小学阶段最初的两三年辍学，对提高基础教育的完成率具有重要作用；同时，学前教育使幼儿熟悉建构游戏的理念，发展受欢迎的行为模式，形成良好的情绪情感与交往模式，而这些正是印度贫穷家庭和文盲家庭迫切需要的重要能力和教育。

（三）关注儿童发展，促进妇女就业：英国

1. 反对社会排斥，建立全纳型社会

将学前教育视作家庭内部事务而不过多地进行外部干涉是英国社会政治经济发展与文化意识在学前教育领域的一个较为深远的传统，直至20世纪后半叶英国政府对学前教育还不十分重视，更多地将学前教育的责任推向家庭。20世纪末，英国社会、经济与教育领域出现了重重危机，失业人口剧增、贫富差距扩大、未婚妈妈与单亲妈妈不断增加、青少年学业失败率呈上升趋势、“从摇篮到坟墓”的老牌福利国家遭受严峻挑战，危机与严峻挑战迫使英国政府不得不采取新的政策措施。正是在此背景下，当时以布莱尔为首的新工党采取了“第三条道路”，力图建立“全纳型社会”，促进了学前教育的发展。

2. 关注儿童发展，促进连贯衔接

自20世纪末至今，英国政府对学前教育的功能定位及其基本宗旨较此前有明显变化。他们认为学前教育应该是积极促进幼儿身心全面发展的、在各个年龄段之间连贯衔接的公共服务体系，应该有利于幼儿“个体、社会和情感的发展，交往、语言和识字、数学能力的发展，关于世界的知识以及对世界的理解，身体的发展，以及创造性发展”，应有利于个体终身发展、日后获得高质量生活以及为国家社会经济繁荣作出贡献。

3. 促进社会公平，推动妇女就业

在“第三条道路”的指引下，英国政府将学前教育的目标设定为促进社会公平与推动妇女就业的双重目标，主张学前教育应有效防止儿童贫困与儿童排斥现象的发生，促进弱势儿童群体享有平等的受教育权与发展权；① 学前教育应有利于保证和满足幼儿家长特别是女性就业的需求，应有利于家长特别是母亲能够保持职业生涯并在

① 胡昌宇：《兼顾效率与公平：英国新工党政府经济与社会改革的有益尝试》，《世界经济与政治论坛》2006年第4期。

其中获得持续进展，应有利于家庭的和谐，以及家长在家庭与事业之间的平衡。

（四）致力于实现保育和教育一体化：日本

1. 重视学前教育，促进儿童身心全面发展

第二次世界大战后，日本非常重视学前教育的发展，并将学前教育放在关系到国民素质、人力资源储备与国力提高的层次上加以振兴和大力发展。促进幼儿的全面发展、促进幼小衔接、为终身教育奠定基础，成为日本学前教育的重要功能定位与基本宗旨。近年来，出生率下降、网络等现代科技急速发展带来的人际关系淡化等现实状况使得越来越多的日本儿童在心理和情绪等方面出现问题，日本政府不得不重新思考学前教育对儿童良好情绪情感形成方面的重要影响并予以高度重视；另外，妇女就业率的持续增长也使学前教育需求明显增加，越来越多的家长把子女送入学前教育和保育机构。

按照日本《学校教育法》第二十二条的规定，幼儿园教育为义务教育及此后的教育奠定基础，其目的是为幼儿提供适当的保育环境，促进幼儿身心健康的发展。《幼稚园教育要领》第二条指出："幼儿期十分重要，它通过与家庭的合作为人的终身发展奠定基础；幼儿园教育通过在教育原则指导下的幼儿园生活，为幼儿发展其生存能力打下基础，努力实现《学校教育法》第二十二条所规定的幼儿园教育目标。"这表明，日本很注重幼儿的主体性，强调从幼儿自身的身心发展需要和特点出发，帮助幼儿自主发展，培养幼儿多方面的能力。

2. 教育与保育并重，教保一体化步伐加快

日本学前教育在办学体制上存在幼儿园和保育所并立的局面，二者在教育教学宗旨与具体目标方面有所区别。保育所比较倾向于培养幼儿的自理能力，提供保育服务；幼儿园则注重学龄前教育，有些幼儿园甚至开设算术、英文、乐器等课程。

虽然日本学前教育中保教分离的局面长期存在，但二者间的区别只是相对的，并且正在逐渐淡化，教育目标基本趋同。实际上不管是幼儿园还是保育所，都有多种多样的实践。此外，鉴于幼儿园和保育所并立的二元体制所产生的种种问题，日本政府开始改革。2006年文部科学省和厚生劳动省联合制定了《关于学前教育·保育等综合化教育的法律》，并开始建立"认定童子园"制度，以实现"教保一体化"，提供综合性的学前教育服务。在2006年启动的第五个幼儿教育振兴计划中，文部科学省再次重申要"进一步促进幼儿园和保育所的联合，有效利用认定童子园制度"，并致力于"消减幼儿园和保育所间的差别，共同支撑和完善学前教育体制"。

综上所述，世界上许多国家对学前教育的功能和基本任务的认识既有不同，也有一致之处（表4-4）。促进儿童全面发展，保教并重，加强幼小衔接并做好入学准备，已经成为多数国家的共识。美国、英国等国将发展学前教育视为促进妇女就业、解决社会问题的做法，也是很具代表性的观点。总的来讲，在世界范围内，学前教育不仅仅具有教育本身的功能，同时也正发挥着越来越重要的社会功能，这将成为学前教育发展的重要方向。

表 4-4 部分国家学前教育的功能与基本任务比较

国家	促进儿童全面发展	教育与保育并重	加强幼小衔接，做好入学准备	扶助弱势群体，促进教育公平	发展语言能力，提高读写水平等方面能力	促进儿童个性形成	促进妇女就业，推动社会公平
法国	√	√	√	—	√	√	—
美国	√	√	√	√	√	—	√
印度	√	√	√	√	—	—	√
英国	√	√	√	√	—	—	√
日本	√	√	√	—	—	—	—

二、学前教育的目标和内容

（一）美国学前教育的目标和内容

美国前总统乔治·布什（J. Bush）提出“国家教育目标”，并于1991年4月签发了《美国2000年教育战略》（*American 2000: An Education Strategy*），其中将学前教育发展列在国家教育目标的首位，指出“到2000年，所有美国儿童都能做好入学准备”。这一国家教育目标包括三项具体目标：第一，儿童将接受入学时具备身心健康所需要的营养、体格锻炼及健康护理，并保持为学习做好准备所必需的反应能力，而且通过加强产前保健体系大大减少低体重婴儿的数量；第二，每一位家长都是孩子的第一任老师，应每天抽时间帮助学龄前的孩子学习，家长将有机会得到所需要的培训和支持；第三，所有美国儿童都将有机会接受高质量的、适宜发展的学前教育方案，从而为入学做好准备。

在美国，提供幼儿保育和学前教育服务的各学区、教堂、商业机构广泛地开设各种不同类型的课程，因此并没有统一的课程模式。学前教育机构可以自主决定课程内容和教学方法。当然，如果一个学区统一采取了某一种课程模式，那么该学区辖属的各机构就要与学区保持一致。2002年，美国联邦政府开始实施“良好开端，聪明成长”（Good Start，Grow Smart，GSGS）倡议，该倡议主要是为了提高美国儿童的读写水平，帮助他们更好地做好入学准备。“良好开端，聪明成长”倡议鼓励各州开发自己的早期学习指南。所有的州都起草了自己的早期学习指南，2006年就有27个州已经开始执行。① 在课程模式方面，全美幼儿教育协会（National Association for the Education of Young Child）提出的“发展适宜性实践”这一促进儿童发展的价值理

① OECD. *Starting Strong Ⅱ: Early Childhood Education and Care of United States of America*. Pairs: OECD, 2006, p. 433.

念和实践体系：学前教育实践应该适合儿童的发展特点、适合儿童的个性特点、适合儿童的家庭文化背景，并使教师的教学具备有效性。该课程模式自 1987 年提出后，先后在 1997 年和 2009 年进行修订，第三版的“发展适宜性实践”还重点提出了教师教学有效性的问题。

（二）英国学前教育的目标和内容

英国政府出台的《家长的选择，儿童最好的开端：儿童保育十年战略》(*Government's Ten Years Strategy for Childcare, Choice for Parents: the Best Start for Children*, 2004）中明确强调：幼儿期是儿童发展过程中非常重要的时期，儿童在该时期所获得教育质量的高低直接关系到其日后的发展及成就的取得，幼儿的良好开端对其终身发展具有重大影响。同年颁布的《儿童法案》(2004）规定，儿童保教服务应旨在促进儿童身体和心理健康及情感的健康发展；保护儿童不受伤害和忽视，使儿童享有教育、训练和娱乐的权利等。《每个儿童都重要，为了儿童而改变》(*Every Child Matters: Change for Children*）明确学前教育要促进所有儿童实现健康、安全、快乐且有所成就、作出积极贡献、达到良好的经济状况这五大发展目标，并致力于缩小不同儿童群体在这五个方面发展的差异。

在学前教育的内容和方法方面，英国政府引入了《早期基础阶段法定框架》(*Statutory Framework for the Early Years Foundation Stage*）来整合保育和教育，旨在通过向学前儿童提供一系列以游戏为基础的活动和个性化的保教服务，在满足个体需要的同时全面提升包括学前教育在内的儿童早期服务质量。2019 年年底至 2020 年年初修订的《早期基础阶段法定框架》遵循“独特的儿童、积极的关系、有利的环境、学习与发展”四项原则，从七个领域（三个主要学习领域和四个特定学习领域）来促进儿童的学习和发展，它们分别是：个人、社会和情感的发展；交流与语言；身体发育；读写；数学；理解世界；表现艺术和设计。新修订的《早期基础阶段法定框架》除了对 0—5 岁儿童的有效日常实践活动表述得更为清晰、更有针对性外，还关注了教师的培养策略。同时，为了加强学校、保育机构和健康服务部门的合作，英国政府引入了 0—7 岁合作伙伴项目，通过积极寻求托幼机构与小学的最佳合作方式，来帮助学前儿童顺利地过渡到学校生活。

（三）法国学前教育的目标和内容

法国的幼儿学校通常划分为“小班”“中班”“大班”，其教学目标是促进儿童身心全面发展，为儿童学习读、写、算、表达和交流奠定坚实的基础，同时通过艺术教育发展儿童的感知能力、想象能力和创造能力。此外，和小学教育相衔接也是学前教育主要目的之一。小学和幼儿学校在教学上实行交叉。特别是在阅读教学中，小学一年级儿童和幼儿学校大班儿童被放在一起，采取“教学阶段”的教学制度，加强了幼儿学校和小学的一体化，促进了幼儿教育与小学教育的衔接。

法国学前教育没有固定的课程，也不要求儿童过早进行正规学习，但每周课时固定为 26 小时。法国幼儿学校通常都有优良的教学设施，为儿童提供在游戏中学习和交往的良好环境。法国幼儿学校非常重视发展幼儿的语言能力，主张把幼儿学校作为发展语言能力的中心。法国教育学家认为，语言活动既包括接收和理解活动（听与读），又含有制作活动（说与写）。他们强调，语言是学习其他学科和获得其他能力的前提条件，幼儿学校应当帮助儿童顺利通过语言学习这一关键环节。口语是学习的核心，然后才是要掌握书写的基本要领。一般来说，法国幼儿学校并不强调儿童读、写、算知识的掌握，只是给他们奠定未来学习的基础。

（四）俄罗斯学前教育的目标和内容

俄罗斯 1991 年颁布的《学前教育机构临时条例》明确表述了幼教机构的主要职能："保护和巩固儿童的心理及身体健康的发展、保证他们的智力与个性的发展，关心每个孩子的情感幸福。"其具体目标是：（1）为儿童提供安全的环境，使儿童免受一切生理、心理的伤害，保证儿童身体的发展，促进儿童身心的健康成长；（2）向儿童介绍基本的自然科学知识，激发儿童的求知欲，培养儿童创作的兴趣，发展儿童的智力、想象力、语言表达能力；（3）向儿童传递人类的文化遗产，尤其是俄罗斯的文化传统，培养儿童热爱祖国、关心国家大事的意识，教育儿童尊重别人和别人的劳动成果，帮助儿童养成乐观的心境，满足儿童情绪交往的需要，提高儿童的社会交往能力；（4）给儿童提供学习民族艺术作品、民间工艺品的机会，培养儿童的审美能力；（5）对缺陷儿童进行矫治、给予帮助，保证他们获得与其发展水平相适应的受教育的权利。2012 年实施的《俄罗斯联邦教育法》明确了学前教育在普通教育中的独立阶段的地位，并于 2013 年根据《俄罗斯联邦教育法》的要求制定了《联邦国家学前教育标准》，此标准是保障学前教育质量的基础性文件，规定了学前教育领域的国家基本标准和办学要求，明确国家应保障每个儿童都能获得高质量学前教育，维护教育机会均等；文件在对学前教育的实施条件、内容结构和应用结果设立统一强制要求，保障学前教育的办学质量和水平。

在学前教育的内容和方法方面，苏联时期的学前教育实行全国统一的课程——《学前教育大纲》中规定的课程。苏联解体后，根据《俄罗斯联邦教育法》的规定，学前机构可以在国家标准大纲的指导下，结合本地、本机构的具体情况，制定具体的大纲，广泛地以儿童的生活经验为背景，规定各自的关于教学、保健、生活制度及常规方面的内容。俄罗斯学前教育机构可以依据由俄罗斯教育部批准的 12 种复合型大纲、25 种不完全大纲和 2 个专用化大纲进行具体的教学工作。教学大纲在强调儿童多元发展的同时，也体现出一些共同的发展方向——突出学前教育在社会文化发展中的作用。俄罗斯教育改革正努力寻求在国际化和民族化中间寻找新的发展契合点。新的学前教育大纲指向使学龄前儿童具有初步的国家文化和民族复兴的意识。尊重民族传统和文化也可以说是俄罗斯学前教育课程文化的一大特点。比如说幼儿园图书角里介绍儿童所在城市的书籍、反映本土文化的绘画作品展览、传统工艺品题材的美术课等，都使幼儿感受到本民族的文化传统和精神内涵。俄罗斯人热衷艺术的特点也充分体现在课程内容方面，这里值得一提的是幼儿博物馆教学，它是利用俄罗斯丰富的博物馆资源向学前儿童进行美育的一种教学方式和教学手段。

（五）日本学前教育的目标和内容

日本《学校教育法》第二十二条规定，幼儿园教育为义务教育及此后教育奠定基础，其目的是对幼儿进行保育，给予幼儿适当的环境，使其健康茁壮成长，并促进幼儿身心的发育。第二十三条规定，幼儿园应努力达到下述各项目标：（1）培养健康、安全、幸福的生活所必需的日常习惯，以期身体诸机能协调发展；（2）通过集体生活，初步培养幼儿积极参加集体生活的观念，以及团结、独立自主、自律的精神和合作意识；（3）初步培养幼儿对周围社会生活、生命及自然的正确认识、态度以及思考能力；（4）通过日常会话、连环画和童话等幼儿喜爱的方式，正确引导幼儿掌握语言的用法，培养幼儿对对方言语态度的理解能力；（5）通过音乐、游戏、绘画等丰富幼儿的感性认识，培养幼儿对创作表现形式的兴趣。《幼儿园教育要领》第二条第1—5款则作出了类似的规定。

日本《儿童福祉法》第三十九条规定保育所的保育宗旨：保育所是接受家长的委托，以对缺乏保育条件的婴幼儿进行保育为目的的设施。1990年颁布的《保育所保育指针》截至2021年12月已修订四次。其总则指出："保育所是根据《儿童福祉法》对缺乏保育条件的婴幼儿进行以保育为目的的儿童福利设施。因此，保育所的保育必须以积极发展入所婴幼儿的福利为目的。"保育所保育的基本目的就是通过与家庭、地区社会的密切配合，补充家庭保育，使孩子拥有健康、安全、情绪稳定地生活的环境，以求身心的健全发展。

幼儿园教育内容和方法依据《幼儿园国家课程标准》施行。日本第一个《保育指南》发布于1948年，这一指南不仅适用于幼儿园，同时还适用于保育所和家庭教育。这一指南中推荐了多种幼儿教育活动，例如，观察、律动练习、休息、自由游戏、音乐、讲故事、画画、手工、自然研究、戏剧或玩偶游戏、卫生保健，以及每年的节日活动。1956年，第一个课程指南得到了更为系统的修订，被重新命名为《幼儿园教育指南（幼儿园国家课程标准）》，以便与小学和初中修订的课程标准（学习课程）相一致。修订后，幼儿园教育内容被分为六大领域：健康、社会、自然、语言、绘画与手工、音乐律动。1989年的课程指南修订中，幼儿园教育领域被修改为五大领域：健康、人际关系、环境、语言和表达。重点强调通过游戏和每日活动进行综合教育。1998年的课程指南修订提倡通过个人所处的环境进行教育，并且与社会变化保持一致。2008年的修订强调幼儿园最重要的目标是通过环境进行教育，并需要考虑到幼儿年龄的具体需求，同时，提出幼儿园应当支持家庭和社区中的早期教育，并对如何在课外时间中开展幼儿教育活动进行了阐释。2017 年又进行了修订。

（六）印度学前教育的目标和内容

印度很多学龄前儿童仍然面临着严峻的生存问题，因此印度政府将儿童的基本生存和健康成长置于重要地位，在此基础上进一步实现儿童的身体、智力和社会性全面发展。这是现阶段早期儿童保育和教育的目标。印度的《国家儿童宪章》（*National Charter for Children*）关注了以下几个方面：儿童的生存、生活和自由；推进健康和营养高标准；保障最低需要和生命安全；游戏和娱乐；为儿童的生存、生长和发展进行早期儿童保育；免费义务教育；保护儿童免受经济剥削和任何形式的虐待；保护女童；给青少年权利；平等、表达的自由、搜索和接收信息的自由以及结社和集会的自由；加强家庭和父母双方的责任；保护残疾儿童；加强对被边缘化和处境不利儿童的保育、保护和福利；确保所有的程序是儿童可以接受的。印度于 2005 年出台的《国家儿童行动计划》（*National Plan of Action for Children*）将早期儿童保育和教育的目标界定为：普及早期儿童服务来确保儿童的身体、社会、情感和认知的发展；确保所有 3 岁以下的幼儿能够有机会获得保育、保护和发展；确保所有 3—6 岁的儿童能够获得综合保育和发展以及学前的学习机会；向农村和城市地区的家长提供日托中心和托儿所机构。

综上所述，美国、英国、法国、俄罗斯、日本、印度等国学前教育均将幼儿各方面的全面发展和促进幼小衔接、帮助幼儿做好入学准备、为基础教育和各级各类教育的顺利实施打好基础作为本国发展和完善学前教育的目标之一。不同的是，在这些国家中，印度作为发展中国家，囿于国家发展的实际情况，将重点放在了儿童的基本生存和健康成长方面，以此为基础进一步实现儿童身体、智力和社会性全面发展。此外，日本颇为重视学前幼儿良好习惯的养成，而美国、英国和印度则将保障幼儿受教育权利、促进教育公平的实现作为学前教育的目标之一，制定一系列补偿处境不利儿童群体的政策和法规，并采取有效措施和计划项目促成此目标的实现。

在学前教育课程内容与方式方面，法国没有固定课程，学前教育的重点也不是教授知识，只是为未来奠定基础，因为法国重视语言能力的发展，因此在幼儿阶段的学习过程中，口语是核心，书写次之；美国各州依据自己实际情况自主选定课程；英国学前教育的课程遵循《早期基础阶段法定框架》来整合保育和教育，提供一系列以游戏为基础的活动和个性化的保教服务；俄罗斯学前教育在苏联时期实行全国统一的课程——《学前教育大纲》，苏联解体后，按照《俄罗斯联邦教育法》的规定，各地学前机构在国家标准大纲的指导下，结合本地、本机构的具体情况，制定具体的新大纲；日本幼儿园教育内容和方法依据《幼儿园国家课程标准》进行；印度尚未颁布统一的课程，儿童的基本生存和健康成长仍是学前教育关注的重点。

部分国家学前教育目标、内容与方法的比较见表 4-5、表 4-6。

表 4-5　部分国家学前教育目标的比较

目标	法国	美国	英国	俄罗斯	日本	印度
促进幼儿全面发展	√	√	√	√	√	√
帮助幼儿做好入学准备	√	√	√	√	√	√
培养幼儿良好的习惯					√	
保障幼儿受教育权利，促进教育公平		√	√			√

表 4-6　部分国家学前教育内容与方法的比较

国别	内容与方法
美国	各州根据自己的实际情况制定早期学习指南，自主选择课程（如“发展适宜性实践”，由全美幼儿教育协会提出，各州自行选择执行）
英国	遵循《早期基础阶段法定框架》执行
法国	没有固定课程与方法（口语是核心，书写次之）
俄罗斯	根据国家标准大纲（各地根据本地区实际情况制定并执行）施行
日本	依据《幼儿园国家课程标准》施行
印度	未颁布统一课程或课程标准，内容及方法未定

第四节　学前教育师资的培训

一、幼儿教师资质水平要求与资格制度模式

各国幼儿教师资格制度总体上可以分为两类：一类是依照法律法规将幼儿教师纳入国家统一的教师资质系列，如日本、法国、美国属于此类；另一类是没有统一要求，由学前教育机构对幼儿教师的资格提出不同的要求，英国和印度属于此类。而无论哪种类型的国家都在纷纷出台相应政策或实际举措提高教师资质水平。

（一）将幼儿教师纳入统一教师资质系列：法国、美国和日本

将幼儿教师纳入国家统一的教师资质系列是一些国家的做法，并对有效提高幼儿教师的资质水平、提升学前教育教学质量起到了实质性的重要作用。

1. 幼儿教师需通过教师资格考试获取执教资格：法国

法国幼儿教师的资格考试及其取得方式与小学教师资格同属一个系列。在教师培训大学学院（2010 年以后并入大学成立的“高等教育与教师学院”，2013 年升级为

“国家高等教育与教师学院”）学习1年之后，所有学生都要参加教师资格考试。资格考试包含预选考试和录取考试。预选考试为法语和数学2门笔试，录取考试有4门，含笔试和口试。录取考试分为外部考试和内部考试。外部考试由学区组织，面向所有具备学士文凭或具有接受3年以上的高等教育文凭的考生；第一内部考试面向具有3年实践经验的在职（原师范学校毕业的）小学教师，第二内部考试面向具备学士文凭或具有接受3年以上的高等教育文凭的公职人员。自2002年起，又增加了第三内部考试，报考资格为在报考时的前5年至少有4年的教育或培训工作经验，并具有接受3年以上的高等教育文凭。教师培训大学学院第二年的教学主要是为通过中小学教师录用考试的学生进行职业培训。这时，考试录取的学生便被命名为实习教师并领取工资。实习教师都要深入学习教育和教学方面的理论，并亲自授课，体会教师职业的特性。最后，所有实习教师要提交职业论文，经教师培训大学学院的评审委员会和学区评审委员会通过后，才可获得教师资格，并经学区或教育部分配到中小学幼儿园任职。法国至今仍实行国家分配教师的政策，分配的次序依据学区考试的结果。

2. 为幼儿教师提供多套资格证书体系：美国

美国公立、私立学前教育系统和“提前开端计划”系统并存的局面，使得其幼儿教师的资格认证也较他国更显多元化。美国公立幼儿园教师可取得幼儿教育教师资格证书或小学教师资格证书或二者兼具。美国教育部的统计数据显示，1998—1999年，在美国公立幼儿园的教师中，109 000名教师拥有本科学历（61%），57 000名教师拥有硕士学历（32%），而拥有博士学历和教育专门技能的教师有12 000位（7%）。在“提前开端计划”中，90%的教师拥有儿童发展助理证书（Child Development Associate）、幼儿教育的教师资格证书或者学士学位。2005年，69%的“提前开端计划”教师有至少2年的学院学位，32.8%的教师拥有专科学位，31.5%的教师有学士学位，4.7%的教师有研究生学位，22%的教师获得了儿童发展助理证书。

3. 建立幼儿园教师和保育士许可证制度：日本

为确保幼儿教师的质量，日本政府制定了一系列法律法规，并分别建立幼儿园教师和保育所保育士的许可证（即资格证书）制度。《教员许可法》《教员许可法施行令》等法律有如下的规定。第一，不论国、公、私立与否，凡幼儿园教员均须具备幼儿园教员许可证。第二，许可证分普通许可证和临时许可证两种。普通许可证分三类：第一类是幼儿园教员专修许可证，一般发给具有硕士学位的毕业生；第二类是幼儿园教员一级许可证，发给具有学士（本科学历）学位的毕业生；第三类是幼儿园教员的二级许可证，发给接受2年以上高等教育的毕业生。持有普通许可证的幼儿教师为教谕，且一旦获得该许可证，终身有效，并全国通用。持临时许可证的幼儿教师为助教谕，在特别情况下可以通过教育职员考试获得该资格。该许可证有效期为3年（有特殊需要时可以延长），且只能在所授予的地区使用。第三，许可证的授予权统归都道府县教育委员会和知事所有。第四，为获得教师许可证，教师必须在文部大臣指定的培养机构或大学修完规定的课程，获得相应的学分，并通过身份、教学能力和健康状况的考核。课程大致分为两种：一种是在大学学完 4 年课程并获得至少 124 个学分，可获一级普通许可证；另一种则是在短期大学学完 2 年课程并获得至少 62 个学分，可获二级普通许可证。对于保育所保育士而言，保育士资格取得的两个途径：一是从厚生劳动省所指定的保育士养成学校或养成所毕业；二是在各都道府县所举办的保育士考试中获得及格成绩。可以报考保育士考试的人员包括：高等学校毕业者；在儿童福祉机构从事儿童保护工作 3 年以上者；依据厚生劳动省大臣所定的基准，由都道府县知事确认者。

（二）不同类型幼儿教师资格要求不尽相同：英国和印度

英国学前教育和保育领域的资格证书结构比较复杂，资格与课程局（Qualifications and Curriculum Authority，QCA）的网站上列出的与儿童发展相关的证书共计 77 类。各类证书并非按照一定的计划发展而来，而是随着社会需求的变化而不断发展形成。总的来说，与儿童早期教育和保育工作相关的资格证书共分以下三类：国家职业资格证书（National Vocational Qualification，NVQ）、基础学位（foundation degree）和儿童早期研究学位（幼儿教育学学位）（early childhood studies degree），其证书获取途径各不相同。

全国职业资格证书是以一整套的全国职业标准（National Occupational Standards）为基础，确保所有学前教育工作者具备同等水平的知识、实践领域的经验并符合相应标准。申请者需要接受单独的指导和评价，通过实践表现、参与培训课程以及评价者的支持等，最终通过资格证书的评审。基于其重视实践工作能力的特点，全国职业资格证书特别适合那些没有正规证书却具有实践经验的工作者。基础学位为那些非传统学生（non-traditional student）提供了一条获得高等教育的有效途径。学生在完成这一学位后，便可以申请进入一个相关领域的荣誉学士学位（honors degree）的后续阶段。儿童早期教育和保育行业所认可的基础学位主要是针对那些儿童早期服务领域的实践者而设置的。基础学位可以通过非全日制学习获得，这样便满足了人们接受继续教育的需求。其灵活的学习方式对已经参加工作及尚未参加工作和那些准备变换职业的人士，都具有很大的吸引力。绝大多数的学位需要遵循与其他学位相同的 3 年课程学习模式。另外，许多课程须提供实习期，或是允许已参加工作的学生进行非全日制学习。所有的学习都是跨学科的，以试图创设一个在学位课程上整合保育和教育的知识体系。在全国职业资格证书发展的同时，儿童早期研究学位可以向那些刚从学校毕业的学生，也可以向经验丰富的从业人员，提供一个新的学习机会，因此受到人们的欢迎，且发展迅速。① 以上各类证书类型各有其优势所在，互相

① S. Owen. Training and Workforce Issues in the Early Years. In G. Pugh，B. Duffy. *Contemporary Issues in the Early Years*（*4th Edition*）. London：Paul Chapman Publishing，2006，p. 186.

竞争的同时，又互为补充、相互促进，最终呈现出一个多样化的证书结构体系。这些证书或学位课程在经过专业认可后，形成了不同的资格证书等级，从而方便政府及托幼机构的管理人员据此组织相应的聘用工作。

印度学前教育师资类型多样，培训要求也各不相同，但从整体来看，对学前教育工作者的培训要求较低。以印度儿童综合发展服务项目的团队为例，该项目团队包括五大类工作者：儿童综合发展服务中心助手、儿童综合发展服务中心工作人员、督导、儿童发展项目官员以及地区项目官员（District Program Officers，DPOs）。儿童综合发展服务中心工作人员是从地方社区中选出的一位女士，她不仅是儿童综合发展服务项目以社区为基础的一线志愿工作人员，还是动员社区支持幼儿、女童和妇女保护的代表，她们是实施儿童综合发展服务项目的核心人物。此外，还有来自附近基础健康中心和健康子中心的医务人员，健康访问女士（lady health visitors，LHVs）、辅助护士、助产士和妇女健康工作人员与计划工作者共同合作提供健康服务。这些工作人员在入职时是志愿参加，在接受3个月的职前培训后即可上岗。其职责包括：非正式的学前教育，补充喂养，健康和营养教育，通过家访进行家长教育，社区支持和参与，以及基础母亲和儿童健康介绍。督导、儿童发展项目官员以及地区项目官员是儿童综合发展服务项目的管理者，确保计划服务能够正常有效地实施。一位督导（每20个儿童综合发展中心工作人员中产生一位督导）和一位直接负责每个儿童综合发展项目实施和管理的儿童发展项目官员（与其他三到五位督导合作）为儿童综合发展中心工作人员提供支持。这些人员需要取得较高的学历和接受更为高级的培训。

二、各国幼儿教师培养的主要模式

通过对世界部分国家幼儿教师培养情况的研究，可以发现以下三种主要的幼儿教师培养模式：一是多种机构综合培养模式，如日本；二是单一机构定向培养模式，如法国；三是以项目为导向的培养培训一体化模式，如美国和印度。

（一）单一的教师教育机构封闭的培养模式：法国

法国幼儿教师全部统一由单一机构定向培养。根据法国《教育指导法》规定，法国各个学区各建立一所“教师培训大学学院”，以取代原有的各类教师培训机构。教师培训大学学院具有三项使命：准备参加中小学教师（包括幼儿教师）录用考试；进行教师的初始和继续培训；开展教育研究。这一改革的教育理念一方面是将不同层次不同类型的中小学教师培训集中于同一机构，使他们获得一种共同的教育文化；另一方面是促进教师的职业化，使教师培训具有高等教育的特点，从而吸引更多优秀青年加入到教师行列。

（二）多种类型师资培养机构共同承担的开放性培养模式：日本

按照《教员许可法》的规定，日本幼儿园教师同中小学教师一样，必须在经文部科学大臣认定的教师培养机构中修习足够的学分才能获得从教许可证。目前日本承担学前教育师资培养的机构多种多样，但主要可分为大学和短期大学两类，此外还有大学院和专攻科以及指定教员培养机关（即国家指定的专修学校等）。大学和短期大学是培养学前教育师资的主力，其他机构类型的出现也能够灵活地满足当大学正规课程培养的师资出现不足时的需要。日本保育所保育士的培养方式基本上与幼儿园教师相同，以短期大学与指定教员养成机关为主。

（三）以项目为导向的培养培训一体化模式：美国和印度

除以上两种培养模式外，还有一些国家的幼儿教师与保育员等的培养往往是和入职培训或在职培训结合在一起进行的，如美国“提前开端计划”项目、印度儿童综合发展服务项目等。

在美国公立和私立学前教育系统之外，“提前开端计划”项目基于项目自身的需要对教师培训提出了具体的要求。“提前开端计划”为参加开端计划教职员提供大学学习课程，以便他们取得从事教育事业的资格或学位。

印度儿童发展协会（Child Development Associate，CDA）项目，则培养专业辅助人员，尤其是从事早期教育的资格人员。该项目对工作人员的初始要求并不高，大多出于个人自愿，因此入职时儿童综合发展服务工作人员的实际专业水平参差不齐，就需要在过程中不断地对工作人员进行培训，而这种培训与其他国家正规意义上的在职培训的含义不同，特别是那些在边远贫困地区工作的教师和工作人手短缺的地区，儿童综合发展服务工作人员往往是在入职后边工作边培训的。该项目对工作人员的培训主要有国家培训行动计划、官方培训项目、本土非政府培训项目和世界银行培训项目四种。

部分国家学前教育师资培养制度情况见表 4-7。

表 4-7 部分国家学前教育师资培养制度比较

国别	学前教育师资培养机构	学前教育教师任用资格	学前教育教师在职培训制度	
			新教师入职培训	在职教师进修
美国	教育学院（3—4 年）、社区学院（2 年）等	教师资格证书（主要由各州和学区自行决定）	1 年左右，有义务开设面向新任教师进修课程的州不断增多	由州和学区实施； 在大学和研究生院实施； 教师团体和企业举办的讲座和研讨会； 学前教育项目
英国	高等教育机构为主	教师资格证书（共分 8 级）	无法律规定，但地方教育当局和学校对新任教师进行指导	公立学前教育机构提供的进修； 转换基金提供儿童保育培训

续表

国别	学前教育师资培养机构	学前教育教师任用资格	学前教育教师在职培训制度	
			新教师入职培训	在职教师进修
法国	教师培训大学学院（2年）	教师证书 教学能力证书	实行试补制度，以教师资格考试合格者为对象，第一年在教师培训大学学院学习	国民教育部举办面向全国或地方教师的进修； 以地方组织的进修为主
日本	大学（4年）、短期大学（2年）、大学院、指定养成机关等	专修许可证书 一级许可证书 二级许可证书 临时许可证书	新任教师进修制度（1年）	文部科学省举办的进修； 地方教育委员会举办的进修； 研修中心举办的进修

除此之外，各国也开始重视幼儿教师的在职培训，并提供多种在职培训方式。许多国家已经开始意识到，提高幼教师资质量，不仅仅应当重视职前教育，更应当将职前教育与在职教育融为一体，使之既有持续性又有连贯性，使幼儿教师的发展走上终身性、一体化和专业化的道路，并推动学前教育质量的不断提高。

第五章

义务教育比较

义务教育制度是指国家权力机关通过法律形式，规定所有适龄儿童和青少年必须接受一定年限的学校教育，并要求国家、社会和家长必须予以保证的教育制度。这种制度的显著特点有三：一是强制性；二是普遍性；三是采取学校教育形式。义务教育制度是随着现代化大生产和现代社会的产生和发展而建立起来并不断发展的。普及义务教育是现代人类文明的重要标志，也是现代学校教育体系的发展基础。

第一节　义务教育的历史发展

一、义务教育思想的提出

宗教改革前，欧洲各国没有公共教育制度，初等教育具有明显的宗教性和等级性。文艺复兴和宗教改革时期，一些人文主义者从人道主义和人生而平等的思想出发，提出了有义务教育思想内涵的观点。莫尔（T. More）在《乌托邦》中较为深入地论述了义务教育思想。他认为，教育是国家的事，是国家政治社会制度的一部分，国家实行普及教育是政治、经济生活的需要；普及教育的渠道是多方面的，既包括正规的学校教育，也包括非正规的家庭教育、社会教育；普及教育的目的就是培养理想的人，并使所有的人获得幸福。最先明确提出义务教育思想的是德国宗教改革运动领袖马丁·路德（M. Luther）。在16世纪的宗教改革运动中，为了争取全体居民信仰新教，马丁·路德提出教育机会均等思想，要求市政当局为市民子弟接受初等教育设立学校。

17世纪，捷克教育家夸美纽斯（J. A. Comenius）明确提出普及教育的思想，主张为一切儿童，不分等级、财产情况和性别，设立普及的、义务的国语学校。他的普及教育思想充分体现在他的“泛智论”上。“泛智论”的基本观点是“把一切事物教给全人类”①，社会各个阶层的人都享有接受教育的权利。针对当时教会实施的等级教育和教育不平等现象，夸美纽斯提出了普及教育的民主要求。他强调指出：“所有

---

①［捷］夸美纽斯著，任钟印译：《大教学论·教学法解析》，人民教育出版社2006年版，第5页。

男女儿童都应该上学”，“不仅是富人和有权势的人的孩子，而是一切孩子，不分男女，不分出身高贵或出身平民，不分富裕或贫穷，而是生活在一切城市的小镇、村落和小村庄中的孩子都应该上学”。①

18 世纪法国大革命时期，一些资产阶级思想家也主张把教育从教会手中收归到国家和政府手中，实施普及教育。法国教育家和哲学家孔多塞（M. Condorcet）认为，建立国民教育体系，向全体国民开展适合其本性发展和国家进步的国民教育，乃是国家一项不可推卸的责任。鉴于教育是一项最重要的社会事业，对个人和国家发展都具有无可估量的价值，“教育应该是普遍性的，也就是说，各个阶级的公民都应受到教育。接受教育应该是平等的”②。

19 世纪初，英国空想社会主义者欧文（R. Owen）提出人人从出生到成年都应用目前所知的最好方式进行教育和培养，并在纽纳拉克纱厂为 2—6 岁儿童设立了幼儿学校，为全体 6—10 岁儿童办起了初等学校。

二、义务教育制度的建立

18 世纪 60 年代首先在英国发生的工业革命直接促进了义务教育的发展。机器大工业生产要求劳动者必须具有一定的文化知识，从而能正确地使用机器。资产阶级为了提高劳动生产率，维护资本主义的政治、经济和社会秩序，不得不让工人受一定的训练和教育，使他们既能替资产阶级创造利润，又不会惊扰资产阶级的安宁和悠闲。在国家为劳动人民子女办的公立小学里，不仅向学生传授简单的读、写、算知识与技能，而且还灌输资产阶级的道德精神。18—19 世纪正是资产阶级的民族国家兴起和确立的时期。为了维护和发展民族意识，保护和扩大自己的市场，英国、美国、法国、德国、日本等国都通过普及初等教育向少年儿童灌输资产阶级的民族和国家意识。此外，政治上日益觉醒的工人阶级为争取受教育权而开展的斗争，也迫使资产阶级为劳动人民子女提供一定程度的教育。

从 19 世纪后半期开始，各主要资本主义国家都认识到了义务教育在经济和社会发展中的重要作用，于是通过制定法律保证其实施，由此建立了现代义务教育制度。现代义务教育制度之所以在这个时期建立和实施，主要受三方面因素的影响：一是现代大工业生产发展的需要；二是现代国家政治生活和社会生活的需要；三是人民争取受教育权的斗争。

德国统一后，于 1872 年颁布了《普通教育法》，规定 6—14 岁的 9 年初等教育为

① ［捷］夸美纽斯著，任钟印译：《大教学论·教学法解析》，人民教育出版社 2006 年版，第 65 页。

② 单中惠主编：《外国中小学教育问题史》，山东教育出版社 2005 年版，第 29 页。

义务教育。美国的义务教育制度始于1852年马萨诸塞州制定的义务教育法，随后其他各州相继制定义务教育法。英国于1870年颁布《初等教育法》，建立5—12岁的7年初等义务教育制度。日本于1872年颁布《学制》，提出“邑无不学之户，家无不学之人”的普及教育要求；1886年又颁布《小学校令》，明确规定四年制小学为义务教育。法国于1881年和1882年先后颁布两个《费里法》，规定对6—13岁儿童实施免费的、世俗的初等义务教育。

苏俄在十月革命胜利后，把普及初等义务教育作为社会主义建设的一个重要组成部分。苏维埃政府颁布了有关扫除文盲和实行免费、义务和世俗教育等教育改革方案，1919年列宁签署了扫除文盲的法令。同年俄共八大提出对8—17岁少年儿童实施免费义务教育。1930年苏联颁布了实施普及义务教育的决定，并于1934年完成普及8—12岁儿童的四年初等教育任务。

按照印度宪法规定，印度初等教育属于义务教育。印度初等教育年限为8年，分初小和高小两个阶段，初小年限为5年，高小年限为3年，入学年龄一般为6岁。印度是一个多语言国家，因而在课程设置中有“三种语言方案”的规定，即学生必须学习三种语言：母语或地区语言（语言Ⅰ）、印地语（语言Ⅱ）和英语（语言Ⅲ）。初小阶段学习一种语言即母语或地区语言；高小阶段学习两种语言，即母语或地区语言以及印地语或英语。如果母语或地区语言都是印地语，那么通常还需要选学梵语或某种“现代印度语言”。

新中国成立后，中央人民政府于1952年就提出普及小学教育的要求，但由于当时的形势而未能实现。1980年中共中央和国务院作出了《关于普及小学教育若干问题的决定》，普及小学教育有了切实的进展。1982年版宪法规定“普及初等义务教育”。1985年颁布的《中共中央关于教育体制改革的决定》正式提出“有步骤地实行九年义务教育”。1986年第六届全国人民代表大会第四次会议通过的《中华人民共和国义务教育法》以法律形式规定：在中国实行九年义务教育。2006年全国人大常委会又通过了修订的《中华人民共和国义务教育法》，规定实行免费的九年义务教育。

回顾美国、英国、法国、德国、日本、苏联等国普及初等教育的历史，美国普及义务教育共花了近70年时间，日本花了35年，法国花了30多年，英国花了25年。十月革命胜利后，苏联在15年的时间内普及了四年义务教育，充分体现了社会主义制度的优越性。

随着科学技术和社会生产的发展，各国实行义务教育的年限逐步延长，本书研究的部分对象国义务教育的年限和起讫年龄见表5-1。

表 5-1 多国义务教育的年限和起讫年龄

国别	义务教育年限/年	起讫年龄/岁	备注
美国	9—12	6 岁开始，15—18 岁结束	各州不同
英国	11	5—16	
法国	13	3—16	
德国	9—10	6—15 或 6—16	
日本	9	6—15	
俄罗斯	11	6—17	
中国	9	6—15	
印度	8	6—14	
哈萨克斯坦	12	4—16	
新加坡	9	6—15	

第二节 义务教育的基本经验

一、制定相关法律

教育立法是实施义务教育的法律保证。德国、英国、法国、美国、日本等国在 18、19 世纪先后颁布教育法令，以法律形式确立义务教育地位，强迫学龄儿童入学。最早颁布义务教育法令的是德意志的一些公国，普鲁士早在 1763 年就颁布了《普通学校规程》，规定 5—13 岁的儿童必须接受义务教育。1872 年德国颁布《普通教育法》，规定 6—14 岁的儿童必须接受义务教育制度。1919 年颁布的《魏玛宪法》第 145 条规定在德国实施普及的学校义务教育。1938 年德国颁布《学校义务教育法》，规定义务教育为 8 年。1945 年以后，联邦德国大多数州颁布了新的学校教育法。1964 年签订的《汉堡协定》把义务教育年限延长为 9 年。

英国于 1870 年颁布《初等教育法》，建立了公共初等教育制度。该法第 5 条规定，每个学区都应在公立学校为本学区的所有儿童提供教育。第 74 条授权学校委员会制定地方法规，强制 5—13 岁儿童入学。1880 年的《孟德拉法》规定在全国实行面向 5—10 岁儿童的义务教育并实行强迫入学。1918 年的《费舍教育法》将义务教育年龄延长到 14 岁。《1944 年教育法》规定义务教育的年限为 10 年，即面向 5—15 岁儿童的义务教育。1972 年又将义务教育年限延长 1 年，即面向 5—16 岁儿童的义务教育。

法国 1833 年颁布的《基佐法》规定，每个市镇设小学一所，但并未规定强迫儿童入学。1867 年的《迪律伊法》规定市镇可以征税维持学校。1881 年颁布的第一个《费里法》规定初等教育免费，1882 年颁布的第二个《费里法》规定对 7—13 岁的儿童实行义务教育。1936 年法国将义务教育延长为 8 年，即面向 6—14 岁的儿童。1959 年戴高乐政府颁布的《教育改革法令》规定对 6—16 岁儿童实施的义务教育。

美国马萨诸塞州于 1852 年颁布部分时间制义务教育法，随后各州相继制定义务教育法。1890 年康涅狄格州颁布义务教育法，规定实施全日制义务教育。最晚 1920 年密西西比州颁布义务教育法令，至此全美各州都实行了义务教育。

日本于 1872 年颁布《学制》，规定对 6—14 岁的儿童实施初等义务教育。因义务教育年限过长，脱离当时实际，此项规定未能完全付诸实施。1886 年又颁布《小学校令》，明确规定实施四年制小学义务教育。第二次世界大战后颁布的日本宪法规定，全体国民有接受均等教育的权利，全体国民依法具有令自己的子女接受普通教育的义务，义务教育免费。1947 年颁布的《教育基本法》和《学校教育法》规定实施九年义务教育。

苏联于 1934 年实现四年义务教育。同年联共（布）第十七次全国代表大会决定在全国实施七年义务教育。1971 年苏联提出在全国实施十年义务教育，到 1975 年已完成十年义务教育的普及。

中国于 1985 年印发了《中共中央关于教育体制改革的决定》，提出在全国范围内普及九年义务教育。1986 年 7 月《中华人民共和国义务教育法》（以下简称《义务教育法》）施行。《义务教育法》具有强制性，它规定了两方面的义务：一方面要求学生的家长承担使其子女接受学校教育的义务；另一方面要求国家和社会承担设置实施义务教育学校的义务，以保证儿童受教育权利的实现。2006 年全国人大常委会又通过了修订的《义务教育法》，规定实行免费的义务教育。此后，全国人大常委会于 2015 年、2018 年又对该法进行了修订。

为了使义务教育相关法律得到切实的贯彻执行，各国都制定了一些具体的保障措施。各国一般在教育行政部门设置专门机构，如英国和法国设有义务教育委员会，负责计划、检查并督促义务教育的实施。各地区义务教育委员会负责调查本地区的学龄儿童情况并制订相应的入学计划，要求家长在规定时间内到学校登记。美国各学区都有负责推行义务教育的人员，如“劝学员”“访问教师”或“社区工作人员”等，他们的工作得到家长教师协会的协助。此外，对违反义务教育法的行为也都有处罚措施。例如，日本规定，家长不得因使用子女的劳动力而妨碍他们接受义务教育，违者处 3 000 日元以下的罚金。英国规定对不履行送子女入学义务的家长罚款 10 英镑并监禁 1 个月。美国有些州规定，把违章逃学儿童的家长送到父母学校之类的特殊机构受教育；有些州则规定，对未受完义务教育者不发给汽车驾驶执照；还有些州规定对不履行义务教育的人拘役 1—3 个月。法国对缺课儿童，先公布其家长姓名，如果无效，则罚款 11—15 法郎或监禁 5 天以上。德国对不遵守义务教育法的家长罚款 1—25 马克作为教育经费，对在上课时间雇用学龄儿童的企业主罚款 150 马克。

二、实行免费教育

各国在普及义务教育过程中都遇到了两个难题：第一个问题是有些家长由于对教育的意义认识不足而不愿送子女入学；第二个问题是有些家长由于交不起学费而不能送子女入学。第一个问题可以通过教育立法、借助法律的强制性或说服教育来解决，第二个问题只有通过实行免费教育才能解决。不采取免费措施，义务教育就不可能完全普及。正因为如此，各国都非常重视义务教育的免费问题。

在欧美各国，免费教育的最早实践是学校免除孤儿和家庭贫苦学生的学费。早在 1763 年，《普鲁士学校总则》就规定，孤儿和家庭困难学生的学费由教会和行政当局解决。1795 年法国规定可以有四分之一的免费生。1834 年美国宾夕法尼亚州通过了废除公立学校学费的制度（从此到 20 世纪初美国各州先后实行了免费义务教育制度）。英国于 1891 年开始在大部分初等学校实行免费教育。各国免费教育从部分实施到全面实行都经历了较长的时间，法国于 1881 年、德国于 1885 年、日本于 1900 年、英国于 1918 年、美国于 20 世纪初才完全实行了免费义务教育。也就是在完全实行了免费教育后，义务教育才得以真正普及。中国从 2008 年秋季学期开始免除义务教育阶段所有学杂费，之后普及九年义务教育的目标才完全实现。

各国实行免费教育和义务教育的起始时间各不相同。有的是先实行免费教育，然后才颁布义务教育法，如美国的大多数州。有的是先颁布义务教育法，然后才实行免费教育，如日本、英国、德国；有的是几乎同时实行义务教育和免费教育，如法国和苏联；有的国家则同时存在上述三种情况，如澳大利亚。各国免费教育的一般做法是，先免收学费，之后逐步扩大到免费提供教科书和其他学习用品，有的还免费供应点心和午餐，提供免费医疗，免收交通费等。

三、培养合格教师

建立一支稳定合格的义务教育学校教师队伍是实现普及义务教育的重要保证。为此，各国都通过改革和发展师范教育、促进教师的专业发展、提高教师的社会地位和经济待遇等措施提高教师队伍的质量。

一些发达国家在实施义务教育之前就建立了师范学校。德国早在 1694 年就设立了师范学校，但为时不久。后受裴斯泰洛齐（J. H. Pestalozzi）教育思想的影响，于 1825 年确立了专设师范学校培养师资的制度。法国于 1795 年建立第一所师范学校。

英国宗教团体在18世纪举办慈善学校时就注意到师资的培养问题。19世纪初，兰卡斯特（J. Lancaster）和贝尔（A. Bell）发明了“导生制”，1811年以后英国广泛推广导生制。鉴于导生制难以保证教育质量，英国于1846年开始实行“教生制”，挑选13岁的学生跟校长当学徒5年，每年考察一次，18岁时参加考试，合格者入三年制师范学院，毕业后为合格教师。19世纪80年代中期，教生制因不能适应教育发展的需要而被废除。1890年英国在大学设师范部，培养小学教师。1902年以后，随着中等教育的发展，小学教师改由师范学院招收中学毕业生进行专业训练。美国于1823年在佛蒙特州康考德市设立第一所私立师范学校，师范学校设有附属小学，供学生实习用。1839年马萨诸塞州设立第一所公立师范学校。其后，康涅狄格、密歇根等州相继于1850年和1853年设立州立师范学校，培养小学教师。1897年，密歇根州立师范学校改名为州立师范学院。伊利诺伊州还设立州立师范大学，学制4年，以提高小学师资的质量。日本于1872年在东京创办了第一所师范学校。随后，其他一些府县相继建立起公立师范学校。1886年日本颁布《师范学校令》，建立了普通师范学校和高等师范学校制度，分别培养小学和中学教师。从此，每个府县各设一所师范学校，奠定了小学教师培养的基础。二战后中小学师资改由大学培养。有关法令还规定，所有教师都要取得教师合格证书。苏俄在十月革命后不久就提出培养大批师资的计划。1918年和1919年先后召开两次师范教育会议，制定师范学校章程，建立新型师范教育机构，到20世纪20年代末形成了完整的师范教育体系。1930年苏联在职教师人数发展到47万多人，为普及义务教育准备了足够的师资。

为了吸引更多的优秀人才从事教师职业，各国都重视提高教师的社会地位和经济待遇，如把教师列为公务员，提高教师的工资，为教师发放各种津贴以及优待师范生等。例如，为保证优秀人才从事义务教育工作，日本于1974年制定了《为提高学校教育水平，确保义务教育诸学校教职员人才的特别措施法》。该法规定，国家要使义务教育学校教师的工资水平高于一般公务员的工资水平。

四、增加教育经费

增加教育经费是普及义务教育的物质基础和经济保障。各发达国家在普及义务教育的过程中都重视教育投资，不断提高教育经费在国民生产总值和国家财政预算中的比例，并优先考虑义务教育。1999年、2008年、2018年世界部分国家和地区公共教育经费占国民生产总值的百分比如表5-2所示。

表 5-2　1999 年、2008 年、2018 年部分国家和地区
公共教育经费占国民生产总值的百分比

单位/%

国家	1999 年	2008 年	2018 年
美国	5.0	5.5[z]	5.0^{-4}
英国	4.6	5.5[z]	5.5^{-2}
日本	3.5	3.4[z]	3.2^{-2}
韩国	3.8	4.2[z]	4.6^{-2}
法国	5.7	5.5[y]	……
德国	4.5	4.4[y]	4.8^{-2}
印度	4.5	3.2[y]	……
澳大利亚	5.2	4.9[z]	5.3^{-2}
俄罗斯	……	……	3.7^{-2}
哈萨克斯坦	……	……	2.8
中国	1.9	3.48	……
南非	6.2	5.6[a]	6.2
世界平均	4.7	4.8	4.4
发达国家	5.0	5.2	……
高收入国家	……	……	4.7
北美和西欧	5.3	5.5	……
北美	……	……	3.2
欧洲	……	……	4.8
发展中国家	4.5	4.2	……
中等收入国家	……	……	4.1
低收入国家	……	……	3.9
阿拉伯国家	……	4.2	……
撒哈拉以南地区	4.2	4.1	4.4
拉丁美洲及加勒比地区	4.9	4.9	4.7
东亚/大洋洲	4.9	……	……
东亚	……	……	3.3
大洋洲	……	……	4.7[i]

续表

国家	1999年	2008年	2018年
南亚和西亚	2.9	3.7	……
南亚	……	……	4.0
西亚	……	……	3.6[i]
中亚	……	……	5.3
东南亚	……	……	3.9

注：表中[z]为2007年数据，[y]为2006年数据，[a]为2009年数据，[i]为估计或部分覆盖，[−2]为2016年数据，[−4]为2014年数据，……为未获得数据。

资料来源：联合国教科文组织：《2011年世界教育报告》，第334—337页；联合国教科文组织：《2020年全球教育监测报告》，第344—353页。

由表5-2可见，2018年高收入国家教育经费占国民生产总值的百分比平均为4.7%，中等收入国家为4.1%，低收入国家为3.9%。在教育经费的分配上，许多国家都把义务教育作为投资的重点。例如，日本从20世纪50年代起，义务教育经费一直占教育经费总额的60%。德国普及义务教育的投资也占教育总投资的50%—60%。

由于各国教育管理体制不同，公共教育经费的分担情况也不同。有的国家以中央负担为主，有的国家以地方负担为主，还有的国家基本上由中央和地方各负担一半。美国和德国的普及教育经费主要由州和地方学区筹集，联邦处于辅助地位。1978年美国的公共教育经费中，联邦、州和地方学区的分担比例分别为9%、45%、46%。1975年德国联邦、州和地方学区的公共教育经费分担比例分别为0.3%、71.5%、28.2%。英国公共教育经费的60%来自中央拨款，其余的来自地方税。法国80%的公共教育经费来自中央拨款。日本的教育经费由中央负担60%左右，地方（包括都道府县和市镇村）负担30%左右，其余为捐赠。尽管各国筹集教育经费的办法有所不同，中央和地方分担的比例也不同，但有一点是共同的，那就是确保普及教育经费有稳定的来源。

五、因地制宜办学

普及义务教育的年限、内容、形式和方法与当时、当地的具体情况相适应，因地制宜办学，这是各发达国家在普及义务教育过程中普遍遵循的一条重要原则。各国在实施义务教育初期，办学形式灵活多样，学制也长短不一。如日本1886年颁布的《小学校令》规定四年制小学是正规的普及义务教育学校，但同时鼓励设置三年制简易小学。这种简易小学当时占全国小学的三分之二左右，到1899年小学教育年限才强制规定为4年。像美国这样的发达国家，在第二次世界大战结束时，单班学校的比例在小学中仍占近三分之二，这是与当时美国地广人稀、居民居住分散的特点相联系的。正是这种因地制宜的单班学校为美国义务教育的普及作出了重要贡献。二战后，随着教育经费的增加，办学条件得到改善并有了专门接送学生的校车，单班学校才逐步减少。

各国在义务教育年限、儿童入学年龄、上课时数等方面一般都有统一规定，但具体实施时可以因地制宜，灵活掌握。美国是实行地方分权的国家，各州实行义务教育的时间有先有后；各州义务教育的年限有长有短，从 9—12 年不等，大部分州为 9 年；每年的上课时间也不一样。法国是实行中央集权的国家，但由于农村学校和城市学校的条件不同，其普及义务教育的做法也有所差异。

第三节　义务教育的重要改革

在普及了义务教育后，提高义务教育质量已成为各国义务教育改革和发展的主题，几乎所有义务教育改革举措都是围绕这一目标来进行的。

国际社会对教育质量问题高度关注。2000 年世界全民教育大会通过了《全民教育行动纲领》，提出从全民教育向全民优质教育转变。2001 年第 46 届国际教育大会的主题是“全民教育和为共同生存而学习”，着重讨论高质量全民教育和 21 世纪共同生存问题。2004 年第 47 届国际教育大会的主题是“面向所有青年的优质教育：面临的挑战、趋势和优先事项”。联合国“千年发展目标”明确提出到 2015 年要实现“确保所有男童和女童都能完成全部小学教育课程”和“在小学教育和中学教育中消除两性差距”的目标。联合国在《变革我们的世界：2030 年可持续发展议程》（*Transforming Our World*：*2030 Agenda for Sustainable Development*）中明确提出全球教育的总体目标（SDG4）：“确保全纳和公平的优质教育，增加全民终身学习机会”。为实现这一目标，联合国教科文组织在《教育 2030 行动框架》中提出了实施举措和指导性策略。义务教育在儿童的成长和发展过程中起着基础性作用，直接关系到国民的整体素质。为提高义务教育质量，促进义务教育均衡发展，各国纷纷采取改革举措。

一、制定相关的法律和政策

2002 年美国颁布了《不让一个孩子掉队法》，强调政府和学校要努力提高所有学生的学业成绩，缩小同龄人之间的学业“鸿沟”，力争不让一个孩子掉队。2015 年美国颁布了《每一个学生成功法》，既延续了 1965 年美国《初等和中等教育法》和 2002 年《不让一个孩子掉队法》关注教育公平的精神，又针对《不让一个孩子掉队法》中出现的问题进行了修订。许多国家还从促进社会融合、保障基本人权的观念出发，关注处于社会边缘的弱势群体儿童的教育状况。

1997 年，英国发表《追求卓越的学校》（*Excellence in School*）白皮书，宣布教育改革将着眼于大多数学生。在学业成绩不良的地区，英国政府开展了“教育行动区”计划，73 个“教育行动区”囊括了 1 000 多所学校。2016 年，英国教育部发布题为《全面卓越》（*Educational Excellence Everywhere*）的白皮书，提出要构建卓越教育体系，包括优秀的教师队伍和学校领导者，高效的学校治理结构、监管模式和经费保障体系，先进的课程体系等多个方面。通过给予学校更大的自主权和独立性，英国政府鼓励学校多样化发展。主要举措包括：削减大学教育学院的规模，将培养教师的主导权交给中小学；鼓励学校之间或者学校与大学结成互助联盟，共同解决学校发展中遇到的问题；加强中央政府教育行政部门对中小学的直接管理，弱化地方教育局的行政职能；倡议扩大公立文法中学的规模，在中产阶级和普通民众中培养和选拔精英。

为适应 21 世纪教育发展的新变化，法国于 2003 年组建了“学校未来全国讨论委员会”，开展了关于学校未来的全国大讨论。该委员会于 2004 年 10 月向法国教育部提交了题为《为了全体学生成功》的最终报告，报告提出了未来教育的宏伟目标：让全体学生成功。它提出要使全体学生在义务教育完成之后，都能够具有就业所必需的知识、能力和行为准则，并为终身学习奠定基础。2005 年 4 月法国又颁布了《学校未来的导向与纲要法》，保证每个学生获得由知识、能力和行为准则整体构成的共同基础。2013 年，法国颁布了《重建共和国学校的方向与规划法》（*La loi d'orientation et de programmation pourla refondation de l'e cole de la République*），开始着手基础教育改革，提出要重建共和国学校，基本目标是建设公正的、高水平的和包容的学校，提高所有学生的水平并减少不平等。主要改革措施是设置师资与教育高等学校，调整学校作息时间，让学校进入数字时代。

日本中央教育审议会于 2005 年发表了题为《创造新时代的义务教育》的咨询报告，提出要明确义务教育目标，验证教育成果，改善教育内容，保证教育质量，并制定出评价和检验教育成果的方法，以此保证所有儿童都能接受高质量的教育。2017 年，日本文部科学省颁布了最新的《幼儿园、小学校和中学校学习指导要领》，这是日本在全球发展学生核心素养的大背景下实施新一轮课程改革的纲领性文件，它从培养目标、课程内容、教学与学习方式、学生发展指导、评价和实施策略六个方面阐述了课程改革的几大核心问题。根据这一指导要领，日本新一轮课程改革以学生“资质与能力”的全面养成为宗旨，课程内容强调“面向社会的课程”，学习方式强调主体性学习、互动式学习和深度学习，学习评价强调以目标为基准的多样化评价，学生发展指导强调以学生为本、支持学生成长，实施策略上重视学校与家庭、社区的协同。

中共中央、国务院于 2019 年印发《关于深化教育教学改革全面提高义务教育质量的意见》，这是党中央、国务院出台的聚焦深化教育教学改革、全面提高义务教育质量的纲领性文件。该文件提出了深化教育教学改革、全面提高义务教育质量的指导思想、基本要求和重要举措，强调要全面贯彻党的教育方针，树立科学的教育质量观，坚持立德树人，培养德智体美劳全面发展的社会主义建设者和接班人。2021 年中共中央办公厅、国务院办公厅又印发《关于进一步减轻义务教育阶段学生作业负担和校外培训负担的意见》，提出了进一步减轻义务教育阶段学生作业负担和校外培训负担的主要任务和重大措施，强调坚持学生为本，强化学校教育主阵地作用，深化校外培训机构治理，构建教育良好生态，促进学生全面发展、健康成长。

二、改革义务教育的课程

义务教育的目的不仅是使学生掌握知识和技能，更重要的是使儿童在身心的各个方面都得到健康的发展。义务教育目标的变化和发展，也使其内容日趋丰富和充实。各国在义务教育中不仅重视知识教育，而且也重视健康教育、环境教育、团体生活教育、公民道德教育，同时还重视能力的培养。为提高义务教育质量，各国都启动了义务教育课程改革。改革措施既有相同点，也有不同点。

（一）课程改革的共同点

根据联合国教科文组织国际教育局 1984 年举行的第 39 届国际教育会议的精神，许多国家在课程的设置上遵循三项原则：一是针对性，使课程内容与社会和个人的发展目标相关联；二是实用性，重视教育与社会生产、生活的联系，把学校课程与职业生活密切联系起来；三是可接受性，精选必要的基础内容，使课程适应儿童的身心发展，防止学生学业负担过重。各国义务教育课程改革的共同点主要表现在以下三方面。

第一，增设综合课程。国外一些课程专家认为，根据儿童身心发展的年龄特征和现代科学的特点，义务教育阶段课程的门类不宜过多，分科不可太细，课程设置应朝综合化方向发展。实行综合化课程可以减少课程门类，避免原本有密切联系的各科知识被人为地分割开来，同时避免各科教学内容的重复。这既有利于学生从整体上完整地理解和掌握各门知识及其相互联系，又有利于减轻学生的学习负担。正因如此，跨学科开设综合课程已成为国际上义务教育课程改革的一个重要趋势。一些发达国家较早地开展了这种改革实验，已经积累了不少经验。如美国、英国、法国、日本等国的中小学都设有“科学”（或“理科”）课程，其内容涉及生物、气象、物理、天文、环境、保健等多种学科的知识。美国、日本等国还设有“社会”课程，其内容涉及地理、历史、法律、公民、交通安全等方面的知识。日本在小学一、二年级将理科和社会科合起来组成“生活”课，综合进行自然常识、社会常识以及生活常识教育；三年级以上设有综合课，按照人与自然、人与文化、人与人几个方面开展专题学习。各国实行综合课程的方式多种多样：有的按专题组织教学，选定的专题多与儿童所熟悉的事物相关，并紧密结合儿童的兴趣和爱好；有的仍采用学科教学的形式，但教学内容已经综合了多门学科的知识。多数国家主张让儿童到自然和社会生活中去学习，通过直接的体验、观察、实践及运用所学的知识，去获得对于社会、自然的真切了解。

第二，加强科学技术启蒙教育。1984 年联合国教科文组织国际教育局举行了第 39 届国际教育会议，会议指出，进行适当的科学技术启蒙教育是义务教育课程革新的重要内容之一。会议在给各国教育部长的建议中强调：进行科学技术启蒙教育应当根据科学技术的进步、儿童性格的全面发展以及个人和社会生活的迫切需要予以安排，培养儿童对科学的基本态度；使儿童从周围环境出发，学习与智力、体力相适应的基本科技概念、能力和技术；促进儿童与自然、人与环境之间的建设性的相互影响；为儿童走向未来社会生活做好准备等。在科学技术启蒙教育中，各国都非常重视教学内容的更新，在不加重学生课业负担的前提下，把科学技术的最新进展以通俗易懂的方式告诉学生。如英国小学的科学教育涉及地球、宇宙空间、生命科学、环境和能源科学等方面的内容。各国在科学技术启蒙教育中都注重培养儿童的创造精神和创造能力。在美国、日本和欧洲一些国家，新的中小学科学和技术课教材大多以探究性的叙述代替了结论性的解释。在教学中特别强调观察和实验，让儿童通过观察并亲自动手实验，加深对科学知识的理解，提高思维能力以及运用科学知识解决实际问题的能力，从而使他们在探究中获取知识并体会学习的乐趣。

第三，重视道德教育。随着当今世界信仰危机、价值观危机、社会危机等问题的不断出现，道德教育再度成为各国普遍关注的问题，“为了明日的世界教育今日的青少年儿童”已成为强烈的呼声。自 1979 年以来，联合国教科文组织多次召开关于课程内容与道德教育关系的会议，分析影响道德教育质量的各种社会因素，强调“道德教育的内容既涉及认识方面也涉及情感方面……它包括一整套知识、行为和能力，这是道德成熟的学生所必须具备的”①。联合国教科文组织于 1980 年在关于今后教育内容演变的研讨会的总结报告中明确指出：“诚实正派、献身精神、坚韧不拔、幽默诙谐、光明正大、廉洁正直，同样都是普通教育应对个人提供的鲜明品质。”各国道德教育在目的要求、课程名称、实施途径上都不尽相同，有的通过道德教育课，有的通过校内外的活动，还有的是通过道德教育课和各种活动的结合。日本一向重视道德教育，注重培养儿童集体意识。道德教育主要通过专门的道德教育课以及学校的特别活动进行。新颁布的教学大纲要求重新组合道德教育的内容，新增加了培养具有“对生命的敬畏之念和自主性的日本人”等内容。英国和德国都主要通过宗教课来实施道德

① ［伊朗］S. 拉塞克、［罗］G. 维迪努著，马胜利等译：《从现在到 2000 年教育内容发展的全球展望》，教育科学出版社 1992 年版，第 157 页。

教育，近年来重点加强对道德教育课本的研究和编写，强调教材语言的生动性、教材内容的趣味性和真实性，同时提倡运用直观画面，使学生通过熟悉的环境并联系个人的生活经验，获得道德认识，作出道德判断。在对年轻一代的道德教育中，英国近年来特别倡导要恢复传统的伦理道德观念、家庭观念。法国的道德教育主要通过单独开设的公民教育课进行。公民教育课的目标是帮助儿童初步掌握民主社会生活的基本准则，养成负责的社会行为；初步了解法国的政治和行政机构，了解法国在世界上的地位；使儿童懂得自己不仅拥有法律所承认的权利，而且对社会也负有责任和义务，培养儿童热爱祖国的品质。美国的道德教育主要通过社会课来实施。由于青少年吸毒、犯罪等社会问题不断加剧，美国从 20 世纪 80 年代开始重新强调在学校中强化传统的价值观念教育，培养美国公民应具有的共同品格，如诚实、勇敢、正直、慷慨、独立、忠诚、善良、遵纪守法、爱国、勤奋、公正和自我修养等。

（二）课程改革的不同点

由于各国的国情和教育实际情况不同，各国课程改革的措施也不尽相同。例如，英国原来没有国家统一课程，改革后设置了国家统一课程；中国原来只有国家统一课程，改革后设置了国家课程、地方课程和校本课程。

英国在《1988 年教育改革法》颁布实施以前，一直没有全国统一的课程。《1944 年教育法》只规定宗教为各校必开课程，其余课程则由各地方教育当局和学校自行决定开设。长期以来这种做法导致各校课程设置标准不一，教学质量参差不齐。为提高教育质量，《1988 年教育改革法》规定在所有的公立中小学实行全国性课程。在义务教育阶段，全国性课程包括英语、数学、科学三门核心科目和历史、地理、技术、音乐、艺术、体育、现代外国语七门基础科目。各公立中小学都必须开设这些课程，并保证有足够的教学时间完成其教学内容且达到教学目标。除上述课程外，宗教教育仍是各校的必开课。全国性课程占总学时的比重分别是：英语和数学各占 10%，科学占 10%—20%，技术占 10%，历史和地理共占 10%，音乐和艺术共占 10%，体育占 5%，现代外语占 10%。为了保证教学质量，为教师提供详细、准确的目标，为家长提供明确、真实的信息，全国统一课程中的每一门学科都有规定的学习大纲和若干个成绩目标（attainment targets）。所谓成绩目标，是指在每个基本学段（第一学段为 5—7 岁，第二学段为 7—11 岁，第三学段为 11—14 岁，第四学段为 14—16 岁）结束时具有不同能力和成熟水平的学生应具备的知识、技能和理解力。成绩目标划分为十个水平，并与年级对应。根据各门核心科目和基础科目的成绩目标，对学生在 7 岁、11 岁、14 岁、16 岁的学习成绩进行评定，以便对教学质量定期作出评估。按照要求，绝大多数学生在 7 岁时必须达到 2 级水平，11 岁达到 4 级水平，14 岁达到 5—6 级水平，16 岁达到 6—7 级水平。对学生的成绩评定采取学校内部的教师评定和外部的全国统一考试相结合的方式。教师评定贯穿于学生学习的各个阶段之中，包括测验、平时的学习档案和成绩记录等，是一种连续性的评价。外部的全国统一考试是标准化的考试，分别在四个基本学段结束时进行。英国把建立全国成绩评定制度作为实施全国统一课程的一个重要组成部分，目的在于用教学评价保证全国统一课程的教学达到预期的水平。

美国的义务教育课程在州和学区有关规定的范围内，由各校自行决定。因此，全国中小学没有统一的课程。各校普遍开设的科目主要有英语、数学、社会、音乐、美术、体育、家政、卫生保健等。为了扭转教育质量下降的局面，20 世纪 80 年代以来美国一直在探索实施全国或各州的统一课程。1991 年布什总统提出要统一设置英语、数学、科学、历史和地理这五门核心科目，并制订全国性的评价标准以及编制统一的成绩测试题，让各校在自愿的基础上加以采用。1994 年克林顿总统提请国会通过了《美国 2000 年教育目标》（*Goals* 2000：*Educate America Act*），该法基本上继承了布什提出的教育改革目标和措施，提出要继续加强上述五门核心科目的教学，同时把艺术增列为核心科目。

中国于 2001 年开始了新一轮基础教育课程改革，改革的内容包括六大方面。第一，转变基础教育课程的功能。改变课程过于注重知识传授的倾向，强调形成积极主动的学习态度，使获得基础知识与基本技能的过程同时成为学会学习、形成健全人格和正确价值观的过程，充分发挥基础教育在促进学生全面发展中的作用。第二，改革基础教育课程的结构。改变课程结构过于强调学科本位、门类过多和缺乏整合的状况，整体设计课程门类和课时比例，体现课程结构的均衡性、综合性和选择性。课程编排既注重学生的经验，也注重学科的内在逻辑。同时，设置综合实践活动课，旨在加强学生创新精神和实践能力的培养，加强学校与社会的联系，培养学生的社会责任感。第三，改革基础教育课程的内容。改变课程内容“繁、难、偏、旧”和偏重书本知识的状况，加强课程内容与学生生活以及现代社会和科技发展的联系，关注学生的学习兴趣和经验，精选终身学习必备的基础知识和基本技能。第四，改革基础教育课程的学习方式。改变课程实施过于强调接受学习、死记硬背、机械训练的状况，倡导学生主动参与、乐于探究、勤于动手，培养学生搜集和处理信息的能力、终身学习的能力、分析问题和解决问题的能力、交流与合作的能力。学习方式的改善以教师教学行为的变化为前提。第五，改革基础教育课程的评价。改变课程评价过分强调甄别与选拔功能的状况，发挥评价促进学生发展、教师提高和教学实践改进的功能。评价改革的方向是评价目标多元、评价方法多样、重视学生发展和教师成长记录。第六，改革基础教育课程的管理政策。改变课程管理过于集中的状况，实行国家、地方、学校三级课程管理，增强课程对地方、学校及学生的适应性。要提高课程的适应性，就需实现课程的多样化。2022 年 3 月，教育部印发《义务教育课程方案和课程标准（2022 年版）》，标志着新一轮基础教育课程改革拉开序幕，中国义务教育课程改革又进入一个新的时代——核心素养时代。

三、改革义务教育的教学方法

随着现代科学技术的发展和教育思想的变化，各国在革新义务教育课程设置和教学内容的同时，也积极着手改革传统的教学方法。自 20 世纪 50 年代以来，各国教育家们探索出许多新的、旨在更有效地传授知识和培养能力的教学方法，如发现教学法、问题教学法、掌握学习教学法、暗示教学法、范例教学法、程序教学法、先行组织者教学法、纲要信号图示教学法等颇有影响的教学方法，建立起现代教学方法体系。各国义务教育学校在实际教学过程中采用的具体方法更是形形色色、灵活多变。

美国教育学家拉斯卡认为世界上只有四种基本的教学方法。(1) 呈现的方法。把学习的内容呈现给学生，为其提供学习刺激。呈现方法具体包括：向学生讲授、谈话、演示图片、让学生阅读、示范和观察。学习刺激被学生接受后，学习就会发生，学生不需要作出特别的努力。教师的作用是正确选择合适的学习刺激，并以适当的次序呈现给学生，学生在其中是比较被动的。(2) 实践的方法。不是将知识、信息直接传递给学生，而是以提问的方式提供学习刺激，提供可以模仿的模式并通过特定的活动来进行教学。通常由教师提出活动的目的，组织学生的实践活动，提供必要的物质条件和信息反馈。实践的方法包括指导学生学习某个确定的课题，给学生布置作业，让学生准备考试，要求学生模仿某特定的模式，进行活动训练。(3) 发现的方法。提出要解决的问题，给学生提供活动的情境，让学生在这个情境中发现预期的学习结果。在提问学生时运用苏格拉底法，组织学生参加有助于新的学习发现的讨论会。(4) 强化的方法。在学生作出预期反应之后，对学生的反应加以赞许、奖励等。

虽然各种教学方法在其理论依据、实施步骤、适用范围、使用效果等方面都各不相同，但它们也存在一些共同属性。各国义务教育学校的教学方法，主要体现出以下五个基本特点。

第一，注重发挥学生的主体作用。教学过程是师生双方共同活动的过程，学生是学习的主体。因此，无论哪一种教学方法都非常注重调动学生学习的积极性和主动性，充分发挥学生的主体作用。针对义务教育阶段学生好奇心强的特点，教学中注意创设良好的学习氛围，激发学生的学习兴趣和求知欲，变注入式教学为启发式教学，培养学生的探究精神，引导学生主动地获取知识，从而使他们体验到学习的乐趣。为发挥学生主体作用所采取的做法，归纳起来主要有四种。(1) 让学生去讨论。美国数学和科学教育专家杰克·伊斯利博士在对日本小学的数学教学做了四个月的考察之后，认为日本小学生数学成绩优良的原因是学生之间相互帮助，对不同的认识开展直率的讨论并明确而又充满信心地发表个人的意见。讨论是日本数学课的主要活动之一。讨论的方式有两种：一种是非正式讨论，师生一起漫谈收获体会；另一种是正式讨论，由教师提出问题，发动全班学生讨论。(2) 让学生去思考。国外议论最多的是教师提出问题后，应该给学生多少思考时间。这个“思考时间”，法国称为“等待时间”，日本称为“间歇时间”。美国学者玛丽·罗进行了实验，发现延长思考时间，给学生思考提供机会，对发展学生的理解能力很有帮助，思考过程能使学生把新材料与已经掌握的知识融为一体。实验证明：当教师把提问后的思考时间延长到5秒或者更长些时，即可引导学生进行更高水平的思维，学生会更加全面和较为完整地回答问题，合乎要求地和正确地回答率提高了。总之，延长思考时间能扩大学生的思考范围，使其答案更有条理性。英国一些教育家认为，有些教师在提问时，总喜欢重复所提的问题，或者另外提些问题来打破“冷场”。其实，这是在干扰学生的思考，“冷场”往往正是学生在思考。教师要让学生有充分的思考时间。(3) 让学生自己去辅导。许多国家提倡教师要组织那些已经掌握了教材内容的学生，对其他学生进行个别辅导帮助。这样既帮助了同学又提高了自己。日本小学还给高年级学生布置教低年级同学的任务，并派优秀生辅导有学习困难的学生。(4) 让学生去练习。学习离不开练习，这是各国教育家的共识。国外强调练习的针对性。一要针对教学的任务，针对每节课的教学目的，针对教材本身的要求；二要针对学生学习中存在的问题。

第二，注重培养学生的学习能力。在当今科学技术日新月异、知识更新周期不断加快的时代，要在有限的学校教育时间内讲授完所有知识不仅没有可能，而且没有必要。因此，学校教育作为终身教育的一个重要环节，其任务不只是传授现有的知识，更重要的是培养学生的学习能力，使他们学会学习，为每个人的终身学习打下坚实的基础。为了培养学生的学习能力，现代教学方法不仅强调教与学的辩证统一，而且极为重视学生的学习方法，注意指导学生掌握并不断改进学习方法。在教给学生学习方法的同时，教师在教学中特别注重儿童的智力开发和训练，使儿童学会运用注意力、记忆力、观察力、想象力和思维能力来学习。近年来，电视、电脑以及手机越来越占据少年儿童的生活，这种状况不利于发展学生的注意力和思维能力。为此，国际21世纪教育委员会特别强调：在传播媒体迅速发展的时代，在教学中更应加强注意力和思维能力的训练。各国教育家还认为：不能因为如今信息社会拥有巨大的信息储存和传播能力而忽视记忆力的训练，在教学中取消传统的记忆训练是不恰当的，学校应继续注重记忆力的训练。当然，教师对于要求学生“记牢”的内容要有所选择。

第三，注重因材施教。学生的个别差异是一个客观存在。教学只有照顾到个别差异、因材施教，才能使每个学生都获得成功。这一点已成为各国教育家的共识。因此，当今许多教学方法都非常重视儿童的个别差异，注重个别辅导，针对每个儿童的身心发展特点和接受能力进行有区别的教学。如给接受能力强的学生开点“小灶”，增加课业，加快学习进度、允许跳级等；对学习有困难的学生给予个别讲解、补课、放慢学习进度等。差异化的教学力求挖掘每个学生的潜力，使全体学生都能扬长避短，获得最佳的发展。例如，在法国的小学里有一种“合同教学法”，就是由教师和每个学生签订学习合同，明确规定学生在一段时间内完成的书面作业内容、学习进度、纠正的方法，然后由学生各自安排学习。合同教学法的目的在于：使儿童尽可能充分发挥自己的特长或填补自己的缺漏；使教师能更好地了解每个学生的困难，从而采取有针对性的措施。

第四，注重培养创新精神和创新能力。在知识经济时代，国家的创新能力包括知识创新能力和技术创新能力，是决定一个国家在国际竞争和世界格局中的地位的重要因素，而教育又直接影响着一个国家、一个民族的创新能力。正是由于这个原因，当今世界各国特别是发达国家，都非常注重从小培养儿童的创新精神和创新能力。在中小学教学中，主要通过课堂教学和课外活动来培养儿童的创新精神和能力。在课堂内，教师创造一种宽松、民主的氛围，鼓励学生多提问、多质疑、多发表自己的独到见解，灵活运用多种方式激发学生的求异思维。同时，结合教学内容，指导学生参加调查、观察、实验、制作、讨论等实际活动，让学生在手脑并用中获得知识和技能，发展能力。另外，尽量为儿童提供接触外界事物的机会，开展丰富多彩的课外活动，扩大他们的视野，培养他们探究新鲜事物的兴趣和习惯。英国中小学科学教学的重点不在于让学生学习书本知识和模仿、重复他人的经验，而是侧重于培养学生的创造力及独立思考、分析和动手解决问题的能力。美国教育家曼科马克也认为，科学教育应该是培养学生创造才能的教育。他经过 10 多年的实验研究，提出了“发明工厂”的理论，并把发明工厂作为科学教学的一个组成部分。他认为中小学生从事创造发明活动并非望尘莫及，主张科学教育一要通过教授创造发明的科学史，培养和激发学生的创造欲望；二要鼓励学生开动脑筋、动手实验，创造出新的东西。

第五，广泛使用现代化教学手段。为了提高教学效率，提高学生对学习的兴趣，许多发达国家都已经广泛使用投影、电视、电影、录音、录像、计算机等现代化教学手段辅助教学。在不少国家，“远程教学法”（distance-teaching method）被当作中小学中一种重要的教学方法。从实践看，发达国家在这方面走在了前头。例如，美国已有半数以上的州为中小学播放卫星电视课程，许多地方通过计算机联网进行双向交流式远程教学。为了提高中小学教学的质量和效率，美国自 1988 年年底起开始实施了一项“明星学校计划”（Star School Project）。根据这项计划，联邦政府教育部提供三千多万美元资助部分中小学进行为期 2 年的卫星电视教学实验，为最终在全国所有中小学推广卫星电视教学积累了经验。1996 年，英国在中小学中以选修课的形式正式开设了“信息技术课程”，1998 年信息技术正式从技术课程中独立出来，作为一门独立的课程设置。2000 年 9 月，英国将信息技术课程改为信息与通信技术（ICT）课程，同时信息与通信技术课程作为国家基础课程在中小学全面推广。2013 年，英国教育部将信息与通信技术课程改名为计算机的应用（Computing）课程，并于 2014 年正式开始实施。

四、制订义务教育质量标准并进行定期监测

教育质量是一个复杂而相对的概念，不同类型和层次的教育在各国不同发展阶段存在不同的质量概念。为保证质量，各国都重视制订教育质量标准。根据联合国教科文组织的统计，全世界已有 148 个国家与地区开展义务教育质量监测。① 第 47 届国际教育大会认为，应把对教育质量的评估放在以下四个方面。第一，两性教育平等的实现程度，特别是接受中等教育女童占同龄人口的比例。第二，社会排斥程度。高质量的教育是反排斥的，是社会包容的教育、全纳的教育。第三，是否能够培养学生的能力，包括生活能力和学习能力。第四，教师的水平和作用。在未来社会，教师的作用不会被削弱，但对教师的要求会越来越高。

欧盟确定的教育质量指标包括 4 个方面 16 项要素。一是学生必须掌握的知识。包括学生必须掌握的 7 种知识和能力：数学、阅读和书写能力、科学、信息技术能力、外语、学习能力、公民教育。二是毕业和升学。涉及 3 项有关政策性指标，包括初中教育的毕业率、高中教育的毕业率、高等教育的入学率。三是学校教育的评估和家长参与。主要有 2 项指标，即学校教育评估和家长参与程度。四是资源结构。主要包括 4 项指标：教师的培养和培训、学前教育的入学率、学校每台电脑的学生使用人数、生均教育经费。

英国的义务教育质量指标涵盖 7 大领域：课程、成就（目标达成度）、学与教、对学生的支持、风气、资源、管理及领导与质量保障。其中每个领域又包含若干指标，如风气包括气氛与关系、期望与促进成绩、平等与公正、与家长及学校委员会和社区的伙伴关系。每个指标有若干个可以观察的方面，如平等与公正就包括平等与公正感、平等与公正的保证措施等。

在美国，各州的教育政策有所不同，但在衡量学校的教育质量上，其评价指标是趋同的。如在犹他州，是从教师是否优秀、教学质量、学生对学习的投入程度、家长支持、行政、安全、资源利用等方面来衡量学校教育质量的。

为监测义务教育质量，经合组织实施了“国际学生评价项目”（PISA）。该项目开始于 1998 年，通过对学生进行三年一轮的跟踪测量，利用系统连贯的量表来全面测评学生的阅读能力、数学素质和科学素质，以及学生在这三个领域内应该获得的知识与操作技能、运用相关知识的能力等。该项目测评对象的平均年龄为 15 岁，大多为接受完义务教育的学生。该项目之所以为国际社会所广泛接受，是与其独特的评价

① 联合国教科文组织编：《2000—2015 年全民教育：成就与挑战》，教育科学出版社 2015 年版，第 305—311 页。

理念分不开的。该项目基于终身学习的理念，因为学生要想拥有终身学习的能力，就需要在阅读、数学及科学方面具备基本的能力；同时，他们亦需学会如何独立学习，以及如何解决学习过程中所遇到的困难，还必须注意自己的思考方式、学习策略。为全面评估学生在以上几方面的能力，该项目除了评估 15 岁学生的知识及技能外，还要求学生报告学习情况，从而了解他们的学习动机及学习模式。

五、促进义务教育的均衡发展

教育公平是社会公平的基础，而义务教育的公平是最基本的教育公平。义务教育的均衡发展，有利于实现教育公平。为促进义务教育的均衡发展，发达国家都采取了一些卓有成效的改革举措。

为加强薄弱学校建设，英国于 1997 年推出了“教育行动区计划”，提出“让每一所学校都成功，让每一个儿童都成功”。英国政府在题为《追求卓越的学校》的白皮书中指出：为每位公民提供平等的教育机会是政府的责任，要以教育行动区的方式为薄弱学校提供特别支持。英国教育行动区一般设在因学生学业成绩低下而需要特别支持的城镇和乡村地区，主要有两种形式，即法定教育行动区和“追求卓越的城市”教育行动区。教育行动区享受政府制定的一系列优惠政策。第一，在课程方面，教育行动区学校可以和私立学校一样不受国家课程的束缚，它们可以自主设计课程以适应当地需要。在课程实施方面可以进行更为灵活的改革，以提高学生的读写算水平，激发学生的兴趣。第二，在人事方面，教育行动区可以不受现行的全国性教师聘任条例的约束，通过提供更加优惠的待遇，吸引优秀的管理人员担任教育行动区学校的校长，并招聘更多的优秀教师充实师资队伍，以增强学校的师资力量。第三，在资源方面，政府鼓励各教育行动区采取措施实现加盟学校在校舍、图书和设备方面的资源共享。第四，在经费方面，政府在日常预算之外每年向每个教育行动区提供 25 万英镑的追加拨款，并希望教育行动区每年也能从工商界等集数目相等的配套资金。①

为促进教育公平，法国从 1981 年开始实施“优先教育区”计划，对于那些学业失败现象严重的地区和学校给予经费与师资方面的帮助。“优先教育区”范围与对象有特定的指标，一般包括学校的外部环境与学校的内部状况。前者指学校的地理位置、社会环境、学生家长的社会职业与受教育层次、学校所在地区的经济水平与居民生活状况等；后者指学校的入学率、班级人数、学校的留级率、辍学率、外籍学生比例、教师水平等。对被确定为“优先教育区”的学校，国家采取支持性政策，这些政策主要包括：增拨教育经费，以改善学校的教育环境与教学设备和设施；增派教师，

---

① 孙启林主编：《世界主要发达国家义务教育均衡发展比较研究》，东北师范大学出版社 2009 年版，第 16 页。

加强对原有教师的培训，提高在优先教育区任教的教师的待遇；国家设立优先教育区的教师津贴，鼓励教师对落后地区的支援；缩小班级规模，减少班级人数，以利于教师对学生的个别辅导；鼓励优先教育区的幼儿尽早进入免费的幼儿学校，接受正规的学前教育，以弥补学前教育不足而导致的早期教育的差距。法国的“优先教育区”政策在提高教育质量、促进义务教育均衡发展等方面是富有成效的。

为缩小义务教育的城乡差距，俄罗斯联邦政府于 2001 年颁布了《俄罗斯农村学校的结构改革构想》，提出在 2002—2010 年适时对农村普通学校进行结构改革的计划。该计划强调以“集中与合作”作为农村学校结构改革的基本原则，对分布在农村地区的普通学校系统作结构上的调整，通过整合普通农村学校体系的结构，为保证学生接受普通教育，尤其是高质量教育创造必要条件。

为振兴偏僻地区的义务教育，日本早在 1954 年就颁布并实施了《偏僻地区教育振兴法》。制定该法的目的在于：“根据教育机会均等的原则和基于偏僻地区教育的特殊情况，明确国家和地方公共团体在振兴偏僻地区教育中所必须采取的各项措施，以期提高偏僻地区教育水准。”① 该法规定建立对偏僻地区教育的国家财政补助制度，补助种类包括：偏僻地区津贴和多学年班级担当补助，偏僻地区小学、初中教职员工住宅建筑费补助，偏僻地区多功能场馆设施设备费补助，偏僻地区学校发电设备购置补助，偏僻地区学生用校车购置补助，偏僻地区学校保健管理费补助，偏僻地区学生伙食费补助等。为改善偏僻地区的教育环境，日本大力推进偏僻地区教育信息化进程，从而不断丰富其优质教育资源。为促进义务教育的均衡发展，日本还推出了义务教育学校教师的定期轮岗制，以使不同学校的学生都能享受到优质的教师资源。

改革开放 40 多年来，中国促进义务教育公平的策略主要有：以教育“起点公平”为主要着力点、以全面均衡为发展方向、以师资队伍质量提升为第一抓手、以信息技术为重要突破口。其演进逻辑主要有：从“保底”式公平到“均衡发展”式公平、从“物质关怀型”公平到“人文关怀型”公平、从用单一方法促进公平到用多元工具维护公平、从单一主体推动公平到协同攻坚保障公平。

① 孙启林主编：《世界主要发达国家义务教育均衡发展比较研究》，东北师范大学出版社 2009 年版，第 191 页。

第六章

普通中等教育比较

普通中等教育是介于初等教育与高等教育之间的教育阶段，这一阶段是学生知识体系、世界观、人生观、价值观形成的重要时期，对个体从未成年迈向成年至关重要。普通中等教育通常包括初等中学和普通高中两个教育阶段。但由于各国的发展水平和历史传统不一，普通中等教育的结构、内容和方法也有所不同。

第一节　普通中等教育的发展

在古代学校教育中，无论在东方还是在西方，都没有严格的高等教育、中等教育和初等教育的区分。后来，随着资本主义的发展以及生产力的不断提高和教育的逐渐普及，才逐步形成了包含高等、中等和初等教育在内的现代教育体系。这就是说，现代中等教育是在人类进入现代社会后才产生和形成的。

一、文艺复兴时期普通中等学校的产生和发展

文艺复兴时期，随着工商业的繁荣、城市的发展和资本主义生产的萌发，城市资产阶级的财富和势力不断扩大和膨胀，他们为了与封建势力做斗争，为了发展资本主义经济，就要求自己的子弟有受教育的权利，于是就出现了以传授知识和发展儿童个性为主的新学校，这就是最早的一批中等学校。例如，德国的拉丁学校和文法学校，英国的公学和文法学校等。这类学校的一端并不和小学相衔接，而是和预备学校或预备班相衔接；另一端则和大学相衔接。这是一种为大学培养预备生和为教会、国家培养僧侣和官吏的学校。这个时期可以算是中等教育发展的初期。

二、现代普通中等教育的产生和双轨制的确立

英国资产阶级革命后，世界历史进入了资本主义自由竞争时期，资本主义工商业迅速发展。政治经济的变革引起了教育领域的变革，中等教育的变化尤为显著。它主要表现在以下几个方面。

（一）实科中学的出现和在中学课程中增加实科性的内容

最典型的是 1708 年德国席姆勒（C. Zemmler）所创办的数学、力学、经济学实科学校。在 17 世纪、18 世纪之交，法国圣乐会创办了具有实科方向的中等学校（教

授数学、物理、地理、历史，低年级用法语教学）。在同一时期里，英国城市为资产阶级子弟设立的中学，也具有明显的实科性质。1701 年，在莫斯科开办的数学、航海学校，也被苏联教育史学家认为是实科性质的中等学校。

实科中学的出现乃是中等教育发展史上的一个重要阶段。比起古典文科中学，实科中学是更接近生活和更适应生产与国民经济需要的学校，就是说，它具有更鲜明的现代中等学校的性质。

这类实科性质的中学已经具有准备就业和升学双重任务。但在当时，它们无论在程度上还是在升学的资格上都被认为是低于文科中学的，它们的毕业生只能升入低于大学水平的技术学院。

（二）工艺学校的产生和职业技术教育的发端

16 世纪中叶以后，工场手工业的出现，使旧式的学徒制趋于瓦解。随着新机器和新工艺的发明，社会生产发生了激烈的变革。机器大工业生产提出了让青年接受职业技术教育的要求，工艺学校的创立为广泛进行职业技术教育提供了客观可能性，使劳动者掌握必要的工艺知识，以适应大工业生产的需要。马克思说："综合技术学校和农业学校是这种变革过程在大工业基础上自然发展起来的一个要素；职业学校是另一个要素，在这种学校里，工人的子女受到一些有关工艺和各种生产工具的实际操作的教育。"①

（三）教育范围的扩大和学校类型的增多

过去，能够接受中等教育的只有贵族和大资产阶级的子弟。但是，随着资产阶级在政治和经济上的发展，必然提出让其子女普遍接受中等教育的要求。于是"等级学校"逐步地被"阶级学校"所代替。这个时期出现了供资产阶级子弟入学的多种类型的学校。例如，法国在 19 世纪中期开始在国立中学和市立中学高年级进行文理分科，出现了设置新式课程、名为高等小学而实际上属中学程度的中等学校。英国除了为大资产阶级子弟所设的注重古典学科、准备升学的中学（公学和文法学校）外，还出现为中产阶级子弟设立的注重现代学科的中学，以及为中下层平民子弟设立的中等学校。

美国的中等教育发展较晚，殖民地时期从欧洲大陆移植了"拉丁文法学校"作为大学的预备学校。独立战争以前，为适应资本主义经济的发展，产生了一种文实中学，包括文、实两科。南北战争以后，作为私立学校的文实中学已经不能满足迅速发展起来的工业和城市建设的需要。于是在 1821 年波士顿市首先创立了公立中学，侧重实用性较强的英语、数学、自然科学的教学，兼顾升学和就业两方面的需要。从此，公立中学便逐渐成为美国中等教育的主体。

---

①《马克思恩格斯全集》（第四十二卷），人民出版社 2016 年版，第 505—506 页。

（四）双轨制教育制度在欧洲大陆的确立

在前一阶段，接受中等教育主要是有产阶级的特权，劳动人民的子女只能接受程度很低的初等教育。这些初等学校都由教会主办，内容主要是宣传宗教教义。这些学校设备简陋，质量低下。工业革命以后，大机器生产需要工人掌握一定的科学文化知识。到 19 世纪中叶，资本主义国家才逐步实施普及义务教育，并为劳动人民的子女在初等小学的基础上设立一些高等小学，学生毕业后可以升入职业学校或师范学校。这就构成了劳动人民子女受教育的一条轨道。再加上前面讲到的资产阶级子女就读的文实中学的一条轨，形成了平行的、互不沟通的双轨制。一条轨道担负着培养高等学校的新生或工商业管理人员的任务；另一条轨道担负着培养劳动力的任务。

这个时期学校的类型已由过去的单一的古典中学发展到多种类型，培养任务也由一元转变为多元。

三、普通中等教育的普及与规模发展

19 世纪中下叶，资本主义制度开始由自由竞争阶段转为垄断资本主义阶段。同时，这个时期的科学技术也有了很快的发展，生产规模不断扩大，生产效率不断提高。帝国主义经济、政治的发展，需要更多的具有一定科学文化知识的熟练劳动力和各种各样的技术人才。因此，欧美各国普遍实施强迫义务教育，大力发展中等教育和高等教育。由于初等教育的普及和义务教育年限的延长，中等教育和初等教育逐步衔接起来。从 20 世纪初叶至中叶各国逐步建立了统一的学校（小学）。除极少数古典中学仍然保持只招收预备班的学生外，大多数中学都接收初等学校的毕业生。但是小学毕业时儿童需要进行一次考试，根据自身能力分别进入不同类型的中等学校。

进入 20 世纪以后，特别是第二次世界大战以后，中等教育有了很大发展。由于政治的民主化运动、人民群众争取教育机会均等的斗争，英国、法国等国被迫陆续取消小学毕业考试。二十世纪五六十年代是中等教育发展最快的年代，世界上大部分国家对中等教育进行分段，普遍确立了高中制。到 70 年代中期几个工业发达国家的中学入学率几乎都超过了 80%，美国、日本、苏联都超过 90%。

中等教育的普及带来了中等教育结构的变化。过去，小学毕业以后就开始有阶级区分，学生进入不同的学校。随着时代的发展和教育民主化的进展，这种区分已逐渐消失。

四、普通中等教育的公平与质量提升

二十世纪六七十年代，第三次科技革命达到高潮，经济的发展也带来了人们民主意识的觉醒，并对教育产生了深远影响。这一时期，中等教育在发达国家已基本普及，社会发展使人们追求更加平等、更高层次的教育。对“谁该受教育”已无争议，但对“谁该受什么样的教育”并不明确，这个问题便成为这个时期中等教育关注的焦点。

同时，在这个时期，体制结构的综合化是国际中等教育发展的一个显著变化。其中以美国的综合中学最为典型。综合中学最早源于美国，美国综合中学的产生有一定社会背景，它由公立中学发展而来。自从 19 世纪以来，实用主义教育思想和要素主义教育思想在美国盛行，但是在升学和就业这两个问题上，始终未找到一个比较合适的平衡点。哈佛大学前校长科南特的教育理论试图在要素主义教育理论与进步主义教育理论两个极端中，找到一个恰当的平衡点，这就是他倡导的综合中学，这也是综合中学成立的理论基础。由于美国特殊的历史背景，综合中学在美国发展得较为顺利。据统计，1999—2000 学年，美国有 98%的学生就读于综合中学，1%的学生就读于选择性学校，另外不足 1%的学生就读于职业或技术中学。

美国的中学综合化广泛深入地影响了英国、德国、意大利、瑞典、日本、印度、巴西等国家，并在这些国家中得到应用。在英国这个等级制教育历史悠久的国度里，综合中学的发展历程艰辛，保守党持反对态度。但是到 1979 年保守党上台时，中等教育的综合化已是大势所趋，就读综合中学的学生比例由 1970 年的 34.4%提高到 1988 年的 85.9%。目前，综合中学已经成为英国中等教育的主要类型。此外，综合中学在德国、日本、意大利等国家也有所发展。德国的综合学校大多处于中等教育第一阶段，各州之间设置综合学校的情况差别很大，柏林、汉堡、黑森等设置得较多。日本的综合中学处于中等教育第二阶段，即综合高中。综合高中的数量在 20 世纪 60 年代达到高峰，占了日本高中总数的 43%。20 世纪 70 年代后综合高中数量有所下降，在 1973 年它占日本高中总数的 36.4%。

综合中学的发展大大促进了教育公平。与此同时，进入 20 世纪 70 年代后，虽然各个发达国家对中等教育不断加大投入，但收到的效果却令人不甚满意。中等教育只解决了“为谁而教”的问题，随着高中教育分化，“对什么人，进行什么样的教育”成为一个新问题。各国在扩大后期中等教育的数量规模的同时也注重提高中等教育的质量。英国、美国、法国等国家面临高中教学效率低、学生数理能力差的问题，而日本面临高中教育缺乏多样性、学生创新能力差等问题。各国纷纷根据国情，实行切实可行的解决方法。

英国、美国等发达国家加强基础教育。以美国为例，1965 年 4 月国会通过《初等和中等教育法》，强调入学途径的平等，通过提供公正平等的教育机会缩小学生学业成绩的差距。1983 年 4 月美国高质量教育委员会发表《国家处在危险之中：教育改革势在必行》的报告，标志着美国开始了新的以追求教育优异为目标的改革，并提出了实现学生学术性基础优异的具体目标，明确规定中学的新的 5 门基础课程，大部分州提高了中学毕业要求，不少州增加了必修科目要求，一些州实行最低能力测试。《美国2000年教育战略》《美国2000年教育目标》《不让一个孩子掉队法》《每一个学生成功法》均着力于提高中小学的教育质量。

而日本则采用多样性、选择性课程系统改变中等教育单一应试的局面。例如，20世纪80年代中期以后，日本颁布政策深化中等教育改革，着眼点是中等教育结构多样化。临时教育审议会在1985年6月至1987年8月先后提出了四次咨询报告，倡议设立六年制中学和学分制高中，使高中的学习年限弹性化。文部省的“推进中等教育改革调查研究协力者会议”于1986年10月提出《关于学分制高中的基本设想》的报告，对学分制高中和六年制中学制度做了调查研究。1988年7月文部省成立“高中个性化调查协力者会议”。1991年4月，日本中央教育审议会发表《关于应对新时代的教育诸制度的改革》的咨询报告。根据临时教育审议会和文部省咨询报告精神，20世纪80年代末90年代初以来，日本中等教育改革的趋向是实行多样化、个性化和特色化发展。

从中等教育的发展我们可以得出几点结论。

第一，现代中等学校是社会发展的产物，同时它又随着政治经济的发展而发展。它的任务从单一的为大学培养新生发展到复杂的为各行各业培养人才（当然也包括为大学培养新生）。

第二，由于历史的原因，欧洲的教育制度具有双轨制性质。在整个20世纪，特别是第二次世界大战以后，各国学校制度的演变主要有这样两种走向：一是由双轨学制向分支型学制乃至单轨学制转变，这在英国、法国、德国等欧洲国家表现得最为突出，英国目前仍然是分支型学制；二是由单轨学制向分支型学制再向单轨学制转变，这在苏联和日本表现得较为突出。由于大众化教育是历史发展的必然，因此学校教育系统由双轨制向单轨制发展是必然的历史趋势。

第三，美国的学制之所以没有形成双轨制，主要是由于美国的教育发展较晚，等到它发展中等教育的时候已经到了科学技术高度发展、需要普及教育的时代了，再加上美国没有经历过封建贵族统治的历史时期，这就使得美国的教育成为单轨制，而且影响到以后世界中等教育的发展。

第四，中等教育在20世纪取得了前所未有的发展，其发展态势可以从大众化、普及化、综合化及质量提高四个方面来概括。在二十世纪六七十年代以后的后期中等教育改革中，各国中等教育都在不同程度上实行了“综合化”。各个国家后期中等教育综合化模式不尽相同，与各国各自的人文环境、社会背景、教育现实、中等教育本身的复杂性和国际影响有密切的联系。

第五，中等教育接受机会的平等化和质量上的均质化，使扩大中等教育规模后提高其质量的需求变得尤为迫切，世界各国采取了综合性的改革政策和措施。这些政策和措施涉及宏观的教育目标、教师制度、教育经费等。

第二节 普通中等教育的结构

一、普通中学结构的两种类型

普通中学教育阶段是最复杂的阶段，它的结构多种多样。过去比较教育通常把各国的学制分为单轨制和双轨制两种类型。近几十年来，由于社会政治的变革、科学技术的进步和经济的发展，中学教育的结构变得越来越复杂，已经很难再把各国的教育结构简单分成单轨、双轨两种类型了。但是，由于过去的历史传统，这种单轨、双轨的痕迹在有些国家依然存在。我们可以把各国中学的结构分为单一型结构和多样型结构两种。

实行单一型结构的国家有美国、日本等国。

美国的中学有公立和私立两种，公立中学占绝对多数。美国的中学是与小学相衔接的，有两种学制：一种是八四制（小学 8 年，中学 4 年），这是美国的传统学制，实行这类学制的学校多设在乡村，后来逐渐减少；另一种是六六制或六三三制（小学 6 年，初中 3 年和高中 3 年）。高中又分学术科、职业科和普通科。随着社会的发展，美国在六三三制基础上又出现了四四四制或五三四制。这种新的学制更加灵活，各个州可以根据实际情况采用不同的学制。美国的高中阶段分为综合中学、普通中学、职业技术学校、选择学校等多种类型。

二战前日本的学制是双轨制，二战后根据美国占领军的建议，采用美国的六三三制。初中为义务教育，高中在初中教育的基础上分普通高中和职业高中，也有把两者结合起来的综合中学，其中职业高中又分为农业、工业、商业、水产、家政和护理等科。日本的职业高中区别于一般的职业学校（日本叫“各种学校”），它兼施普通教育和职业教育，学制也是 3 年，学生毕业以后同样可以报考高等学校。日本的临时教育审议会在 20 世纪 80 年代主张促进“后期中等教育多样化”，主要体现在设立初高中六年一贯制的完全中学，它们大多数是私立学校，并且同时设立高等部、中等部甚至初等部。日本高中的学习年限具有弹性化的特点，不再是固定的 3 年；后期中等教育多样化还体现在设立学分制高中，在高中实行像大学一样的学分制。

实行中学多样型结构的国家有英国、法国、德国、俄罗斯等。

英国的中学分为公立中学和构成一种独立学校系统的公学两种。公学实际上是私立中学，它不与小学相衔接，而与预备学校直接衔接，它是历史上遗留下来的贵族学校。许多英国政府中的上层人物是从公学中走出来的。公立中学又分为文法中学、技术中学、现代中学、综合中学和中间中学等多种类型。二十世纪六七十年代综合中学运动兴起以后，大多数中学已成为综合中学，但在中学内部仍有区分。英国的初中分为两阶段：11—14 岁，14—16 岁，获得普通中等教育证书的学生，进入高中学习。高中又称为第六学级。二十世纪八九十年代以来，英国综合中学发展迅速，虽然不像美国的综合中学发展那么顺畅，但是也逐步发展起来。

法国的中学分为初中和高中两个阶段。初中是统一的，学制 4 年，前 2 年为观察阶段，后 2 年为方向指导阶段。高中 3 年，分普通、技术、职业三种类型。法国中学教育注重“方向指导”，主要针对初中毕业班和高中一年级学生，指导学生对未来升学或就业的规划。

德国的中学分为三种类型：(1) 文科中学，又称完全中学，学制 8 年或 9 年，是德国传统的学术性中学，历来以升大学为主要任务，学习期限较长，教育程度比较高，是供上层子弟攻读的学校；(2) 实科中学，又称中间学校，学制 6 年，学生毕业后可升入职业技术学校或完全中学的高年级；(3) 初级中学，也称普通中学，学制 5 年，完成普通义务教育。绝大多数毕业生继续接受职业教育。职业教育在德国历来受到重视，德国在“欧盟化”的影响下，逐渐设立了综合化全日制的学校，试图克服原三轨制学校教育的缺点，使普通教育和职业教育相互渗透。现在，德国的基础教育为 13 年，包括其他国家所没有的基础职业教育。

俄罗斯从 20 世纪 80 年代末期开始由统一化学校向学校类型多样化转变，这种转变是与俄罗斯的社会经济结构和社会生活的思想政治基础的变革联系在一起的。按照联邦一级对普通中等学校的分类目录，中学有：基础教育学校（九年制学校），可以设在完全中学或者独立构成（由一至九年级或五至九年级组成）；中等教育学校，在其构成中包括小学（一至四年级）和基础教育程度（五至九年级）或者只有基础教育和完全中学程度，或者只有完全中学程度，实施完全中等教育纲要。俄罗斯有十一年制的小学中学一贯制学校，五至九年级为初中，十至十一年级为高中。2001 年，俄罗斯政府将普通教育的十一年制改为十二年制，一至十年级为义务教育，后面两年由学生根据自己未来的方向分流到理科班和文科班，实行分科教育。

二、普通高中的三种类型

各国的中学都是多种多样的，但为了保持一个国家中等教育水平，总有一种学校是它的主流。由于各国中学发展的传统不同，这种主体性的学校无论在组织上、内容上以及学术水平上都不相同，特别是在高中阶段。各国的高中，大致可以分为三种类型。

（一）西欧诸国完全中学的高中

它的任务与传统的古典文科中学有很大的相似性，主要是为青年升入高等学校做准备，是大学的预科，由此就决定了这类高中的特点是注重学术训练并具有很高的教学水平。

现以英国的文法中学为例。文法中学的第六学级学习时间为2—3年，属于高级中学。在这个阶段要进行学术分科，但不进行职业定向。通常分为文科和理科，并设选修课。学生结业时要参加高级水平的普通教育证书的考试，合格者可以申请进高等学校。第六学级是中学到高等学校过渡的重要环节，目的是对学生讲授跟未来专业有联系的普通知识，发展学生的智力和技能，实际上是高等学校的预科。

法国国立中学的高中、德国完全中学的高中和英国第六学级的学术水平相当，都是为高等学校培养高质量的预备生，因而它们都保持了很高的学术水平和很高的升学率。以德国为例，20世纪70年代初完全中学学生升入高校的比例为95%。不过，近年来由于高中人数的增加，升入高等学校的人数比例明显下降。也就是说，升入高等学校已不是西欧诸国高中的唯一任务了。

完全中学的初中和高中相衔接，高中阶段不再像以往那样纯粹注重升学。因为近年来，随着职业技术教育迅速发展，普通高中、技术高中和职业高中三类学校并存，改变了以往优秀学生进入普通高中、薄弱生进入职业高中的局面，职业高中的地位正在逐步得到提高。

（二）美国的高中

美国高中多是综合性的，开设学术性课程和职业性课程，由学生自由选择。美国高中的长处是普及性高、适应性强，缺点是整个学科性科目的水平低，学习数理化等课程的学生比例低，这些课程的课时数也少。1957年苏联人造地球卫星上天以后，美国人检讨了自己的教育，并对苏联教育做了调查研究，批判了美国自身忽视科学知识教育的倾向，对高中学科教学进行了整顿和改进，从而使上述缺点得到一定程度的改进。综合高中具有综合性、学术性和职业性的特点，受到了美国大多数学生的欢迎。美国大约有98%的学生入读综合高中。除综合高中、普通高中、职业高中外，美国还出现了选择性高中，如“磁石学校”“特许学校”，1996年还建立了“新型美国高中”，它特别强调高中学习的创新性。

（三）俄罗斯的高中

俄罗斯的高中在类型上呈现多元化的趋向，有普通中等教育学校、特科学校、文科中学、实科中学、寄宿学校等。特科学校是加深某门学科的学校，文科中学、实科中学都重视学术性课程。俄罗斯的高中为十一、十二年级，共两年，学生根据自己未来的方向进入理科班和文科班，进行分科教育。进入21世纪以来，俄罗斯普通教育高中阶段实施了一系列变革，其中影响最大的两项改革是侧重专业式教学改革和将高中毕业考试与高考合二为一的统一考试制度改革。

上述三个地区的高中，都有大学预科的职能，因而就有许多共同点，如比较注重学术性的课程，注重严格的训练。不过，西欧的高中由于以升学为主，又由于受到悠久的历史传统的影响，因而有较高的学术水平。美国高中是综合性的，除了为大学输送新生的任务外，还有完成普及高中教育的任务，即必须普及高中程度的基础科学文化知识，而不是只注重学术性课程。从这一点来看，美国的高中与俄罗斯的普通中等教育学校较相似，都具有更强的普通教育的性质。此外，美国的高中还有进行职业教育的任务，而在西欧和俄罗斯，这项任务是在各种类型的职业学校里完成的。可以说，俄罗斯高中肩负着大学预备教育和普及高中教育这两项任务，它属于综合高中；而美国高中则肩负着大学预备教育、普及高中教育和职业教育三项任务，也同样属于综合高中。英国高中的迅速综合化，说明了欧洲高中也在试图变为肩负三项任务的综合高中。随着普及教育逐渐达到高中阶段，高中学制的三种类型最终将会被单轨学制这一种类型所替代。

高中的三个不同类型，是由于不同的经济背景、不同的历史背景、不同的文化传统和高中所承担的不同任务而形成的。目前，现代生产和现代科学技术发展的共同趋势影响着这些国家的高级中学，因而这三类高中的发展也就有了某些共同的趋势。当然，这并不排斥各自因政治制度和特殊的历史文化传统而各有其特点。

三类高中呈现出如下的共同发展趋势。

第一，生产和科学技术的发展，都要求大量具备高水平的高级专门人才，这就要求高中要为高等学校培养更高水平的预备生。

第二，生产和科学技术的发展，要求将成为一般生产工作者的青年都达到高中或高中以上的科学文化水平。因此就引起了高中的普及和高校的大发展，也引起了高中组织形式与内容的新变化，以及各类高中都要使学生毕业后顺利地走向生活而相应地加强了劳动教育和综合技术教育。

第三，生产和科学技术的发展，要求职业教育建立在更高的科学文化知识教育的基础上，因而促使中等职业技术学校加强普通科学文化知识教育。

三、普通中学结构发展的趋势

中学阶段是各学段发展中变化最大的阶段。第二次世界大战以后，由于世界经济的发展和政治的民主化运动，工人阶级展开了争取平等受教育机会的斗争，资产阶级不得不作出某些让步。再加上科学技术的发展引起的现代生产的不断变革，使得对劳动者受教育水平的要求越来越高。这些无不引起中等教育结构的变化。归纳起来，除了上面已经讲到的高中阶段的变化以外，还有以下几个方面值得注意。

（一）实行综合中学体制

在工人阶级斗争的压力下，西方许多国家标榜民主政治，取消阶级出身的限制，取消中学教育阶段的多种学校体制，倾向于采取综合中学的体制。例如，法国从1964 年起推行统一初中教育课程的综合中学，升学和就业的分化推迟到高中阶段。

英国从1947年开始试办由文法中学、技术中学和现代中学合并而成的综合中学，到20世纪70年代得到普及。从1965年起，英国部分地区废除了“11岁考试制”，学生进入综合中学可以免去考试。1967年，教育和科学部宣布取消“11岁考试”。但是这些改革并没有改变其分科的实质。综合中学仍然分为文法、技术、现代等科，学生入学后仍要按他们的“天赋”“才能”和“资格”分别编入不同的科。因此，综合中学实际上并没有改变学生按阶级区分进入不同类型学校的性质。对于综合中学，来自上层阶级的非难也很多，他们认为综合中学降低了教育质量，要求恢复传统的学校。如今教育机会均等的问题越来越得到重视，各国倡导教育机会均等并努力实施这一原则，这使得双轨学制从小学开始向上逐步并轨。美国的综合中学体制实施得比较好，美国的大多数学生就学于综合中学。而英国的高中也正在通过综合中学实行并轨，英国的综合中学体制的实施为其他双轨制国家的高中并轨创造了经验。实行教育机会均等的原则具体表现为教育普及到哪一级学校，双轨并轨就要并到哪一级学校。要普及高中教育的话，那么双轨并轨就必然要并到高中阶段。所以，综合中学在这方面起到了重要作用。

（二）在初中设定向教育阶段

有些国家考虑到，正在成长的少年的才能、天赋和兴趣是多种多样的，有必要找到一条适合他们本身情况的培养途径，因此在初中设定向教育阶段。德国把初中的头2年称促进阶段或定向阶段。法国的初中4年分为两段，前2年是“观察期”，后2年为“方向指导期”，以引导学生进入不同类型的高中。有的国家虽不设定向教育阶段，但主张加强对学生的指导，通过各种不同的课程，使学生为以后的教育和职业选择做好准备。但也有许多教育家反对过早定向，认为那样不利于学生的全面发展。

总之，初中阶段在现代教育结构中越来越重要。在美国，有些教育专家认为10—14岁是青春发育期，这一阶段的学生不论在生理上还是在心理上，都有其特点。为了适应这个年龄段学生的特点和发展，为他们设立单独的中间学校是有好处的。

（三）中学阶段修业年限有延长的趋势

首先是初中阶段的年限延长。例如，英国从4年延长到5年，法国从3年延长到4年，德国从4年延长到5—6年，俄罗斯从3年延长到5年，美国的中间学校相当于初中阶段，也是从3年延长到4年。

初中阶段教育年限的延长，从形式上看有两个原因。一是由于把初等教育所缩短的年限加在初中教育阶段，因而延长了初中教育的年限。二是因为义务教育年限逐步增加，但还未发展到普及高中教育的程度，所延长的年限加在初中阶段，因而也延长了初中教育的年限。无论是为了升学还是为了就业，其实质都是要加强这个阶段的科学文化基础知识的教育。

近年来，各国义务教育的年限延长，逐步延伸到高中阶段。各国原来的义务教育年限长短不一，大多在9年左右，包括小学和初中教育阶段。随着知识社会的来临，为了提高人才的能力素质，大多数国家的义务教育年限有进一步延长的趋势。高中教育越来越普及化，许多国家正在向十二年制义务教育发展，美国的一些州已经实现12年义务教育。日本的高中教育虽然还没有纳入义务教育，但是早在20世纪末其高中入学率就已经达到了96.8%。

第三节　普通中等教育的内容和方法

一、教育内容的改革

现代生产和现代科学的发展，不但推动了教育结构的变革，也推动了教学内容和方法的变革。尽管各国的政治、经济、文化和历史传统不同，在解决问题时往往各有特点。但是，在当前，科学技术是第一生产力，科学技术在现代生产发展中已经起着主导作用，因此，各国中学的教学内容和方法就不能不存在很多共同点。

科学技术的迅速发展，使新的知识和知识的总量迅速增长。由于科学发展中的分化和综合，就出现了许多新的科学分支、边缘科学和整个新的知识部门。所有这些都不能不影响和决定着中学教学内容的范围、它的深度和广度。但是，教育内容的改革是不能以机械地增加知识总量的方式进行的，必须对课程的内容进行选择，对知识的结构进行科学的处理。在这种情况下，教育就不能像过去一样，以掌握一定数量的事实材料，即一定数量的知识为重点。为了让学生掌握现有的科学知识，并在未来能继续掌握新出现的科学知识，学校教育就必须以发展学生的创造性思维、独立地掌握新知识的能力和独立地解决问题的能力为重点。历史上形成的教学内容、组织形式和方法的体系已不能适应这些新的要求，于是就形成了教育内容、教学组织形式和方法的改革运动。20世纪50年代以来教育内容已经历了多次改革，大致可以分为四个阶段。

第一个阶段是20世纪50年代至70年代初期，这是各国教育大发展大改革的时期。

第二次世界大战后，科学技术有了很大发展。但是，中小学校的教育内容还停留在19世纪，特别是科学教育的内容陈旧落后，不能适应当代科学技术发展和社会生产的要求。1957年苏联成功发射第一颗人造地球卫星，促进了各国教育内容大改革。1958年美国国会通过《国防教育法》，在联邦政府拨款资助下，美国组织了大批科学家和教育家编写数学和自然科学学科的教材，把现代科学技术的新成果充实到教材中，这就是教育内容现代化运动的开始。美国先后成立了各种专门的科学委员会，如“物理科学研究委员会”“生物科学课程研究会”“化学教材研究会”“中小学数学研究组”等，其任务是编制新的、完善的教学计划，编写新的理科教学大纲和教材。它们的工作对理科教学的现代化作出了重大贡献。但是，这些教材并未被一般学校所接受，仅在培养尖子的学校和班级内得到实施。

此后，英国、法国、日本、德国、苏联都相继实行了教育改革，更新了教学内容，集中表现出如下几个共同趋向。

第一，教学内容现代化。20 世纪中叶的中学教学内容的体系，是对 20 世纪初期以前的科学成果的综合。这些内容已远远落后于当代科学的现状，更不能满足现代生产的要求，必须加以更新、扩充并使之现代化。例如，在数学中，编入了集合理论、数理逻辑、程序设计、线性规划等内容；在物理学中，加强和增加了热力学、固体物理、量子、核子和空间科学等方面的知识；在生物学中，加强和增加了进化论、遗传学、分子生物学和生态学等方面的知识。

第二，教学内容理论化。理论化和现代化是分不开的。中学教材中的科学内容，必须在充分考虑青少年生理和心理特征的前提下，用新的科学思想选择、综合和处理现有的科学材料，使之成为科学概念的逻辑体系，这是教学内容的理论化。例如，物理学中物质的原子结构理论、化学中的化学键理论、生物学中的分子生物理论等。整个中学数学的体系则是用现代数学的集合、关系、映射、群、环、域等基本概念对算术、代数、几何、三角的分科体系进行了统一的科学处理的结果。

第三，教学内容逐级下放。现代科学和现代生产的发展要求加强中学的科学基础知识。因此，把过去大学低年级的某些教学内容（例如微积分）下放到高中，把过去高中的许多教学内容下放到初中，把部分初中的教学内容下放到小学等。这就大大提高了整个普通学校的教学水平和效率。

第四，调整文理科的比重。这次改革的一个明显趋势是加强理科教材内容的比重。苏联加强了理科学术科目的比重，使普通中学文理科学术科目内容的比重大体相当。美国培养尖子的学校和英国、法国等国的完全中学也都加大了理科学术科目的比重。

第五，增加观察和实验的材料和内容。这次改革的又一个明显的特点，是增加了观察和实验的材料和内容，其目的是加强学生动手能力，对学生进行科学研究方法的训练，培养学生像科学家那样思考问题和解决问题。

第二个阶段是 20 世纪 70 年代，是教育改革调整的时期。

20 世纪 60 年代的教育内容改革运动，到 70 年代初势头开始减弱，对教材的现代化开始有了批评意见，认为新教材偏难偏深，只适用于少数有天赋才能的学生，脱离了大多数学生的实际水平，教师也不能适应。美国出现了“回归基础教育”运动，主张中小学最根本的任务是要让学生掌握读、写、算的基础。但是，尽管新教材受到许多批评，教育改革运动还是在向前发展，试验还在继续。特别是在当时的苏联，从 1964 年开始编写新教材，边编写，边试验，边培训教师，用了整整 10 年的时间，中小学全部过渡使用新的教材。可见，教学内容的现代化是现代生产对教育的客观要求，是大势所趋。70年代的反复只能说是对教育内容现代化的一种调整。

第三个阶段是二十世纪八九十年代，此时进入新的改革时期。

20世纪70年代以后世界科学技术又有了新的进展，1973年重组脱氧核糖核酸（DNA）实验的成功，标志着人类进入了可以控制遗传和生命过程的新阶段。微处理机的大量生产和广泛使用，标志着揭开了扩大人脑能力的新篇章，以后出现的软件开发和大规模产业化、微处理机的网络化，使人类进入了信息革命的新纪元。

20世纪80年代末东欧剧变，90年代初苏联解体，世界政治格局发生根本性的变革，国际竞争日益激烈，军事冷战变为经济热战。教育作为竞争的手段被各国政府所重视。

工业发展带来的资源的浪费、环境的污染、青少年道德水平的下降，也引起社会各界人士的关注。

以上一切使教育改革成为20世纪80年代各国政府的热门话题，并一直持续到90年代。二十世纪八九十年代教育改革是全方位的，包括教育目标、教育体制，但教育内容仍然是改革的核心。20世纪末这20年的教育内容的改革有以下几个特点。

第一，加强基础学科。1983年美国高质量教育委员会公布了一份调查报告《国家处在危险之中：教育改革势在必行》，引起美国社会的震动。1991年布什政府发布了《美国2000年教育战略》，提出建立五门核心课程，即英语、数学、科学、地理、历史。英国颁布《1988年教育改革法》，规定公立中小学实行全国性课程。这一切都是为了加强基础学科。

第二，强调发展学生的个性，课程要有灵活性和自由度。俄罗斯从20世纪90年代初期就开始重点对教学内容进行实验和改革。改革的内容集中在三个方面：一是扩大学生选择教材的自由度，逐步改变原来的统一教科书、统一教学计划和教学大纲，还可建立多样化的课程体系与结构；二是强调和突出教育内容的客观性、全面性；三是增进学生对世界、社会、自身和自己事业的了解。俄罗斯中等学校类型由单一化转向多元化，促使中等学校的教学计划、教学大纲和教学内容向多元化发展，实施联邦、地方和学校多级多种教学计划。根据1992年颁布的《俄罗斯联邦教育法》，1993年7月，俄罗斯联邦的中小学校在组织教育过程中开始采用多种教学计划，主要分为俄罗斯联邦基础教学计划、地区基础教学计划和学校教学计划。

第三，增加环境教育、公民教育的内容，培养学生正确地对待自然、对待他人，养成高度的社会责任心。

第四个阶段是进入21世纪以来，教育内容改革继续向前发展。

进入21世纪以来，各国的中等教育内容改革延续了二十世纪八九十年代的一些特点。然而21世纪的到来，意味着人类进入了终身学习的时代，培养完整的人的时代，信息化的时代，因此教育内部改革又不可避免地有了新的发展。

虽然各国的改革由于历史文化传统、社会现实状况不同有各自的侧重点，但在时代的大浪潮中都不可避免具备以下特点。

第一，仍然重视基础学科教育。美国作为一个一直重视学生个性发展的国家，越发强调基础学科学习的重要性，加强了英语、数学、历史等核心学科的教授。而日本作为一贯重视基础学科的国家，并未放弃这一传统，而是要求在继续加强基础教育的前提下，培养学生个性。北欧五国则致力于使基础性内容的教授趋向综合化。

第二，强调道德教育、公民教育与环境教育等充满时代气息的内容。这些改革趋势在 20 世纪末的改革中就被各国提出。进入 21 世纪以来，在各行业快速发展、全球化进程急剧加快的大背景下，各国对此更为重视。英国注重学生人生观价值观的培养，通过开设相关课程使学生成为成功的学习者、自信的人、有责任心的人，成为优秀的社会公民；德国强调价值观教育是起到思想方向作用的；法国增加了哲学思考课，在所有高中的毕业年级，都要开设哲学思考课，帮助青年探讨“人类生存条件”的普通问题，掌握社会融合的真正工具；而北欧各国则普遍开设了环境教育类课程。

第三，重视对生存能力的培养。各国都试图从课程内容以及组织形式上入手，以此来锻炼培养学生的能力，为其走向社会，学会生存做好充分的准备。美国注重综合性课程的设置，为培养学生能力，许多中学把两门或两门以上的学科内容进行新的组合，希望可以通过这种方式培养学生综合认知和解决问题的能力。日本降低了课程内容的难度，教学内容致力于培养终身学习的基础能力，通过综合性活动课程培养学生能够自己学习、自己思考的完整的人的能力。英国为了培养学生为适应将来社会发展需要的基本技能，课程内容也更加强调实用操作性和提高学生的职业技能，中学的职业类课程显著增加。

第四，注重信息素养的培养。进入 21 世纪以来，计算机技能成为各国公民必不可少的一项基本生存与工作能力。各国为了培养学生的这一能力，通常采取两种方式：将计算机技能培养渗透进各个课程，如美国、德国；或者单独开设计算机技能类课程，如法国及北欧五国。

第五，在全球化时代，各国对本土文化更加重视。地球在某种意义上说已成为一个村落。在某些文化趋同化的背景下，各国开始想要存异，努力保存自己的独特性。如德国强调关于欧洲文化的教育，设计教育内容以全面地介绍欧洲的历史、地理、文学、艺术、哲学、宗教等文化的各个领域；北欧五国开设与本土、本民族文化相关课程，努力传承与发展自己的传统。

每一个时代的中学教育内容改革都与其独有的社会背景有着不可分割的关系。随着 21 世纪各国政治、经济、文化各方面的进一步发展以及相互之间的交融，教育内容方面的改革也必将再次出现新的特点。

二、课程的安排

由于中学有着各种不同的类型，中学课程的安排是多种多样的，这就给比较教育研究造成一定的困难。但是，普通中学的课程体系是由普通中学的性质决定的，同时随着时代的发展和科学技术的进步而不断地改进和完善。因此各国中学课程的安排有许多共同点。当然，各国课程的安排又与各国中学的历史传统以及整个教学体系有关，所以各国中学的课程又各具特点。

美国的课程安排有突出的特点。历史上形成的各州分权管理学校的传统，使美国中学没有统一的教学计划，即使是同一类型的中学，教学计划也有极大的差别。例如在初中，按典型的教学计划，普通自然科学的教学每周 5 学时，但是这 5 学时在不同的学校，教学内容可能完全不同。美国中学的课程大致可分为两类：一类是普通科目，如英语、社会科学、理科、数学、外国语、人文学科；另一类是非普通科目，如卫生与体育、家政、美术、音乐、工艺、安全教育、消费教育等。美国中学实行学分制，学校开设大量的选修课供学生选读，规模大的中学开设的科目多达数百门。这种选课制固然有利于发展学生的兴趣和才能，但教学质量却得不到保证。

1993 年俄罗斯公布了中小学教学计划，包括小学、五至九年级基础学校、十至十一年级完全中学教学计划 13 个。其中俄罗斯联邦基础教学计划是国家基本的规范文件，也是国家教育规范的组成部分。基础教学计划规定学习各类课程的最低限度的课时数，确定学生的学习负担。基础教学计划分成不变部分和可变部分。不变部分的课程保证与全人类的理想和文化相适应，形成学习者的个性品质，保证全国教育空间的统一。可变部分旨在考虑到民族的、地区的和地方的社会文化特点和传统，保证学生的发展与其天赋和兴趣相适应。地区和学校的教学计划均根据国家基础教学计划拟定。从 1993 年开始，俄罗斯联邦普通学校基础教学计划共设八类课，包括俄语、语言与文学、艺术、社会学科、自然学科、数学、体育和工艺学。在具体的课程结构中，每一类课程都是相关课程和整体化课程的组合，各地区和各学校可以根据本身的情况加以充实和具体化。例如，自然学科类课程由自然常识、自然地理、生物学、物理学、天文学、化学、生态学及地区和学校所需要的课程组成，增加了选修课和实验课。在教学方式上，增强了小组课和个别课。

从 20 世纪 80 年代起，美国教育改革的首要目标就是开设内容充实的课程。改革高年级的课程尤为关键，要求中学生掌握数学、理科、历史和文学知识等内容丰富的基础课程。

日本、法国、英国、德国的课程都有自己的特点。日本的中学基本上按统一的教学计划进行教学，但高级中学按分科有不同的教学计划。日本学校课程的特点是不按学科设课，而是设综合课程。初中和高中都分必修课和选修课两类。改革的重点之一是减少必修课，增加选修课。由于历史形成的中央集权制管理模式，法国教育部制定必须执行的教学计划和大纲，对每门课程的知识水平有明确的、严格的要求，在教学内容上有重视人文学科的传统。德国由各州制定学校的教学计划。英国由各校制定教学计划，但同一类型学校的教学内容大体相同。

进入20世纪90年代以后，美国、俄罗斯、法国、日本、德国、英国中等教育课程安排呈现出新的特点。美国教育的国家化程度不断加强，政府明显加强对全国教育的影响，主要表现在对全国核心课程的认定以及对推行严格的富有挑战的学业标准的要求上。1991年，《美国2000年教育战略》明确提出了美国教育“新的世界标准”，即英语、数学、科学、历史和地理五门核心课程，力争在2000年提高中学生毕业率，提高学生对核心课程的理解和认知能力。为了满足不同学生的学习兴趣和需求，学校不断增加选修课程的种类，增加至200多种。同时设立独立的研究项目，目的在于增强学生的创新能力。各门课程实行学分制管理，以此提升教育的质量。进入21世纪以来新增加的大学先修课程（AP），是在高中阶段开设的，其课程内容达到了大学学术标准和学业水平，供高中生选修。课程结束后学生可参加全美统一组织的大学先修课程考试，更能在升入大学之前获得大学认可的学分。

俄罗斯政府不断向下属教育部门下放职权，实行课程的多样化，推行教育的民主化。增加数学学科，使学生掌握运用于实际工作、学习邻近学科、继续接受教育所需要的思维能力；增加自然学科，保证学生掌握物理学知识，化学知识和生物学知识；新增自然界知识艺术学科，使学生获得人与艺术、与自然界有着极密切联系的认识和了解。

法国成立了国家教育委员会，主要职能是就教育的一般概念、主要目标和现行计划的实用性等问题向教育部部长提供建议和意见，打破了总督学团独掌教育大局的局面。根据1995年的教学改革大纲，法国国家教育委员会按“阶段”安排课程，而不是按学年来组织课程。初中4年划分为适应阶段、中心阶段以及指导定向阶段。高中3年则划分为决定阶段和终结阶段。课程类型和学科安排以基础为主，课程板块多样化。例如，高一课程分为共同课程、决定性课程和自由选修课程，辅之以计算机和社会实践等课程。从高二开始，学生进入社会经济专业、文学专业和理科专业。进入21世纪以来新增个体化帮助、框架性个人研究等课程，不断增强学生的创新能力。新增公民-法律和社会教育课程，主要融合各门学科引导学生认识自己生活于其中的社会，认识社会的规则。

日本在进入21世纪以来更加注重课程权利的分享，新的课程改革方案致力于推进学校特色课程的开发，特别强调了各学校创造特色课程的必要性，这是知识经济时代学校教育自由化的一种体现。另一个重要的表现就是设立综合学习时间，国家只规定综合学习的目标、课时，不规定其具体的内容，由各个学校根据自己的特色组织跨学科的学习活动。增加选修课程的种类，扩大选修课程的范围。为了适应国际化和全球化的需求，日本把外语作为必修课，不断加强与国外的合作与交流。同时新的课程改革将“信息科”作为高中普通科的必修科目，以适应计算机、网络的普及带来的信息社会的变化。

在 1994 年国际教育成就评价协会发起组织的第三次国际数学和科学研究中，以新加坡和日本为代表的有统一的课程标准的国家表现优异，德国的情况不尽如人意。因而，德国政府认为统一的国家课程标准是取得高水平教育成就的重要保证。鉴于此，德国召开各州文教部长联席会议，要求加强对课程的管理。20 世纪 90 年代中期德国中学课程中进一步加大了外语的比重，并把外语作为核心课程（其他为德语、数学、自然科学和社会科学）之一，以加强德国与其他欧洲国家的合作与交流。当今，综合国力的竞争越来越表现在科学技术的发展和创新能力的提高，因此德国不断将创新教育引入到中学的课程与教学。21 世纪是一个信息化时代，为迎接信息时代的挑战，适应信息化社会，把信息与通信技术教育渗透进各门课程，同时改进劳动技能以提高学生的社会适应性。

自 2006 年以来，英国国家课程的改革加强了中央对课程的控制。英国成立了资格与课程局（QCA），不断进行核心课程改革，重视英语技能的学习，学生必读莎士比亚的作品，加强阅读能力的培养。数学课程中增加了将数学知识应用到实践领域的内容，比如供水系统、工程学和新技术等。科学课程的改革更引人注目，传统的化学、生物和物理三科已不复存在，取而代之的是一个崭新的“公民学科”，新课程新增诸如克隆、转基因食品等当今热门的科学话题，科学课内容被大量缩减。基础课程也不断进行改革，公民课加强传统价值观教育，帮助儿童逐步成长为具有民主和平等观念的国家公民，培养学生坚持真理正义、诚实、守信、具有社会责任感等美德。长期处于边缘的地理学科得到重视，英国的历史纳入课程，以使学生更好地了解英国。

总之，20 世纪 90 年代以来各国在中等教育课程改革与发展方面取得了一些进展。在课程管理方面，采取更加灵活的课程管理体制，不断实现课程权力的分享；在课程目标方面，继续强调基础知识和基本技能对于学生发展的重要性，同时重视价值观教育和学生精神道德的发展；在课程内容和课程实施方面，更加关注学生的经验，根据学生的心理发展特征设置课程，注重处理好必修课和选修课之间的关系。

三、教学的组织形式和方法

总的来说，课堂教学仍然是各国中学教学的主要形式。但随着教学任务和内容的变革，教学的组织形式和方法也在发生变化。总的趋势是，教学组织形式和方法更有利于学生能力的发展，有利于顺利地掌握现代科学基础知识。为了找到更好的教学组织形式和方法，各国都在进行多种试验。

传统的班级授课制得到了一些改进，各国中学都呈现出适当缩小班级规模的趋势，使教学单位趋向合理化。美国各州的每个班由 20—30 人组成。以美国的培顿高中为例，每个教学班人数最多是 26 人，最少是 16 人。芝加哥地区公立高中每班人数平均为 27.2 人，最少为 7.7 人，师生比例为 1∶18。而英国也由以前的三四十人缩减到二三十人，在法国中学班级授课制改革的目标是人数不超过 25 人。以日本神奈川县的高级中学为例，该学校的班额由以前的 40 人缩小到 30 人。在中学，缩小班级学生规模已经成为一种改革趋势。以下列举几种试验。

（一）采取分组教学

按能力分组教学又叫分层教学，主要分为两种：班内分层和分层走班。班内分层主要是指保留行政班，从优秀、中等、学习困难的学生的实际水平出发，确定不同层次的教学和指导，组织不同层次的检测。分层走班主要是通过对文化课学习状况进行摸底，按学生的知识水平在学习文化课的时候到不同班上课。据美国 1993 年的一项调查显示，86%的公立中学实行分层教学。英国中学的课堂教学组织形式以小班教学和分组教学相结合为主。按学科分层教学是比较常见的一种教学形式，但不同年级、不同学科分班的标准、所分的层次和班级数又不一样。比如：某中学，对七年级所有学科的教学都实行混合编班，各班学生的总体成绩大致相似；对八年级的数学和外语两门学科实施按成绩分层教学，其他学科则实行混合编班；对九年级的数学、英语和外语三门学科实施按成绩分层教学，其他学科则由学生自由选择班级上课；对十、十一年级核心课程（英语、数学、科学）实施分层教学，占总课时的 60%，其他课程占 40%课时，由学生选择科目和层次；十二、十三年级所有科目由学生自选。所以，该校八年级以上的学生每人都有一份与众不同的课程表。

（二）加强个别教学

学校越来越注重学生个体的发展。为了更好地实现因材施教，各国都越来越加强个别指导。随着社会多样化和教育理论的发展，教学越来越强调重视儿童的兴趣和自身的发展，为了进一步遵循因材施教的教学原则，越来越多的中学更注重个别教学，美国有的学校通过“教师队”的组织形式进行教学，由几名教师共同上课，其中有主讲和辅导，以加强个别教学。在英国的中等学校，教学组织始终保持着课程教学和个别辅导两个系统。课程教学系统以教研组（按学科划分组成）为纽带，由任课教师组成，其主要职责是面向全班学生系统授课。个别辅导系统以年级组（按年级划分组成）为纽带，由辅导教师组成。其主要职责是对本年级学生进行个别辅导。这种双轨并行的教学组织形式既发扬了班级授课制系统讲授、成批培养、大规模提高教学质量的优势，又克服了其在因材施教上的不足，充分照顾到了每个学生的个体需要和个性发展。

（三）加强实验室教学

各国在理科教学中都普遍增加实验的课时，培养学生实际动手能力和探索精神。

随着办学条件的进一步改善，为了更直观地进行教学以便让学生能够更好地理解，俄罗斯中学采用按学科在专用教室里上课的方法，可以增强该学科的直观性。各国的中学理科教学中，也越来越强调通过实验室教学来加强直观教学。

（四）采用讨论和发现等方法

在教学方法方面，课堂教学中出现了讨论法和发现法等，力图在教学过程中形成问题的情境，并在一定程度上给学生创造类似科学家那样思考问题和解决问题的环境和条件，以满足学生提出问题的愿望和提升独立研究解决问题的能力。

（五）广泛应用现代技术手段

越来越多的科学技术应用到教学过程中，如投影机、幻灯机、电子白板、平板电脑甚至虚拟现实和增强现实等设备以及多媒体教学系统。现代教育技术在教学中的应用正在引起教学组织和方法的变革。教育技术手段运用得当，无疑能节省教学时间，提高教学质量。但是机器再灵，不能代替教师。不仅教学机器用的软件需要教师来参与，而且更重要的是，学生在教学过程中思想品德的形成和能力的培养，离不开教师的指导。互联网的应用给教学组织形式的发展提供了新的可能性。它不仅突破了时空限制，在教学资源、教学活动组织过程、师生关系等方面也呈现出新的特点。为适应时代的发展，培养新一代的人才，美国大部分的州都建立了网络虚拟学校，由州教育部门直接管理，不少学区也建立了自己的网络学校。所有的网络学校都有外语科目，其中以开设西班牙语的网络学校为最多。网络汉语教学也在快速发展之中，佛罗里达、弗吉尼亚、俄亥俄、肯塔基、北卡罗来纳、伊利诺伊、得克萨斯、马里兰、爱达荷等州已在网络虚拟学校中设立了面向中学生的汉语课程。大学设立的网络汉语课程就更不计其数了。美国各州开设网络学校，其最重要的考量是解决学生学习的需求与师资不匹配的问题，网络学校就可以解决这一问题。网络课程的开设为学生提供了难得的学习机会，满足了学生学习各个学科的需求。总的说来，20 世纪 90 年代以来各国中学的教学方法呈现多样化的特征，多媒体技术和设备的使用带来了教学方法的更显著的变革，教学方法由传统的以传授为特征的转向更多地关注学生发现和探究。

第七章

职业技术教育比较

多年来，国际上对职业技术教育一直存在着不同的提法，有的称职业教育（vocational education），有的称职业技术教育（vocational and technical education），有的称技术和职业教育（technical and vocational education），有的称职业教育和培训（vocational education and training），还有的称技术和职业教育与培训（technical and vocational education and training）。在 1999 年召开的第二届国际职业技术教育大会上，联合国教科文组织在正式文件中首次使用了“技术和职业教育与培训”（technical and vocational education and training，TVET）的提法。这不只是字眼上的变换，它更表明，职业技术教育的内涵和外延正在发生变化。随着世界范围内新技术革命的深入发展，各行业对从业人员素质的要求不断提高，职业技术教育中的“技术含量”也在不断增加。此外，随着各国教育、培训和就业部门之间合作关系的加强，教育、培训和就业相互隔绝的状况有了明显改变，职业技术教育已成为由职前教育、就业培训和在职培训构成的终身而连续的过程。

第一节　职业技术教育的历史轨迹

现代职业技术教育是现代大工业生产的产物。从世界范围来看，职业技术教育的发展大体经历了三个阶段：兴起阶段（18 世纪后期到 19 世纪末）；制度的确立阶段（19 世纪末到 20 世纪 40 年代）；蓬勃发展阶段（20 世纪 50 年代至今）。由于社会生产力发展水平不同，历史文化传统各异，各国职业技术教育的发展是不平衡的。①

一、职业技术教育的兴起

18 世纪 60 年代，以蒸汽机的发明和应用为主要标志，第一次工业革命首先在英国开始，到 19 世纪 30 年代末基本完成。美国、法国、德国等西方主要资本主义国家也从 19 世纪初开始相继进入了工业革命时期，到 19 世纪 70 年代基本完成了工业革命。工业革命使资本主义生产从工场手工业过渡到机器大工业。机器大工业生产的出现从客观上提出了进行职业技术教育的需要，同时也为其发展提供了可能性。一方

① 吴雪萍著：《国际职业技术教育研究》，浙江大学出版社 2004 年版，第 2 页。

面，机器大工业生产对劳动力的数量和质量都提出了新的要求。它要求数量众多的劳动力不仅能熟练操作机器，还能掌握机器生产的科学原理。显然，传统的学徒制已不能满足工业生产对技术工人的需求。另一方面，随着大工业的发展以及科学技术的进步，现代工艺学得以创立。工艺学的产生，使劳动者有可能掌握生产过程的基本原理和基本技能，为广泛进行职业技术教育提供了便利。此外，社会生产力发展所造成的社会物质财富的积累，又为职业技术学校的建立和发展提供了物质前提。于是，以传授现代生产科学技术原理为主要特征的职业技术学校应运而生。德国、法国、英国、美国、日本等国都在这一时期办起了职业技术学校。

这个阶段各国职业技术教育有三个特点。第一，职业技术教育的形式开始从现场训练转变为学校训练，即出现了学校形态的职业技术教育。第二，职业技术教育的内容从手工工艺的传授转变为工艺原理的教学和操作技能的训练，即出现以传授科学技术原理为主要特征的现代型的职业技术教育。第三，职业技术教育尚未形成正规的制度，职业技术教育机构基本上由产业部门负责管理，在很大程度上带有职工培训的色彩。

二、职业技术教育制度的确立

19 世纪末到 20 世纪初，以电动机的发明和应用为主要标志，人类社会进入第二次工业革命时期。第二次工业革命给人类生活的各方面带来了深刻的变化，对教育也提出了更新更高的要求。这一时期，世界各主要资本主义国家先后从自由竞争的资本主义走向垄断资本主义。为了适应垄断资本主义政治和经济的需要以及社会生产对劳动力文化技术水平的较高要求，各国都调整改革了本国的教育，逐步形成了现代资本主义教育制度。在这一制度中，职业技术教育占有一席之地。

英国于 1889 年颁布了《技术教育法》，该法规定负责技术教育的地方当局有权征收职业技术教育税，专门用于职业技术教育。国家拿出一部分资金补助各郡发展技术教育。法国于 1919 年颁布了被称为法国技术教育宪章的《阿斯蒂埃法》，该法规定由国家代替个人承担对工人子弟进行职业技术教育的任务，即使私立职业技术教育机构在一定条件下也可获得国家补助金。德国于 1919 年颁布的《魏玛宪法》规定要对完成八年义务教育的学生进行职业技术教育，一直到 18 岁为止。美国国会于 1862 年通过了美国第一个职业教育法——《莫雷尔法》，规定由联邦政府拨给土地辅助各州兴办农业和机械工艺学院，培养工农业专门人才。1917 年美国又通过了《史密斯-休斯法》，规定由联邦政府每年拨专款资助各州发展职业技术教育以及开展职业教育师资的培训。日本于 1894 年颁布了《实业教育国库补助法》，规定国库每年为职业教育拨付专款。1899 年又颁布了《实业学校令》，把中等教育结构改为中等普通教育和中等职业教育，建立农业、工业、商业等学科的中等职业学校。

这个阶段各国的职业技术教育有两个特点。第一，国家开始干预职业技术教育，并通过立法把职业技术教育纳入国民教育系统，使它成为正规教育制度的有机组成部分。第二，职业技术学校已具有初、中、高三个层次。一般而言，这个阶段的前期以初级职业学校为发展重点，后期以中等职业学校为发展重点。

三、职业技术教育的蓬勃发展

20 世纪 50 年代以来，以原子能和计算机的广泛应用为标志，人类社会进入了第三次工业技术革命时代。新技术革命对世界各国的经济和社会发展都产生了深远影响。由于科学技术的日新月异，现代生产的技术基础不断发生变化。因此产业结构、劳动力就业结构也不断发生变化，生产日益从劳动密集型转向知识密集型。这些转变对劳动力素质提出了更高的要求，而职业技术教育对于提高劳动力的素质，进而提高劳动生产率和产品竞争力具有直接的作用。由于职业技术教育的重要性得到广泛认可，第二次世界大战后各国政府纷纷采取措施，发展各种类型的职业技术教育。

第二次世界大战后世界职业技术教育的发展又经历了发展机遇和条件都不同的历史时期。20 世纪 60 年代是世界职业技术教育发展的黄金时期。受“现代化理论”和“人力资本理论”的影响，这一时期人们对教育包括职业技术教育普遍寄予厚望，认为只要投资教育、发展教育，就能带来经济的繁荣并加快社会的现代化进程。因此，各国政府特别是发达国家政府都加大了对教育的经费投入，大力发展教育。职业技术教育作为整个教育体系中与经济发展联系最密切的一部分，自然受到关注，也获得了很大的发展。

20 世纪 70 年代是世界职业教育发展的困惑时期。进入 70 年代后，由于世界性资本主义经济危机的出现，职业技术教育的发展也从 60 年代发展的高峰跌入 70 年代的低谷。究其原因，主要有三方面。第一，因经济危机导致的毕业生就业困难和教育经费削减，使职业技术教育的发展受到严重制约。第二，面对经济萧条，人们对教育的态度从 60 年代的满怀希望变为悲观失望，认为教育并不能为经济发展作出贡献，甚至有些人还把经济不景气归咎于教育的失败，职业技术教育更是成了“替罪羊”。公众对教育“热情”的消退直接影响了政府的教育决策以及对教育的投资力度，这也使职业技术教育的发展严重受损。第三，传统的职业技术教育存在一些缺陷，如对市场需求变化反应迟钝，培训内容的针对性差，在毕业生就业方面无能为力，教育成本高但收益低等问题。职业技术教育自身存在的这些问题也使它的发展受到束缚。

20 世纪 80 年代是世界职业技术教育重整旗鼓的时期。这一时期，世界银行经济学家乔治·萨卡罗波洛斯（G. Psacharopoulos）运用其收益率分析法开展了关于教育收益率的国际比较研究并得出结论：投资教育的收益率比其他形式的投资收益率要高。受这一研究结论的影响，人们逐渐恢复了对教育的信心。各国又开始重新关注职业教育并调整职业教育发展策略，采取多元化的职业教育发展模式。

20 世纪 90 年代是世界职业技术教育发展战略发生转变的时期。1991 年世界银行发表了关于职业教育和培训的政策文件，提出了全新的职业教育发展战略。该文件指出，政府应加强初等和中等教育，鼓励发展由企业和雇主承办的职业教育。政府对职业教育和培训的职责是暂时性的、过渡性的。随着市场体制的完善以及市场经济的发展，政府作为职业教育和培训提供者所起到的直接作用应逐渐减小。因此，举办职业教育的职责也将逐步从政府转向企业，职业教育的主要办学模式将从学校本位转变为企业本位。

世界职业技术教育发展战略的转变是与世界职业教育发展指导思想的转变密切相关的。20 世纪 60 年代以来，国际职业教育理论界形成了两大不同的思想流派。一派是以英国的经济学家巴洛夫（T. Balogh）为代表的所谓“主流派”，另一派是以美国的教育学和社会学家福斯特（P. J. Forster）为代表的“反主流派”。主流派认为发展中国家可以通过重点投资学校形态的职业教育来发展经济，因而倡导学校本位的职业教育办学模式。这种观点曾得到包括联合国教科文组织和世界银行在内的一些国际组织的支持，一度成为二十世纪六七十年代世界职业教育发展的指导思想，因此有主流学派之称。与主流派的观点相反，反主流派反对学校形态的职业教育，认为职业教育的重点是非正规的在职培训，企业本位的在职培训优于学校本位的职业教育，发展企业本位的在职培训计划要比发展正规的职业学校更加经济、更少浪费。反主流派的观点在当时并没有引起关注。但到了 20 世纪 90 年代，反主流派的观点已成为世界职业教育发展的指导思想。之所以会出现这一转变，其根本原因在于世界职业教育发展的实践。一方面，按照主流派观点制订的职业教育发展计划在许多发展中国家受挫；另一方面，二战后经济发展迅速的一些国家和地区，如日本、新加坡、韩国以及中国的台湾和香港，它们成功的教育与经济发展战略证明了反主流派思想的合理性。这些国家和地区都把职业教育的重点放在企业本位的培训，由企业承担培训的主要职责，职业教育采用正规教育和非正规教育相结合的形式。

第二节　职业技术教育的主要形式

从世界范围看，职业技术教育的办学模式主要有三种：学校本位、企业本位、学校与企业合作。学校本位的模式以政府经费投入为主，由政府举办学校形态的职业技术教育。企业本位的模式以企业经费投入为主，由企业举办职业技术培训。学校与企业合作的模式是政府和企业都有经费投入，由学校与企业共同举办职业技术教育。因此，职业技术教育的形式也主要有三种：学校进行的职业技术教育、企业进行的职业技术教育、学校与企业合作进行的职业技术教育。

一、学校进行的职业技术教育

学校职业技术教育主要在职业高中、技术高中、综合高中、高等职业院校等机构进行。

（一）美国的学校职业技术教育

美国实施中等职业技术教育的机构主要是综合中学，实施高等职业技术教育的机构主要是社区学院。

美国的综合中学履行三种职能：对全体学生进行普通教育；为准备升学的学生提供学术教育；为准备就业的学生提供职业技术教育。因此，综合中学一般分成普通科、学术科、职业科。各科学生所占的比例分别为33%、43%和24%。① 职业科一般分为工业、农业、办公室工作与商业、产品销售、家政、卫生、技术七类。就一所具体的学校来说，七类职业教育不可能都开齐，只能从中选择若干类。选择的依据主要是当地的经济发展状况和产业结构。学校开设多少类职业教育则取决于该校的办学条件。由于综合中学的课程由各校自行开设，因此每所学校开设的职业课程各不相同，门类繁多。职业科的课程一般由普通课、职业技术课、实践课三部分构成。综合中学的职业教育特别强调普通文化课的学习，职业科学生至少要用一半的时间学习必修的普通文化课，包括英语、数学、科学、外语、美国史、体育、公民等。在职业科中，职业理论课与实践课的比例为1∶2。为便于学生掌握实际操作技能，综合中学里一般都设有实习车间，如木工、金工、电工、汽车修理等车间，实习场所都有实习指导教师。

美国社区学院（community college）的创建可以追溯到19世纪末、20世纪初的初级学院运动（Junior College Movement）。第二次世界大战结束后不久，“社区学院”这一名称得到了广泛应用，而在这之前，两年制的高等学校被称为初级学院。美国的社区学院有许多职能，包括职业教育职能、普通教育职能和大学转学教育职能等，其中职业教育职能是其最主要的职能。美国学者科恩（A. M. Cohen）和伊格奈希（J. M. Ignash）就曾经强调：“毫无疑问，社区学院最主要的职能是培训劳动者，并且这一职能得到了充裕的资金支持。”② 美国的高等职业教育主要是由社区学院来实施的。社区学院大部分兴建于20世纪50年代至70年代初，其目的是满足社会成员对高等教育和职业教育的需求，其职业教育的专业和课程设置具有明显的地方性和

① 吴雪萍著：《国际职业技术教育研究》，浙江大学出版社2004年版，第268页。

② A. M. Cohen, J. M. Ignash. An Overview of the Total Credit Curriculum. *New Directions for Community Colleges*, 1994 (86): 13-29.

多样性。

（二）**英国的学校职业技术教育**

英国实施职业技术教育的机构主要有继续教育机构、第三级学院、城市技术学院（city technology colleges），其中继续教育机构是最主要的实施机构。

继续教育机构的类型多样，有继续教育学院、技术学院、艺术学院、农学院、商学院等。这些机构既进行职业教育，也进行普通教育，以职业教育为主；既开设高级水平课程，也开设低级水平课程；既提供全日制课程，也提供部分时间制课程。这些机构的课程设置，在很大程度上取决于机构所在地的社会需求以及邻近机构的课程设置情况。从其设置及职能看，继续教育机构有三个特点。其一，结构上的多层次性。实施职业教育的机构，既有高级水平的多科技术学院，也有普通水平的技术学院、继续教育学院，还有较低水平的夜校等。组织机构的多层次性，有利于满足不同层次需求，培养多种规格的技术人才。其二，实施机构与社会联系密切，每一家机构都根据当地产业界和其他部门的需求，确定自己的主要任务，开设实用性强的课程。其三，各机构之间互相配合、协调和补充。在制订课程计划时可以通过协商，利用其他机构的类似课程。这样做，既发挥了各自的优势，又减少了各学院课程内容上的重叠，使有限的人力、物力、财力得到合理经济的利用。

第三级学院是 20 世纪 70 年代在英国出现的第三级教育机构。第三级学院把第六学级与继续教育学院的工作融为一体，招收 16—19 岁的青年，既开设普通水平和高级水平的普通教育证书课程，为学生的升学做准备，也开设职业技术课程，为他们的就业做准备。

城市技术学院是根据《1988 年教育改革法》设立的一种侧重职业技术教育的学校。城市技术学院设在城市内，招收 11—18 岁年龄段的学生。城市技术学院独立于地方教育当局，其办学经费来自英国教育和科学部的直接拨款与地方企业部门的赞助。其中中央拨款占 80%，地方企业部门赞助占 20%。城市技术学院的课程按照《1988 年教育改革法》关于全国性课程的规定来设置，但侧重技术、科学、数学、计算机以及其他应用学科。城市技术学院的毕业生既可以参加高级水平普通教育证书考试和普通中等教育证书考试，也可以参加各类专业证书考试。

（三）**法国的学校职业技术教育**

法国实施中等职业教育的机构为职业高中和技术高中，实施高等职业教育的机构是大学技术学院和高级技术员班。

职业高中培养技术工人和职员，学制分 3 年和 2 年两种。三年制职业高中招收结束初中观察期的学生，即读完 2 年初中的学生，培养 3 年，考试合格者授予“职业能力证书”（CAP）；两年制职业高中招收初中毕业生，培养 2 年，考试合格者授予“职业学习证书”（BEP）。颁发职业能力证书的专业划分较细，专业面较窄，而且经常根据社会和劳动力市场的变化加以调整，主要是培养学生对某一职业的能力与技巧。颁发职业学习证书的专业面较宽，教学理论性强一些，要求学生掌握与某一职业领域相关的比较全面的知识和技能。颁发职业能力证书的专业教学内容包括：普通教育课程，如法语、数学、史地等，每周为14.5—16课时；职业技术教育课程，学习与某一职业有关的知识和技能，课程包括理论、实践及车间或办公室操作，每周学习12—17课时，另有企业实习8—12周。颁发职业学习证书的专业学习内容包括普通教育和职业技术教育课程。普通教育课为14—22课时，不仅比重较大且对于整个学业的成功起重要作用。技术教育课为某一类职业的基础课，通常每周授课16—20课时。法国职业高中开设的专业，几乎涉及工业和第三产业的所有职业，共300多种。职业高中的教学大纲由教育部统一制定。各专业开设的课程各不相同，但在第一年基本上都学习相同的基础课程，如法语、数学、科学、外语、历史、地理、公民教育、体育等。职业能力证书课程比较偏重职业教育课和实践课，职业学习证书课程则比较偏重普通教育课和技术理论课。学生在职业高中学习结束时，须参加由学区按专业组织的统一考试。考试内容包括普通文化知识和职业技术知识，形式分笔试、口试和实际操作。合格者被授予职业能力证书或职业学习证书。两种证书均属法国八级技术职称制的第五级，持有者均可以技术工人和职员的资格直接就业。职业学习证书持有者中，10%的优秀生可以转入技术高中的二年级继续学习，参加“技术员会考证书”的考试。

技术高中学制3年，招收初中毕业生，培养目标是技术员，同时也为高等技术院校输送人才。其教育目的是，不仅使学生具有一定的专业技术知识，而且还要有更广泛、更扎实的普通文化知识，使培养出来的学生有较强的适应能力，也为学生求职或继续深造打下基础。技术高中第一学年为基础学习阶段，其课程设置与普通高中相同，包括基础课、限定选修课和自选课三种。基础课是每个学生都必须学习的课程，一般包括法语、数学、第一外语、历史、地理、公民教育、物理、自然科学、体育等。限定选修课有工业工艺、科学技术、医学、社会学、应用艺术等，学生必须从中选修一门。自选课包括第二外语、艺术教育、社会和家庭生活常识等，学生可以根据自己的兴趣和能力选学或不学。在技术高中的第二和第三学年，学生分科进行学习，其中约一半为普通文化课，一半为技术理论课和专业实习课，专业实习课在学校的教学车间和工厂企业里进行。第二和第三学年分学科教学，共分为F、G、H三个学科组，包括16种专业。其中F组为工业、社会医学及应用艺术，含12个专业，分别是：机械制造、电子和电子技术、土木建筑、物理、化学、生物科学、社会医学、房屋技术设备、微型技术、音乐、舞蹈、应用美术。G组为经济、管理与商业，含3个专业：行政管理、企业管理、商业技术。H组为信息技术。分科教学阶段每周课时为32—38小时。其中普通文化课根据不同的学科和专业分别占课时总数的三分之一至二分之一甚至超过二分之一；专业实习课在学校的教学车间或工厂企业中进行教学。技术高中学习结束时，学生必须参加由学区组织的统一会考，考试合格者授予技术员会考证书，考试合格率在65%左右。约50%的技术员会考证书持有者会以技术员资格直接就业，其余的则进入短期技术学院。

短期技术学院是设在大学里的短期高等教育机构，实施介于技术高中和大学之间的教育，是法国1966年高教结构改革的产物。大学创办的短期技术学院负有多项使命：培养经济发展所需的高级技术人员，发展面向地区的技术教育，强化为区域经济服务的功能；设置短学制，以减轻中学毕业生对高等教育的压力；将高等教育与工艺技术教育相结合，以弥补高级技术员班的不足等。短期技术学院在教育层次、生源、培养目标、教学组织、毕业生文凭授予及出路等方面与高级技术员班基本相同，而办学性质、专业设置、课程及教学安排方面有所不同。法国短期技术学院的课程设置注重多样性、综合性，特别注意培养学生较强的适应能力。课程安排主要包括基础理论课、专业课、实习课。2年中有6—12周的教学实习课。

高级技术员班通常附设在技术高中，但其性质属于短期高等教育。它的培养目标与短期技术学院相同，均培养高级技术员。高级技术员班的生源来自技术高中和普通高中毕业生及同等学力者。高级技术员班通过审查高中毕业生档案和平时成绩录取新生，其中约半数来自技术高中。高级技术员班学制2年，专业划分较细，技能培养有明显的岗位针对性和实践性；毕业生通过国家考试可取得高级技术员文凭。其毕业生因有较高的技术水平而受社会欢迎，就业率较高。同时，高级技术员班毕业生还可继续深造，约有四分之一的毕业生进入普通高等学校学习。

（四）日本的学校职业技术教育

日本在学校内进行的职业教育是指在高中的综合学科和一部分专门学科、各种学校、专修学校、短期大学、高等专门学校里实施的职业教育。

高中的一部分专门学科相当于我国的职业高中，职业方向分为农业科、工业科、商业科、水产科、家政科、看护科等。职业高中招收初中毕业生，学制3年，学生毕业后一般直接就业，成为初级技术人员和技工。2000年约有94万人就学职业高中，占高中生总人数的22.5%。① 近年来引起职业高中学生比例下降的主要原因是日本产业由劳动密集型产业向技术密集型产业的转变以及教育普及程度的提高。职业高中所开设的课程是为学生将来就业打下基础而不是教授专门的工作技能。它培养多种职业技术人才。按培养目标要求，他们是应具有正确的劳动观和职业观、丰富的情操和创造能力的全面发展的人。在长期的办学实践中，日本的职业高中形成了两个特点。一是办学形式多样。日本职业高中在专业设置上打破传统过细的划分方法，重新组合职业学科，开设诸如人文学科群、自然学科群、国际合作群、电子机械群等一系列适

① 陈永明：《日本，重新塑造职业技术教育》，《职业技术教育》2001年第12期。

应时代发展的综合学科群，消除普通教育和专业教育的严格界限，把普通教育的内容置于专业课程之中。二是加强普通文化课的教学。日本职业高中大力强化普通文化课的教学，重视基础知识的传授，规定职高学生必须修国语、数学、公民、地理、历史、生物、化学、物理和音乐、体育、美术、家政等课程。在教学课时安排上，把普通文化课与专业基础、专业技能课的课时比例调整为 6∶4。一些职业高中还把专业学习时间后推 1 年，高中一年级学生主要学普通文化课和公共基础课。

“非一条校”是对授以一技之长的各类学校的总称。非一条校有国立、公立和私立之分，大多是私立的，规模小，一般都是单科的，包括商业事务、工业、技术、医疗卫生、艺术、家政等。非一条校主要分为专修学校和各种学校。

专修学校是从 1976 年起由一部分各种学校升格而来的学校，也分国立、公立、私立三种，绝大部分是私立的，并且女生占很大比例。专修学校的学生多以取得国家规定的职业资格为目的。专修学校开设的课程分为三种：一是高等课程，招收初中毕业生，学制 1—3 年，学生修完高中的课程后便可获得高中的同等学力，然后可以继续学习本校的专门课程或报考高等院校；二是专门课程，招收高中毕业生、专修学校的高等课程毕业生，学制 1—3 年，学生修完规定的学分后便可获得短期大学的同等学力；三是一般课程，不限制报考资格，以家庭妇女、无业人员为主要招生对象，对成人进行补习教育和职业培训，学制 1 年。专修学校的专业设置体现了多样性的特点。

短期大学的任务是为高中毕业生提供普通的和专业的高等教育，培养产业界所需的中级技术人才。短期大学以私立为主，学费较低，修业年限为 2—3 年，女生占 90%以上。日本短期大学不设院系而直接设专业，设置的专业涉及人文科学、社会科学、理科、工学、农学、保健、家政、教育、艺术等，其中家政类和人文类约占 50%。短期大学重视专门知识的传授和专门技能的培养。因此，毕业生实际工作能力较强。近年来，由于人口出生率的下降以及女性开始更多地进入四年制大学等，短期大学数量下降很快。

高等专门学校招收初中毕业生，实行五年一贯制教育，主要培养中级技术人才。高等专门学校以国立为主，私立只占很小比例。90%的在校学生是男生。高等专门学校主要有工业、商业、电子三大类，所设的学科种类主要有机械工学、电气工学、建筑、金属工学、航空、印刷工学、航海、无线电通信等。专业以工程技术专业为主，仅电气、电子和机械就占所有高等专门学校学科总数的一半以上。由于高等专门学校的毕业生实际工作能力较强，而且有一定的理论基础，所以很受企业欢迎，就业率很高。

（五）俄罗斯的学校职业技术教育

俄罗斯职业技术教育分初等、中等和高等三个层次。根据《俄罗斯联邦教育法》的规定，初等职业技术教育主要由职业技术学校实施，招收初中毕业生，学制 3 年。

某些职业技术学校也招收高中毕业生，学制 1 年。中等职业技术教育主要由中等专业学校或高等职业教育的第一层次学校即高等专科学校实施。中等专业学校招收初中和高中毕业生，对初中毕业生除实施专业教育外，兼施高中文化课教育，学制 3—4 年。高等专科学校是 20 世纪 90 年代后新发展起来的学校。俄罗斯把所有高等教育都称为高等职业教育。第一层次为不完全高等职业教育阶段，由专科学校和高等学校实施，招收高中毕业生，学制 4 年。

（六）哈萨克斯坦的学校职业技术教育

哈萨克斯坦独立后，在原有学校体系的基础上构建起一个上下畅通、内外兼顾的立体化职业技术学校体系。从纵向上看，义务教育阶段设有中等职业技术教育，初中毕业的学生可通过考试进入；高等职业技术教育则包含完整的专科、本科以及研究生教育，高中、本科的毕业生可通过考试进入。根据国家制定的标准和教育计划，各级职业技术学校开设了医疗、建筑、电气、维修等 160 余个专业。从横向上看，《哈萨克斯坦教育法》规定了提供职业技术教育的三种学校：一是免费性质的中职学院，针对初高中毕业生开设，学校课程与职业领域密切相关，不涉及其他拓展性课程；二是专业学校，同样针对初高中毕业生开设，但在进行职业培训的同时还开设了科学、数学、语言等文化类拓展性课程；三是高职学院或工艺学校，学校课程包括更加专业的技能培训课程和更加广泛的学术类课程，针对具有高中及其以上学历者开设。

（七）印度的学校职业技术教育

印度的中等职业教育主要由各邦管理，而各邦的情况有很大的不同，导致实施中等职业教育的学校种类较多，但是典型的中等职业教育机构有三种。一是综合工艺学校（或者译为多科技术学校），招收初中毕业生，学制 2—4 年，通常是 3 年，培养技术员。由于办学的针对性较强，所以毕业生的就业情况较好。二是工业培训学校，招收八年级毕业生时学制 3 年，招收十年级毕业生时学制 1 年，培养熟练工人。这种学校是把普通初中教育和职业教育结合起来的一种学校，近年来毕业生通常选择升入综合工艺学校而不是直接就业。三是高中的职业班。职业班设置的专业通常分为六大类：农业、商业、家政、工程技术、医务护理和其他。各邦也可根据本邦的需要设置其他类专业，如食品技术、师范等。职业班的基础性较强，普通教育课占的比重较大，约为总课时的三分之一至四分之一，其余为专业课和实践训练，实践训练至少占总课时的一半。

（八）新加坡的学校职业技术教育

新加坡的学校职业技术教育由工艺教育学院、理工学院和部分培训机构实施。新加坡的工艺教育学院多数为两年制。工艺教育学院开设的课程（相当于我国的专业）有国家工艺教育学院证书（Nitec）、国家工艺教育学院高级证书（Higher Nitec）、国家工艺教育学院技师（Master Nitec）、技术文凭（Technical Diploma）四个级别，并提供各种类型在岗人员技能培训和课程进修，为在岗员工举办技能水平鉴定考试。政府对这类学院很重视，并给予各方面的保障。新加坡的理工学院共有 5 所，其开设的课程以工程、科技及管理为主。这类学院在学生学习的同时，积极发挥学生的潜能进行科研开发，任课教师全都有项目，每个学生都要参加实际项目学习。新加坡的培训机构也是多样化的。公办民办兼有，层次类型不一。这些机构对前两类学院起补充作用，与工艺教育学院和理工学院一起承担职业教育与培训的重任。

（九）中国的学校职业技术教育

中国职业学校教育是学校教育制度的重要类型，分为中等职业学校教育和高等职业学校教育。中等职业学校教育是中等教育的重要部分，由中等职业学校实施；高等职业学校教育是高等教育的重要组成部分，由专科、本科层次的职业高等学校和其他普通高等学校实施。

中等职业学校主要培养中级技术人员、管理人员和技术工人。其毕业生既可以直接就业，也可以报考高等职业学校或普通高等学校，考取者进入高等院校继续深造。中等职业学校包括三种类型：职业高中、中等专业学校、技工学校。（1）职业高中：职业高中主要是 1985 年以来在改革中等教育结构的基础上发展起来的，大部分由原来的普通高中改造而成。职业高中招收初中毕业生，学制 3 年。职业高中分为工科、农林、医科、财经、政法、体育、文教、艺术、旅游服务等专业门类。（2）中等专业学校：中等专业学校是新中国成立后，在接管并改造旧中国的高级职业学校的基础上逐步建立和发展起来的，主要招收初中毕业生，学制多数为 3 年，个别为 5 年。中等专业学校专业大类共分八种：工科、农科、林科、医科、师范、财政、体育、艺术。随着对教师学历要求的提高，原来以培养小学和幼儿园教师为主的中等师范学校现已逐渐停办，或改组合并或升格为高等师范学校。（3）技工学校：技工学校是新中国成立后，在为安置旧社会遗留下来的 400 万名城市失业工人而举办的各种类型专业培训班的基础上建立和发展起来的。技工学校招收初中毕业生，学制 1—5 年，主要培养技术工人。

高等职业技术教育是在中等教育的基础上进行的，属于第三层次（高中后教育层次）的职业教育。在我国这类教育是在 1980 年后才作为职业教育体系中的高层次发展起来的。1991 年国务院《关于大力发展职业技术教育的决定》提出了“努力办好一批培养技艺性强的高级操作人员的高等职业学校”的任务。1994 年国家教委第一次把推动职业大学的改革和建设纳入工作重点。从此，高等职业技术教育发展迅速。高等职业技术教育主要在高等职业技术院校实施。这类学校主要有职业大学、职业技术学院、高等专科学校等。（1）职业大学：职业大学在 20 世纪 80 年代初兴起，最早是在一些经济发展比较快的城市，由省级人民政府按照本地区建设需要创办的一种高等学校，主要为本地区培养较高等级的应用型专业技术人员。职业大学招收普通高中毕业生和中等职业技术学校毕业生，学制 4 年。（2）职业技术学院：职业技术学院是我国实施高等职业技术教育的主要机构。职业技术学院招收普通高中和中等职业技术学校毕业生，学制 3 年，设置的专业很多，培养应用型高级技术人员、管理人员。职业技术师范学院学制 4 年，培养中等职业技术学校的专业课教师。（3）高等专科学校：高等专科学校类型多样，其中一部分按其培养目标及毕业生的去向，属于高等职业技术教育，招收普通高中和中等职业学校毕业生，学制 3 年，培养应用型高级技术人员、管理人员。

二、企业与学校合作进行的职业技术教育

企业与学校合作进行的职业技术教育主要有双重职业训练制度、合作教育、产学合作等形式，其中最典型的是德国的职业教育双重制（又称职业教育双元制）。

（一）德国的双重职业训练制度

所谓双重职业训练制度，即学生（或学徒）在企业里学习实际操作和在部分时间制职业学校里学习理论知识平行进行，使学校教育与企业训练密切结合起来，它是德国职业技术教育的基本形式。接受完义务教育不想再进全日制学校学习的青年，可在国家规定的培训专业中选择一项，报考招收学徒的企业，录取后学习 3 年。在这 3 年里，学徒每周有 2 天的时间在企业里学习实际操作，有 2 天的时间在部分时间制职业学校学习理论知识。培训前，雇主与学徒之间须按规定签订职业培训合同。在受训期间，学徒由企业发放工资，但不算企业的正式职工，亦不算就业。培训期满，要通过考试。考试由工商联合会主持，企业与职业学校共同参加，组成考试委员会，考核学徒的实际技能和理论知识，合格者由工商联合会颁发毕业证书。这种证书是就业的依据，在整个西欧都得到承认。不及格者允许补习 1 年。持有毕业证书的学徒可留在本企业，也可到其他企业工作。

企业培训在双重职业训练制度中是主要部分，部分时间制职业学校教育起着配合的作用。企业要承担培训学徒的任务就必须具备一定的条件：要有专门的徒工培训车间和相应设备，要有技术熟练的培训师傅。条件不足的企业也可与其他企业联合成立跨企业的培训中心。企业培训的宗旨是：给青年人施行基础广泛的基本职业培训，随后逐步进行专业化的技术训练，使之有能力在高度发达的经济和社会里满足专业上和劳动生活中的需要。职业培训工作还应为持久的职业进修打下基础，使得每个人都能够适应技术、经济和社会的发展并在职位上得到提升。按联邦政府立法规定，企业要向学徒传授实际操作技能和知识，提高理论水平，培养劳动态度。企业配备专职和兼职的培训师傅，具体负责培训工作。学徒在培训师傅指导下，在培训车间和生产车间学习。企业按培训法规定对师傅的选择十分严格。培训师傅必须是技师，有 5 年以上

实际工作经验，而且还要到总公司集训 4 周，经考试合格才有资格担任。在大城市，部分时间制职业学校多数是按职业划分的，如分为工艺职业学校、商业职业学校、矿山职业学校、农业职业学校和综合职业学校等。

搞好企业培训和职业学校教育之间的合作与协调，是双重职业训练制度成败的关键。为使企业培训与学校教育有机地结合起来，由行业协会、学校和企业的代表组成的协调委员会定期召开企业培训人员与学校教师的联席会议；教师要经常到企业了解学生在企业内所学的技能和知识；培训师傅也要到学校了解教学计划执行情况。教师与培训师傅还可通过学徒的学习手册，了解学生在对方处学习的情况。在学徒学习手册里，要登记在校学习内容和车间操作实习内容。

（二）美国的合作职业教育

合作职业教育亦称工读课程计划，或合作职业教育课程计划。工读课程计划的参加对象是高中学生，他们在学校和企业学习、工作各半天，学习与工作交替进行。

中学的工读课程计划种类繁多。有的课程计划着重培养学生的职业技术技能；有的课程计划以帮助学生获得良好的工作习惯与态度、加深对劳动世界的理解为主要任务；有的课程计划是为特殊目的服务的，如为身心有缺陷的与处境不利的青年而设计的特殊工读课程计划。中学工读课程计划的种类与中等职业教育的分类相适应，分为七类：(1) 办公室工作与商业教育的合作工读课程计划，培养办公室工作人员与商业部门的雇员；(2) 商品销售教育的合作工读课程计划，培养批发与零售等各种市场领域的雇员；(3) 家政合作工读课程计划，要求通过在校的教学与有技术要求的家政岗位（如食品服务、照料儿童与家庭卫生等）的工作实践培养学生；(4) 贸易与工业教育的合作工读课程计划，使学生能够胜任有技术要求的贸易与工业的各种职业岗位；(5) 农场以外的农业职业合作工读课程计划，培养青年成为农场以外的各种农业职业岗位的雇员，如农场器材的销售、高粮仓的操作、饲料与肥料的销售、牲畜经纪业等；(6) 联合的或相互联系的职业合作工读课程计划，使学生能在几个不同职业领域（如办公室工作、商品销售、贸易与工业以及家政等）内受雇；(7) 职业教育工读课程计划，它为贫困学生提供入学与参加公共机构部分时间制工作的机会。这类工读课程计划与其他的工读课程计划一样，学生的职业岗位是同他在校的教学与职业课程计划有关的。参加这项课程计划的学生被视为学校的雇员，他们不是在校内劳动就是在其他公共机构（如法院、医院、市政工程以及公共卫生与公共福利机构等）劳动。学生的劳动报酬不是由雇主直接付给，而是由公立学校支付。

上述各类工读课程计划的课程，都由两个主要部分组成，即由在校的教学与在工作岗位上的学习组成。在校的教学又包括两个组成部分：一部分包括有关的普通知识与学术性知识的教学；另一部分是与学生的职业直接有关知识的教学，例如：如何寻找职业，雇员的职责，良好的劳动习惯，社会保险，以及与同事、顾客等人员打交道的本领。在工作岗位上学习的目的在于帮助学生掌握并运用相关的职业知识，发展学生的职业能力。

工读课程计划在企业里实施时，主要由教师（通常称教师协调人）与学生工作岗位上的管理员共同管理。教师协调人要尽量使学校的教学与学生参加的工作有机地结合起来，形成统一的整体。在学校里，教师协调人要培养学生良好的工作习惯，教育学生适应职业的需要，与工人和睦相处，还要进行技能教学等。在工作单位里，教师协调人要帮助雇主理解工读课程计划的目的和实施的办法，对学生进行监督和指导，并经常与雇主商讨学生的进步和存在的问题。学生工作岗位上的管理员由雇主指派。其职责是使学生适应工作岗位，教育学生安全操作，协助教师协调人确定学生就业前应该学习的技能，并与教师协调人一起评定学生的成绩。

上述企业与学校相结合的两种形式，可使学生学到理论与实际相结合的知识，但它们又各有特点。德国的双重职业训练制度是以企业为主，实行严格的社会监督。学徒培训的监督、检查和考核都是由联邦工商总联合会负责的，学徒与资方签订的劳资合同、培训教学计划，要经当地工商联合会审查批准、监督实施。而且，学徒培训有统一的标准，统一的考试，有利于保证熟练工人达到应有的技术水平。但有些企业担心培训计划过分国家化，不利于培训工作的多样性与适应性。美国的合作职业教育以学校为主，采用二组制，一半学生在校学习，学校的一套设备可供两组学生使用，提高了学校设备的利用率，节省了开支。合作职业教育加强了学校与工、商业等部门的联系，学生能在工作岗位上接触到生产上的最新科学成就，促使教师不断更新教学内容，提高教学质量。合作职业教育也为学校按照劳动世界的需要评价教学提供了机会。合作职业教育的缺点在于雇主常常把学生雇员当作廉价劳动力使用，提供的福利条件较差，不利于学生的身心发展。在人口稀少或劳动力过剩的地区，或在经济危机时期，由于工作职位不足，推行合作职业教育就会遇到困难与阻碍。

三、企业内进行的职业技术教育

企业内进行的职业技术教育由企业主办，其形式也多种多样，其中最典型的是日本的企业内职业训练。

日本职业技术教育中最具特色的是企业内的职业训练。在日本，企业内的职业培训系统十分发达，几乎所有的大型企业都有完备的培训体系，其目的是培训本企业所需的新增劳动力、提高本企业职工的素质。日本企业内的职业教育，是企业对职工进行从录用到退休为止的长期的教育训练。终身雇佣制和年工序列制是日本企业内职业培训高度发达的基础。根据 1958 年颁布的《职业训练法》，企业内的职业训练从公共职业训练体系中分离出来，并随着政治、经济、科技、文化的发展在许多方面都超过了公共职业训练。日本的企业内职业训练是以车间为中心、以提高工作能力为目的的一种职业训练。它具有五个特点。①

第一，培训密切联系生产实际，在生产过程中进行职业教育，强调“以车间教育为主”。主要是通过日常的劳动和工作来熟悉和掌握生产技能。课程内容往往根据企业的不同情况来设置，并且随着企业生产和生产技术部门要求的变化而变化。

第二，日本的企业内培训从职工进入企业工作开始一直到退休为止，它为已就业的成人提供接受职业教育的机会，不断地对他们进行各种教育。也就是说，在每个人的职业生涯中都要不断地接受定期的教育训练。因此，可以说它是实施终身职业教育的一种形式。

第三，企业内培训被当作“经营的工具”。由于职业培训的首要目的是提高劳动生产率，日本企业办教育的积极性非常高，法律的支持又提升了企业的积极性，因此，企业的经费投入是企业内培训经费的最主要来源，而政府资助仅是一种补充，主要用于中小企业开展企业内教育。另外，民间团体和社会个人捐资也是企业内教育的一大经费来源，而职工往往负担极少部分的教育费用。

第四，培训重视道德教育。日本企业非常重视对职工进行道德教育，包括人格教育、情感教育、爱国和团队意识教育、忧患和参与意识教育、企业文化教育等。通过企业精神和企业经营理念的熏陶，提升职工的忠诚度和荣誉感，增强职工的凝聚力，调动职工的积极性。

第五，培训体系完备，形成了初级、中级和高级三个层次。日本企业内培训既有对新录用员工和熟练工人的培训，也有对中级技术人员和管理人员的培训，还有对高级技术人员和管理人员的培训。根据受训人员的不同层次，培训可分为三种：一是对普通职工的训练，其对象是新录用的工人和具有一定工龄的工人；二是对技术人员的培训，其对象多为大学毕业生；三是对管理人员的培训，包括中低层管理人员教育和高层管理人员教育两部分。

第三节 职业技术教育的发展趋势

进入 21 世纪以来，面对经济全球化和新技术革命的挑战，改革和发展职业技术教育的紧迫任务摆在了各国政府面前。为实现联合国《变革我们的世界：2030 年可持续发展议程》以及联合国教科文组织《教育 2030 行动框架》提出的教育发展目标，联合国教科文组织于 2016 年发布了《职业技术教育与培训战略》。该战略提出了一些

① 吴雪萍著：《国际职业技术教育研究》，浙江大学出版社 2004 年版，第 343 页。

关键的政策建议和行动策略，目的是支持成员国增强职业技术教育系统的适应性。该战略的目标与可持续发展目标 4（SDG4）相一致，即“确保全纳和公平的优质教育，让每个人都享有终身学习的机会”。它有三个重要工作目标：促进青少年就业并培养他们的创业精神；促进公平和性别平等；促进向绿色经济和可持续发展社会的转变。

为了全面提高劳动者的素质，提高国家的综合竞争力，各国都加快了职业技术教育的改革和发展。尽管各国的社会制度、经济发展水平以及历史文化传统各不相同，所采取的改革措施不尽相同，但在联合国教科文组织《教育 2030 行动框架》和《职业技术教育与培训战略》引领下，各国职业技术教育的发展也呈现出一些共同趋势。

一、发展终身职业技术教育

知识经济时代是人们职业和岗位变动更加频繁的时代。许多传统职业在社会上消失，同时新的职业不断涌现，使大量的劳动者从没落的生产领域转入新兴的生产领域，因而吸收新知识和学习新技术已经成为现代生产对从业人员的客观要求。不少研究也证明，现代职业半衰期越来越短，职业生涯的易变性越来越明显。这无疑说明，以往人们梦寐以求的“终身职业”已经成为明日黄花，一次性的学校“充电”、一辈子工作中“放电”的时代已一去不复返。职业教育只有成为扩展到个人整个职业生涯的终身职业教育，才能为每个人一生的职业发展提供服务，才能使每个人更好地迎接知识经济的挑战。

1999 年由联合国教科文组织举办的第二届国际职业技术教育大会的主题就是“终身学习与培训——通向未来的桥梁”。大会通过的决议强调职业技术教育是终身教育体系的一个内在组成部分。随着技术的发展，无论各国的发展状况如何，职业技术教育和培训都要朝终身化的方向发展。大会建议各国要制定灵活的发展终身职业技术教育的政策，促进终身职业技术教育的开展。在大会致各成员国的建议书中写道：“职业技术教育对于所有人来说，都应成为一种主流教育渠道，而不是像以前认为的那样，只是从普通教育体系中延伸出来的一个庞大的附属品。”由于绝大多数职业教育的毕业生期待在工作场所接受进一步培训，因此教学计划和课程应允许有随时进出的机会，使毕业生有终身学习的机会。为此，该建议书建议：设计单元形式的课程；引进以能力为基础的评价；使用自定步骤的学习来适应个人的需求；认可受培训人以往获取的经历、知识和能力；等等。

终身职业教育思想突破了原来狭义的职业教育和培训的时空限制。在时间上，它强调职业技术教育贯穿人的一生，为个人的整个职业生涯提供帮助；在空间上，它强调利用各种场所、整合各种教育资源开展职业技术教育和培训。全球化趋势的出现，科学技术的发展，从业流动性的增加，社会就业压力的加大，学习化社会和知识经济的到来，等等，所有的这一切都要求职业技术教育和培训不是一次完成，而是贯穿人的一生；不是以封闭、单一的方式进行，而是以开放、灵活的方式进行。①

美国的生计教育（career education）和“从学校到工作”（school to work，STW）过渡计划实际上都是体现终身职业教育理念的计划。生计教育的主张是时任美国联邦卫生教育福利部教育总署署长马兰（S. P. Marland）于1971年提出的，得到美国全国教育协会等主要教育组织的支持和美国商会的赞同。生计教育的倡导者认为，生计教育的概念可概括为以下三点：第一，生计教育将成为所有学生的而不只是职业学校学生的课程的一部分；第二，生计教育应当贯串从小学一年级到高级中学甚至大专院校的所有年级；第三，凡是中学毕业的学生，即使中途退学者，也将掌握维持生计的各种技能。美国生计教育的实施没有一个固定的模式。它强调因地制宜，从当时当地的劳动实际出发制订规划。例如有一个生计教育方案把小学一年级到中学毕业的十二个年级划分为三个阶段。第一阶段为职业了解阶段（一至六年级），主要实施职业认识的计划，使儿童通过活动树立起关于各种职业的总观念，培养儿童的职业意识和自我意识，增加儿童对职业的了解。第二阶段是职业探索阶段（七至十年级），学生通过职业探索，熟悉职业的分类——“职业群”，并开始在职业群中作出尝试性的选择。第三阶段是职业抉择阶段（十一至十二年级），这时学生要更集中地钻研他们所选定的职业，并为毕业后的出路做好准备。美国中学毕业生有三种前途：就业、升入中学后教育机构或进四年制以上的学院。准备就业的以掌握职业技能为主；准备进中学后教育机构的则要把学术性课程与职业性课程结合起来学习；准备进四年制以上学院的则要把精深的学术性课程同职业技术教育课程结合起来学习。

自20世纪90年代以来，美国开始探索职业教育改革与发展的新策略，其中最重要的便是推行“从学校到工作”过渡计划。这一计划旨在加强学校学习与社会生产、生活的联系，解决学生从学校到工作的过渡问题。这一计划主张要把职业教育的对象扩展到所有学生，不仅包括未升入高一级学校的中学毕业生，也包括即将读大学的学生。美国1994年颁布的《从学校到工作机会法》（*School to Work Opportunities Act of 1994*）明确规定：所有州都要建立一个全州范围内的学校到工作体系，向所有学生提供参加工作本位教育和培训课程的机会。这些课程能使学生获得通用的证书；为学生获得高技能、高薪职业做好准备；为学生接受包括四年制学院和大学教育在内的继续教育做好准备。在实际推行中，“从学校到工作”过渡计划主张整合学校本位学习与工作本位学习，积极推广以工作为基础的学习活动，让学生通过职业活动来学习，从而激发学生的学习热情，培养学生的职业技能。针对职业种类变化快、对高新技术人才需求增加的情况，“从学校到工作”过渡计划提出要努力将学术课程与职业

① 吴雪萍著：《国际职业技术教育研究》，浙江大学出版社2004年版，第8页。

课程有机地结合在一起，以满足劳动力市场的需求。“从学校到工作”过渡计划还力主整合中等教育和中学后教育，以满足职业教育高移化的需要。“从学校到工作”过渡计划发展策略极为关注学生从学校到工作世界的过渡，努力构建教育、培训和就业一体化的职业教育体系，使学生成功地从学校走向社会，减少缺乏过渡而导致学生对学校失去信心的现象发生。“从学校到工作”过渡计划主要由三部分组成：以学校为基地的学习，以工作场所为基地的学习以及联结两者之间的活动。自1994年《从学校到工作机会法》颁布实施后，“从学校到工作”过渡计划在全美国得到蓬勃发展。2006年，在美国国会颁布的《帕金斯法IV》中，“职业与技术教育”（vocational and technical education，VTE）这一概念正式被“生涯与技术教育”（career and technical education，CTE）所取代。职业教育从仅仅帮助学生为特定的工作岗位做好准备逐步转向帮助学生为一生的职业生涯做好准备。2014年新加坡政府推出了“技能创前程”（Skills Future）计划，旨在使新加坡公民在人生的任何阶段都能通过学习发挥个人潜能，为国家经济增长和社会包容作出贡献。该计划是一项全民终身学习计划，它为不同阶段的职场人士提供学习和培训服务。从2016年起，每个25周岁及以上的新加坡公民，每年可获得一定额度的技能培训补助金，修读由政府认证的培训机构、大学、理工学院和工艺教育学院等提供的培训课程。

二、开展全民职业技术教育

开展全民职业技术教育是1990年世界全民教育大会后全民教育理论的一个延伸。“全民教育”是国际社会在20世纪90年代初提出的新概念，其最终目标是“要满足全体儿童、青少年和成人的基本学习需要”。同全民教育一样，全民职业技术教育也有其特定的含义，主要包括四个方面：保证儿童和妇女接受职业技术教育和培训的机会均等；为各种处境不利人群或者弱势群体（包括辍学者、残疾人、农村贫困人口、失业人员等）提供各种正规和非正规的职业技术教育和培训；对所有社会成员进行职业指导和咨询；促进弹性入学以实现终身学习和培训。联合国教科文组织认为，开展全民职业技术教育是增强社会凝聚力的一个重要手段，它有助于人们获得消除贫困、提高生活质量所必需的基本知识和技能，有助于增强人们的就业能力、自我创业能力，有助于减少失业和社会排斥现象。①

为了开展全民职业技术教育，近年来各国职业教育和培训机构纷纷降低或取消入学条件。澳大利亚接受职业技术教育的学员既有土著人、外来移民，也有具有学历但希望更新知识和技术的人员。德国除对残疾人、妇女和外籍人子女接受职业教育和培训采取特殊的资助措施以外，还将英才促进措施引入职业技术教育领域。自1992年

① 吴雪萍著：《国际职业技术教育研究》，浙江大学出版社2004年版，第9页。

起实施“职业英才促进项目”，每年向 3 000 名高技能型青年提供每人 3 000 马克的资助，进行重点培养。欧盟还专门为那些失业者、准失业者及处境不利人群提供劳动市场导向的培训，以使其重新就业。2017 年，哈萨克斯坦政府启动“全民免费职业教育”计划，为所有公民提供免费的短期职业教育和培训。① 国际教育界还非常强调市场运作机制下职业指导和咨询的作用。职业指导应该适应企业和家庭双方面的需要，对每个学生的要求和实际状况作出敏锐的反应。它的作用应该扩展到为学生和成年人频繁地变换职业做准备。国际教育和职业指导协会在题为《21 世纪职业指导的战略》报告中，建议各国政府采取如下措施：为职业指导课程和服务提供资金；开发职业指导教材并提供方法；为开展职业指导的咨询人员和教师开设培训和继续教育课程；研究并开发更好的职业指导的方法；立法规定职业指导的目标、服务范围以及经费保障；为完成学业的学生和所有劳动力提供咨询和就业安置服务；立法授权有关当局收集、整理和发布劳动力市场的信息；为所有学生开设职业指导课程；明确学校校长、教师和咨询人员在指导方面的职责。

三、职业技术教育面向可持续发展

职业技术教育面向可持续发展主要指职业教育要通过高质量的教育和培训，持续不断地开发人力资源，增强劳动力的可持续发展能力，从而为社会和经济的可持续发展服务。

联合国世界环境与发展委员会在题为《我们共同的未来》的报告中科学地阐述了可持续发展的概念，认为可持续发展是在满足当代人类需求的同时又不损害人类后代满足自身需求的能力。它要求人们放弃传统的高消耗、高污染的经济增长方式，使生产尽量少投入、多产出、多利用、少排放，以减轻经济增长对资源和能源的依赖，减轻对环境的压力。而利用人力资源开发与投入来取代物质资源的投入，是转变经济发展方式的重要途径。

在自然资源优势趋于终结的当今社会，人力资源成为经济可持续发展的关键性资源。人力资源之所以能在经济活动中居主导地位是因为其可再生性与永不枯竭性，而这必然建立在持续不断开发人力资源的基础之上。以开发人力资源为己任的职业教育必须要不断地提高劳动力的就业能力、职业转换能力和自我创业能力，必须不再局限在单纯的职前教育和培训，而是要扩展到劳动者的整个职业生涯。

2015 年，联合国大会将“可持续发展”作为全球发展的核心内容和重要方向，通过了《变革我们的世界：2030 年可持续发展议程》，该议程面向全球、涵盖各个发展领域。

① 王正青、苟鸣瀚：《独立后哈萨克斯坦职业技术教育现代化发展历程与举措》，《比较教育研究》2021 年第 1 期。

其中，针对职业教育提出要进一步扩大高质量的技能人才供给，确保所提供的技能不仅能适应工作世界的需求，还有利于促进终身学习，支持整个社会向包容和低碳经济过渡。

为了增强劳动力的可持续发展能力，各国纷纷采取对策，用全民继续学习和培训的模式取代集中于一段有限时间学习和培训的模式，使职业技术教育面向经济和社会的可持续发展。1994 年欧盟委员会发布的《增长、竞争力和就业》白皮书指出职业教育是社会变化的催化剂，强调职业教育在促进经济增长、增强企业竞争力和减少失业方面的重要作用。1994 年欧洲理事会通过决议，实施“达·芬奇计划”跨国职业教育和培训计划。该计划从 1995 年年初持续到 2013 年年底，5 年预算为 6.2 亿欧洲货币单位（ECU）。1998 年欧洲理事会通过决议，实施“欧洲之路”跨国培训，侧重与工作联系的培训，参加“欧洲之路”跨国培训的学生可获得由欧盟统一印制的“欧洲之路”培训证书。①

四、重视关键能力的培养

（一）关键能力的含义

近年来，在职业教育中发展关键能力的问题已引起世界范围的关注。英国、美国、德国、澳大利亚、加拿大等国都相继提出要把培养关键能力作为职业教育的一个重要目标。在国际上，关键能力（key competencies）也被称作核心能力（core competencies）或普通能力（general competencies）。在职业教育领域，关键能力是指对劳动者从事任何一种职业都必不可少的跨职业的基本能力。一个人如果具备了关键能力，就容易实现职业变动和劳动变换，适应千变万化的劳动力市场需求。各国学者对关键能力的具体表述略有不同。

英国阿瑟尼（K. Anthony）等学者认为关键能力至少应包括六种能力：一是交流的能力，即以多种多样的形式提取呈现、分析和评价信息的能力；二是解决问题的能力，即确定问题、提出解决问题的方案并付诸实施、检查其实施效果的能力；三是个人的能力，即个人的认知能力和与他人交往、协作的能力；四是计算的能力，即解释、呈现和应用数字材料的能力；五是运用信息技术的能力，即应用信息技术从事一系列日常工作（如文字信息处理、模型设计等）的能力；六是运用现代语言的能力，即以书面和口头的形式用外语进行交流的能力。

澳大利亚梅耶（E. Mayer）等学者认为，关键能力是指有效参与正在出现的工作形式和工作组织所必需的能力，是在工作情境中综合应用知识和技能的能力。关键能力包括七个方面的能力：一是收集、分析、处理意见和信息的能力；二是表达意见和交流信息的能力；三是规划和组织活动的能力；四是在团体中与他人合作共事的能

① 吴雪萍著：《国际职业技术教育研究》，浙江大学出版社 2004 年版，第 10 页。

力；五是运用数学思维和技巧的能力；六是解决问题的能力；七是利用新技术的能力。

美国劳工部在其发表的报告中提出了个体进入劳动市场所必备的五方面关键能力：一是分配时间、制定目标和突出重点目标的能力，以及分配经费和准备预算的能力；二是确定所需要的数据并设法获得数据、处理和保存数据的能力；三是作为小组成员参与活动以及与他人交流的能力；四是了解社会、组织和技术系统运行的能力，并懂得如何操纵它们；五是选择技术的能力以及在工作中应用技术的能力。

德国学者梅腾斯（M. D. Schlüsselqualifikation）认为，关键能力是指在所有职业领域都至关重要的能力，但它们并不直接与具体的生产活动和商业活动相联系。关键能力指两方面的能力：一是与个人相关的能力；二是社会和组织能力。与个人相关的能力包括求知欲和创造力、自我革新和独立性、学习能力、责任感、耐挫能力、应变能力、冒险精神。社会和组织能力包括沟通能力、使用能力、分析能力、计划能力、组织能力。

综上所述，虽然各国学者对关键能力内涵的解释不完全相同，但其基本精神是一致的，那就是：关键能力应该具有相通性和可转换性。它不针对某种具体的职业、岗位，但无论从事哪一种职业都离不开它。像解决实际问题的能力、与他人交流和合作的能力、应用技术的能力、计算的能力，都是各国学者一致强调的能力。

（二）培养关键能力的原因分析

瞬息万变是当代信息社会的一个重要特征。随着科学技术的日新月异，社会的产业结构和劳动力就业结构不断发生变化，社会职业的变换也随之加快。根据美国就业部门统计，美国自 20 世纪 70 年代以来，每 5 年就约有三分之一的劳动力变换职业。职业更动和劳动变换的加快，要求现代社会的劳动者具有较强的应变能力。因此，职业教育除了为青年从事现有的工作做准备外，还应该“培养一种对尚未想象出来的工作的适应能力”。也就是说，在职业教育和培训的整个过程中，应该更多地注重使青年人能够适应多种多样职业，适应不断改进的生产方法和工作条件，从而使他们在谋求职业时有最适度的流动性，便于他们从一种职业转换到另一种职业。培养关键能力的目的就在于增强职业教育学生的应变能力。具体而言，在职业教育中培养关键能力是为了使劳动者适应以下三方面的变化。

第一，适应工作组织的变化。在当今的所谓后工业社会，工作组织出现了从福特主义（Fordism）向后福特主义（Post Fordism）的转变。福特主义的工作组织以纵向的等级制为特征，严格区分管理者和劳动者，强调对生产过程实行自上而下的控制。这种严格的区分贯穿于整个工作组织，并伴随劳动的高度专门化和固定化。也就是说，整个生产过程被分割成许多不同的工序，不同的工序分别由不同的专门人员担任，每个员工都被固定在一个岗位上，形成流线型的分工体系。在福特主义的工作组织下，职业教育以培养能胜任一种岗位工作的工人为目标，使工人终身束缚于一种职业或某一职业内部的一定工种。与福特主义相反，后福特主义的工作组织以横向的团队合作为特征，每个人不固守僵化的技术分工，强调非集权化的组织和管理，强调相对自主的生产单位之间的横向交流和沟通。后福特主义认为，生产过程的控制、产品的创新和产品质量的提高完全可以通过生产一线的生产者而不是管理者来实现。因此，后福特主义的工作组织要求职业教育培养一种新型的工人，这种新型的工人具有三个特点：其一，有较强的应变性和灵活性，掌握适用于不同工作场所的可转换技能，具有创造性解决问题的能力，能不断地适应岗位的变换和职业的更动；其二，具有团队合作的精神，懂得与他人沟通、协作，懂得组织与管理；其三，有主人翁的敬业精神，能积极地参与生产、关心生产，及时发现生产中的质量问题并加以改进。

第二，适应职业结构的变化。在当今的知识经济时代，创造价值和财富的动力正在从主要依靠体力劳动向主要依靠体力劳动和脑力劳动相结合的新型劳动转换。有人估计，在手工化时期，体力劳动与脑力劳动的比例是 9∶1；在半机械化阶段，这个比例是 6∶4；到了自动化时期，这个比例变成了 1∶9。由于知识创新的速度加快，生产技术不断进步，对劳动者文化、教育素质的要求不断提高，社会的职业结构也随之发生巨大的变化，即从传统的金字塔形的职业结构转变为现在的橄榄形职业结构。在金字塔形的职业结构中，数量最多的是处于其底部的非技术工人或半技术工人。而在橄榄形的职业结构中，为数最多的是处于中间的技术工人。随着知识经济的发展，非技术工人或半技术工人的比重将进一步下降，技术工人的比重不断上升。职业结构的这一变化，使以一技一艺训练为主的职业教育无法适应生产的需要。现代生产迫切需要职业教育为它培养既懂操作又通晓生产过程的基本原理、既能动手又能动脑的体力劳动和脑力劳动相结合的技术工人。对这些技术工人来说，仅有一技一艺是远远不够的，还需具有多方面的能力和广泛的适应性，以迎接生产技术变革的挑战。

第三，适应未预见到的市场需求变化。随着新技术在生产中的迅速应用，产品的更新换代周期越来越短。企业为了在激烈的市场竞争中立于不败之地，不得不千方百计改进生产工艺，淘汰旧产品，开发新产品。这样，对直接从事产品生产的工人的要求也就发生了变化，即他们不仅要胜任现有的工作，还要有能力胜任将来变化了的工作。以市场为导向的职业教育应及时地对劳动力需求变化作出反应，并相应地调整和改革培养规格和教学要求。与不同时期对劳动力的不同需求相对应，职业教育经历了从产品驱动（product driven）到市场驱动（market driven）再到过程驱动（process driven）的不同发展阶段。在产品驱动阶段，产品的更新周期还相当长，市场需求相对稳定，因而这一阶段职业教育的目标是使受培训者掌握生产某种产品的具体技能。

在市场驱动阶段，产品的更新周期缩短，市场需求变化加快。因此，这一阶段职业教育的目标演变为培养掌握多种技能、能够完成许多不同任务的工人。在过程驱动阶段，产品的更新速度进一步加快，市场需求变幻莫测，越来越多的知识密集型产业要依靠知识和信息，依靠智慧资本（智慧资本主要是指特定的人才和技术组合后所拥有的创造能力和这种能力的持久性，它是知识经济的资本基础）进行生产活动。因此，这一阶段职业教育的目标发展为培养富有事业心、创造性和解决问题能力、应变力的新型劳动者。

（三）培养关键能力的策略

培养关键能力以增强学生的灵活应变能力已成为各国教育家们的共识，如何在职业教育中培养关键能力也是各国正在探索的问题。归纳起来，目前各国为培养关键能力而采取的策略主要有三种：整体策略、基础策略、渗透策略。①

整体策略是指对职业教育课程体系进行整体改革，在课程中增加培养关键能力的内容并把它作为教学的重点。如在英国实施的国家职业资格证书（NVQs）和普通国家职业资格证书（GNVQs）的单元课程中，都设置了交流、信息技术、计算这三种关键能力单元，无论哪个专业的学生都必须修习它们并达到规定的标准。美国劳工部在《关于2000年的报告》中，结合21世纪工人的素质提出要在职业教育课程中增加处理资源、处理人际关系、处理信息、系统看待事物、运用技术等关键能力培养的内容。澳大利亚也把关键能力的培养列为课程的核心内容。日本1994年开始实施的新高中学习指导要领规定，职业高中除看护专业外，各专业都要开设“课题研究”科目作为必修课。“课题研究”就是让学生结合自己的专业和兴趣，去发现问题、设定课题，围绕完成设定的课题去主动地开展一系列学习活动。“课题研究”课的教学目标有四方面：其一，培养学生独立自主解决问题的能力；其二，培养学生自主学习、探索问题的态度和创造精神；其三，培养学生综合运用所学知识和技能的能力；其四，树立学生的成就感、自信心和自我实现的意识，培养对未来职业的适应能力。各国在进行职业教育课程改革时，都考虑到了课程目标的整合性。也就是说，职业教育课程的目标不再限于某种专业知识和技能的掌握，而是把掌握知识和技能、发展能力、培养良好的职业道德和个性心理品质等各类目标有机地结合起来，从而提高劳动者的综合职业素质。培养关键能力正是实现这种整合目标的重要环节，因而它在课程设置中得到了充分体现。

基础策略是指加强职业教育课程的基础性。关键能力的培养离不开宽厚而扎实的基础知识，这就需要加强基础知识和基本理论的教学。许多国家都注重拓宽职业教育课程，推行职业基础教育年的做法，即在职业教育的第一年学生学习普通文化课和某

① 吴雪萍著：《国际职业技术教育研究》，浙江大学出版社2004年版，第15页。

一职业领域的基本知识和基本技能，第二年、第三年才开始分专业的培训。德国把450种国家承认的培训职业分为13大类，任何一种职业培训都要在第一年按13大类进行基础培训，不分具体的专业。基础培训阶段开设的普通教育课程有德语、数学、英语、科学、历史、地理等。法国职业高中和技术高中的第一年是基础学习阶段，其课程设置除个别专业外基本上与普通高中相同，包括基础课、限定选修课和自选课。基础课是每个学生必修的课程，有法语、数学、第一外语、历史、地理、公民教育、物理、自然科学、体育。限定选修课有工业工艺、实验室科学和技术、医学、社会学、应用艺术。自选课有第二外语、艺术教育、社会和家庭生活常识。日本新的高中教学大纲规定，各类职业高中一年级都开设统一的普通基础课。学生在职业高中的3年学习时间里，有将近一半的时间用于学习普通教育科目，包括日语、数学、社会科学和自然科学。

渗透策略是指在职业教育各门课程的教学中都注重关键能力的培养。关键能力是一种超出某一具体职业技能和知识范畴的跨职业的能力，因此很难凭借某一门学科的教学来培养，而是需要借助各门学科教学的整体力量来培养。这就要求各学科的教师都树立起培养关键能力的意识，自觉地结合本学科的教学内容，灵活运用多种多样的教学方法培养学生分析问题和解决问题的能力以及与他人交流及合作的能力等关键能力。如英国在20世纪80年代的职业教育改革中提出要把学生的学习作为职业教育教学过程的中心，使学生成为具备自主学习能力的自主学习者。教师要改变传统的角色，适应新的角色，尤其要善于引导学生明确问题所在、寻求解决问题的方法。德国学者卡切尔（W. Karcher）和欧伏（B. Overwien）认为，关键能力的培养应考虑以下几条教学原则：一是让学生通过做来学，加强实践活动；二是使学生成为学习过程的中心；三是学生积极参与学习过程；四是根据学生的具体学习要求和学习经验设计不同的教学方法；五是从更广泛的角度出发设计学习进程，避免仅着眼于培养工具能力的狭隘做法。总之，渗透策略的运用在很大程度上取决于教学过程中的两大要素——教师和学生。如果教师和学生的积极性、主动性都得到了发挥，教师教而有方，学生学而得法，那么培养关键能力的目标就容易实现。

五、重视创业教育

随着就业压力的日益加大，解决劳动力特别是青年的就业问题已成为各国的当务之急。随着技术的进步，固定工资形式的就业岗位越来越少。据预测，21世纪约有50%的毕业生不能获得领取工资的就业岗位。因此，培养学生的自我谋职（self employment）能力显得尤为重要。自我谋职能力实际上就是创业能力，它对自我发展至关重要。只有具备这种能力，毕业生才能从被动的求职者变为主动的创业者，从毕业后寻找工作转为自己创造就业机会。因此，一些国家尤其是失业率较高的国家在制定职业教育改革政策时，把开展创业教育、培养创业能力放在优先考虑的位置，使它成为职业教育课程计划的有机组成部分。欧盟委员会在《1999年就业指导纲要》中指出要培养学生的创业能力。2009年，欧盟在《欧洲教育和培训合作2020战略框架》中指出，提高创造力，培养创业精神是欧盟未来10年的四大战略目标之一。为完成该目标，职业教育与培训必须做出相应调整，加强创新创业教育，开发创新创业教育课程。对于发展中国家尤其是向市场经济转轨的国家来说，创业教育更加重要。在中欧和东欧国家，自我谋职过去很少，现在已经为社会所普遍接受。创业教育在未来将发挥更大作用。联合国教科文组织特别呼吁职业技术教育的举办者及社会伙伴要共同努力，制定政策把创业教育列入所有教育课程计划，使毕业生获得较强的自我就业能力。创业教育的另一积极倡导者——国际劳工组织也倡议加强创业教育，培养工作中的创业态度，培养创造性和革新能力，培养把握和创造机会的能力，使学生学会估计可能承担的风险，懂得一些基本的企业经营理论。

六、加强教育部门、就业部门和产业部门之间的合作

职业教育涉及教育、就业和产业部门，如果各部门间协调不力，将影响职业教育和培训政策的制定和实施。因此，有必要加强教育部门、就业部门和产业部门的合作。为了加强合作，许多国家成立了国家职业教育和培训委员会，委员会由来自雇主、劳动者、政府和教育机构的代表组成。1987年澳大利亚把教育部和劳动部合并，成立了联邦就业、教育和培训部。通过这一改革，对职业教育、训练、就业工作的政策和资源进行了整合，从体制上解决了协调不力和效率不高的问题。1992年澳大利亚又成立了以企业界人士为主的澳大利亚国家训练局，负责对国家职业技术教育宏观政策、发展目标和经费分配作出决定。英国也从改革管理机构入手，于1995年将原来的教育部和就业部合并为教育和就业部，把对教育、培训和就业的管理置于同一个部门之下。加拿大主要通过行业协会（sector council），建立职业技术学院与工业界的伙伴关系。1997年，加拿大23个行业协会成立了行业协会指导委员会，目标是提高加拿大劳动力的质量。为了协调行动，许多行业联合起来成立了行业协会指导委员会，由加拿大人力资源部资助其日常运作。为全方位升级生涯与技术教育系统并提升其质量，美国于2018年颁布了《加强21世纪生涯与技术教育法》（*Strengthening Career and Technical Education for the 21st Century Act*），该法要求加强学校与企业雇主的联系互动，建立生涯和技术教育的合作联动机制。职业技术教育改革的压力大多来自企业界。企业界的压力是确保职业技术教育和培训持续改革的关键。同样，职业技术教育和培训如果没有雇主的参与，势必与工作世界失去联系。因此，各国都非常重视发挥雇主的作用。英国在全国各地成立了由雇主领导的“培训和企业协会”（TECs）。各个协会负责当地的职业技术培训事务，使培训适应当地经济发展的需要。

企业雇主们也积极参与新课程的开发、教学计划的制订，向教师和学生提供到企业参观和实习的机会，安排学生的工作经历课（work experiences）等。为保障现代学徒制的法律地位，英国议会于2009年颁布了《学徒制、技能、儿童与学习法》（*Apprenticeships*，*Skills*，*Children and Learning Act*，ASCL），规定由培训机构与企业雇主合作开展学徒培训，培训机构主要负责理论教学，雇主承担学徒实践技能培训。为进一步办好新时代职业教育，落实《中华人民共和国职业教育法》，中国国务院于2019年印发了《国家职业教育改革实施方案》。该方案提出中国职业教育改革的总体要求与目标，计划经过5—10年时间，职业教育基本完成由政府举办为主向政府统筹管理、社会多元办学的格局转变，由追求规模扩张向提高质量转变，由参照普通教育办学模式向企业社会参与、专业特色鲜明的类型教育转变。方案还提出要促进产教融合、校企“双元”育人，坚持知行合一、工学结合，推动校企全面加强深度合作。

七、构建职业教育质量保障体系

为提高职业教育质量，美国、英国、法国、德国、日本等发达国家都重视构建职业教育质量保障体系，其构建职业教育质量保障体系的经验主要有五方面。

第一，构建具体可操作的职业教育质量指标体系。发达国家职业教育的质量指标包括职业教育的参与率、完成率、就业率、教与学的质量、学生学习的成果、学生和雇主的满意度、对师资培训的投入、领导与管理效能等多个方面，其中最受关注的是学生的发展指标。

第二，构建以改进教学为目标的职业教育质量监测体系。发达国家对职业教育质量的监测是全程、全方位的。既有对教育输入的监测，也有对教育过程、教育输出的监测；既有对投入资源的监测，也有对产出结果的监测。其中，学生的培养质量、教师的教学水平是监测的重点。

第三，构建以学生发展为中心的职业教育质量评价体系。为保障职业教育质量，一些发达国家改变以往以问责为目的的质量评价，建立了以学生发展为中心的职业教育质量评价体系。发达国家职业教育质量评价由外部评价和院校的自我评价构成，以院校的自我评价为主，院校自我评价的重要性日益凸显。无论是外部评价还是内部评价，都把满足学生的需求、促进学生的发展作为最重要的评价标准，都非常注重对职业教育输出质量的评价。

第四，建立职业教育质量保障的合作交流机制。发达国家在构建职业教育质量保障体系的过程中重视各利益相关者的作用，强调质量保障主体的多元化，明确各质量保障主体的责任和义务，并通过多种方式建立各保障主体之间的合作关系，为质量保障打下坚实的社会基础。

第五，建立职业教育质量保障的信息公开机制。发达国家把透明与公开作为质量保障的重要策略，注重职业教育质量信息的公开。公开质量信息是为了让公众了解和监督职业教育质量。通过建设质量保障数据库、质量保障网站等途径，发达国家形成了职业教育质量保障信息公开的平台，也为公众了解质量信息、参与质量保障提供了路径。

第八章

高等教育比较

第一节　高等教育的发展

高等教育是社会发展到一定阶段的产物。虽然一些文明古国有着悠久的研究和传播高深学问的传统，但是人们通常把欧洲中世纪的大学作为现代高等教育的起源。在随后几百年里，高等教育随同社会的发展，发生了巨大的变化。

一、中世纪的高等教育

随着工商业的发展和城市的兴起，文化教育也相应有了发展，产生了一种集体探讨高深学问的机构，这就是中世纪的大学。最早的有意大利的萨勒诺大学和博洛尼亚大学。萨勒诺大学起源于一所医科学校，何时创建难以查明。在 10 世纪时，萨勒诺城即以医术高明闻名。萨勒诺大学在 11 世纪中期便闻名欧洲，1231 年获官方承认，成为欧洲最早的一所医科大学。博洛尼亚大学起源于一所法律学校，据传系弗雷德里克·巴巴洛沙皇帝于 1158 年颁发特许状建立。法国的巴黎大学由原巴黎圣母院大教堂学校发展而来，主要研究神学，据传大致诞生于 1150—1160 年。英国的牛津大学始建于 1167 年，据传这一年在巴黎大学的英国师生被逐返回牛津，另建牛津大学。它最初是贫苦学者合居的读书之处，后发展为学习神学、人文科学和自然科学的学府。英国的剑桥大学，一种说法是于 1209 年由一些从牛津迁至剑桥的学者和僧侣创建的，但是直到 1228 年从巴黎回国的学生到达后于 1229 年才获得英王亨利三世的承认。德国的大学建立较晚，海德堡大学建于 1385 年，但随后德国的大学发展得很快。以后各国陆续建起了不少大学，但主要集中在欧洲。到 16 世纪，欧洲已有 100 多所大学。

中世纪的大学有以下特点。

第一，它是一种由教师和学生组成的具有行会性质的学者社团。博洛尼亚大学是由该城从事法律研究的教师和学生组成的学者社团，以保护他们在城市里的利益。在管理上，博洛尼亚大学是以学生为中心的大学，而巴黎大学则是以教师为中心的大学。后来建立的大学主要采用巴黎大学的模式。

第二，这些大学主要设有神学、法学、医学以及被统称为“自由艺术”的文理学科。古典教育色彩浓厚，课程相当贫乏，主要培养牧师、律师、医生等专业人才，从事纯理论研究，与社会发展无直接联系。

第三，它与宗教关系密切。当时僧侣是社会上有学问的人士，不少大学由宗教学校、修道院发展而来，神学在教学中占有重要地位。教学内容充斥了经院哲学，主要为神学和教义寻找依据，为宗教做宣传，神学院地位也高于其他学院。

第四，它的任务是保存和传递现有知识，而非创造知识。

第五，它享有一定的自治权。作为独立于社会之外的独立团体，它有权管理自己的内部事务，包括选举校长、安排课程、聘请教师等。

二、近代的高等教育

产业革命推动了经济的迅速发展，社会经济发展对专业技术人员的需要日益迫切，也对高等教育的发展提出了新的要求。高等教育进入了新的发展阶段，它不仅表现在数量上的发展，也反映在其他方面的改革。例如，英国在 12—18 世纪的 7 个世纪中，只创办了 6 所大学，而且实行宗教限制，在教学中排斥近代科学和自然科学。产业革命后，英国出现了一批专业学院，如 1757 年建立的沃灵顿学院是一种新型学校，除古典教育外，还注重自然科学、近代语和商业方面的学科。1828 年具有民主主义、自由主义色彩的伦敦大学学院在伦敦建立，它开设的八类课程中包括了数学、物理学和医学。1829 年英国国教会又建立伦敦国王学院。1836 年政府颁发皇家特许状成立了作为一个考试机构的伦敦大学，对上述学院的学生进行考试并授予学位。与此同时，牛津大学、剑桥大学也进行了改革，增设近代科学专业，自然科学逐渐成为主要学科。

法国在资产阶级革命后开始建立工业专门学校，1794 年创立的中央公共工程学院于下一年被定名为巴黎综合理工学院，培养军工、路桥、采矿、造船、民用建筑和数理方面的人才。

普鲁士的教育大臣威廉·冯·洪堡于 1810 年创办的柏林大学（后更名为柏林洪堡大学）以其“教学与科研统一”“学术自由”“大学自治”等主张作为办学方针，改变了传统大学的模式，成为后来德国高等学校的榜样，并对其他国家高等教育的改革产生了巨大的影响。

美国、俄国、日本、印度和中国的近代意义上的高等教育都发展较晚。1636 年建校的哈佛学院是美国建国前仿效牛津大学、剑桥大学模式建立的第一所高等学校。到独立战争前，美国共创办了九所殖民地学院，主要是仿效英国高等教育的模式。独立战争后，美国开始出现专业学院。1802 年开办的西点军校是美国第一所设有技术学科的学校。1824 年伦塞勒多科技术学院正式建立。各州也开始创办州立学院，强调培养实用人才。在德国柏林大学的影响下，1876 年美国建立了约翰斯·霍普金斯大学，并采取提高水平、设置研究生课程等措施，将一批诸如哈佛学院、哥伦比亚学院、耶鲁学院等学院改造成大学。

俄国近代高等教育的历史可以上溯到17世纪后半叶。1687年融高等和中等学校为一体的斯拉夫-希腊-拉丁学院在莫斯科建立，传授三种语言、神学、艺术等。1755年莫斯科大学建立，下设哲学、法学、医学三个系和一所附属学校。18—19世纪，俄国陆续建立了一批高等专科学校，如高等医学外科学学院（1798年）、鲍曼高等技术学校（1830年）等。

日本近代高等教育是从19世纪下半叶明治时代才开始发展起来的。东京大学创建于1877年，是日本的第一所近现代意义上的大学。

印度近代高等教育始于英国在印度的殖民统治时期。1857年，按照伦敦大学的模式在加尔各答、孟买、马德拉斯各建立了一所大学，它们是印度第一批现代意义上的大学。

中国近代高等教育发展较晚。洋务运动以后出现新式学堂。1895年天津中西学堂（天津大学前身）创建，1896年上海南洋公学（上海交通大学和西安交通大学前身）成立，1898年京师大学堂（京师大学堂是北京大学的前身，京师大学堂师范馆是北京师范大学的前身）建立，它们是中国第一批近现代意义上的高等学校。

近代高等教育具有以下几个特点。

第一，宗教影响逐渐减弱，新的专业和课程逐渐增多，神学已不再占特殊地位，教会的影响主要局限在教会大学。

第二，开始为社会和经济发展服务。培养各行各业的高级技术人员已成为一项重要任务。自然科学在教学中占据了稳固的地位。实验室开始建立。高校走出了纯理论的圈子，开始与实践结合。

第三，高校的职能和结构得到完善，从单纯保存和传授知识走向创造知识、发展科学。科研进入大学、自然科学和实验室的加强、研究所和研究生院的建立，使高校科研水平不断提高，科学上的创造发明不断出现。

三、现代的高等教育

第二次世界大战前，欧美各国特别是资本主义比较发达的国家的高等教育，已经有了较大的发展，但速度仍比较缓慢。高等学校是广大平民子弟可望而不可及的，高等教育仍然处于精英和特权教育阶段。

进入20世纪以来，科学技术发展速度加快，高等教育与国家的政治、经济、科学、文化、军事等方面的关系进一步密切。特别是第二次世界大战后，世界进入了科技革命的新时代，高等教育的发展程度已成为一个国家实力的重要标志。与此同时，战后各国经济的恢复和发展迫切需要大量的技术人员和管理人才，而义务教育年限的延长也使更多的人具备了接受高等教育的能力。人民大众对受教育机会均等的呼声日益高涨。这些都为高等教育的发展创造了条件。因此在这一时期许多国家的高等教育在数量上都有了很大的发展。尤其是几个工业发达的国家，其发展速度尤为显著。例如，在20世纪50年代初，几个发达国家的高等教育毛入学率除美国外，都没有超过适龄人口的5%，而到了70年代中期，则大多达到20%以上，美国已接近50%，日本接近40%。60年代初提出的“人力资源开发”作为高速发展经济的一个重要战略措施受到各国政府的高度重视，教育经费大幅度增加。与1960年相比，1975年法国的高教经费增加约3倍，美国和英国增加6倍，日本增加10倍。

但到了20世纪70年代，除起步较晚的联邦德国外，这些发达国家高等教育的发展速度都明显下降了。原因是多方面的。石油危机引起的世界性资本主义经济危机造成的生产萧条、失业人数增加以及教育经费削减等，对高等教育的发展带来了直接和明显的不利影响。同时，经过战后高等教育的迅速发展，科技人才的需求量已得到一定程度的满足。

第二次世界大战后高等教育的大发展对战后经济的恢复和发展，对科学技术的发展都起了巨大作用，但也存在不少问题。由于资本主义国家在高等教育发展问题上同样由劳动力市场自发地进行调节，缺乏科学的预测和规划，带有一定的盲目性，因而高等教育的发展不能完全符合客观现实的需要，导致大学毕业生失业人数增加，造成人才资源浪费。

同时，高等教育数量上的大发展也带来了严重的质量问题。师资、设备以及入学者的水平和质量等都影响高等教育的质量。质量问题已代替数量问题成为高等教育中的主要矛盾。因此，从20世纪70年代中期开始，各国政府先后进行教育改革，并以提高质量作为教改的主要目标。所提出的各种报告和方案包括了高等教育各个方面内容，从经费、管理体制到培养目标、专业和课程设置、科研、招生等方面都进行了改革和调整。日本于1976年制定了高等教育发展规划，提出要在10年间控制数量上的发展，通过采取调整高校布局和改善学校条件等措施解决数量和质量的矛盾。1984—1987年，临时教育审议会提出一系列研究报告，提出包括高等教育在内的全方位教育改革建议。1991年和1997年，日本又分别制定了高等教育的计划和构想，以应对少子化带来的高等教育规模缩小的问题。2002年推出“21世纪卓越中心计划”，2007年推出“全球卓越中心计划”，2014年出台“全球顶尖大学项目”等，加快了世界一流大学和研究中心的建设。联邦德国于1976年公布的《高等学校总纲法》对高校各方面的工作，包括办学的指导思想、原则、宗旨、目标以及教学科研、师生职责等都做了具体规定，并在高校实行阶段制教学和设置专业领域。继1985年修订之后，1998年根据新的形势再次修订《高等学校总纲法》，对德国高等教育进行全面改革。2005年推出“联邦与各州促进德国高校科学与研究的卓越计划”（简称“卓越计划”），2016年又在“卓越计划”的基础上推出“卓越战略”，重点促进德国大学和研究机构的研究能力和水平的提升。20世纪80年代末期提升高等教育质量也是苏联推进教育改革的重要任务，1987年3月颁布了《苏联高等和中等专业教育改革的基本方针》，1988年2月又通过了《关于中等和高等教育改革进程和党的在实现改革方面的任务的决定》，连续强化高等教育在促进国民经济建设、提高国家科技竞争力、保证国民素质整体提高过程中的重要作用。但这一目标随着苏联的解体而未落到实处。1991年岁末，苏联解体。在调整国民教育整体架构过程中，俄罗斯持续注重高等教育及其质量发展与世界同步。如1992年颁布《俄罗斯联邦高等教育至2005年发展纲要》，1994年颁布《俄罗斯高等教育国家教育标准》；进入21世纪后，持续推出旨在通过强化高等教育质量发展、促进国家创新经济、提升国家竞争力的政策举措：2012年5月颁布《关于国家政策在教育和科学领域中的落实措施》，首次提出俄罗斯的大学进入世界权威大学排行榜前100名的目标；2012年10月颁布《提升俄罗斯一流大学在世界顶尖科教领域竞争力实施计划》；2013年3月颁布《关于国家扶持提升俄罗斯一流高校在世界教育科学中心中的竞争力的措施》。二十世纪八九十年代以来英国为保持高等教育的世界领先地位，在公平入学、提高质量、加强科研、质量保障等方面进行了一系列改革。1997年发布《迪尔英报告》，改革高校收费制度；2003年发布《高等教育的未来》白皮书，明确提出保证一流教学质量的目标；2010年发布《志存高远：知识经济时代中大学的未来》，提出高等教育要在经济复苏和未来增长中做出更大的贡献，提升大学的研究能力，并转化为对经济的影响，保证大学保持卓越；2011年发布《高等教育：将学生置于体制的中心》，提出改善学生高等教育体验，提高对所有学生的教学水平；2016年发布全面改革高等教育体系的白皮书《知识经济的成功：教学卓越、社会流动和学生选择》，为应对长期以来高校重科研轻教学的问题，引入卓越教学框架，改革教学评价标准。美国、法国等国也多次发表各种调查研究报告、白皮书、绿皮书、高等教育法等，围绕高等教育的质量问题从多方面进行改革。

其他国家也为提高高等教育质量采取各种措施，直至今日提高质量仍然是各国高等教育界的中心议题和教改目标。

这一时期的高等教育有以下一些特点。

第一，高等教育走向大众化和多样化。经过战后的大发展，高等教育不再只是少数人才能享有的特权，而是走向大众化和普及化。越来越多的发展中国家的高等教育毛入学率超过15%，进入大众化阶段；发达国家的高等教育毛入学率大都超过50%，进入普及化阶段。高等教育的大众化是和它的多样化分不开的。多种水平和多种类型的高等学校、多种多样的办学形式，如广播电视大学、开放大学、虚拟大学、夜校、函授、工学间读等，大大增加了人们接受高等教育的机会。

第二，大众化教育与尖子教育并存。高等教育的大众化使高等教育走出了为少数人服务的圈子，而高等教育的多样化则扩大了高等教育内部在水平上的差距。传统的高等教育主要包括本科教育和研究生教育，如今两年制的专科教育也被列入高等教育范畴，在各国统计的大学生中，有20%—30%是专科生。高等教育的延伸与拓展增加了水平上的层次。此外，高等教育的大发展也扩大了同一类型或同一层次高校在实际水平和质量上的差距。这种不同层次的高等教育，以及同一层次内的实际水平上的差别使高等教育的内部结构复杂化了。如果说传统的高等教育在整个教育体系中是一个宝塔尖，那么现代的高等教育本身就是一座宝塔，处于底层的是两年制的专科学院以及低水平的大学和学院，少数的名牌大学就是宝塔尖。它们高踞于其他同类学校之上，能招收到最优秀的学生，提供高水平的课程，也为毕业生创造美好的出路和前途。它们在社会上享有极高的声誉和地位，是广大青年所向往和追求的目标。英国的牛津大学和剑桥大学、美国的哈佛大学和耶鲁大学、日本的东京大学等，都是这类学校的代表。但激烈的竞争、昂贵的学费使进入这类学校的学生也只能是少数的“尖子”。高等教育的大众化和尖子教育并不矛盾，它体现了高等教育的进一步分化。

第三，高等教育的服务对象扩大了。传统高等教育的服务对象是受过完全中等教育、专门从事学习、年龄主要在18—22岁的青年人。超过这个年龄层，或已经就业的青年，就很难再有受高等教育的机会。随着终身教育思潮的兴起和高等教育的多样化，对入学者的年龄和学历已无严格要求，老人、家庭妇女、残疾人、在职者和待业者都可以申请入学。过去入学者的目的集中在能谋取和胜任较好的工作，现在在此之外还包括掌握新知识、新技术以提高业务水平或转换新工作、满足个人的兴趣爱好、消遣等。总之，高等教育与社会各类型各层次的成员的关系密切了。

第四，高等教育的职能增加了。传统高等教育主要通过培养人才为社会服务，这种人才是高层次的人才，并且是通过一次性的培养完成的；由于高等教育是最高层次的教育，因而它也是终结性教育。现代高等教育的多样化使它培养的人才是多层次的。同时，现代科学技术的发展和知识更新的速度使终身教育成为一项迫切的任务。任何人，不论他从事什么工作，以前的学历如何，在其一生中都要不断接受教育，以适应形势发展的需要。高等教育已不再是终结性教育，它不仅要提供各种专科生、本科生和研究生课程，还要提供各种水平、各种内容的继续教育课程，因为随着普及义务教育年限的延长，继续教育的内容大多属于高等教育范畴。这种课程时间有长有短，形式多样，有以听课为主的，也有以观摩讨论、实际操作为主的。

继续教育课程内容广泛，名目繁多，以适应不同对象的需要。有的国家还把高等教育的这一职能进一步扩大，并称之为“服务”，即高等学校作为科学文化中心，除了开设各类课程，从事教学和开展科学研究等任务外，还应当利用其学术力量、科研成果和技术、设备直接为社会和经济发展服务，根据需要开展各种咨询活动，举办学术报告会，提供技术力量和设备，等等，这类服务活动可以充分发挥高校的潜力，提高高校在国家生活中的地位和作用。

从高等教育的发展趋势来看，大发展的阶段已经过去，由于近几十年来发达国家人口出生率下降，正规大学生的数量将保持稳定，甚至会略有减少，而接受各种形式的非正规教育、继续教育的人数将会增加。与此同时，进行高教改革、提高质量仍然是各国政府所关心和重视的一项重要工作内容。

第二节　高等教育的结构

随着高等教育的多样化，其结构也随之复杂化，表现在其水平上和学校的类型上。

一、水平结构

水平结构是高等教育的纵向结构，它说明高等教育内部的层次或阶段。

传统的高等教育分为两个阶段，即本科教育和研究生教育。两者都是独立完整的阶段，前者建立在完全中学的基础上，后者在完成本科教育以后进行。第二次世界大战后专科教育作为一个重要组成部分被划归高等教育，因此高等教育就由两个阶段发展为三个阶段。

（一）专科教育

专科教育，或者称短期高等教育，一般为期 2 年，作为一个独立阶段，进行职业教育或学科基础理论知识教育，为学生就业或者转学做准备，由短期高等学校或者其他类型的高等学校实施，因而被列为高等教育的初级阶段，属大专层次。这一阶段教育结束后学生可获得代表其学历的证书或文凭，有的国家还授予低于学士学位的学位，如美国、加拿大、澳大利亚的副学士学位，英国的基础学位，日本的准学士学位，等等。

美国、加拿大、英国、法国、俄罗斯、澳大利亚、日本、新加坡等国都有专科层次的短期高等教育。例如，美国的短期高等教育主要由社区学院实施，实施 2 年的职业教育，为学生毕业后立即就业做准备，学生毕业后获得“应用理科副学士”“应用文科副学士”或“应用技术副学士”等学位；或者实施 2 年的转学教育，为学生转学到其他大学和学院的高年级接受本科教育做准备，学生毕业时获得“文科副学士”或“理科副学士”学位。俄罗斯的专科教育主要由高级专科学校实施，招收基础教育或完全中等教育学校、中等职业学校、技术学校毕业生，培养熟练工人、高级熟练工人和技术员，学生毕业后获得文凭证书。英国的短期高等教育主要是指英国高等教育资格框架中的第五级水平的教育，分为基础学位教育、高等国家文凭教育和高等教育文凭教育三种不同类型的教育，招收应届中学毕业生，在继续教育学院或者高等教育机构接受相当于2年全日制学习的职业教育，学生毕业后获得相应的学位或者文凭。

从不同国家的实践看，专科层次的短期高等教育包括终结性和非终结性两种类型。终结性的短期高等教育指向于直接就业，因此课程设置突出学生专门技能的养成，具有高等职业教育的特征。在各国有许多相同之处。它一般由短期高等学校（专科学校）实施，其水平为中学后2年的“大专”程度，其培养目标为中级专业技术人员。但这类学校的起点不尽相同，因此其修学年限也不同。起点低学制长的前一段被列入中等教育，后一段被列入高等教育的第一阶段。如日本的高等专门学校，修学5年，起点为初中毕业。而非终结性的短期高等教育指向于转学，因此课程设置比较强调基础理论知识的学习，类似于本科教育的基础学习阶段。

第二次世界大战后短期高等教育的大发展推动了高等教育的大众化和普及化，同时也提高了高等教育的灵活性，使学生在学完专科阶段后根据自己的条件和实际情况考虑自己进一步的发展方向——是继续学业还是就业，或是转换专业和学校；同时也使学校有可能进一步筛选学生。

（二）本科教育

本科教育是各国高等教育的基本阶段，一般招收高中教育阶段毕业生，实施3—4年的专业基础教育和专业教育，培养专业技术人才，学业结束后学生获得学士学位或本科文凭。由于历史传统不同，各国的本科教育模式也有比较大的差异。

美国本科教育一般由四年制的学院和大学实施，招收高中毕业生，基本学制4年，一般前2年不分专业，以通识教育为主；后2年实施专业基础教育和专业教育，毕业后授予学士学位。另外，在社区学院接受转学教育的毕业生，可以转入四年制本科院校的三年级继续完成本科学业。

在1999年“博洛尼亚进程”实施之前，欧洲国家的本科教育基本上有两种模式：一种是英国模式，招收高中毕业生，学制3年，不分阶段，实施专业基础教育和专业教育；另一种是以法国和德国为代表的欧陆模式，招收高中毕业生，学制4年，分为两个阶段，其中前2年为基础学习阶段，后2年为专业学习阶段，学生毕业后授予不同的本科层次的学位和文凭。1999年6月，欧洲29国教育部部长在意大利博洛尼亚共同签署《博洛尼亚宣言》，要求加强欧洲范围内的高等教育合作，建立一个统一的“欧洲高等教育区”，实现欧洲高等教育的一体化。到2021年12月，加入“博洛尼亚进程”的国家已达49个。实施统一的学士—硕士—博士三级学位制度是欧洲高等教育一体化的重要内容。在实施的统一学位制度中，学士、硕士和博士课程分别为3年、2年和3年。现在，在许多欧洲国家，虽然传统学制和“博洛尼亚进程”新学制并存，但是新学制已经占主导地位。欧洲各国的本科生教育一般招收高中毕业生，学制3年，不分阶段，实施3年整体设计的课程，实施专业基础教育和专业教育，培养高级专业技术人才。例如，德国的本科专业在“博洛尼亚进程”实施之后的常规学习时间为 6 个学期，有的学校和专业是 7 个学期。有些学生并不能在常规学习时间内毕业，而是需要更多的时间才能完成学业。除了学生个人方面的安排和选择的原因（如需要做兼职和实习），学习内容多、要求严格也是一个重要的影响因素。

俄罗斯的情况比较特殊。俄罗斯取消了初等职业教育层级，从而使俄罗斯高等教育成为职业教育板块的第二级教育。俄罗斯于 1992 年 4 月颁布《俄罗斯高等教育多层次结构暂行条例》，将原来完整的高等教育划分为不完全高等教育、基础高等教育、完全高等教育（也称专门化教育）三个层次，修业年限均为 2 年，分别授予不完全高等教育证书、基础段高等教育文凭证书和学士学位以及硕士学位。2007 年 5 月俄罗斯国家杜马通过《关于引入两级高等教育体制的法律草案》，确定实施高等教育的学士—硕士两级结构，之前 5—6 年的专家文凭单一体制被拆解为学士—硕士的两级高教体制，学士阶段学制 3—4 年（以 4 年为主），旨在为社会经济领域和生产部门培养具有高等教育水平的普通人才，毕业生获高等职业教育毕业证书和学士学位；硕士阶段实施 2—3 年（以 2 年为主）的专业教育，旨在培养从事科研、分析设计工作的研究型人才，授予硕士学位。同时，许多专业保留了苏联时期的五年制专家文凭。实际上，俄罗斯的硕士（称为“магистр”而不是研究生）阶段已基本等同多数国家的硕士（master）研究生教育。

（三）**研究生教育**

研究生教育是各国高等教育的最高阶段，这一阶段普遍设有硕士和博士两个学位，也有国家在硕士研究生教育阶段设有相当于硕士学位的文凭。一般而言，硕士研究生教育招收本科毕业生，学制 1—2 年，其中学术型硕士研究生教育一般为 2 年；博士研究生教育招收硕士学位获得者，学制灵活，一般为 3—4 年；也有国家和大学设有硕博连读的博士研究生教育项目，把硕士课程作为攻读博士课程的过渡阶段，其学制会相应延长。俄罗斯在实施学士—硕士的高等教育两级结构的同时，保留原来的研究生教育即副博士学位阶段，并设立副博士研究生部。任何形式的两级结构高等教育毕业生均可报考副博士研究生，副博士学位是俄罗斯职业教育体系的最高级层次，相当于国际通用的学术博士（Ph. D.）学位。而以副博士学位为基础的博士学位，已经不属于俄罗斯国民教育体系，与别国亦无可比性。博士学位申请人多数为在职申请者，他们在实际工作岗位上经过长期独立（没有单独的导师）的学术研究，出版高质量的专著或发表论文，按国家规定程序通过专门的学术委员集体审核和答辩后，才能获得博士学位。20 世纪末以来，在一些重要高校也设立了博士生部，但作为俄罗斯学位体系顶级的博士学位依然不在国民教育体系之内。

根据授予学位的性质，许多国家的研究生教育在硕士阶段和博士阶段都可以分为学术型研究生教育和专业型研究生教育两种类型。学术型研究生教育以培养学术型人才为目标，完成一定的学术性课程和基于学术研究的学位论文，获得学术型学位，如文学硕士、理学硕士、哲学硕士、哲学博士等；专业型研究生教育以培养应用型人才为目标，完成一定数量的偏应用的课程和基于应用研究的学位论文，获得专业型学位，如教育领域的教育硕士、教育博士等。

研究生教育的特点在于探究性，不但要求学生根据要求或需要修习一定数量的课程，而且要求学生在研究的基础上完成学位论文，通过答辩才可以获得相应的学位。在有的国家，有些一年制的硕士研究生教育项目不要求写学位论文；有些实践性很强的专业（如舞蹈）也不要求写学位论文。

由于研究生教育对师资队伍和教学科研条件的要求较高，有些高等学校只设专科教育、本科教育，不设研究生教育。如 2021 年日本有 803 所大学和 315 所短期大学，其中设有硕士学位课程的有 622 所，设有博士学位课程的有 461 所。2018—2019 学年，美国有可授予学位的高等院校① 4 042 所，其中设立硕士学位课程的有 1 871 所，设立博士学位课程的有 1 035 所。

随着社会经济发展对人才要求的提高和博士研究生教育的发展，在 20 世纪 80 年代后博士后制度由北美传播到其他国家，现在美国、加拿大、英国、法国、德国、澳大利亚、日本、新加坡等国家都建立了博士后制度，为博士学位获得者提供更为深入的科学研究的机会。但就博士后研究阶段的性质来看，一般将其看作一段学习和工作经历，而不是学历教育，也不授予学位。

二、类型结构

类型结构是高等教育的横向结构，它说明不同层次和水平的高等教育通过不同类型的学校来实施。

（一）短期高等学校

这一类型的学校实施第一阶段教育，在各国名目繁多，如美国的社区学院或初级学院，日本的短期大学、高等专门学校和专修学校中的专门课程，俄罗斯的高等专科学校，英国的继续教育学院，法国的大学技术学院和高级技术员班。

这一类型的高校有如下一些特点。

第一，它们大多独立设置，只有法国除外，它的大学技术学院附属于大学，而高级技术员班附属于条件好的高级中学。

第二，它们大都建立在完全中学的基础上，学制 2 年。有的学校起点较低，但学制较长。日本的高等专门学校招收初中毕业生，其学制为 5 年，其中最后 2 年属高等

① 指参与 Title Ⅳ联邦财政援助计划的高等教育机构，它们可以向学生授予副学士或更高学位。

教育。

第三，它们主要实施职业教育，培养有一定理论基础的实践者和操作者。美国的社区学院中的某些课程，以使学生结业后能转入本科第二阶段继续学习为目标，但所占比重日趋减少。

第四，它们主要实施大专水平的教育，但有的国家也实施多种水平的教育，英国的继续教育学院则还实施低于这一级水平的教育。日本的专修学院也是如此，它提供的课程中只有专门课程属这一级水平。

尽管情况各不相同，但从总体来说，这类学校是高校中层次较低的学校，在有的国家被称为非大学的高校或非学术性高校，但它在高教体制中所占的地位却十分重要，适应社会对初级专业人员的需要，也是实现高等教育的大众化和普及化的主要力量。

2018—2019 学年，美国共有 4 042 所可授予学位的高等院校①，其中两年制学院为 1 339 所，约占其高校总数的 33.13%；学生 5 752 962 人，占总数的 34.62%。

（二）大学和学院

实施本科教育和研究生教育的高等教育机构通常被称为“大学”或“学院”。它们是各国高等教育的主体。尽管各国都使用“大学”和“学院”这样的名称，但其内涵却不尽相同。大学通常是指综合性的高校，其专业设置齐全，下设三个以上按照学科领域设立的学院，如文理学院、法学院、医学院、神学院、商学院、工学院、教育学院等。有的高校被称作学院，如美国的威廉姆斯学院、英国的伦敦国王学院等。学院通常设立的专业较少，规模也较小。但在发展过程中，大学和学院在名称的使用上已无严格的区别，例如美国的威廉玛丽学院、达特茅斯学院、麻省理工学院和英国的伦敦国王学院、帝国理工学院实质上都是规模比较大的高水平大学，而相反一些叫作大学的高校却人数很少，教学水平和科研水平也不高。

根据卡内基高等学校分类法②，美国把实施本科教育和研究生教育的高校按照授予学位的水平和集中度分为博士学位授予大学、硕士学位授予学院和大学、学士学位授予学院以及以某一学科为主的专业学院等。但是，如前所述，虽然美国的大学和学

① 指参与 Title Ⅳ联邦财政援助计划的高等教育机构，它们可以向学生授予副学士或更高学位。

② 卡内基高等学校分类法是目前美国高等教育领域采用最为广泛的分类方法。这一分类方法通过对美国高等教育机构的多样性进行准确有效的分析与描述，达到对美国高等教育机构的精细化分类，以鼓励和促进美国高等教育多元化发展。卡内基高等学校分类法分别于 1976 年、1987 年、1994 年、2000 年、2005 年和 2015 年进行了修订。最新的 2018 年版的卡内基高等学校分类框架主要由两大部分构成：一是创始于 1970 年并经过多次修订的基本分类框架；二是 2005 年新引入的五个相互独立的多维分类标准。

院两个概念在一定程度上依然存在理念上的差别，但一所高校叫大学还是学院更多的是基于自己的办学理念和传统。

苏联曾经把设有文理综合性学科的高校称大学，如莫斯科大学；把专业性的高校称为学院，如莫斯科列宁师范学院等。但是随着科学技术发展的综合化趋势的深入，现今俄罗斯许多专业学院也都设有多学科的专业，并改称大学。新中国成立后曾经仿照苏联模式，把设有文理各科专业的高校称为大学，而把所有独立设置工、农、商、医等专业的高校都称为学院。改革开放以后，中国高等学校的学科设置越来越多学科化、综合化，许多专业学院也都改称为大学了，如农业大学、工业大学、矿业大学、航空航天大学等。

也有的国家不设单独的学院，如日本。日本官方通常不进行定性式的分类，但通过学部设置数进行分类，如在有的官方调查中将设置 8 个及以上学部的大学划为 A 类，设置 5—7 个学部的为 B 类，设置 2—4 个学部的为 C 类，只设 1 个学部的为 D 类。其中，A 类和 B 类其实是综合性大学，C 类是具有单科大学性质的大学，D 类则是单科大学。德国的部分学院已并入大学，并有继续合并的趋势。目前德国尚有少量的师范学院和艺术学院，且在整个高教体制中已不占重要地位。

法国的情况则比较特殊，与（综合性）大学并行的还有一类大学校。法国现有公立大学 71 所，就读学生人数占高等教育学生总数的 60%，承担着大众高等教育的任务。现有大学校 300 多所，包括工程师学校、高等师范学校、高等商业与管理学校、高等农业学校等，以培养军事、工程技术、农业、商业、教育等各类高级专门人才为目标。大学校通常入学考试严格、规模小、水平高、学生出路好，属于精英高等教育。

（三）其他高等教育机构

二战后，在高等教育的大众化和多样化的浪潮中，各国出现了新的办学形式，把现代化的技术运用于教学，先后出现了广播大学、电视大学、函授大学、虚拟大学等以教学手段命名的新型高等学校，这些学校在英国等国则称为开放大学，以表示向大众开放。它们在校舍设备、师资、学校的内部结构、招生对象、教学方式和教学组织等方面都打破了传统模式。它们的服务对象广泛，对学历要求不严；设置的课程内容多样，包括从中等到高等多种层次水平，既授予各种学位和文凭，也提供各种短期培训；它们的教学方式灵活多样，修业年限可长可短。所有这些学校使那些基本具备接受高等教育的条件但又未能进入高等学校的人以及其他抱有种种目的想获取某些方面知识和某种资格的人，都能接受高等教育。当前这类高等教育机构在各国得到很大的发展，对社会各个层次、各个年龄层的成年人都有很大的影响。

当然这类机构又因其特殊的教学方式而有较大的局限性，如一些需要经常进行实验、操作、讨论等的专业和科目无法开设，同时其松散的教学组织形式使其很难对学生提出严格的要求，学生的巩固就读率也较差，缺乏校园文化的熏陶，等等，这些问题都有待进一步改进。

第三节　高等学校的教学和科研

自从柏林洪堡大学创办人威廉·冯·洪堡提出高等学校的教学与科研统一的思想后，教学和科研就成为高校的基本工作内容。当然，直至今日，教学和科研在不同的高校所占的比重是不相同的。有的高校只搞教学，基本不搞科研或搞得很少。它们不仅包括那些只实施专科教育的短期高等学校，也包括那些实施本科教育、师资力量较差、水平较低的大学和学院。同时有不少大学教学科研并重甚至科研占更大的比重。一些国家的研究型大学十分重视科学研究，甚至有的国家的大部分科研成果都出自这里，这些研究型大学具有很高的学术水平，是高等教育金字塔的塔尖。

一、教学

教学是高校的一项最基本的工作内容。不同层次、不同类型的学校都各有其教学特色。一个国家的政治经济体制、民族文化传统也直接影响高校教学工作的组织。

（一）专科和本科教育阶段的教学

专科教育和本科教育阶段的教学直接与其培养目标有关。专科教育的培养目标相对而言比较一致，而本科教育才有培养通才和专才之分。

1. 课程设置

鉴于专科教育主要培养的是应用型人才，其教学工作带有较强的职业性，使毕业生能承担起某一项具体工作，如日本的短期大学的任务就是以传授职业知识和培养实际能力为重点。这类学校的专业往往根据社会的职业分工来设立，分得比较细，其课程设置也比较集中。这些课程具有以下特点。(1) 专业性强。近年来职业学校设置的基础理论课加强了，虽然它们仍然带有较重的职业性，专业课占的比重很大。如法国的高级技术员班设置的专业课课时占总课时的三分之二。当然，这一比例因专业的不同而不同。但一定量的专业课是从事一门具体职业所必需的。(2) 以必修课为主。课程门数多、课时多，选修课的比例很小，学生没有多少选择的自由，学生必须在较短的时间内掌握一门职业的知识和技能，因而没有更多的选择余地。

对于本科教育来说，当前各国普遍强调要培养大学生的能力，提高他们对科技发展的适应性和灵活性，因此学生必须掌握宽广的知识面，更多地掌握基础理论、知识和技能，于是高校的基础课大大增加，文理工各学科相互渗透。与英国、德国、法国等国本科教育阶段比较强调专业教育不同，美国的高等学校比较重视通识教育，开设的通识教育课程内容广泛。以哈佛大学为例，本科生必须修习 32 门课程方能毕业，其中 16 门是与专业有关，8 门是与通识教育有关，另 8 门则由学生按个人爱好选学。该校 2007 年对通识教育进行改革，建立了新的通识教育课程体系。该课程体系包括 8 个领域：美学与诠释、文化与信仰、实证与数学推理、道德推理、生命科学、宇宙物理科学、世界中的诸社会、世界中的美国。每个领域开设若干课程，按照规定，学生必须在每个领域至少选学 1 门课程。

俄罗斯的情况则不同。苏联时代的本科教育以培养专业人才为目标，长期以来不分阶段，专业设置多而窄，学生一入学就按专业上课，其低年级的课程主要是为学好专业而设置的基础课。为全体学生开设的通识教育课只有体育、外语和几门政治理论课。因此从整个课程设置来看，显然专业性要强得多，全部课程与专业都有较紧密的联系。到 20 世纪 80 年代这种情况稍有改变，高校提出了培养拥有较宽专业面人才的要求，文科专业设一些理科课程、理工科专业设一些文科课程的现象也开始出现，但总体而言课程结构并未发生根本的变化。苏联解体后，俄罗斯现行高等教育体系在 2013 年颁行的新版《联邦教育法》中被确定下来。高等教育第一、二层级授予学生通识教育和专业基础教育，由国家高等教育标准系统规范。2018 年已经开始启用第三代国家高等教育标准，即《高等教育标准》（3＋＋），其中明确规定，俄罗斯高等教育课程需培养学生三方面的能力，分别是通用能力、一般职业能力和专业能力；高等教育的培养方向包括学士、硕士培养板块（58 个专业）和专家培养板块（36 个专业）两大部分；高等教育的教学计划由各教育机构按照自身情况设计，国家层面仅提供针对不同专业的示范教学计划作为指导参考，同时对各教育机构的教学计划和必修课程及实践须达到的最低标准有统一要求。

本科教育阶段的课程通常设必修课和选修课。选修课在本科教育的课程设置中占有重要地位，不少学校开设的选修课达数百门，有的甚至上千门。它们的性质、范围各不相同，有的内容广泛，涉及各方面的问题，有的则围绕各学科来开设。它所占的比重在各国和各学科中差别很大，如在美国约占全部课程的三分之一，在法国的大学中所占比例也很大。选修课的设置使教学能够有效扩大学生的知识面，更好地照顾到学生的个人需要，包括个人的能力、兴趣和爱好，以及他对未来所做的安排。但同时也应看到，如果选修课的内容过杂，学生在选修时又缺乏指导，则容易分散学生的精力，影响教育质量。

尽管在课程设置上各国高校各有特点，但有一点是共同的，即普遍强调课程的基础化。学者认为，在当今知识爆炸的时代，由于新旧知识更新的速度加快，应当在知识的海洋中提取出那部分最核心、最不易老化的科学基础知识来武装学生，以培养学生适应科技迅速发展的能力。理、工、文各学科的界限正在逐步被打破，跨学科的研究领域不断出现，这些都要求宽厚的基础知识。许多国家的高校在本科教育的第一阶段都不分专业，而在第二阶段也尽量扩大专业范围，减少专业数量，使课程向基础化和综合化的方向发展。

法国的大学校的课程设置的特点是应用性强，专业化程度高。有的学校从第一年开始就按不同专业进行培养，有的则在第一年设公共基础课，从第二年开始按专业培养，专业分得很细，因而在课程设置上完全不同于综合大学。

2. 教学组织形式

传统的高等学校以传授知识为主要任务，所以讲授课是主要形式。第二次世界大战后，培养学生的能力这一任务被提到日益重要的地位，因而讨论课、研讨课、实验课、习题课、实践课、高峰体验课、项目式学习等教学方式逐渐增多，以培养学生独立思考、综合分析和独立工作的能力。如在法国大学中，原则上一节讲授课应辅以2—3节的实践课和讨论课。学生可以自由参加讲授课，不记考勤，但必须参加实践课和讨论课，并以学生在这些课上所取得的成绩作为参加考试的必要条件。在德国应用科学大学的教学中，实践课、设计课、练习课和实习等的课时占极大的比重，此外，学生本身具备实践经验也是学校录取新生的标准之一。除职业学校的毕业生外，其他入学者都需要有半年的实际工作经历。

实施专科教育的学校特别重视理论与实践的关系，注意通过实践培养学生成为动手能力强的应用型人才。美国社区学院强调理论与实践相结合，重视实验、实习操作和服务实践等实践性教学环节，理论课时与实践课时的比例大约为1∶1，而且实践课程由学校和企业派专人指导，学生必须到实际岗位上去参加实践实习。法国大学技术学院的指导课和实践课也占总课时的三分之二以上，毕业前还有6—8周的实习。在这一问题上，其他国家的情况基本相同。

在本科教育中，情况稍有不同，实践与理论的比重取决于培养目标。在培养通才的学校里，实践占的分量较轻，除个别专业外，往往不安排时间集中的实习。虽然许多国家的高等学校也与企业合作开展“合作教育”“三明治课程”“双元制教育”“产学研结合”“服务性学习”等形式的教学，但更多的是含有半工半读、勤工俭学的意义，学生虽然也参加但其内容并不能与所学专业结合，因此不能被视为真正的实习，但它们对培养学生的动手能力和技能技巧也起到积极的作用。

在培养专业人才的学校里，理论和实践的关系更为密切，特别是集中进行的实习在教学计划中占有重要位置。法国的大学校安排的实习就较多。德国的工科院校特别重视生产实习，要求学生有26周，即半年的生产实习，分两段进行。前3个月称为基础实习，学生可在入学前或入学后的头2年完成，目的是熟悉一般生产情况，了解生产的基本工艺过程。后3个月称为专业实习，在第一阶段结束后进行，其目的是：(1) 获得生产过程的专业知识；(2) 了解在生产管理过程中科学技术与经济、组织与社会之间的关系；(3) 掌握具体生产单位的实际特点；(4) 获得工程师在业务活动中必不可少的经验。这两段实习可集中进行，也可分几次进行，但每次时间不得少于4周。实习要在与专业有关的工厂企业进行，而且学生必须参加生产劳动，不许坐办公室。此外，这些实习都在学生假期进行，不占教学时间。实习完成后学生要写出实习报告。学生完成实习与否以及实习报告通过与否是学生能否参加毕业考试的前提条件。

苏联时期的高校一直实行统一的教学计划、教学大纲和教材，其制定或编写一般是集体劳动的产物，尽管统一性、全面性和系统性都把握得比较好，但也存在缺乏灵活性、新颖性、独创性的弊端。转型时期的俄罗斯高校在改革教学方式的过程中一直力图摒弃这些弊端，探索更为灵活多样的形式，比如在国家高等教育标准的框架下，类型多样的各类教材和设计通过不同的竞争及审核方式出现在高校教学过程中。

3. 学生的独立工作

本科教育的一项重要任务是培养学生的独立工作能力和一定的研究能力，因此学生在课下完成的各项学习任务日益占有重要的位置。这些任务带有一定的研究成分，如专题报告、学年作业、课程设计、毕业论文和毕业设计等，各国高校均普遍采用。

对于本科生是否要组织参加上述学习任务以外的独立举办的科研活动，各国意见很不统一，大多数国家的高校不作正式要求，有些科研项目多的学校吸收部分高年级学生参加，从总体来看数量不多，而且是作为一种额外的任务。即使是在强调教学与科研统一的德国，对是否要求本科生参加科研也存在不同观点。有人认为本科教育主要是对学生进行基础知识教育和专业训练，搞科研应当是更高阶段的任务。因此可以说大多数国家都没有把学生参加科研活动作为本科教学的一个组成部分。苏联时期的高等教育强调本科生的科研活动是培养高质量人才的必要条件，如1974年发布《高等学校大学生科研工作条例》，1981年发布《关于进一步发展大学生科研工作的措施》并在高校开设必修课“科研原理”，组织大学生科研小组，建立组织学生参加科研活动的机构。在21世纪以来俄罗斯高校的教学改革中，扩大学生自主学习活动的比例已经成为一种明显的趋势。作为促进大学生职业能力增长的因素之一，自主学习课在教学计划中的增长比例越来越大。20世纪60年代，美国一些高等学校开始倡导本科生科研和创造性活动，进入21世纪后大部分高等学校都设立名目繁多的本科生科研计划。

各国在课程设置、教学组织形式和学生独立工作方面的差异受到多种因素的影响，其中主要的因素包括培养目标和规格、历史传统、政治经济体制和科学技术的发展等。从培养目标和规格看，专科教育、本科教育和研究生教育阶段的培养目标和规格不同，在课程设置、教学组织形式和学生独立工作方面有着很大的不同。即使是在同一个阶段的教育，培养目标和规格的不同也会导致课程设置、教学组织形式和学生独立工作方面的差异。从历史传统看，加入“博洛尼亚进程”的欧洲各国如英国、法国、德国，虽然都在遵循“博洛尼亚进程”的基本原则，在学制方面进行了一定的调整，但是在课程设置、教学组织形式和学生独立工作方面仍然有不小的差异，保持着本国的特色。从政治经济体制看，中央集权与地方分权、计划经济体制与市场经济体制等体制、机制都影响着高校课程设置、专业设置、课程管理制度、教学模式与方法、质量保障机制、毕业生就业制度等。同时，科学技术特别是信息技术、人工智能的发展为高校的教学与评价工作提供了更多的选择性，推动了先进教学方法和手段的运用，提高了教学的质量和有效性。

（二）研究生教育阶段的教学

由于本科教育的水平不统一，研究生教育在教学组织上也不同。在本科教育以培养通才为目标的国家里，研究生教育是专业教育的继续和深入，是培养专业人才的完成阶段。在这种情况下研究生必须学习课程，参加课堂讨论、实习和考试，以便获得某一专业领域更深入的专业知识和技能。在这些国家里硕士学位成为一种过渡性学位。因此，在攻读硕士学位阶段科研处于辅助地位，仍然以课程学习为主。到攻读博士学位阶段，科研才开始占有主要地位。但在攻读博士学位期间仍要求学习课程。例如，日本的《研究生院设置标准》规定，硕士研究生和博士研究生均须修满 30 个学分的课程，并在接受研究指导的基础上完成所要求的论文及考试。美国高校一般要求博士生修学 30 学分的课程，如果本科毕业生直接读博，则要修学 60 学分的课程，有的专业要求更多。这说明美国高等教育的专业化进行得很晚，一些高级的专业课程一直到博士研究生阶段才设立，高级专业人员的培养主要是在这一阶段。这也说明在当今新知识、新学科不断涌现的时代，博士生也有必要通过学习课程拓宽知识面，不断充实自己的知识库。当然，对博士研究生来说，从事科研、撰写论文是必不可少的，而且占有主要地位。例如，法国教育部门于 2016 年 4 月颁布的《关于确定博士学位和博士生院作用的裁定》重新定义了博士学位，认为博士学位是一种为研究而培养以及通过研究进行培养的研究型的职业经历。因此，法国非常重视博士生的研究训练，不但要求博士生在开始自己的论文准备阶段之前明确自己的研究项目、研究方法和目标，而且保障博士生有接受导师的研究指导、使用实验室的研究设备等权利。美国的博士生在第一年、第二年内学习结束通过考试成为博士学位候选人后，就要全力以赴地撰写论文。因此可以说，独立研究和一定质量的论文是博士学位阶段的教学组织特点，相当大的一部分学生参与导师的科研项目，并以此作为自己论文的基础。

在本科教育培养专业人才的俄罗斯和德国，由于专业教育已在本科阶段完成，因此研究生的教育培养主要通过学生的独立研究、撰写论文来完成。德国的博士生教育对学生没有课程要求。博士生本人可根据需要选学一些大学的课程，但这不是规定的要求。俄罗斯的副博士培养阶段同样突出科研和论文，只有少量的课程学习要求。除了自己的科研和论文外，他们往往同时兼任一些助教工作或教研室的科研和其他工作。这些工作实践也可当作一种培养途径，对他们的科研和论文也有帮助，但两者间并无必然的联系。

总的来说，各国培养博士（副博士）的做法是比较一致的，都是以科研和论文为主，其差别在于博士生学习课程的分量上。

二、科研

传统的高等学校以通过教学培养人才作为其任务，直到19世纪初洪堡提出“教学与科研统一”的原则后科研才逐渐成为高等学校的职能之一，并对高校科研起了积极的推动作用。但是在很长一段时间里，教师从事科研主要是为了提高教学质量，把研究的成果引入教学过程。因此科研主要是为教学服务的，教师围绕自己所教的学科领域，从中选择自己感兴趣并与教学内容有关的课题开展研究，其成果主要用于丰富和发展自己所教科目的内容，或开设新课程，当然其中也有重大的创造发明，对社会的发展起了积极的作用。这种科研的特点是题目比较分散，主要由教师自己定题；力量单薄，往往是教师自己独立进行或与少数助手和研究生合作进行。因此内容大都比较狭窄，与现实需要的联系不紧密，具有纯学术研究的性质。

高等学校较多地参与科学研究，或者说把科研作为高校的一项任务，是在第二次世界大战前后才出现的。高校逐渐在科学研究中发挥着越来越大的作用。高等学校集中了各学科领域众多的、有较高水平的专家和学者，在科学技术对经济发展的影响日益显著的背景下，各国普遍关注如何充分利用这股强大的学术力量直接为社会发展服务这一问题。一方面是高校本身利用自己的学术力量纷纷成立各种研究机构，另一方面政府也在高等学校设立研究机构并吸引教师参加，或是高校与政府合作设立机构，利用学校的设备和人才资源开展研究。例如美国从第二次世界大战初期开始在高校设立大型科研中心，它们在完成国防任务、研制新的武器装备上起了重大的作用。法国的国家科研中心也把许多实验室和研究组织设在大学里，它在数理方面的研究机构有75％设在大学。这使科研走出了仅为高校教学服务的圈子，高校担负起一些国家重大的科研项目和与生产、科技发展密切相连的课题，从而使科研成为高校的一项独立任务。法国的综合大学在20世纪80年代初就承担了全国10％的科研项目。加拿大高校承担了30％的全国科研项目，使用20％的全国科研经费。德国的高等学校承担了大量工业界和国防军的研究项目，在原子能、宇宙航空、海洋开发、信息技术等尖端科学的国家重点科研项目上完成了相当部分的任务。美国的著名大学在完成美国的军事科研任务中发挥了重大作用，国防部、原子能委员会、宇航局等都大力支持高校的科研，为其提供大量的科研经费。科研进一步密切了高校和社会各界的联系，也使高校深入到国家生活的各领域中去。

高等学校的科学研究主要是由师资力量强、科研条件好的高等学校完成，科研在不同类型高校的地位有着明显的不同。虽然当前学术界在高校是否应当承担科研任务上并无明显的分歧，但在科研究竟应在高校占有什么地位的问题上却有不同的看法：有的认为以教学为主，以科研为辅；有的认为两者并重；有的认为不分主次，而是把高校任务罗列为教学、科研、服务。这反映了学界对此问题的认识并不统一。而在实践中，情况则更不相同。各国普遍存在的现实是，科研搞得多、完成重大项目而又出成果的高校主要集中在少数名牌大学和重点高校，而大多数水平一般和水平较差的高校则基本不搞科研或搞得很少。有不少高校在人力物力上不具备从事科研的条件。正如高校在教学水平上相差悬殊一样，高校的科研情况也同样如此。美国高校的科研成果是十分显著的，但它们主要出自哈佛大学、普林斯顿大学、斯坦福大学、麻省理工学院、加州理工学院等少数高水平的名牌大学，政府拨给高校的科研经费，也集中在它们身上。2010—2019 财年，美国研发经费排名前 100 位的大学所获得的研发经费总数占全美大学研发经费总数的比例始终保持在 80％左右。2015—2020 财年，研发经费支出最多的 30 所大学，其研发经费支出总额占全美大学研发经费支出总额比例始终保持在 42％左右。政府的政策就是集中少数大学来使用科研经费。因此，笼统地谈论科研在高校应当占什么地位是比较困难的。现实中大多数高校仍然是以教学为主，科研尚未或刚开始提上日程，只有在少数高校已被置于重要地位。德国高校一贯重视科研，但二十世纪六七十年代由于大学生数量激增，大量在校生又不能按期完成学业，教学量骤增，对教师从事科研工作带来不利影响，但总体来说，洪堡的思想确保了科研在高校的地位。法国大学的基本单位被称为“教学和研究单位”（现改为“培养与研究单位”），以便把每一专业的教学和科研结合起来，但多年来科研本身无多大特色，成果并不显著。在 20 世纪后期，苏联高校的科研活动比较有特色：一是注意从只重教学向兼顾科研的转变；二是注重科研领域和方向的基础性；三是积极开展高校教学科研一体化的积极探索；四是真正有国家重点科研项目投入与产出的只集中于极少数的重点高校。进入 21 世纪以来俄罗斯高校在科研方面，既保留和发扬苏联的良好传统，同时也注重与时代同步，扩大高校科研的参与规模、投入力度、选题范围、产出的数量与质量等。

高校是各国基础研究的主要承担者。高校科研的方向与高校的人才培养职能和学科特点有着密切的联系。高校教师主要从事理论教学，基础研究最易与他们的业务专长相结合，是他们感兴趣和力所能及的，研究成果也能及时反映在教学上，因此高校是各国基础研究的主要承担者。德国的基础科研是由综合性大学和校外科研机构（即马普、赫姆霍兹、莱布尼茨和弗朗霍夫四大学会）联合承担的，企业也有一定的投入。美国的基础研究也主要由高校和为数不多的国家实验室承担，而且一些国家实验室也建在高校，高校的基础研究经费占全国基础研究经费的 60％以上。1984 年颁布的美国科学指南重新强调了国家基础研究的重要性及高校在基础研究中的重要作用，国家加强了对高校基础研究的资助。法国高校也承担全国大部分的基础研究项目，使用全国70%的基础研究经费。俄罗斯也非常重视基础研究，2021年俄罗斯政府公布的《俄联邦基础研究长期计划（2021—2030）》提出将投入2.15万亿卢布支持所有基础学科领域，以获取有关人类、社会与自然的新知识，确保俄罗斯在更长久的时间范围内能够领导全球科学议程；鼓励包括高等学校在内的科研机构、研究团队和其他个体研究人员进行自由探索和创造。

高等学校是跨学科研究的重要承担者。高校系科设置比较齐全，各学科领域的专家学者集中，这一特点使它比其他任何专业研究机构有更优越的条件来开展跨学科的研究。特别是面对科学技术发展的综合化趋势，高等学校的跨学科研究越来越受到重视。高等学校利用学科门类齐全的优势，在20世纪80年代以后建立许多跨学科研究中心。例如，美国的麻省理工学院设立60多个跨系、跨学科组织，例如生物与计算学习中心、生物医学工程中心、经济学与管理科学计算研究中心、环境健康中心、等离子科学与聚变中心等。高等学校各院系各学科之间打破界限搞协作使高校在生物医学、海洋学、空间科学、生命科学、环境科学、城市规划等方面做了大量的研究，研究成果对建立新兴学科、开设新课程也起了积极作用。

加强校企合作，提高高等学校通过科学研究为社会经济发展服务的能力，是高校科研发展的重要特点和趋势。基础研究的周期长、理论性强，其成果不能立即在实践中得到运用并带来经济效益。为了提升科研的经济效益，解决科研经费问题，高校当前普遍存在接受各方任务，向应用研究转移的趋势。从国家来讲，为了增强科技实力，也把高校科研纳入科技创新体系之中。联邦德国1985年发布的《高等学校总纲法》允许高校成员在不影响完成高校的其他任务的前提下从事不属高校财政开支，而是由校外企业部门或科研机构提供经费资助的课题研究。这一规定远远超出其1975年的《高等学校总纲法》的规定，使高校科研从单纯的基础研究转向广阔的社会经济领域。这种变化反映了国家加速经济发展的需要，因而得到各方的支持，同时也增加了高校科研的活力，密切了高校与社会的联系。在与社会各界的关系中，高校特别重视与站在技术革新最前哨，在激烈竞争面前迫切需要解决技术问题的工业界、工厂企业加强联系。法国的高等学校也与各部门、单位签订合同，以此作为自己的科研内容，并从中获得经费。有的水平高、物质条件雄厚的高校一年与外界签订数百个合同。美国没有单独设立科学院，各部门的许多科研项目需要借助高校的科研力量，所以高校一直与工业界有着密切的联系。卡内基梅隆大学、麻省理工学院、北卡罗来纳州立大学、俄勒冈大学和犹他州州立大学等都建有大学-工业合作研究中心，通常由大学的科研机构和6—20个公司组成，由企业提供资金进行合作研究。这种合作促使地区科学工业研究中心的出现。在东海岸，以哈佛大学和麻省理工学院为核心，发展形成了波士顿科研中心；在西海岸，以斯坦福大学、加利福尼亚大学和加州理工学院为中心，形成了旧金山-帕洛阿尔托科研中心等。其他国家情况类同，高校与校外单位共同建立了各种科研中心、综合体、科技园等。

高校科研从为教学服务，以基础研究为主走向为社会经济发展服务，是近来国际上普遍存在的现象，它使高校科研走出校门，与校外的科研结合起来，走向更广阔的天地，从而使它更充满生机。应当说这反映了社会发展的要求，也反映了高校发展的要求。但是，高校承担的各单位、各企业生产部门的合同项目有相当部分都不属于基础研究，而是应用性研究，特别是工业研究，大都是技术研制。而且，这些项目往往与教学无直接的联系。与此同时，由于合同研究的比例增加，基础研究受到削弱，自然也在一定程度上影响教学质量。特别是在新自由主义教育思潮的影响下，学术资本主义在西方国家兴起，高校科研呈现出市场化、商业化的趋势，与价值中立和非商业性的传统产生了一定的冲突。所以有的学者反对高校承担过多的合同项目，认为这些项目影响了高校的宗旨，造成高校对外单位，特别是对企业的依赖，使高校在教学、科研、管理等方面的独立性和自主性削弱，使高校的科研力量被当作廉价劳动力来使用，同时还存在使高校本身的科研水平下降的危险。这种矛盾确实客观存在，要解决并非易事。

第四节　高等学校的招生制度

第二次世界大战后高等教育进入了大发展的阶段，从精英教育走向了大众化教育、普及化教育，发达国家的高校入学率大都在50%以上，但如何选拔符合高校要求的申请者入学，仍是各国普遍关心的问题。战后高校在数量上的大发展已经使质量问题十分突出，而要解决质量问题首先就要保证入学者的质量。因此各国对高校的招生制度十分重视，在每次高教改革中必然涉及这一问题。

各国根据自己的国情和传统确立自己的招生制度，在具体实施中存在很大差异。有的国家有严格规定的一套措施和统一的要求，有的则由各校自行决定如何招生，有的则对不同类型的高校作出不同的规定，等等。总之，情况多种多样，归纳起来大致可分以下几种。

一、证书制

在这一制度下中学毕业证书是进入高等学校的通行证。主要实行这一制度的有英国、法国、德国等国家。

但是在中等教育趋向普及、中学毕业生数量日益增长的情况下，要实施这一制度必须具备一定的条件和采取一定的措施。

（一）中等教育分流

实行这一制度的国家在中学阶段，有的甚至在小学阶段就开始分流，设置了各种类型的中学。如英国改革以前中学分文法中学、现代中学和技术中学等，并设有公学这种贵族性质的中学。改革以后的综合中学也仍然只是把各类中学设置在一个屋檐下，并没有真正改变它们之间的差别。特别是作为文法中学第二阶段的第六学级，其性质相当于大学预备班，学生在中学第一阶段学习结束并通过考试后再接受分科教育，学业成绩合格才有进入高等学校的资格。经过层层筛选，能够进入第六学级并获得证书的是那些在学术科目上有较高成绩的学生。

法国的高中分普通高中、技术高中和职业高中。三类中学的毕业生分别参加普通类、技术类和职业类高中毕业会考，通过者分别获得普通高中毕业会考文凭、技术高中毕业会考文凭和职业高中毕业会考文凭，也即获得进入高校的资格。

德国的教育分流的时间更早，小学通常只有 4 年（柏林和勃兰登堡州的小学是六年制的小学），小学毕业后即分流。中学通常来说大体上可以分为三种主要的类型：九年制或八年制的文理中学（或译文科中学、完全中学）、六年制的实科学校（或译实科中学）和五年制或六年制的主体中学（或译主要学校、普通中学），此外还有一类将以上三种类型合而为一的学校类型，叫综合中学。在综合中学就读的学生可以获得以上三类中学颁发的毕业证书。传统上，只有文理中学和综合中学高级阶段的毕业证书才是进入高校的通行证。不过，经过近年来的改革，进入高校的路径变得更为多元了。其他两类学校的毕业生可经过各种职业学校、职业培训或专科补习学校的学习或培训，获得相关资格，也可以进入高等学校学习。

（二）有严格的中学毕业考试

法国的高中毕业考试称为中学毕业会考，参加者为普通高中、技术高中和职业高中的毕业生，通过者获得高中毕业会考文凭。该考试要求较严，由法国教育部制定并公布统一的考试范围，各学区负责命题和组织考试，通过率超过 80%。英国的中学毕业考试分两次，第一次在接受 11 年的义务教育后，称中等教育普通证书考试。通过这次考试的学生可进入第六学级学习，不合格者授予中等教育证书，离校就业。第二次考试在第六学级结束后进行，称高级水平普通教育证书考试，考试合格者获高级水平普通教育证书。这种普通教育证书考试由中等教育考试委员会制定国家标准，并由教育科学大臣批准进行。在实行统一毕业考试的联邦州，德国高级中学毕业考试由各州教育部负责组织和安排统一命题，文理中学、综合中学或其他各类多轨道中学的毕业生都可以参加。上述各种考试方式是保证中学毕业生质量的一种措施。

（三）中期筛选

法国和德国的高校采取宽进严出的策略，在学生学习期间严格把关，淘汰学习成绩不合格的学生。两国高校的淘汰率都比较高，法国一般在 40%左右，德国在 29%

左右。这样就使得最初通过考试拿到证书、大量入学的学生在质量上经得起检验。学生在进入各校后，各方面的能力和知识都得到比较全面的显示，这时的筛选就会比较准确全面，更符合实际，也能减少偶然性。当然用这种方式不论是对学生还是对学校来说，付出的代价都是很高的。

中学毕业证书上反映的学生毕业考试的分数、平时的学业成绩以及毕业时排列的名次，是各高等学校在录取新生时考虑的因素。越是名牌大学和水平高的学校，对学生的录取标准就越高，对证书上的成绩的要求也越高。例如，英国牛津大学、剑桥大学等名牌大学不仅要求证书上的分数高，而且要求通过高级水平普通教育证书考试的科目数量多，除此以外还组织各种形式的考试以便从众多的申请者中挑选出少数优秀者。因此，考取证书作为一种招生制度并不能单独使用，它还要求一些必要的条件和一些辅助的措施，以保证学生的质量。

美国有些高校也实行证书制，但它与上述国家实施的情况有所不同，并不普遍辅以上述的情况条件和措施，除证书外是否另有其他要求主要取决于学校本身。苏联有一段时期在冶金、采矿、石油开采、建筑等专业实行证书制，以吸引更多学生来学这些专业。但它要求的不是一般的毕业证书，而是中学期间因学习成绩优秀、毕业考试成绩优秀而被授予金质奖章或银质奖章的证书或优等毕业证书。

二、高考制

在这一制度下，高校的入学申请者必须参加为他们专门组织的考试才能决定被录取与否，高考的成绩是录取的唯一或主要标准。

（一）高考的组织

高考是在不同范围内以各种不同形式进行的，比较典型的是全国统一组织和各校自行组织两种。通常采用笔试、口试、谈话、测试等方式。

中国实行全国统一考试，由教育部教育考试院统一命题或由各省、自治区、直辖市单独命题，各省、自治区、直辖市教育部门统一组织考试和阅卷，公布分数和录取分数线，各高校按分数录取。

对大多数日本大学和短期大学而言，入学考试分 2 次。第一次是大学入学共通考试，有超过 900 所大学参加。这一考试由大学入学考试中心组织实施，包括统一命题、统一阅卷、公布标准答案及考试成绩、最高和最低分数线等。在大学入学共通考试的基础上，各高校自行组织、自行命题、自定方式、自行录取。少量不参加大学入学共通考试的高校直接组织本校的单独考试。因此日本的高考是全国统一组织和各校自行组织的结合。统一考试统一了高校的入学标准，对保证新生的质量有重要意义，而学校自行组织考试又能使学校根据自己独特的要求来选择学生。日本的二次高考能使各方面的要求充分结合起来。

俄罗斯是实行高考制的典型国家，但是在 20 世纪 90 年代以前的苏联时期，其高考是由各高校自行组织的。为此各高校都成立招生委员会，下设选拔委员会和学科考试委员会，负责处理与招生、考试、录取有关的一切问题。在高考的日期上，一般是重点高校在前，普通学校在后，使报考重点高校而未被录取的学生还有第二次机会。苏联解体后，俄罗斯从进入 21 世纪开始试行国家统一考试，并将高中毕业考试与高等教育入学考试合为一体。2001 年启动试行阶段，以高校、考生自愿为原则小范围推进，直到 2009 年颁布《俄罗斯完全中等教育阶段国家统一教育评价形式和程序条例》，从法律上规定了国家统一考试是俄罗斯完全中等教育阶段国家统一教育评价的唯一形式。国家统一考试由俄罗斯教育监督机构和各联邦主体管辖教育的相关权力执行机关共同组织和实施。国家统一考试由国家考试委员会组织人员命题并负责考试的组织和考试成绩的统计工作。各联邦主体管辖教育的相关权力执行机关组织在规定的时间、地点同时进行考试。通过国家统一考试的学生将获得中等普通教育毕业证书和国家统一考试成绩证明。而作为进入高等学校的依据，各个大学则根据国家统一考试的成绩进行招生，但有些大学可以就某些专业增加科目或补充及深化内容的考试。

法国的大学校与综合大学不同，不是采用证书制而是采用高考制，但采取的方式各不相同。总的来说考试大纲和试题由教育部确定，各学区组织报名和考试。其中一些名牌大学校一直保持单独组织高考的传统；有的同类大学校则联合组织高考。考试的次数也不同，有的分初试和复试，有的则多达 5 次，可以说各校在高考上都各有特色，是各校单独组织和不同范围内统一组织的综合体，其共同点是录取的严格性，因而录取比例很低。

美国的许多高校也实行高考制，但它的实施又有其特色。高考既不由国家统一组织，也不由学校自己组织，而由获得普遍承认的第三方机构组织。它们编制考题，组织考试，阅卷并发布考试成绩，但无权决定录取与否。不同的高校在录取新生时参考这些考试的成绩。

（二）高考的内容

传统上俄罗斯高考的科目主要根据专业的需要来定，通常为 2—5 门。有的用笔试，有的用口试，由科目的性质决定。内容以知识为主，但也考虑能力的表现。实行国家统一考试后，俄语和数学是必考科目，选考科目有文学、物理、化学、生物、地理、历史、社会学、信息学、外语（英语、德语、法语、西班牙语，2019 年增加了汉语，从中任选其一），考生根据所报考的专业选择相应的考试科目。考试内容以俄罗斯联邦教育科学部制定的普通教育科目示范大纲为基础，不能超出大纲规定的内容。

日本的大学入学共通考试主要是考各科知识，包括日语、地理历史、公民、数学、科学和外语，共6门（日本高中的“地理历史”为一门）。第二次考试主要考查考生是否具备本校和各专业所要求的能力，因此两次考试结合覆盖考查了学生应掌握的知识和能力。

中国高考之前分文理两类，考试内容各省、自治区、直辖市并不完全一致。随着对高考制度的改革，现在已逐渐打破文理分科的简单划分。此前文科类一般考语文、数学、外语以及包括政治、历史、地理等科目的文科综合科目；理科类一般考语文、数学、外语以及包括物理、化学、生物等科目的理科综合科目。而改革后参加高考的学生可以从文、理科中任选三门或多门作为除语文、数学、外语必考科目外的高考选考科目。

法国大学校的入学考试更为复杂，各学校都有自己独特的要求。由于它属于第二阶段的高校，招收预备班的学生，故除了普通教育科目外，还要考专业科目。考试科目数量不等，至少在5—6门，分笔试、口试、初试、复试。前后数次考试的科目可能相同，也可能不相同；既要考知识，也要考能力。例如，巴黎高等师范学院的入学考试分初试和复试。初试为笔试，在全国设的几个考点进行。6个文科专业的考试科目有法语、哲学、现代史、拉丁文或希腊文；每个专业另考2门专业课，通常1门主要考知识，1门主要考能力。因此笔试共考6门，每门考4—6小时。复试为口试，在本校进行。口试科目在笔试科目外另加1门现代外语。其他学校根据专业的需要，考试科目多种多样，总的来说要求全面而严格，经过多次考试淘汰大批考生，从而保证新生的质量。有的学校的淘汰率高达90%以上。

美国组织高考的教育测验服务中心和高校入学考试中心共安排四种高校入学考试。一是学术性向测验，主要考查学生是否具备在高校学习的能力。这项测验不分科目，只分语言和数学两大部分，目的在于了解学生的词汇量、阅读能力和理解能力；考查学生是否能运用换算、图表、空间想象和抽象能力来解决日常熟悉的问题及学生的创造性思维能力。二是学业成绩测验，包括英语、数理化生、历史、外语等方面的知识，目的是了解考生掌握这些学科的知识水平和解决问题的能力。三是托福测验（TOEFL），目的是了解准备报考美国高校的外国学生的英语水平。以上这三种考试由教育测验服务中心举办。四是高校测验，由高校入学考试中心举办。这项测验是学业成绩测验和学术性向测验的综合，既考查学生在几个学科上所掌握的知识和运用这些知识的能力，又考查学生的智力。该测验主要分三部分：(1) 学术测验，考查学生在英语、数学、社会研究和自然科学中的知识水平；(2) 兴趣调查测验；(3) 学生能力特征测验。并非每个申请入学者都要参加这些考试。这主要取决于他所申请的高校对此是否有要求，或要求哪一种或哪几种考试成绩。因此，美国的高考与上述俄罗斯、日本、法国的高考性质不完全相同，它并不是学生进入高校的必经之路。

高考制对保证新生的质量起着积极的作用，但它在一定程度上带有偶然性，有时并不能反映考生的真实水平。因此与证书制一样，它在各国也并不单独使用，而是与其他措施结合使用。各校在录取时除高考成绩外还通常参照中学所学课程的成绩、中学的平均成绩及排列的名次。

三、开放制

所谓开放制就是高校大门向一切申请者开放，来者不拒，不对申请者提出任何要求。在大多数国家这一制度通常是在非正规高等学校招生时使用，即开放大学、广播电视大学等。某些国家的某些正规高校也采用开放制招收学生，但都对学生有一定要求，如瑞典的高校招收年满 25 岁、有四年工龄的任何申请者；美国大多数社区学院也招收所有居住在本地区的中学毕业生，或中学未毕业但通过了州中学最低水平测验的学生，或年龄在 18 岁以上的本区任何公民。开放制适应了当前各阶层人民普遍要求受到高等教育的愿望，同时也扩大了高等教育内部的差距，使高等教育中精英教育和大众化教育并存。

上面提到的仅是当前高校最普遍采用的三种主要的招生制度，这并不排除还有其他制度。如上所述，这三种制度也绝不是孤立地使用，它们常常与其他方式配合使用。有的国家主要使用一种招生制度，有的国家则不同类型的高校使用不同的招生制度，有的甚至同一类型的高校使用不同的招生制度，这里主要取决于高校在招生上的自主权大小。

研究生阶段的招生比前两个阶段要简单一些，但各国的差别也很大。俄罗斯招收硕士研究生也与招收本科生一样，采用考试制。中国招收研究生也与招收本科生一样采用全国统考制。日本的情况相仿，考试分笔试、口试，主要考外语和专业课。录取主要根据考试成绩，同时也参考本科毕业论文和本科学习时的成绩。法国和德国则是另一种情况，这两个国家高校的第三阶段教育似乎是第二阶段的自然延伸，因此不设专门的考试，而是由计划招生的导师与申请者直接见面，通过谈话对他们的学业和能力等进行了解，有时还要求写一篇简短的小论文等。学生录取都要通过学校的“博士生校”进行，但录取权主要在导师。法国的少数专业也通过考试招博士生。总的来说，这几国的第三阶段招生与该国本科阶段招生是相似的，但导师的意见常常是录取的关键。与本科生的录取要求相比，美国研究生的录取标准比较高，要求比较严，但是仍然没有统一规定。录取通常考虑以下几个方面：申请者在研究生水平考试（GRE）中表现的学习能力和知识水平，本科学习成绩及表现，教师介绍该生的学术水平、工作能力和研究能力的推荐信。通常要与本人进行个别谈话。著名大学在录取时更为慎重和严格，对申请者的知识、能力、学风和适合学习某个专业的品质作全面的考查。总之，作为高等教育中的高层次教育，第三阶段的招生在各国受到更高度的重视。

高校的招生制度仍在不断改革，各国正在继续探索如何结合本国国情建立更完美的招生制度，以保证学生的质量。一些带有共同性的倾向是，各国都更为强调学生的能力、学习态度、实践工作经验、创造性等。但是如何来测定学生的这些品质却未能得到科学的解决。不少国家当前普遍采用对学生的知识和能力进行分别考查的办法，但有的学者却认为这种做法是不科学的，因为学生掌握的知识和他所具有的能力是不可分的，因此分别测试所得的结果可能不够准确。当前需要进一步探讨的课题是如何全面地、真实地测定学生的水平，以确保入学者的质量。

第九章

师范教育比较

师范教育既是一个国家教育体系的重要组成部分，又是整个教育事业发展的基础，它在教师培养和专业发展中的地位和作用十分重要，它的质量决定教师质量。列宁一贯重视教师的作用，他明确指出：“学校的真正的性质和方向并不由地方组织的良好愿望决定，不由学生‘委员会’的决议决定，也不由‘教学大纲’等决定，而是由教学人员决定的。”① 这就是说，办好教育的关键在于教师，而培养合格教师则是师范教育的任务。因此，师范教育可以说是教育事业的“工作母机”。

第一节 师范教育的发展

师范教育的发展已有相当长的历史，最早可以追溯到1684年法国基督教兄弟会开办的教师讲习所，至今已有300多年。但是，师范教育体系的建立和大规模发展还是现代社会的事，它是在各国普及义务教育的基础上建立起来的。在古代，没有专门培养教师的师范学校，也没有师范教育体系，有知识、有学问的人就可以当教师。随着社会生产力的发展，大工业机器生产代替了小手工业生产。现代化的大工业生产需要工人有一定的文化知识，于是，欧美早发现代化国家于19世纪中叶开始先后实施普及义务教育。随着儿童入学率的提高，小学教师的需求量越来越大，英国、美国、法国、德国、日本等国都建立师范学校或者采取其他方式培养师资，师范教育得到迅速发展，培养师资的方式也日臻完善。

师范教育发展到今天，经过了几个阶段，无论在教育水平上还是在培养方式上都有许多变化。就拿美国师范教育的发展作为一个例子来说明。19世纪初，第二次抗英战争（1812—1814年）胜利，美国政治稳定，经济发展，初等学校增多，个别地区感到教师须受特殊训练。佛蒙特州康考德市的教士霍尔首先在1823年创设私立师资培训班，又设附属小学，供实习之用。1839年马萨诸塞州创立师范学校，随后，其他各州也相继仿效。师范学校招收初等学校毕业生，修业年限不一，短期的仅数星期，长期的至2年。自此，初等学校师资的培养有了正式机构，这是美国师范教育发展的最初阶段。在这个阶段，还没有培养中学教师的专门师范教育机构。南北战争

① 《列宁全集》（第四十五卷），人民出版社2017年版，第244—245页。

(1861—1865 年）以后，美国工农业生产迅速发展，急需中等水平的实用人才，中等教育有了很大发展。这时，中学师资的培养成为迫切需要解决的问题。1839 年，纽约州奥尔巴尼市首先把原有的师范学校升格为州立师范学院，招收中学毕业生，修业 2 年。其他各州纷纷仿效纽约州，师范学院渐渐发展。进入 20 世纪后，师范学院已在各州普遍设立。这是美国师范教育发展的第二个阶段。在 20 世纪 30 年代和 40 年代，鉴于小学教师任务繁重，必须提高培养标准，佛罗里达州首先实行中小学教师单一工资制，即教师工资不按任课学校的级别来定，而按他们的教育程度来定。从此，师范学院、高等学校和研究院都成为中小学教师的培养机构。在这种形势下，师范学校逐渐减少，至 1949 年全国只剩下 14 所。第二次世界大战以后，为了提高培养师资的水平，师范学院纷纷改为文理学院或大学，培养中小学师资的任务由大学和文理学院的教育系或教育学院来承担。这是美国师范教育发展的第三个阶段。① 自 20 世纪 80 年代以来硕士研究生层次的教师培养成为新的趋势，进入 21 世纪以来美国共有 1 300多所院校培养教师。

日本、英国、德国的师范教育的发展也有相似的经历。

日本明治维新开始以后，实施普及义务教育，1897 年颁布《师范教育令》，规定每县至少设一所师范学校。这种培养小学师资的师范学校，属于初等教育系统。日俄战争（1904—1905 年）后，师范学校设置“第一部”与“第二部”。第一部招收小学毕业生，给予 5 年的专业训练，毕业后任小学教师。这是日本当时师范教育的主流。第二部招收中学毕业生，给予 1—2 年的专业训练，毕业后亦担任小学教师。这是师范教育的补充部分。至于中等师资训练则设有高等师范学校，招收中学或师范学校毕业生，修业年限为 4 年。1943 年，日本把原来培养小学师资的师范学校升格为师范专科学校，招收普通中学毕业生，但尚未达到大学的地位。这就是培养中学师资的高等师范学校，其程度也只相当于普通大学二年级。第二次世界大战之后，日本根据《美国教育使节团报告书》的建议，对包括师范教育在内的教育制度进行了改组，提出“教师培养在大学”的口号，不论初等还是中等学校的教师均须由大学（包括教育大学、综合大学和短期大学）培养。这是日本师范教育的重大改革，也是提高师范教育质量的有力措施。

英国的师范教育原先由宗教团体兴办，到了 1839 年政府才拨款补助兴办培训学院（training college）。1870 年《初等教育法》通过后，开始实施义务教育，对师资的需要增加，克罗斯委员会（Cross Commission）于 1888 年建议在大学设置走读制的师资培训系（day training department）以弥补宗教色彩浓厚和寄宿制的一般师范

① 参见滕大春著，贺国庆、朱文富、何振海编：《教育史研究与教育规律探索》，人民教育出版社 2019 年版，第 92—101 页。

学院之不足。《1902 年教育法》授权地方政府用公款兴办地方公立师范学院。从此英国的师范教育采取了公私兼办的做法，直到现在仍然如此。原先根据克罗斯委员会建议在大学设置的师资训练系，到了 1893 年以后，改称为大学教育系（university education department），初设 3 年课程，1911 年后延长为 4 年，以 3 年修毕文理学士课程，再受 1 年专业训练，成为合格中学教师。随着 20 世纪科学技术的发展，《1944 年教育法》要求加强对师资的培训工作。英国各大学（剑桥大学除外）都负责举办师范科，举行教师证书考试。1975 年以后，英国有五种师资培养机构：大学教育系、教育学院（以前称培训学院）、技术教育学院、工艺教育系和艺术培训中心。

法国是世界上师范教育发展最早的国家之一。1684 年拉萨尔（La Salle）在兰斯（Reims）为基督教兄弟会建立的教师讲习所"基督教学校教士会"被视为法国最早的师范教育机构。大革命期间巴黎建立了法国第一所公立师范学校（1795 年），这是巴黎高等师范学院的前身。法国师范教育的基本框架在 19 世纪前半叶即初步形成。1833 年起，各省兴办培养小学教师的师范学校。19 世纪末到 20 世纪初，师范教育体系进一步完善。第二次世界大战后经过多次调整，现行师范教育体系在 20 世纪 80 年代中叶形成。每省设一所男女兼收的师范学校，招收受过 2 年高等教育者，培养学前和小学教师。想要获得中学教师资格者，须通过综合大学或高等师范学校培养，并通过会考后获得教师资格证书。

德国的第一批师范学校建立于 18 世纪，从事实际的手工课程训练和初步的实际知识教育。19 世纪初，裴斯泰洛齐教育思想在德国教师培养中得到广泛应用。20 世纪初，一些教师组织日益强烈要求给教师提供高等教育水平的训练。1920 年在普鲁士新设了一批师范学校，着重对教师进行专业的理论教育和个性的培养。第二次世界大战以后，联邦德国的教师一律由学术性高等学校培养，各类学校教师都要受高等教育水平的训练。同时把高等师范学校与综合大学合并，成立综合大学的系或专业、分校（但目前尚有一些师范学校没有合并）。在巴伐利亚州，还有 6 所教育大学培养小学教师。

苏联的中小学师资主要由师范学校、师范学院、国立师范学院和综合大学培养。第二次世界大战后，随着科学技术的发展和中等教育的普及，苏联提高了对师资水平的要求，把师范学院教育系的培养目标改为培养小学教师，使小学教师具有高等学校本科毕业的水平。俄罗斯联邦仍基本采用这种制度。

中国师范教育始于 1897 年，当时清政府铁路督办大臣盛宣怀上奏清廷，在上海创办南洋公学，内设师范院，为其他各院培养师资。1902 年京师大学堂内设师范馆，培养中学师资，是中国高等师范教育之始。1904 年清政府颁布《奏定学堂章程》后，师范教育自成系统，分为优级师范学堂和初级师范学堂。1912 年中华民国教育部颁布《师范教育令》，两级师范学堂改称为高等师范学校和师范学校；全国按六大师范区设立 6 所国立高等师范学校；各省成立师范学校。1938 年设立独立的及大学附设的师范学院。中华人民共和国成立后，师范教育有了很大发展，建立了包含中等师范学校（培养幼儿园和小学教师）、高等师范专科学校（培养初中教师）、师范学院和师范大学（培养高中教师）的师范教育体系。21 世纪以来逐渐由三级师范转变为二级师范，中等师范学校逐步被撤销或升格为师范专科学校，师范大学逐步综合化。中国目前形成了以师范院校为主，其他大学参与的开放式的教师教育体系，其中小学教师本科化成为新趋势。自 1997 年起国家又为中小学教师提供教育硕士专业学位课程，2010 年起提供教育博士专业学位课程。

综合上述各国师范教育发展的情况，我们可以看到，近几十年来，各国都在重视师范教育，采取了不少措施，力图提高中小学教师的水平。师范教育呈现出以下发展趋势。

停办中等师范学校，发展高等师范学校。过去，许多国家，小学教师由中等师范学校培养，中学教师由高等师范学校培养。随着社会生产力的发展、科学技术的进步以及教育的普及和提高，对小学教师的文化程度和专业素养的要求也相应提高，中等师范学校已经不能满足培养小学教师的要求。许多国家都开始取消中等师范学校或升格为高等师范学校（如法国），小学教师由建立在普通中学基础上的两年制初级学院或短期大学来培养（如美国、日本）。但是，随着科学技术的发展，2 年学习时间也显得不够了，因此学习年限逐渐增加到 3—4 年。

提高高等师范学校的水平。第二次世界大战以前，各国高等师范学校的学习年限和教育水平都比一般大学低（法国例外）。二战后，为了克服这个缺点，把高等师范学校的修业年限、入学资格与综合大学拉平。美国、日本、联邦德国则逐步取消了师范学校的建制，或合并于综合大学，或改建为综合大学。这种变化并不意味着取消师范教育，相反，这是为了提高师范教育的水平，丰富师范生的科学文化和专业知识，以适应科学技术的发展和学生知识水平的提高。

建立教师资格证书制度。许多国家都采取教师资格证书制度。例如，美国、英国、法国、德国、日本等国大学的毕业生，需要经过教师资格考试，取得合格证书后方能成为教师。

改进在职教师的进修制度。近些年来，各国都建立了在职教师的进修中心、进修学院，形成定期在职进修的制度。同时，许多国家的开放大学、电视广播大学、函授大学都为教师的进修开设课程。随着互联网技术、信息技术的发展，网络远程教师培训和研修制度逐渐建立起来。

20 世纪 60 年代以来，教师专业化的呼声越来越高。教师专业化的概念是由联合国教科文组织等提出来的。1966 年国际劳工组织和联合国教科文组织提出《关于教师地位的建议》，指出："应把教学工作视为专门的职业，这种职业要求教师经过严格的、持续的学习，获得并保持专门的知识和特别的技术，它是一种公共的业务。另外，对于在其负责下的学生的教育和福利，教师应具有个人和集体的责任感。”另外，1986年美国卡内基教育和经济论坛、霍尔姆斯小组相继发表了《国家为培养21世纪教师做准备》和《明日之教师》两份报告。报告均指出：公共教育质量只有当学校教学发展成为一门成熟的专业时才能得以改善。这就在世界各国掀起教师专业化的浪潮。我国在20世纪末和21世纪初也强调教师的专业化，并把师范教育改称为教师教育，强调教师职前培养和在职培训的一体化。

总之，当代师范教育的发展，使教师学历有了提升，质量有了提高。但是各国师范教育的发展并不平衡。发达国家出现了教师结构性短缺的现象，而发展中国家则师资数量严重不足，质量也需要提高。尤其是二战后获得独立的民族国家，过去教师都聘自宗主国。独立以后为了消除殖民主义的影响，使教育民族化，这些国家在实现教师本土化方面作出了很大努力。但要满足本国教育发展需求，教师数量和质量方面的挑战依然很大。

第二节　师范教育的类型和机构

一、师范教育的类型

从师范教育的体制看，大体上可以划分为两个主要类型：一种是以师范院校培养师资为主的封闭型［英国詹姆士·波特（J. Porter）称它为“定向的师范教育”］；另一种是以综合大学培养师资为主的开放型（詹姆士·波特称它为“非定向的师范教育”）。

采用第一种类型比较典型的国家是苏联和改革开放前后的中国。苏联的师范学院培养的师资占48%，师范学校培养的占40%，综合大学培养的占11%左右，即88%的师资由师范院校培养。现在的俄罗斯，主要培养中小学师资的教育机构，仍是师范院校。

采用第二种类型比较典型的国家为美国、日本。美国自1917年前后开始取消中等师范学校，中小学师资由师范学院和综合大学培养。1930年以来，师范学院逐步并入或改建为文理学院或综合大学。现在美国中小学师资主要由文理学院和综合大学培养。日本在第二次世界大战后效仿美国，实行开放的师范教育体制，师资的培养由综合大学、短期大学和教育大学培养。

法国介于以上二者之间。小学师资全部由师范学校培养，而中学师资则主要由综合大学第一、第二阶段培养，同时由4所高等师范学校培养。

英国也是这样，既有大学教育系（教育学院），又有教育学院、技术教育学院、工艺教育系和艺术培训中心培养教师。20世纪90年代掀起的教师教育大学化后，教师培养主要在大学进行。

许多教育家认为，这两种师范教育的体制各有优劣。第一种类型的主要优点是：培养目标明确，学生从事教育工作的专业思想较强。缺点是学科知识不够宽厚，学术水平往往赶不上综合大学。第二种类型的主要优点是学术水平较高，学科知识基础扎实；缺点是教育专业的训练不足，从事教育工作的专业思想较差。可以看出，两种体制各有利弊，因此现在各国师范教育都在设法使这两者靠拢，互相取长补短。但总的趋势是开放性、综合性，独立的师范教育体系正在消亡。

二、师范教育的机构

（一）培养小学教师的机构

1. 俄罗斯

（1）中等师范学校，招收不完全中学（八年制学校）毕业生，修业 3—4 年，在此期间授予完全中等教育；招收完全中学（十年制学校）毕业生，修业 2—3 年；（2）师范学院初等教育系，招收完全中学毕业生和有一定工龄的中等师范学校毕业生，修业 4 年。

2. 美国

（1）文理学院；（2）综合大学。两者均招收高中毕业生，修业 4—6 年。

3. 日本

（1）短期大学，招收高中毕业生，修业 2—3 年；（2）国立教育大学，招收高中毕业生；（3）综合大学，招收高中毕业生，修业 4 年。进入 21 世纪以来日本小学教师培养呈现研究生化趋势。

4. 法国

国家高等教育与教师学院，招收持有接受 2 年或 2 年以上的高等教育文凭者（包括大学普通学习文凭、大学技术学院文凭、高级技术员证书、学士学位、硕士学位等），修业 2 年，入学以后就称“学生-教师”，成为国家公务员并领取工资。

5. 英国

（1）教育学院，招收高中（主要是文法中学）毕业生，修业一般为 3 年；（2）综合大学及大学教育系，招收高中毕业生，修业 3 年。

6. 德国

（1）教育大学；（2）综合大学。两者均招收高中毕业生，修业 3—4 年，学完规定课程后，要参加第一次国家教师资格证书考试，合格者作为见习教师见习 1—2 年，然后再参加第二次国家教师资格证书考试，通过后才能取得教师正式资格。

7. 印度

根据 1986 年《国家教育政策》的精神，小学教师的任职资格应该尽快提高到

12 年普通教育再加上 2 年的教师培训。虽然已过去多年，但印度师范教育的力度还有待加强，师范教育年限还需要增加。

8. 中国

（1）极少数中等师范学校，招收初中毕业生，修业 3 年或 4 年；（2）师范专科学校，招收高中毕业生，修业 2—3 年；（3）师范学院、师范大学和一些综合性大学师范专业，招收高中毕业生，修业 4 年。

（二）培养中学教师的机构

1. 俄罗斯

（1）师范学院、师范大学；（2）综合大学。两者均招收高中毕业生或有一定工龄的师范学校毕业生，修业 4 年。

2. 美国

（1）文理学院；（2）综合大学。

3. 日本

（1）综合大学；（2）国立教育大学；（3）短期大学（只培养初中教师）。

4. 法国

（1）国家高等教育与教师学院，属于“大学校”性质，报考者除取得中学会考合格证书外，还须在附设于国立中学的预备班学习 1—2 年，修业年限一般为 4 年，毕业时通过严格的中学教师会考（agregation）方能担任国立中学的高级教师；（2）综合大学，招收中学会考合格者，修业 4—5 年，取得大学第二阶段的硕士学位，经过严格的中学教师会考取得教师学衔证书，才能担任国立中学高级教师；高等师范学校的毕业生，未通过中学教师会考者，或在大学取得学士学位后，经过考试，得到中等教育能力证书（CAPES、CAPET）者，可担任中学的一般教师；（3）中等教育工作预备学院，附设在综合大学，招收大学一年级肄业生，一般修业 2 年；（4）地区教育中心，招收通过中等教育能力证书理论考试的人，实施为期 1 年的教育专业训练。

5. 英国

（1）综合大学教育学院及大学教育系，招收高中毕业生，修业 3 年，或本科毕业后入大学教育系接受 1 年的教育专业训练；（2）教育学院，主要培养现代中学的教师。

6. 德国

综合大学，高中教师必须经 4 年的培养并通过两次国家考试。

7. 印度

（1）大学的教育系或者教育学院；（2）单独设置的师范学院；（3）文理学院内设的教育系，此外还有 4 所地区教育学院（regional college of education）。

8. 中国

（1）高等师范专科学校，培养初中教师；（2）师范学院、师范大学；（3）综合性大学。

对上述几个国家的师范教育机构进行比较，发现有以下相同点。

第一，上述国家的小学师资，多数由高等学校培养，如美国、德国、英国、日本和法国。俄罗斯近年来在师范学院中设初等教育系，逐渐把小学师资的培养任务过渡给高等学校。

第二，多数国家包括美国、英国、德国、日本都在同一个教育机构内培养中学和小学教师。也就是说，把小学教师和中学教师的培养水平拉平了。

当然，由于各国的政治经济制度不同、文化传统不同，师范教育的体制也不相同。

第三节 师范教育的课程

师范教育的教学内容一般包括三个方面：通识教育、学科专业教育和教育专业训练。正确认识和处理好这三者的关系，关系到师资培训的效率和质量。在不同的国家里，这几类课程的安排和时间分配是有差异的。

美国没有全国统一的关于课程设置的规定。大体有两种情况：一种是由各州政府的教师证书制度规定；另一种是由教师培养院校自己规定。在绝大部分州，两者是协调一致的。在师范教育的课程设置与培养方式上，美国教育界曾经有过多次论争，1958 年在鲍灵格林会议上取得比较一致的认识。1959 年在堪萨斯会议上，有学者提出了一个大家普遍赞同的教育专业训练计划（表 9-1）。

表 9-1 美国师范教育专业训练计划 单位/学分时*

学程	未来小学教师	未来中学教师
专业定向	1	1
心理学基础	6	6
社会学基础	3	3
课程、教材、教法	10	3
见习和教育实习	8	8
合计	28	21

注：* 一学期每门课每周授课 3 次为 3 学分时，如这门课要上两学期则为 6 学分时。

资料来源：马骥雄主编：《战后美国教育研究》，江西教育出版社 1991 年版，第 183 页。

美国师范教育的课程计划，按照教育家科南特所著《美国师范教育》一书，可如表 9-2 所示。

表 9-2 美国师范教育课程计划

<table>
<tr><th rowspan="2">师范教育的要素</th><th colspan="2">未来中学教师</th><th colspan="2">未来小学教师</th></tr>
<tr><th>所占总课时的比重</th><th>学分时</th><th>所占总课程的比重</th><th>学分时</th></tr>
<tr><td>普通教育必修课</td><td>50%</td><td>60</td><td>50%</td><td>60</td></tr>
<tr><td>任教学科教育</td><td>37.5%—40%</td><td>45—48</td><td>25%</td><td>30</td></tr>
<tr><td>教育专业训练</td><td>10%—12.5%</td><td>12—15</td><td>25%</td><td>30</td></tr>
</table>

资料来源：[美] 科南特著，陈友松主译：《科南特教育论著选》，人民教育出版社 2017 年版，第 306、311—322 页。

三类课程中，普通教育必修课包括哲学、社会科学、人文科学、数学、语言、艺术、体育等课程；任教学科教育课程根据未来中小学教师所应担任的学科而开设；教育专业训练包括美国教育基础、教育哲学、心理学与发展科学、学习理论、课程与教学、教学统计与测量、教学评价等课程，同时包括教育实习。教育实习期限较长，一般可占用一个学期，约 15 周。

日本师范教育的课程结构，根据《教育职员许可法》的规定，包括一般教育科目、共同科目和专门教育科目三大类。一般教育科目包括自然学科（含数学、物理、化学、生物、地学）、人文学科（含哲学、文学、历史、音乐、美术等）、社会学科（含法学、社会学、政治学、经济学等）；共同基础科目包括外语、保健、体育。专门教育科目包括“有关学科专门科目”和“有关教职专门科目”。表 9-3 是日本大阪教育大学的师范教育课程计划。

表 9-3 日本大阪教育大学师范教育课程计划 单位/课时

<table>
<tr><th rowspan="3">课程</th><th colspan="4">一般教育科目</th><th colspan="2">共同基础科目</th><th colspan="7">专门教育科目</th><th rowspan="3">课时合计</th></tr>
<tr><th colspan="3">个别科目</th><th rowspan="2">综合科目</th><th rowspan="2">外国语科目（英语）</th><th rowspan="2">体育科目</th><th rowspan="2">自由选择科目</th><th rowspan="2">学科专门科目</th><th rowspan="2">教职专门科目（含教育实习）</th><th rowspan="2">特殊教育科目</th><th rowspan="2">幼儿园教育专门科目</th><th rowspan="2">养护教育专门科目</th><th rowspan="2">毕业论文</th></tr>
<tr><th>人文系列</th><th>社会系列</th><th>自然系列</th></tr>
<tr><td>小学教师培养课程</td><td colspan="4">24</td><td>8</td><td>3</td><td colspan="3">89</td><td></td><td></td><td></td><td>6</td><td>130</td></tr>
</table>

续表

课程	一般教育科目				共同基础科目		专门教育科目							课时合计
	个别科目			综合科目	外国语科目（英语）	体育科目	自由选择科目	学科专门科目	教职专门科目（含教育实习）	特殊教育科目	幼儿园教育专门科目	养护教育专门科目	毕业论文	
	人文系列	社会系列	自然系列											
中学教师培养课程			24		8	3		89					6	130
心身缺陷儿童教育教师培养课程			24		8	3		66		23			6	130
幼儿园教师培养课程			24		8	3		57			32		6	130
养护教谕培养课程			24		8	3		51				40	6	132

资料来源：[日] 大阪教育大学编：《大学指南》，1994 年。

综合大学教育学部的课程计划与此相类似。其中一般教育科目学分约占总学分的 18.5%，共同基础科目学分约占总学分的 8.5%，专门教育科目学分则占总学分的 73%左右。在专门教育科目中，教职专门科目与学科专门科目的比例则因培养中学教师和小学教师有所不同。前者约为 1∶2，后者约为 1.5∶1。例如冈山大学教育学部教师教育课程中，培养中学教师的教职专门科目为 26 学分，学科专门科目为 54 学分；培养小学教师的教职专门科目为 43 学分，学科专门科目为 38 学分。

美国和日本虽然同属开放型师范教育体系，但是美国实行的是地方分权制，各州师范教育的课程计划有很大差别。日本是中央集权制，课程计划几乎是全国统一的，只是在科目上有所不同。另外，美国综合大学中的教育学院主要承担着别的学系想当教师的学生的教育专业课程的任务，或者有的学生在别的学系毕业以后，再到教育学院学习 1 年，以获得教育专业的知识和能力。日本综合大学的教育学部培养中小学教师。实际上日本的师范教育也还是自成系统的，是相对封闭的，与欧美等国的开放型师范教育不同。

俄罗斯的师范教育基本上沿用苏联的师范教育体系，中等师范学校培养幼儿园教师、小学教师，寄宿制、长日制学校教导员等。也有师范学院设小学教育系。课程设置不分专业，一般设普通文化课（招收不完全中学毕业生的要完成普通中学文化课的教学任务）；教育专业课，包括教育学、心理学、教学法课程、教育实习等。

师范学院的课程分为三类：（1）社会科学、人文科学课程约占总学时的 15%—20%；（2）教育学科和心理学科课程约占总学时的 15%；（3）学科专业课程约占总学时的 60%—70%。

苏联自 1956—1957 学年起，师范学院设双专业课程，如化学生物系，数学物理系等，修业 5 年。这些学院的学科专业课程占了总学时的 70%以上。20 世纪 90 年代以后，约有 40%的师范学院改为师范大学，在课程设置上增加了许多非师范性内容，如经贸、法律、生态等，同时增加了选修课，适应毕业生就业的要求。

中国师范教育的课程计划，培养小学教师和幼儿园教师的是按教育部颁发的《中等师范学校教学计划（试行草案）》和《幼儿师范学校教学计划（试行草案）》等文件执行的。培养幼儿园教师的课程分四类：（1）文化课，包括政治、语文、数学、物理、化学、生物、地理、外语、历史；（2）教育专业课，包括幼儿心理学、幼儿教育学、幼儿卫生学、幼儿园各科教学法；（3）技能技巧课，包括音乐、舞蹈、体育等；（4）教育实习课。培养小学教师的教学计划分三年制、四年制两种，课程都分文化课、教育专业课、教学法课和教育实习四类。三年制教学计划中各类课程的比例为文化课占 74%，教育专业课和教学法课占 26%，教育实习 8 周。四年制教学计划中增加了外语和小学自然常识教学法，教育专业和教学法课的比例增加到 35%左右。

高等师范院校包括师范专科和本科两类，前者培养初中教师，后者培养高中教师，都采用分科的办法培养。设有中文、外语、历史、政治教育、数学、物理、化学、生物、地理、体育、音乐、美术、教育学等专业。课程分公共必修课、专业必修课和专业选修课。其中公共必修课学时一般约占 30%，专业必修课学时约占 50%，选修课学时占 20%左右。教育专业课包括在公共必修课中，一般设三门课程：教育学、心理学、教学法，约占总学时的 6%—7%。教育实习为 6—8 周。

从以上四个国家、两种类型的师范教育的课程可以看出，课程设置大同小异。普遍分为基础学科、专业学科、教育学科三部分。但各国对这三部分课程的课时比例安排和时间安排都不尽相同。欧美国家和日本等国都把基础学科放在头2 年，最后集中学习教育学科；俄罗斯和中国则把教育学科分散在各个年级里。各国都十分重视培养学生的教育实践能力，重视教育实习，有的国家实习的时间长达半年。德国、法国还要求师范毕业生有 1—2 年的试用期。各国普遍认为，在现代科技发展的时代，教师不仅要掌握渊博的科学知识，而且要善于在短时期内把科学基本知识有效地传授给学生，善于提高学生的能力。这就要求教师懂得教育理论，掌握教育和教学的技艺。

第四节 中小学教师的在职进修

教师业务能力的提高，是与进修紧密相关的。各国培训师资的实践经验证明：师范院校的毕业生走上工作岗位时还不能完全达到“合格”教师的要求，新教师要有一段时间的实践，并通过在职进修不断提高水平，才能完全符合教师规格。20 世纪 80 年代以来，教师的进修被提到重要地位。

首先，科学技术的发展，课程内容不断改革和更新，要求教师不断学习新的知识。特别是科学技术的进步迎来了信息化时代，传媒的多样化使得学生可以从各种渠道获取知识。教师如果不能持续不断地学习，就不能满足学生学习的需求，不能适应时代的要求。

其次，教育的不断改革，教育科学、心理科学的不断发展，要求教师不断学习，掌握新的教育理论和新的教学方法。

最后，终身学习的思潮影响着教师的进修。二十世纪六七十年代兴起的终身学习思潮，说明任何职业、任何人的学习都不能在学校毕业就算结束，要不断学习、终身学习才能适应时代发展的要求，教师尤其如此。

1972 年英国詹姆士·波特提出了三段式师范教育的设想，为教师在职进修提供了理论依据。詹姆士·波特认为，现代师范教育应分为三个阶段。第一阶段是个人教育阶段，为期 2 年，接受普通高等教育；第二阶段为教育专业阶段，为期 2 年，第一年学习教育课程，第二年到受聘的中小学任教（试用）；第三阶段为在职进修阶段。所有教师都应有机会更新和扩大所教学科的内容，丰富充实教学法和教育理论知识，提高教学技能。

英国政府采纳了詹姆士·波特的思想，改进教师的培养和培训工作，规定教师工作 7 年可以有 3 个月的带薪休假进修。除进一步发挥原有高等学校在教师进修方面的作用外，还举办开放大学、教育中心等机构负责教师进修。1976 年工党政府发表的绿皮书，再一次强调在职教师进修的重要性，并把在职教师带薪休假进修由 3 个月延长至 1 年。进修的方式则是多种多样的。

美国联邦政府没有统一的法令规定教师的在职进修，但各州都有一些要求。一般采用以下一些方式。一是师资培训日。培训日当天，全体学生放假，教师以学校或学区为单位开展教学研究、教学理论学习或讲座等活动，培训日一般每月一次，但各地规定不同。二是修学课程。有些州的学区规定，教师在取得教师证书以后，继续在高等学校正式注册修习专业教育课程以便更新知识。例如，佛蒙特州一些学区规定，全体教师每 7 年中必须在高等学校选修两门课程。由学区代付学费，学校在工作时间和安排上予以适当照顾。三是攻读学位。在高等学校攻读研究生学位，取得更高的专业资格。教师攻读学位时，往往注册为部分时间制学生。攻读硕士学位时限可达 5 年，攻读博士学位可达 9 年。其他还有暑期学校、讲习班、研讨会等多种形式。

法国自 20 世纪 70 年代以后，在终身教育思潮的影响下开始重视教师的在职进修。法国教育部规定，每个初等教育教师，从工作的第 5 年起到退休前 5 年止，有权带薪接受累计时间为 1 学年（36 周）的继续教育。培训分长期（4—9 个月）、中期（1—2 个月）和短期（1 个月以内）三种，由各省根据形势的需要和教师的愿望负责组织。

中等教育教师的在职进修的对象主要是职前培养不足的初中普通课教师，补习欠缺的专业知识，使之通过 1 年时间的进修达到大学第一阶段（2 年）结业的水平；对已达到此水平的教师则结合实际进行补充性培训，时间一般不超过 1 个月；或者配合教学改革进行各类人员的培训。中学教师进修由学区负责组织。例如，巴黎学区于 1987—1988 学年内组织了 368 个短训班，其中 64%的培训班占用工作时间，按天计算，一般不超过 1 周；36%的培训班利用或部分利用业余时间，按小时计算，一般安排在星期三（法国中小学星期三不上课）、晚间或假日，时间长短不一，可达 40—200 小时，学区也组织一些进修班，包括改变专业的进修班、准备证书考试的进修班、改变职称的进修班和新技术进修班等。国家则组织一些具有较强专门性、普遍性的进修。例如，20 世纪 70 年代初组织小学师范教育工作者的进修；70 年代中期结合初中教育改革进行初中教师的培训；80 年代组织技术教育的培训等。

法国教师在职进修的一个特点是，全部进修都是免费的，而且要求学校把教师的在职进修纳入学校工作计划。

德国的在职教师进修分为在职进修提高和留职带薪深造两种。在职教师进修利用业余时间进行，如大学和教育学院组织的实习教师研讨班、学科进修班以及教师进修学校组织的 1—3 周集训式进修班等。留职带薪深造者则暂时离校在师资培训机构进修，以获得高一级的或另一种教师资格。

1987 年 5 月德国各州文教部长联席会议提出一份报告，指出所有教师均有权利也有义务参加进修，以不断了解科学发展水平和获得附加的资格。教师进修活动由文化部直属的教师进修学院组织。教师进修学院定期公布教学计划，每个教师可以选择自己需要的计划报名参加。也可采用函授形式进行进修，由大学的函授学院提供服务。

日本于 1949 年制定的《教育公务员特例法》中设有专章规定教师进修制度。为此各地设立了教育会馆、教育研修中心、教育研究所等机构。20 世纪 70 年代以后，为加强教师进修建立了几所以在职教师进修为主要目的的新型教育大学：上越教育大学、兵库教育大学和鸣门教育大学，为在职教师设立了研究生课程。此外有些大学建立了教员教学部，为在职教师进修提供课程。

进入 20 世纪 80 年代后，日本开展了第三次教育改革，根据临时教育审议会的报告，决定从 1987 年起试行新任教师研修制度，并于 1992 年全面实施这个计划。接收新任教师的学校，要配备有经验的老教师作为指导教师。新任教师进修的地点可以是本校、教育中心，进修方式也可以是海上进修、企业进修、参观民间企业的培训与教育设施、参观各种文化设施等。

“海上进修”是指新任教师离开学校到船上或船的停泊地听专家讲课或开展各种文化、体育等活动，以提高教师的素质和能力，一般为期 10 天。如 1994 年日本全县市参加海上进修的新任教师有 51 411 人，占新任教师总数的 10%。

“企业进修”是通过对企业进行体验式的进修，加深对教育的理解，体验各种各样职业的思考方式和思想表达、广泛的人际关系、企业运行的规律等，以开阔教师的视野，培养教师的社会性，提高教师对学科指导和解题的应对力。

俄罗斯在职教师进修继承了苏联的传统。各地设有教师进修学院、教学法研究中心，经常性地协助教师熟悉教学大纲和教材，推广先进教学经验及使用现代化教学手段等。师范院校都设有供中小学教师在职进修的机构，如函授部、暑期进修班、夜大学、业余进修学校，开展专题讲座、教学经验交流会与观摩教学、教师中心和教学研究室活动等。

中国自 20 世纪 50 年代开始就逐步地建立在职教师进修系统。各县市建有教师进修学校负责小学教师的在职进修；各地区建有教育学院负责初中教师的进修；各省、自治区、直辖市建有教育学院负责高中教师的在职进修。以上各种学校都给在职教师提供学历补偿教育，使达不到各级教师学历要求的教师通过学习达到学历要求。采取的形式，大多是脱产学习。此外，各师范大学设有函授部和夜大学，为在职教师提高学历提供大学专科或本科的课程。

为了补偿学历教育或提高学历，中国还采取自学考试的办法。在职教师可以报考高等教育自学考试委员会设立的专业，按专业设置的课程自学，通过考试取得学分，达到专业规定的学分可获得学历证书。高等教育自学考试制度是中国的特色，为自学成才开辟了广阔的道路。

1996 年，国务院学位委员会通过决议，为中小学教师开设教育硕士专业学位。有 3 年以上教龄的教师可以通过考试，攻读研究生学位。脱产学习2 年，不脱产的学习 3—4 年。这就为培养高水平的教师开辟了渠道。

此外，各县区还建有教学研究室帮助教师掌握课程标准和教材，进行教学改革实验等。各地还举办各种专题讲座、假期讲习班、研讨班等。

从以上各国在职教师进修的历史和现状可以看到，各国对在职教师的进修都十分重视。特别是 20 世纪 70 年代以来，科学技术的发展、社会的不断变革和频繁的教育改革，都要求在职教师不断进修。有些国家把教师进修用法律形式规定下来。许多国家都建立了教师在职进修的固定的教育机构。各国都为在职教师进修提供方便，许多国家还采用补贴的办法鼓励教师参加进修。教师进修内容都十分丰富，有专业学科的进修、教育理论和方法的进修，也有一般科学文化知识的学习，以提高教师的一般知识和能力。而进修的方式则根据各国的国情和教师职前培养方式而有很大不同。总的来说是形式多样、灵活，便于教师参加。

第五节　当代师范教育的发展趋势

通过以上比较我们可以看到，各国都建立了符合本国国情的师范教育机构，从而构成各自的师范教育体系，包括师范教育课程、培养模式等。以往的“师范教育”更为关注职前教育，但随着世界各国对提升教育质量的需求日益增大，教师专业化发展趋势日益明显。现在越来越多的学者开始使用“教师教育”这一概念，它包含职前教育、入职培训和在职专业发展的全过程。综观各国的教师教育改革的状况，可以总结出以下当代教师教育的发展趋势。

一、教师教育质量控制的国家化趋势

进入 21 世纪以来，一些国家的中央政府开始加强对教师教育质量进行管控，明显呈现出教师教育质量控制的国家化趋势。这从美国、俄罗斯、德国和芬兰等国家的实践中可以看出。

美国 1998 年《高等教育法》修正案第二款明确了美国联邦政府在保障教师质量上的四项具体目标：（1）提高学生的学习成绩；（2）改进教师质量；（3）让高等教育机构在教师的培养中承担更大的责任，使学生牢固掌握任教学科知识；（4）雇佣高质量的教师，包括从其他行业转职而来的教师。2008 年颁布实施的《高等教育法》修正案——《高等教育机会法》对第二款做了部分修改，它更强调教师的实践培养：注重教师教育与基础教育的联系，突出教师培养的现实针对性，将培养面向特殊需要儿童、英语学习者、高需求和低收入地区的教师作为重点。

2002 年 1 月 8 日，美国国会通过的《不让一个孩子掉队法》中引入“高质量教师”的专业发展标准，这是美国教育史上第一次以立法的形式对“高质量教师”作出明确界定，这也是联邦政府首次建立针对各学科教师的具体标准，同时首次对本属于各州的教师专业标准制定权实施干预。该法案提出：（1）教师必须拥有四年制本科院校相应学科的学士及以上学位；（2）必须通过州级教师资格认证或通过州级教师资格

考试，持有州所颁发的教师资格证书；(3) 教师必须提供所教学科的能力资格证明。为此设定了“高质量教师”专业发展目标、经费保障、开展教师专业发展培训等三方面的措施，如在经费保障上，详细规定了联邦政府、州政府和地方政府三级经费拨款机制。

在州级层次上，2001—2007年教师质量州级资助的经费见表9-4。

表9-4　2001—2007年美国教师质量州级资助经费　　单位/百万美元

财政年度	2001年	2002年	2003年	2004年	2005年	2006年	2007年
经费额度	2 108	2 850	2 931	2 930	2 917	2 887	2 887

21世纪初，俄罗斯政府提出了师范教育现代化及其优先发展战略，颁布了《2001—2010年俄罗斯连续师范教育体系发展纲要》和《2010年前师范教育现代化发展纲要》两个重要法律文件，明确了师范教育现代化的目标、任务和路径。2006年俄联邦教育发展国家委员会发布了对于俄罗斯教育现代化具有重大意义的报告——《教育的创新发展是提高俄罗斯竞争力的基础》，其中专门设一章“师范教育体系的根本现代化”，提出了调整并保存独立的师范教育体系的要求。

2002年3月，德国各州文教部长联席会议针对教师教育发布《教师教育引入学士/硕士体系的可能性、课程模块化和教师教育专业流动性的问题》的决议；2004年12月，各州文教部长联席会议颁布了《教师教育标准：教育科学部分》；2005年6月，在此文件的基础上发布了《关于各高校教师教育学士和硕士学位相互认可的要点》的决议。该文件确定改制后的硕士学位等同于第一次国家考试，同时对学士和硕士阶段的学习内容及标准、教师的定向培养、教师教育专业的认证等进行了规范。2006年2月德国高等学校校长联席会议第206次全体大会提出了《对高等学校中教师教育发展的建议书》，对德国教师教育改革和发展进行了全面的阐述和分析。

1989年芬兰以大学为基础成立全国教师教育发展委员会；1993年芬兰成立国家教育评估委员会；1995—1998年，芬兰将大学提升“教师教育效能”作为全国“教育效能”工作计划的一部分；1998年芬兰开展全国教师教育评价工作，1999年赫尔辛基大学率先开展教师教育质量评价研究，2001—2002年芬兰赫尔辛基大学教育学院开展了教育质量和学位课程的专门评估。

2008年8月，印度中央政府接受了“第六次调整工资委员会”的报告，大幅度提高了国家公职人员的工资，各级各类公立学校教师的工资也同样得到大幅度提高；2009年，印度议会通过了《免费义务教育法案》，初等教育的经费投入得到大幅度增加；2009年，印度中央政府正式批准了“普及中等教育计划”，该计划于2009年3月正式启动。这三个主要因素推动了印度对中小学教师的需求大量增加，中小学教师岗位从此前作为大多数大学毕业生就业的最后一个选项转变为热门职业。到 2010—2011 年度，印度各类教师培训机构激增至 1 万多所。

二、教师教育大学化趋势

各国教师教育发展的历史经验表明，教师教育正趋于大学化，尤其在发达国家已形成了以大学为主要机构的教师培养体系。自 20 世纪 70 年代以来，普遍地进入到一个大学化和开放化历史时期。尽管在一些国家会有专门的教育大学，如日本和韩国，还有一些国家存在师范大学或师范学校，如俄罗斯和法国，但通过综合大学培养教师是一种普遍趋势。教师教育办学层次的大学化成为教育强国的重要标志，开放化成为一个国家教师教育高质量的重要标志。英国由大学教育学院（系）、高等教育学院和艺术教育中心（学术学院）构成了教师培养的基本结构，综合大学的教育学院（系）主要面向一些已经取得学科专业学位、欲从事中小学教师专业的大学本科毕业生开设各类师资培训课程，它承担了英国师资培训的主要任务。高等教育学院是一种有别于正规大学的高教机构，包括高等教育学院、教育学院、技术学院、工艺学院和艺术学院，它主要培养小学专业课教师，也就是说小学新师资主要由这类高等教育学院来培养，这些机构的课程审批权和学位授予权，一部分在全国学位授予委员会，另一部分在大学。但是高等教育学院目前正在向综合化方向转变，也就是在承担教师职前培养与在职进修的同时，还培养其他方面的人才，显然独立的教师教育制度在英国已不存在。至于艺术教育中心，它们主要由大学和艺术学院负责，只招收有美术或手工艺专业证书的人员，培养学校艺术专科教师。

三、教师教育学位层次和模式的多样化趋势

与教师教育大学化和开放化相一致的是，国际教师教育学位层次和模式多样化。学位是各国教师教育制度的一个重要内容，它是各国教师资格证书制度的基础，各国高等教育结构的不同决定了其教师教育的学位类型的不同，整体上形成了多层次和多样性的学位模式。例如，英国教师教育的学位模式主要有两种：一种是“教育学士学位”(bachelor of education，BEd) 模式，一种是“教育硕士”(postgraduate certificate of education，PGCE) 模式。前一种模式是一种学科学习与教育专业训练同时并进的训练模式，简称“4＋0”模式，学生从一开始即已明确自己所读的是教师教育专业，未来的职业是教师，从学制上说是 4 年，完成 4 年全日制课程者可同时获得教育学士学位和教师资格证书，这是培养学前和小学教师的主要途径。

又如，法国“教师培训大学学院”（现为国家高等教育与教师学院）模式是 20 世

纪 90 年代法国教师教育制度改革的标志。报考教师培训大学学院的基本条件是：具有学士及以上学位或相应文凭（不论 1 年前是否通过了预选），法国国籍，无犯罪前科，身体健康。另外，对学历标准的掌握有一定的灵活性，凡取得大学第一阶段文凭或同等学力，且有 3 年工作经历者，可在通过学区的考试后到学院报名。近年来，到教师培训大学学院报名者，除满足受过 3 年高等教育且具有相当学位或文凭这一基本条件的人以外，不乏受过 4 年甚至 5 年（研究生第一年）高等教育并获得相应学位或文凭者，这使得法国教师培训大学学院生源的学历越来越高。

教师教育的学位一方面从属于整个高等教育体系，另一方面又有自身的专业特点，因此它既需要有通识的文理学士学位，又要有教师专业需要的教育学位，因而形成了学术学位和专业学位的结构。

四、教师教育学士后模式发展趋势

尽管教师教育学位制度呈现出多样化、多层次性特点，但教师教育学士后是当今发达国家教师教育发展的一种普遍趋势。因高度发达的教育发展水平和对高质量教育的需求，学士后教师也成为高质量教育的一个重要标志，因此发达国家纷纷建立学士后教师培养模式，最典型的是美国。20 世纪 80 年代后期以来，美国全国掀起了教师教育学士后计划的热潮，各种计划设想层出不穷，而所有计划的一个普遍特征就是要求所有教师都拥有硕士学位。美国各州都纷纷要求未来教师有硕士学位，而有一些州则考虑要求获取初始证书或更换证书的教师必须具备硕士学位。学士后教师教育计划有两种形式：一是为在职教师设立的计划，二是为本科应届毕业生设立的计划。卡内基论坛报告提出了学士后教师教育模式。在德国，高校学位制度改革对教师教育学位制度产生了很大影响。其改革的主要内容包括以下几个方面。(1) 两级学位制。设立国际通用的“英美”体系的学士、硕士两级学位，替代德国传统的、单一的“硕士”(diplom) 学位。学士学位和硕士学位分别为独立的、具有专业资格的第一级和第二级高校学位，学习学士和硕士课程可以在不同类型的高校分阶段进行。(2) 课程模块制度。以“模块”(modul) 的形式组织和安排课程，每个模块的学习内容按主题和时间安排，分为讲座、练习和实习，学生结束每个模块的学习后需要参加考试。(3) 欧洲学分制。引进欧洲学分制 (ECTS)，学生学习 30 个学时（包括课上和课下）获得 1 个学分，一个学期共 30 个学分。学士学位规定的学习时间为 3—4 年，共 180—240 学分，硕士学位规定的学习期限为 1—2 年，共 60—120 学分，在同一学校连续学习的学士和硕士课程的学习时间总共不得超过 5 年。(4) 学位认证制。新学位课程在结构、专业和毕业要求等方面必须符合各州文教部长联席会议制定的规定，由德国高等教育认证委员会 (The German Accreditation Council) 委托的认证机构进行认证。

五、教师教育的学术性和专业性一体化趋势

学士后教师教育模式的创新和发展导致教师教育学术性和专业性之间的一体化趋势日益显著。学术性和专业性涉及教师教育专业结构问题，它是长期困扰各国教师教育模式的问题，而各国在教师教育的实践中都认识到教师教育专业拥有一个复杂的、多知识体系构成的结构，为此各国都致力教师教育专业结构的完善。如在德国，综合大学的培养要求保障了教师在教育科学、专业学科和专业教学论三个方面的质量。德国职前教师培养分两个阶段。第一阶段是专业学习，主要在学术性大学里完成，课程设置包括教育科学（教育学、社会学、心理学等）、专业学科和专业教学论三个领域的课程以及课程要求的教育实习。按照各州规定，学生都必须至少学习两个专业学科的课程，即一个主专业和一个副专业，或两个副专业的课程，但有的州，如巴伐利亚州，规定所有师范生都必须学习三个专业，即一个主专业和两个副专业。学生在完成课程和实习后，可以申请参加第一次国家考试，通过考试后，学生才准许进入第二阶段即见习阶段学习。德国教师培养的大学化还表现在学术性大学方面，也就是说教师培养必须在学术性大学里完成，这样毕业于学术性大学的教师专业知识丰富、知识面广、科研能力强。由于在培养目标上，欧洲大部分国家要求普通初中（general lower secondary level）教师必须是学科教师（specialist teacher），即主教一门课，辅教两门或多门课，只有丹麦、瑞典和冰岛要求是准学科教师（semi-specialist teacher），至少要教三门课，但小学教师不分科，都是“通识”教师（general teacher），什么课都教，因此全面的大学专业学习是欧洲国家的一种基本模式。

又如法国的中等学校教师培养在第二年包括四个部分的课程：责任实习、专业教育、普通教育和论文（表 9-5）。

表 9-5　法国中等学校的教师培养

环节	内容	
责任实习	责任实习分散进行，平均每周 4—6 小时，实习时均有学院教师、学区的有关人员指导	
专业教育	学科教学法	理论结合实际，研讨培养目标，约 100 小时
	问题研讨	具有不同资格或不同专业背景的教师共同研讨一个具有广泛意义的问题
	学校授课	通过在不同年级和不同情况的学校授课，更全面深入地理解教育、教学、教育系统和社会，时间为 6 周，每周 5 小时
普通教育	与学科内容有关	分学科组织，一般与大学有关专业的教师共同组织
	教育教学方法	不同目的的评估、教育技术（图像、交流、表达、与社会的联系）、教学心理学

续表

环节	内容	
普通教育	教育自身的了解	对教育系统的了解与认识
	自选内容	由各学院或其下属各教学中心根据本单位条件和特点来组织，供学生自选，类似选修课，涉及面很广，有的学院开出近 200 门课
论文	每个学生在学习和实习后必须完成的环节，它的质量及答辩情况在学生结业成绩中占有重要位置	

六、教师教育质量保障的标准化趋势

教师教育大学化、开放化和教师教育学位层次的多样化都表明，各国都普遍重视教师教育质量和教师质量，它对于教育质量起到关键作用，因此无论政府还是专业团体、培养机构都十分重视教师教育质量保障，并且建立了各国不同的质量保障体系，形成了国际教师教育质量保障的标准化趋势。如德国，把教师教育定位为教师专业能力的培养，为此 2004 年 12 月 16 日，各州文教部长联席会议颁布了《教师教育标准：教育科学部分》，作为统一全国师范生大学阶段、实习阶段和专业准备阶段在教育科学方面的最低修业标准。各州文教部长联席会议同时也对专业教学论的统一标准和教学大纲提出了建议，各专业协会也随之陆续发布了部分专业的基本教学内容标准和专业教学法的标准。制定统一的标准，一方面是为了保证在不同地点的高校的课程兼容性，确保专业、专业教学论、教育科学和教学实践各种因素的合理联系；另一方面是因为评估和认证机制的需要，而评估和认证机制可以保障教师教育新学位课程的质量以及国家对教师教育要求的准确实施。

德国教师教育标准体系的建立有赖于其长期实施的教师教育质量保障的历史经验，它在历史上形成一个完整的高质量的保障体系，这个体系是由以下各部分构成的。(1) 生源质量。德国的师范生生源必须毕业于完全中学，也就是说，只有完全中学的毕业生才有资格申请进入学术性大学学习。与一般大学生即取得高中文凭（abitur）就可申请入学相比，从总体上看，师范生的录取要比一般大学生的录取要审慎，有些州认为只有大学入学资格并不够，还要求高中文凭成绩中等以上才可申请，有些州还要求申请入学者参加性向测试或在入学前在中小学见习一段时间，以决定自己是否适合教师工作。(2) 学术性大学。学术性大学培养的教师专业知识丰富、知识面广、科研能力强。(3) 专业化定向培养。采用专业化定向培养，主要有两种模式：一是按学校类别，即小学教师、主体中学教师、实科中学教师、完全中学教师、专业学校教师和特殊学校教师的要求分别培养；二是按教育阶段，即初等教育阶段、中等教育第一阶段和中等教育第二阶段的要求分别培养。这决定了课程设置标准和内容的不同。(4) 高学历。德国师范生参加的第一次国家考试的学术水平等同于大学的硕士学位，因此德国各级各类学校的教师均具备研究生水平。(5) 质量认证。德国高等教育认证委员会委托的认证机构对大学学位课程进行认证，通过认证的学位课程在学位证书上将加盖认证委员会的质量认证印章。(6) 2 年的实践学习。德国师范生只有通过第一次国家考试才可以申请，准许后方可进入第二阶段，即见习阶段学习，时间为 2 年。(7) 两次国家考试。第一阶段的专业学习结束参加第一次国家考试，第二阶段见习结束后参加第二次国家考试（表 9-6)。(8) 教师资格证书制。第一次国家考试通过后获得学术文凭，第二次国家考试通过后可获得教师资格证书。初任教师在 3 年试用期后，经地方教育局督学和校长考核合格后，取得永久国家公务员资格。(9) 没有淘汰的定期评估。教师须接受定期（4—6 年一次）的评估。教师拥有公务员资格，即使不合格，也无法轻易将他淘汰。

表 9-6　德国教师国家考试

考试	第一次国家考试			第二次国家考试		
科目	论文	笔试	口试	论文	试教	口试
内容	任教学科		专业知识	两篇分属两个任教专门学科教学	两个专门科目的试教	

七、教师资格证书制度的多层次化、多类型化趋势

通过对世界主要国家的研究可以发现，一个普遍的趋势是各国政府都十分重视教师资格证书制度的建设和完善，并且建立了多层次、多类型的教师资格证书制度。如美国，1825 年俄亥俄州颁布了第一个规范教师资格的教师证书法令，纽约州、佛蒙特州分别于 1841 年、1845 年先后制定了教师资格证书制度，规定了教师要在普通知识和教学实践方面应达到的要求以及需要接受的培训。20 世纪 30 年代后，各州普遍开始削减地方证书，由州教育行政部门统一发放教师资格证书成为时代的趋势。到 20 世纪 80 年代之后，教师资格证书制度总体上看可分为两大类：一类是普通教师资格证书，另一类是特殊教师资格证书。普通教师资格证书又按照科目、年级和等级可划分为不同的种类，特殊教师资格证书按照性质和功能也细分为不同的类型。这两类教师资格证书反映出了美国教师质量的保障有个重要的特点，那就是美国保障教师质量的体系是相当完整和严密的。这从美国教师资格证书涉及美国公共基础教育的各个领域（教学、管理、服务）、各个学段（小学、初中、高中）、各个学科表现出来。又如日本，它是亚洲建立教师资格认证制度较早的国家。日本的教师资格制度始于明治

维新时期，以 1872 年《学制》的颁布为标志，1949 年颁布的《教育职员资格证书法》中又有更详细完备的规定，后又经过几十年的发展，到 20 世纪 90 年代，日本教师资格制度已经进入快速发展时期，教师资格证书制度已经逐步完善起来。纵观日本的教师资格证书制度，从 1949 年建立以来，日本先后对《教育职员资格证书法》进行过 20 余次的修订，日本现行的教师资格证书制度，以 1998 年修订并于 2000 年 4 月开始实施的《教育职员资格证书法》为依据。此规定将教师资格证书分为普通资格证书、临时资格证书和特别资格证书三大类。其中普通资格证书可按照学校的种类而分为小学教师证书、初中教师证书、高中教师证书、盲人学校教师证书、聋哑学校教师证书、特殊学校教师证书、幼儿园教师证书，同时初中和高中的教师资格证书还根据学科类别（国语、数学、理科等）进行分类。① 各类学校的资格证书分为专修资格证书、一种资格证书、二种资格证书（其中高中无二种资格证书）。

八、课程体系的学位、资格、专业一体化趋势

各国教师教育政策制定者、实践者以及学术界都普遍认识到教师教育课程是教师培养中的一个重要内容，因此普遍重视对教师教育课程的建设。教师教育课程有一个突出的特点是学位、资格、专业一体化，如日本的教师教育（表 9-7）。

表 9-7　日本学校、资格证书、学位、课程对应情况

学校类型	资格证书类型	学位类型	课程			
			学科 科目/课时	教职 科目/课时	学科或教职 科目/课时	特殊教育 科目/课时
小学	专修资格证书	拥有硕士学位	19	41	24	
	一种资格证书	拥有学士学位	18	41		
	二种资格证书	在大学学习 2 年以上，取得 62 个以上学分	10	27		
初中	专修资格证书	拥有硕士学位	40	19	24	
	一种资格证书	拥有学士学位	40	19		
	二种资格证书	在大学学习 2 年以上，取得 62 个以上学分	20	15		

① 陈永明主编：《国际师范教育改革比较研究》，人民教育出版社 1999 年版，第 243 页。

续表

学校类型	资格证书类型	学位类型	课程			
			学科 科目/课时	教职 科目/课时	学科或教职 科目/课时	特殊教育 科目/课时
高中	专修资格证书	拥有硕士学位	40	19	24	
	一种资格证书	拥有学士学位	40	19		
盲校、聋校、养护学校	专修资格证书	拥有硕士学位及中小学或幼儿园的普通资格证书				47
	一种资格证书	拥有学士学位及中小学或幼儿园的普通资格证书				23
	二种资格证书	拥有中小学或幼儿园的普通资格证书				13
幼稚园	专修资格证书	拥有硕士学位	16	35	24	
	一种资格证书	拥有学士学位	16	35		
	二种资格证书	在大学学习 2 年以上，取得 62 个以上学分	8	23		

九、大学与中小学建立合作伙伴关系的趋势

大学和中小学合作的伙伴关系是 20 世纪 80 年代在英国、美国首先发展起来的，此后世界教师教育界普遍地掀起了大学和中小学合作伙伴关系建立的热潮。欧美国家普遍地认识到，教师培养是中小学和大学的共同事业，必须建立合作伙伴关系共同构建教师培养的模式，如英国政府用强有力的政策支持中小学参与新教师培养，中小学是教师培养的基地，因此形成了大学和中小学合作的伙伴关系模式，建立以中小学为本的教师培养基地。芬兰、瑞典等国都进行了努力和尝试。美国还掀起教师专业发展学校（PDS）建设热潮。

欧美国家的经验表明，在建立合作伙伴关系中涉及两个基本问题：一个是地位问题，另一个是资源配置问题。就地位问题而言，中小学和大学是一种平等的地位关系；就资源配置问题而言，政府主要负责资源配置和经费保障，并任命地方关系的协调人，中小学和大学一样可以获得教师培养的经费。另外，经验还表明，建立合作伙伴关系的一个前提是必须要有统一的质量监督和评价标准。

第十章

教育管理比较

教育管理通常有广义和狭义之分。广义的教育管理包括教育行政和学校管理两部分。以整个教育系统作为自己的管理对象，由国家和地方的教育行政机关实施的管理，称为教育行政或宏观的教育管理；学校的内部管理，即学校管理或称为微观的教育管理。狭义的教育管理是指学校内部的管理。此外，现代教育管理亦包括由社会机构实施的一定的管理。教育管理的领域相当广泛，本章仅就教育行政制度、教育法规和教育计划、督导制度、教育经费和学校自身的管理进行比较。

第一节 教育行政制度

一、教育行政

关于教育行政的认识，有以下两种观点。一种观点认为，教育行政是“国家行政的一个部门”，是“关于教育的行政”，或者说是“根据法律规定，具体实施教育政策的公共权力的作用”。这种观点来源于德国的施坦（L. V. Stein）学说。另一种观点认为，教育行政是“教育服务的手段”，是“为实现教育目的而创造和完善条件”的手段。这种思想是从美国发展起来的，莫尔曼（A. B. Moehlman）的观点可作为代表。而两者之间的不同，主要在于把重点放在教育行政的主体，还是放在教育行政的对象上，现在的趋势是把两者结合起来。由此可得，教育行政是国家权力机关为了实现特定的教育理想和教育目的，依据一定的法律制度规范，通过中央和地方教育行政机关对教育工作进行组织、经营和领导的行政行为。

二、现代教育行政的产生和发展

现代教育行政是随着现代公共教育制度的建立而出现的，这在西方发达国家也不过百余年历史。

原始社会的教育是在家族和氏族的共同生活和生产中进行的，还没有专门的教育机构。随着社会和文化的发展，当社会上积累起来的文化必须由专门设立的机构用文字传授时，才出现了学校，从而建立起教育制度。但在欧洲中世纪基督教会全面统治下，这些教育制度基本上不是由国家力量建立的。近代以后，由于认识到教育的生产性和公共性，各国进一步重视教育的普及和提高，加强国家对教育的管理。到 19 世纪后半期，特别是19世纪70年代以后，主要资本主义国家相继制定各种教育法律，用法律形式建设和完善公共教育制度。随着公共教育制度的建立，也就出现了国家如何管理教育的问题，这就是现代教育行政的开始。因此，教育行政与公共教育制度是一体的关系。

三、教育行政制度的类型

现代教育行政制度是随着现代政治、经济、社会以及教育等制度的建立而形成和发展起来的。“教育行政制度”是指各级教育行政的组织机构间的权力划分及其运作规范的组织制度，是国家教育行政管理制度的核心部分。由于各国的政治、经济体制和文化传统的不同，教育行政制度也各有其特点。一般来说，任何一个国家都设有中央和地方两种教育行政机构，两者在行政管理权的分配上不尽相同。从不同的行政管理权力分配的角度来看，世界上基本形成了三种类型的教育行政制度，它们是地方分权制、中央集权制和介于两者之间的中央与地方相结合的管理体制。

（一）地方分权制的教育行政

地方分权制教育行政管理的主要特点是：把教育事业看作地方的公共事业，地方自主的思想占统治地位，教育权归地方所有，教育方针政策规划由地方自行决定，教育事业由地方政府或公共团体独立自主地经营管理，课程设置、教学方法和教科书均由地方规定，中央不作统一要求，教育经费主要由地方支付。中央和地方教育行政部门之间不是领导与被领导的关系，中央虽设有全国性的教育部门，但居于支持性的地位。中央对地方只起援助、指导、监督和辅助的作用。

美国和德国教育行政管理基本上属于这一类型，但又各有自己的特点。

1. 美国的教育行政制度

美国的联邦政府没有管理教育的权限，教育行政权属于各州，而州又根据州的法律，把大部分管理教育的实际权力委托给各地方学区。也就是说，美国的教育行政制度是以地方学区为基层单位、州负最终责任为基本特征的地方分权制。

联邦教育行政机构 联邦教育行政机构没有直接领导教育的权力，只有援助职能，起服务性作用。联邦政府长期没有部一级的教育行政机关，1979年9月才设立了联邦教育部，主要通过行政干预、教育立法和经费援助等方式，对全美学校教育起着间接的管理作用。联邦政府可根据国会制定的《教育援助法》，通过补助、拨款等形式，把联邦的政策和意图渗透到州和地方，从而起到间接地调整和统一全国各州教育的作用。

联邦教育行政机构的职权可归纳为以下三个方面：（1）分配和管理联邦补助的教育经费，以推动全国教育发展；（2）收集全国教育数据，提供信息服务；（3）开展教育研究，促进教育改革。①

---

① 李春生主编：《比较教育管理》，江苏教育出版社2008年版，第19—20页。

州教育行政机构 州政府对本州的教育事业拥有绝对的领导权，州议会制定本州教育法案、确定教育的基本目标和政策。各州的教育行政机关的种类和名称不尽相同，一般设州教育委员会（又称教育董事会）、州教育厅。州教育委员会是决策机关，它既不是州议会的下属委员会，也不直接向州政府负责，具有相对的独立性。多数州教育委员会由 7—10 名委员组成。委员产生办法因州而异，多数州由州长任命；另一些州由州民直接选举；还有一些州是由州政府官员兼任或由地方教育委员会选举。委员的资格没有特殊规定。在多数州，委员的任期为 4—6 年。州教育厅厅长是执行州教育委员会决策的首席行政官，或由州长指定，或由选民选举，或由州教育委员会聘任，任期 4 年，不能从属任何党派。① 州教育厅厅长必须是教育专家。州教育厅是在州教育厅厅长指挥监督下执行政策的州教育委员会的办事机构，向州教育委员会负责。

州教育行政机关的权限，可归纳为两个方面：一是协助地方完成教育计划，包括分配教育经费，收集和分发教育资料，对地方提供指导和建议，管理公立高等学校等；二是制定各种教育条件的最低标准，如制定课程标准，选定教科书，设计学校建筑标准，规定教员资格，制定州的教育发展规划等。

地方教育行政机构 地方教育行政基层单位是地方的学区，学区是州的代理机关，是直接经营管理学校的地方公共团体。学区的划分不一定与一般行政区划相一致，学区原则上都是独立于一般行政部门的。第二次世界大战以来，许多州对学区进行了重新组合，将小学区合并为大学区。学区设教育委员会，它是学区内初等和中等教育政策的决策机关。通常学区教育委员会由 3—7 名委员组成，委员必须是居住在本学区的居民，一般由本区选民选举产生，任期通常为 4—6 年，大多无薪俸。为执行教育委员会的行政职责，设教育局局长（又称学监）和教育局。多数学区的教育局局长由教育委员会任命。局长与委员不同，必须是教育专家。

地方教育行政的职能主要是设立并管理地方公立小学和中学，制定本学区的教育计划和教育政策，编制教育预算，征收教育税，裁决本地区教育纠纷，管理和考核教职人员，督导学校教育，确定课程和购置教科书，维修管理校舍等。

除上述基层学区外，还有一种介于州与基层学区之间的中间学区，在州的监督下对所属基层学区进行指导、监督，并提供服务。它不具备地方公共团体性质，不单独设立和管理学校。

2. 德国的教育行政制度

德国由第二次世界大战前的中央集权制国家变为战后的地方分权制国家。根据《联邦基本法》规定，教育行政权归各州，联邦不设教育部。各州独立实施教育的立

---

① 马健生主编：《比较教育》，高等教育出版社 2010 年版，第 268 页。

法和行政管理的最高权限。通过1969年和1994年两次对《联邦基本法》的修改，规定联邦政府加强与地方的“合作”，强化联邦政府的“干预”程度，并承认联邦政府对高等教育的干预。1998年修改《高校总纲法》，进一步确认联邦政府对全国教育事业发展的作用与职责。由此逐步形成了合作性文化教育联邦制模式的德国教育行政制度，教育行政管理和教育督导合二为一，国家对学校和教师的监督不断加强。①

在1969年以前，联邦德国不设中央一级的教育行政机关，影响了教育的进步，因此联邦德国于1969年建立了联邦教育和科学部，经历了1994年的合并后，在1998年更名为联邦教育与研究部，作为最高教育行政机关代表联邦政府行使教育权力。它的权限主要是制定高等教育的一般原则，开展教育政策与立法工作，制定奖学金办法对学生进行资助，建设和扩建大学，与州合作确定教育规划和跨地区性的科研规划等。此外，还有联邦各州教育的协调机构，如各州文教部长联席会议、大学校长联席会等，分别负责协调各州教育政策，均有各自协调管理的侧重点。

德国教育行政管理的权力在各州，在此基础上形成了州、地区、县三级教育行政管理体系。依次设立的教育行政机构有州的教育部、属于中间机关的地区教育局和市县教育局。后两级属于地方教育行政机关，有的州不设中间的地区教育局。

州教育部是州的最高教育行政机关和最高教育检查及监督机关，其职权是负责教育立法，代表国家行使对教育的管理和检查职能，组织、计划、领导与监督学校，包括任命国民学校校长、完全中学和职业学校的校长和教师，补助私立学校经费，拟定州的教育发展计划，编制课程和大纲，审批学校建筑等。全面负责一个州的教育规划、组织、管理、督导工作。

地方教育行政机构包括地区教育局和县市教育局。地区教育局一般下设3—4个负责不同教育部门和事务的工作处，并设有专门的考试部门和教育心理指导咨询部门。地区教育局直接接受州教育部的领导，并直接对本地区教育事业的发展负责。地区教育局的主要职责是管理、指导和监督各县教育机构的工作，协调各方面的关系，为各学校提供教育政策咨询服务，组织落实州教育部的各项方针政策，促进本地区的教育发展。②

县市教育局是德国最基层的教育行政机构，县和市的地位在德国是平等的。县市教育局在业务上接受地区教育局的领导，负责县内除完全中学以外的各级各类普通学校的管理工作，为学校教师、学生和家长提供教育政策方面的咨询服务，并负责教师的招聘和培训进修、校长的招聘、教师和校长的督导。③

---

①② 李帅军、有轶：《德国教育行政管理体制的考察与分析》，《河南师范大学学报（哲学社会科学版）》2009年第1期。

③ 马健生主编：《比较教育》，高等教育出版社2010年版，第282页。

（二）中央集权制的教育行政

中央集权制教育行政的主要特点是：把教育事业看作国家的事业，国家直接干预教育，中央政府统一领导全国教育事业，教育管理权集中于中央政府的教育职能部门。教育方针政策、教育发展规划、教育内容甚至教学方法都要由中央统一规定；全国有较为统一的课程标准、人事制度和考试体系。地方的各种教育事业必须接受国家的指导、监督，地方办学必须遵循中央政府的方针政策。中央政府通过教育督导等评估方式监督各级各类学校和地方政府的教育行为。

法国的教育行政制度是中央集权制的典型，苏联的教育行政制度也属于这种类型。但它们有自己的特点。这里仅以法国为例。

法国的教育行政制度有三个主要特点。一是高度集权。从中央教育部（部长）—大学区（总长）—省（大学区督学），实行垂直领导，指挥命令从上到下，不受同级行政长官的领导和控制。全国统一，几乎无地区差别。二是实行专家管理型的领导体制。大学区总长必须是具有博士学位的教授。省一级的大学区督学也必须有博士学位并且是中等学校教员中资格最深者。三是重视督导、审议与咨询。完整的督导制度和系统在对上下沟通和保证教学质量方面发挥着重要的作用。重视发挥审议、咨询机构的作用，以防止中央集权与专家统治的弊端。

中央教育行政机构　法国的中央教育行政机构包括国民教育部和各种咨询、审议机构。

国民教育部是法国主管教育工作的最高教育行政机关。设教育部部长 1 人，教育国务秘书若干。国民教育部在教育行政方面拥有绝对的权威，管理内容广泛且具体。领导所有公立教育机构，监督和检查私立教育机构。教育部的权限相当广泛，不仅规定教育方针，还统一规定教学大纲、教学方法乃至考试的内容和时间，管理公立学校教职员人事，监督与指导私立学校，确定教育经费等。

各种咨询、审议机构包括国民教育最高审议会、普通教育和技术教育委员会、大学校长联席会和国家规划理事会等。它们回应行政当局的咨询，行使对教育方面的各种诉讼、惩罚案件的预审或终审等重要职权。

地方教育行政机构　最大的地方教育行政单位是大学区，它与普通行政单位的“地区”不是一致的。中央将 95 个行政省划分为 25 个大学区。① 大学区的教育行政首长是大学区总长，由教育部部长提名，总统任命。他代表中央在本大学区内行使权力，负责落实中央的方针政策，执行部长的命令，向上级通报本大学区的情况，指导和监督大学区内所有中学的方方面面，领导大学区学校事务局，监督和检查私立学校的工作。

大学区以下的教育行政单位是省，省级的教育行政首长是大学区督学，代表大学

① 李帅军：《法国教育行政管理体制的考察与启示》，《外国中小学教育》2003 年第 1 期。

区总长行使职权，掌管高等教育以外的全部教育行政。省的教育行政机关是督学公所，有的省下面设几个分学区或设市镇村委会，它们作为法国最基层的教育行政机构，只负责小学及幼儿园的教育行政监管工作。但因其对教育的影响甚微而不能作为独立的教育行政等级。

（三）中央和地方相结合的教育行政

中央和地方相结合的教育行政是一种具有中间状态的教育行政制度，这一类型的特点是将分权制与集权制适当结合，由中央和地方共同负责，中央主要负责制定政策和法令法规，有的国家也包括设立学校并直接管理，而发展教育和管理学校的权力则主要在地方。教育经费由国家和地方共同承担。这种制度既保证了教育的统一性，又坚持了地方教育的独立性和灵活性；既保存了中央的监督作用，又发挥了地方的积极性。采取这种体制的国家有英国、印度和日本等。

1. 英国的教育行政制度

英国的教育行政制度是以中央与地方间的“伙伴关系”为特色的教育体制。中央和地方的关系是建立在共同协商与合作的基础之上的。中央不直接设立和管理学校，学校由地方教育当局管理，校长的权力很大，可以决定课程的开设。中央只通过财政援助、督导工作等方式进行指导和监督。中央可以以各种形式向地方发出指示，地方当局有异议时，可以提出意见。遇到重要教育问题时双方互相协调。

中央教育行政机构 根据《1944 年教育法》规定，英国在中央设立教育部。2001 年，中央教育行政机关更名为“教育与技能部”（Department for Education and Skills，DFES），承担两项行政责任：（1）管理英格兰的各级各类教育；（2）负责大不列颠的大学和民用科学、学术研究和文化艺术行政。威尔士、苏格兰的大学以外的教育，北爱尔兰的全部教育行政，分别由威尔士教育局、苏格兰教育署和北爱尔兰教育部自行领导和管理。教育与技能部的最高负责人是教育与技能大臣，他同时必须是议员。教育与技能部在工作上还得到课程与资格局（QCA）①、高等教育质量保证署（QAA）②、英格兰继续教育基金委员会（FEFCE）③ 和教育标准局（Ofsted）④ 等机构的协助。⑤

2007 年 6 月，布朗政府将教育与技能部拆分成儿童、学校和家庭部（The Department for Children，Schools and Families，DCSF）及创新、大学和技能部（Department for Innovation，Universities and Skills，DIUS）。前者主要负责整合影

---

① 课程与资格局是代表政府负责发展和审核全国范围内各级教育和培训的课程和资格的部门。

② 高等教育质量保证署的核心任务是评估英国高等教育质量，为高等教育拨款机构服务。

③ 英格兰继续教育基金委员会主要负责继续教育机构的拨款工作。

④ 教育标准局独立于教育与技能部，负责规划学校督导事宜。

⑤ 李春生主编：《比较教育管理》，江苏教育出版社 2008 年版，第 111—113 页。

响儿童发展的各方面力量，同其他各部门合作解决实际问题，如与卫生部合作解决学生肥胖问题等；后者则是以努力促使英国在科研和技术创新方面成为世界上最强的国家之一为目标，确保英国在全球经济竞争中拥有足够熟练的劳动力。它承担着原贸易和工业部以及教育与技能部的部分职能，在科学创新、高等教育和继续教育等方面发挥重要作用。① 2010 年 5 月，卡梅伦政府又把儿童、学校和家庭部更名为教育部（Department for Education），主管中小学教育。②

地方教育行政机构　英国的地方教育行政机关是地方教育当局（LEA）。英国现行地方教育行政单位与地方一般行政单位并不完全一致。首都地区分内伦敦（由伦敦城和城外的 12 个市区组成）教育行政单位和外伦敦（由其他 20 个市区组成）教育行政单位；都市郡地区以下层的都市区为教育行政单位；非都市郡以上层的郡为教育行政单位。议会是地方行政的最高机关，由民选的议长和议员组成，是兼有决议和执行两种职能的合议制机关。每个地方议会设教育委员会和教育局，合称为地方教育当局。现在英格兰和威尔士共有 104 个地方教育当局，其中英格兰有 96 个，威尔士有 8 个。③

地方教育当局在管理本地区的初等教育、中等教育和继续教育方面享有的权力和承担的义务都很大。其中地方议会行使行政权力，实际工作则由教育委员会任命教育局局长组织教育局负责办理。教育委员会由议员和专家组成，其比例一般为 2∶1。教育局局长由议会任命，是教育行政事务的负责人。

2. 印度的教育行政制度

印度是联邦制国家。根据宪法规定，中央政府在教育方面的权限主要包括：管理和维持全部或者部分由中央政府拨款的大学和其他教育机构以及由议会立法批准的全国重点院校；协调与制定高等教育和科学研究机构的（设立与运作）标准；推进印地语的传播和发展；建立国家级的职业技术培训机构；建立国家级的推进专门研究的机构；为所有印度儿童提供免费的义务教育直到他们年满 14 周岁等。

中央教育行政机构　1947 年印度独立之后，中央教育管理部门由教育司升格为教育部，之后历经了几十年的发展，先后多次更名。1985 年，印度把教育部等几个部合并组成“人力资源开发部”，主要任务是形成国家全部人力资源的分类系统，评价现有人力资源开发机构，保证重点类型人力资源的开发。原教育部改为其下设的教育司，负责所有与教育相关的事务。④ 人力资源开发部由中等和高等教育司、初等教

① 马健生主编：《比较教育》，高等教育出版社 2010 年版，第 274 页。

② 杨光富：《卡梅伦政府教育新政：创建“自由学校”，确保教育公平》，《外国教育研究》2011 年第 2 期。

③ 李春生主编：《比较教育管理》，江苏教育出版社 2008 年版，第 113 页。

④ 王晓辉主编：《比较教育政策》，江苏教育出版社 2009 年版，第 307 页。

育和识字司、妇女和儿童发展司三个司组成。两个教育司下设多个局，分别负责制订和贯彻教育计划及指导工作。① 1992 年印度政府制订了《行动计划》（*The Program of Action*），倡导组建村教育委员会（Village Education Committee，VEC），并要求各邦及地区根据国家政策制订符合自身实际发展需求的行动计划。印度教育行政管理形成了中央、邦、地方和学校四级教育行政网络。②

除了中央政府教育管理部门，印度还存在许多中央级的教育协调机构和自治机构，包括全国教育研究与培训委员会（The National Council of Educational Research and Training，NCERT），作为教育司的学术机构，负责开展学校教育研究和制订教师培训计划等；中央教育咨询委员会（The Central Advisory Board of Education，CABE），作为印度最高的教育咨询机构，负责为中央和地方政府提供咨询意见等；大学拨款委员会，是中央政府对高等教育进行规划、指导和管理的机构等。③

地方教育行政机构　印度多数地方的教育行政机关为邦教育部，也有地方称为文化教育部、普通教育部。邦教育部的主要职责是结合本地区的实际情况，在中央的指导下制定本邦教育发展计划、管理教育制度运行，同时监督地方教育。

地区教育局是最基层的教育行政机构，主要任务是检查和监督学校和乡村地区的工作。具体负责教育事务的机构是县教育委员会和自治市教育委员会（也称县教育局），后者在邦中拥有 10 万人以上的城镇中设立地方教育管理机构，负责全县的普通教育，管理和发放政府拨款，制订各县级的教育发展计划等。20 世纪 80 年代后期，在新自由主义的影响下，社区、企业、非政府组织和民间智库组成的社会力量积极参与教育治理，共同服务于印度教育的发展。

3. 日本的教育行政制度

二战后，日本仿效美国实行地方分权制，各地建立地方教育委员会，削弱文部省的行政管理权，使之成为提供指导、建议的机关。但随着政治、经济和社会的变化，自 20 世纪 50 年代起，出现了加强中央集权的改革趋势。1952 年，日本修订《文部省设置法》，并颁布《文部省组织令》，在一定程度上恢复和加强了文部省的部分权限。1956 年，日本颁布《地方教育行政组织及运营法》，将地方教育委员会委员的产生方式由公选制改为任命制，教育长的任命须经上级承认，确立了上级部门对下级部门的领导地位，形成了日本所特有的制度上分权而实态上集权的教育行政管理体制。这一制度维持了 40 多年。20 世纪 90 年代后期，伴随新的地方分权改革，以 1998 年

① 安双宏：《印度政府对高等教育的管理》，《比较教育研究》2006 年第 8 期。

② 王建梁、赵鹤：《从“管理”到“治理”：印度独立以来教育治理的演变、特色及问题》，《华中师范大学学报（人文社会科学版）》2019 年第 4 期。

③ 顾明远、梁忠义主编：《世界教育大系·印度教育》，吉林教育出版社 2000 年版，第 122—125 页。

中央教育审议会提出的《关于今后地方教育行政》中间咨询报告为标志，日本开始真正实行教育行政地方分权改革。2007 年，《日本地方教育行政法修改案》从明确地方教育行政的基本理念、完善教育委员会制度等方面进一步推进教育行政地方分权改革①，形成了日本独具特色的中央和地方相结合的教育行政制度。

中央教育行政机构　日本中央教育行政机关是文部省。文部省除负责教育的预测与规划、教育权的认可、教改实验和教育财务等教育行政工作外，还承担文化和学术行政任务。具体职责包括：为发展教育事业进行调查，制定规划；拟定各级学校有关标准；指导和帮助地方教育委员会的工作；审定教科书；分配教育经费等。2001 年 1 月6 日，文部省与科学技术厅合并为文部科学省。

地方教育行政机构　日本的地方行政是由地方公共团体（也叫地方自治体）进行管理的，分为都、道、府、县和市、町（镇）、村两级。都、道、府、县内各设知事，知事在教育方面除管辖直属大学外，还要管辖直属的教育委员会。各级教育委员会是地方教育行政机关，管理除大学以外的所属学校及其他教育机构。教育委员会通常由五名委员组成，町（镇）、村的委员会可由三名委员组成。教育委员会中设教育长，下设事务局。教育长在教育委员会的指挥监督下，掌管教育委员会职权范围内的全部教育事务，事务局处理日常事务。日本的教育委员会制度是由外行的委员组成委员会制定方针，由作为教育行政专家的教育长具体执行。2014 年 6 月日本国会通过了《地方教育行政法改正案》，决定设立新的“教育长”，以取代之前的教育长及教育委员会的职务，同时在全自治体范围内设立由地方首长及教育委员会构成的“综合教育会议”，自此开始了新一轮的教育行政制度的改革尝试。②

都、道、府、县一级教育委员会管理高级中等教育和特殊教育，处理本地区需要统一解决的问题以及市、町（镇）、村不能解决的问题。市、町（镇）、村教育委员会主要管理小学和初中。大学和私立学校以及教育财政由地方公共团体的首长管理，不属于教育委员会管辖范围。此外，还在各都、道、府、县设立“私立学校审议会”，对私立学校进行校务、教务方面的指导与监督。

四、教育行政制度的发展趋势

各国教育行政制度的形成都有其各自的社会、政治经济和历史传统的渊源，而各种教育行政制度又都有各自的优缺点。

中央集权制的主要优点是：能充分发挥中央办教育事业的积极性，便于统一全国

---

① 包金玲：《当前日本教育行政地方分权改革面临的问题》，《外国教育研究》2010 年第 2 期。

② 谭建川：《危险的“再生”：日本教育委员会制度的新改革》，《清华大学教育研究》2016 年第 6 期。

的教育方针；有利于统一规划全国教育事业，统一领导全国的教育改革；能集中全国力量实现教育机会均等原则；能规定统一的教育标准，有助于全面提高教育质量；能增强行政效率，有助于增强中央政府的调控能力，促进区域教育的均衡发展，保障教育公平。它的缺点主要是：中央管得过多，统得过死，地方没有自主权，不利于调动地方的主动性和积极性；强求全国整齐划一，地方教育缺乏特色且容易脱离当地实际，不利于因地制宜；不鼓励自由实验，束缚教师的创造性；行政层级过多，管理成本高；教育决策风险较大，一旦中央政府决策失误，就会给全国教育发展带来消极影响。

地方分权制的主要优点是：能促进当地人民关心教育事业的兴趣和责任感，把教育作为自己的事业来办，从而能充分调动地方办教育的主动性和积极性；便于因地制宜地发展教育事业，适应本地区的需要，增强体制的灵活性；能结合本地情况进行实验，通过不同地区和学校的创造，开展竞争；有利于教育经费的筹集，减轻中央财政的压力；便于教育就地管理，提高教育行政的有效性。其主要缺点是没有全国统一领导，难以在全国范围内统一规划；没有统一标准，各地区自行其是，制度纷繁复杂，教育质量参差不齐；各地区经济条件不同，贫富差别大，教育事业发展不平衡；行政效率不高。

中央集权制和地方分权制各自的缺点在实践中不断暴露，因而近年来各国都在进行改革。教育行政制度改革的总趋势是：过去实行中央集权制的国家在逐步加强民主化，给地方以更多的权限；而过去实行地方分权制的国家则逐步加强中央的权限，涉及全国利益的教育事业由中央统一管理，从而逐步走向权力的合理分配，充分调动中央和地方的积极性。美国曾实行较为彻底的地方分权制，近年来逐渐呈现教育权力重心上移的趋势，重视联邦政府在教育改革中的作用。2008 年，奥巴马总统上任以后所推行的教育新政中的“高等教育资助计划”① “0—5 岁教育计划”② 等，就是明显例证。2020 年，美国教育理事会（American Council on Education，ACE）主席泰德·米切尔（T. Mitchell）发表声明称将与新政府在高等教育的关键问题上展开合作，比如扩大公平获取教育的机会、提高成就水平以及应对包括新冠疫情在内的“艰巨挑战”，以支持拜登政府的高等教育政策新主张落地。③ 高度集权的法国，1982 年公布了《地方分权法》，1983 年公布了新的权限分配法，国家开始逐渐将行政、财政、人

① 该计划主要内容包括税收优惠计划、简化助学金申请程序、联邦政府提供 2 500 万美元的大学准备金、提高佩尔助学金和帕金斯贷款的额度等。

② 其内容是每年由联邦政府拨款 100 亿美元，资助各州普及学前教育，从而使每个儿童在幼年时期都能获得平等的教育，入学前都能做好充分的准备。

③ 仇燕霞：《美国拜登政府的高等教育政策新主张》，https://www.acenet.edu/News-Room/Pages/Biden-Administration-Will-Take-Decisively-Different-Approach-to-Higher-Education.aspx。

事、教学等方面的部分教育权力下放，使国家与地方的权限划分有了很大变化。① 法国教育部统一管理各区域、各领域的教育计划，并下设大学区制度，各大学区直接向教育部负责。参照各地方地理及经济发展状况，个性化、多样化设置教师的工资福利，特别针对偏远地区教师推出补贴政策。在历经数次改革后，最终形成了兼具多样性与灵活性的“法兰西式教育体系”。② 近20年来，日本教育行政改革主要围绕地方分权、限制措施、信息公开、行政参与和行政评价五个方面来进行。③ 大力推进教育行政分权化，是日本教育行政改革的主要方向。随着日本市民社会的进一步成熟和开放办学运动的广泛开展，居民参与学校管理成为当前日本教育行政改革的必然要求。

除上述教育行政均权化的趋势外，各国教育行政还表现出下列趋势：教育行政科学化（主要是指加强计划与重视研究）；教育行政民主化（主要表现为实行法治、健全教育审议或咨询制度以便于人民参与决策和管理）；教育行政专业化（表现为教育行政机关专业化、教育行政人员专业化、内部分工精细）；教育行政法制化（表现为教育行政准司法化、行政命令的“适法治事”）；教育行政信息化（表现为以信息系统、数据资源、基础设施为基本要素，利用信息技术管理、决策和服务。）。

第二节　教育法规和教育计划

教育政策主要是通过立法程序而形成的法规来体现的，同时又通过教育计划具体地有步骤地去实现。

一、教育法规

（一）教育法规的意义和作用

教育法规是指通过立法程序把教育政策以法律形式固定下来的规范的总称，具有普遍约束力。教育法规是现代国家教育行政的基础和基本依据。现代教育行政一般都实行法律主义，因此，各国均重视教育立法。

譬如美国十分重视教育立法。1787年，颁布《西北土地法》，规定新设乡镇均须拨地兴办公立学校，这是联邦政府教育立法的开端。1862年，美国颁布了第一部大

① 余芳、贺江群：《当代法国教育行政职能的转变及其启示研究——系统的观点》，《黑龙江教育学院学报》2009年第4期。

② 李鸿涛：《法式教育兼具多样与灵活》，《经济日报》2021年9月6日。

③ 北京教育科研网，http://www.bjesr.cn/esrnet/site/bjjykyw/JYXXH/kbdtb/000560012981a5ad39.ahtml。

学法即《莫雷尔法》，规定由政府拨地在各州兴办农业和工艺学院，提高了农业和工业教育的地位。第二次世界大战后，特别是在苏联发射第一颗人造卫星后，美国认为自己教育落后，于1958年颁布了《国防教育法》（*National Defense Education Act*）。该法被称为"美国教育史上划时代的法律典范"。1963年，联邦政府颁布了《职业教育法》（*National Vocational Education Act*），并在此后的1968年通过了该法的修正案，使美国职业教育在数量及质量两方面都得到极大的发展与提高。1974年，美国国会通过《生计教育法》（*Career Education Act*），大力倡导生计教育，试图把普通教育与职业教育融为一体，使学习为就业做准备。1994年，国会通过《2000年目标：美国教育法》（*Goals 2000 Educate America Act*），授予联邦政府支持教育改革的立法动议权，将联邦政府对教育的干预、协调与地方、学校的微观管理相结合。2002年，美国颁布了《不让一个孩子掉队法》。该法的目标是到2014年，所有州三至八年级的学生都必须在年度测试的数学和阅读科目上达到规定的要求。2015年10月，奥巴马签署的《2015年STEM教育法案》（*STEM Education Act of 2015*）将计算机科学列入STEM教育（科学、技术、工程和数学教育）类别，并要求国家科学基金会的奖学金项目增加对数学、科学教师的培训及研究支持，加强对社会机构开展STEM教育的研究。① 2015年年底，美国又颁布了《每一个学生成功法》（*Every Student Succeeds Act*），给予各州更大的教育自主权。这些都是联邦政府为应对信息化及提升教育质量所做出的努力。

日本在1946年颁布新宪法，规定教育的根本原则。1947年又颁布了《教育基本法》和《学校教育法》，确定了教育理想、方针、目的、各项原则以及新的六三三四学校制度，为进行战后第二次教育改革提供法律依据。1990年6月，日本颁布《终身学习振兴法》，提倡终身教育成为此次改革的基本方向。该法案成为第三次教育改革的重要成果。日本颁布的教育法规主要有以下六个层次：(1)《日本国宪法》；(2) 由日本国会制定的各种法律，如《教育基本法》《学校教育法》《社会教育法》等；(3) 由内阁发布的政令，如《学校教育法施行令》《理科教育振兴法施行令》等；(4) 由内阁总理大臣发布的府令以及由文部大臣发布的省令，如《学校教育法施行规则》《教员许可法施行令》等；(5) 由作为国家行政机关之一的人事院和委员会等所制定的各种规则，如《特殊勤务津贴》《勤务评定的根本基准》等；(6) 由文部大臣、各种委员会和各厅长官发布的告示、训令、通知、通达等。② 日本的教育法规在几个发达国家中是最多、最全、最细的，如《社会教育法》旨在用法律保证国家和地方为国民提供学校教育以外的学习机会。法律规定，各都、道、府、县等地方的教育委员会事务局

---

① 李琦：《美国〈STEM教育法（2015年）〉生效》，《世界教育信息》2015年第22期。

② 张铤：《论日本教育法制及其对我国的启示》，《现代教育科学·高教研究》2010年第1期。

负责推进社会教育工作，并对提供社会教育的机构给予指导，但不能发号施令，随意干涉和支配。《义务教育费国库负担法》《私学振兴财团法》等一系列法规对各级各类学校的教育经费由国家负担和地方负担的数目、比例均有明确规定，以确保经费能够如期落实。

英国于1870年颁布英国教育史上第一部初等教育法，即《福斯特法》，为建立现代英国国民教育制度奠定了法律基础。1902年颁布了关于中等教育的《巴尔福法》，建立起地方分权的国民教育制度。第二次世界大战末期制定的《1944年教育法》，即《巴特勒法》，是在总结历年来教育改革运动的理论和法规的基础上形成的，在英国具有划时代的意义。它的最大特点是改革了教育行政制度，规定了初等、中等和继续教育三个阶段的教育制度。1987年11月，英国教育大臣贝克向英国下议院提交了《教育改革方案》，即《1988年教育改革法》，规定实行义务教育阶段的全国统一课程，实行全国统一的成绩评定制度，家长有权为子女选择就读学校并参与学校管理，学校可以摆脱地方教育当局的管理，把资源的控制权下放给学校。这是20世纪英国最激进的一次教育改革。① 2002年6月颁布的《2002年教育法》（*Education Act 2002*）是进入21世纪后英国颁布的第一部教育法，它对教育、培训和儿童保健作出了新的规定。2004年7月，教育与技能部又发布了《为儿童和学习者的五年战略》（*Five Year Strategy for Children and Learners*），对2004—2009年英国教育改革目标做出了规划，其中包括早期教育、初等教育、中等教育、高等教育、教育管理等方面。2007年颁布的《2008年教育与技能议案》被认为是英国50年来最为重要的教育立法，它致力于在5年后将国民的义务教育年龄延长到18岁。围绕这个目标，布朗政府系统地进行教育政策改革。2008年5月，布朗首相向议会提交2008—2009年度的立法计划，其中《2009年教育与技能议案》是《2008年教育与技能议案》的延续，该项立法的目标主要包括三项，即促进学校达到卓越水平，保证每一所学校都是优秀学校；确保建立一套顾客导向（customer-driven）的技能与学徒体系；创建新的资格证书与测试管理机构，设立课程、评估与资格开发署。② 2010年颁布的《英国继续教育与技能计划（2010—2013年）》、2014年颁布的《支持继续教育领域培养卓越劳动力的政府战略》及2017年颁布的《2017年技术与继续教育法》（*Technical and Further Education Act 2017*）是英国政府进入21世纪以来为促使技术教育更好地满足人们和经济社会发展的需求所做出的努力，对英国国民职业技能发展具有重要意义。③

① 彭军：《英国义务教育法规的变迁》，《企业家天地（理论版）》2011年第2期。
② 刘熙：《英国布朗政府教育改革新思维》，《世界教育信息》2008年第8期。
③ 尤传露：《英国〈2017年技术与继续教育法〉介绍及其启示》，《职教通讯》2020年第2期。

法国根据 19 世纪 80 年代颁布的《费里法》建立了免费的、义务的、非宗教的教育制度；根据 1902 年的法规建立了七年制中等学校；根据 1904 年的学校法规，禁止天主教教会办教育；1936 年颁布的法规把义务教育年龄由 13 岁延长到 14 岁。1973 年，法国议会通过《法国学校体制现代化建设》，在中学开始实行 10%的弹性课程实验，开启了教育权力下放的初步努力。1982 年颁布的《地方分权化基本法》标志着法国真正意义上的教育权力下放。1985 年法国颁布《非集中化法》，进一步将中央掌握的一部分教育行政权力下放给地方，确定了中央和地方的职责权限。① 1989 年颁布的《教育方针法》明确规定"教育是全民族的首要大事"，为整个教育体制的结构改革奠定了新的基础。从此，所有学校必须制订各自的"教育计划"，确定其实施全国统一目标和大纲的途径。② 进入 21 世纪以来，法国教育改革持续不断。2000 年，法国颁布的《教育法典》（*Code de l'é ducation*），曾被视为推进教育现代化的典范。2004 年 3 月，法国通过了一部关于坚持教育世俗化的法律。这一法律规定：在公立小学、初中和高中，禁止学生当众佩带宗教标志。2005 年 4 月，颁布《学校未来的导向与纲要法》（*Loi d'Orientation et de Programme Pour l'Avenir de l'école*）③，该法强调提供全民终身教育服务，加强共同生活的教育与训练，将欧洲意识融入学校教育，着眼于未来科技与经济的发展，培养富有竞争力的公民，从而确立了法国未来 15 年的教育发展方向。④ 2006 年 4 月，法国议会通过了《高等教育与研究的规划法案》，决定设立"高等教育与研究中心"（PRES），通过这一组织推行改革，把法国各类公立或私立的高等教育机构聚合在这一组织框架下合并业务、共享资源，建立一个更为协调一致的系统。2007 年 3 月，法国政府以政令的形式正式批准了该机构的成立。同年 8 月，议会通过了《大学自治法》⑤，其中也提到要平衡大学和大学校在高等教育和科研方面的资源，促进两者合作。⑥ 2017 年，法国教育法规定小学和初中上课期间不可使用手机。⑦ 2018 年，法国教育部部长布朗盖提出一套教育改革法

---

① 殷芬：《转型期法国教育权力下放述评》，《当代教育科学》2007 年第 2 期增刊。

② ［法］P-L. 高蒂埃、邢克超：《九十年代法国教育改革进程述评》，《比较教育研究》1999 年第 6 期。

③ 由于这一教育改革法案是在法国教育部部长费雍（F. Fillion）任内（2004 年 6 月至 2005 年 6 月）提出的，故又称《费雍法案》，这场教育改革亦被称为费雍教改。

④ 张丹、范国睿：《更好定向 更多辅导 更多准备——法国新高中教育改革述评》，《全球教育展望》2011 年第 11 期。

⑤《大学自治法》全称是《关于大学自由与责任的法律》，该法律于 2007 年 8 月由法国议会两院表决通过。

⑥ 刘敏：《合作打造法国教育"品牌"——〈菲利普报告〉解读》，《比较教育研究》2010 年第 3 期。

⑦ 郇正阳：《法国中小学将禁止学生使用手机》，《世界教育信息》2018 年第 1 期。

案，将法国义务教育的起始年龄从6岁降到3岁，要求设立一个学校评估委员会、更改培训教师的学校等。①

印度独立以前，英国殖民政府于1854年提出《伍德教育急件》，为印度的私立高校提供补助金，使其附属于新建的一些大学。该教育法案开启了印度现代教育。印度独立以后，于1950年1月生效的《印度共和国宪法》提出了要在10年内普及八年初等义务教育的目标。② 由于人口增速过快和政策的调整等客观原因，印度在随后几十年的时间里仅仅实现了普及五年初级小学教育的目标。1956年，印度议会颁布《大学拨款委员会法》，取消了建立大学要中央政府认可的条款，规定各邦可以根据邦立法建立大学，大学拨款委员会（University Grants Commission，UGC）有义务对私立学院提供资金和设备补助。1970年和1972年，印度政府两次修正《大学拨款委员会法》，加速了私立学院的发展。③ 1968年印度政府制定了《国家教育政策》，指出印度中央政府和各邦政府应把教育看作国家进步和安全的重要因素，提出印度教育的发展尚不能完全适应经济的需要，"全国的教育结构最好是基本统一的，最终目标是采用10＋2＋3模式"。④ 同时，印度强调中等职业教育要与经济发展紧密联系。1986年颁布新的《国家教育政策》（1992年又修订）指出，对于高等教育要加强自身的自治。同时提出力争到2000年把高中教育阶段25％的学生分流到职业教育中。虽然这个目标至今还没有全面达成，但中央政府和专家学者对职业教育十分重视，因此职业教育结构调整在不断开展和深入。1990年，印度政府颁布了《教育政策令》，要求私立高校增设理工科及商业课程，以适应市场需求。进入21世纪以来，印度政府颁布了一系列教育政策及报告书，重点关注高中课程改革等相关要素，比较有代表性的如《学校教育全国课程框架》和《普及中等教育》报告书等，对高中的课程设置、课程内容、课程管理和课程评价做了具体规定。⑤ 2006年，印度政府颁布了《国立高等教育机构（在招生中保留名额的）法案》，明确除中央政府认定的"卓越机构"（Institutions of Excellence）和经过中央政府特别批准的个别院校之外，其余的国立高等教育机构必须从2007—2008年度开始严格执行保留权政策。通过保留权政策的施行，

---

① 赵怡蓁：《法国教育改革法案出炉　义务教育将从3岁开始》，环球网2018年10月17日，https://world.huanqiu.com/article/9CaKrnKdJlr。

② A. Gnanam，A. Stella. Emerging Trends in Higher Education and Their Implications for Future. *Journal of Educational Planning and Administration*，1999（2）：191.

③ 邱小健：《印度政府财政资助私立高等教育的经验及其对我国的启示》，《比较教育研究》2010年第9期。

④ 安双宏：《印度教育60年发展的成就与问题评析——基于教育政策的视角》，《比较教育研究》2011年第6期。

⑤ 袁琳、杨茂庆：《印度高中课程改革的经验与发展趋势》，《比较教育研究》2011年第5期。

印度弱势群体的教育机会获得优待与改善。① 基于宪法这个根本大法，印度还指定多项全国性专门法指导各领域教育治理行动的开展，如《儿童免费和义务教育权利法》《学校规划和建筑法》《印度管理学院法》等。②

（二）教育法规的种类

教育法规有很多，可从不同角度进行分类。从制定权即教育法规是谁制定的角度分类，可分为国家（中央）的教育法规和地方的教育法规。按法规的形式分类，则有宪法（其中的教育条款）、法律、命令和条例、规则等。按法规的实质内容分类，教育法规可分为以下几种。

1. 教育基本法规

教育基本法规是对教育上的基本问题作出规定的法规。这类法规有宪法和教育基本法。宪法是一个国家的根本大法，它制约各项法规；同时宪法又直接或间接规定着教育权等根本问题。直接规定教育权的宪法，有日本、法国等国的宪法。另一种类型是对教育不作直接、具体规定。如美国联邦宪法没有只字涉及教育，只是在联邦宪法第十条修正案中规定教育权归各州所有，而各州的宪法明确规定教育权等根本问题。教育基本法是对教育的基本问题作全面的原则性规定的法规，对整个教育工作起指导作用。各国的教育基本法规的名称不一，内容有简有繁。如日本 1947 年颁布的《教育基本法》、俄罗斯 1992 年颁布的《联邦教育法》、法国 1989 年颁布的《教育指导法》、德国颁布的《联邦基本法》等。

2. 教育行政法规

教育行政法规是规定中央教育行政机关和各级地方教育行政机关的组织结构、职权范围、人员编制以及中央和地方教育行政机关的相互关系的各种法规。如日本的《文部省设置法》《地方教育行政的组织和运营法》。

3. 学校教育法规

关于学校教育方面的法规有很多，涉及的内容也很广泛，包括学校教育制度以及各级各类学校的性质、任务、入学条件、学习年限、学校开设的课程、学校卫生保健等各个方面。如日本的《学校教育法》《学校供餐法》《学校保健法》《私立学校法》；美国的《初等和中等教育法》《儿童营养法》；英国的《1944 年教育法》；法国的《高等教育指导法》《学校未来的导向与纲要法》；中国的《中华人民共和国高等教育法》等。

---

① 安双宏：《印度高等教育优待弱势群体保留权政策研究》，《比较教育研究》2016 年第 4 期。

② 王建梁、赵鹤：《从“管理”到“治理”：印度独立以来教育治理的演变、特色及问题》《华中师范大学学报（人文社会科学版）》2019 年第 4 期。

4. 教职员法规

关于教职员的法规主要是规定校长、教员等人的资格、任用、职权、证书、惩罚、进修等事项的法规。日本有《教育公务员特例法》《教育职员许可法》等，美国、英国、法国、德国等国均有规定教师资格、证书等法规。中国有《中华人民共和国教师法》。

5. 教育财政法规

教育财政法规主要是规定教育经费的来源、分配和使用等事项。日本的《义务教育各类学校设施费国库负担法》《义务教育费国库负担法》等。美国的《2009 年美国复苏与再投资法》、中国的《中华人民共和国民办教育促进法》等，都涉及教育经费问题。

（三）教育法规的特点

各国的历史背景、社会制度、政治体制、经济情况以及文化传统不同，因而各国教育立法的指导思想、目的、内容等也各不相同，但也有许多共同特点，主要有以下几点。

1. 教育法规是教育政策的具体体现

各国的教育立法都是把本国的基本教育政策以及教育的各方面、各时期的重大政策，通过立法程序，用法律形式固定下来，以促进教育事业的发展，达到教育目的。教育法规能保证教育政策的相对稳定性和有效性。

2. 教育法规是教育民主化的必然要求

根据法律实施教育行政是近代资本主义国家出现后的产物。第二次世界大战后，随着民主运动的高涨，科技革命和经济竞争也日趋激烈，为满足人们日益增长的教育需求，各国相继制定了有关法规，并在法规中体现教育机会均等原则。

3. 教育法规的内容是同生产力的发展、科学技术的进步相适应的

进入 21 世纪以来，人类社会迎来了科学技术革命和信息化的新时代，经济竞争、科技竞争、人才竞争日益激烈，各国都在开展新的教育改革，制定新的教育法规，以适应新形势的需要。如美国的《2000 年目标：美国教育法》、英国出台的《每个孩子都很重要：为孩子而改变》等。

4. 追求公平和教育平等、关注弱势群体和学前教育阶段的相关立法成为当前各国教育立法的发展趋势

例如，美国的《残疾个体教育法》要求为每个残疾儿童制订书面的个别化教育计划，从积极的和肯定的方面反映美国教育法规追求教育平等的努力。①《提前开端法》主要面向未达到义务教育入学年龄（主要是 3—5 岁）的低收入家庭儿童，向其提供

① 许庆豫、朱永新：《美国教育法规基本精神评介》，《教育研究》2006 年第 7 期。

免费的健康、教育、营养和其他特定的服务，以使这些儿童能充分发挥其潜能，提高其入学准备的水平。

二、教育计划

（一）教育计划的意义

教育计划是指一个国家或一个地区以及国际机构为实现其教育目标和教育政策，对教育事业所做的综合性、长期性的安排。教育计划既包括教育的普及和发展，也包括教育质量的提高。教育计划不是单纯的教育理想和教育方针的说明，它必须有财政的保证和受时间的制约，应该与该国或地区的经济社会发展计划有密切关系。

（二）教育计划的种类

从级别看，教育计划有三种：一是国际性和地区性的教育计划；二是一个国家的教育计划；三是国内地方行政单位的教育计划。

国际性或地区性的教育计划，在二十世纪五六十年代就有了迅速发展，其原因是各国都重视经济增长中的人力开发政策。另外，联合国教科文组织也在协助发展中国家扫除文盲和发展初等教育。具有代表性的著名国际性教育计划包括亚的斯亚贝巴计划①和卡拉奇计划②等。20 世纪末至 21 世纪初，国际性、地区性教育计划不断涌现。各地区均重视教育对经济与地区发展带来的作用，制订和实施了一系列颇有成效的教育计划。比较有代表性的国际性教育计划有联合国教科文组织 2004 年在撒哈拉以南非洲地区组织实施的为期 10 年（2006—2015 年）的“撒哈拉以南非洲师资培训计划”（简称 TTISSA）③、2004 年 1 月启动的旨在推进高等教育跨国合作的“伊拉斯谟世界计划”④；具有代表性的地区性教育计划包括：当今世界范围内经济政治联系最为密切、一体化程度最高的区域合作组织——欧盟，在 20 世纪 90 年代中期开始，为推进欧洲职业教育一体化而启动的著名的“里奥那多·达·芬奇计划”（简称“达·

---

① 1961 年 5 月，联合国教科文组织和非洲经济委员会在埃塞俄比亚首都亚的斯亚贝巴共同制定的旨在改变非洲各国初等教育入学率低的现状、扫除文盲、提高各阶段入学率的教育计划。

② 1960 年，联合国教科文组织在巴基斯坦的卡拉奇获得通过的旨在在 20 年（1960—1980 年）内在伊朗以东的亚洲各国最低要普及七年制免费的初等义务教育、建立起一个普及的义务的和免费的初等教育系统的教育振兴计划。

③ 这是一项由联合国教科文组织高等教育部教师教育处负责，专门针对撒哈拉以南非洲国家小学教师的师资培养计划。分两期实施，总目标是增加该地区师资队伍数量与提高教师质量。

④ 这一项目是以提高高等教育质量、推动国际合作及促进跨文化交流与理解为目标的研究生跨国联合课程、世界计划奖学金、欧盟与第三国高校的校际交流合作及欧盟高等教育学术推广等项目的集合。

芬奇计划”)①；2009年5月，欧盟讨论通过的作为其教育发展中长期规划的《至2020年欧盟教育与培训合作的战略性框架》（以下简称《合作框架》)②；2006年9月，非盟实施的《非洲教育“二・十”行动计划（2006—2015年)》（简称“二・十”计划)③；20世纪90年代以来，拉美各国纷纷推行的“新一代发展计划”（又名“建设性融入政策”)④ 等。印度立足于现实，发挥自身的特色产业优势，以职业技能培训为主导，推行“印度技术与经济合作计划”以及由此发展的英联邦非洲特别援助计划，以推进对非洲的教育援助。⑤

国家的教育计划是受本国的社会制度和思想观点所制约的。从教育计划的历史看，可以说苏联是最早制定计划的国家。十月革命后，1928年苏联开始第一个五年计划时，就进行了制定第一个教育计划的尝试。其他国家是从第二次世界大战后实施教育计划的，如法国于1953年制定全国发展计划。日本从1949年开始制定国家经济计划，从1957年开始把教育计划纳入经济计划，把教育作为开发人的能力的手段而加以重视。进入21世纪以后，各国的国家教育计划均与本国政治经济发展的国家规划紧密联系，与社会发展休戚相关。如美国奥巴马政府在2009年推出的以K12为主要教育对象的“全面教育改革计划”和美国最大的联邦教育投资计划——“力争上游”计划（Race to the Top，又译“竞争卓越”计划)⑥，法国政府为提升法国学术研究质量于2010年11月起由高教部推行的“精英计划”⑦。2007年12月，英国的布朗政府发布了《儿童计划：构建更加美好的未来》（*The Children's Plan：Building Brighter Futures*）的报告。该报告将儿童和家庭的需要摆在教育工作的中心地位，成为当前指导英国儿童教育的纲领性文件。2009年4月，澳大利亚政府颁布的《可

① 项目内容包括促进人员流动、启动示范项目、推行语言能力强化计划、建立跨国教育网络等，分三个阶段实施：(1) 1995—1999年，预算6.2亿欧元；(2) 2000—2006年，预算11.5亿欧元；(3) 2007—2013年，预算34.05亿欧元。

② 该项目提出了未来10年欧盟教育与培训合作的总体战略。

③ 该计划旨在建构有效机制，推动非洲教育一体化和非盟区域经济共同体的发展，将性别和文化、教育管理信息系统、教师发展、高等教育、职业技术教育、课程开发及质量管理等确定为优先发展的领域。

④ 亦称“有条件现金转移计划”，即人力资本开发计划，包括儿童健康和教育两大内容。

⑤ 魏李飞、安双宏：《印度对非洲的教育援助及其启示》，《世界教育信息》2016年第11期。

⑥ The Race to the Top Begins—Remarks by Secretary Arne Duncan. http//www.ed.gov/news/speeches/2009/07/07242009.html.

⑦ 该计划是法国政府以近70亿欧元预算推动，补助5—10所优秀大学与国际知名的研究室合作，聘请国际知名学者来法任教。

持续地生活——澳大利亚政府可持续发展教育国家行动计划》等。① 2004年印度出台《印度2020年教育愿景报告》，对印度教育的具体目标及教育领域的发展情况进行预测，还论述了实现愿景的工作重点和具体策略。② 中国在社会主义建设的每个五年计划中都含有教育计划。1993年公布的《中国教育改革和发展纲要》则是规划20世纪末到21世纪初的中长期教育计划。1999年国务院批转教育部《面向21世纪教育振兴行动计划》是新中国成立以来对教育进行规划规模比较宏大的一个计划。2010年7月，中共中央、国务院发布了《国家中长期教育改革和发展规划纲要（2010—2020年）》，描绘了中国未来10年教育改革与发展的宏伟蓝图，是中国进入21世纪之后的第一个教育规划，是指导全国教育改革和发展的纲领性文件。2019年2月，中共中央、国务院印发了《中国教育现代化2035》，对实现教育现代化，建设教育强国，推动中国成为学习大国、人力资源强国、人才强国做出了宏观的规划和设计。

国内地方性的教育计划，有的是为了实现国际的和国家的计划而制定的实施计划，更多的是根据本地区的特点制定的独立计划。例如，英国2002年发起的“城市教育优异计划”（Excellence in Cities Project，EiC），是在“城市教育优异计划”地区实施的关注少数民族学生发展，提升其自我认识和自信心的教育计划。

（三）教育计划的动向

各国的教育计划都是从本国的国情出发，反映各自国家的政策，具有独特的内容，但也反映出一些共同的动向，主要表现为以下几点。

1. 教育计划的范围日益扩大

最初的教育计划主要内容是扫除文盲；20世纪60年代的教育计划是以人力开发为中心；20世纪90年代的教育计划不仅是以初等教育和中等教育为重点，而且还重视职业教育和技术教育，同时关注高等教育、终身教育；进入21世纪以后，教育计划更多地关注学前教育、早期教育、远程教育以及技能方面的培训等。如美国1965年的“开端计划”③、1994年的“早期开端计划”、2002年的“良好开端，聪明成长”行动计划（Good Start，Grow Smart）以及2009年的“0—5岁教育计划”（这是联邦政府一系列关注学龄前儿童和早期教育的推进计划）。2010年3月，美国教育部教育技术办公室发布了题为《变革美国教育：技术推动的学习》（*Transforming*

---

① 张建珍、夏志芳：《〈澳大利亚政府可持续发展教育国家行动计划〉评析与启示》，《全球教育展望》2010年第12期。

② 安双宏、史忆南：《评印度2020年教育愿景中的宏伟目标》，《比较教育研究》2013年第3期。

③ 1965年秋，美国联邦教育总署根据约翰逊总统颁布的《经济机会法》（*The Economic Opportunity Act*）制定的面向3—4岁处境不利儿童的教育计划。

American Education: Learning Powered by Technology）的国家教育技术计划报告①。2010 年 5 月，英国颁布了旨在帮助人们更有效地应用信息技术，并通过信息技术来提高学习者的学习效率的《英国继续教育与技能计划（2010—2013 年）》。此外还有墨西哥 1968 年启动、至今仍在推进的“远程教育计划”② 和印度在 21 世纪初提出的“营养午餐计划”等。

2. 注意各阶层的教育

为了缩小社会各方面的差距，许多国家制定了少数民族教育计划、身心缺陷儿童教育计划、女子教育计划、农村教育计划等。这表明各国关注弱势群体的趋势明显。如英国从 1998 年起实行的“少数民族学生学业成就拨款计划”（Ethnic Minority Achievement Grant，EMAG）③，针对学校教育部门中 5—16 岁的低成就少数民族学生和双语学习者，拨出专项经费支持学校和地方教育局采取有效策略缩小少数民族群体学生的成就差距，满足双语学习者的特殊需要；20 世纪 90 年代至今，智利教育部实施了旨在提高农村地区教育融入水平、改善教育质量的补充计划，即“P. 900 计划”④ 和“农村子计划”⑤。两个计划都针对语言和数学教学，为师生提供特别的教学材料。

3. 重视提高教育质量

初期教育计划大多是以量的扩大为重点的，如注意对就学儿童的预测、就学率的提高、教员和校舍的数量、财政和物质条件等。近年来，在量的发展基础上，转向重视质的提高，如把提高教师质量、改进课程作为教育计划的重要内容。如美国创建于 1997 年的“新教师计划”⑥，英国 2008 年推出的“新教师教学培训计划”⑦ 等。同

---

① 黄德群、毛发生：《美国国家教育技术计划“变革美国教育：技术推动的学习”及其启示》，《中国远程教育》2011 年第 1 期。

② 这是拉美乃至世界上最成功的也是目前仍起着重要作用的远程教育计划之一，为整个墨西哥人烟稀少的边远社区和农村地区的 70 万名七至九年级的儿童提供优质的中等教育，2002 年扩大到高中阶段。

③ 两年后该计划发展为“少数民族学生和游学学生成就拨款计划”（The Ethnic Minority and Traveller Achievement Grant，EMTAG），资助对象扩展到赴英国旅游兼修读课程的学生。

④ 在智利城市和农村地区（主要是农村地区）选出 10%的最贫穷和成绩最差的学校（约有 900 所，因此称 P. 900 计划），由政府给予特别支持和资助，提高它们的教学质量。2002 年有 1 455 所学校参与 P. 900 补充计划。

⑤ C. Cox. “The Quality Imperative Innovation and reform to improve the quality of primary education: Chile”. *Education for all Global Monitoring Report*, 2005, p. 27. http://unesdoc.unesco.org/images/0014/001466/146638e.pdf.

⑥ 古冬梅、洪明：《教师培养和管理模式的选择性路径探析——“美国新教师计划”述评》，《比较教育研究》2009 年第 5 期。

⑦ 这一项目的主要内容是让刚毕业的学生去有挑战性的学校锻炼 1 年，第二年再作为合格的教师继续教学。

时，教育计划开始重视对学生学习评价的比较研究与学习质量监测。如国际学生评估项目（PISA），是由经济合作与发展组织于1997年创立的。评估目的是了解各国即将完成义务教育的15岁中学生在运用知识、技能应对未来生活方面的准备情况，为参与国提供教育决策信息。

4. 把教育计划与国家社会的整体开发计划结合起来

初期的教育计划多是单纯的教育计划，后来则把教育与经济和社会发展联系起来。但发展到今天，有些国家的教育计划已不单纯偏重于人力资源开发政策，已不把提高经济效益和增加国民收入作为唯一的目标，而是提出充分发展人的个性的要求，推出许多特色计划。如美国1951年开始的“英才计划”（Program for Talented/Gifted）（其中的磁石计划至今仍备受欢迎）、2005年推出的旨在对初中和高中进行长期资助的“成功之路”（Roads to Success，RTS）计划、2009年推进的“失败学校重组计划”① 等。印度在2002年国家教育政策和行动计划（National Policy on Education and Programme of Action）中提出了语言发展推进计划（Programme of Promotion and Development of Languages），力图通过对各种语言研究机构、研究项目以及出版物的资助，来推动宪法所规定的18种官方语言的教育与发展，同时对外国语的教学与发展也给予了应有的重视。② 2006年印度通过国家E治理计划（National e-Governance Plan，NeGP），教育领域得到重点关注，2015年该计划升级为NeGP 2.0版，目标是为所有学校接入宽带，开发大规模在线课程资源，促进网络教育发展。③

上述几点是当前教育计划的主要动向，但根本问题是要从本国的国情出发，根据本国的政治、经济、文化等实际发展水平和未来的理想，制定符合本国要求的教育计划。计划经费资助和财政拨款的保证以及计划时限的约束是保证教育计划顺利、科学进行的关键。

第三节　督导制度

督导制度在现代教育行政制度中占有重要地位，发达国家都非常重视督导工作，建立了完备而各有特点的督导制度。这里仅扼要论述英国、法国、美国、日本、印度

① 美国奥巴马政府设定的目标是在5年之内改造5 000所“失败学校”，教育部部长阿纳·邓肯（A. Duncan）任期内采用关校重组的方式来提升“失败学校”的教学质量，提高学生考试成绩，将达标学生的比例从38%提高到67%。

② 王晓辉主编：《比较教育政策》，江苏教育出版社2009年版，第327页。

③ 王建梁、赵鹤：《从“管理”到“治理”：印度独立以来教育治理的演变、特色及问题》，《华中师范大学学报（人文社会科学版）》2019年第4期。

五个国家的督导制度。

一、英国的督导制度

督导制度在英国有特殊地位。20世纪90年代之前，皇家督学（Her Majesty's Inspector，HMI）是英国主要的教育质量保障机制，负责学校教育、教学的检查与指导。1992年，英国成立“教育标准办公室”（Office for Standards in Education，Ofsted），形成了严密的督导体系。2006年，英国颁布《教育与督导法》（*Education and Inspection Act*），将教育标准办公室改名为“教育、儿童服务与技能标准办公室”（the Office for Standards in Education，Children's Services and Skills，简称依旧是Ofsted）。① 该机构独立于英国教育部，其督导人员包括皇家督学、注册督学、团队督学、非专业督学和额外编制的督学。所有督导人员都要接受培训。其负责人皇家总督学以枢密令的形式任命，需要向女王（国王）、多个政府部门报告工作，并在政策建议中扮演着重要的角色。②

教育、儿童服务与技能标准办公室的主要任务是：（1）评估学校教育质量，保证每校必评。通过竞标方式（competitive tendering）将督导工作转交到各个专业组织手中，对竞标者进行效益评估后，签订督导合约；（2）通过讲座、文章、会议等方式对教师的学科教学产生影响；（3）主持幼儿教育、非义务教育、教师培训机构、地方教育当局的检查与评估。

在英国，教育、儿童服务与技能标准办公室须考察学校达到国家标准的程度，对学校整体效能作出评判，诊断问题，提出改进措施，通知学校改进，保证教育内容在实质上达到全国统一要求的水平。

英国地方一级的督导制度是在地方教育行政机关设地方督学或学科顾问，履行视察职能和指导建议职能。2006年的《教育与督导法》指出，地方教育当局应从公立学校中选拔教师，任命为“改进伙伴”，为政府机构和校长提供建议。“改进伙伴”必须满足地方教育当局制定的相关要求，得到国务大臣或由国务大臣授权的相关人事任命。英国各地方教育当局与学校、教育者合作，共同推动教育的变革。其中，学校网络、学校联盟等都被视为提升教师教学水平、保障教育质量的重要工具。③

---

① 卢乃桂、沈伟：《英、美、澳教育视导的实践、影响及理据》，《比较教育研究》2011年第9期。

② P. Matthews & P. Sammons. *Improvement through Inspection*：*An Evaluation of the Impact of Ofsted's Work*. London：Ofsted，2004.

③ M. Ainscow. Achieving Excellence and Equity：Reflections on the Development of Practices in One Local District Over 10 Years. *School Effectiveness and School Improvement*，2010，21（1）：75-92.

二、法国的督导制度

法国的督导制度从19世纪初法兰西第一帝国时期帝国大学制度确立时就已开始建立。1852年，法兰西第二帝国时期，创设了“公民训育总督察”。在法国的中央和地方的教育行政组织中，都配备各种督学，起着非常重要的作用。随着时代演进，现代教育督导工作主要由两个单位管辖，即“国民教育与研究行政总督学办公室”（1999年由“国民教育行政总督学”改组而来，简称IGAENR）和“国民教育总督学办公室”（1980年创立，简称IGEN）。

“国民教育总督学办公室”由教育部管辖，负责督导小学、初中、高中的教学方法与学生校园生活。除督导业务外，也兼管预备班课程规划、教师聘用、晋级考试等其他业务。① “国民教育与研究行政总督学办公室”则由教育部与高等教育研究部共同管辖，负责督导中小学以及高等教育的行政与财务（包括学校是否依法使用各项公共部门补助）。② 2019年，法国颁布第2019—1001号法令（*Décret n° 2019—1001*），设立教育、体育与研究总督导局（l'inspection générale de l'éducation du sport et de la recherche，简称IGÉSR），重组法国基础教育与高等教育总督导工作，集中服务于基础教育、高等教育以及体育与青年文化等，重新界定新督导局任务及组织架构，逐步整合统一法国督导机构。③

大学区一级的督导机构设各类督学，负责检查、监督和指导学校的工作。

在省一级的教育行政组织中设省督学室，配备初等教育、技术教育、体育运动等各种督学，负责省内学校主要是小学的视察指导工作。

教育部一般督学人员、大学区教育主管与督学、教育部省区主任办公室督学有督导中小学教育的权力。

此外，为强化法国高等教育与研究体制，法国教育部于2007年根据《研究纲领法》设立“国家高等教育与研究评估署”（AERES）。该署为一个独立行政机构，负责督导与评估高等教育，主要职责包括：（1）针对大学以上的教学与研究机构、与研究相关之基金会组织以及“国家研究署”（ANR），评估大学各项研究计划与科研活动的执行成效；（2）评估高等教育的教学方式与学位授予，评估标准由评估委员会的委员自行议定。④

---

① http://www.education.gouv.fr/pid78/igen-inspection-generale-de-l-education-nationale.html.

② http://www.education.gouv.fr/pid77/i.g.a.e.n.r.-inspection-generale-de-l-administration-de-l-education-nationale-et-de-la-recherche.html.

③ 张丹：《从分离到整合：法国教育督导制度改革的机构变迁与路径选择》，《全球教育展望》2021年第7期。

④ http://www.aeres-evaluation.fr/.

三、美国的督导制度

在19世纪60年代之后，美国各州才设立督学制度，由专业人员负责督导工作。督学和州教育行政官员被视作官僚层级组织中的“控制代理人”（control agent）①，素有管理、指导、培训教师的传统。20世纪80年代，联邦加强了对教育的干预。

美国各州的督导组织不一，例如纽约州是在州的教育厅中设教学督导科；督导人员的名称也很多，如许多州的督导人员称为督学，有些州称为顾问，还有的州称为协商者、指导员，一般统称为督导人员（supervisory personnel）。督导人员构成复杂，既有州、学区教育行政机构的成员，也有校长、大学学者、优秀教师等。督学的任命方式也比较特殊，既有政府部门直接任命的督学，也有学校委员会指定的督学，故各州督学受政府影响的程度不一。②

各州的督导组织多采用分工督导制，如分为小学教育、中学教育、师范教育、职业教育等以及一些专门学科的督导人员。

各州督导人员的职责差异很大，基本上是通过定期的学校视察，贯彻州规定的教育课程等各项教育标准。近年来，由于联邦政府对教育事业的广泛的干预，州的督导人员更加重视对地方学区不能解决的事项提供顾问性活动建议。

地方学区的督导人员的主要任务，一般是通过对学校的访问、课堂教学的观察指导教师的教学，特别是以改进新任教师的教学为重点；制订和实施教师在职进修计划；制订教学计划，并加以推行和指导等。督导不存在统一的评估指标，主要从实践层面改善教师的教学，有若干不同的督导模型，主张对教师进行实地的、发展的、区分性的督导，以促进教师的专业发展。③ 在组织方面，随着学区规模的扩大，多采取更加专门化的督导制度。

督导人员的任务本身也在随着时代要求而不断变化。在20世纪60年代以后的教育技术、内容和方法的革新中，督导人员引导现场教师认识教育革新过程并付诸实践。20世纪70年代以来，美国强调基础能力教育，重视教育质量，督导人员把重点放在教育效果的评价上。今天学区督学的角色日趋多元化，同时，还吸收一批专业人士作为“准督导”——“教学教练”（instructional coach），对教师的教学产生了重要

---

① T. J. Kowalski. *The School Superintendent: Theory, Practice, and Case*. Thousand Oaks: Sage Publications, 2006, p. 5.

② A. F. Shober. *Splintered Accountability: State Governance and Education Reform*. Albany: State University of New York Press, 2010, pp. 5-10.

③ C. D. Glickman, S. P. Gordon & J. M. Ross-Gordon. *Supervision and Instructional Leadership: A Developmental Approach*. (5th ed). Boston: Allyn & Bacon, 2001, p. 7.

影响。①“教学教练”主要进行教学观察与讨论、上示范课（demonstration lesson），促进教师合作、反思。由此可见，美国督导有关评价的职能逐渐由专门的组织接替，在教学指导层面引进新的人才，以满足教学变革的需求。

四、日本的督导制度

日本在第二次世界大战前有着严格的督导制度和视学体系，不仅监督教育业务，而且还管理教职人员，是权威管制和监督的机构。第二次世界大战后随着教育民主化改革进程的不断推进，督导制度也发生了根本性变化，建立了以指导、劝告、建议为主的督学制度。

中央文部省没有专门的督导机构，而是在文部省的初等中等教育局、教育援助局和高等教育局内设置视学官和视学委员。视学官的职责是按照上级的命令，分别对初等、中等和大学、高等专科教育进行联系、建议和协调，对如何改善初等、中等教育进行研究和规划。在视学官中设一名主任视学官，负责领导和协调视学官的工作。视学委员专门对特别指定的教育事项提供指导和建议。

地方教育委员会内设指导主事。指导主事是根据《教育委员会法》（1948 年）设置的。指导主事必须是有教育方面的知识，且在专业上是有教养和经验的人，只能由大学以外的公立学校教师担任。补充指导主事是指在大学以外的公立学校教师中选任兼职督导人员。据统计，1998 年，在都、道、府、县教委内，指导主事占专职职员总数的 6%，补充指导主事占 5%；在市、町、村教委内，指导主事占专职职员总数的 6%，补充指导主事占 2%。② 指导主事的职责分两类：一是向学校提出指导和建议；二是从事教委事务局内的事务。前者以学校访问为核心任务和职责；后者是指制定和执行行政性政策措施所涉及的各种业务。③

五、印度的督导制度

由于印度是一个地区发展极不平衡的国家，在教育管理上，印度的教育督导制度就变得非常重要。教育督导是印度各级教育行政部门的重要职责。1986 年印度制定

---

① V. Shulman, S. Sullivan & J. Glanz. The New York City School Reform: Consequences for Supervision of Instruction. *International Journal of Leadership in Education*, 2008, 11 (4): pp. 407-425.

② ［日］調査統計企画課：《“地方教育行政調査”の結果の概要について》，《教育委員会月報》1999 年第 6 期。

③ ［日］龜井浩明，奥田真丈，河野重男：《現代学校教育大事典》，株式会社ぎょうせい，1994 年版。

的《国家教育政策》(NPE) 和 1992 年制定的《教育行动计划》(POA) 既是教育发展的纲领性文件也是教育检查、教育评价和教育督导的指导性文件。①

中央一级的教育督导机构是全国学校教育委员会 (The National Board of Education)，主要职责是履行全国教育督导职务并向印度政府提供关于与学校教育事务相关的建议；以顾问的身份指导各邦实现其教育标准；为不同阶段的学校教育界定和修订可达到的期望型和完成型教育标准，对国家的不同地区在学校教育的不同阶段上实际达到标准的情况作出评价，建议并帮助邦政府编制和实现学校标准的改进计划，其工作具有诊断性和发展性的特征。②

邦一级的督导机构包括邦学校教育委员会、邦评价组织和邦教育研究所 (The State Institute of Education)。其中，邦学校教育委员会是向邦政府提供所有关于学校教育事务的建议、规定教育标准和课程以及举行考试的专业性机构。邦评价组织设有一个由邦学校教育委员会主席主持的顾问委员会，负责向所有与此相关的机构和个人提供服务。邦评价组织的主要职责是协助邦教育部，规定、修订和测量教育标准，帮助县教育行政官员在初等和中等学校中改进评价的实践，为邦教育部提供各种建议。邦教育研究所作为邦教育的学术翼 (wing)，负责邦教育行政部门官员的在职培训、教师教育的改善、研究和评价所有培训类课程以及管理公共出版物等工作。

县或区一级的教育督导工作主要由县教育办公室、县教育行政官员和学校的校长负责。县教育办公室在学校一级水平上督导检查学校的工作，逐步发展成为所有学校服务和督导的中心。县教育行政官员在不同的县行政级别不同，但均要负责私立学校确认工作的汇报、接受教师上诉、负责教师接收、批准给予中等学校政府拨款等工作。校长作为最低一级的教育督导人员，其权力在不断被扩大和加强，以期给予学校更大的自由。③

从上述几个国家的督导制度中，可以得出以下几点认识。第一，从制度上看，各国都具有适合本国行政体制的督导系统。第二，从人员素质上看，各国督导人员都是专家，既有高度专业的学术修养又有丰富的实践经验。第三，从作用上看，不论在中央集权制国家还是在地方分权制国家，督导制度都起着重大作用。各国督导工作的性质虽有所不同，但对教育工作所给予的专门技术性的指导和建议却是共通的，对改进教育工作起着重大作用。国家干预下的专业服务是督导职能发展的大趋势。

---

① 邢启敏：《印度教育督导评价对我国教育督导的启示》，《黑龙江高教研究》2012 年第 11 期。

② 顾明远、梁忠义主编：《世界教育大系·印度教育》，吉林教育出版社 2000 年版，第 144—146 页。

③ 顾明远、梁忠义主编：《世界教育大系·印度教育》，吉林教育出版社 2000 年版，第 146—151 页。

第四节 教育经费

一、教育经费的来源

发展教育事业，就必须有教育经费作保证。在取得公共教育经费所必需的经济手段上，有两种类型：一种是独立征收教育税，使教育财政同一般财政分开，即所谓教育财政独立制；另一种是从一般财政中分配一部分作教育经费，而没有独立征收教育税。美国属于前一种类型，美国的地方学区都有独立的征税权。教育财政独立是美国教育财政的特点。美国以外的其他几个本书列出的比较对象国家都没有独立征收教育税制度，没有独立的教育财政，教育行政机关只有对一般财政拨给的教育经费进行管理和支出的权限。

除税收来源外，世界各国教育经费中有相当一部分来自社会。私立学校的大部分教育经费和公立学校（包括公立中小学和大学）部分教育经费均来自社会。美国、日本、英国、法国、德国等国家均有社会捐赠的传统。

二、教育经费的负担

在公共财源中，中央和地方的分担情况因各国的教育行政体制不同而有很大差异，有的以地方负担为主，有的则以中央负担为主。

美国公共教育经费的投入主要由联邦政府、州政府和地方政府分担。历史上一直是地方政府负担的比例最大，自 20 世纪 30 年代起其比例逐渐缩小。1939 年之前，联邦政府和州政府的投资分别占 0.4%和 16.9%，但到 1940 年，两级政府的投资比例猛增到 1.8%和 30.3%。此后的 40 年间，联邦政府和州政府的投资比例不断攀升。到 1980 年，联邦政府的投资比例达到 9.8%，为历史最高点，州政府的投资比例升到 46.8%，当地政府的投资比例下降到 43.4%。至此，以州政府投资为主体、联邦政府和地方政府为辅的三级投资体制趋于稳定，各自承担的具体投资比例虽有波动，但已基本确定。2005 年，联邦政府、州政府和地方政府对中小学投入的比例分别为 8%、49%和 43%。① 2008 年美国各级政府对教育的经费投入占国内生产总值的 5.95%，其中大部分州的投入比例在 50%左右，部分州如佛蒙特州、夏威夷州的投入比例高达 80%。② 2009 年，奥巴马政府拨款 5 000 万美元用于“中学毕业促进计划”；在 2011 年财政预算中，对中小学学生的科学、技术、工程和数学教育（STEM）

① 何秀超：《美国教育投资体系现状与对策》，《光明日报》2005 年 8 月 31 日。
② 刘翠航：《美国政府公共教育经费支出政策解读》，《世界教育信息》2011 年第 7 期。

投入高达 10 亿美元；在 2013 年财政预算中，教育经费达 698 亿美元，较 2012 年增长了 2.5%。其中，1.5 亿美元用于监测和收集学生从学前教育阶段到高中毕业阶段的成绩数据。奥巴马在 2015 年国情咨文中表示：联邦政府计划增加 27 亿美元的教育经费投入，共计 750 亿美元。其中，弱势群体幼儿教育成为 2015 年美国基础教育关注的焦点之一。① 2017 年，美国教育经费委员会（CEF）对特朗普总统的联邦支出提案及其对教育计划的影响进行了分析，指出新预算中教育经费在联邦政府的支出仅占到 2%，这种对教育经费的削减是“灾难性的”，与 2010 年教育经费相比减少了 60 多亿美元。②

联邦政府的补助金基本上是按特定目的分配的。州政府拨给中小学的教育经费是一般性的补助金，地方学区可用于多种目的。但州政府的补助金中也有一部分是专款专用的。除政府财政性拨款这一主要来源外，美国通过彩票收入、州政府专门开征的教育税以及发行教育券等获取一部分教育经费，2004—2005 年度非政府来源的教育经费占比达到了 2.3%。

私立教育机构是靠学费、基本财产收入、财团补助金、捐赠等社会财源维持的，但也都以各种形式获得联邦政府、州政府和地方政府的资助，例如私立中小学的学生在交通和教科书费用上可享受州的补助金待遇，学校图书馆和贫困儿童可得到联邦政府的帮助等。

在高等教育领域，公立大学绝大多数是州立的，州政府的补助是主要收入来源，约占总收入的 38%，而 96%的州政府补助经费采用的是直接拨款（appropriation）的形式，因此，公立大学对州政府补助的依赖较大。私立大学大部分得不到州和地方的补助（补助额仅占总收入的 3.1%），但可以争取到联邦的补助和贷款。私立院校相当重要的资金来源包括学杂费（约占总收入的 50%）、私人和校友捐款以及校方对基金投资所产生的收益（占总收入的 5%）。③ 美国职业教育领域，包括中等职业教育和高等职业教育。中职教育的经费主要来源于联邦政府拨款（10%）、州政府拨款（20%）、地方政府拨款（45%）、学生学费（10%）和其他收入（5%）；高职教育的经费来源于联邦政府拨款（6%）、州政府拨款（42%）、地方政府拨款（23%）、学生学杂费（20%）和其他收入（9%），形成以联邦政府为主导的多元化经费筹措机制。④

由于美国教育经费的很大比重是由地方学区负担，而地方财政的主要财源是地方财产税，但学区间的贫富差别很大，尽管贫困学区努力提高税率，但教育经费绝对值

① 杨志明、孙河川：《奥巴马政府对美国基础教育的改革》，《世界教育信息》2015 年第 18 期。

② 吴海栋：《美国教育经费委员会反对 2018 财年教育经费削减》，《世界教育信息》2017 年第 18 期。

③ 美国教育部：《教育与经济》，1995 年第 2 期。

④ 年艳、潘建林：《美、德、日三国职业教育经费筹措机制比较及启示》，《职业技术教育》2019 年第 12 期。

仍然较少，这就出现教育经费不均衡的问题。因此，许多地区居民要求改革现行制度，要求州代替地方学区保证每个学生在教育经费上的平等。20 世纪 90 年代以来，美国联邦政府和州政府不断强化绩效标准，为促进教育公平发展，对学区采用普通拨款和项目拨款方式，目的在于改变教育资源分配办法。其中，普通拨款用来提高学区总体教育经费，学区可自由使用；项目拨款用来保证学区提供州政府或联邦政府认为重要的教育服务。①

英国虽然也是地方分权制国家，中央教育行政部门不直接设立学校，但中央政府一直是教育经费的主要来源，从 1833 年第一次对初等教育补助 20 000 英镑以来，英国政府对教育的补助金额每年都在增加。近年来，英国出现了教育拨款集中化的趋势。英格兰出现“直接拨款学校”（通过学生家长投票、经教育大臣批准，让部分学校脱离地方教育当局的控制，成为直接由中央拨款、学校本身实行高度自治的学校），专门成立学校拨款局来负责此类学校拨款事宜。② 越来越多的公立学校陆续选择脱离地方教育当局的控制，成为“中央直接拨款学校”。英国的地方教育经费主要来源于中央的转移支付及少量的地方税。目前，英国地方教育当局的中小学拨款采用两种方式：一是实行公式拨款，即以学生人数加权测算拨款数额，此部分拨款一般为全部拨款金额的 75%；二是采用专项拨款办法，其中又分为限额和非限额两种拨款形式。③ 国家补助全部大学经费的 80%，并且对一部分私立学校提供补助费。地方教育当局负责设立并管理公立的初等学校和中等学校，负担这类学校的经费，但其财源约 60%是由中央拨给的，其余的约 40%是由地方税支出。学费、社会服务收入和捐赠收入等，也是教育经费的来源渠道，受到英国政府的鼓励。进入 21 世纪以来，英国中央政府对义务教育的定期拨款项目包括：学校专用拨款（dedicated schools grant，DSG），约占经常性拨款总额的 90%；学生补助金（pupil premium），2014—2015 年度英国中小学生补助金总额达到 25 亿英镑。英国政府自 2011 年起简化教育拨款公式，当前的公平拨款公式分为学生导向拨款和非学生导向拨款。据统计，2015—2016 年度全英格兰 74%的地方教育当局通过学生导向拨款分配了各自 88%—94%的学校一揽子拨款。④ 2014—2015 年度高等教育提供者的总收入约为 332 亿英镑⑤，英国高等教育机构经费来源呈现以学费和教育合同为主，以资助机构拨款、科研拨款和其他收入为辅，捐款和捐赠及投资收入为补充经费来源的多元化结构

① 薛二勇：《美国促进教育公平发展的财政政策分析——基于美国典型地区教育财政改革的政策评估研究》，《比较教育研究》2014 年第 8 期。

② 陈永明主编：《教育经费的国际比较》，天津教育出版社 2006 年版，第 48—53 页。

③ 刘娜娜：《英国义务教育公共财政投入模式研究》，《经济研究导刊》2015 年第 2 期。

④ 丁瑞常：《英国基础教育财政性教育经费的投入与分配》，《郑州师范教育》2017 年第 1 期。

⑤ 杨平波、朱雅斯：《英国高等教育经费筹措方式及启示》，《财会月刊》2016 年第 36 期。

特征。在高等教育经费分配市场化机制的作用下，罗素集团（Russell Group）① 成员是英国高等教育市场化经费分配制度的主要受益者，其收入几乎占整个高等教育系统经费收入的一半。②

日本教育经费主要来源于国家和地方政府的财政拨款、税收、地方公债、团体和个人捐赠、学费收入及社会服务收入等渠道，也包括租税、学费、教育公债、教育基金等制度的保障性来源。日本学校原则上采取设置者负担经费的原则，因此，国立学校经费由国家负担，公立学校的经费由其设置者地方公共团体负担，私立学校则由学校法人负担。但也有若干例外措施。其一是地方交付税制度，即当地方出现法定赤字时，中央向地方公共团体支付地方交付税，作为地方的一般财源。其二是特定事项所需经费由国库负担，如义务教育学校教师工资和教科书费、公立高中图书馆设备和图书费、职业教育的设施设备费等。其三是各种补助金制度，包括对地方公共团体和私立学校等各种补助费用。20 世纪 70 年代以来，日本开始进入少子化社会。日本各个阶段学校教育经费呈现出“学前教育阶段和高等教育阶段上升而义务教育阶段和高中教育阶段下降”趋势。在高等教育领域，日本国立大学、公立大学的主要收入来源是政府的财政拨款，占学校总经费的 60%左右，学费收入只占约 20%。但私立大学主要的经费来源是学费收入，约占学校总经费的 70%。除学费收入外，政府财政资助、社会捐赠以及学校创收收入也是日本私立大学教育经费的来源渠道。③

德国的教育经费基本上是按州和地方的职能分配而分担的，国家给予一定的补助。20 世纪 70 年代后半期以来，联邦德国学校教育经费的分担情况，大体上是联邦为 1%，州为 75%，地方为 24%。进入 21 世纪以后，在德国教育经费投入中，企业和私人投入的比重增加。其中联邦政府和州政府拨款占 75%，工矿企业和私人投入占 25%。公立学校教职员的工资和其他人事费用由州负担，人事费以外的费用特别是校舍维修费，物品、教材和图书购置费等由办学单位负担。私立学校（占比很小）由私人团体维持，但州给予必要补助。高等院校为州的教育机关，由联邦和州共同拨款，学费也是经费来源之一，大学扩建和新建时，联邦补助 50%的经费。据经合组织数据，德国教育经费总投入占国内生产总值的 4.3%，若计入资助各类学生的经费、研发方面的投入，则达到 9.1%。公共教育经费的一半（49.9%）用于中小学学校教育，23.2%用于高等学校，19.2%用于学前教育机构，7.7%用于各类教育支持

① 这是英国较早成立的高校联盟，包括 24 所世界顶级研究型大学，对英国本土乃至全球具有巨大的社会、经济和文化影响。

② 惠转转、程铭：《英国高等教育机构经费来源结构研究——基于罗素集团大学与非罗素集团大学的比较》，《高教探索》2020 年第 9 期。

③ 杨素萍、朱勇见：《日本私立大学教育经费的筹措和使用》，《中国高等教育》2017 年第 2 期。

措施、成人教育及青年工作等。①

法国的情况是，国家要负担教育经费的60%以上。因为法国所有的公共教育机构的教员，以及与国家签订契约关系的私立学校的教员，都被视为国家公务员，其工资均由国家负担。同时，国家还要对高等教育机构和国立的中等学校的各项费用承担责任。初等学校和学前教育机构的设立和经营所需的一切费用则由地方当局承担。在公共财源中，中央政府的教育经费占绝大多数，地方当局负担的教育经费通常不足30%。以2013年的情况为例，法国教育经费总额为1 448亿欧元，其中中央政府经费占57.0%，地方政府经费占24.5%，家庭经费占7.5%，企业投入经费占8.4%，其他公共部门经费占2.6%。学前教育和小学教育经费占教育经费总额的29.2%；中等教育经费占比为39.0%；高等教育经费占比为19.8%；继续教育（培训）及其他教育经费占比为12.0%。②

印度是一个典型的发展中国家，没有足够的经费用于教育，2007年印度的公共教育经费才占国内生产总值的3.74%，基础教育长期投入不足导致了印度家庭教育成本分担比例较大、落后地区的教育投入不足、地方教育负担较重等问题。③ 印度教育经费形成了以政府拨款为主、其他社会组织捐赠为辅的模式。基础教育由中央和邦共同承担投资责任，邦政府是最大的投资主体，对义务教育投资实行预算管理制度和补助金制度。预算管理制度实行自下而上逐级编制，从乡一级开始。补助金制度是对英国殖民统治时期教育财政拨款制度的一种延续，拨款对象是受补助学校，通过立法向受补助学校拨付补助金，补助金一般包括事业费和基建费。④ 印度高等教育经费主要来源于中央和邦政府（邦政府提供的经费多于中央政府提供的经费，大约占80%）。2003—2004年在印度高等教育公共拨款方面，中央政府和邦政府所占的比例分别是25.7%和74.3%。⑤ 即使在私立学院中，也是受政府资助者居多。印度“公助私立学院”的经费来源中，邦政府的资金达到76.6%，而学费只占10.4%。⑥ 中央政府主要通过大学拨款委员会进行拨款。高等教育的公共经费拨款主要由“计划经费”（也称发展经费）和“非计划经费”（维持经费）构成，“非计划经费”主要由教职员工的工资构成。大学教育方面，“非计划经费”接近“计划经费”的2倍；而工

---

① 殷文、房强：《德国公共教育经费投入连续8年攀升》，《世界教育信息》2018年第3期。

② 陈跃、马燕生：《法国公布2014年版〈国民教育大数据〉》，《世界教育信息》2015年第18期。

③ 沈有禄、谯欣怡：《印度基础教育投资政策存在的问题及均衡策略》，《比较教育研究》2012年第2期。

④ 高如峰主编：《义务教育投资国际比较》，人民教育出版社2003年版，第180页。

⑤ http://education.nic.in/stats/glance/Tablel1.pdf.

⑥ 谢安邦、曲艺主编：《外国私立教育》，中国社会科学出版社2003年版，第61—63页。

程技术教育由于对实验室等教学设备的要求较高，因此，两种经费间的差距不如大学教育大。总体而言，印度高等教育经费占国内生产总值的比重逐年增加，2006 年比上一年提升了 31.5%①，经费所占比例远远高于基础教育。2012—2013 年，印度对从基础教育到中等教育的预算进行了调整：基础教育经费从 1 亿美元下降到 2 700 万美元，中等教育经费从 2 100 万美元增加至 2.32 亿美元。② 这是印度政府在改善中等教育方面所做的努力。

中国的教育投资体制自 1985 年《中共中央关于教育体制改革的决定》颁布后逐渐开始发生变化，目前基本形成以国家财政拨款为主的多渠道教育投资体制。③ 国家财政性教育经费包括国家财政预算内教育经费、各级政府征收用于教育的税费、企业办学校教育经费、校办产业、勤工俭学和社会服务收入用于教育的经费等。与国际公共教育经费统计口径相对应的指标是"财政预算内教育经费"④。据统计，2012 年，我国财政性教育经费占国内生产总值的比例为 4.22%，并维持在 4%的比例至今，虽然与世界平均水平 4.3%和经合组织国家平均 4.9%相比还有差距，但我国经济发展水平连年增长，因此教育经费的绝对数值逐年增加，特别是 2020 年以来，随着全球大环境影响，我国教育投入占国内生产总值比例保持平稳，实属不易。从教育经费的来源结构看，财政性教育经费、事业收入是最为主要的来源渠道，也分为教育事业费（85.31%）和教育基建费（14.69%）。⑤ 进入 21 世纪以来，我国多渠道增加教育经费的来源。非义务教育阶段的学费成为教育经费的重要来源。

三、教育经费在国内生产总值中的比例

国际上衡量一个国家的公共教育经费是否充足、政府对教育投资努力程度的通用指标，是公共教育经费占国内生产总值（GDP）或国民生产总值（GNP）的比例。各国公共教育经费支出占国内生产总值的比重，2020 年全世界平均为 4.3%，其中高收入国家平均为 5.2%，中高收入国家平均为 4.1%，中等收入国家平均为 4.1%，

---

① 王晓辉主编：《比较教育政策》，江苏教育出版社 2009 年版，第 317 页。

② 王俊：《联合国教科文组织报告：印度在改善基础教育方面成效显著》，《世界教育信息》2015 年第 15 期。

③ 张东娇、徐志勇、赵树贤著：《教育管理学》，高等教育出版社 2011 年版，第 65 页。

④ "财政预算内教育经费"是指中央、地方各级财政或上级主管部门在年度内安排，并计划拨到教育部门和其他部门主办的各级各类学校、教育事业单位，列入国家预算支出科目的教育经费，包括教育事业拨款、科研经费拨款、基建拨款和其他经费拨款。

⑤ 张颖、龚旭铭：《我国教育经费投入规模与结构优化的研究》，《中国林业教育》2020 年第 5 期。

中低收入国家平均为 4.1%，低收入国家平均为 3.0%。①

随着教育在经济发展中作用的增强，20 世纪 60 年代，各国普遍增加了对教育的投入。发达国家的教育经费逐年增长，一般都增长了 2—3 倍，占国内生产总值的比例达到了历史高点。20 世纪 80 年代，受经济不景气等因素的影响，各国公共教育经费占国内生产总值的比例有所下降，后逐渐呈现稳定状态。

20 世纪最后 10 年（1991—2000 年），各国公共教育经费占国内生产总值的比例均有所下降。受政治变革和经济危机等因素影响，比例下降最明显的是日本和俄罗斯。加拿大比例下降的幅度也相对较大，但与其他国家相比，仍居世界前列。个别国家如法国和德国呈小幅上升之势。进入 21 世纪以来，各国公共教育经费占国内生产总值的比例相对稳定，美国、英国、法国、德国、日本、澳大利亚等国家的比例大致为 3.4%—6%；英国、法国、美国、加拿大和澳大利亚的比例较高，均在 5%以上；德国居中，比例为 4.5%—5%，日本维持在 3.5%左右。主要发达国家公共教育经费在国内生产总值中的比例见表 10-1。依法保证教育投入的充足性和公平性是当前主要发达国家教育财政发展的大趋势。

表 10-1 主要发达国家公共教育经费支出占国内生产总值（GDP）比重 单位/%

国家	1985 年	1991 年	2000 年	2014 年	2020 年
日本	5.2	4.7	3.6	3.6	3.4
法国	5.4	5.55	5.67	5.5	5.5
德国	—	4.1	4.46	4.9	4.7
英国	5.1	4.79	4.64	5.6	5.54
美国	6.3	5.09	4.8	5.0	6.1
加拿大	6.5	6.49	5.65	4.8	5.2
澳大利亚	5.1	4.87	4.82	5.2	6.1

资料来源：世界银行数据库、德国为联邦德国数据、联合国教科文组织数据库。

第五节 学校的组织和管理

从教育理论上看，各国都在大力提倡终身教育和社会教育，但在具体的教育管理中，处于中心地位的还是学校教育，尤其是学校的组织与管理问题仍是学校教育活动

① 数据来源于世界银行数据库。

的重中之重。这里仅以初等教育和中等教育为中心，探讨各国学校组织与管理的特点。

由于各国的教育管理的指导思想和方式不同，对学校的管理和监督的状态也是极为多样的。

校长是学校的经营管理的负责人，这一点在任何国家都是相同的，但校长代表学校进行决策时所遵循的程序以及所作决定的分量和处理办法，因国而异。参与学校管理的机构的组织与职能，各国间也存在差别。

任何国家都在力求教育管理民主化、学校教育管理效率化，因而在学校内部的组织管理上，也均是朝着保障自主的运营方式的方向加以组织的，但实际上学校管理的组织形式是多种多样的。如英国，虽受地方教育当局和学校董事会的制约，校长发挥自主性的余地仍很大；美国学校的管理实行高度的民主，有家长和社会的广泛参与；德国学校的教员会议有议决权；法国把学校看作教职员、家长、学生的共同体，同时校长又具有代表教育行政当局的色彩。总之，各国学校的组织管理形态是多种多样的。

一、美国学校的组织和管理

美国的学校组织和管理呈现多样性。即使是同一学区内的学校，在组织和管理上并不完全一样。出现这种情况的原因至少有两点。首先，教育权归各州所有，而州只制订纲领性标准，把具体事项委托给地方学区。各学区的政策、主张不同。其次，美国的学校基本上是按“为居民所有、靠居民办理、为居民服务”的理想和逻辑发展起来的，学校的组织管理要适应居民的要求。这就必然形成学校组织管理的多样化。

美国学区教育委员会下设的教育局中拥有许多各具不同职称的专职人员，他们不单纯是教育局的职员，职责也不止于对中小学的学校管理提供建议，他们还承担学区内公立学校组织和管理的部分工作。近年来，美国正在进行扩大学校办学自主权的改革尝试。

学校教职员组织　在美国的学区，学校内部管理机构形成了校本管理模式，将教育的权力和责任下移至学校，推行以学校为中心的教育。学校通常设一名校长（principal）作为学校的行政首长，他不仅是学校管理的核心，也是学校这一社会集团的领导者。规模较大的学校设副校长（vice principal）或校长助理（assistant principal）。他们的职责具体有两种情况：一是当校长认为必要时，临时代行校长职务；二是分担一部分校长职务。学校的业务管理及各学科的教学工作由学科教研室及教研室主任负责，教研室主任由教学专家担任。

主任教师（head teacher）的种类和地位，因校而异，绝大多数是作为学习指导上的领导。

除班主任和科任教师外，许多学校还设有图书馆管理员和媒体中心主任、顾问、计算机技术员等专家以及食堂、校舍和操场主管。此外，还设有打字员、事务员、警务员、设备管理技术员、服务员等职员岗位。

校长的资格条件与职务　关于校长的资格，各州有不同规定，但必须具备以下两项条件：(1) 至少有3—5年教育工作经验并有优秀业绩；(2) 必须学习并获得州教育厅规定的研究生院有关教育行政学学科的学分或取得硕士学位。1996年，美国各州首席教育官员理事会（the Council of Chief State School Officers，CCSSO）下属的州际学校领导认证协会（Interstate School Leaders Licensure Consortium，ISLLC）发布了一套面向20世纪的《学校领导标准》(*Standards for School Leadership*)，明确提出校长的专业定位是教育领导。2007年，该组织又修订和通过《教育领导政策标准》(*Educational Leadership Policy Standards：ISLLC 2008*)。2012年，各州首席教育官员理事会发布《我们的责任，我们的承诺》(*Our Responsibility，Our Promise*) 报告，指出中小学校长要在新形势下面临以下三个层面的变化和责任：(1) 体现良好的职业能力，确保为所有学生进入大学或职业生涯做好准备，与其他的利益相关者一起，设计学校的愿景、使命和战略目标；(2) 以提升学校整体质量为领导目标，提升学生成就感，培养和维持积极的学习氛围和安全的学校环境；(3) 建立支撑体系，实施共享共治理念，促进和支持教职工专业成长并适度分享领导责任，积极联系学生家庭，整合社区资源以促进学校发展。在制定和修改《教育领导政策标准》原则和内涵的同时，实施校长资格证书制度，要求校长持证上岗。美国的校长资格证书分为初级许可证（Initial Provisional Principal License)、专业资格证书（Professional Principal License）和专家资格证书（Master Principal Certificate）三个层次。①

校长是学校的最高行政长官，其责任是对教育局长负责，执行学区教育委员会的有关决议以及管理学校日常事务。其工作职责具体包括：(1) 学校日常管理，如规定学校教育目标，编制教育计划、经费预算等；(2) 教学管理，如编制教学大纲、课程安排等；(3) 学生管理，如指导学生、开展咨询服务、维护学生纪律等；(4) 人事管理，如指导、评估和补充人员等；(5) 教学和在职进修，许多校长有教学和指导教学的任务，校长还需进修和自我提高；(6) 公共关系，如与家长、社区、校外团体等进行联系。

学校组织的决策　学校组织和教育活动中的重大问题是由学区教育委员会过问的。而各校独自决定的事项是由校长负责的。

---

① 陈殿兵、杨新晓：《新世纪美国中小学校长专业发展的质量保障机制探析》，《继续教育研究》2020年第3期。

美国学校管理的基本理想是进行“民主的”“科学的”“高效的”管理。“教员会议”(faculty meeting)、家长-教师协会（PTA)、学校教育评议会、学校教育改进委员会等是实现这种理想的参事、议事机构，参与学校管理。近年来，实业界的积极介入，如实业协商会（business roundtable）和实业-教育合作（business-education partnership）等，对改进学校的管理效能起到了一定的作用。自 20 世纪 90 年代以来，问责制（accountability）在基础教育改革中的推行、新的学校领导标准的确立以及转化式领导的应用等成为美国学校管理改革与发展的新动向。

二、英国学校的组织和管理

学校校董会　英国的公立学校由地方教育当局管理。它通过制订发展计划，对学校的种类和数量以及学校教育的一般性质的基本框架作出规定。在这个框架内，由学校管理机关在本校指挥运行。

英国学校实行校董会领导下的校长负责制，校董会是决策机构，校长是首席行政长官，向校董会负责。学校管理机关是根据《1944 年教育法》设立的，小学叫学校管理委员会，中学叫校董会，这是英国特有的制度。前者最少由 6 名委员组成，其中三分之二的委员由地方教育当局任命；后者规模没有限制，由地方教育当局任命的代表委员和由代表委员推荐而任命的委员组成，其中包括经营者和家长代表等。1980 年初等学校管理委员会改名为董事会（Board of Governors)，委员中要有家长和教师代表。近年来，英国许多中小学校校长开始建立学校高级管理团队，实行学校组织的团队管理，以期提高学校的效能，迎合中央政府政治改革的要求。学校高级管理团队通常由学校里的关键人物组成，包括校长、科室主任和资深教师等，甚至有个别学校的高级管理团队还吸收家长、社区代表、学校董事会或理事会的成员参加。团队的规模一般为 3—8 人，核心任务是依据学校的目标制订长期和日常计划，决策范围非常广泛，当决策意见没有取得一致同意时，就运用例外程序。①

学校内部的组织与管理　学校内部的组织与管理由校长负责。中学通常设校长 1 名、副校长 1—2 名；小学设校长 1 名，副校长或校长助理 1 名。校长、副校长均为教师身份，要承担一定的教学任务。校长的主要职责是：(1) 负责学校的日常管理工作；(2) 管理学校的政策、规划；(3) 管理教职员工；(4) 管理预算和财务事项；(5) 管理学生；(6) 管理教学和课程。尽管校长行使职权时也受各种因素（如教育当局、董事会等）制约，但发挥校长个性的余地仍然很大。20 世纪 90 年代初，英国牛津大学与全国中小学校长协会合作，成立了“国家教育评估中心”(National Educational

---

① 罗建河、谭新斌：《学校高级管理团队——英国中小学校长提高学校效能的新举措》，《外国中小学教育》2008 年第 11 期。

Assessment Centre，NEAC），它按照美国模式开展了学校管理者的胜任力研究，构建中小学校长胜任力模型，对提高校长能力、素质水平，有效评估校长，选拔优秀校长等方面起到了重要作用。① 2004 年，英国修订了 1998 年出台的《国家校长标准》（*National Standards for Head Teachers*），对校长工作的六个“关键领域”（规划未来、领导学与教、发展自我和与他人一起工作、对学校组织的管理、明确责任、加强与社区的联系）分别作出具体规定②，作为校长专业发展与评估的主要依据。

学校没有中层管理机构，仅设 1 名高级教师和教育活动协调人协助校长管理日常教学工作和其他事务。他们不属于专职管理人员，通常由德高望重、经验丰富的任课教师兼任。教研组和年级组是学校的基层教学管理组织，由校长直接领导，分别承担各门课程的讲授和研究任务及对儿童的教育、管理和个别辅导。学校设“接待室”专司管理工作，根据学校规模设 3—5 名专职人员，不设主任，由校长直接领导。③

英国的学校组织和管理发展趋势是逐渐强调校本管理，即把决策确立的重新分配作为激发学校提高管理实效的重要手段，将绩效管理机制引入学校管理中。2010 年 5 月，新一届政府力推“自由学校”计划，任何人只要同意推动平等和民主的价值观念、尊重个人、善待环境、承诺反对暴力和种族主义，即可申办自由学校，按自己的意愿实施教学。但这类学校主要由慈善团体、高校、商业机构、教育团体、教师和家长创办。相比其他学校，此类学校有如下的特权：（1）有权决定教师的薪水标准；（2）拥有较大的学校预算控制权；（3）不必按照国家课程授课；（4）可以自由地改变学期的长度；（5）免受地方政府的控制。④ 2015 年 1 月，英国教育部发布了《引起关注的学校：地方当局法定指南》（*Schools Causing Concern : Statutory Guidance for Local Authorities*），关注公立薄弱学校以及学校管理中的薄弱环节，为公立学校管理与发展提供了明确的参考依据。⑤

三、德国学校的组织和管理

德国的教育权在各州，因而学校管理结构也因州而异，但基本结构并无多大差

---

① 安晓敏、任晓玲：《英国 NEAC 中小学校长胜任力研究及对我国的启示》，《外国中小学教育》2015 年第 1 期。

② 涂元玲：《英国〈国家校长标准〉的执行分析——基于英国国家级校长专业资格培训项目的研究》，《现代教育论丛》2010 年第 9 期。

③ 侯耀先：《从英国教育管理体制看我国教育管理体制的改革》，《河南职技师院学报（职业教育版）》2002 年第 3 期。

④ What are Free Schools? http://www.education.gov.uk/freeschools.

⑤ 王小栋、王璐：《加强公立学校管理　提升基础教育质量——英国 2015 年地方当局法定指南解析》，《世界教育信息》2017 年第 2 期。

异。现行管理结构大致如下。

校长 德国中小学内部实行校长负责制，学校通常设校长 1 人，副校长 1—2 人。校长的法律地位和教员是相同的，没有特殊的法律身份。如黑森州《学校行政法》规定，“校长同时是该校的教员”。总之，校长是“同辈同事的首席”。因此，即使是规模很大的学校，校长也有教授一定时数课程的义务。德国对学校校长实行公开招聘制度，要求和程序非常严格。首先由州教育部发出公告，应聘者提出申请，经考核合格后任命。考核的内容包括以下几方面。(1) 公开课：考查教育教学能力，由考核人员评分。(2) 听评课：考核其教育教学的判断与管理能力。(3) 发表施政演说：考核其管理思路及能力，由学校管理委员会作出评价。其次，通过教育管理部门的面试，最终确定校长人选。小学校长由市学校管理委员会任命，中学校长由州文化教育部任命。① 2008 年北莱茵-威斯特法伦州政府颁布了《中小学教师申请中小学校长职位：入职能力诊断程序和业务考核公告》，2009 年将入职能力诊断纳入该州选拔中小学校长的硬性条件。② 德国的校长培训机构形成网络化，培训机构分州立进修学院、区进修学校、地方教育局、学校等四级。③

校长虽然有权在法令和教员会议决议的范围内管理学校，但其权限大体上限定在技术性、执行性的范围之内，如与上级、学校和家长的沟通联系，参加校长例会，组织教师执行教学大纲和计划，安排代课，联系就业指导等。

学校会议 学校会议是学校教育事项的最高决议机关，由教师和家长代表组成，人数各占一半。其职责是决议学校重大问题。它的决议对校长以及一切成员都有约束力。校长要根据决议去管理学校。只有当校长认为它与法律或行政规则相抵触时，才有权向教育行政机关提出异议。家长代表参加会议的权利已经合法化。

学校内部行政机构 德国学校内部的行政机构非常精干，校长与教师之间不设其他形式的行政组织。学校的非教学行政管理人员一般有校舍管理员、秘书、行政管理职员、图书管理员、教学器材管理员、教育心理学者等。④

德国学校管理发展的新趋势是学校管理自主权不断扩大。如 20 世纪 90 年代前后开展的有关“学校自律性”的大讨论，将人事权、预算权、教育规划权等与教育内容相关事项委托给学校，扩大学校的裁量权。⑤

---

① 李春生主编：《比较教育管理》，江苏教育出版社 2008 年版，第 93 页。

② 李家丽：《德国中小学校长入职能力诊断的研究和借鉴》，《浙江外国语学院学报》2014 年第 2 期。

③ 姚静：《国外中小学校长培训管理机构的发展趋势研究——以美、德、英三国为例》，《天津师范大学学报（基础教育版）》2014 年第 2 期。

④ 李春生主编：《比较教育管理》，江苏教育出版社 2008 年版，第 80 页。

⑤ 李天鹰：《英美法德日诸国的学校内部管理体制改革》，《外国教育研究》2004 年第 12 期。

四、法国学校的组织和管理

20世纪初，法国虽然在中学设立了合议制管理委员会，但教育行政机关的监督权极大，学校仍是“封闭性社会”，家长不能进学校大门。

20世纪60年代，家长团体以及教师工会等团体对权威主义、封闭性学校展开批判，要求改革。1968年成立了中等学校的各种委员会，1975年又推行到小学和幼儿园。1975年颁布的《哈比法》规定在各学校建立由教职员、家长和学生组成的学校共同体，以便齐心协力管理好学校。作为具体制度，将中等学校管理委员会改名为学校委员会；在小学和幼儿园设家长委员会，它与校长、教员会议共同组成学校委员会。法国真正意义上的教育权力下放从20世纪80年代开始，其标志是1982年颁布的《地方分权化基本法》。该法确定教育责任由中央政府、大学区、省地方当局共同分担。省和大学区负责小学和中学的计划、设立、装备，地方当局负责学校建设和维持，国家依然负责课程内容，管理学校的教学、行政和师资。1997年，法国国民教育部正式颁布关于人事权下放的政令，将中小学教师由国家管理改为由学区管理。

法国中小学内部管理架构包括校长1名，校长秘书1名，另有2人管理校务和总务工作。学校理事会是协助校长工作、参与学校管理的学校内部组织，由校长、5名行政和服务部门的代表、5名教育教学人员代表、5名学生家长代表、5名学生代表和5名地方人士组成，校长为理事会主席。① 法国学校校长没有人事权和财政预算权，在学校决策过程中校务委员会行使主要职权。校务委员会由学校领导、地方管理教育的行政人员、学校教师代表、家长和学生代表组成，其职责包括：参与组织学校教学的各方面工作，每年通过学校工作计划，听取学校行政机构的汇报；确定预算；讨论一切组织问题；决定学校卫生、安全状况、社会信息手段等事项。校务委员会解决与家长的联系问题，讨论在学校发挥作用的家长协会的活动纲要，阐述其针对学校生活中一切问题的意见和愿望，选择教科书、参考书，决定计算机保障等事项。②

五、日本学校的组织和管理

学校教职员组织 日本学校设校长1人，掌管校务，监督所属教职员。学校还依法设置教头、教谕、教务主任、学年主任、保健主事和学生指导主事等职位。中小学还在必要的情况下配备“助教谕”“养护教谕”“讲师”“护士”“营养师”“勤杂人员”等；有条件的还配备“校医”“药剂师”。高中必须配备“教头”“教谕”及“教育事务职员”，必要时配备“养护教谕”“助教谕”“技术职员”“护理师”“园艺师”等。此外各学校还配有“学科主任”“图书管理员”等。特殊学校、养护学校及幼儿园，

---

① 马健生主编：《比较教育》，高等教育出版社2010年版，第277页。

② 殷芬：《转型期法国教育权力下放述评》，《当代教育科学》2007年第5—6期。

则需配备特设的如“协理员”“宿舍管理员”“舍监”等教职员。教育委员会决定教职员的人事调动；地方政府的预算委员会负责学校的财务预算；普通中小学还普遍设有教职员会议。①

校长与教头　校长是学校的最高负责人，在学校工作的运营上，对内对外都是个人负责的。校长的职权是掌管校务，监督所属职员。具体负责制订学校经营规划和教育计划、组织领导全校活动、处理全校校务、掌管校内人事、经费与财务、协调关系、监督指导全校教职员等。根据日本公务员法，校长属于管理职务，即处于管理和监督地位的职务。

教头是相当于校长助理，也属于管理职务，是辅佐校长的重要职务。教头的职责是：协助校长处理校内校务，必要时代表校长对学生进行思想教育工作；当校长有事时，可代理校长的职务，校长缺任时可履行校长职务。教头必须具有一级教谕资格，拥有 5 年以上教龄。其由地方教育委员会选考任命。

2013 年的一项旨在提升学校管理者的领导能力和应对危机的能力的新提案中提出，今后日本公立中小学校长、教务主任晋升前必须到相关大学的研究生院进行为期 1 年的业务研修，只有获得研修合格证书的校长和教务主任才有资格获得提拔。②

教职员会议　教职员会议是由校长主导、促进教职员间沟通、辅助校长决策的机构，它的设置是为了加强校长的领导权，协助校长进行正确决策并更好地贯彻决策。其职责是审议讨论学校的一些重要事项，是教职员参与学校管理的一个重要渠道。

计划委员会　这是一个执行机构，向校长和教职员会议负责，与“教职员会议”同样起到辅助校长工作和顾问机构的作用。

特别委员会　根据特定的校务工作可临时组成“特别委员会”，如“学校例行活动委员会”“生活指导委员会”等。它们在完成特定事务后随即解散。

日本基础教育面临的重要难题是公立学校所遭遇的质量和信任危机。日本政府所进行的教育改革均体现了学校管理权力下放的趋势和走向。2000 年教育国民会议的一份提案中，提出将校长的人事权扩展到所有正规编制的职员，校长还在课程管理以及经费预算上享有很大的权力。同时将学校的课程、预算、人事管理等权力下放到学校基层，使学校自主管理、自律运营，让校长、教师、学生、家长和社会共同参与。③进入 21 世纪以来，日本的教育行政改革将市场机制引入教育领域中，学校管理民营化成为日本学校组织和管理发展的趋势之一。内容包括学校运营协议会制度（建立新

---

① 李春生主编：《比较教育管理》，江苏教育出版社 2008 年版，第 191 页。

② 罗朝猛：《日本中小学管理者晋升前需脱产研修一年》，《世界教育信息》2013 年第 12 期。

③ 赵健：《学校管理本位化与学校选择自由化——日本公立中小学改革的新进展》，《全球教育展望》2002 年第 1 期。

型公立学校）、公设民营和设置具有股份公司性质的株式会社学校、非营利活动法人（NPO）学校3种形式。学校管理民营化引发了日本国民对教育公共性的探索与思考。①

六、印度学校的组织和管理

印度的教育权在各邦和地区基层行政机构，因而学校管理结构也因地区而异，但基本结构大体一致。

校长 印度中小学内部实行校长负责制。其主要工作是有效地进行人力资源管理，通过督导其他教师的工作，实现其领导职能。每所学校至少要拥有4名教师，小学校长才能有效地开展督导工作。不接受政府资助的私立小学校长拥有较大的权力。

学校管理委员会/学校教育委员会 学校管理委员会与校长共同实施学校的行政管理。接受政府资助的私立学校必须在邦教育当局所制定的规则的大框架下进行学校内部管理，接受邦教育部门的督导和检查。公立小学的内部管理处于自由放任状态。学校教育委员会是学校与县级及以上教育委员会的桥梁和纽带，加强学校与地方的联系。主要负责学校校舍和设施的建设；为学校提供设备、给学生提供课本、校服、奖学金；协助教师组织课外活动、解决教师住宿问题等。学校教育委员会的经费来自政府、私人或社团的捐助，具有独立性。

家长与教师协会 印度重视社区参与教育管理。家长与教师协会是印度许多小学建立的参与学校管理的社区组织。家长与教师协会一般每月召开一次会议，讨论社会关心的教育问题。学校也可以通过这种途径寻求经费支持开展文化活动。

为顺应进入21世纪以来全球教育发展的整体态势，应对知识经济与工业4.0时代的外部冲击与挑战，印度于2020年7月颁布了《国家教育政策》，对中小学进行重大改革，将学校教育制度划分为基础、预备、初中和高中四大阶段，聚焦于21世纪能力的培养。这是印度教育发展的纲领性文件，力求在重视印度传统文化及价值的基础上努力建立"新印度"。②

---

① 罗朝猛：《日本学校管理民营化的实践及评述》，《教育导刊》2011年第11期。

② 王建梁、王秀文：《印度未来20年教育发展的战略指引——基于对印度〈国家教育政策（2020）〉的分析》，《清华大学教育研究》2021年第2期。

第十一章

国际组织与教育发展

世界自 20 世纪 80 年代以来进入全球化时代，教育国际交流频繁，许多国际组织参与全球教育治理。本章介绍几个主要国际组织在全球教育治理中的角色和作用。

第一节　联合国教科文组织与教育发展

联合国教育、科学及文化组织（United Nations Educational，Scientific and Cultural Organization，简称“联合国教科文组织”，英文简称“UNESCO”）是联合国下设的专业技术性国际组织，也是国际教育、科学和文化领域内最具权威和影响力的国际智力合作机构。联合国教科文组织创立于 1945 年 11 月 16 日，总部设在法国巴黎的丰特努瓦广场（La Place de Fontenoy）。长期以来，联合国教科文组织一直致力于推动各个国家和地区在教育、科学和文化领域开展国际合作，以此共筑和平。截至 2023 年 7 月，联合国教科文组织已经发展成为一个拥有 194 个成员、12 个准成员以及 11 000 个合作院校的重要国际组织，并在维护长期和平、推动公平以及可持续发展方面发挥着独一无二的关键作用。

一、联合国教科文组织的发展简史

联合国教科文组织这 70 余年来的发展历程主要可以划分为如下 4 个比较关键的阶段，即：创立阶段、起步与发展阶段、成熟与危机阶段、新发展阶段。

（一）联合国教科文组织的创立阶段

联合国教科文组织的前身可以追溯至二十世纪二三十年代的智力合作组织（The Organization of Intellectual Co-operation）以及国际教育局（International Bureau of Education，IBE）。

第一次世界大战结束后，国际社会对于消除战争隐患，维护世界和平的诉求愈发强烈，而对于创立多边智力合作组织的呼声也愈发高涨。1922 年，国际联盟（League of Nations，简称“国联”）正式成立了“国际智力合作委员会”（International Committee on Intellectual Co-operation），但委员会与各成员国之间的合作实际上非常有限。1926 年 11 月 16 日，经国联大会批准，“国际智力合作所”（International Institute of Intellectual Co-operation）成立，这迅速打开了国际智力合作的新局面。为此，“国际智力合作委员会”重新制订其工作计划，明确指出其使命是“为各种形式的智力活动（包括科学思想）提供服务”①，而并非一个高于各国教育部门和学术部门的机构。1931年9月24日，“智力合作组织”（The Organization of Intellectual Co-operation）成立，而“国际智力合作委员会”作为“智力合作组织”的最高机构，负责指导和监督“智力合作组织”的活动。直至第二次世界大战在欧洲全面爆发时，智力合作组织已经开展了大量的教育活动，工作主要涉及学术机构间的文化合作领域，比如高等教育人员交换、高等教育学位认同、大学生失业、成人教育、公共图书馆等。

智力合作组织在成立之初较少关注中小学教育领域，此前，国际教育局已成立，负责收集有关私立学校和公立学校的资料，进行教育科学和统计方面的研究，并为教育有关的机构和学术团体提供协调服务。在《国际教育局章程》以及1934年“国际公立教育大会”（International Conference on Public Education）的召开双重影响下，国际教育局成功转型为政府间组织，并成为国际教育的情报交流中心以及比较教育研究阵地。二战爆发后，国际教育局转向一些人道主义援助的工作，并提供“智力援助”。1968年，国际教育局在不更名和享有高度自主权的前提下并入联合国教科文组织，而“国际公立教育大会”也更名为“国际教育大会”（International Conference on Education，ICE）。

二战期间，一些有识之士开始酝酿筹备在教育领域建立一个永久性的合作组织。② 1942年11月16日，盟国教育部部长会议（Conference of Allied Ministers of Education，CAME）第一次会议在伦敦召开，这成为联合国教科文组织成立的开端。此后，关于文化公约、书籍期刊、科学问题、电影和视听媒介、历史、归还科学设备和艺术品、保护和归还文物以及关于教育设备的多个委员会相继成立，它们所涉及的领域为此后联合国教科文组织的工作框架奠定了基础。1944年2月，盟国教育部部长会议批准了关于“建立一个国际教育组织”的建议。在1944年4月举行的第九届全体会议后，盟国教育部部长会议召开会议来讨论有关成立“联合国教育和文化复兴组织”等建议，草拟了临时组织法草案。1945年6月26日，《联合国宪章》通过，同时提及盟国教育部部长会议计划在不久后讨论成立一个关于教育和文化合作的国际组织的相关事宜，使得联合国教科文组织的成立前景更加明朗。

1945年11月，来自43个国家及国际劳工组织、国际智力合作所、国际教育局、泛美联盟等国际组织的代表团和观察员前往伦敦参加会议，讨论建立“联合国教育文

---

① F. Valderrama. *A History of UNESCO*. Paris，the United Nations Educational Scientific and Cultural Organization，1995，p. 3.

② G. F. Pompei. *History of the Organization*，*UNESCO*. In the Minds of Men，Pans：the United Nations Educational，Scientific and Cultural Organization，1972，p. 16.

化组织”的问题，11 月 6 日，会议通过了这项关于组织名称的决议。11 月 16 日，联合国教科文组织正式诞生。

（二）联合国教科文组织的起步与发展阶段

伦敦会议结束后，联合国教科文组织筹备委员会成立，负责筹备联合国教科文组织第一届大会，制定联合国教科文组织的各项计划及经费预算，并对《组织法》中的精神进行解读和落实。但联合国教科文组织内部对于其工作哲学和组织定位等问题产生了分歧：一种观点认为联合国教科文组织应当保持一个精神的或道德的立场，在意识层面推动世界和平发展，成为联合国的道德核心①；另一种观点认为联合国教科文组织应当是一个技术性的组织。而这些争议直接威胁着联合国教科文组织的发展，使得它既无法解决现实问题，也难以推行其高尚的理念。② 1947 年，雅克·马里坦（J. Maritain）在联合国教科文组织墨西哥全体大会上提出两个选项，并指出“要考虑在‘共同的实践理念’的基础之上来达成共识，即联合国教科文组织的定位基础不是形而上的世界、人类或知识观，而是一整套指导实践活动的原则和理念”。③ 事实上联合国教科文组织的伦理定位与实践定位之间并不矛盾，在推动国际智力合作的同时，它也在为各成员国提供大量的技术支持：不仅开展了调查、研究、专家会议、政策建议等活动，而且还开展了扫盲运动、全民教育、国际理解教育、和平与人权运动等实地行动项目，充分反映了联合国教科文组织的组织理念和宗旨。

此后，联合国教科文组织开始由“遍地开花”向“重点培养”的模式逐步转型。1950 年，时任联合国教科文组织总干事海梅·托雷斯·博德（J. T. Bodet）强调秘书处应当充分发挥联络、激励和协调功能，由此指导联合国教科文组织开始尝试建立一整套的项目系统，但也使得联合国教科文组织容易陷入琐碎平庸的工作中。1954 年，联合国教科文组织执行局提交了一份题为《重塑联合国教科文组织未来的计划》（*Remodeling of the Future Programme of UNESCO*）的报告，将组织的活动范围集中至一些重大项目计划当中，同时还完成了执行局的改组，而这项成果因社会主义国家的陆续加入而得以巩固。

在 1956 年新德里第九届全体大会上，联合国教科文组织通过了转型后的第一批重大项目，共三项，均于 1957 年启动，包括“拉美小学扩展运动（教师培训）”[Extension of Primary Education in Latin America（Teacher Training）]、“干旱区科

① UNESCO. *UNESCO on the Eve of Its 40th Anniversary*. Paris：the United Nations Educational Scientific and Cultural Organization，1985，18.

② Gian Franco Pompei. *History of the Organization*，*UNESCO*. In the Minds of Men，Pans：the United Nations Educational，Scientific and Cultural Organization，1972，20.

③ UNESCO. *UNESCO on the Eve of Its 40th Anniversary*. Paris：the United Nations Educational Scientific and Cultural Organization，1985，18.

学研究重大项目”（Major Project on Scientific Research on Arid Zone）和“东西方文化交流项目”（Mutual Appreciation of Eastern and Western Cultural Values）。

经过数十年的发展，联合国教科文组织成员的数量也从 1954 年的 72 个增长至 1960 年的 100 个。随着 20 世纪 60 年代后民族独立运动在世界范围内的全面爆发，第三世界国家在联合国教科文组织中的力量也迅速加强，也促使联合国教科文组织积极寻求全新的活动维度，探索活动实施程序和过程。1966 年，联合国开发计划署（United Nations Development Programme，UNDP）成立，加大了对于联合国教科文组织教育活动的支持力度；而联合国儿童基金会、世界银行和其他一些区域性发展银行也加入了教育行动大军，并与联合国教科文组织开展合作。同时，联合国教科文组织还积极提升其教育规划理念，并通过了多项包含教育规划内容的建议书。这一时期，在“经济发展观”的指导下，联合国教科文组织开始建立以人为中心的、人既是工具又是目的的综合发展观，对其日后的活动产生了深远的影响。

（三）联合国教科文组织的成熟与危机阶段

这一阶段，联合国教科文组织在曲折的道路上前行。随着经济社会以及科学技术的快速发展，人们开始重新审视以经济增长为核心的发展理念，并关注环境保护和可持续发展。同时，国际经济新秩序建立，国际社会掀起了一场追求平等国际关系的运动。联合国教科文组织需要进一步改革工作模式，并对未来做出更加明确的判断。

为此，联合国教科文组织提出了“中期发展规划”（Medium-term Programming）的概念，① 而第一份最终成型的《中期发展规划》是 1977—1982 年的发展规划。此后，联合国教科文组织每 5 年就提出一份中期发展规划，通过明确和分析世界性的发展问题，针对问题提出解决之道，号召成员共同合作，从而促进世界的和平发展。

然而，作为联合国的下设部门，联合国教科文组织不可避免地受到了冷战的影响。1974 年，来自第三世界的塞内加尔代表阿马杜-马赫塔尔·姆博（A. M' Bow）出任联合国教科文组织总干事，使得第三世界国家的力量得以在联合国教科文组织舞台上彰显，联合国教科文组织内的冷战气氛也达到顶峰。1984 年 12 月 31 日，美国由于政治、经济等原因，退出了联合国教科文组织，并由此引发英国和新加坡的先后退出。由于会费大国的退出加之经济危机的冲击，联合国教科文组织陷入了财政危机，并且进一步引发了组织管理方面的诸多问题。而在这场危机中，联合国教科文组织内部的力量格局发生了变化，日本一跃成为缴纳最多会费的国家，这也成功地帮助日本人松浦晃一郎获得了总干事地位，为日后联合国教科文组织的改革奠定了基础。

① UNESCO. Thinking Ahead：*UNESCO and Challenge of Today and Tomorrow*. Paris：the United Nations Educational Scientific and Cultural Organization，1977，Preface.

（四）联合国教科文组织的新发展阶段

随着冷战的结束，人类历史迎来一个崭新的时代。自20世纪80年代起，联合国开始进行改革，而联合国教科文组织的改革历程也与之密切相关。1988年，新任联合国教科文组织总干事费德里科·马约尔（F. Mayor）开始着手对项目管理、国际合作、财政预算、决策制度和人事制度等方面进行改革，使联合国教科文组织迈出了新生历程的第一步。1999年，松浦晃一郎就任总干事后迅速在组织定位、经费来源、机构设置、项目管理等方面推出大刀阔斧的改革计划。其中，松浦晃一郎尤其强调联合国教科文组织应在自身能力范围内，为会员提供专家型建议，并将基本定位确定为思想实验室、信息交流中心、准则制定机构、会员能力培养者和国际合作的推动者。在其卓有成效的改革下，联合国教科文组织获得了新的成长和发展。2011年10月31日，联合国教科文组织大会投票通过关于巴勒斯坦以成员国身份加入的提案；同日，美国政府宣布中止向联合国教科文组织缴纳会费；2017年10月，美国宣布退出联合国教科文组织。这一系列变动，给联合国教科文组织的未来以及全球局势增添了一些不确定性。尽管未来还面临着各种复杂的挑战，但只要联合国教科文组织始终秉持不断改革的基本精神，就一定能在变革中不断获得新生。

二、联合国教科文组织的机构设置

（一）联合国教科文组织的主要机构设置①

如图11-1所示，联合国教科文组织的主要机构包括联合国教科文组织大会（The General Conference）、执行局（The Executive Board）和秘书处（The Secretariat）。

第一，联合国教科文组织大会是组织内的最高权力机构，负责决定联合国教科文组织的政策及主要工作路线，由各会员在征询各自联合国教科文组织全国委员会或教育、科学及文化团体的意见后，指派最多5名代表参加会议。大会工作语言为阿拉伯语、中文、英语、法语、俄语和西班牙语，每2年举行一次常会，由会员和准会员以及非会员、政府间组织和非政府组织的观察员出席。不论国家大小、地域大小、会费缴纳多少，每一个会员在大会中享有一票表决权；而凡拖欠会费之总数超过其在当年及前1年所应缴纳之会费总数时，该会员自动丧失其在大会中的表决权。

第二，执行局为大会闭幕期间的管理和监督机构，其设立是为了确保联合国教科文组织的总体管理平稳。它由大会在兼顾文化多样性和地域均衡性的原则下，选出的

① UNESCO. UNESCO Constitution（2019-1128）. http://portal.unesco.org/en/ev.php-URL_ID=15244&URL_DO=DO_TOPIC&URL_SECTION=201.html.

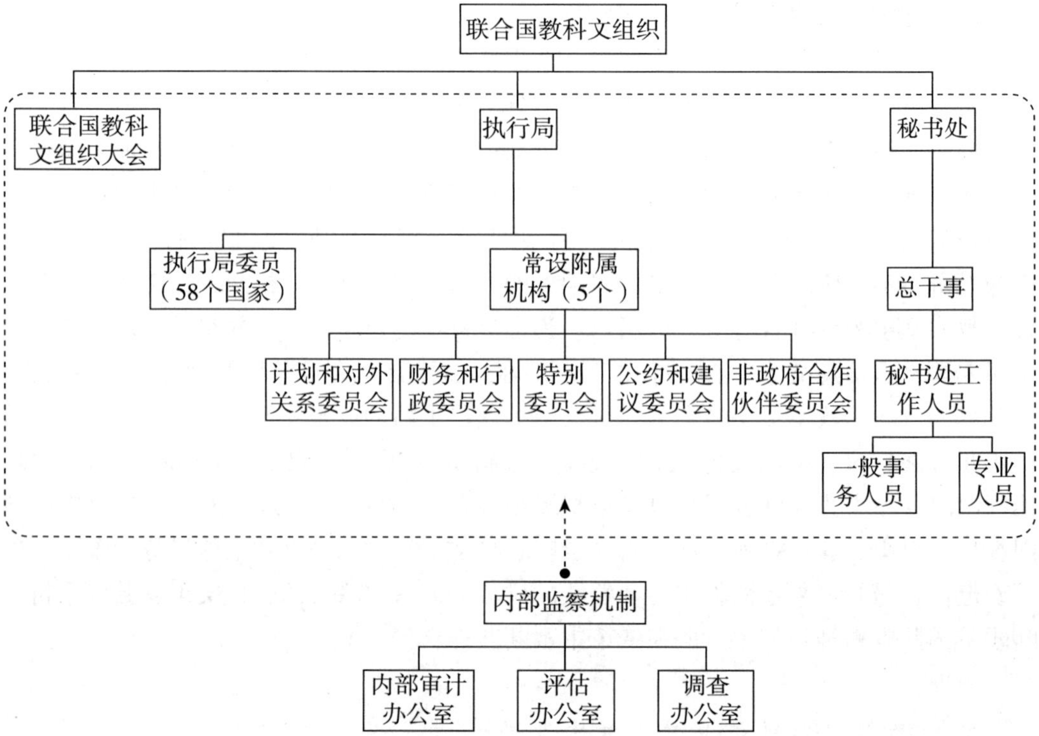

图 11-1 联合国教科文组织主要机构设置①

58 个会员组成，当选的会员被称为“执行局委员”。每一执行局委员应当任命一位代表，任命时需考虑个体是否在联合国教科文组织的某一或多个领域具备胜任执行局管理和执行事务的资格和能力，同时考虑到代表就任的连续性。执行局的职能和责任主要来源于《联合国教科文组织宪章》和大会所制定的规则或指示，它为大会的工作做准备，并确保大会的决议得到正确实施。此外，执行局还设有五个常设附属机构。②

第三，秘书处作为联合国教科文组织的行政部门，由总干事及其根据需要所任命的工作人员组成，主要负责日常的执行工作。总干事为本组织的首席行政干事，由执行局提名，经大会批准后任命，任期 4 年，最多连任一届。秘书处工作人员则分为一般事务人员和专业人员这两大职类，由总干事按照大会批准的工作人员条例选用。目前，联合国教科文组织在世界各地的 53 个外地办事处约有 700 名工作人员。③

现任联合国教科文组织总干事奥德蕾·阿祖莱（A. Azoulay）于 2017 年 11 月 15

①③ 该部分信息来源于 UNESCO 官方网站中对于管理机构的介绍：https://en.unesco.org/about-us/governance。

② 该部分信息来源于 UNESCO 官方网站中对于执行局基本情况的介绍：https://en.unesco.org/executiveboard/inbrief。

日开始就职，她在致辞中表示将不遗余力地确保联合国教科文组织充分履行其使命，促进人道主义以及开放的价值，并成为联合国系统中的一股重要推动力量。①

此外，联合国教科文组织还设置有内部监察服务机制（Internal Oversight Service，IOS），它包括三大办公室，其任务是确保联合国教科文组织高效地执行工作计划，确保战略管理信息的可靠和及时，同时促进执行方法和程序的持续改进，从而确保联合国教科文组织各项业务的质量及发挥相应的影响。

（二）联合国教科文组织的教育部门机构设置

联合国教科文组织教育部组织机构设置如图 11-2 所示。联合国教科文组织的教育部是组织中最大的部门，约有 400 名工作人员，他们在巴黎总部、遍布全球的 53 个办事处以及各类专门机构及中心工作。2018 年 5 月，意大利官员斯特凡尼亚·贾尼尼（S. Giannini）被任命为教育助理总干事，成为联合国在教育领域的最高官员，负责协调和监督联合国可持续发展目标（Sustainable Development Goals，SDGs）所包含的《2030 全球教育议程》（*Global Education 2030 Agenda*）。

联合国教科文组织教育部由执行办公室和四个司组成。其中，全球教育监测报告司下设的全球教育监测报告咨询委员会（The Advisory Board of the Global Education Monitoring Report）负责《全球教育监测报告》（*Global Education Monitoring Report*）的相关事务，其主要监测实现新的可持续发展目标框架内各项教育具体目标的进展情况。2002 年以来，该报告共出版 12 期，所涉主题十分宽泛，取得了监测和政策分析方面的大量数据和经验。

而在总部之外，联合国教科文组织遍布全球的 53 个办事处则致力于与各国政府、发展伙伴和民间社会保持密切的教育方面联系。除了各地方办事处内设的有关教育部门外，联合国教科文组织还先后吸纳并设立了 10 个一类机构，并与分布在世界各地的 14 个二类教育机构保持着密切的合作。除上述机构外，联合国教科文组织还通过其广泛的全球教育网络来开展工作，包括：联合国教科文组织联系学校网络（UNESCO Associated Schools Network，ASPnet）、联合国教科文组织姊妹大学及其大学网络计划/联合国教科文组织教席（UNITWIN/UNESCO Chairs）以及在职业技术教育与培训领域设立的联合国教科文组织国际职业技术教育培训中心（The UNESCO International Centre for Technical and Vocational Education and Training，UNEVOC）及其所辖网络。②

---

① 该部分信息来源于 UNESCO 官方网站中对于现任总干事基本情况的介绍：https://en.unesco.org/director-general。

② About the Educaion Sector. https://en.unesco.org/themes/education/about-us.

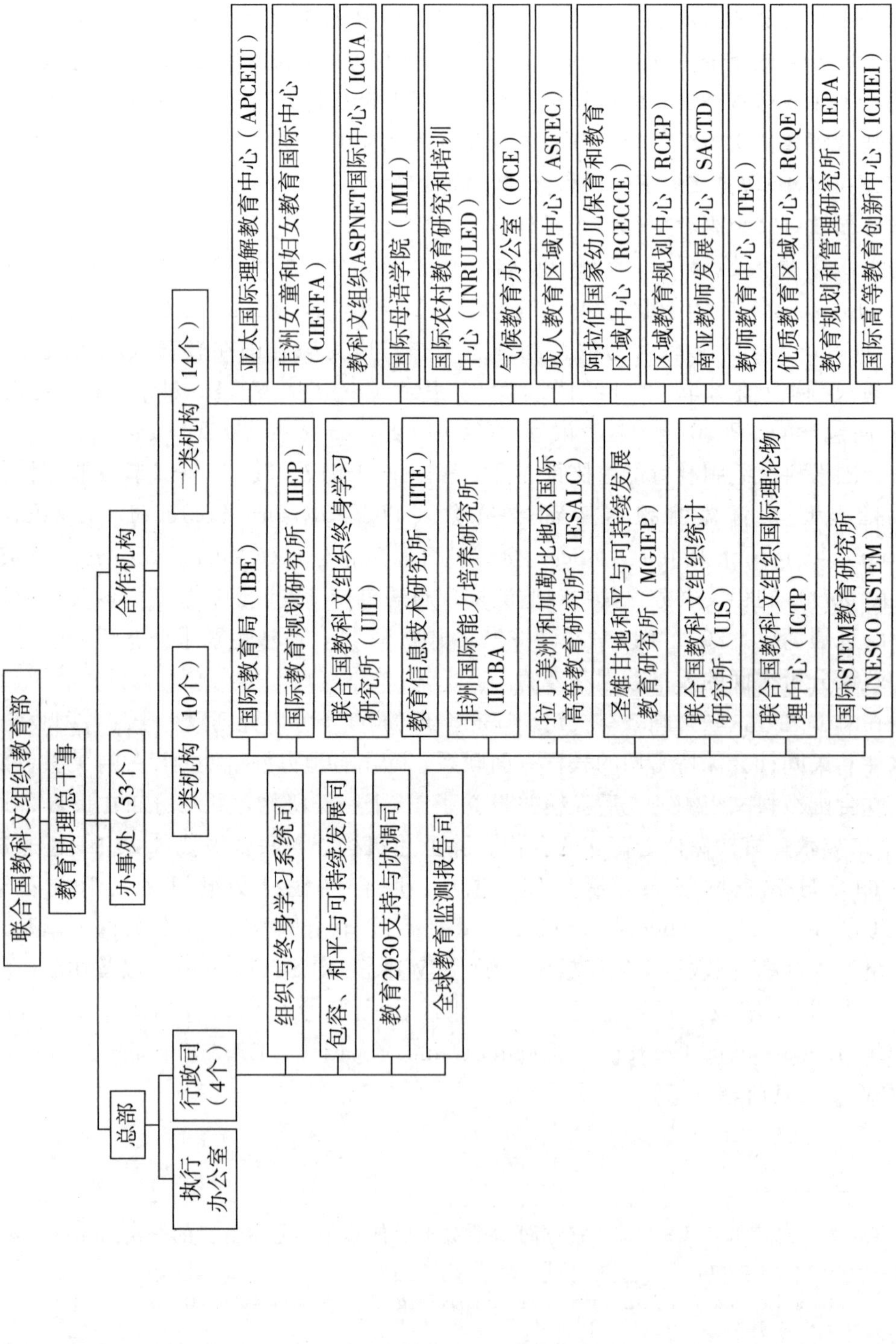

图11-2　联合国教科文组织教育部组织机构图

自2015年起，联合国教科文组织便扮演起了协调和监控《2030全球教育议程》的新角色，而教育部门的愿景也体现在联合国可持续发展目标的第四项中，即“确保包容、公平的优质教育，促进全民享有终身学习的机会”（Ensure inclusive and equitable quality education and promote lifelong learning opportunities for all.）。在这一目标的指引下，各部门和机构密切配合，使得联合国教科文组织在全球教育治理中发挥着重要的作用。

三、联合国教科文组织的主要活动

联合国教科文组织的宗旨为“通过教育、科学和文化来促进各国间合作，对和平和安全做出贡献，以增进对正义、法治及《联合国宪章》所确认之世界人民不分种族、性别、语言或宗教均享人权与基本自由之普遍尊重”。[①] 而为了更好地实现这一宗旨，联合国教科文组织在其《2002—2007年中期发展规划》中明确提出了联合国教科文组织的五大基本职能，其主要活动也围绕这五大职能来展开。

第一，联合国教科文组织具有思想实验室的职能，进行前瞻性研究。联合国教科文组织首先应该了解造成当今世界动荡不安的各种变化的根源及其后果，明确教育、科学、文化和传播在当今世界中的位置，并根据其所捍卫的伦理原则，预测相关领域的重大问题，然后根据这些重大问题确定相应的战略和具体政策，引导世界在教育、科学、文化和传播领域的发展。

在教育领域，作为唯一拥有涵盖教育所有方面授权的联合国机构，联合国教科文组织始终坚信“教育改变生活”（Education transforms lives.）。联合国教科文组织认为，教育是所有人终身享有的一项人权，而教育机会必须与教育质量相匹配。自2005年起，联合国教科文组织就开始作为“联合国教育促进可持续发展十年计划（2005—2014年）”[Decade of Education for Sustainable Development（2005—2014）]的牵头机构，负责协商并拟定国际执行计划草案，澄清这10年与当前各种教育进程之间的关系。2009年，联合国教科文组织召开了“世界可持续发展教育大会——迈入‘联合国可持续发展教育10年’的第二阶段”（World Conference on Education for Sustainable Development “Moving into the Second Half of the UN Decade”），并通过《波恩宣言》（*Bonn Declaration*）号召各成员继续推进可持续发展教育。2015年5月21日，世界教育论坛（World Education Forum）举办，会议通过了《仁川宣言》（*Incheon Declaration*），授权联合国教科文组织成为《2030全球教育议程》的领导者

---

① UNESCO. *A Constitution of the United Nations Educational, Scientific and Cultural Organization, Basic Texts*. Paris: United Nations Educational, Scientific and Cultural Organization, 2004, p. 8.

和协调者，以更好地应对当前及未来全球和国家教育面临的挑战。联合国教科文组织在教育领域持续发挥着全球和区域领导作用，通过教育来应对当代全球发展进程中遇到的挑战和风险。再通过过往的表现，我们可以看到，联合国教科文组织充分彰显出对当前时局及未来发展方向的积极应对态度和措施，是全球后续可持续发展中不可或缺的力量和角色。

第二，联合国教科文组织具有信息交流中心的职能，实现知识的发展、传播与交流。联合国教科文组织通过引导协调，有时直接管理一些地区性和国际网络，通过各种各样的专家会议，来收集、转达、传播和交流世界各国在教育、科学、文化和传播领域的信息、知识和先进经验，同时还要开发并通过实验项目来检验解决问题的新方法。同时，联合国教科文组织还通过各类定期出版的书籍和报告，传播教育、科学、文化和传播领域的专业知识。

学前教育方面，2010 年联合国教科文组织召开了首届世界幼儿保育和教育大会，强调促进全民教育目标的达成，实现国际社会对儿童的承诺，促进国际社会政策对话与交流。高等教育方面，联合国教科文组织曾召开两届世界高等教育大会（World Conference on Higher Education），主题分别为“21 世纪的高等教育：展望与行动”（Higher Education in the Twenty-first Century：Vision and Action）及“高等教育与社会变革与发展研究的新动态”（The New Dynamics of Higher Education and Research for Societal Change and Development）。成人教育方面，联合国教科文组织于 1949 年召开了第一届国际成人教育会议（International Conference on Adult Education），要求成人教育在维护和平、发展经济和培养有教养的公民方面发挥其作用。此后，联合国教科文组织又相继召开六届会议继续引导世界成人教育的发展方向，为实现“走向美好未来”目标做出了重要贡献。职业技术教育方面，联合国教科文组织先后召开两届国际技术和职业教育大会（International Congress on the Development and Improvement of Technical and Vocational Education），将职业技术教育与培训作为优先领域纳入联合国教科文组织的计划活动范围当中，此外还推出了“国际职业技术教育培训中心”，指出了职业技术教育的新思路与新趋势。① 2004 年，联合国教科文组织召开了为工作、公民素养和可持续而学习的国际专家会议（UNESCO International Experts Meeting Learning for Work，Citizenship and Sustainability），强调需要新的发展模式及新的技术与职业教育与训练范式。2012 年，联合国教科文组织召开了第三届国际技术和职业教育大会，主题为“改革职业技术教育与培训：培养工作和生活技能”，讨论了八大重要议题。

---

① 蔓盛：《职业技术教育新思路与新趋势——第二届国际技术职业教育大会评介》，《比较教育研究》1999 年第 6 期。

此外，1990 年联合国教科文组织与多个国际组织共同举办了世界全民教育大会（World Conference for Education for All），从社会发展的角度提出全民教育（Education for All）思想，强调全民基础教育的重要性并做出动员。2008 年，联合国教科文组织还主办了第 48 届国际教育大会，探讨了以教育公平与平等为基础的全纳教育（inclusive education）。

截至 2021 年，联合国教科文组织已召开 41 届大会，此外还发布了多份重要规划和报告。而如下三份重要的教育研究报告充分反映出联合国教科文组织教育价值观的变化调整轨迹：1972 年的《学会生存——教育世界的今天和明天》（*Learning to Be : the World of Education Today and Tomorrow*，又称《富尔报告》），提出以科学主义和经济主义为主体来设立教育目标，提出建立学习型社会及终身学习的思想；1996 年的《教育——财富蕴藏其中》（*Learning : The Treasure Within*，又称《德洛尔报告》），提出了四个"学会"，即学会认知、学会做事、学会生存、学会共处；2015 年的《反思教育：向全球共同利益的理念转变?》（*Rethinking Education : Towards a Global Common Good ?* ），提出教育应该把"经济的发展""社会的包容性""环境的可持续性"这三者的协调作为教育的立足点。2021 年 11 月，又发布了报告《一起重新构想我们的未来：为教育打造新的社会契约》（*Reimagining Our Futures together : A New Social Contract for Education*）。

同时，联合国教科文组织还专门搭建了联合国教科文组织数字图书馆等数据库，提供丰富的开放式信息资源。联合国教科文组织教育资源数据库中涉及受教育权；扫盲运动；全球公民教育；可持续发展教育；艾滋病防治与健康教育；教育统计、教育政策、规划及管理；职业技术教育培训；终身学习等教育领域的关键问题，实现了联合国教科文组织信息交流的职能。

第三，联合国教科文组织是制定准则的机构，负责制订、修订和通过国际法律文书并最终监督其实施情况，有时还要帮助各国予以落实。联合国教科文组织的文书主要分为三类：公约（conventions）、建议（recommendations）和宣言（declarations）。第一类，公约是指由联合国教科文组织单独主持的或与其他国际组织联合通过的，具有标准制定性质的约定与协定。公约须经过各国批准、接受或加入，它规定了各国共同承诺的应当遵守的原则，而签署或同意遵守该公约的成员将被列入缔约名单。第二类，建议产生于联合国教科文组织的最高组织管理机构，因此具有较高的权威，旨在影响各个成员法律及实践的发展。它是指大会为特定问题的国际调控而制定原则和规范，并请成员采取立法或其他措施的文书。这些准则是无需得到批准，但希望能够适用于各成员的。而一旦建议书通过，那些既未投票又未赞成的成员也将对其负有义务。第三类，宣言是无须批准即可制定规则的另一种手段，它强调道德权威，只有在需要各成员最大限度遵守规定的情况下才使用。与建议类似，宣言同样提出了一些普遍性的原则，而各成员希望尽可能大地赋予这些原则以权威，并尽可能广泛地给予支持。

在教育领域，联合国教科文组织通过了多份重要的公约、建议及宣言。1960 年，联合国教科文组织通过《取缔教育歧视公约》(*Convention against Discrimination in Education*)，旨在消除教育歧视，维护公民受教育权利；1974 年，联合国教科文组织通过《关于促进国际理解、合作与和平的教育以及关于人权和基本自由的教育的建议》(*Recommendation concerning Education for International Understanding, Cooperation and Peace and Education relating to Human Rights and Fundamental Freedoms*)，明确提出为促进国际理解，各国在制定教育政策时应遵循的基本原则；1985 年，联合国教科文组织通过《学习权利宣言》(*Declaration on the Recognition of the Right to Learn*)；1993 年，联合国教科文组织通过《关于承认高等教育学历与资格的建议》(*Recommendation on the Recognition of Studies and Qualifications in Higher Education*)，承认知识具有普遍性，并积极向有需要的成员国提供有效的技术支持，促进跨地区高等教育互认；2019 年，联合国教科文组织通过《全球高等教育学历学位互认公约》(*Global Convention on Recognition of Qualifications Concerning Higher Education*)，以提升教育的质量、包容性，并保障机会平等。

第四，联合国教科文组织是能力培养者，负责在教育、科学、文化和传播领域帮助会员培养个人与机构的能力。它主要负责提供技术援助和咨询。这种咨询一般涉及拟订政策、国家战略、项目以及有关的可行性研究、筹资、评估。

在教育领域，1952 年联合国教科文组织教育研究所（The UNESCO Institute for Education，UIE）成立；1953 年，联合国教科文组织启动了联合国教科文组织联系学校网络项目（The UNESCO Associated Schools Project），逐渐建构起全球最大的学校网络，形成了联合国教科文组织最富有成果且最具有持续性的倡议之一，通过知识生产、能力培养、技术支持和信息共享来助力联合国可持续发展目标第四项教育目标的实现；2003 年“联合国扫盲十年计划（2003—2012）”[United Nations Literacy Decade（2003—2012）] 启动，而后在 2019 年法国巴黎举办的联合国教科文组织第 40 届大会上，联合国教科文组织通过了新的联合国教科文组织青年和成人扫盲战略（2020—2025 年）[UNESCO Strategy for Youth and Adult Literacy（2020—2025）]，并通过增加接受优质教育机会，为失学儿童、青年和成人提供替代学习机会，丰富识字环境来开展扫盲工作。

第五，联合国教科文组织是国际合作的推动者。作为多学科的专门机构，联合国教科文组织对教育、科学、文化和传播领域的发展合作发挥着促进作用。它努力使其他多边计划或双边计划遵循联合国教科文组织提出的目标和原则，努力使各个项目，特别是在地区和国家一级实施的项目能通过创新的方法、有效的干预而得以落实。

在教育领域，1993 年联合国教科文组织召开了国际人权与民主教育大会（International Congress on Education for Human Rights and Democracy），并通过了人权与民主教育世界行动计划（World Plan of Action on Education for Human Rights and Democracy），积极推动各成员在人权领域的合作。1994 年，联合国教科文组织在第 44 届国际教育大会上通过了《为和平、人权和民主的教育综合行动纲领》（*Integrated Framework of Action on Education for Peace, Human Rights and Democracy*），标志着“多元主义教育价值观”的确立，指明了进一步努力的方向。2000 年，联合国教科文组织举办的世界教育论坛（The World Education Forum）通过了《达喀尔共同行动纲领》（*The Dakar Framework for Action*），并表示联合国教科文组织将在协调全民教育合作伙伴及保持其合作热情方面继续发挥其应有的作用。

针对以上五大职能的履行，联合国教科文组织专门强调，伙伴关系是应对全球挑战、产生可持续性变革及持久影响的关键因素，因此它在国家、地区和全球层面都建立了丰富的合作伙伴关系。《联合国教科文组织宪章》中特别指出了联合国教科文组织与其他专门的国际组织和机构之间的关系。可见，联合国教科文组织非常重视与其他专门国际组织及机构的良好合作关系，而这一点在教育领域同样凸显。在实现《2030 全球教育议程》中，联合国教科文组织的联合召集机构包括联合国儿童基金会、世界银行、联合国开发计划署、联合国难民事务高级专员公署、联合国人口基金会、联合国促进两性平等和妇女赋权实体以及国际劳工组织。同时，联合国教科文组织还与一些发展伙伴密切合作，包括从双边组织到跨国捐助者在内的各种组织，比如全球教育合作伙伴关系组织、经济合作与发展组织以及教育国际协会等。此外，联合国教科文组织还通过非政府组织关于教育的共同协商，与民间社会保持着持续性的对话，其中包括近 300 个国家性、地区性以及国际成员组织。而包括商业企业、慈善基金会和企业基金会以及个人在内的私营部门，也积极参与到了工作计划执行、宣传以及意识水平提高等活动当中。可见，作为一个重要的国际组织，联合国教科文组织在全球教育治理中积极地与其他有关各方合作，发挥着不可替代的关键作用。成立 70 多年以来，联合国教科文组织工作成就颇丰。截至 2024 年 8 月，联合国教科文组织已经对分布在 168 个国家的 1 223 处世界遗产地进行了保护，同时还通过教育、科学、文化和传播等领域的多项专项行动计划来履行其职能，践行其宗旨。2019 年 9 月，联合国教科文组织于联合国大会上发起了“教育的未来：学会成长”倡议。2020 年 1 月，“教育的未来”国际委员会（The Futures of Education Commission）在法国巴黎联合国教科文组织总部召开了第一次会议。而面对席卷世界各地的新冠病毒疫情，全球停课已经带来了不容低估的负面效应。为此联合国教科文组织充分发挥其作为国际组织的优势，积极参与全球教育治理，联合各方成立了一个全球教育联盟（Global Education Coalition），通过构筑起开放的伙伴关系，通过动员、协调、供给和匹配来帮助各国提供更加包容和公平的远程教育，从而尽可能地缓解疫情给世界各国教育及社会带来的冲击。“教育改变生活”，这是联合国教科文组织建设和平、消除贫困和推动可持续发展使命的核心，相信在未来，联合国教科文组织仍将继续直面种种困难与挑战，积极参与全球教育治理，努力实现其愿景，实现“于人之思想中建构和平”。

第二节 世界银行与教育发展

世界银行（The World Bank）是世界银行集团的简称，该集团是联合国系统的一个国际金融机构，也是全球最大的发展机构。世界银行成立于 1945 年，由五个机构组成。其中，主要是国际复兴开发银行（International Bank for Reconstruction and Development，IBRD）和国际开发协会（International Development Association，IDA）涉足了教育事务，因此下文的“世界银行”主要指的是这两个机构。在过去的 70 多年里，世界银行从一个全球金融促进者，逐渐发展成为一个涉足全球教育政策的资助、咨询和规划的重要全球机构，成为当今最重要的全球教育治理参与者之一。

一、世界银行参与教育事务简史

（一）推崇教育经济价值

二战时期，国际社会为谋求合作互助与经济复苏，于 1944 年召开的布雷顿森林会议上提出成立国际复兴开发银行。1945 年国际复兴开发银行正式宣布成立，致力于欧洲、日本等地区和国家的经济重建与发展，同时辅助亚洲、非洲及拉丁美洲的经济发展。二十世纪五六十年代，发达国家的社会进步及经济发展获得了很大的成功，随着越来越多发展中国家的独立，及其对经济发展的巨大诉求，世界银行将其业务逐渐转向亚洲、非洲、拉丁美洲的发展中国家。1960 年，国际开发协会应运而生，致力于为贫困国家提供无息贷款。

20 世纪 60 年代初期，世界银行的融资重点在于向贫困地区人民提供其发展所需的水、交通等基础设施服务，“减贫”已然是国家经济增长的重要战略举措，此时对教育领域的关注度较低。然而，随着经济学家舒尔茨提出的人力资本理论的影响力与日俱增，世界银行从中看到了人力资本对经济发展的重要作用，于 1962 年形成了第一份关于教育政策的备忘录，主张优先向教育项目提供资金，尤其是职业技术教育和培训、普通中等教育项目。① 1963 年，世界银行拨出了第一笔教育贷款，用于投资

① Education Sector.https://archivesholdings.worldbank.org/education-sector.

教育基础设施及职业培训教育。此后，世界银行为贫困国家的教育基础设施建设与职业教育培训的发展提供了无息贷款。

20 世纪 60 年代末至 80 年代初，世界银行对教育项目的投资经历了重大的战略性转变，实现了从对教育基础设施的"物"的投资，逐渐转向全面考量教育发展及对经济贡献的"发展"性投资。然而，世界银行在此阶段对教育的关注完全基于经济学的相关理论，并没有认识到教育发展的本质含义及价值，偏离了教育发展理念的核心，将教育视为经济发展及减贫的手段；在具体投资上，这种倾向体现为注重对学校、图书馆、实验室、研讨会等教育基础设施的投资，以及重视与经济发展密切相关的职业技术教育领域的投资与发展，而对用于教师工资甚至教科书等经常性费用的贷款不大感兴趣。① 这一阶段，教育资金的运作整体局限在人力资本理论框架内，并须得到控制世界银行贷款的主要国家和经济体的支持。

（二）发放教育结构调整贷款

至 20 世纪 80 年代初，世界银行虽然获得了较快发展——越来越多的国家成为其成员，但从其"减贫"援助政策的实施成效来看，世界贫困人口不降反增。这一结果让美国国会对世界银行"减贫"优先政策产生了质疑，借此减少了对世界银行的出资额度。世界银行的资金因而捉襟见肘。面对发展中国家大规模的公共债务，世界银行采用重组国家经济和政策解决债务的技术，基于新的经济学理论——"成本效率分析"理论进行结构政策调整。具体来说，世界银行缩小了公共支出，提倡市场自由化和公共事业私有化，其事业核心从"减贫"转向关注成本效益、市场自由化与公共事业私有化等方面。② 20 世纪 90 年代，世界银行结构调整政策中严苛的教育政策项目贷款条件，以及新自由主义理念指导下的"非项目性贷款"内容，受到了维权人士、妇女以及其他国际组织的质疑。世界银行被迫进行"人性化"的结构调整，根据成本收益效率分析结果，提出必须维持教育部门项目的财政支持比例，重新关注减贫问题，对各级各类教育特别是基础教育阶段进行评估并投资。

20 世纪 80 年代以来，各国进入战后经济发展的重要阶段，教育经费短缺问题明显，尤其在贫困的发展中国家。作为贫困国家主要的贷款来源，世界银行以结构调整贷款的方式加大教育投资力度，这一做法也在潜移默化地影响着贷款国教育发展的处境与方向。简单来说，结构调整贷款鼓励教育私有化、重视教育回报率，基于此，世界银行的经济学专家提出诸多教育财政政策建议：初等教育的投资回报率显著高于高

---

① S. P. Heyneman. *The History and Problems in the Making of Education Policy at the World Bank，1960-2000*. Int. J. Educ，2003，Dev. 23：pp. 315-337.

② K. Mundy，A. Verger. The World Bank and the Global Governance of Education in a Changing World Order. *International Journal of Educational Development*，2015（40）：11.

等教育；接受高等教育的人应承担部分教育费用；为家庭经济困难者提供贷款学费，待其毕业后归还贷款；使用合同教师、鼓励从幼儿园到高中学校教育的效率驱动政策改革；等等。① 与这一政策导向对应，世界银行在1980年《教育部门战略》中强调初等教育是教育发展的基础，呼吁增加女童和农村儿童接受基础教育的机会；同时限制对中等和高等教育的额外投资；并通过提供具有成本效益的学校投入和教师培训提高教学质量，提高内部效率；调动社区资源和大众媒体以建设地方机构。② 这份文件明确反映了世界银行教育经济价值理念的变化，即从人力资本理论转向了成本效益分析理论。

这段时间，世界银行依然以教育贷款项目为主进行教育援助实践。随着机构力量的壮大与组织成员数量的增多，世界银行成为全球最大的教育援助机构。在这一阶段，世界银行主要为发展中国家的教育发展提供资金支持，并没有超越金融机构的本质属性。不过，此时世界银行对发展中国家的资助与贷款往往以市场自由化和公共事业私有化为前提，这在一定程度上使得部分发展中国家丧失了对国家经济命脉和关系国计民生领域产业的控制，为日后部分发展中国家经济衰退和国内动荡不安埋下了隐患。

（三）向“知识银行”转型

20世纪90年代中期，包括世界银行在内的众多援助机构重申“减贫”战略并创建相应的政策工具，强调宏观经济政策与新自由主义的“华盛顿共识”被关注人类社会保护及治理的“后华盛顿共识”所取代。与此同时，时任世界银行行长詹姆斯·沃尔芬森（J. Wolfensohn）重新关注减贫项目并重组其实践，使之更加以客户为中心，世界银行的结构调整贷款及相关政策也被减贫战略业务及理念所取代。此外，沃尔芬森行长重新强调了政策的证据性能以及世界银行可以提供技术建议的功能，提出了世界银行向“知识银行”转型的战略目标。

世界银行发布的两份教育战略作为其向知识银行转型过程中的指导性文件，影响并描绘着世界银行参与全球教育治理的职能。1999年的“教育战略”（Education Sector Strategy）明确了世界银行帮助有关国家制定和实施扩大入学数量和改善教育质量的战略的使命，将实现有质量的全民教育，也就是确保所有人都能够完成有质量的基础教育，获得阅读、计算、推理和社会交往等基本技能，以及拥有贯穿终身的继续学习高级技能的机会作为教育战略的目标。③ 世界银行2005年教育战略“教育战

---

① K. Mundy, A. Verger. The World Bank and the Global Governance of Education in a Changing World Order. *International Journal of Educational Development*, 2015 (40): 11.

② Education Sector Strategy. https://archivesholdings.worldbank.org/education-sector.

③ 阚阅、陶阳：《向知识银行转型——从教育战略看世界银行的全球教育治理》，《比较教育研究》2013年第4期。

略更新——实施全民教育、拓展视野、实现效益的最大化”（Education Sector Strategy Update：Achieving Education for All，Broadening our Perspective，Maximizing our Effectiveness）在继承的基础上有所拓展，将全民教育和知识经济作为目标，致力于帮助客户实现全民教育目标和千年发展目标，并通过构筑全球市场竞争和培育经济增长所需的高水平技能与知识，加强教育在知识经济中的基础性作用。

世界银行向“知识银行”的角色转型，为其参与全球教育治理添加了重要砝码。随着信息技术席卷全球，知识的生产、储存、传播和管理等就成为全球治理的重点关注领域。沃尔芬森提出的“知识银行”奋斗目标，让世界银行成功拥有了“金融银行”与“知识银行”的双重角色。一方面，世界银行依然坚持教育是减少贫困和不平等、持续促进经济增长、健全治理的最有力工具之一，世界银行持续为发展中国家的教育发展，尤其是基础教育发展提供资金，在沃尔芬森担任行长期间，教育部门贷款占世界银行贷款总额的8%以上①；另一方面，沃尔芬森立志在发展中国家激发知识革命，强调教育知识管理系统的重要作用，这也切实为发展中国家的教育发展模式带来了改变。可以说，20世纪90年代中期以来，世界银行与其他国际组织就全球的发展问题达成共识。在教育领域，世界银行逐渐成为全球教育改革最大的融资者，也开始以国际发展援助机构及知识银行的身份，正式参与全球教育治理。

（四）重视教育基准建设

2008年全球金融危机成为世界权力结构改变的重要契机。世界经济发展受到严重阻碍，美国、日本等主要发达国家的经济出现衰退，世界银行的融资来源受到极大挑战；新兴国家逐渐成为世界银行资金的重要来源与教育合作的重要对象，中国、印度、巴西、中东地区等崛起的力量在世界舞台上发挥着愈加强大的影响力，也对世界银行的发展产生越来越深远的影响。在世界银行内部，许多成员国进入中等收入国家行列，对教育贷款的需求下降；许多低收入国家则更倾向于获取基础教育的赠款融资，从而在世界银行教育借款国名单上消失。随着信息技术迅猛发展、融资市场蓬勃兴起、国与国之间的交流合作不断加强，世界银行在发展领域的全球影响弱化，尽管仍然是世界上最大的金融援助机构，但昔日强势的资金号召力与影响力已不存在。更重要的是，定位为知识银行的世界银行面对国际范围内其他知识服务竞争，世界银行在这一阶段思考并实践的是如何更好地发挥自身的知识库作用，为全球教育发展提供标准化的知识综合服务。

为了应对借款对象需求下降的危机，世界银行于2011年推出新的教育部门战略“全民学习：世界银行2020教育战略”（Learning for All：Education Sector Strategy 2020），将教育的重心放在“全民学习”上，并提出要在全球层面为国家教育改革建

① 马文婷：《世界银行全球教育治理角色研究》，上海师范大学学位论文，2019年，第30页。

立一个高质量的知识数据库，并提供知识咨询和政策建议。① 这一战略打破了早期项目资金贷款模式，采取基于政策的贷款模式，旨在通过创造学习成果的激励措施来推行世界银行改革整个教育系统的新战略。在《全民学习：世界银行 2020 教育战略》报告中，世界银行指出，“全民学习”是实现国家“减贫”与“繁荣”的关键，为实现这一目标，维持或增加教育投入是一个方面，更重要的是改善学习效果。基于此，世界银行规划了未来 10 年的重点事项，包括加强学校教育系统建设，以及建立全球层面的高质量知识信息数据库。为了实现提供全球知识综合服务的职能，一方面，世界银行在全球层面构建知识数据库“教育管理与信息系统”（Education Management Information System，EMIS），通过数据比较衡量学业成果，监测教育系统的运行效率，并为国家政策制定提供理论建议、政策咨询及实践数据；另一方面，世界银行提出“提高教育成果的系统方法”（Systems Approach for Better Educational Results，SABER）倡议，在教师管理、国家学习评估、权力下放和问责制及私人服务领域提供系统评价和标准化工具。世界银行在坚持金融职能的同时，开拓了非借贷性质的分析与咨询服务，不断强化其作为知识银行的新角色。

二、世界银行的机构设置

（一）世界银行的组织架构

与联合国教科文组织等其他国际组织类似，世界银行采取多层管理体制，基本组织架构可大致分成决策机构、执行机构以及辅助机构三部分。

1. 理事会

世界银行的理事会由每个成员国任命的一名理事和副理事组成，具有世界银行的最高决策权。理事通常由成员国财政部部长、中央银行行长或级别相当的一名高级官员担任。理事会权力由《协议条款》规定，包括：接受成员和中止成员资格；增加或减少核定股本；决定世界银行净收入的分配；决定执行董事根据《协议条款》中的诠释提出的申诉；作出同其他国际组织合作的正式和全面安排；终止世界银行业务；增加当选执行董事人数；审批《协议条款》修正案。理事会将《协议条款》中所提及的权力之外的所有权力下放给了执行董事。

2. 执行董事会

执行董事会（以下简称“执董会”）成员包括世界银行行长和 25 名执行董事。行长主持执董会会议，通常无表决权，但在赞成票和反对票持平的情况下有决定性的一票。未经执董会明确授权，执行董事不能单独行使任何权力，也不能单独作出承诺或

---

① 闫温乐：《“全民学习”愿景下的教育资助——〈世界银行 2020 教育战略〉述评》，《比较教育研究》2011 年第 10 期。

代表世界银行。如遇执行董事缺席，副执行董事可全权代表执行董事行使职权。此外，高级顾问和顾问协助执行董事开展工作，他们可以顾问身份和副执行董事一起出席大部分执董会会议，但无表决权。

执行董事们监督世界银行的战略方向，反映成员国对世界银行职能的看法，对以下事项做出决策：行长提交的国际复兴开发银行和国际开发协会贷款、信贷、赠款和担保建议；政策；行政预算；其他业务和财务事项。他们还要讨论"国别伙伴框架"——指导世界银行如何与客户合作并向其发展规划提供支持的框架。执行董事们还负责向理事会提交财务审计报告、行政预算报告以及关于财年工作成果的世界银行年度报告。①

执董会设有五个常务委员会和一个特设委员会，即审计委员会（Audit Committee）、预算委员会（Budget Committee）、发展成效委员会（Committee on Development Effectiveness）、治理与执董行政事务委员会（Committee on Governance and Executive Directors' Administrative Matters）、人力资源委员会（Human Resources Committee）和道德委员会（Ethics Committee）。每名执行董事参加一个或多个常务委员会，这些委员会通过对有关政策和做法的深入审议来帮助执董会行使其监督职能。所有执董都是执董会指导委员会成员，该委员会每2个月举行一次会议，讨论执董会的战略工作规划。执董会通过各委员会与世界银行管理层以及独立检查小组（Inspection Panel）、独立评估局（Independent Evaluation Group）接触，定期审议世界银行集团各项活动的有效性。检查小组和独立评估局都直接向执董会报告。

3. 部门

世界银行在行长以及负责地区、行业和综合管理的机构部门的领导与指导下开展日常运营。针对教育领域，世界银行设立了包括非洲地区、东亚和太平洋地区、欧洲和中亚地区、拉美与加勒比地区、中东和北非地区、南亚地区在内的地区机构，以及包括人类发展、可持续发展、公平增长及金融与制度、基础设施、业务政策与国别服务、机构项目在内的部门机构。②

（二）世界银行的教育部门及合作网络

世界银行的教育部门经历数次重组，目前形成了以"教育全球实践"部门为主、广泛合作网络系统推进的教育活动体系。

---

① 世界银行：《2021年年度报告》，https://www.shihang.org/zh/about/annual-report。

② World Bank Education Overview（English），http://documents.worldbank.org/curated/en/821801540479977693/World-Bank-Education-Overview.

1. 教育部门

世界银行的教育主管机构起源于1965年成立的项目部（Projects Department）下属的教育司（Education Division）。1968年11月，项目部解散，下属部门升级为部门级，教育部（Education Department）是新成立的部门之一，负责教育领域的建议、研究、政策文件、标准制定、项目准备与监督、项目运行支持等工作。1972年，世界银行试图整合国家知识与行业领域知识，为此进行了机构的大规模重组，将各部门的大多数工作人员分散到新设立的区域项目部门，只有少数工作人员集中构成了相关职能部门，负责提供该领域的业务知识和咨询服务，教育部门因此被打散。1984年，教育部门与此前成立的培训机构合并成了教育培训部（Education and Training Department）。1987年，世界银行再次进行的部门重组，使教育部门归于新设的人口和人力资源部（Population and Human Resources Department）管理；1993年，人口和人力资源部拆分为教育和社会政策部（Education and Social Policy Department）以及人口、卫生和营养部（Population, Health and Nutrition Department）；1995年，教育和社会政策部被取缔，教育职能被转移到新设的人力发展部（Human Development Department）下；1997年，人力发展部被整合进人力发展网络（Human Development Network）——世界银行以促进专家与知识共享而创建的第一个网络部门，人力发展网络下设的教育团队（Education Team）负责世界银行的教育领域活动。

2014年，时任世界银行行长金墉再次进行大规模的部门重组，于1997年设立的教育团队调整为教育全球实践（Education Global Practice）部门，是14个全球实践（Global Practices）部门之一。该部门负责世界银行与教育主题相关的活动规划与支持，其业务工作向人力发展职能部门的副主席汇报。教育全球实践部门承担以下职能：确定世界银行在教育领域的战略方向和工作，以支持各国改善全民学习的成果；在全球范围内开发和应用专业知识；向借款国提供有关教育发展的综合解决方案；获取和使用教育相关的知识和信息。教育全球实践机构下设9名地区或子部门经理，分别负责8个地区：拉丁美洲和加勒比地区、中东地区、欧洲和中亚地区、非洲3个地区、南亚地区、东亚和太平洋地区，以及全球参与和知识这一子部门。① 这是当前世界银行从事教育援助项目与技术支持的部门结构。

2. 合作网络

相比于不断重组的教育部门，世界银行通过与合作伙伴针对具体的教育项目建立起的教育工作组在实践中不断发展壮大，在包括早期儿童发展、教师、教育管理、教育财政、高等教育、女性教育、融合教育等多个教育领域与各国、国际组织和基金会

① Education Sector. https://archivesholdings.worldbank.org/education-sector.

开展教育合作。

世界银行与联合国机构和发展伙伴密切合作，并将大力支持各国为实现可持续发展目标而努力。在 2002 年，世界银行协助建立了全球教育伙伴关系（Global Partnership for Education，GPE）；世界银行与联合国儿童基金会一道，于 2016 年启动了儿童发展行动网络（Early Childhood Development Action Network，ECDAN），该网络将政府、发展伙伴、民间社会、议员和私营部门召集在一起，以增加对幼儿发展的投资；面对全球学习危机，世界银行和联合国教科文组织统计研究所建立了新的伙伴关系，以帮助各国加强其学习评估系统。在比尔和梅琳达·盖茨基金会以及英国国际发展部的支持下，世界银行于 2019 年启动了全球教育政策计分卡（Global Education Policy Dashboard）项目，该项目衡量全球基础教育学习成果的驱动力。该工具将凸显各国和地区当前做法与在促进学习方面最有效的方法之间的差距，并以此为政府提供一种方法，以便在它们努力缩小差距时设定优先级并跟踪进度。融合教育倡议（Inclusive Education Initiative，IEI）是专门针对残疾儿童这一群体，由世界银行监督运行的多方捐助者信托基金。除此之外，世界银行还与挪威、美国、德国、英国、澳大利亚、韩国、日本、俄罗斯、欧盟委员会等国家或区域组织构建了双边合作关系，搭建了众多国际合作或援助网络①，为推动发展中国家的教育发展贡献了巨大力量。而世界银行的积极推动与平台搭建对这些活动的治理效果起到了决定性影响作用。

三、世界银行的主要活动

作为全球性金融机构，世界银行的主要活动是向成员国提供低息或无息贷款。随着其在“金融银行”的基础上拓展了“知识银行”角色与相应职能，其开展的知识生产、储存、传播和管理活动依托成员国向世界银行申请的贷款项目而广为传播，目前也成为世界银行在教育领域提供的主要服务之一。

在金融服务方面，世界银行通过两种渠道发放贷款：一种是为成员国提供周期性贷款服务，另一种是与成员国的职能部门就某一项目达成贷款协议。在以成员国为单位的金融服务中，世界银行在与成员国的单个合作周期内（通常为 4—6 年），先后开展以下 4 个环节的工作，帮助成员国识别发展问题、商定发展目标与方案、评估发展成效与结果：首先，世界银行通过使用“系统性国家诊断”（Systematic Country Diagnostic，SCD）工具，帮助成员国识别制约其可持续性减贫与共享繁荣的因素；然后，世界银行基于系统性国家诊断结果，与成员国共同商讨世界银行能为该国发展做出哪些重要贡献，建立“国家伙伴关系框架”（Country Partnership Framework，

① Education. https://www.worldbank.org/en/topic/education.

CPF）；接下来，世界银行在与成员国合作过程中使用“绩效和学习评估”（Performance and Learning Reviews，PLR）工具对其合作成效展开评估，根据国家伙伴关系框架商定的发展目标对合作过程加以调整或修正；最后，在每轮合作周期结束时，世界银行使用“完成和学习评估”（Completion and Learning Reviews，CLR）工具对合作过程进行总结、对合作成效展开评估，继而开展新一轮合作周期与系统性国家诊断工作。在以项目为单位的金融服务中，世界银行提供三大金融工具：“发展政策融资”（Development Policy Financing，DPF）、“投资项目融资”（Investment Project Financing，IPF）和“成果导向项目融资”（Program-for-Results Financing，PforR）。其中，发展政策融资对一般预算中的政策与组织发展提供援助，投资项目融资对某些项目活动中的特定开支提供援助，成果导向项目融资是基于绩效指标的完成情况对项目开展的援助支持。每一个项目的申请都须经过识别、准备、评估、批准、实施、评价六个环节，在贷款项目从制定到实施再到完成的整个过程中，世界银行与借款方均参与了每个环节的工作，但双方在不同环节扮演的角色分量不同。世界银行的知识生产、发展评估、政策咨询等服务融入项目的规划、实施、评估全过程。

仅通过金融援助途径不能解决发展中国家面临的所有发展问题，因此自 20 世纪 90 年代以来，世界银行在使用传统借贷工具的同时不断强化采取知识性和技术性的实施工具。在教育领域，世界银行同样强调与教育项目和政策有关的分析工作、实际证据和专门知识对于改善世界各地教育系统的绩效的关键作用，致力于建设全球教育发展知识库。在此方面，世界银行开展的活动主要包括：第一，建立和完善教育管理信息系统，世界银行投入大量资源建设和维护的教育统计门户网站“EdStats”成为最为重要的国际教育数据来源之一，该数据库收入了 4 000 多个国际比较性教育指标，涵盖了从学前教育到职业教育和高等教育各级各类教育，涉及教育机会、进展、完成情况、识字率、教师、人口和支出等方方面面内容①，正在建立并不断完善的“提高教育成果的系统方法”（The Systems Approach for Better Education Results，SABER）数据库也收集了众多国家教育政策、制度方面的资料，任何国家的政策制定者或相关公民能够通过 EdStats 一目了然地查询和比较分析 SABER 采集来的各国教育政策和制度资料；第二，为利益相关者开展关键的政策选择，这既是世界银行作为知识银行参与全球教育治理的最重要路径之一，也是它作为金融银行设计和实施教育贷款项目的基础性工作，为此，世界银行专门建立了战略影响评估基金（Strategic Impact Evaluation Fund，SIEF）支持严格的影响评估研究，SABER 数据库也在为利益相关者开展关键的政策选择方面起到了关键性作用；第三，评估各国教育发展水平，根据循证的全球标准和最佳实践对各国教育进行基准测试，对此，世界银行特别

① Education Statistics，https://datacatalog.worldbank.org/dataset/education-statistics.

为 SABER 开发了一套分析和评估各国教育政策和制度发展水平及其在满足教育目标方面的有效性的工具，并向决策者、学校管理人员和教师提供加强教育系统的建议，这些评估促进了与各国政府和利益相关者就如何落实改善所有人学习成果的教育政策和制度进行有组织和有根据的政策的对话。

世界银行的咨询服务和分析既是它设计和实施贷款项目的基础，也是其支持发展中国家能力发展的重要途径；与此同时，世界银行开展咨询服务与知识创新的能力也通过贷款项目得到广泛推广与加强，其“知识银行”的角色与职能愈发独立显现。金融服务与技术援助两类活动相辅相成，强化着世界银行在全球教育治理中的角色与影响。①

第三节 经合组织与教育发展

经合组织，全称“经济合作与发展组织”（Organisation for Economic Co-operation and Development，OECD，以下简称“经合组织”）。虽主攻经济领域，但教育在其议程中长期占有一席之地，且在过去的数十年里逐渐获得了主流地位。经合组织如今涉足了从幼儿教育与护理到成人学习，从普通教育到职业教育再到非正式学习等各级各类教育问题，不仅越来越明显地影响着成员国的教育政策走向，而且日益以各种或直接或间接的方式深刻地影响着全世界教育理论发展与改革实践。②

一、经合组织的发展历程及其教育职能流变

（一）经合组织的形成与发展

1945 年，第二次世界大战落下帷幕。战后的欧洲满目疮痍。相比之下，美国不仅在战争期间通过向盟国出售军火，经历了自建国以来最快速的经济增长，且由于参战较晚，本土破坏有限，保持了经济活力，战后的民用生产迅速走向繁荣。但美国意识到，欧洲市场的低迷不利于美国的商品输出及其经济的长期健康发展，欧美的利益是一致的，因此有必要通过实施国际援助协助欧洲重建，促进其经济早日复苏。另一

① 本节内容主要参考了首都师范大学教育学院沈雷娜副教授的博士学位论文《世界银行对发展中国家高等教育的政策及影响——以亚非四国为例》、上海师范大学国际与比较教育研究院闫温乐副研究员的博士学位论文《世界银行教育援助研究：特征、成因与影响》、北京师范大学国际与比较教育研究院丁瑞常副教授的博士后研究报告《世界银行参与全球教育治理的机制与成效研究》、浙江大学教育学院在读博士生马文婷的硕士学位论文《世界银行全球教育治理角色研究》。

② 丁瑞常：《经济合作与发展组织参与全球教育治理的权力与机制》，《教育研究》2019 年第 7 期。

方面，美国、苏联在二战中的同盟关系随着战争的结束迅速发生松动，且日益走向敌对。美国需要扶植欧洲，确切地讲是西欧，与之携手“抗苏”。

1947 年 6 月 5 日，美国国务卿乔治·马歇尔（G. Marshall）在哈佛大学毕业典礼的演讲中正式提出了“马歇尔计划”（Marshall Plan）。1948 年 4 月，16 个决定加入该计划的欧洲国家①在巴黎召开会议，共同签署了关于成立欧洲经济合作组织（Organisation for European Economic Cooperation，以下简称“欧洲经合组织”）的公约，授权该组织专责管理马歇尔计划。联邦德国和里雅斯特地区于 1949 年加入；成员国的殖民地和海外领土均由其母国代表，另外美国和加拿大虽不属于成员但亦参与其工作。②

欧洲战后重建工作完成后，“马歇尔计划”也早已结束，欧洲经合组织何去何从成为各国关注的焦点。1959 年 12 月，法国总统、美国总统、联邦德国总理和英国首相在巴黎举行会议，各国元首和政府首脑在此次会议上讨论了国际经济形势发生的重大变化，认识到西欧经济已经取得了大幅发展，未来应当采取更多的措施去完成新的、重要的合作任务，即“促进欠发达国家的发展；追求有利于合理利用经济资源和维护国际和平关系的贸易政策，借以促进世界经济的增长与稳定，以及全面提高生活水平。”③ 美国率先在欧洲经合组织中提出了这一立场，认为冷战的前线已从防务转向经济，“在这种情况下，欧洲经合组织成员必须向前看，并将自身的增长和稳定与旨在在外部世界取得同样结果的政策结合起来。”④

1960 年 1 月，比利时、加拿大、法国、丹麦、联邦德国、希腊、意大利、荷兰、葡萄牙、瑞典、瑞士、英国、美国和欧洲经济委员会代表举行会议，建议任命一个四人小组就欧洲经合组织的改组事宜撰写报告。同年 4 月，四人小组发布报告，认为欧洲经合组织是二战以来西欧国家和北美的诸多合作中最有效的一种形式，因此应该保留并予以强化。另外，虽然欧洲已经从战争时期的破坏和混乱中得到了很大程度的恢复，并享有新的繁荣，但也面临许多新问题，且其棘手性不减过去。此外，经济实力强大的国家应承担起促进周边欠发达国家发展的责任。因此该组织有必要得到一定的

---

① 这 16 个国家分别是：奥地利、比利时、丹麦（及法罗群岛和格陵兰岛）、法国、希腊、冰岛、爱尔兰、意大利（及圣马力诺）、卢森堡、荷兰、挪威、葡萄牙（及马德拉和亚速尔群岛）、瑞典、瑞士（及列支敦士登）、土耳其和英国。

② *The Marshall Plan and the Establishment of the OEEC*. Retrieved from：https://www.cvce.eu/en/education/unit-content/-/unit/55c09dcc-a9f2-45e9-b240-eaef64452cae/164c96b3-4d46-4c09-a177-2e6d35a832b2.

③ OECD Information Service. *OECD：History，Aims，Structure*. Paris：OECD Publishing，1971，p. 6.

④ R. T. Griffiths. *Explorations in OEEC History*. Paris：OECD Publishing，1971，p. 246.

改革。报告为改组后的新组织界定了目标和任务，并就其成员问题提出了若干提议：一是建议新组织的创始成员起码得对欧洲经合组织的成员或准成员开放，将加拿大和美国吸收为正式成员；二是提供了关于共商邀请其他国家加入该组织的规定；三是建议关于成立新组织的公约应规定允许与非成员国、非正式成员国及经济体建立特殊关系，或邀请它们参与该组织的一项或多项活动。在新组织的命名上，报告建议摘除“欧洲”字眼，易名为“经合组织”。① 1960 年 12 月 14 日，欧洲经合组织成员国以及美国、加拿大在巴黎共同签署《经合组织公约》(*Convention on the Organisation for Economic Co-operation and Development*，以下简称《公约》)，经合组织宣告成立。②

在《公约》签订之后的 60 多年里，经合组织无论是在组织规模上还是在影响范围上，都经历了质与量的大幅扩张，逐渐从一个“跨大西洋经济联盟”转变为一个以推动改善全球人民的经济和社会福利政策为己任的“全球政策网络”③。一是持续扩增新成员。2021 年，随着哥斯达黎加的加入，经合组织已拥有 38 个成员国，地域分布则从北美、南美到欧洲再到亚太地区，可谓贯穿全球。④ 大批转型中国家以及新兴经济体的加盟，增加了经合组织的全球代表性。二是积极与非成员经济体及其他国际组织建立、加深对话和合作。考虑到有些国家和地区虽然对于经合组织有着强烈的兴趣，但因为种种原因并不愿意或没有能力以正式伙伴身份直接参与经合组织工作，经合组织则通过特定领域的特定活动与其开展对话或建立合作，如邀请参与其开展的经济调查、各种公共政策同行评议和数据统计项目等。三是不断拓展工作领域。经合组织如今涉足的领域早已非经济、贸易所能概括，而是涵盖了包括教育在内的数十个交叉主题，成为成员国乃至世界各国面临的各类重大议题的政策顾问与探路人。

（二）经合组织的教育职能流变

作为组织宪章的《公约》最初并未将教育纳入经合组织必须关注的范围。随着 20 世纪 60 年代人力资本理论的盛行，欧美国家日益关注人才、教育与培训在促进经

---

① W. Randolph Burgess, et al. *A Remodelled Economic Organisation : A Report by W. Randolph Burgess, Bernard Clappier, Sir Paul Gore-Booth and Xenophon Zolotas*, Paris: OECD Publishing, 1960, p. 64.

② OECD Information Service. *OECD: History, Aims, Structure*, Paris: OECD Publishing, 1971, p. 11.

③ OECD. *Better Policies for Better Lives : The OECD at 50 and Beyond*. Retrieved from: http://www.oecd.org/about/47747755.pdf.

④ OECD. *Members and Partners*. Retrieved from: http://www.oecd.org/about/membersand-partners/.

济增长中的作用，经合组织于1968年在其科学事务司之下成立了第一个专门的教育部门——教育研究与创新中心（Centre for Educational Research and Innovation）。1970年6月，经合组织召开了具有里程碑意义的“教育增长政策会议”，强调了经合组织更全面地参与教育活动的必要性，并提出建立教育委员会（Education Committee）①，专门负责成员国在教育领域的交流与合作事务。同年秋，经合组织召开了首次教育委员会会议。②

1974年，经合组织秘书处又设立了有“经合组织的社会分支”之称的社会事务、人力与教育司（Directorate for Social Affairs，Manpower and Education），并将教育研究与创新中心移至该司之下。③ 在此之后，经合组织涉足的教育事务不断增多，且覆盖了从早期儿童教育到成人学习等各个学段，涉及教育经费、教育的质量与公平等诸多议题。其中，教育委员会开展的政策导向的国家教育系统评议以及教育研究与创新中心开展的教育研究工作，尤其是1988年建立的国际教育体系指标与评估项目（International Indicators and Evaluation of Education System）至今仍是经合组织在教育领域的旗舰产品。④

总体而言，经合组织前三四十年在教育领域更多的是一个成员国交流意见、经验的“国际论坛”，以及搜集成员国教育信息的“国际统计局”。就实际贡献而言，该组织当时对于成员国教育制度的影响是有限的，其教育主张也往往难以转化为各国的教育实践⑤，对于成员国以外的教育理论与实践影响就更微乎其微。20世纪90年代后，尤其是进入21世纪以来，随着以国际学生评价项目（Programme for International Student Assessment，PISA）为代表的一系列国际教育调查项目的建立与推广，经合组织逐渐建立起并不断强化自己在教育领域的“独特立场”与“国际品牌”。

2002年9月1日，经合组织秘书处为教育专门建立司级部门——教育司（Directorate for Education），标志着教育在该组织议程中的地位正式由边缘走向中心。可以说，经过半个多世纪以来的纵深发展，经合组织如今已成为成员国教育信息交换的

① 其后来更名为“教育政策委员会”（Education Policy Committee）。

② G. S. Papadopoulos. *Education 1960-1990：the OECD perspective*. Paris：OECD Publishing，1994：61-62.

③ M. Henry，et al. *The OECD，Globalisation and Education Policy*. Pergamon：Published for IAU Press，2001. 9.

④ 丁瑞常：《经济合作与发展组织参与全球教育治理的权力与机制》，《教育研究》2019年第7期。

⑤ G. S. Papadopoulos. *Education 1960-1990：the OECD perspective*. Paris：OECD Publishing，1994：201-202.

枢纽、各国教育比较分析的中心，以及教育改革创新的咨询机构。① 而更值得注意的是，经合组织在教育领域也扮演起越来越具有规范性的角色，逐步由一个成员国交流意见、经验的国际教育政策论坛演变为一个全球教育治理参与者。②

二、经合组织的组织架构及其中的“教育网络”

（一）经合组织的组织架构

经合组织采取多层管理体制，基本组织架构可大致分成决策机构、执行机构以及辅助机构三部分。经合组织理事会（OECD Council）是该组织名义上的最高决策机构，包括两组不同的成员：一是由成员国部长出席的部长级理事会（Ministerial Council，MC），由轮值国代表担任主席；二是由成员国常驻经合组织大使出席的常驻代表理事会（Council of Permanent Representatives，CPR），由国际秘书处的秘书长担任主席。③ 此外，欧洲理事会代表也可作为正式成员出席理事会。

理事会之下设立执行委员会（Executive Committee）、预算委员会（Budget Committee）和对外关系委员会（External Relations Committee）三个常务委员会④负责具体的事务性工作，如协助其筹办、处理有关实质性问题的讨论和决定，对提交给理事会的各类议案进行“过滤处理”等。⑤ 除了常务委员会，理事会之下还建立了约 40 个负责各个专业领域事务的实务委员会，其中就包括专责教育事务的教育政策委员会。每个实务委员会又可能根据业务需要下设不同层次的子委员会、工作组等。这些委员会是经合组织名义上的执行机构，人员均由各成员国政府委派其相关领域的高级官员代表出任，代表成员国意志。

---

① 张民选著：《国际组织与教育发展》，上海教育出版社 2010 年版，第 238 页。

② 丁瑞常：《从“国际教育政策论坛”到“全球教育治理参与者”——经合组织在教育领域的角色流变》，《教育学报》2020 年第 5 期。

③ P. Carroll & A. Kellow. *The OECD：A Study of Organisational Adaptation*. Northampton：Edward Elgar Publishing，2011，pp. 10-11.

④ 本书编者认为卡罗尔、凯罗合著的《经合组织：一个组织适应研究》（P. Carroll & A. Kellow. *The OECD：A Study of Organisational Adaptation*. Northampton：Edward Elgar Publish，2011）中关于经合组织常务委员会的论述有两处值得商榷。一是在第 11 页称经合组织理事会下设了 4 个常务委员会：执行委员会、预算委员会、对外关系委员会和评估委员会（Evaluation Committee）。而《理事会关于本组织新治理结构的决议（修订版）》（*Revised Council Resolution on a New Governance Structure for the Organisation*）以及经合组织官网都明确指出仅前三者才属于常务委员会，评估委员会归为特殊附属机构。二是在第 18 页将常务委员会视作实务委员会子类，但从《议事规程》第一条的表述来看，二者应属于并列关系而非从属关系。

⑤ OECD Archives. *Revised Council Resolution on a New Governance Structure for the Organisation* [*C (2006) 78/REV1/FINAL*]，2006-05-11，p. 5.

另外，经合组织设立国际秘书处作为工作机构，并根据理事会下属委员会的工作需要分设对口司局，为其执行理事会相关决定提供支持服务。其虽名义上属于辅助机构，但实质上是经合组织的经营层，长官为经合组织秘书长。长期以来，经合组织秘书处的内设部门设置都较为灵活，许多部门都是根据需要临时设置，因此秘书处整体的组织架构变动性很大，基本每年都存在部门新增、裁撤或合并的情况。与经合组织理事会及其下属机构不同的是，秘书处成员均为国际公务员身份，不代表任何单一国家的立场，采取按需设岗、竞聘上岗的方式进行公开招聘。①

（二）经合组织中的“教育网络”

进入 21 世纪以来，随着经合组织中教育活动“合法性”的提升，经合组织逐步搭建起了一个相对稳定的专责教育事务的“教育网络”。与整体组织架构相应，该教育网络包括两部分：一部分是教育领域的各级委员会、工作组，主要由各成员国派遣的国家教育部门官员组建；另一部分是秘书处下设的教育机构，由公开招聘的教育及相关领域的专业人员构成。

1. 教育领域的各级委员会、工作组

当前经合组织在教育领域设立了 4 个一级实务委员会，分别是教育政策委员会、教育研究与创新中心管理委员会（CERI Governing Board）、国际学生评价项目管理委员会（PISA Governing Board）、国际教与学调查项目管理委员会（TALIS Governing Board）。②

教育政策委员会职责有四：一是通过提供特定的政策建议，开展相关政策评议、分析，以及采集相关数据，协助各国政府发展有效且有效率的、基于证据的教育与学习政策，以实现相关的个人、社会、文化和经济目标；二是监督经合组织教育工作的战略方向、连贯性、质量与通信；三是推动经合组织成员、非成员之间交换相关信息，并促进彼此之间的相关国际合作；四是向广泛的经合组织成员、非成员的利益攸关者传播其相关政策建议、数据和政策分析。③

教育研究与创新中心管理委员会负责五个方面工作：一是依据教育政策委员会制定的中期战略目标，发展和审批该中心的工作计划和预算草案；二是监测中心的产出、活动和项目的质量与时效性；三是传播中心的政策建议与分析、研究与数据；四

---

① OECD. *Staff Regulations, Rules and Instructions Applicable to Officials of the Organisation*. Retrieved from: http://www.oecd.org/careers/Staff_Rules_July_2017_to_print.pdf.

② 国际成人能力测评项目由教育政策委员会和劳动与社会事务委员会（Employment，Labour and Social Affairs Committee）共同负责，国际成人能力测评项目参与国委员会（Board of Participating Countries for the PIAAC）因此被视作这两个委员会共同下辖的二级委员会。

③ OECD Archives. *Resolution of the Council Concerning the Mandate of the Education Policy Committee* [*C（2006）173，Annex Ⅱ*].

是评估中心工作的成果；五是当中心提出的建议将对经合组织成员国形成重要的政策影响，或决定启动对成员国形成重要财政影响的重大新活动时，寻求教育政策委员会的指导。①

国际学生评价项目管理委员会和国际教与学调查项目管理委员会的职责包括：一是确定所辖项目的政策重点，并确保在项目实施过程中遵守优先事项、政策目标和设计参数等；二是基于教育政策委员会和其他相关委员会制定的中期战略，制定和批准其所辖项目的工作项目和预算以及摊款方案；三是与教育政策委员会和其他相关委员会协商确定其活动和产出的优先次序；四是监测产出、活动和项目的质量和适时性；五是指导该项目的报告编制和结果分析以及工作成果的评估；六是向参加活动项目的成员国和合作伙伴传播该项目的政策建议、分析、研究和数据；七是当该项目提出的建议将对经合组织成员国形成重要的政策影响，或决定启动对成员国形成重要财政影响的重大新活动时，寻求教育政策委员会和其他相关委员会的指导。

2. 国际秘书处的教育机构

根据上述各种教育委员会的需要，国际秘书处对应地设置了一些辅助性的教育机构。

一是教育研究与创新中心。经合组织将该中心的运营目标界定为：提供和促进当前及新兴的教育、学习方面及其与其他政策部门的联系方面的国际比较研究、创新和关键指标；在联合国提出的“可持续发展目标第四项”框架下，基于国家和国际文化、社会、经济变革背景，探索前瞻性的创新教育、学习路径；促进教育研究、创新与政策发展之间的衔接，促进成员国以及伙伴经济体之间的合作，旨在寻求共同关心的教育问题的应对策略和相互交换观点。②目前该中心拥有来自不同国家的近 30 名研究人员，学科背景覆盖了教育学、心理学、经济学、社会学、统计学等多个学科。③

二是教育与技能司（Directorate for Education and Skills）。这是经合组织秘书处中集中服务于教育政策委员会的专门机构，承揽了经合组织中所有与教育相关的专业性工作，包括与教育相关的信息数据采集与分析、提案起草、出版物编写等。当前，该司共下设了 3 个处：幼儿与学校处（Early Childhood and Schools Division）、创新与进展测量处（Innovation and Measuring Progress Division）和政策建议与实施处（Policy Advice and Implementation Division）。

三是经合组织技能中心（OECD Centre for Skills）。2019 年新成立的技能中心当

①② OECD Archives. *Resolution of the Council Renewing and Revising the Centre for Educational Research and Innovation* [*C*（*2016*）*91/REV1*，*Annex and C/M*（*2016*）*15 item 241*].

③ OECD. Who's Who in CERI. http://www.oecd.org/edu/ceri/who-is-who-in-ceri.htm.

前在组织属性上被划归为一个特殊实体。在该中心成立前，教育与技能司设立了一个校外技能处（Skills Beyond School Division），负责测量成人技能，分析、开发和利用与青年和成年人技能相关的政策，并就各国在国家、区域以及地方各级建立更有效的技能体系提供建议。此外，该处还提供关于通过更有效的职业教育和培训、高等教育来进行技能养成的分析及政策建议。如今，这些工作均被跨部门的技能中心接管。

三、经合组织在教育领域开展的主要工作及其影响

经合组织如今开展了数十个教育项目，教育出版物更是不计其数。总体来看，其投入较多、持续时间较长、产生影响较大的主要包括以下三方面。

（一）界定和遴选核心素养

经合组织在 20 世纪末便提出了核心素养（key competencies）概念。1997 年年底，经合组织启动了“素养的界定与遴选：理论与概念基础”项目（Definition and Selection of Competencies：Theoretical and Conceptual Foundations，DeSeCo），目标有三：第一，发展、界定和遴选核心素养的规范性、理论性和概念性基础，以为未来构建相关测量指标提供精细、扎实的理论基础；第二，为未来的素养指标开发和理解以及教育指标的确认建立参照点，也为更准确和恰当地解释实证结果奠定基础；第三，从长远来看，回应决策者的信息需求。① 该项目建立时，经合组织已经启动了国际学生评价项目及面向成人的类似国际学生评价项目的国际调查，但该项目的研究成果及其提出的核心素养框架为这些测评项目的进一步发展提供了重要的理论基础和方向指引。

在此之后，经合组织主要通过其国际测评项目致力于核心素养的测量工作。直至 2015 年，经合组织又开始酝酿一个新的有关核心素养理念建设的专题项目——“教育与技能的未来：经合组织教育 2030 框架”（The Future of Education and Skills：OECD Education 2030 Framework）。项目第一阶段的工作任务是建立一个面向 2030 年的学习概念框架。与 1997 年的素养界定项目类似，首要工作是界定和澄清 2030 年的世界需要怎样的素养，建立一个具有共同语言的多维学习框架，以使各国——无论是个人还是集体——都能够认识到尚未得到测量但是对于塑造未来有着关键意义的学习成果，并相应地开展教育系统和教育教学实践改革。该项目也将为经合组织的大型国际教育测评项目长远的概念发展铺平道路。2019 年，经合组织完成第一

① Definition and selection of competencies：theoretical and conceptual foundations（DeSeCo）background paper. http://deseco.ch/bfs/deseco/en/index/01.parsys.90715.downloadList.74320.DownloadFile.tmp/desecobackgrpaperdec01.pdf.

阶段工作，并发布报告《经合组织“学习罗盘 2030”：系列概念注释》（*OECD Learning Compass 2030：A Series of Concept Notes*）。更重要的是，在后续的第二阶段，该项目还将进一步将其落地为学校的课程改革，支持各国探索最有效促进这些素养发展的学习环境。其中就包括通过国际课程比较分析，建立一个有助于使课程设计和开发，具有循证性和系统性（例如确保课程内容的重点、严谨性和一致性）的知识库。①

（二）建设国际教育数据库

国际教育数据库建设是经合组织成立 60 多年以来在教育领域最主要也是最具影响力的工作。自 1992 年起，经合组织每年以国际教育体系指标与评估项目为依托，定期发布《教育概览：经合组织指标》（*Education at a Glance：OECD Indicators*，以下简称《教育概览》），并迅速成为广受学术界、政界、媒体及一般公众所接纳和引证的重要教育指标来源。②

经合组织早期的国际教育数据库建设工作主要分为两个方面。一方面建立一套国际可比的教育指标体系；鼓励各国政府根据这一指标体系收集、提供相应的数据。为了使各国数据尽可能具有可比性，经合组织一方面劝导各国遵守其建立的数据统计标准和指南；另一方面从其他国际组织机构获取国际可比数据。但这种完全依赖各国政府以及第三方组织提供数据的做法存在诸多局限。为此，经合组织发动了以国际学生评价项目为代表的一系列周期性国际教育调查项目。这些项目不仅丰富了《教育概览》的数据来源，增强了诸多产出指标的信效度和国际可比性，而且成就了经合组织在国际教育信息数据统计领域的垄断地位，使之能够继《教育概览》之后，推出一批新的教育领域旗舰出版物，并借此建立起具有“标志性”的经合组织教育品牌，成为经合组织参与全球教育治理的有力工具。

1. 国际学生评价项目

2000 年，经合组织启动了首轮测评，此后每 3 年组织一轮。2018 年，经合组织启动了第七轮国际学生评价项目（PISA），来自 79 个国家（地区）和经济体的学生参与了测评。③

---

① OECD. *Education 2030*. Retrieved from：http://www.oecd.org/edu/school/education-2030.htm.

② K. Martens. How to Become an Influential Actor—The ‘Comparative Turn’ in OECD Education Policy，from K. Martens，A. Rusconi，K. Leuze. *New Arenas of Education Governance：The Impact of International Organizations and Markets on Educational Policy Making*. New York：Palgrave Macmillan，2007，p. 46.

③ OECD. *PISA 2018 Results*（*Volume I*）：*What Students Know and Can Do*. Paris：OECD Publishing，2019，p. 26.

经合组织的国际学生评价项目并不考查受测者对具体学校课程的掌握情况，而是“学生在各种情况下识别、解释和解决问题时，对于关键学科的知识和技能的运用，以及进行有效分析、推理和交流的能力”①。它通过评估各国接近完成义务教育的15岁学生对于充分参与现代社会所必需的关键知识和技能的掌握程度，衡量他们是否准备好迎接当今知识社会的挑战，所要回答的核心问题是“公民知道和能够做什么是重要的”②，以为各国的教育决策及国际政策对话与合作提供依据。具体而言，项目主要测评各国学生在阅读、数学和科学三个领域的素养（literacy），并基于此判断各国教育系统的“适切性”。每轮测评都将选择其中一个领域作为主测领域，另外两个领域作为次要领域。除了三个关键学科，经合组织在后续的国际学生评价项目中还不断增添新的测评内容，如创造性问题解决（creative problem solving）、金融素养（financial literacy）、合作式问题解决（collaborative problem solving）、全球素养（global competence）等。

近年来，经合组织基于国际学生评价项目，还形成了两个衍生项目。其一是2013年启动的“面向发展中国家的国际学生评价项目”（PISA for Development），意在确定国际学生评价项目如何能最好地支持中等收入国家和低收入国家的循证政策制定，并为联合国领导的全球学习目标定义作出贡献。③ 其二是“基于国际学生评价项目的学校测试”（PISA-based Test for Schools）项目，旨在将国际学生评价项目的测评工具用于学校层面的研究、基准测试以及实践改进。

2. 国际成人能力测评项目

经合组织在1994—1998年先后针对22个国家实施了国际成人扫盲调查，2002—2006年又先后对12个国家开展了成人扫盲与生活技能调查。④ 在继承和发展这两个测评项目基础之上，经合组织参照国际学生评价项目建立了针对16—65岁人群的“国际成人能力测评项目”（Programme for the International Assessment of Adult Competencies，PIAAC）。

---

① OECD. *PISA 2015 Assessment and Analytical Framework：Science，Reading，Mathematic，Financial Literacy and Collaborative Problem Solving*. Revised edition. Paris：OECD Publishing，2017，p. 13.

② OECD. *PISA 2015 Results（volume I）：Excellence and Equity in Education*. Paris：OECD Publishing，2016，p. 25.

③ OECD. *Making Education Count for Development：Data Collection and Availability in Six PISA for Development Countries*，*PISA*. Paris：OECD Publishing，2016，p. 21.

④ 徐静、刘宝存：《“成人的PISA”：OECD成人技能调查研究》，《比较教育研究》，2014年第11期。

国际成人能力测评项目不仅仅是为了测量成人对于工作、生活中所需的各种基本技能的掌握情况，还试图评估这些技能如何关乎个人和国家的成功，并考察教育和培训系统如何成功地培养这些技能，以及公共政策如何提高其有效性。① 因此，项目综合使用了测试、问卷、访谈三种信息采集方式。其成人技能调查除了对受测者在读写（literacy）与基本阅读（reading components）、数学（numeracy）以及信息环境中的问题解决（problem-solving in technology-rich environments）几大领域的基本技能进行水平测试，还通过工作技能调查了解受测者在工作中的技能需求及其掌握和使用情况，以及通过背景问卷调查了解受测者的人口特征、教育背景、劳动力市场经验及工作以外的技能使用情况。②

经合组织自 2008 年起正式启动了第一个调查周期，分为三轮。③ 2018 年，第一个调查周期全部结束，经合组织随之启动了第二个调查周期。④

3. 国际教与学调查项目

2006 年经合组织正式启动了国际教与学调查项目。⑤ 2008 年，经合组织完成首轮调查，共 24 个国家和经济体参与了调查；2013 年进行的第二轮调查覆盖了 34 个国家和经济体，2014 年又加入了 4 个⑥；48 个国家和经济体以及一个亚国家区域参与了 2018 年开展的第三轮调查⑦。

国际教与学调查是第一个为教师和校长提供发言权的国际调查。与国际学生评价项目和国际成人能力调查项目不同的是，该项目并非测评，而是自报告式调查（self-reported survey），让接受调查的教师和校长尽可能准确地描述其工作情况，及其对学校和工作条件的体验与感受。⑧ 国际教与学调查目前主要将调查对象锁定为提供初中教育的学校校长和教师。自第二轮调查起，参与国家也可以自愿将调查范围扩展到小学和高中。但为了使调查结果具有可比性，调查对象排除了某些特殊学校，如专门

---

① About the Survey of Adult Skills（PIAAC）. http://www.oecd.org/skills/piaac/aboutpiaac.htm.

② The OECD programme for the international assessment of adult competencies（PIAAC）.（2018-01-10）. http://www.oecd.org/edu/skills-beyond-school/41690983.pdf.

③ OECD. *Survey of Adult Skills Technical Report*（*2nd Edition*）. Paris：OECD Publishing，2016，pp. Foreword 9-14.

④ OECD. *About PIAAC*. Retrieved from：http://www.oecd.org/skills/piaac/about/.

⑤ 高光、张民选：《经济合作与发展组织的三大国际教育测试研究》，《比较教育研究》2011 年第 10 期。

⑥ OECD. *TALIS 2008 and 2013*. http://www.oecd.org/edu/school/talis-about.htm.

⑦ OECD. *Participants in the TALIS Survey-2018*. http://www.oecd.org/edu/school/participantsinthetalissurvey2018.htm.

⑧ OECD. *What is TALIS?* http://www.oecd.org/edu/school/talisfaq.htm#WhatisTALIS.

用于成人教育的学校或面向有特殊需要的学生的学校。

近年来，经合组织还启动了面向学前教育阶段的“经合组织强势开端国际教与学调查”（OECD Starting Strong Teaching and Learning International Survey）项目，并于 2016 年完成了首轮调查的问卷开发。在 2018 轮的国际教与学调查中，经合组织在传统的问卷调查基础之上，增加了两个新项目：“教学实践视频研究与全球视频库”（Video Study and Global Video Library on Teaching Practices）和“职前教师培养研究”（Initial Teacher Preparation Study）。

（三）开展教育政策评议

从 20 世纪 60 年代初开始，经合组织便将国家教育政策评议作为它在教育领域的“基本生计”（bread and butter work）。① 当时主要是对各国教育系统进行全景式描述。20 世纪 90 年代起，经合组织开始选择各国不同时期都迫切需要解决的尖锐、重大政策问题不定期开展专题评议（thematic review）。专题评议更加关注的是不同系统在处理同一问题时所存在的差异，“比较成分”超过了对于国家特定细节（country-specific details）的关注②，并且经合组织秘书处最终会基于评议小组的评议结果及各国提交的背景报告发布一份国际比较研究报告以作为评议项目的结题成果。近些年，经合组织在坚持其“比较式”工作路径不动摇的同时，开始强调为特定成员国和伙伴国“量体裁衣”，转而呈现出向个性回归的趋势，且开始参与国家具体改革和政策的设计与实施。

第四节　联合国儿童基金会与教育发展

联合国儿童基金会（United Nations Children's Fund，UNICEF），简称“儿基会”，是联合国下属机构，重点关注世界儿童问题，致力于满足全世界儿童生存与发展的基本需求，并为全世界儿童争取基本权利。成立 70 多年来，儿基会给各国尤其是广大发展中国家儿童的发展与教育带来了福祉，并对整个世界的教育产生了巨大影响。

①② K. Martens. How to become an influential actor—the 'comparative turn' in OECD education policy//K. Martens，A. Rusconi，K. Leuze. *New Arenas of Education Governance：the Impact of International Organizations and Markets on Educational Policy Making*. New York：Palgrave Macmillan，2007：p. 49、pp. 52-53.

一、联合国儿童基金会的发展历程

（一）1946—1953年：应运而生

1945年联合国的成立象征了国际合作时代的到来。基于《联合国宪章》第五十五条的规定，以促进国际合作和实现世界和平与安全为宗旨的联合国于1946年12月11日在美国华盛顿举行的联合国大会上，批准设立联合国国际儿童紧急救助基金会(United Nations International Children's Emergency Fund，UNICEF，以下简称“儿童紧急救助基金会”)。

作为维护世界各国儿童生存、健康、教育权益的国际组织，儿童紧急救助基金会最初成立的目的是拯救二战中幸存下来的百万计的儿童。人们当时的共识是：重建满目疮痍的社会必须从儿童做起。从此，儿童紧急救助基金会帮助被遗忘的儿童的使命延伸到了世界各地，帮助发展中国家改善儿童的生活状况，使之健康成长；并为儿童保健、营养、教育、职业培训、家庭、儿童福利以及救灾等方面提供援助。儿童紧急救助基金会的经费不是来自联合国的预算拨款，而是依靠各会员政府、民间团体和私人赞助。作为联合国大家庭的一名正式成员，儿童紧急救助基金会是世界上主要的儿童权利倡导机构，并在191个国家和地区设有办事处和国家委员会。其救助活动从1947年开始，救助工作的地域范围逐渐从欧洲扩大至亚洲。从1950年起，其工作范围扩展到满足全球所有国家贫困儿童和母亲的长期需求。1951年其紧急救助活动趋于结束。

（二）1953—1989年：快速发展

1953年，联合国大会通过了无限期延长儿童紧急救助基金会职能的决议，使其成为联合国的永久性、常态化组织，协调有关儿童事宜的国际合作。这是联合国儿童基金会历史上的第一个转折点。儿童紧急救助基金会在这个时候已不再以“紧急”相号召，更名为“联合国儿童基金会”，但其英文缩写得到了保留，至今其英文缩写依然比其全称更加为人们所熟知。

儿基会从不放弃受战争、冲突、干旱、饥荒和其他紧急事件影响下的儿童，但后殖民时代的出现给该组织带来了一个新的挑战，扩大了该组织的使命。创建者具有决定性的以“儿童健康的普遍目标”为该组织参与幼儿喂养和公共健康等方面工作铺平了道路。在第二次世界大战期间以及战后，弱势人群的健康状况不容乐观，各项疾病的发病率飙升，比如国际结核病运动就在此时开始了。联合国儿童基金会首次参与，便表明其活动范围已超出紧急幼儿喂养保健的范围。这一时期工作重点从为儿童提供紧急援助转向长期预防性健康护理。

（三）1989年至今：稳步推进

1989年11月，联合国大会通过《儿童权利公约》。1990年9月2日，该公约成为国际法。仅在1年之内，就有90多个国家批准该公约；至1995年9月，共有179

个国家批准该公约。从来没有哪个人权公约像《儿童权利公约》这样，在这么短的时间内就取得了如此广泛的批准，它是第一部有关保障儿童权利且具有法律约束力的国际性约定。1990 年，儿童基金会召开世界儿童问题首脑会议，其中 159 个国家承诺确保开展促进儿童生存、保护和发展的相关行动。儿童在社会资源方面拥有了“首次呼声”，无论如何，他们的权利将受到《儿童权利公约》的认可和保护。至 2015 年 10 月，该公约已有 196 个缔约国。

《儿童权利公约》使儿童基金会在世界上扮演了一个新角色。其服务于战后欧洲儿童的最初责任已经让位，该组织现在主要侧重于满足和照顾发展中国家儿童的基本需要。

二、机构设置

联合国的相关法案规定了儿基会的组织结构、其主要部门的组成以及人员的任命，尤其是其主管部门负责人的任命，必须通过联合国秘书长来任命。纽约总部为儿基会组织的全面管理和行政工作的中心。位于哥本哈根的供应部负责提供基本救援物资。筹集捐款和与决策者之间的联络则是由位于佛罗伦萨的因诺森第研究中心以及位于日本和比利时的办事处负责。① 儿基会的组织职能体现在三方面：管理、资金募集和研究，并且设立了相应的部门。

（一）执行委员会（Executive Board）

执行委员会是儿基会的管理部门，同时还担任儿基会的领导角色，对于儿基会与联合国的相关合作以及儿基会的活动本身起着监督作用。按照联合国经济与社会理事会对各联合国机构的管理机构的规定，儿基会执行委员会的主要功能如下：(1) 执行联合国制定的相关政策，按照联合国经济与社会理事会指示开展相关活动；(2) 接受来自主管部门领导的相关指示，并向其定期汇报儿基会的工作进展状况；(3) 保证儿基会的实践策略与活动和联合国经济与社会理事会的指示相一致；(4) 监督儿基会的工作和工作成效；(5) 批准儿基会的各类项目（包括国家项目）；(6) 决定儿基会的行政与经济计划和收支预算；(7) 根据需要向联合国经济与社会理事会提出新建议；(8) 鼓励与检测新的活动方案；(9) 每年向联合国经济与社会理事会上交工作汇报。②

儿基会的执行委员会由 1 个执行主任、3 个执行副主任和 36 个成员组成。儿基会执行委员会的执行主任由联合国秘书长任命，任期通常是 10 年，主要负责儿基会重大问题的决策、预算执行及日常事务，并负责向执行委员会和联合国经济与社会理

① 参见 http://www.unicef.org/whatwedo/。

② 张民选著：《国际组织与教育发展》，上海教育出版社 2010 年版，第 172 页。

事会提交年度报告。3位执行副主任则分别负责项目研发与供给、项目审计与外部支持及其他事务。负责项目研发与供给的副主任分管研究、供给、项目政策与实践方面的工作，并设有相应的管理人员负责具体管理。负责项目审计的副主任分管审计、评估、人力资源、信息技术及内部审计工作，并设有相应管理人员负责具体管理。负责外部支持的副主任分管媒介、紧急项目、多边事务、个人与合伙企业筹资及公共资源动员方面的工作，也设有相应的管理人员负责具体管理。

执行委员会有36个成员，这36个成员由联合国经济与社会理事会按地区分配，并且捐款国与受援国按代表性原则产生，任期通常为3年。其分配情况如下：非洲（8位代表）、亚洲（7位代表）、拉丁美洲和加勒比海地区（5位代表）、东欧（4位代表），以及西欧和其他发达国家（12位代表）。①

执行委员会的工作由执行局（Executive Bureau）进行协调。执行局分别由代表五大区域（非洲、亚洲、东欧、拉丁美洲及西欧和其他国家）的人士组成。他们通过选举，分别担任执行局主席（1位）、副主席（4位）。执行局是儿基会秘书处和各区域办事处之间的中间纽带，负责儿基会与办事处的联络、行政及功能性事务，以确保执行委员会工作的高效性。同时，执行局各主席要与其负责的区域国家代表进行信息交流，并且定期召开会议进行沟通。

执行委员会秘书处负责维护执行委员会和儿基会秘书处之间的关系。在办公署主席的领导下，秘书处负责执行局各个方面的工作，包括正式会议、非正式咨询、制作简讯、组织办公署会议、帮助执行委员会成员和办公署成员安排实地调查等。该办公室还负责所有执行委员会会议的文件编辑及发布工作，并保存执行局的审议意见及决议等相关材料。该办公室设有1位秘书，1位副秘书，2位行政助理，2位编辑，2位文档助理。

儿基会有7个区域办公室：中东欧和独立国家联合体区域办公室、美洲和加勒比海区域办公室、东亚和太平洋区域办公室、南亚区域办公室、东南非区域办公室、中东和北非区域办公室、中西非区域办公室。每个办公室都由各自的主任负责全面工作。各办公室通过与政府合作实施一些项目以履行儿基会的使命。这些项目通常以5年为一个周期，致力于实现和保障妇女和儿童权利，在每个周期开始的报告中会对各个国家的需求进行分析。在项目实施过程中执行委员会的委员按照一定的规则进行实地考察。

（二）国家委员会（National Committees）

作为非政府组织，各个国家委员会并不直接为儿基会的援助国提供服务或者制定援助政策，但各个国家委员会在促进儿童权利、募集捐款、销售儿基会的慈善物品、

---

① 参见 http://www.unicef.org/about/execboard/index 42661.html。

建立主要合作伙伴关系以及包括提供其他宝贵援助等方面都发挥了很大的作用。很多发达国家的企业对儿基会的认识都是从各个国家委员会开展的活动开始的。各个国家委员会募集的资金达儿基会所募集资金总额的三分之一。

（三）儿基会研究中心（UNICEF Research Center）

儿基会在意大利的佛伦罗萨设有因诺森第研究中心，该中心自 1988 年成立以来，一方面通过增强儿基会的研究能力来制定对儿童发展更为有利的政策，另一方面致力于提高世界对儿童权利的理解。同时，该中心进行初步研究以监控儿童各方面状况的变化，收集有关儿童的发展数据并做成报告以发表，使得世界得以了解儿童工作以及儿基会相关工作的进展。

（四）儿基会物资配送中心

儿基会在丹麦哥本哈根有一个供应部，该部门主要负责提供基本救援物资用于挽救发展中国家儿童的生命。在日本的东京和比利时的布鲁塞尔，儿基会各有一个办事处负责筹集捐款，并与决策者之间进行联络等。目前，儿基会在世界各地雇用了 1 万多名管理、研究及服务人员。

三、主要活动

儿基会承诺，在世界教育最需要的领域开展援助行动，并且提出了自身工作的优先领域，而这些优先领域也准确地反映出了儿基会的核心价值观。根据儿基会官方网站的资料，其优先领域包括五个方面：儿童早期发展与入学准备、保障教育公平、提升教育质量、战后或危机后的教育重建以及维护女童教育。保障教育公平、提升教育质量和维护女童教育 3 个部分包含在基础教育的范畴之中，也就是指 6—18 岁儿童所应该接受的小学和中学教育，并在每年发布世界儿童状况报告和年度报告。

（一）保障教育公平

根据儿基会公布的相关数据，在过去的 10 年里，尽管有数百万的世界儿童获得了接受基础教育的机会，但仍然有许多儿童还处于失学状态。根据 2013 年儿基会发布的《失学儿童倡议》报告显示，到 2013 年结束时，世界有超过 590 万名儿童和近 65 万名的青少年离开学校。全世界有 2.5 亿名儿童无法读、写或做基本的算数，其中有近 130 万名儿童从未上过学。[1] 这些儿童往往来自贫困家庭或者少数民族地区，经济和地区因素使他们失去了接受教育的机会。为了改善这样的状况，减少全球失学儿童的人数，儿基会主要开展了以下四个方面的活动：失学儿童全球倡议（Global

---

① UNICEF.*Global Out-of-School Children Initiative*, p. 7. Retrieved from: https://uis.unesco.org/sites/default/files/documents/global-out-of-school-initiative-operational-manual-2015-en_0.pdf.

Initiative on Out-of-School Children）、全纳教育（Inclusive Education）、免除学费倡议（The School Fee Abolition Initiative）和教育公平模型模拟项目（Simulations for Equity in Education，SEE）。

1. 失学儿童全球倡议

2010年，儿基会和联合国教科文组织统计研究所联合提出了失学儿童全球倡议。该倡议有50多个国家和地区参与合作，以确保儿童能够获得基础教育，为所有儿童在适当的年龄进入教室做准备，并保证所有儿童上完小学。这些合作国家分布在中欧和东欧、独立国家联合体、东亚和太平洋地区、东部和南部非洲、拉丁美洲和加勒比地区、中东和北非、南亚、非洲西部和中部等全球各地。与此同时，每年都会有越来越多的国家和地区加入该项倡议中。

失学儿童全球倡议的目标是减少世界各地失学儿童的人数，该倡议的主要实施途径包括使用统一的统计方法来建构导致失学的因素模型；再进一步分析这些原因和障碍；并且通过制定相应的政策来排除这些障碍。该因素模型被称为“儿童失学五大维度模型”，包括学前教育、小学和中学多个学龄阶段，既涵盖了在校儿童也涵盖了处于失学边缘的儿童。该模型还将失学儿童分为三种，即不会去上学的儿童、上了学但是中途辍学的儿童以及延迟上学的儿童。与此同时，五个维度的模型设计体现了创新和公平，不仅提供了丰富的信息来源，而且能在失学儿童一旦增加的情况下，及时反馈问题所在，还能根据需要积极采取措施以确保所有儿童完成优质的基础教育。这一模型对政府在减少失学儿童方面的工作提供了包括政策和行动等各个方面方向性的指导。除了可以协助政策的实施，该倡议也有助于各国政府对教育公平改善情况的监测。

2. 全纳教育

残疾儿童一直是容易被忽视的对象。根据儿基会统计数据显示：残疾儿童相比正常儿童的失学率高了17倍左右。① 残疾儿童由于缺乏公平的教育和就业机会，往往更可能遭遇贫困问题。确保残疾儿童获得平等的教育机会对其扭转贫困和受排斥的状况更为至关重要。为了实现普及所有儿童教育的目标和实现所有儿童的基本人权，儿基会以残疾儿童为干预目标推行了全纳教育项目。其核心是推动所有儿童包括残疾儿童获得有意义的学习机会。

全纳教育项目重点关注内容包括五个方面：开发每个学生的学习潜力而不仅仅局限于认知能力方面；对于学生不足方面的改进需要进行课程和方法的全面考查；注重

---

① UNICEF. *The Right of Children with Disabilities. to Education：A Rights Based Approach to Inclusive Education*. NY：2011. http://www.unicef.org/publications/files/A_Human_Rights Based_Approach to Education for_All.pdf.

学生对课程参与的积极性而不是仅仅关注学科内容的传授；要注重学生的差异性与多样性，注重进行个性化授课；教师要做到全纳而不是排斥弱势学生。

在全纳教育项目实施过程中，儿基会提出了以下措施：将全纳教育的价值观付诸行动；平等地对待每个人；帮助每个人找到一种集体归属感；通过尊重文化多样性、政策多样性等来实现每个人的公平；在学校或者社区帮助残疾儿童营造温暖且融洽的气氛；将对教育的全纳认作社会全纳的一部分等。

3. 免除学费倡议

学费是贫穷地区儿童获得平等受教育机会的主要障碍之一。根据多个国家的统计数据显示，学费是阻止儿童接受更为优质的基础教育的决定性因素。免费教育对儿童入学率提高有重大影响，也是当今各国政府对教育进行干预的最重要和最有效的政策措施之一。它能够发挥出足够大的教育潜能，并能够鼓励来自弱势环境的儿童参与入学。对每个女童和男童采取免收学费的措施，对于受到排斥和处于弱势的儿童来说是至关重要的。

免除学费倡议是由儿基会和世界银行在 2005 年联合提出的。其目的是通过去除教育的成本，来帮助儿童获得优质基础教育。该倡议旨在加快实现普及小学教育的进程速度，在已经取消了小学教育学费的国家保持相应的成果，在此基础上提高各国教育质量。与此同时，该倡议已经在全球范围内建立了广泛的合作关系，这些合作伙伴包括世界银行、联合国教科文组织、世界粮食计划署、英联邦秘书处，以及民间社会组织、研究和学术机构。

免除学费倡议的具体目标是：吸取充分既有经验的基础上，构建有关取消学费的知识库和网络；为各国实施取消学费政策提供相应的技术支持；增强各个国家的有关免除学费政策的对话。该项目的实施可分为六个步骤：(1) 在国家各方意见达成一致和获得强有力的专业支持的基础上，建构一个最高水平的领导与管理机制；(2) 创建有关学费、招生人数、现有资源和相关费用的综合情况分析表；(3) 根据地理区域、年级、年龄、社会经济状况，划分免除学费的优先人群；(4) 根据政策选择的地区范围，进行成本估算和确定国际、国家的资金来源；(5) 持续关注教育质量问题；(6) 强调学校管理和有效性。①

4. 教育公平模型模拟项目

教育公平模型模拟项目是 2011 年儿基会和世界银行联合推出的一个项目，主要目的是帮助各个国家资助那些被排除在教育系统之外的儿童接受基础教育。该计划的核心是教育公平模型模拟项目，该项目将对各项目的成本进行测算和干预。该项目建

① http://www.unicef.org/publications/index_49923.html.

在直观的数据表中，在表中用户可以模拟干预的模式时间、计划和干预的结果①，可以识别风险和减少阻碍，特别是对于弱势群体来说具有很强的预测指导意义。它可在不影响整体系统和预算效率的情况下，用于确定成本效益的干预措施，显示如何使用资源，以满足最大需求。该模型也可用于创建一套特定的有效干预措施，例如国家或地区规划和情景分析等。

（二）提升教育质量

儿基会开展的旨在提升教育质量的项目主要包括三个方面：一是爱生学校；二是学习用品包；三是“补充学习”活动。

1. 爱生学校

爱生学校是20世纪90年代儿基会与东亚一些国家开展基础教育合作过程中所推行的试验项目，该项目旨在通过在实施项目地区建立学校、改善教学条件、主张以学生为中心的教学理念、开展相关教师的培训等方式，帮助贫困地区提高基础教育的质量和实现儿童接受高质量教育的权利及保障儿童的身心健康。爱生学校项目与中国的合作主要开始于2001年，由中国教育部和儿基会共同确立的“贫困地区基础教育和早期儿童关爱”合作项目，该项目主要分布在中国的广西、内蒙古等经济欠发达的地区，并且取得了显著的成效。②

爱生学校的总目标是建设以学生为中心、以对学生友好为主的优质受教育环境，具体目标有五：一是创建优质有效的教学环境，促进学生的学业进步；二是创建干净整洁的校园环境，保障学生的身体健康，培养学生形成良好的卫生习惯；三是创建对儿童友好的校园氛围，使得每一个儿童都能感受到校园的温暖；四是创建具有性别敏感性的校园，消除校园中的性别歧视等不平等问题；五是积极呼吁家庭、学校和社区共同参与到校园建设中来，形成凝聚力。爱生学校的建设和实施都已经标准化，不论是在学校相关设施的建设方面，还是在教学方面都集中体现了这一点。在设施建设方面，儿基会充分考虑学生的年龄特点，鉴于其身心发展的特征，做出了相关努力。爱生学校的硬件设施标准，足以证明一切都是以学生为中心的项目理念。③

在实施教学方面，具体措施较为灵活，也体现了儿童中心的思想。课堂教学是通过不同的教学方法实现的，例如教师教授、小组讨论、角色游戏等；课程内容与学生实际生活密切联系；教师尽量利用充足的资源来实现学生充分学习；教学过程要适应不同学

---

① UNICEF. *Simulations for Equity in Education* (*SEE*): *Backgound*, *Mehodology and Piltresuts*, NY: UNICEF. http://www.unicef.org/educatin/files/SEE 2FINALrevised (single web).pdf.

② 于兴国：《创建“爱生学校”的几点思考》，《师范教育》2002年第7—8期。

③ UNICEF. *CFS Programming Global Evaluation Report*. New York: UNICEF. 2009, p. 58.

生的学习风格和个人特质，特别是有特殊学习需要的儿童，例如面对学习困难的儿童，爱生学校的教师需要提供额外的学习辅导；学校生活和教学中尽量使用所有儿童都能听懂的语言；教会儿童学会尊重与学习多样的文化；教师通过多种评价方式对学生知识技能和态度进行系统而全面的评价，而不是以考试成绩作为单一评价标准。①

爱生学校的传播推广工作主要是通过出版发行相关刊物、开办获得政府支持的学校、教师培训等方式实行。在相关刊物出版方面，儿基会出版了《爱生学校手册》及一系列书籍，主要介绍了儿基会在爱生学校实践方面的重要内容。在开办学校方面，儿基会自 1990 年开始创办学校，至今已经在全球超过 50 多个国家及地区创办爱生学校，这些爱生学校为发展中国家和贫困地区的基础教育作出了卓越的贡献。

2. 学习用品包②

"学习用品包"项目主要是在学生最需要的情况下为其提供所有学习用品。儿基会认为所有学生都需要笔记本、铅笔和课本，所有教师都需要黑板和安排课程，所有社区也都需要一个支持儿童学习的工作框架。儿基会还致力于提供学生理想的购物清单：笔记本电脑、投影仪和空调。儿基会最大的期望是每一个儿童在最舒适、具有技术设备的环境中学习。

儿基会始终坚持各政府部门与外部机构合作的工作思路，利用现有的国家制度和手段开展基本教育，而不是建立新的或平行的体系。此外，儿基会是通过动员各国政府和发展伙伴关系，加强各个社会阶层之间的沟通，改变家长对教育的理解和执行方式及改善家庭直接和间接的与学习相关的费用支付能力等方式，使得学习用品包能够作用于社会的最底层，从而更好地保障教育的数量和质量。

3. "补充学习"活动③

"补充学习"活动的目标不仅是将学校作为一个学习中心，而且是将学校看作一个满足儿童在社会中面临的最深刻、最紧迫的需求的机构。当全世界儿童面临日益增加的各种需求和包括贫困、艾滋病、干旱、缺乏粮食保障及政治不稳定等在内的多种威胁时，学校所要做的或者说面临的挑战是为包括孤儿、女童和残疾人等最易受伤害的儿童在内的群体提供照顾和支持。儿基会希望"补充学习"活动能使学校成功应对这些挑战。

"补充学习"活动的内容包括"补充学习"学校应为儿童提供饮食，无论是午餐还是带回家的食物都要包括在内。当某地发生干旱、粮食匮乏和贫困危机时，提供相关方案来帮助缓解儿童的饥饿和营养问题。同样，"补充学习"学校的保健方案将提供预防接种、微营养素补充和驱虫治疗，可帮助那些缺少资源的儿童及其家庭减少因

---

① 原格·韦德尔著，孙柏军译：《爱生学校的思想框架》，《内蒙古教育》2003 年第 7 期。

②③ UNICEF. *The Education Strategy*. NY：UNICEF，2007. http://www.unicef.org/search/search,php? q_en=The+Education+Strategy&-go.x-15& go.y=13.

疾病和健康问题带来的伤害。"补充学习"学校还可更进一步提供超出食品和保健方面的服务。其可对孤儿和其他弱势儿童提供照顾和支持，尤其对那些遭受武装冲突、艾滋病威胁和严重贫穷的国家的儿童提供帮助。

儿基会在"补充学习"活动中始终利用学校的力量进行教育，并与社区中心积极配合。"补充学习"活动是通过创建一个动态、相辅相成、跨部门及社区内的结构来实现为儿童服务的。"补充学习"活动这种整体、跨部门性质的方法意味着，一定的协作与合作是必不可少的。除了学校的正规教育课程外，儿基会通过这一活动将给全球、区域和地方的各层面和各领域带来巨大的福祉，例如学校饮食和有关艾滋病预防的教学、供水、环境卫生和个人卫生、保护环境等方面。这些合作伙伴关系反过来也可协助儿基会游说利益相关者，帮助儿基会获得决策者的支持，并协助儿基会的宣传工作。

（三）维护女童教育

时任联合国秘书长科菲·安南（K. Annan）于 2000 年在达喀尔世界教育论坛上发起了联合国女童教育倡议（UNGEI）——一个致力于促进女童教育的合作伙伴组织。儿基会成为联合国女童教育倡议的领导机构和秘书处。与儿基会一道合作参与联合国女童教育倡议组建的相关组织涵盖了联合国系统、捐助机构、国际金融机构、民间组织和私营部门等，共同为实现更多女童上学的目标而努力。联合国女童教育倡议的工作在全球范围和国家层面全方面开展，以确保所有女童能够接受高质量的教育，为她们成为社会中充分和积极的参与者做准备。联合国女童教育倡议的总体目标是致力于加速女童教育行动，以确保每一个女童都能接受高质量的教育，实现广泛的社会动员。

2010 年，联合国女童教育倡议的合作伙伴重申了关于加快女童教育和性别平等来实现《达喀尔宣言》的承诺。为了实现这一目标，各国政府、主要决策者和国家的公民需要共同努力，履行相应的承诺，采取具体步骤推进目标实现。

联合国女童教育倡议的实施主要是从技术和政策层面展开，具体的实施策略主要可以分为三个方面：技术输出和能力建设，政策对话和宣传，协助援助结构的调整。

首先，技术输出和能力建设的重点是通过创设工具、资源和经验的共享模式，来填补知识和信息差距。例如，根据全民教育快速通道倡议，国家规划部门研制了有关儿童平等和包容、儿童保护的分析工具，有关女童教育、幼儿发展实践的出版物，有关性别整合、性别监察的资源包等一系列可利用资源。

其次，政策对话和宣传。联合国女童教育倡议利用大众的声音提高了世界公民对女童教育重要性的认识，同时也影响着相关的政策和舆论。在全球范围内，联合国女童教育倡议参与到全民教育快速通道倡议中，包括自身的工作组和高级别小组会议；还参与到能够促进有关性别平等教育政策制订和预算分配的工作中。

最后，协调和配合援助结构的调整。联合国女童教育倡议促进更大的女童教育援助结构调整，增加持续的援助拨款和建设伙伴组织的信息库，以确保援助的效率和避免重复活动。许多跨国公司和双边组织都在促进女童教育方面做出了表率，它们成为联合国女童教育倡议的重要援助方。

儿基会在支持各个国家有关规划、设计和监测女童教育方面，主要从以下五个过程进行干预：政策宣传、编程和监控、社区参与、知识管理和沟通、研究与评价。对联合国女童教育倡议项目的评估是为了探索联合国女童教育倡议伙伴关系的合作情况，是否实现了倡议的预期成果，以及其在全球范围内探索联合国女童教育倡议伙伴关系的有效性和效率。联合国女童教育倡议的评估内容包括两方面：一方面是相关的活动，这些活动强调要通过多方伙伴关系合作努力来完成目标，若相关活动只有一个或两个合作伙伴，将会被排除在评估之外，例如只有一个国际组织资助的活动；另一方面是相关的成果和贡献，虽然对联合国女童教育倡议项目的评估应该直接以联合国女童教育行动产生的显著结果为标准，但是因为其结果的复杂性和关联性，往往不能以一个或多个的形式明显展示出来。因此，在可能的范围，评价将通过贡献度分析来勾勒出联合国女童教育倡议的总体成果。

第五节　欧盟与教育发展

欧盟，全称“欧洲联盟”（European Union，EU），是由欧洲共同体（European Communities）发展而来的，是一个集政治实体和经济实体于一身、在世界上具有重要影响的区域一体化组织。欧盟是一个由 27 个成员国组成的政治和经济联盟，分别是奥地利、比利时、保加利亚、塞浦路斯、捷克、克罗地亚、丹麦、爱沙尼亚、芬兰、法国、德国、希腊、匈牙利、爱尔兰、意大利、拉脱维亚、罗马尼亚、立陶宛、卢森堡、马耳他、荷兰、波兰、葡萄牙、斯洛伐克、斯洛文尼亚、西班牙、瑞典。

一、欧盟的发展历程

（一）战后的西欧：从关税贸易壁垒到经济一体化（1945—1966 年）

历经两次世界大战的浩劫，欧洲不但失去了世界中心和霸主的地位，还不得不将自己命运的决定权交给了美国和苏联。在这段最艰难的时间里，欧洲人开始反思。一批具有远见卓识的政治家认为，唯有联合才能避免重燃战火，才能不受美国和苏联的左右，在国际舞台上独立发挥作用。让·莫内（J. Monnet），这位法国政治家，“欧洲之父”，为当时的欧洲提供了两种选择：要么在联合中自强，要么就得屈居人下。他认为“为了适应世界新形势，西欧必须联合起来”，还应该组织一个“民主的、有效的机构”促进西欧各国团结，相互补充，改变西欧国家经济极度虚弱的局面。他还在此基础上提出了在西欧“建立国际贸易、货币、安全联盟”等一系列具体建议。

1946年9月，英国首相丘吉尔提议建立“欧洲合众国”。1950年5月9日，当时的法国外长罗贝尔·舒曼代表法国政府提出建立欧洲煤钢联营。这个倡议得到了法国、联邦德国、意大利、荷兰、比利时、卢森堡6国的响应。1951年4月18日，法国、联邦德国、意大利、荷兰、比利时和卢森堡在巴黎签订了建立欧洲煤钢共同体的条约（又称《巴黎条约》）。1952年7月25日，欧洲煤钢共同体正式成立。1957年3月25日，这6个国家在罗马签订了建立欧洲经济共同体条约和欧洲原子能共同体条约，统称《罗马条约》。1958年1月1日，欧洲经济共同体和欧洲原子能共同体正式成立。1965年4月8日，前述6国签订的《布鲁塞尔条约》决定将3个共同体的机构合并，统称欧洲共同体（欧共体）。但3个组织仍各自存在，具有独立的法人资格。《布鲁塞尔条约》于1967年7月1日生效，欧洲共同体正式成立。

（二）从欧洲共同体到欧洲联盟（1967—1993年）

1967年欧共体的正式诞生标志着欧洲一体化的发展进程也随之进入了一个崭新的历史阶段。整个20世纪50年代，欧共体各国的经济普遍经历了一个高速发展的时期。经济的复苏犹如给饱经摧残的欧洲巨人输入了新鲜血液，使它有能力从废墟中赫然站起，思索如何继续前行。欧共体正式成立以后，先后经历了三次扩张：1972年1月22日，欧共体迎来了第一批新成员，英国、丹麦、爱尔兰3国在布鲁塞尔签字加入，欧共体成员国增加到9个；1981年，希腊成为欧共体的第10个成员国；而1986年西班牙及葡萄牙的加入，是欧共体的第三次扩大。就在同年，在卢森堡举行的欧共体首脑会议通过了《欧洲单一法案》，决定在1992年年底前建成商品、资本、劳务、人员自由流动的统一欧洲大市场。为了提高效率，保证统一市场的按期建成，还决定从1987年起正式改革欧共体的决策机制，取消过去的“一致通过原则”，取而代之的是实行“特定多数表决制”。1991年12月9—10日，欧共体的第46次首脑会议在荷兰的马斯特里赫特举行，会议通过了《欧洲联盟条约》（又称《马斯特里赫特条约》），并于1991年12月，欧共体与匈牙利、波兰和捷克斯洛伐克签署了“联系国”协议，3国获得了10年入围候补资格，欧共体东扩的准备工作也悄然开始。

（三）欧洲联盟（1993年至今）：欧洲一体化的深化和扩展

1993年11月1日《马斯特里赫特条约》正式生效，欧共体更名为欧盟。① 这标志着欧共体从经济实体向经济政治实体过渡。1995年，奥地利、瑞典和芬兰加入，使欧盟成员国扩大到15个。欧盟成立后经济快速发展，1995—2000年经济增速达3%，人均国内生产总值由1997年的1.9万美元上升到1999年的2.06万美元。欧盟的经济总量从1993年的约6.7万亿美元增长到2002年的近10万亿美元。

2002年11月18日，欧盟15国外长会议决定邀请塞浦路斯、匈牙利、捷克、爱

① The history of European Union，http://europa.eu/about-eu/eu-history/index_en.htm.

沙尼亚、拉脱维亚、立陶宛、马耳他、波兰、斯洛伐克和斯洛文尼亚 10 个中东欧国家入盟。2003 年 4 月 16 日，在希腊首都雅典举行的欧盟首脑会议上，上述 10 国正式签署入盟协议。2004 年 5 月 1 日，这 10 个国家正式成为欧盟的成员国。这是欧盟历史上的第五次扩大，也是规模最大的一次扩大。此次扩员后的欧盟成员国从 15 个增加到 25 个，总体面积扩大近 74 万平方千米，人口从约 3.8 亿增至约 4.5 亿，整体国内生产总值增加约 5%，从扩张前的 9 万多亿美元增加到扩张后的 10 万多亿美元，经济总量与美国不相上下，欧盟的整体实力有所增强。

2003 年 7 月，欧盟制宪筹备委员会全体会议就欧盟的盟旗、盟歌与庆典日等问题达成了一致。根据宪法草案，欧盟的盟旗仍为现行的蓝底和 12 颗黄星图案，盟歌为贝多芬《第九交响曲》中的《欢乐颂》选段，5 月 9 日为“欧洲日”。

2007 年 12 月 13 日欧盟成员国签署的《里斯本条约》的主要目标是调整当前欧洲联盟在全球的角色、解决人权保障、欧盟决策机构的办事效率等亟须改革的问题；改革环保、能源等政策，以提高欧盟在全球经济中的竞争力和世界政治舞台上的影响力。当时经过半个多世纪的整合发展，欧盟正面临着《欧盟宪法》引起的困境和最大危机。同时，欧盟还要应对全球化风潮，应对诸多新兴的经济体（如中国、俄罗斯、印度和巴西等）迅速崛起带来的挑战。这时，进一步增强欧盟的凝聚力，最大程度争取内部人民对欧洲整合的支持其实是非常明智的选择。因外部国际大环境的变化，欧盟的发展策略发生了明显的变化。提升“欧盟整体竞争力”以应对外在环境的挑战将会是欧盟在《里斯本条约》签订之后很长一段时间内的发展宗旨。

二、欧盟的组织机构

欧盟的组织架构可以分为六大机构和其他机构，详细情况见表 11-1。

表 11-1　欧盟的组织架构

主要机构	其他机构
欧盟委员会（European Commission）、欧洲理事会（European Council）、欧盟理事会（Council of the European Union）、欧洲议会（European Parliament）、欧洲法院（Court of Justice of the European Union）、欧洲审计院（European Court of Auditors）	欧洲中央银行（European Central Bank）、欧洲对外行动署（European External Action Service）、欧洲地区委员会（Committe of the Regions）、欧洲投资银行（European Investment Bank）、欧洲数据保护主管（European Data Protection Supervisor）、欧洲数据保护委员会（European Data Protection Board）

欧盟委员会（European Commission）①

欧盟委员会，简称欧委会，是欧盟的常设执行机构，是欧盟唯一有权起草法令的机构，负责欧盟各项法律文件的贯彻执行以及预算和项目的执行。欧委会主席任期5年，负责实施欧盟条约和欧盟理事会作出的各项决定，向理事会和欧洲议会提交报告和决议草案，处理欧盟日常事务，代表欧盟对外联系和谈判。现任主席是乌尔苏拉·冯德莱恩。

欧洲理事会（European Council）②

欧洲理事会成员由欧盟27个成员国的国家元首或政府首脑、欧洲理事会主席和欧盟委员会主席组成。现任主席是查尔斯·米歇尔。外交事务和安全政策联盟高级代表也参加讨论外交事务的欧洲理事会会议。欧洲理事会确定欧盟的总体政治方向和优先事项。它不是欧盟的立法机构之一，因此不就欧盟法律谈判或通过欧盟法律。

欧盟理事会（Council of the European Union）③

欧盟理事会代表成员国政府。它是来自每个欧盟国家的部长开会以通过法律和协调政策的地方。欧盟理事会主席每6个月在欧盟成员国之间轮换一次。担任主席的成员国以三个国家的首脑为一组的形式紧密合作，称为“三人组”。该系统于2009年由《里斯本条约》引入。“三人组”设定长期目标并准备共同议程，确定理事会将在18个月内处理的主题和主要问题。

欧洲议会（European Parliament）

欧盟的监督和咨询机构，所通过的决议一般没有法律约束力，但有部分预算决定权，可以否定欧盟委员会的预算草案并要求提出新方案，还可以以三分之二多数弹劾欧盟委员会。该机构的前身是1952年成立的欧洲煤钢共同体的共同议会，后来于1962年改称欧洲议会，随后在1979年举行首次直接选举。详细说来，欧洲议会具有立法权、监督权及预算权。在立法权方面，欧洲议会与欧盟理事会中欧盟各国政府的代表一起负责通过欧盟法案。在普通立法程序下，两个机构作为平等的共同立法者行事。在某些特殊情况下，可能适用其他程序。在监督权方面，欧洲议会议员监督欧盟机构的工作，特别是欧盟委员会的工作，因为它是欧盟的执行机构。在预算权方面，欧洲议会和欧盟理事会必须就欧盟年度预算达成一致。

其他的欧盟机构如欧洲法院、欧洲审计院、欧洲中央银行等机构，因为与教育的关联不大，这里不再作特别说明。

---

① EU：European Commission，https://ec.europa.eu/commission/commissioners/2019-2024_en.

② European Council，https://www.consilium.europa.eu/en/european-council/.

③ Council of the European Union，https://www.consilium.europa.eu/en/european-council/.

三、欧盟在教育领域的主要活动

在文化教育方面，欧盟坚持“通过教育和文化加强欧洲认同”的重要主张，认为教育和文化是通向未来的关键，对于个人和整个联盟至关重要。2018年年初，欧盟委员会制定了欧洲教育区战略，预计于2025年完成。该战略强调所有教育部门的流动性、对文凭和能力的认可、对外语教学的重视以及在幼儿教育和数字技能发展领域的更多合作和共同努力。为了达到这些目标，欧盟在幼儿教育与保育、学校、职业教育与培训、高等教育、成人教育及教育创新等几个领域制定并实施教育政策。①

（一）幼儿教育和保育②

幼儿教育和保育是指为从出生到义务教育小学阶段的儿童提供受监管的教育和保育安排，欧盟当中的各个国家的情况可能有所不同。幼儿教育和保育一般包括幼儿中心和家庭日托、私人和公共资助的提供、学前教育服务和学前班的提供。优质的幼儿教育和保育可以为儿童日后在教育、福祉、就业能力和社会融合方面取得成功奠定基础，对来自不利环境的儿童尤其重要。因此，高质量的幼儿教育和保育是对教育和培训的一种有效投资。

据欧盟委员会的一项提案，欧盟理事会于2019年5月通过了一项关于高质量发展幼儿教育和保育系统的建议，旨在支持成员国努力改善其幼儿教育和保育系统的可及性和质量。欧盟理事会的建议包括一个质量框架，其中确定了质量系统的5个关键组成部分：获得幼儿教育和护理的机会、负责幼儿教育和保育的工作人员的培训和工作条件、确定课程的定义、治理和资金、系统的监测和评估。

欧盟儿童参加早期教育和保育的年龄限制是超过4岁，目前已有95%的4岁及以上儿童参加了早期教育和保育，但在不同国家和地区仍有巨大差异。欧盟委员会支持成员国分析确认该领域的挑战以及应对这些挑战的方法。该委员会还促进成员国之间在幼儿教育和保育领域的合作，提供有关欧洲当前发展的数据和分析服务。

（二）中小学教育③

欧盟委员会采取以下方式支持成员国的中小学教育。首先它与各欧盟国家的政策制定者密切合作，支持他们制定学校教育政策和规划系统。欧盟委员会收集信息和分享数据分析结果，并鼓励交流政策制定方法。其中一种方法是通过“教育与训练2020”（Education and Training 2020，ET2020）工作组。自2016年以来，这一工作

---

① Early childhood education and care，https://europa.eu/european-union/topics/education-training-youth_en.

② School，https://ec.europa.eu/education/policies/early-childhood-education-and-care_en.

③ Education and Training，https://ec.europa.eu/education/policies/school/about-school-policy_en.

组肩负着改进学校教育系统治理的任务，通过加强可持续创新和包容来提高质量。其次欧盟委员会通过“伊拉斯谟＋计划”（Erasmus＋），为促进教师和学生流动性的欧洲合作项目作出了重大贡献。

欧盟成员国的教育部部长确定了以下中小学教育方面的优先领域。(1) 所有学生都应该培养终身学习的关键能力。这可以通过以下方式来实现：重新设计和评估课程、为学校工作人员提供培训以及提供优质学习工具和资源。(2) 每个学生都应该受益于高质量的学习体验，并且应该更广泛地提供早期儿童教育和护理服务。(3) 必须在学校层面加强对有特殊教育需求的学习者（包括欧盟移民）的支持，并降低辍学率。(4) 教师、学校领导和教师教育工作者需要获得更多支持，包括持续的专业发展机会和灵活、有吸引力的职业选择。(5) 应进一步发展质量保证体系，以确保对学校教育进行更有效、公平和高效的治理，并促进从事和提供教育与培训人员流动性的提高。欧盟委员会建立了欧洲政策合作框架，以促进在教育和培训领域建立实践方面的合作。它还定期研究整个欧洲的情况，以监测教育和培训体系的发展和改革进展。

欧盟委员会对学校的发展和优秀的教学提出建议措施，以提高教学质量、学校教育的包容性、教师和学校领导的能力和学校管理水平。在建设更强大的欧洲方面，欧盟委员会提出了第二套倡议，强调了教育、青年和文化在建设欧洲未来中的关键作用。此外，欧盟委员会还提出了欧洲教育区的愿景，它将流动性、文凭互认和国外学习期限、语言学习、幼儿教育和保育、教师职业以及创新和数字技术确定为欧盟各国在学校教育领域合作的重点领域。

（三）职业教育和培训①

职业教育和培训对经济发展有利已无须赘言，同时也为学习者提供对个人发展所需的至关重要的技能。职业教育和培训还可以提升企业绩效、竞争力、研究和创新。这是成功就业和社会政策的核心方面。欧洲的职业教育与培训系统可以依靠完善的职业教育与培训利益相关者网络。这些网络在社会伙伴（例如雇主和工会）以及不同机构（例如商会、委员会和理事会）的共同参与下进行。职业教育和培训系统包括初始和继续两个阶段。初始职业教育培训(I-VET)通常在学生开始工作之前即在高中阶段进行。它发生在以学校为基础的环境（主要是在课堂上）或以工作为基础的环境中，例如培训中心和公司。然而，这因国家而异，取决于各国教育和培训体系以及经济结构。平均而言，约50%的15—19岁欧洲青年参加了高中阶段的初始职业教育培训。然而，欧盟的平均值掩盖了参与率的显著地域差异，不同区域的参与率从15%到

① https://ec.europa.eu/education/policies/eu-policy-in-the-field-of-vocational-education-and-training-vet_en.

70%不等。继续职业教育培训（C-VET）发生在初始职业教育培训之后或开始工作之后。它旨在提升学习者的知识水平，帮助他们获得新技能，并进行再培训和进一步的个人和专业发展。它主要以工作为基础，大部分学习发生在工作场所。

1. 欧盟职业教育和培训政策的现状

2020 年 11 月 24 日，欧盟理事会通过了关于促进可持续竞争力、社会公平和复原力的职业教育和培训的建议。该建议书确定了确保职业教育和培训灵活的关键原则，因为它能够迅速适应劳动力市场的需求，并为年轻人和成年人提供优质的学习机会。它非常重视提高职业教育和培训的灵活性，增加基于工作的学习、学徒制和质量保证的机会。该建议书还取代了欧洲职业教育和培训质量保证（EQAVET）的建议书，同时更新了欧洲职业教育和培训质量保证的框架，包含质量指标。为了促进这些改革，欧盟委员会支持职业卓越中心（CoVE），这些中心将当地合作伙伴聚集在一起来发展“技能生态系统”。

2020 年 11 月 30 日，欧盟成员国、候选国、欧洲经济区-欧洲自由贸易联盟（EEA-EFTA）国家、欧洲社会伙伴和欧盟委员会负责职业教育和培训的部长通过了《2020 年奥斯纳布吕克宣言》，明确了职业教育和培训是“向数字和绿色经济转型的推动者”。该宣言得到了欧洲层面的职业教育和培训提供者协会（VET4 EU2）、职业教育和培训学生代表（OBESSU）的支持。它制定了 2021—2025 年的新政策行动，以补充欧盟理事会关于职业教育和培训促进可持续竞争力、社会公平和复原力的建议：（1）通过优质、包容和灵活的职业教育与培训促进学生韧性和卓越能力的发展；（2）建立新的终身学习文化，强调继续建立职业教育培训和数字化的相关性；（3）促进职业教育的可持续性；（4）发展欧洲教育培训区和国际职业教育培训。职业培训咨询委员会通过了关于职业教育与培训未来的意见，这将有助于欧盟委员会 2020 年以后的政策。

2. 欧盟职业教育和培训政策的进一步发展

前述的“伊拉斯谟＋计划”也开始支持职业教育和培训。其中，2014—2020 年该项目的近 30 亿欧元的资金分配给了职业教育与培训领域。每年约有 13 万名职业教育和培训学习者和 2 万名职业教育和培训员工受益于“伊拉斯谟＋计划”流动机会。此外，每年有近 500 个职业教育与培训项目由“伊拉斯谟＋计划”战略合作伙伴资助。该计划还资助其他活动，例如部门技能联盟等。欧洲社会基金（ESF）是职业教育和培训重要的金融杠杆。从 2014 年到 2020 年，欧洲社会基金有一个主体目标，即为支持职业教育与培训的行动预付大量资金。近 150 亿欧元专门用于提供终身学习的平等机会、促进灵活途径和改善教育与培训系统的劳动力市场相关性等目标。

（四）高等教育

教育和文化对于发展更具包容性、凝聚力和竞争力的欧洲至关重要。2017 年，在哥德堡社会峰会上，欧盟委员会制定了2025年欧洲教育区的愿景，其中提到要保证学习者的自由流动："一个人在另一个成员国度过大部分的时间——学习或工作——已成为标准，在那里，除了自己的母语外，说两种其他语言已成为常态。在这块欧洲大陆上，人们对自己作为欧洲人的身份、欧洲的文化遗产及其多样性有着强烈的认同感。"

为了将教育转变为发展的驱动力，需要持续和实质性的投资。成员国当局仍对本国高等教育的组织和提供方式负责。欧盟的活动旨在为高等教育的学习、教学、研究或制定政策带来额外的国际影响。通过其"伊拉斯谟＋计划"和"地平线2020计划"，欧盟支持学生、学术人员和研究人员的国际交流，以及不同国家高等教育机构和公共当局之间的结构化合作。目标是为正在接受高等教育的人员创造新的机会，让他们跨越国界相互学习，并共同开展联合项目，以发展良好的学习和教学能力、开展出色的研究和促进创新水平提升。

欧盟委员会与政策制定者密切合作，支持欧盟国家根据教育和教育培训2020战略（ET2020）制定高等教育政策。欧盟委员会于2017年5月通过更新的欧盟高等教育议程确定了欧洲高等教育合作的四个关键目标：解决未来的技能不匹配问题并发展卓越的技能、建立包容和互联的高等教育体系、确保高等教育机构为创新作出贡献及支持有效和高效的高等教育系统。

为了帮助实现这些目标中的每一个，欧盟委员会提出了欧盟层面的具体行动，主要由"伊拉斯谟＋计划"和"地平线2020计划"的不同部分提供支持。欧盟委员会尤其支持：（1）通过"教育与训练2020"，高等教育工作组在不同国家之间进行良好的政策交流实践；（2）博洛尼亚进程，旨在促进高等教育的国际化及更多的社会流动性，建设更方便快捷的学历互认程序和严格高效的质量保证机制；（3）开发和使用流动性和认可工具，例如ECTS系统和文凭补充，以提高欧洲教育考试的透明度。最近，欧盟委员会采取了一些进一步的举措：（1）欧洲大学网络的概念通过综合课程和流动性给高等教育实践带来了重大变化，从而促进了欧洲高等教育的质量、卓越和创新；（2）欧盟理事会关于高等教育和毕业文凭自动互认的建议有助于消除欧洲学生流动的障碍；（3）未来的欧洲学生卡将促进学生信息的安全交流，减轻高等教育机构的行政负担，成为新兴的欧洲教育区的一个具体例子。

（五）成人教育

欧洲层面关于成人教育的行动和倡议加深了我们对如何应对成人学习领域挑战的理解。它们还可以为机构和个人提供支持，并促进各国之间更好地交流知识和经验。

欧洲理事会通过的《关于更新欧洲成人学习议程的决议》强调需要显著增加成人对正式、非正式学习的参与，无论是为了获得工作技能、积极的公民身份，还是为了个人发展和成就。该决议为2015—2020年欧盟的成人教育设定了以下具体优先事项：（1）通过更好地协调政策领域、提高效率和社会相关性来改善高校治理；（2）显著增加对高质量服务的供给和需求，特别是在识字、算术和数字技能方面；（3）确保有效的指导和激励策略，以接触和帮助成年学习者；（4）通过在工作场所进行更多学习、使用信息通信技术和所谓的“第二次机会”资格计划，为成年人提供更灵活的学习机会和改善机会；（5）通过监测政策提高成人学习的质量。

（六）教育创新

教育机构——如学校和大学——必须不断发展以实现其核心使命：教育学生在面临技术、文化、经济和人口快速变化的复杂背景和相互关联的世界中取得成功。欧盟委员会通过以下举措支持教育创新。（1）通过校企合作和校企论坛与企业进行更密切的合作，这有助于高等教育机构开发满足学生和社会需求的课程和教学方法。企业和学术界之间建立更紧密的联系可以鼓励知识的交流和分享、建立长期的伙伴关系来提升创新、创业和创造力。（2）高等教育创新（HEInnovate）是欧盟委员会和经济合作与发展组织联合开展的一项活动，它是希望探索创新潜力的高等教育机构的自我反思工具。它会引导高等教育机构完成对领导力和治理、组织能力（资金、人员和激励）、创业教学和学习、准备和支持企业家、数字化的转型与能力、知识交流与合作、国际化机构及衡量影响八个关键领域的识别、优先排序和行动规划过程。（3）欧洲创新与技术研究所位于匈牙利布达佩斯，旨在从教育到市场支持系统层面的创新。欧洲创新与技术研究所将在教育、研究和创新领域工作的组织聚集在一起，形成动态的跨境合作伙伴关系并创造促进创新的环境。该研究所帮助和支持新一代企业家，并刺激创新企业的创建，特别是中小型企业。（4）创业教育对于欧盟公民来说是一次宝贵的机会，创业教育对欧洲的竞争力和欧洲经济的持续增长起着关键作用。通过“伊拉斯谟＋计划”下的一系列行动为那些在国外学习、培训和参与战略合作伙伴项目的人提供创业支持。除此以外，欧盟还制定了创业能力框架。

2016年6月24日，英国全民公投以51.9％的得票率决定离开欧盟，开启了“脱欧”进程。“脱欧”对英国以及欧盟的高等教育发展产生了深远的影响。作为曾经的欧盟内部第二大研究经费接收国，“脱欧”使得英国不仅失去了获得欧盟研究资金、流动计划和合作的机会，而且失去了欧盟工作人员和学生，对其研究成果的数量和质量产生重大影响。英国“脱欧”大大改变了欧洲高等教育格局，影响英国与其他欧盟国家建立的关系，使得欧洲研究区和欧洲高等教育区失去重要的一名成员。

作为欧盟内部教育、科学和研究方面不同种类机构的合作的成功范例，“伊拉斯谟＋计划”在欧盟内部以及外部广受欢迎。2019年，英国所有国际学生流动经费的53％是通过“伊拉斯谟＋计划”获得的，从中可以一窥“脱欧”对英国高等教育国际化造成的影响，同时英国“脱欧”对那些没有经济资助就无法负担出国留学费用的英国学生而言影响也是深远的。总之，英国脱离欧洲高等教育区将深刻影响英国作为留学生和毕业生接收国的学术和经济利益。

第十二章

总结与展望

前面介绍了各国的教育制度并对各级各类教育进行了分析比较。从这些比较中可以总结出第二次世界大战后各国教育发展的基本趋势、共同特点和规律。这一章我们就来对第二次世界大战后世界教育的发展作一个概要的综述，并对今后的发展作一点展望。

第一节　世界教育的大发展与大改革

一、世界教育大发展和大改革的社会根源

众所周知，第二次世界大战后，20 世纪 50—60 年代是世界各国教育大发展和大改革的时期。这种发展与改革有着深刻的社会根源。

第一，第二次世界大战后，世界的政治形势发生了巨大变化。一批社会主义国家建立起来，特别是占当时世界人口约四分之一的中国人民站起来了。中华人民共和国的建立，改变了世界发展的趋势和格局；许多过去被帝国主义霸占的殖民地和半殖民地国家纷纷宣告独立，建立起独立的民族民主国家；资本主义国家内部，民主运动高涨，人民大众要求政治民主化，教育民主化，要求各阶层人民都有享受教育的平等权利。这一切无不影响到各国教育的发展和改革。正如富尔（E. Faure）在《学会生存——教育世界的今天和明天》一书的序言中所说的：“过去人们把一切事物都视为万能的主宰按照事物的自然秩序所作的安排，因而甘愿忍受一切痛苦。现在不然，单就经济、福利与生活水平而言，人们已不再甘心于把人分成不同的阶级而使自己居于不平等的地位；也不再甘心忍受那种使整个民族受苦的挫折。他们也不再听任教育居于不发达的状态，特别当他们开始相信普及教育是促进经济‘起飞’和收复失地的绝对武器时，尤其如此。”① 二战后民主运动的潮流不可阻挡，政治的民主化导致教育的民主化。再加上二战后出生的人口正好在 20 世纪 60 年代到了上中学和大学的年龄，导致 20 世纪 60 年代各国教育的大发展。

第二，第二次世界大战后，一方面，几个先进工业国如德国、日本、法国的经济

---

① 联合国教科文组织国际教育发展委员会编著，华东师范大学比较教育研究所译：《学会生存——教育世界的今天和明天》，职工教育出版社 1989 年版：第 6—7 页。

受到严重的破坏；另一方面，在战争中因军事需要而发展起来的以核子、电子为代表的新的科学技术推动了生产力的高度发展。从 20 世纪 50 年代中期开始，资本主义发达国家的经济就开始进入了空前繁荣的时期。国际竞争由热战转为冷战，转入经济实力和科学技术力量的较量。经济的发展促进了教育的发展，20 世纪 60 年代“人力资源的开发”被当作高速度发展经济的条件提了出来。正如日本文部省调查局在它的报告书中所说的：“在激烈的国际竞争中，科学的创见、技术的熟练、生产者的才能等重要因素，对于经济发展所起的作用，不亚于增加物的资本和劳动力的数量”；“大力开发人的能力，是促进将来的经济发展的重要条件；而人的能力的开发，则依赖教育的普及和提高。”①

第三，第二次世界大战后科学技术的迅猛发展，使得学校教育的内容远远落后。许多科学家认为，中小学教育的内容陈旧落后，至少只反映了 19 世纪末期的科学成就。美国 A. V. 贝兹在《世界科学教育的革新》一文中说：教科书不再代表科学界的观点了……教师仍然把科学知识作为一成不变的东西灌输给学生，实验室物资也比较缺乏，教师还极大依赖使用粉笔和黑板进行讲课的教学方式，而很少利用新的视听辅助教学工具。这种状况引起了科学家们的注意，他们竭力主张改革中等教育，而且许多人成为 20 世纪 60 年代新教材的编写者。

第四，科学技术的进步和知识总量的急剧增加，使得一个人不能以学校毕业作为学习的终结，而是要不断学习，更新知识，以传授知识为主的传统的教学方法已经不能适应新形势发展的要求。教育家们不仅关心教给学生什么，而且关心什么时候教、怎样教。脑生理学和心理学的发展，为提出新的教育理论提供了科学根据。随着通信技术的发展，广播、电视等群众性媒介的普及，学校已经不是接受知识的唯一场所。这些都影响学校教育的改革。

二、世界教育大发展与大改革的主要表现

在上述的背景下，各国的教育发生了翻天覆地的变化，主要表现在以下几个方面。

（一）教育的普及和发展

20 世纪 50—60 年代是资本主义经济发展的“黄金时代”，也是教育发展最快的年代。在 20 世纪 60 年代初，中学普及率除美国和苏联超过 90%以外，其他工业化国家也只达到 60%—70%，法国最低，只到 46%。到 20 世纪 70 年代后期，主要资本主义国家的中学普及率都超过了 80%。

① [日] 文部省调查局编，吉林师大外研所日本教育研究室译：《日本的经济发展和教育》，吉林人民出版社 1978 年版，第 1 页。

在这个时期，高等教育发展得特别快。在 20 世纪 50 年代，高等教育的入学率除美国和苏联以外都没有超过 10%，但到 20 世纪 70 年代初主要发达国家几乎都超过了 20%。以发展速度最快的美国来说，1946—1950 年平均年增长率为 2.83%，20 世纪 50 年代为 4.73%，20 世纪 60 年代为 8.27%。这段时间增长的高峰有三次：第一次是 1947 年，比上年增长 12.5%，原因是大批退伍军人复学；第二次是 1956 年，比上年增长 10%；第三次是 1964 年和 1965 年，分别比上年增长 10.1%和 11.6%。① 从 20 世纪 70 年代初开始，各国高等教育的发展势头减缓。这不仅是由于战后人口增长而出现的学龄人口的高峰期已经过去，更重要的是 20 世纪 70 年代初资本主义经济危机带来的经济衰退反映到教育领域。各国高等教育发展的规律是，经济发展速度快的时候，高等教育发展就快；经济发展速度慢下来时，高等教育的发展也就停滞不前，甚至还会下降。同时高等教育发展到一定程度时，在满足了经济部门的需要以后，发展的速度也会停滞。

（二）教育内部结构的变化

各国经济的高速度发展和现代技术在生产和生活上的广泛应用，不仅需要高级技术人才，而且需要各级各类的技术人员。为人民生活服务的第三产业的兴起，更需要各种具有一定技术和知识的人员。这就促使了教育内部结构的改革。

20 世纪 50 年代以前，中等教育还没有普及。初中毕业生少数升学，多数就业。学生的职业分化很早，在初中就分流，大部分学生接受职业训练。高中的结构却比较单一，主要是为高等学校输送合格的毕业生。随着中等教育的日趋普及，学生的职业分化推迟到高中阶段。高中的结构变得多样化了，它要担负向高等学校输送新生和为社会培养劳动力的双重任务。为了完成此双重任务，一般有两种做法：一是把高中分成普通中学和职业中学两个系统；二是在普通中学中加强职业训练。西欧国家有双轨制的传统，中学阶段就分为文法中学、技术中学和现代中学。在战后各个阶层争取民主平等斗争的压力下，西欧国家逐渐取消中学教育阶段的多种学校体制，采取综合中学的体制。例如，1964 年英国工党执政后，开始将文法中学、技术中学和现代中学合并为综合中学；法国从 1964 年起实行统一初中教育课程的综合中学制度。但是这些改革，并没有改变其分科的实质，英国的综合中学内部仍然分为文法科、技术科和现代科。法国在高中 1 年后就开始分组，到毕业班分成八个组，实际上已经失去了普通教育性质，变成相应专业的预备班了。除了综合中学以外，各国还有职业中学的体系。日本第二次世界大战后建立起来的教育体系中，高中分为普通高中和职业高中，以及把这两者合在一个学校内的综合中学，此外还有职业性更强的所谓“各种学校”。

① 逸帆：《战后三十年美国高校学生增长情况的初步分析》，《外国教育动态》1980 年第 6 期。

高等教育的结构也随着科学技术的发展和中等教育的普及发生了很大的变化。过去实施高等教育的机构主要是大学和学院，学制一般较长，水平基本相似。20 世纪 60 年代，世界各国出现了培养各种专业和半专业人才的短期高等学校，使得高等教育的结构变得多样化和多层次化。具体的变化，已在前面各章中谈到，这里不再赘述。

（三）教育内容的现代化

20 世纪 50 年代末开始，各国掀起了教育改革的浪潮。这是由于科学技术的新发展对教育提出的客观要求。改革的内容主要是使教育内容现代化。1957 年苏联第一颗人造地球卫星上天，触发了这次改革运动。1958 年美国国会通过了《国防教育法》，内容包括增加教育拨款，重点改进各级学校的数学、自然科学和现代外语的教学，即所谓"新三艺"；充实各级学校理科实验设备；选拔、鼓励有才能的学生升入大学。为使教育内容现代化，组织大批科学家和教育家编写中小学理科和数学的新教材，把现代科技成果充实到教材中去。苏联从 1964 年开始，用了 10 年时间对普通学校的教育内容，特别是数学、物理、化学、生物、天文等课程进行改革，编写了新的教学大纲和 103 种教科书。课程改革的浪潮波及英国、法国、联邦德国、日本等国。

到了 20 世纪 70 年代初期，教学现代化运动的势头有所减弱，各界对新教材开始有了批评意见。不少人认为新教材太深太难，只适用于少数有才能的学生，脱离了大多数学生的实际水平，教师也不适应。有人主张编一套有弹性的教材，适应具有不同才能的学生。尽管各界对新教材有许多责难，教育改革运动还是在向前发展，教育内容的现代化是现代科学技术和现代生产对教育的客观要求，是大势所趋。

在实现教育内容现代化的同时，加强基础理论教学是教育的重要趋向。许多人认为，狭窄的专业训练不能适应当前科学技术日新月异的变化，只有掌握宽厚的知识和坚实的理论才能适应这种变化。因此在高等教育中普遍加强了通识课和基础课的教学。

（四）重视学生能力的培养

科学技术的迅猛发展带来的"知识爆炸"，使得学校教育不可能，也没有必要在学生学习的短短十几年的时间内把人类积累起来的所有知识传授给学生。那么，如何使学生跟上科技发展的形势呢？除了要教给学生最基本的知识外，还有就是要发展学生的能力，特别是智力，使学生学会在已有知识的基础上去探索新的知识。近几十年来生理学、心理学对人脑功能的研究，为发展学生的能力提供了理论根据。在教学理论上主张发展能力的教育家，比较有影响的有苏联的赞科夫和美国的布鲁纳。

苏联教育家、心理学家赞科夫（Л. В. Занков）在 1957 年开始进行"教育与发展的关系"的大规模和长时间的实验，1964 年在第一阶段实验的基础上总结并公布了"小学教学新体系"的主张。提出教学工作最重要的任务是以最高的效率推动学生的"一般发展"。他认为，学生的潜力很大，传统的教学低估了学生的潜力，因而是低效率的。他提出了“在高难度上进行教学的原则”“高速度进行教学的原则”“理论知识起指导作用的原则”等；并用实验证明，小学 4 年的课程可以在 3 年内学完。赞科夫提出的教学新体系和教学原则曾经引起了苏联教育界一场激烈争论，意见虽有不同，但它促进了教学理论的发展。

在西方，布鲁纳（J. S. Bruner）的结构主义教育思想一度流行。在 1960 年出版的《教育过程》一书中，他特别指出：“我们也许可以把追求优异成绩作为教育的一般目标；但是，应该弄清楚追求优异成绩这个说法指的是什么意思。它在这里指的是，不仅要教育成绩优良的学生，而且也要帮助每个学生获得最好的智力发展。”① 他在书中阐述了课程改革的中心思想。他认为，学习任何学科，主要是使学生掌握学科的基本结构，并且要使学生掌握研究该学科的基本态度和方法。他还认为，任何学科的基础知识都可以用某种形式教给任何年龄的学生。布鲁纳提倡广泛使用“发现法”，要求学生要像数学家那样思考数学，像历史学家那样思考历史，利用教师或教材提供的材料，亲自去“发现”应得出的结论。布鲁纳的教育思想对课程改革和教学方法的改革有一定影响。

在发展能力的思想指导下，教学方法有了很大的改变。教学实际中采用各种方式培养学生自己学习的能力，改变了过去“教师滔滔不绝地讲，学生静静地听”的局面，而是主张从实际生活中提出学生感兴趣的课题；教师提供材料，指导学生思考，学生共同讨论、探索，得出应有的结论。这也就是西方国家流行的所谓“讨论法”、苏联教学法专家达尼洛夫等提出的“课题教学法”②。

（五）重视职业技术教育和终身教育

现代生产需要具有一定技术的工人和各种职业人员，再加上中等教育的普及，教育如何为青年就业做准备的问题就变得很突出，所以第二次世界大战后各国都十分重视职业技术教育，并建立起了职业技术教育的体系，这在第七章里已经详细地谈到了。

职业技术教育既在学校里也在工厂企业中进行。新的科学技术成果在生产上的应用，造成了职业的变动和工人的流动，因此，一次职业训练已经不能保证终身的职业稳定。这就迫使人们不断学习和重新接受训练，以适应瞬息万变的世界，于是出现了“终身教育”的思想。

这一时期各种类型的新型学校应运而生，函授大学、广播电视大学、开放大学、

---

① ［美］布鲁纳著，邵瑞珍、张渭城等译：《布鲁纳教育论著选》，人民教育出版社 1989 年版，第 26 页。

② 当时苏联学制为小学 4 年、中学 6 年。赞科夫所说的高难度、高速度进行教学的原则，我们应该理解为教学要有一定的、适当的难度才能促进学生思维的发展。

暑期课程，以至于车厢大学等都开办起来，总之，利用各种时间、采取各种方式为成年人提供继续教育的机会。许多教育家认为，应该把高等教育纳入终身教育的范畴，即高等教育不应只限于招收 18—25 岁的青年入学，而是要为所有人提供第二次、第三次接受教育的机会。在美国，大学生的年龄结构越来越复杂，有 30 多岁、40 多岁甚至于更大年龄的学生。

在 20 世纪 60 年代后期还出现了一种叫“回归教育”的思潮，即主张教育不要一次接受完，而是分几次学成，使人在生活的各个阶段都有接受教育的机会。人们将根据需要，在他认为最需要学习的时候接受教育。过去学生辍学被认为是消极行为，许多学校是不允许的，现在则被认为是积极的。学生在一定时期内离开校园，通过就业、社会活动、旅行，或者到非正规教育机构中去学习等，有助于学生明确将来的志愿和学习意义；然后回到学校学习，他就知道应该学习什么，提高了学习的积极性，从而提高了教育质量。这就叫作“回归教育”。这种“回归教育”思想是在 20 世纪 60 年代末首先在瑞典产生，后来逐渐传播到美国和其他欧洲国家。1975 年欧洲各国教育部部长会议还专门讨论了如何实施的问题。“回归教育”不仅流行于高等教育而且逐渐蔓延到中等教育。在瑞典，1971 年综合制高中的就学率为 95%，但 20 世纪 70 年代末降到 70%。这并非因为学生不愿意学习，而是不少成绩优秀的男女青年，愿意到社会上去考验一下自己的能力。

第二节　世界终身教育与学习化社会思潮的兴起

“终身教育”思想产生的背景是现代科学技术的发展所带来的现代生产的不断变革。人们要适应这种变化，就要有不断学习的观念，不能认为学习一次就一劳永逸。同时它也反映了经济危机对人们的威胁，许多国家的教育家现在都在寻求一种解决学习与就业之间矛盾的办法。关于美国社区学院的作用，美国工会合作服务中心主任威廉·艾博特在《未来学家》1978 年 8 月号的文章里说，这是企图“用教育战胜失业”。当然，教育不是万能的，不可能通过教育解决一切社会矛盾。但是，终身教育的思想是一种积极的教育理念，它是现代生产对教育提出的客观要求。

一、教育危机及终身教育的提出

（一）教育危机的表现

20 世纪 50—60 年代可以说是发达国家的教育繁荣时期，但一进入 70 年代就出现了许多问题。西方有的教育家惊呼教育危机，而且到了 80 年代这种危机感有增无减。教育危机的出现与整个社会的变化有关。自从 1973 年石油危机爆发以来，教育就处于重大危机之中，主要表现在下列几个方面。

1. 大学毕业生过剩，失业人口增多

20 世纪 50—60 年代欧洲各国都扩大了中等教育，但到 70 年代，青年人，尤其是大学毕业生“毕业即失业”成了深刻的社会问题。几年前还喊“教育不足”，现在变为高喊“教育过剩”了。例如法国，据统计，1977 年青年失业情况如下：持职业教育证书者有 28.5%，持职业能力证书者有 17.3%，持中学职业教育证书者有 21.3%，中学会考及格者有 20.7%，短期技术大学毕业生有 16.1%，持学士文凭者有 13.1%。在美国，据美国劳动统计局统计，1972—1985 年有 1 530 万名有学衔的毕业生和大学研究生进入劳动力市场，但用于补充、更替、提高劳动力水平而更换劳动力所需要人数总共只有 1 450 万人，供求之间的矛盾导致 80 万人得不到就业机会，其中拥有博士学衔的就有 39 600 人。

2. 发达国家的教育质量下降，青少年犯罪率提高

美国许多家长反映，美国学生的写作能力大不如前，文理不通、拼写失当、词不达意等错误在文章中比比皆是。有的人认为，这种写作危机是 20 世纪 60 年代受“教育改革运动”的冲击，许多学校抛弃传统的语法课和行之有效的讲授方法的结果。1983 年 4 月美国高质量教育委员会发布了以《国家处在危险之中：教育改革势在必行》为题的报告，警告美国人民说，曾被美国占据的商业、工业、科学和技术方面的毫无异议的领先地位，现在已被世界各国的竞争对手夺走，美国正面临着危险的处境，其主要原因是美国社会的教育基础正在削弱。美国高等教育的质量也有所下降，在入学率接近 50%的情况下，上大学这件事就带有某种社会强制性，不愿意上学而勉强就学的人数增加，他们对学习没有兴趣，往往中途“辍学”。据美国联邦政府统计中心的统计，1960—1975 年，美国大学生取得学位的人数基本上是 4 年前入学人数的 50%—53%。西欧和日本出现了学生负担过重、学习质量下降、青少年犯罪率上升的情况。比如，日本主要的问题是因为职工学历的提高，产生了“学历主义”的高度竞争。学生因为追求学历而拼命读书，以期考上名牌大学，毕业后能获得较好的职业。学历主义的影响使日本变成了“考试地狱”，同时也造成了学生间互相仇视、互不信任的心理状态，甚至在学校内部和家庭内部屡发暴力事件。

3. 教育经费的增长跟不上通货膨胀的速度，学校经费困难

据美国联邦政府统计中心统计，20 世纪 70 年代的 10 年里有 100 多所高等学校停办。学生来源短缺固然与人口出生率高峰已过有关，更重要的是经济危机带来的失业和教育质量下降，使人们对教育失去了信心。纳税人不再愿意增加教育经费，因为看不到它的经济效果。

4. 发展中国家普及教育的进展缓慢

在发展中国家，尽管各国政府尽了最大的努力，但普及教育的进展缓慢；文盲的

绝对人数增加；人口的暴增也抵消了扫盲和普及教育的努力。许多国家采用原宗主国的教育制度、教材，不能适应当地实际的需要。

以上一些问题带来了人们对教育的失望情绪。日本一位教育家在分析教育危机时指出，近年来，人们对教育的价值产生了怀疑。他说，在20世纪50—60年代，教育，无论对于个人还是对于社会，都被认为是制约性因素。教育可以通过培养高质量的劳动力，增加国民生产总值，丰富人们的生活，提高人们的收入水平；教育能够增长人们的才智，使之有所作为，便于找到更好的工作，晋升到更高的地位。人们希望通过教育消除无知、贫困和不平等。总之，从某些意义上，“教育被看作‘魔术师的手杖’，而寄予人的期望，致使教育突然爆炸性地发展起来了”。但是，到了70年代，产生了一系列变化，动摇了人们对于教育原有的那种乐观的信赖，引起了失望和危机感。教育的爆炸性发展，导致“无论对于个人还是对于社会，教育的作用都走向负数”①。

（二）教育危机的成因及终身教育的提出

造成这种教育危机的原因是多方面的，其中最为重要的因素就是第三次科技革命。美国、苏联两个超级大国之间的军备竞赛直接推动了人类历史上第三次科技革命的发展。这次科技革命以核子、电子和空间技术的广泛应用为主要标志，涉及信息技术、新能源技术、新材料技术、生物技术、空间技术和海洋技术等诸多领域。与以往人类的科技革命不同，第三次科技革命将科学、技术和生产紧密相连，大大缩短了新科学技术在生产中物质化的时间，如晶体管从发明到应用只用了3年的时间，激光的发明到激光器的生产仅仅用了不到1年的时间。② 另外，科技对于生产力提高的贡献也越来越大，从20世纪初的5%—20%到七八十年代的60%—80%，有的产业部门甚至高达100%。③ 第三次科技革命导致国民经济结构发生了巨大的转变。“由于新的技艺和工艺在生产上的应用，使得一些行业消失了，一些新的行业产生了。例如，美国在1949—1965年约有8 000种职业从劳动力市场消失，同时出现了6 000种以上新的职业。由于农业生产的工业化，农业劳动的性质发生了变化，农业劳动者大为减少，流入市场，转入工业或服务业。”④ 正如丹尼尔·贝尔的“后工业社会”、托夫勒的“第三次浪潮”、海因曼的“科学技术的今天与明天”等理论所强调的那样，科技革命不仅改造了传统的产业部门，而且推动了一大批知识密集型、技术密集型的新型产业的发展。

国民经济结构的调整就像多米诺骨牌一样，随即引发了各国内部政治、文化和社

① ［日］天野郁夫著，刘翠荣译：《教育的国际动向》，《外国教育研究》1980年第2期。

② 顾明远：《新的科技革命和教育的现代化》，《北京师范大学学报》1984年第5期。

③ 刘苏雨：《现代科技革命影响世界格局变动》，《中国科技信息》2005年第6期。

④ 顾明远：《现代生产与现代教育》，《外国教育动态》1981年第1期。

会生活等一系列的变革，学生运动、民权运动、女权运动、环境保护运动在整个20世纪60年代后期此起彼伏。这些运动同样也蔓延到了发展中国家，蔓延到了世界各地，它不仅极大地改变了各个国家内部的政治、经济和文化氛围，而且也推动了国际社会经济、政治和文化的变革，更为重要的是这样的变革引发了更深层次的生活方式和思维方式的变革。

在这样的冲击下，"终身教育"思想得以广为流行。"终身教育"自1965年在联合国教科文组织第三届成人教育国际促进会议上提出后，迅速得到了国际社会的广泛认同，联合国教科文组织也先后就这一问题发表了大量丰富的报告。其中有代表性的包括：1965年保尔·朗格朗（P. Lengrand，又译作保罗·朗格让）《关于终身教育》的提案以及由此衍生的《终身教育导论》和1972年的《富尔报告》。这是20世纪最有影响的教育思潮。

二、保尔·朗格朗的终身教育思想和《富尔报告》的学习化社会建议

（一）保尔·朗格朗的终身教育思想

早在20世纪60年代之前，联合国教科文组织就先后两次在国际成人教育大会上展开了有关"终身教育"的讨论，但这一时期的"终身教育"仅仅是一个模糊的概念，并未成为一个专门的术语。1965年12月，联合国教科文组织成人教育计划处处长保尔·朗格朗第一次以"终身教育"为题，向第三届成人教育国际促进会议提交了一份名为《关于终身教育》的提案。在这份提案中，朗格朗提出了终身教育发展的五项目标：(1)（社会）要为人的一生（从生至死）提供教育（学习）的机会；(2) 对各级各类教育的实施必须进行协调与统合；(3) 小学、中学、大学及其他地区性社会学校、地区性文化中心所发挥的教育功能，（政府或社会）应予以鼓励；(4)（政府或社会）应推动有关劳动日的调整、教育休假、文化休假等针对本国公民的制度或措施的实施；(5) 为了对以往的教育观念作根本的改变，应使此理念（终身教育）渗透到教育的各个领域。① 这一提案获得了与会人员的一致认同，并最终提交给联合国教科文组织总部作为工作报告公开发表。

在随后更为系统的《终身教育导论》一书中，朗格朗更为详细地阐述了他关于终身教育产生背景、意义、内容、范畴、目的和建议的思考。他认为现代人面临着变革加速、人口增长、科技发展、政治挑战、信息爆炸、闲暇增加、生活模式和人际关系的危机、精神与肉体不平衡、意识形态的危机等多方面的冲击。② 在这样的冲击下，

---

① 吴遵民著：《现代国际终身教育论》，中国人民大学出版社2007年版，第7—8页。

② [法] 保罗·朗格让著，滕星等译：《终身教育导论》，华夏出版社1988年版，第21—32页。

“人凭借某种固定的知识和技能就能度过一生，这种观念正在迅速消失……教育现在正处于实现其真正意义的进程中，其目标不是为了获取知识的宝库，而是为了个人的发展”①。终身教育就是朗格朗眼中实现这一目标的最好手段。因为它打破了年龄的限制，尽管朗格朗承认某些特定能力会受年龄限制，但一个人从一个年龄阶段向另一个年龄阶段的过渡往往会出现一些猝不及防的问题，要确保每一个阶段的过渡都能获得充分的意义，“人生旅途的各个阶段通向各种体力和智力的现有知识形式的大门，都广为敞开着”②。因此，对于朗格朗而言，教育有了更为重要的任务，即为人的“生命旅程”保驾护航。朗格朗特别重视年轻人和成年人的教育。“对儿童和青少年的教育工作无论多么重要和必须，却仅仅是一种准备，一种真正的教育过程的不甚完备的预示活动。这种教育，只有在我们的同辈人，即成年人中实施时，才呈现其完整意义和全部余地。我们感到：教育的整个未来与这种承担培训和教育任务的新制度的建立和发挥作用是紧密联系在一起的。”③ 同时，他强调终身教育“必须立足于理解、同化、分析的能力，对自己已获得的知识进行分类的能力，轻松处理抽象与具体、一般与特殊之间的关系的能力，以及阐述知与行、调整专与博的关系的能力”④，使人们“学会学习”。然而，更为重要的是，终身教育不仅仅是一些具体的活动或教育活动中的因素，更是一种强调协调性和连贯性的教育理念。“从今以后，教育将被看作一个密切相关的统一结构，这个结构中的每一个部分都依靠另一个部分，也只有与其他部分有联系时才有意义。如果一部分消失，结构的其余部分将失去平衡。”⑤

朗格朗认为，终身教育涉及的范围非常广泛，包括“男人和女人”“父母和孩子”“职业”“闲暇教育”“艺术经历”“体育和运动”“大众传媒”和“公民教育”，⑥ 几乎涉及一个人生命旅程中所有问题。但作为多年从事成人教育的教育工作者，朗格朗对于终身教育的描述显然带有明显的“成人”痕迹。当然，为确保“终身教育”的思想得以落实，朗格朗也强调国家应给予财政、法令、管理、服务、设施、人员培训和研究方面的支持。对于成人教育而言，除了扫盲、工人教育外，工人应参与管理活动，企业也要相应地调整工作时间表，社会各界也可以提供如图书馆、博物馆之类的资源。对于儿童而言，最重要的就是要因材施教，将学习内容与日常生活相联系，注重方法。此外，朗格朗强调终身教育是一项全社会共同的事业，需要“所有这些现代社

① [法] 保罗・朗格让著，滕星等译：《终身教育导论》，华夏出版社 1988 年版，第 45 页。

② [法] 保罗・朗格让著，滕星等译：《终身教育导论》，华夏出版社 1988 年版，第 46 页。

③ [法] 保罗・朗格让著，滕星等译：《终身教育导论》，华夏出版社 1988 年版，第 6—7 页。

④ [法] 保罗・朗格让著，滕星等译：《终身教育导论》，华夏出版社 1988 年版，第 50 页。

⑤ [法] 保罗・朗格让著，滕星等译：《终身教育导论》，华夏出版社 1988 年版，第 53 页。

⑥ [法] 保罗・朗格让著，滕星等译：《终身教育导论》，华夏出版社 1988 年版，第 57—65 页。

会不同职业的人与各部门一起构成了庞大的教育队伍，扩大可能为社会所利用的训练方式”①。应该说，朗格朗提出的“终身教育”这一概念使得“教育不是从外部施加于生活的附属物，同文化一样，它也不是人们可以获得的财富。用哲学家的语言来说，它不处于‘占有’地位，而处于‘存在’的地位”②。

朗格朗的思想得到了国际社会的广泛认同，有些国家还把终身教育用法律确定下来。例如，法国于1971年制定了“使终身教育成为一项全国性的义务”的法案，规定如下。（1）承认职工在工作期间有离职进修的权利，即所谓“训练假”（不是全部带薪）。（2）企业主要为其雇员的职业继续培训提供一定的费用。1976年法国规定，雇有10名以上职工的企业，全年工资总额的2%作为终身教育的费用。企业可以自办培训班，也可以与学校合作，或将费用交给地方教育当局，由地方统一组织。（3）政府提供预算，监督法律执行，支付学员报酬并资助某些培训中心的装备等。

（二）《富尔报告》的学习化社会思想

1972年，联合国教科文组织国际教育发展委员会发表了一篇题为《学会生存——教育世界的今天和明天》（*Learning to Be : The World of Education Today and Tomorrow*）的报告。③ 由于该报告由国际教育发展委员会执行主席、法国前总理兼教育部部长埃德加·富尔负责，因而又被称为《富尔报告》。《富尔报告》继承和发扬了朗格朗有关“终身教育”的思想，它首先回顾了教育发展的历史：“教育活动起初是分散的、片断的并为少数杰出人才服务的。这些教育活动，从各个时代和无数历史对比来看，不可避免地倾向于同一个结论：建立一种具有普遍使命的、结构坚固而权力集中的学校体系。然而，当这些机构似乎接近完成的时候，出现了或再度出现了越来越多的校外活动与校外机构，其中大部分往往跟正规的、官方的教育没有任何有机联系。这些正规的、官方的教育十分狭隘，十分死板，以致它们不能包括这些校外活动与校外机构。于是一些开明人士企图用合并学校与校外体系的办法来补救这个

---

① ［法］保罗·朗格让著，滕星等译：《终身教育导论》，华夏出版社1988年版，第81页。

② ［法］保罗·朗格让著，滕星等译：《终身教育导论》，华夏出版社1988年版，第56页。

③ “learning to be”本是一个导向人性自由和教育解放的概念，“学会生存”的译法在中文语境中过于功利化，不符合英文本意。另外，从《德洛尔报告》中提出的教育的四大支柱［“学会认知”（learning to know）、“学会做事”（learning to do）、“学会共同生活”（learning to live with others）和“学会生存”（learning to be）］中，我们可以看出，前两项主要针对教育如何帮助人认识和控制外部世界（包括自然界和人类社会），第三项主要针对教育如何帮助人学会与他人相处，而最后一项从逻辑上来说，应该是延续“外部世界—他人—自我”的思路，集中关注人本身的一大教育支柱。因此，本书编者同意应将“learning to be”翻译成为“学会成人”的译法，这样才能体现“认识你自己、成为你自己”这样的教育主体性内涵。具体参见沈俊强著：《中国与联合国教科文组织教育合作关系的研究——以“全民终身教育”为视角》，华东师范大学出版社2009年版，第98—100页。

不和谐的缺点。”① 而当今的教育却面临现实和未来的挑战，尤其是阶级对立、劳动异化等原因造成了“精神和肉体”“物质和精神”的完整人格分裂。“教育，如果象（像）过去一样，局限于按照某些预定的组织规划、需要和见解去训练未来社会的领袖，或想一劳永逸地培养一定规格的青年，这是不可能的了。教育已不再是某些杰出人才的特权或某一特定年龄的规定活动：教育正在日益向着包括整个社会和个人终身的方向发展。”② 而在这个发展过程中，人的主体性必须得到充分的发挥。“教育正在越出历史悠久的传统教育所规定的界限。它正逐渐在时间上和空间上扩展到它的真正领域——整个人的各个方面……在这一领域内，教学活动便让位于学习活动。虽然一个人正在不断地受教育，但他越来越不成为对象，而越来越成为主体了……他是依靠征服知识而获得教育的。这样，他便成了他所获得的知识的最高主体，而不是消极的知识接受者。”③

《富尔报告》在朗格朗终身教育思想的基础上，结合赫钦斯（R. M. Hutchins）的“学习化社会”理论，进一步提出“向学习化社会前进”的建议。“如果我们承认，教育现在是，而且将来也越来越是每一个人的需要，那末（么）我们不仅必须发展、丰富、增加中小学和大学，而且我们还必须超越学校教育的范围，把教育的功能扩充到整个社会的各个方面……所有的部门——政府机关、工业交通、运输——都必须参与教育工作……正如普拉塔奇所说，‘城邦是最好的教师’……它的社会结构、行政结构和它的文化网都具有这种巨大的教育潜力……不仅是由于它进行的交流具有活力，而且是因为这个城邦就是一所培养公民感情和相互了解的学校。”④ 在这样的一个社会中，教育不再只是一种义务，而且是一种责任，甚至是一个人或社会本身存在的状态。《富尔报告》称这种状态为“学习化社会”（又称“学习型社会”）。更为难得的是，《富尔报告》对如何实现“学习化社会”的发展目标，提出了详细的建议。从政策制定到各级各类教育，《富尔报告》都给出了具体原则、考虑因素、建议、说明和例证，具体内容在此就不一一赘述。

事实上，所谓学习化社会就是以学习求发展的社会，就是不断创新的社会。具体的内涵包括：以个体学习、终身学习来追求个体的全面发展；以组织的学习和创新来

---

① 联合国教科文组织国际教育发展委员会编著，华东师范大学比较教育研究所译：《学会生存——教育世界的今天和明天》，教育科学出版社 1996 年版，第 199 页。

② 联合国教科文组织国际教育发展委员会编著，华东师范大学比较教育研究所译：《学会生存——教育世界的今天和明天》，教育科学出版社 1996 年版，第 199—200 页。

③ 联合国教科文组织国际教育发展委员会编著，华东师范大学比较教育研究所译：《学会生存——教育世界的今天和明天》，教育科学出版社 1996 年版，第 200 页。

④ 联合国教科文组织国际教育发展委员会编著，华东师范大学比较教育研究所译：《学会生存——教育世界的今天和明天》，教育科学出版社 1996 年版，第 201 页。

追求组织的发展；以社会的学习和创新来促进社会的发展，从而达到全面小康的和谐社会。个体学习是基础，以每个公民的个体学习、终身学习来促进全社会的和谐发展，和谐的社会反过来又为人的全面发展创造了条件，最终达到人类追求的最高目标。① 学习化社会可以用图 12-1 来说明。在学习化社会里，科学技术不断进步，促进知识经济的发展；科学技术进步和知识经济都要求人的全面发展，形成全民学习、终身学习的学习化社会；通过个体学习、组织学习促进人的全面发展，最终达到和谐社会；和谐的社会又反过来促进人的全面发展，逐步达到人类的最高追求。

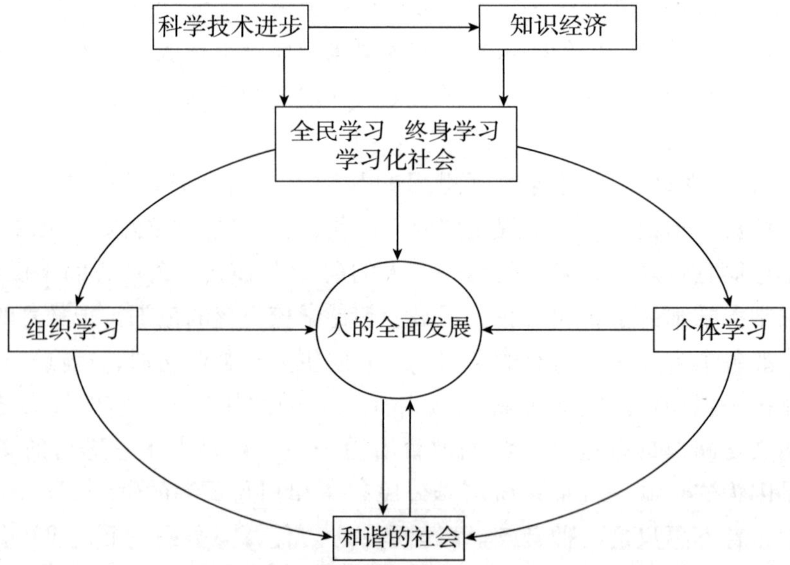

图 12-1 学习化社会模型

第三节 世界全民优质教育的推进

随着世界和平发展的进程和国际日益激烈的竞争，教育作为人的生存和发展的权利被提到议事日程，同时提高教育质量的呼声也越来越高。

一、《世界全民教育宣言》

教育民主化思潮兴起与第三世界国家的快速发展有着密切的关系。第二次世界大战后，第三世界国家不断发展壮大，它们在获取民族独立的同时，努力发展本国经

① 顾明远：《终身学习与人的全面发展》，《北京师范大学学报（社会科学版）》2008 年第 6 期。

济，但从“万隆会议”到“不结盟运动”再到“七十七国集团”的成立，第三世界国家始终面临着经济发展的困境。这迫使一些第三世界国家的学者开始反思本国的发展模式，联合国拉美经济委员会首先对当时的世界经济发展模式提出了质疑，认为整个世界市场就是由处于“中心”地位的发达工业国家和处于“边缘”地位的贫困落后国家构成的一个世界分工体系，处于“中心”地位的国家之所以发达主要是因为它们剥削和压迫了处于“边缘”地位的国家。如果“边缘”国家融入世界市场，就意味着它们可能永远遭受“中心”国家的剥削和压迫，永远成为世界不发达地区。对于“边缘”国家而言，真正的出路在于“自主内生”的发展。

这种“自主内生”的发展路径迫切要求各国大力发展本国的教育。据联合国教科文组织统计，当时全世界共有1亿多儿童未能接受初等学校教育，其中包括至少6 000万女童；9.6亿多成人是文盲，其中三分之二是妇女，功能性文盲已成为包括工业化国家和发展中国家在内所有国家的一个严重问题；世界三分之一以上的成人未能学习书本知识、新技能和新技术，以改进其生活质量，并帮助他们适应社会、文化的变化；1亿多儿童和不计其数的成人未能完成基础教育，即便是那些完成基础教育的人也并未掌握基本的知识和技能。① 与此同时，经济停滞、环境恶化、债务负担、人口增长、战争暴乱等一系列问题使得人们的基本学习需要无法得到满足，这反过来又限制了各社会解决这些问题的能力。

为解决这些问题，联合国教科文组织提出“全民教育”的理念。事实上，早在1983年，“全民教育”（education for all，EFA）就出现在联合国教科文组织大会决议上。但全民教育的思想并未真正受到世界各国的重视，直至1990年3月，世界全民教育大会在泰国宗迪恩召开，来自155个国家和150个政府间及非政府组织讨论通过了《世界全民教育宣言》及其指南《满足基本学习需要的行动纲领》，全民教育才被各国政府、国际组织以及教育专家所接受。然而，当时全民教育在世界范围内的实施仍然面临着巨大的挑战，这其中有历史文化的原因，也有财政经费的原因。为进一步推动全民教育的发展，联合国教科文组织又于2000年在塞内加尔首都达喀尔召开“世界教育论坛”，1 100余名来自各国的与会代表重申了全民教育的意义和价值，并通过了《达喀尔行动纲领》。此后，为实现全民教育的发展目标，联合国教科文组织多次召开了有关全民教育的会议，如“全民教育高层会议”“E9国家全民教育教育部长会议”等，并从2002年开始陆续发布《全民教育全球监测报告》。

那么，全民教育究竟是什么样的教育理念，全民教育究竟要解决什么样的教育问

① UNESCO. *World Declaration on Education for All and Framework for Action to Meet Basic Learning Needs*. Paris：The United Nations Educational Scientific and Cultural Organization，1990，p. 1.

题?《世界全民教育宣言》提出全民教育要满足人的基本学习需求，以帮助人们生存、发展自己的能力，并有尊严地生活和工作。① 这其中既包括基本的学习技能，如读、写、口头表达、演算、问题解决；也包括基本的学习内容，如知识、技能、价值观念、态度。在2000年《达喀尔行动纲领》中，联合国教科文组织进一步提出了更为具体的六大发展目标：(1) 扩大并改善幼儿尤其是最脆弱和条件最差的幼儿的保育和教育的学位数量及质量；(2) 确保在2015年以前所有的儿童，尤其是女童、各方面条件较差的儿童和少数民族儿童，都能接受和完成免费、高质量的初等教育；(3) 确保所有青年人和成年人都能平等地获得必要的学习机会，以学习各种生活技能；(4) 2015年前使成人脱盲人数，尤其是妇女脱盲人数增加50%，所有成年人都有接受基础教育和继续教育的平等机会；(5) 在2005年以前消除初等教育和中等教育中男女生人数不平衡的现象，实现男女平等，重点确保女童能充分、平等地接受和完成高质量的基础教育；(6) 全面提高教育质量，确保人人都能学好，在读、写、算和基本生活技能方面都能达到一定的标准。②

2015年4月9日，联合国教科文组织发布了最新全民教育全球监测报告《全民教育2000—2015：成就与挑战》，对六大发展目标进行了全面评估。报告认为，在过去的15年中，世界各国在全民教育发展过程中取得了显著成就。但全世界只有三分之一的国家实现了全民教育发展目标的量化指标，且只有一半的国家实现了全民教育计划的主要目标，即普及初等义务教育的目标。而未来15年也就是到2030年国际教育发展的新目标已经确定，根据2014年5月12—14日全球全民教育会议发布的《马斯喀特共识》(*Muscat Agreement*)，国际社会已经将“到2030年实现公平性、包容性的优质教育与终身学习”确立为2015年后的发展议程的首要目标。

二、《德洛尔报告》

随着人类社会从工业社会向知识社会的进一步转型，在《富尔报告》中若隐若现的“终身学习”，在“学习化社会”概念的催生下迅速发展，大有取代“终身教育”的势头。1996年，联合国教科文组织国际21世纪教育委员会提交了一份名为《教育——财富蕴藏其中》(*Learning : The Treasure Within*) 的报告，因报告由时任国际21世纪教育委员会主席雅克·德洛尔起草，又名《德洛尔报告》。《德洛尔报告》

① UNESCO. *World Declaration on Education for All and Framework for Action to Meet Basic Learning Needs*. Paris: The United Nations Educational Scientific and Cultural Organization, 1990, p. 3.

② UNESCO. *Education for All : Meeting Our Collective Commitments*. Paris: the United Nations Educational Scientific and Cultural Organization, 2000, pp. 17-20.

特别强调学习的地位和作用。它认为，学习是社会的核心，是提高社会生活质量的基本手段，是21世纪最为关键的一项投资。“终身教育（学习）概念看来是进入21世纪的一把钥匙。它超越了启蒙教育和继续教育之间的传统区别。它响应迅速变革之世界的挑战，但是这种看法并不新奇，因为先前一些有关教育的报告已强调过返回学校以接受个人生活和职业生活中出现的新生事物这种需要。这种需要现在依然存在，甚至变得更加强烈。每个人如不学会学习，这种需要是无法得到满足的。”①

更为重要的是，《德洛尔报告》提出了教育的四大支柱：学会认知、学会做事、学会与他人相处和学会成为你自己。其中“学会认知”“学会做事”和“学会成为你自己”都是以往已经多次强调的教育观念，而“学会与他人相处”则是该报告的一大亮点。“教育的使命是教学生懂得人类的多样性，同时还要教他们认识地球上的所有人之间具有相似性又是相互依存的。”② 因为人类社会“又出现了另外一种迫切需要，即在生活的传统范畴发生深刻变化之后，迫使我们要更好地了解他人、更好地了解世界。人们有相互了解、和平交流以及和睦相处的需要，这几方面正是我们的世界最为缺少的。采取了这一立场之后，委员会进一步强调了它作为教育基础而提出并阐明了的四个支柱之一，即通过增进对他人及其历史、传统和精神价值的了解，学会共同生活”。③

三、提高教育质量与各国的教育改革

进入20世纪80年代以后，世界教育又掀起了新的改革高潮。1983年，美国高质量教育委员会发表的《国家处在危险之中：教育改革势在必行》的报告，拉开了新的教育改革的序幕。之后，美国发表了一系列报告、文件。1989年，美国制定了《中小学数学课程及评价标准》，随后美国科学院又制定了《国家科学教育标准》和《社会学科课程标准》。1991年布什总统提出了《2000年教育战略》。克林顿总统执政以后，以追求优异教育质量为目标的教育改革进一步深入发展。在他第一个任期内，国会通过了《2000年目标：美国教育法》，从而使由老布什总统提出的国家教育目标完成了立法程序。英国教育与科学部、威尔士事务部于1985年3月向议会提出《把学校办得更好》的白皮书；1987年4月又提出《高等教育——迎接新的挑战》的白

① 国际21世纪教育委员会编著，联合国教科文组织总部中文科译：《教育——财富蕴藏其中》，教育科学出版社1996年版，第8页。

② 国际21世纪教育委员会编著，联合国教科文组织总部中文科译：《教育——财富蕴藏其中》，教育科学出版社1996年版，第83页。

③ 国际21世纪教育委员会编著，联合国教科文组织总部中文科译：《教育——财富蕴藏其中》，教育科学出版社1996年版，第9页。

皮书；1988年英国议会通过了《1988年教育改革法》，规定自1989年起全国公立中小学实行统一课程，使英国教育改革进入了一个新阶段。法国社会党自1981年5月执政以后，即着手对教育进行全面的改革。政府组织了一大批专家和学者按各级各类教育专题开展调查研究，对改革提出具体建议。日本自1984年开始拉开了其第三次教育改革的序幕。时任首相中曾根康弘在首相府下面设立了一个临时教育审议会（简称"临教审"），三年中提出了四次教育咨询报告，并提出了八项基本指导思想：(1) 重视个性原则；(2) 重视基础；(3) 培养创造性思考能力；(4) 扩大选择受教育机会；(5) 教育环境中的人与人之间的关系；(6) 向终身教育体系过渡；(7) 适应国际化社会；(8) 适应信息化社会。进入20世纪90年代后，日本又提出了一系列改革措施，特别是课程改革的措施。1998年6月中央教育审议会提出的《关于从学前期开始的心灵教育》的咨询报告，对中小学的课程进行了改革。苏联于1984年开始改革，当年发布了《苏联普通学校和职业学校改革的基本方针》，1986年又公布了《关于高等和中等专业教育改革的基本方针》；苏联解体以后，俄罗斯按照市场经济和私有化等政治、经济的要求，参照西方的教育制度，对苏联的教育制度进行改造，于1992年7月通过了《俄罗斯联邦教育法》。各国政府对教育更加重视，都把教育视为增强综合国力的主要途径。

第四节　世界百年未有之大变局下的教育应对

20世纪末，人们对新世纪充满了希望，总认为在21世纪能够持续和平、消除贫困、建设我们共同的未来。联合国教科文组织于1989年冬天在北京举行圆桌会议，会上提出"学会关心"的口号；《德洛尔报告》虽然分析了当时世界上种种矛盾，但对教育解决矛盾的作用抱有很大的希望。但是，2001年"9·11"恐怖事件打破了人们的幻想。紧接着阿富汗战争、伊拉克战争、叙利亚战争、俄乌冲突等，使世界进入一个百年未有的大变局。

科学技术的发展带来了生产和生活的不断变化。跨国公司的发展、国际贸易的增长，促进了经济的全球化。互联网的开通，更是把世界缩小到一个地球村。科学技术的迅猛发展使产品不断翻新，经济全球化带来了激烈的国际竞争。人才的培养就成为增强综合国力、竞争实力的关键。因此，各个国家都关心教育的发展。教育改革进入新的历史时期，虽然遇到了许多问题，但是大家对教育还是寄予很大的希望。联合国教科文组织和各国采取多种举措推动教育的改革。

一、仁川会议和《教育2030行动框架》

2015年5月19—22日，联合国教科文组织携手联合国儿童基金会、世界银行、联合国人口基金、联合国开发计划署、联合国妇女署、联合国难民署等在韩国仁川市举行了2015年世界教育论坛。有来自160个国家的1 600余名与会者，包括120多名部长、政府代表团团长和成员，以及国际组织和民间组织的代表参加了会议。会议通过了《2030年教育仁川宣言》（以下简称《仁川宣言》）。《仁川宣言》提出，2030年教育的目标是迈向全纳、公平、有质量的教育和全民终身学习；重申全民教育的理念，确保提供12年免费的、公共资金资助的、公平的、有质量的初等教育和中等教育；确保1年有质量的免费义务学前教育，让所有孩子都有机会获得有质量的儿童早期发展、看护和教育；确保有质量的全民终身学习机会，包括公平地和更多地获得有质量的职业技术教育与培训、高等教育与研究的机会。

2015年11月4日，联合国教科文组织在巴黎通过并发布了《教育2030行动框架》（以下简称《行动框架》），这是为了将仁川会议制定的承诺落实到实处，动员所有国家和合作伙伴响应教育的可持续发展目标，提出了实施协调、筹措资金及监测《仁川宣言》具体实施的方法，以确保全纳、公平的优质教育，使人人可以获得终身学习的机会。《行动框架》提出了10大具体目标。包括教育内容7条、实施方式3条。

二、《反思教育：向“全球共同利益”的理念转变?》

2015年联合国教科文组织发布一份新的研究报告《反思教育：向“全球共同利益”的理念转变?》（下面简称“报告”）。这是联合国教科文组织成立70年以来，继1972年发布的《富尔报告》和1996年发布的《德洛尔报告》以后第三份重要的报告。

面对世界新的挑战，报告提出教育应负的责任和教育的变革。报告分析了技术、经济和社会变革引发的多种矛盾：全球与地方之间的矛盾、普遍与特殊之间的矛盾、传统与现代之间的矛盾、精神与物质之间的矛盾、长远考虑与短视之间的矛盾、竞争的需要与机会平等的理想之间的矛盾以及知识膨胀与人类吸收能力之间的矛盾。这些矛盾表现出经济发展的脆弱性、不平等、生态压力、不宽容和暴力现象的不断加剧等。报告提出要重新定义知识、学习和教育。总的精神如报告导言中说的：教育应该以人文主义为基础，以尊重生命和人类尊严、权利平等、社会正义、文化多样性、国际团结和为可持续的未来承担共同责任为重点。在教育和学习方面，要超越狭隘的功利主义和经济主义，将人类生存的多个方面融合起来，采取开放的、灵活的、全方位的学习方法，为所有人提供发挥自身潜能的机会，以实现可持续的未来，过上有尊严的生活。

教育和学习要将人类生存的多个方面融合起来，要将通常受到歧视的那些人包容进来，包括妇女和女童、残疾人、移民、老年人以及受冲突影响的国家的民众。这将要求采用开放和灵活的、全方位的终身学习方法。由此，报告提出，教育是全球共同利益的理念。

三、《共同重新构想我们的未来：一种新的教育社会契约》

2022 年 11 月 10 日，联合国教科文组织发布了一份新的报告：《共同重新构想我们的未来：一种新的教育社会契约》①。面对动荡不安的世界和日益恶化的生态环境，报告探讨和展望面向未来乃至 2050 年的教育，认为，世界正处于新的转折点，社会不平等、气候变化、生物多样性的丧失、资源透支以及以数字技术为代表的颠覆性技术，都给教育带来重大影响。报告强调，这个星球上我们彼此相连，我们必须共同努力应对未来挑战。但要拥有一个真正和平公正和可持续的未来，教育本身必须要进行变革。报告提出，“当我们展望 2050 年，我们应该继续做什么？我们应该抛弃什么？我们应该创造什么？”报告提出，“教育可以被视为一种社会契约——一种社会成员共同为了共享的利益而合作的默契”。新的社会契约是人类联合起来，通过知识与创新塑造面向所有人的可持续与和平的未来。当前，教育需要继承优秀教育传统，同时在教学法、课程、教师、学校远景和教育时空等方面做出变革。教育必须遵循两个基本原则：确保人们终身接受优质教育的权利；强调教育须为公共行为和公共利益的形式。

四、中国教育在快车道上迅速前行

进入 21 世纪以来，中国教育得到了很大的发展。2006 年第十届全国人大常委会第二十二次会议通过了《中华人民共和国义务教育法》的修正案，从法律层面全面完善了九年义务教育的各项制度。2010 年《国家中长期教育改革和发展规划纲要（2010—2020 年）》的印发，使中国教育走上了快车道。2019 年《中国教育现代化 2035》发布，提出到 2035 年总体实现教育现代化，迈入教育强国行列的目标。2021 年 3 月第十三届全国人大第四次会议又通过了《中华人民共和国国民经济和社会发展第十四个五年规划和 2035 年远景目标纲要》，进一步提出了要建设高质量教育体系的目标和方向，为我国未来教育的发展描绘了一个宏伟的蓝图。中国共产党第二十次全国代表大会报告指出：深入实施科教兴国战略、人才强国战略、创新驱动发展战略，

① 该报告名称又译为《一起重新构想我们的未来：为教育打造新的社会契约》。

加快建设教育强国、科技强国、人才强国。根据教育部统计，截至2023年，学前教育毛入园率为91.1%，提前完成中国政府制定的“十四五”规划目标；义务教育巩固率为95.7%；高中阶段毛入学率为91.8%；高等教育毛入学率为60.2%，提前完成中国政府制定的“十四五”规划目标；中国教育欣欣向好，成为拥有各级各类学历教育在校生2.91亿人的教育大国。①

五、教育改革的动因

不过，进入21世纪以来，各国的教育改革也遇到了许多困难，出现了诸如需求与供给之间的矛盾、财政的紧缩、高教育水平与低就业率的矛盾、教育管理效率的低下、教育失败严重，学生厌学、逃学、吸毒、自杀、霸凌等现象。特别是2008年全球经济危机爆发以来，各国教育经费不断紧缩。如英国财政研究院（Institute for Fiscal Studies）2011年10月发布的研究报告显示，英国公共教育经费急剧下降，形成了自1950年以来最大下降幅度。研究人员表示，排除物价因素外，估计教育经费在2014—2015年的支出将比2010—2011年的支出降低13%。资深的经济研究专家鲁克·斯比塔（L. Sibieta）说：“在21世纪初，英国出现了空前的教育经费增长，而英国的教育经费在未来的几年里将面临史无前例的削减。”财政研究院预计，英国的公共教育经费将可能削减至20世纪90年代后期的水平。

当前，教育面临着更加复杂的发展环境。虽然如此，但教育改革更应发挥作用，不断提高教育事业的活力。教育改革的动因可以从教育外部和内部两个方面来分析。

从教育外部来讲，有以下几个方面原因。

第一，新的科学技术革命的挑战。进入20世纪80年代以后，全世界范围内进行着以微电子学和电子计算机技术为主要标志的新的科学技术革命，形成了一系列高新技术产业；同时，当下科学技术发展的趋势是既高度分化又高度综合而以高度综合为主的整体化趋势；科学技术转化为生产力的速度越来越快。这一切都要求教育作出反应，教育制度、教育内容必须随着科技的发展进行改革。

第二，国际竞争日趋激烈。20世纪80年代以后，国际局势开始发生巨大的变化，东欧剧变、苏联解体，结束了冷战的世界格局。但美国企图一霸天下，为了实现其野心，需要在军事、经济、科技各个领域保持优势。美国高质量教育委员会在其公开信中第一句话就提出：“我们的国家处于险境。我国一度在商业、工业、科学和技

① 教育部发展规划司：2023年全国教育事业发展基本情况. http://www.moe.gov.cn/fbh/live/2024/55831/sfcl/202403/t20240301_1117517.html。

术上的创造发明无异议地处于领先地位，现在正在被世界各国的竞争者赶上。”① 与此同时，各国政府都深感国际竞争的实质是综合国力的竞争，是人才的竞争，谁培养了掌握高新科技的人才，谁培养了众多的高素质人才，谁就会在竞争中取胜，因此都寄希望于教育改革。

第三，科学技术的进步，固然给人类带来了丰富的物质财富，但同时也带来了灾难。资源的严重浪费，环境遭受破坏和污染，正在威胁着人类的生存环境。此外，青少年吸毒、道德水准下降等社会问题阻碍了社会的进步。教育要从小培养儿童的责任心，关心环境，关心他人，以达到社会进步的目的。

从教育内部来讲，教育质量的下降是人们普遍关心的问题。科学技术革新和社会变革也需要改革课程内容和方法；教育技术，特别是数字技术在教育中的应用也呼唤着教育思想、教育内容和方法的革新。

第五节　世界教育发展的五大走向

最近几十年世界教育的发展，可归纳为五大走向。这五大走向仍方兴未艾，因此也可称为五大愿景。

一、教育民主化

教育民主化成为世界教育的主要趋势，教育民主化的核心是教育平等。教育是人的一项基本权利，联合国教科文组织正是从捍卫人的基本受教育权利的角度提出了“全民教育”的思想。为了实现教育平等，各国都制定了照顾弱势群体的计划。2015 年召开的仁川会议和《教育 2030 行动框架》就是强调各国要确保所有儿童享受公平的、有质量的教育，确保人人可以获得有质量的终身学习机会。有些国家制定了一些提高弱势群体儿童和移民的教育质量的政策。发展中国家也都把普及教育放在重要的位置。印度从 20 世纪 80 年代起实行免费教育、免费午餐以及免费教科书等项目和计划。为了提高处境不利群体的教育水平，印度中央和地方政府还制定了许多资助计划，主要包括：农村天才奖学金计划、大学拨款委员会奖学金、中央和劳动部颁发的奖学金等。在印度政府总体财力有限的情况下，印度从保证教育的可获得性、扩大教育覆盖面、减少因出身带来的教育不平等方面做出了卓有成效的努力。南非政府也通过“免费教育行动计划”来确保贫困社区的弱势儿童接受基础教育的权利，并以此为

① 教育发展与政策研究中心编：《发达国家教育改革的动向和趋势——美国、苏联、日本、法国、英国 1981—1986 年期间教育改革文件和报告选编》，人民教育出版社 1986 年版，第 1 页。

基础逐步为南非所有贫困家庭儿童建立免费的、高质量的学校教育体系。我国国民经济和社会发展第十四个五年规划纲要和2035年远景规划纲要中提出，要建设高质量的教育体系，推进基本公共教育均等化，使每一个学生享受公平而有质量的教育。

二、教育终身化

终身学习和学习化社会的思想也得到了国际社会的普遍认同，1998年英国工党政府发表了《打开通向学习型社会之门》（*Opening Doors to the Learning Society*），认为学习化社会是一个“所有作为文明的、繁荣的、充满爱心的社区中为积极公民个体均能实现自身潜力的社会”①。2005年联合国教科文组织发布世界教育报告《迈向知识型社会》，各国也普遍掀起了构建学习化社会的浪潮，美国、英国、法国、日本、韩国等国家都相继颁布了有关终身教育的法律。我国福建省人大党委会于2005年7月29日通过的《福建省终身教育促进条例》，是我国第一个终身教育地方法规。由此，终身教育由理念的提出、内涵的丰富发展为一种政策化和法制化的探索与实践。值得注意的是，教育终身化并不是一个教育体系，而是建立一个体系所依据的原则，这个原则又贯穿在这个体系的每个部分的发展过程之中。而学习化社会正是终身教育理念得以实现的社会载体。从终身教育到学习化社会的建构，既是一个从理念到实践的过程，也是终身教育思想不断发展和完善的过程。同时，学习化社会的构建离不开现代信息技术工具的使用，但学习化社会绝不只是一个信息社会，学习会作为一种社会现象充斥着社会的各个角落，成为我们工作、生活的一个模式。② 在这个基础上，无论各国选择以何种方式去建构本国的终身教育体系，最终大力推广教育信息化、积极建设学习化社会这一基本点是不变的。

三、教育数字化

20世纪80年代以来，由于微电子技术的发展、个人电脑的普及以及软件开发和大规模产业化，人类进入了信息革命的新时代。信息技术，特别是数字化技术、互联网、大数据、人工智能的发展，不仅为远程教育、终身教育、个别学习提供了条件，而且也正在改变教育的生态和教与学的方式，改变着师生关系，改变着教育组织形式，引发了教育思想的变革。毫不夸张地说，信息技术正在改变整个教育体系和教育过程的形态。

从2020年开始的新冠病毒大流行，促使线上教学、远程教育的迅速发展。2023年2月，首届世界数字教育大会在北京召开。会议指出，数字技术作为世界科技革命

---

① The Labor Party. *Opening Doors to the Learning Society*. 1998, p. 133, 142.

② UNESCO. *Towards Knowledge Societies*. Paris: UNESCO Publishing, 2005, p. 60.

和产业变革的先导力量，日益融入包括教育在内的经济社会发展的各领域全过程，正在深刻改变着生产方式、生活方式和社会治理方式。数字教育使教育更加智能化。中国共产党第二十次全国代表大会报告在“实施科教兴国战略，强化现代化建设人才支撑”部分作出“推进教育数字化”的部署，积极顺应时代大势，不断开辟教育数字化新赛道。

四、教育国际化

随着现代交通和信息技术的发展，教育国际化已成为世界各国教育发展的一个基本趋势。特别是在高等教育领域，学生与教师的流动、合作伙伴关系的建立、海外校区的建设、远程教育网络平台的搭建等已成为各国高等教育机构教育实施国际化战略的基本方式。经济合作与发展组织发布的研究报告显示，在过去 20 年里，国际学生流动性在不断增强。根据联合国教科文组织的统计数据，进入 21 世纪以来，全球国际学生流动人数由 2001 年的 227 万人增长到 2020 年的 636 万人，20 年间增加了 409 万人，增长了近两倍。我国政府也在积极扩大留学生规模，高等教育国际化被纳入了促进社会经济发展、教育发展和增强全球治理的国家议程之中。据教育部统计，中国出国留学人数从 2000 年的 3.9 万人增长到 2019 年的 70.35 万人，增长了 18 倍，海外留学生数量稳居全球首位。① 目前看来，全球留学生的流动方向具体表现出以下特征：第一，英语国家总体上是最受欢迎的留学目的地，将近一半的国际学生流向美国、英国、澳大利亚、加拿大这 4 个英语国家；第二，中国、俄罗斯、日本等新兴留学目的国正在迅速崛起；第三，亚洲学生构成了留学生的主要群体；第四，国际学生在流动方向越来越多元化的同时，也表现出区域内部流动的趋势和特征。② 根据教育部的统计数据，2018 年我国共有来自 196 个国家和地区的 492 185 名各类外国留学人员在全国 31 个省、自治区、直辖市的 1 004 所高等院校学习，比 2017 年增加了 3 013 人，增长比例为 0.62%（以上数据均不含港、澳、台地区）。③

区域性的合作项目也是教育国际化的重要表现之一，如欧洲的“博洛尼亚进程”和“伊拉斯谟+计划”。“博洛尼亚进程”的实现需要其他很多项目的支持，其中具有代表性的一个项目就是“伊拉斯谟+计划”。“伊拉斯谟+计划”主要通过提供在三个欧洲国家学习硕士课程的机会，为第三世界国家的毕业生和学者提供奖学金，通过与

① 中国教育在线：《中国学生出国留学趋势调查报告》，https://www.eol.cn/e_html/report/osr2022/content.shtml#11。

② 彭婵娟：《全球留学生教育现实图景与发展趋势研究》，《比较教育研究》2021 年第 10 期。

③ 教育部：2018 年来华留学统计，http://www.moe.gov.cn/jyb_xwfb/gzdt_gzdt/s5987/201904/t20190412_377692.html。

第三世界国家高校建立伙伴关系来鼓励欧洲向全世界学生敞开大门，目前已有90%的欧洲高等教育机构参与了该项目。2011年，北京师范大学国际与比较教育研究院也参与了该项目，成为国内首家以“全员合作伙伴”（full partner）身份参与“伊拉斯谟+计划”的单位。中国提出“一带一路”倡议后，沿线国家的教育交流与合作正在不断加强。截至2022年，我国同181个建交国普遍开展了教育合作与交流，与159个国家和地区合作举办了孔子学院（孔子课堂），与58个国家和地区签署了学历学位互认协议，深入实施“一带一路”行动，全面参与二十国集团、金砖国家、亚太经合组织、上海合作组织等多边机制框架下的教育合作，推动中国教育以更加开放、自信、主动的姿态走向世界舞台①。

五、教育优质化

各国政府在关注教育公平的同时，也普遍重视提高教育质量。2009年，奥巴马政府上台后，积极地推行“教育新政”，借助《美国复苏与再投资法》向教育领域投入了1 000多亿美元，全面提高美国从学前教育到高等教育的质量。为确保每个美国儿童公平享有接受优质教育的机会，2015年美国颁布《每一个学生成功法》（*Every Student Succeeds Act*，ESSA），在确立州层面高标准目标、教育信息技术、教师问题、学前教育、考试等方面实行了一系列改革，开启了美国基础教育改革的新篇章。美国尤其重视科技人才的培养，2018—2020年，联邦政府教育部分别将2.79亿美元、5.40亿美元及5.78亿美元用于资助科学、技术、工程和数学教育（STEM）相关项目。② 2008年，英国政府也成立了国家卓越教育委员会，提出要建立世界一流的教育体系，以确保英国的国际竞争力。2010年5月11日，英国新上台的联合政府将实现社会公平摆在政策的核心地位，并增加一笔针对2—20岁的儿童和青年、总额达70亿英镑的“公平津贴”，旨在使最贫困的儿童享有更好的生活水平。2014年，英国出台新版《国家课程标准》，提出每一所公立学校都要为所有学生提供广泛的、平衡的课程，以使学生在精神、道德、文化和身心等方面得到发展，为学生的未来做机会、责任心和经验方面的准备。德国大学为了提高大学的教育质量，为中学毕业生设置“预备学年”，其间学生参与社会实践，这样使学生选择专业和学习时更有目的性。日本也重提“间隔年”，和德国大学一样，强调应让学生获得更多的社会体验，以提高学习质量。

---

① 怀进鹏：《推进高水平教育对外开放，为构建人类命运共同体贡献力量》，《教育国际交流》2023年第1期。

② U. S. Department of Education. “STEM Investments FY 2018-2020”. https://www.ed.gov/sites/default/files/documents/stem/stem-investments-18-20.pdf.

2022年，中国共产党第二十次全国代表大会召开。大会报告中特别提到，要办好人民满意的教育，全面贯彻党的教育方针，落实立德树人根本任务，培养德智体美劳全面发展的社会主义建设者和接班人，加快建设高质量教育体系，发展素质教育，促进教育公平。可以看到，中国在未来将更加重视教育公平和质量，努力提高教育水平，使城乡教育更加均衡，使每一个学生都能享有优质高效的教育服务。

总之，进入21世纪以来，世界风云多变，国际竞争愈加激烈。教育是增强国家综合实力的基础，同时也是人类追求自身发展的主要途径，是实现社会公平的基石，不断推进教育改革、提高教育质量是世界各国人民的共同心声。与此同时，世界各国在全球发展倡议、全球安全倡议和全球文明倡议的指引下，正在广泛凝聚共识、汇聚力量，通过教育等人文交流手段不断推动不同文明交流互鉴、和谐共生，以实际行动践行人类命运共同体理念，为人类和平与发展事业增添更多正能量。

主要参考文献

一、中文

1. ［法］保罗·朗格让著，滕星等译：《终身教育导论》，华夏出版社 1988 年版。

2. ［哈］坎·格奥尔吉·瓦西利耶维奇著，中国社会科学院丝绸之路研究院等译：《哈萨克斯坦简史》，中国社会科学出版社 2018 年版。

3. ［捷］夸美纽斯著，任钟印译：《大教学论·教学法解析》，人民教育出版社 2006 年版。

4. ［美］布鲁纳著，邵瑞珍、张渭城等译：《布鲁纳教育论著选》，人民教育出版社 1989 年版。

5. ［美］罗伯特·阿诺夫等主编，冯增俊等译：《比较教育学——全球化与本土化的辩证关系》，人民教育出版社 2012 年版。

6. ［苏］索科洛娃等著，顾明远译：《比较教育学》，文化教育出版社 1981 年版。

7. ［伊朗］S. 拉塞克、［罗］G. 维迪努著，马胜利等译：《从现在到 2000 年教育内容发展的全球展望》，教育科学出版社 1996 年版。

8. ［英］埃德蒙·金著，王承绪等译：《别国的学校和我们的学校——今日比较教育》，人民教育出版社 2001 年版。

9.《中国教育年鉴》编辑部编：《中国教育年鉴（1949—1981）》，中国大百科全书出版社 1984 年版。

10.《中国教育年鉴》编辑部编：《中国教育年鉴（2014）》，人民教育出版社 2015 年版。

11.《中国教育年鉴》编辑部编：《中国教育年鉴（2015）》，人民教育出版社 2016 年版。

12. 陈永明主编：《国际师范教育改革比较研究》，人民教育出版社 1999 年版。

13. 陈永明主编：《教育经费的国际比较》，天津教育出版社 2006 年版。

14. 冯增俊、陈时见、项贤明主编：《当代比较教育学》（第二版），人民教育出版社 2015 年版。

15. 陈元著：《法国基础教育》，广东教育出版社 2004 年版。

16. 高如峰主编：《义务教育投资国际比较》，人民教育出版社 2003 年版。

17. 王长纯著：《世界教育大系·印度教育》，吉林教育出版社 2000 年版。

18. 顾明远、薛理银著：《比较教育导论——教育与国家发展》，人民教育出版社 1998 年版。

19. 顾明远主编：《教育大辞典》（增订合编本），上海教育出版社 1998 年版。

20. 顾明远主编：《中国教育大百科全书》，上海教育出版社 2012 年版。

21. 顾明远著：《顾明远教育演讲录》，人民教育出版社 2014 年版。

22. 国际 21 世纪教育委员会编著，联合国教科文组织总部中文科译：《教育——财富蕴藏其中》，教育科学出版社 1996 年版。

23. 李春生主编：《比较教育管理》，江苏教育出版社 2008 年版。

24. 李文英等著：《比较教育学家思想研究》，人民教育出版社 2012 年版。

25. 联合国教科文组织国际教育发展委员会编著，华东师范大学比较教育研究所译：《学会生存——教育世界的今天和明天》，教育科学出版社 1996 年版。

26. 卢晓中著：《比较教育学》，人民教育出版社 2020 年版。

27. 马健生主编：《比较教育》，高等教育出版社 2010 年版。

28. 人民教育出版社教育室编：《毛泽东周恩来刘少奇邓小平论教育》，人民教育出版社 1994 年版。

29. 单中惠主编：《外国中小学教育问题史》，山东教育出版社 2005 年版。

30. 商继宗著：《中小学比较教育学》（第二版），人民教育出版社 2005 年版。

31. 孙启林主编：《世界主要发达国家义务教育均衡发展比较研究》，东北师范大学出版社 2009 年版。

32. 王承绪主编：《比较教育学史》，人民教育出版社 1999 年版。

33. 王桂主编：《当代外国教育——教育改革的浪潮与趋势》，人民教育出版社 1995 年版。

34. 王晓辉主编：《比较教育政策》，江苏教育出版社 2009 年版。

35. 王英杰等著：《亚洲发展中国家的义务教育》，人民教育出版社 1998 年版。

36. 王英杰主编：《比较教育》，广东高等教育出版社 1999 年版。

37. 王英杰著：《美国高等教育的发展与改革》（第二版），人民教育出版社 2002 年版。

38. 吴文侃、杨汉清主编：《比较教育学》（第三版），人民教育出版社 2015 年版。

39. 吴雪萍著：《国际职业技术教育研究》，浙江大学出版社 2004 年版。

40. 吴遵民著：《现代国际终身教育论》（修订版），上海教育出版社 2021 年版。

41. 肖甦、王义高编译：《俄罗斯转型时期重要教育法规文献汇编》，人民教育出版社 2009 年版。

42. 谢安邦、曲艺著：《外国私立教育》，中国社会科学出版社 2003 年版。

43. 张东娇、徐志勇、赵树贤著：《教育管理学》，高等教育出版社 2011 年版。

44. 周采主编：《比较学前教育》，人民教育出版社 2010 年版。

45. 朱旭东主编：《当代西方教育新思潮研究》，人民教育出版社2014年版。

46. 赵常庆编著：《哈萨克斯坦》，社会科学文献出版社2004年版。

47. 阿依提拉·阿布都热依木、朋腾著：《哈萨克斯坦教育制度与政策研究》，人民出版社2020年版。

二、外文

1. A. R. Trethewey. *Introducing Comparative Education*. Oxford：Pergamon Press，1976.

2. B. Holmes. *Comparative Education：Some Considerations of Method*. London：George Allen & Unwin Ltd.，1981.

3. B. Holmes. *Problems in Education：A Comparative Approach*. London：Routledge & Kegan Paul，1965.

4. G. Z. F. Bereday. *Comparative Method in Education*. NY：Holt，Rinehart and Winston，Inc. 1964.

5. H. J. Noah，M. A. Eckstein. *Toward a Science of Comparative Education*. New York：The Macmillan Company，1969.

6. I. L. Kandel. *Comparative Education*. Boston：Houghton Mifflin，1933.

7. N. Hans. *Comparative Education：A Study of Educational Factors and Traditions*. London：Routledge and Kegan Paul，1949.

8. OECD. *Starting Strong Ⅱ：Early Childhood Education and Care of United States of America*. Pairs：OECD，2006.

9. R. Ulich. *The Education of Nations：A Comparison in Historical Perspective*. Cambridge：Harvard University Press，1961.

10. UNESCO. *World Declaration on Education for All and Framework for Action to Meet Basic Learning Needs*. 1990.

11. UNESCO. *2008-2013 Medium-Term Strategy*. 2007.

12. UNESCO. *Education for All：Meeting our Collective Commitments*. 2000.

13. UNESCO. *Towards Knowledge Societies*. 2005.

14. V. Mallinson. *An Introduction to the Study of Comparative Education*. London：Macmillan，1960.

15. W. D. Halls. *Comparative Education：Contemporary Issues and Trends*. UNESCO：Jessica Kingsley Publishers，1990.

16. 沖原豊『比較教育学』（現代教育学シリーズ8），有信堂高文社，1981年。

17. 沖原豊編『世界の教育』（講座現代教育学7），福村出版，1977年。

18. P. Sahlberg. *Finnish Lessons 2.0：What Can the World Learn from Educational Change in Finland*. NY：Teachers' College Press，2014.

19. M. T. Kuikka. *A History of Finnish Education*，Otava，1997.

20. H. Niemi，A. Toom & A. Kallioniemi（Eds.），*The Miracle of Education：The Principles and Practices of Teaching and Learning in Finnish Schools*. Sense Publishers，2012.

21. E. Aho，K. Pitkanen & P. Sahlberg. *Policy development and reform principles of basic and secondary education in Finland since 1968*. Washington：World Bank，2006.

22. J. Välimaa. *A History of Finnish Higher Education from the Middle Ages to the 21st Century*. London：Springer，2019.

23. OECD. *Education Policy Outlook：Finland*. Pairs：OECD，2020.

24. M. L. Stenström & M. Virolainen. *The History of Finnish Vocational Education and Training*. Nord-VET，2014.

25. Министерство образования и науки Республики Қазахстан. *Национальный доклад о состоянии и развитии системы образования республики Қазахстан（за годыНезависимости Қазахстана）*. Астана：АО《ИАЦ》，2017.

26. Министерство образования и науки Республики Қазахстан. *Национальный сборник《Статистика системы образования Республики Қазахстан》*. Астана：АО《ИАЦ》，2018.

27. М. Атанаева. *Национальный доклад о состоянии и развитии системы образования Республики Қазахстан（по итогам 2018 года）*. Нур-Султан：АО《ИАЦ》，2019.

28. Министерство образования и науки Республики Қазахстан. *Национальный доклад о состоянии и развитии системы образования Республики Қазахстан（по итогам 2019 года）*. Нур-Султан：АО《Информационно-аналитический центр》，2020.

29. Министерство образования и науки Республики Қазахстан. *Национальный сборник《Статистика системы образования Республики Қазахстан》*. Нур-Султан：АО《Информационно-аналитический центр》，2021.

30. Министерство просвещения Республики Қазахстан，Министерство науки и высшего образования Республики Қазахстан. *Национальный доклад о состоянии и развитии системы образования Республики Қазахстан（за 30 лет Независимости и 2021год）*. Астана：АО《ИАЦ》，2022.